图解
草原帝国

THE EMPIRE OF THE STEPPES

[法]勒内·格鲁塞 /著

李思琪 /译

民主与建设出版社
·北京·

丝绸之路上的上古草原诸族

前1200年~公元450年

在上古时期，从公元前13世纪开始，南俄罗斯草原上就已经存在着辛梅里安人文化，代表着游牧民族最早的发端。至公元434年时，匈奴人阿提拉建立起第一个横跨欧亚的草原帝国。

公元前1200年~前750年	辛梅里安人 ▶ 居住在黑海以北的俄罗斯草原上
公元前750年~前700年	斯基泰人 ▶ 从辛梅里安人手中夺走南俄罗斯草原
公元前3世纪后半叶	萨尔马特人 ▶ 渡过伏尔加河，赶走斯基泰人，侵入南俄罗斯草原
公元前4世纪	匈奴人 ▶ 生活在俄罗斯草原东部，公元前3世纪后半叶，匈奴成为一支统一的强大民族，不断威胁汉朝边境

匈奴人

身材矮而粗壮，头大而圆，阔脸，颧骨高，鼻翼宽，上胡须浓密，下颌仅有一小撮硬须，长长的耳垂上穿着孔，佩戴着一只耳环。头上除了留着一束头发，其余都剃光。

> 月氏人西迁，是各游牧部落大混乱和横扫东伊朗的游牧民浪潮的标志

| 公元前177年 | 月氏人 ▶ 月氏人被匈奴人赶出中国甘肃地区，被迫向西迁徙。小月氏在南山南部地区的羌人或吐蕃人中间定居。大月氏占领了巴克特里亚地区 |
| 公元前2世纪 | 塞人 ▶ 受月氏人西迁的冲击，开始入侵巴克特里亚王国，并占领了德兰吉亚那（今天的锡斯坦）和阿拉霍希亚（今天的坎大哈） |

丝绸之路

公元前2世纪，由西汉张骞出使西域开辟出以长安为起点，往西一直延伸到罗马的丝绸之路，包括南道、中道、北道三条路线。

汉代西域三十六国

乌孙	且末	西夜	温宿	单桓	狐胡
龟兹	小宛	蒲犁	尉犁	蒲类	山国
焉耆	戎卢	依耐	姑墨	蒲类后国	车师前国
于阗	弥	莎车	卑陆	西且弥	车师后国
若羌	渠勒	疏勒	乌贪訾	东且弥	师车尉都国
楼兰	皮山	尉头	卑陆后国	劫国	车师后城国

155年 — 鲜卑人 ▸ 来自蒙古和兴安岭地区,征服了北匈奴后开始进攻东汉王朝

4世纪 — 五胡乱华 ▸ 匈奴、鲜卑、羯、羌、氐五个胡人游牧部落入侵中原

拓跋突厥人建立魏。
柔然人统治着整个戈壁以北。

5世纪 — 厌哒匈奴人 ▸ 生活于今突厥斯坦草原,425年开始向西扩张,440年占领河中地区,后定居巴克特里亚和喀布尔地区

434年 — 阿提拉帝国 ▸ 匈奴人阿提拉建立的帝国,曾入侵巴尔干半岛,包围君士坦丁堡,并攻陷西罗马帝国的首都。其版图东起自咸海,西至大西洋海岸,南起自多瑙河,北至波罗的海

阿提拉

阿提拉,(Attila,406年~453年),古代欧亚大陆匈奴人最伟大的领袖和皇帝,多次入侵东罗马帝国及西罗马帝国,被称之为"上帝之鞭"。

隋唐时期的草原诸部落

5世纪—11世纪

从吐鲁番到库车以及阿尔泰地区、蒙古地区，生活着突厥、回鹘、契丹人，先后建立了东突厥汗国、西突厥汗国、回鹘帝国。而在俄罗斯草原南部，生活着阿瓦尔人、可萨人、保加尔人、马扎尔人、佩切涅格人、钦察人，他们或者成为草原的主人，或者入侵并融入欧洲。

| 405年 | 契丹人 | 居住在辽河及其支流沙拉木伦河之间地区，频繁掠劫唐朝边境，并试图入主中原。947年，耶律德光建立辽国。至11世纪，仍多次与宋朝展开边境战争 |

| 6世纪初期 | 突厥人 | 居住在阿尔泰地区，552年打败柔然人，占领蒙古地区。同年，分裂为东突厥汗国（蒙古地区）、西突厥汗国（伊犁河流域和西突厥斯坦） |

- 西突厥：588年~589年，征服巴克特里亚地区。630年开始，汗国在内乱中逐渐衰亡
- 东突厥：隋末趁乱而起，掠夺中国边境。630年为唐太宗打败，后50年间臣服唐朝

| 6世纪 | 阿瓦尔人 | 567年，占领匈牙利，建立突厥—蒙古帝国，多次攻击君士坦丁堡，后为查理曼大帝父子打败，受法兰克人统治，9世纪末消亡 |

| 7世纪初期 | 可萨人 | 属突厥民族，以捷列克草原地区为中心建立国家，具有相当高的文化，与拜占庭和阿拉伯世界多有接触，1016年为拜占庭皇帝巴西尔一世所灭 |

阿瓦尔骑兵

| 7世纪 | 保加尔人 | 在高加索西北，库班河谷与亚速海之间地区建立突厥汗国。9世纪中期后融入欧洲 |

744年	**回纥人**（回鹘人）
	成功夺取蒙古地区，取代东突厥汗国。在鄂尔浑河上游建立回纥汗国（回鹘帝国），疆域从阿尔泰山延伸到贝加尔湖，840年为黠戛斯人所推翻

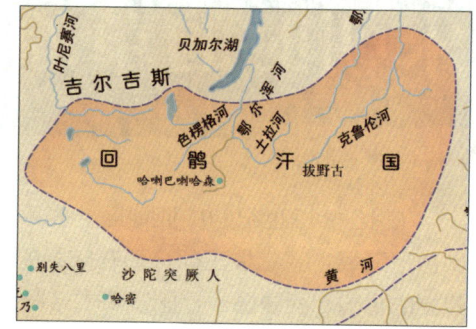

9世纪末期	**马扎尔人**（匈牙利人）
	占据原阿瓦尔人的疆域，生活在顿河和第聂伯河之间的列维底亚。899年占领并一直居住在匈牙利，并掠劫欧洲，后被日耳曼王击败，皈依基督教

9世纪	**佩切涅格人**
	属突厥部落，在乌拉尔河（雅克河）和伏尔加河（伊提尔河）之间放牧。1051年入侵拜占庭帝国，并多次入侵色雷斯，1091年败于拜占庭与钦察人联军，让位给乌古思人和钦察人

11世纪中期	**钦察人**
	也属突厥部落，生活在额尔齐斯河中游沿岸，1091年打败佩切涅格人，成为俄罗斯草原的主人。1222年为成吉思汗所灭

隋唐时的周边诸游牧民族

隋唐时，中原周边生活着突厥人、契丹人，以及塔里木绿洲地区的吐蕃、回鹘、莎车、焉耆、库车、喀什和于阗等部落或小国，8世纪时，唐朝成为中亚这些地区的主人。

宋朝时的草原帝国

5世纪-11世纪

在10~13世纪的中亚地区，先后产生了萨曼王朝、哈拉汗朝、伽色尼王朝、塞尔柱王朝，而在宋朝的周边，则诞生了众多游牧民族建立的金国、西夏国、辽国及蒙古帝国。

875年~999年 — 伊朗人
古粟特人后裔，建立萨曼王朝，定都布哈拉，统治着河中地区。随后吞并呼罗珊，占领怛逻斯，其影响远达喀什噶尔。999年，被突厥人的伽色尼王朝、哈拉汗朝瓜分

萨曼王朝弓骑兵

10世纪中期~13世纪初期 — 哈拉汗朝突厥人
居住在喀什西部和西南部，并皈依伊斯兰教。992年开始统治喀什噶尔以及伊犁河和楚河流域地区。1089年以后成为塞尔柱帝国属地

10世纪末期 — 伽色尼王朝
阿尔普特勒家族在加兹尼建立伽色尼王朝。999年，瓜分得到呼罗珊。1040年被塞尔柱人打败，退回阿富汗地区。12世纪末，末代伽色尼王朝为古尔王朝所废黜

10世纪~12世纪 — 塞尔柱人
定居在萨曼王朝统治下的河中边境地区，1040年夺取呼罗珊及波斯诸地区，领土从阿姆河扩张到了地中海。11世纪末分裂为三部分，1157年末代苏丹去世，领土尽归花剌子模

塞尔柱帝国

990年 — 唐兀人
在鄂尔多斯和阿拉善地区建立西夏国，1001年在兴庆府建立都城。1227年为成吉思汗所灭

| 1114年 | 女真人 ▸ | 反叛契丹的宗主权，并征服契丹领土，建立金国。后入侵宋朝，获得淮河以北宋地。1234年为蒙古族所灭 |

| 907年 | 契丹人 ▸ | 耶律阿保机统一契丹各部称汗，国号"契丹"，后定国号为"辽"。1125年为金国所灭 |

| 1132年～1218年 | 喀喇契丹 ▸ | 耶律大石带领流亡的契丹人打败哈拉汗朝，在"东突厥斯坦"建立喀喇契丹国（也称西辽）。1141年征服花剌子模，领土从叶尼塞河上游直到阿姆河流域。1218年被成吉思汗灭亡 |

| 11世纪 | 花剌子模 ▸ | 受塞尔柱帝国统治，1194年反抗打败塞尔柱帝国后尽取其属地。摩诃末（1200年～1220年在位）时期成为中亚的主要帝国。1220年被成吉思汗所灭 |

喀喇契丹国与花剌子模国

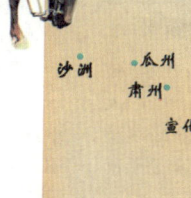

宋朝时的周边

宋朝时，疆域周围先后出现了契丹人的辽国和西辽、唐兀人的西夏国、女真人的金国以及蒙古帝国。

成吉思汗的蒙古帝国

1206年~1370年

1206年，铁木真统一蒙古各部，即蒙古大汗位，号"成吉思汗"，随后开始对外扩张，疆域包括了蒙古高原、中国西北、东北和华北部分和中亚、西亚大部。其后裔也不断开拓土地，除了可汗所属汗国，还建立了察合台汗国、钦察汗国、窝阔台汗国和伊儿汗国。

蒙古统一

蒙古乞颜部的铁木真先后击败了蔑儿乞部、塔塔尔部、克烈部、乃蛮部等，1206年建立蒙古汗国，在库里勒台大会上被一致推举为全蒙古的皇帝，即"成吉思汗"。

成吉思汗

孛儿只斤·铁木真，属蒙古乞颜部。1206年建立蒙古汗国，称"成吉思汗"。

蒙古可汗世系

窝阔台汗

孛儿只斤·窝阔台，成吉思汗三子，1229年在库里勒台大会被推举为继任可汗，在位期间灭金、伐宋、高丽等国，完全征服中亚和华北。

贵由可汗

孛儿只斤·贵由，窝阔台长子，1246年继位可汗，在位仅一年零八个月，后因病去世。

蒙哥汗

拖雷长子，1251年被拔都拥立为大汗，征服大理、高丽，并远征印度及西亚等国，1258年死于伐宋之战。

元世祖忽必烈

孛儿只斤·忽必烈，1260年自称蒙古汗国可汗，但未获普遍承认，1271年建立元朝，疆域空前辽阔。

帝国征程

征服喀喇契丹
1218年，成吉思汗命那颜者别统率两万人，征服原蒙古乃蛮王之子屈出律统治下的喀喇契丹国，并在撒里豁勒河附近将其杀死

征服花剌子模
1219年~1222年，成吉思汗攻打花剌子模，占领撒马尔罕、乌尔根奇等城，随后占领全部河中地区，并追击花剌子模王子札兰丁

征服金国
1211年成吉思汗开始攻打金国，金人的顽强抵抗也使得战争长期疲软拖延，历时23年，至1234年窝阔台汗时方才攻下开封，金国灭亡

征服南宋
1231年，拖雷率蒙军假道伐金时初次交手；1235年窝阔台攻宋，至1241年以蒙古失败结束；1251年蒙哥再攻南宋，1260年以蒙哥身亡告终；1268年忽必烈三攻南宋，至1279年崖山之战，南宋灭亡，历时近50年

对亚洲的战争
忽必烈统治时期，分别于1274年、1281年远征日本、1277年入侵缅甸；1283年攻占占婆国；1285年攻打安南国；1287年占领河内；1293年远征爪哇。但都以失败告终。

征服欧洲

成吉思汗时,速不台和哲别率两个万人队骑兵突袭,打败了格鲁吉亚、罗斯等国军队;1235年~1242年,蒙古汗国12万大军再次远征欧洲,摧毁了基辅罗斯、弗拉基米尔等公国,灭匈牙利王国和波兰

迦勒迦河之战

1223年5月,第一次西征的两万蒙古军在迦勒迦河击败八万的俄罗斯联军,俄钦大公们交出武器投降,随后蒙古人屠杀了所有降军。

四大汗国

蒙古汗国在扩张领土后建立了四大汗国:钦察汗国、察合台汗国、窝阔台汗国和伊儿汗国。它们的统治者都是成吉思汗的子孙,奉元朝为宗主,又各具较强的自主性。

金帐汗国(钦察汗国)

成吉思汗长子术赤封地,东起额尔齐斯河,西至多瑙河,南起高加索山地区。拔都统治时武力扩张,对东欧各国享有宗主权

察合台汗国

成吉思汗次子察合台封地,包括天山南、北麓与裕勒都斯河和玛纳斯河流域等地区。都哇时期兼并窝阔台汗国

窝阔台汗国

成吉思汗三子窝阔台封地,包括额尔齐斯河上游和巴尔喀什湖以东地区。海都时期与忽必烈争帝位,兵败后汗国势衰

伊儿汗国

成吉思汗孙子旭烈兀西征后所建,疆域东起今阿姆河,西至地中海,北自高加索,南抵印度洋。是沟通亚欧两洲经济文化的重要枢纽之一

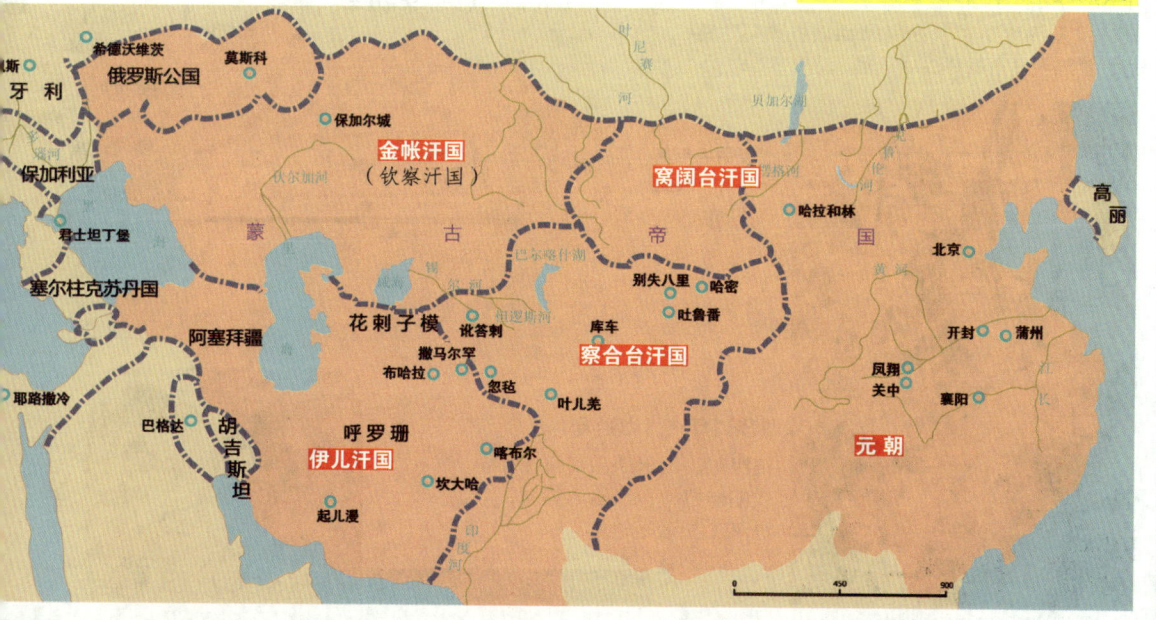

蒙古帝国疆域及四大汗国划分图

帖木儿帝国

1370年

"瘸狼"帖木儿

出身于信奉伊斯兰教的突厥贵族家庭，早期与忽辛联合对抗察合台汗国，强大后与忽辛争权，夺得河中地区的统治权。右腿曾因伤致残，因此也被后人称为"瘸狼"。

帝国扩张

1400年~1403年

征讨奥斯曼帝国。打败并囚禁奥斯曼苏丹巴耶塞特。

被俘的奥斯曼帝国苏丹巴耶塞特

1400年~1401年

征讨埃及马木路克。在阿颇勒城打败马木路克，攻陷大马士革并洗劫一空。

攻陷大马士革后掠走各种工匠，为其修建清真寺。

1381年~1401年

征服东、西伊朗和阿富汗。攻陷赫拉特、巴格达等城，进而攻占两河流域。

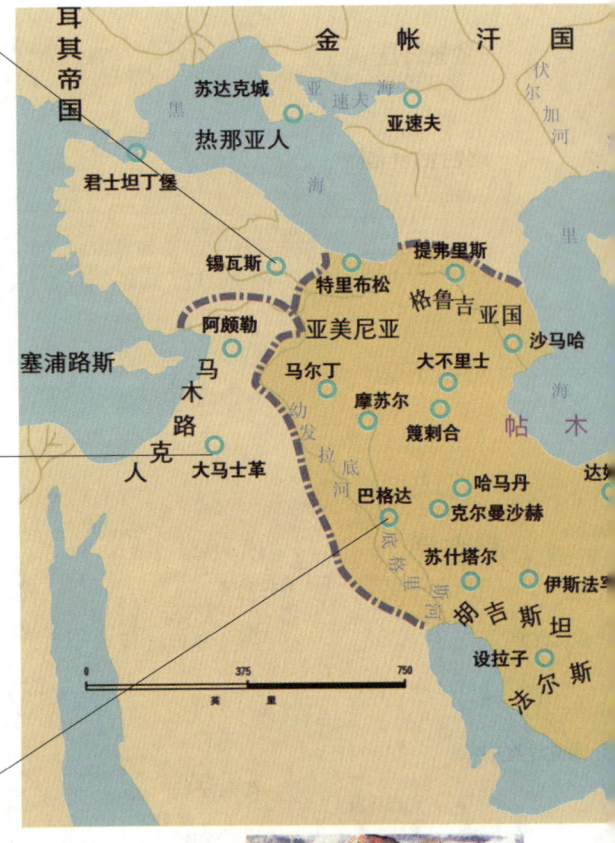

帖木儿的军队围攻赫拉特

帖木儿在位30多年期间，帝国疆域空前辽阔，其领土西起幼发拉底河，东至锡尔河和印度德里，北抵高加索，南临波斯湾，建立起一个仅次于蒙古的大帝国。

帖木儿军在金帐汗国的白帐草原上围猎

1392年～1394年
多次征讨金帐汗国。打败脱脱迷失，摧毁其都城萨莱，占领亚美尼亚和南高加索。

帖木儿为其子迎娶花剌子模苏丹的女儿。

1371年～1379年
征服花剌子模。期间时战时和，1379年围攻都城玉龙杰赤，三月后破城。

帖木儿军在焉耆召开军事会议，分发战利品。

1371年～1400年
六次远征蒙兀儿斯坦。赶走哈马儿干，召回成吉思汗后裔黑的儿火者，缔结盟约并联姻。

1404年～1405年 远征明朝，病死途中。

帖木儿帝国疆域图

1398年～1399年
入侵北印度。攻陷并洗劫格鲁克王朝首都德里。

帖木儿骑兵打败印度战象

编者序

重新了解草原民族

匈奴、突厥、月氏、柔然,这些名词对每个稍微了解历史的人,都不陌生。在我们的历史教科书中,他们一直是与我们农业定居文明所建立的王朝相伴出现的,例如讲到汉朝的时候,我们就会听说有个匈奴民族在北方和汉朝对峙;讲到唐朝的时候,北方又有突厥人在和唐朝对峙;两宋时期北方是被蒙古和女真所盘踞。通篇中国古代史读下来,我们对这些相伴于农业定居文明的草原游牧民族有了一个大概的了解,但是同时又给了我们许多疑惑,为什么草原上的民族像走马灯似的不断变换?以前的游牧民族被后来的民族取代后,他们到哪里去了?为什么游牧民族习惯于武力侵略?要回答这些问题,我们的目光就不能只停留在农业定居文明的历史上,而要转向草原民族。

我们可以将近几千年来欧亚大陆的文明状态做一个形象的表述,它们的结构极像一个哑铃。在欧亚大陆的东方古中国文明和南亚次大陆上的古印度文明是两个奇葩,它们构成了哑铃凸起的一端。而在西方古希腊和古罗马也同样是两个璀璨的文明,它们处于欧亚大陆的边缘,好像是哑铃的另一端。但是我们单纯地了解东方文明和西方文明的同时,却忽略了位于欧亚大陆中部广大草原上的草原民族创造的文明。他们的文明程度或许没有农业文明高,但是对农业文明的影响却是革命性的。在东方,他们和古中国和古印度发生接触和碰撞,同时也对西方的古希腊和古罗马产生影响。欧亚大陆腹地上的广大草原民族,对古代东方和西方的交流与沟通形成了一个独特的纽带作用。他们保持着东方和西方文明的陆地联系,就好像哑铃中间的把手。草原民族的文明使欧亚大陆文明形成了一个有机整体,所以,如果想了解欧亚大陆文明,那么草原民族的历史就是我们必须了解的部分。

由于草原游牧民族的生活特性和文明程度较低,他们的迁徙和发展主要都是由和他们接触的定居文明国家的人记录下来的,他们的资料零碎、松散、缺乏整体性。一直以来权威的系统的草原文明的资料都比较少。在少有的几部关于草原民族的历史著作中,法国历史学家勒内·格鲁塞的《草原帝国》是世界史学界公认的系统论述欧亚大陆游牧民族三千年历史的经典之作。

《草原帝国》作者勒内·格鲁塞毕业于法国蒙彼利埃大学历史系,是法国研究亚洲史学界的泰斗,他一生潜心研究东方历史与文化,著述甚丰。第一次世界大战时,他在法国军队工作。1925年,他被任命为巴黎吉美博物馆的助理管理员。1933年,他成为塞努奇博物馆的馆藏指导及亚洲艺术藏品的负责人。第二次世界大战前,格鲁塞发表了他的重要著作——《草原帝国》。书中描绘了三千年来大草原上发生的一幕幕气势恢宏、波澜壮阔的历史图景:斯基泰、匈奴、突厥、蒙古这些马背上的民族建立的草原帝国交替崛起;阿提拉、成吉思汗、帖木儿这些"上帝之

鞭"一次次地掀起进军农业文明的狂潮。作者以豁达开阔的历史观向读者展示了众多草原游牧民族的传奇历史。

相信读罢此书，读者可以更加清晰地了解到草原游牧民族的迁徙、发展和兴衰规律，也从中领悟到草原游牧民族和农业定居民族的异同，以及这一系列历史事件对当今世界政治、经济、文化格局的影响。然而古地名和今地名的考证，各个时期各草原民族频繁而长期的迁徙，各个时期草原帝国之间的继承和发展，各游牧部落之间繁杂的利益关系，草原人物的众多和陌生，给人们的阅读理解造成了困难，也增加了解这段历史的难度，并且降低了阅读兴趣。为了尽量满足现代社会的人们对经典作品的阅读需要，降低阅读难度，我们编辑出版了这本《图解草原帝国》，以使读者在了解和阅读这本游牧民族经典著作时更加方便和轻松。

本书秉承尊重原著、方便阅读、通俗易懂的原则对原著进行了编译。原文主体内容和结构保持不变，但力求用通俗易懂的语言来行文以达到容易理解的目的。文章按时期将草原分为三篇，它们分别是13世纪前的亚洲草原、成吉思汗蒙古人以及最后一批蒙古人。时间从上古时期的草原文明直到18世纪末草原帝国的衰落，跨度长达三千多年。在这三篇下有若干个专题对这一时期发生在草原上的历史事件做专门论述。这种做法既保证了作者不拘泥于僵化地严格按照时间线的方式描述历史，也能够大致保持对历史先后顺序的遵守。

本书最大的特点就是采用了一种全新的"图解"形式的编辑手法，可以让您的阅读变得更加轻松愉快，并且可以加强对此书的理解和记忆。其特点是：

1. 选取各种有关草原帝国背景的历史图片、艺术作品、摄影资料，实现抽象文字和具体图片的统一。
2. 用流程表、表格将文中各种历史线索和脉络，做形象的归纳和总结，实现立体化阅读。
3. 深挖各种历史人物和历史事件的背景信息，和正文的内容形成相辅相成的有机整体。

相信您在看完本书后，对阿提拉、成吉思汗、帖木儿这些伟大历史人物以及欧亚大陆（蒙古草原）的历史会有更加明晰的了解，或者是对您的历史知识有了一定的补充，抑或引起了您对世界历史的一些思考，那么我们的目的就达到了。当然，由于草原历史博大精深，我们在编写这本书时难免会出现一些错误和纰漏，在此诚恳地希望读者朋友能够提出宝贵建议，以便我们在今后的工作中改正。

序 言

草原及其历史

　　隆起的亚洲高原和周围地区的隔离，是由于形成于两个不同时期的两大褶皱山系碰撞的结果。这两大褶皱山系分别是天山和阿尔泰山的海西褶皱以及喜马拉雅山褶皱山系。在中新世时期，喜马拉雅山褶皱取代了欧亚大陆的"古地中海"。天山和阿尔泰山朝西北方突出的弓形，以及与之相对的、喜马拉雅山朝南突出的凹形，二者合起来，正好包围突厥斯坦和蒙古利亚，并使之与其他地区隔离。由于这些地区海拔较高，远离海洋，属于典型的大陆性气候，夏季酷热，冬季严寒。其中，蒙古的库伦（乌兰巴托），气温变化幅度从38℃到-42℃，温差巨大。在西藏高原海拔很高的地方，几乎都能生长普通植物，天山与阿尔泰山的半弧形山区也一样。这些地区都属于高山气候。在山脚下分布着森林，在山峰上是稀疏的植物。除了西藏高原和天山与阿尔泰山的弧形山区，几乎整个亚洲大陆都被一条纵向草原带覆盖。这片大草原在灌溉地区很肥沃，但是在中部，肥沃的土地则渐渐枯萎成沙漠。这片大草原从中国东北部一直延伸到克里米亚，从外蒙古的库伦延伸到马里和巴尔赫地区，欧亚北部草原在这里让位于更富有地中海特征的伊朗和阿富汗的亚热带干草原。

　　在北部，这条纵向的欧亚草原地带分别与俄罗斯中部和西伯利亚北部大森林地带，以及蒙古北缘和中国东北部接壤。在草原地带中部的三个地区，草原在不知不觉中让位于沙漠：河中地区的克齐尔库姆沙漠和阿姆河以南的卡拉库姆沙漠；包围着塔里木盆地的塔克拉玛干沙漠；最后是从西南贯穿东北的大戈壁滩，它从罗布泊延伸到中国东北边境上的兴安岭。沙漠吞噬着草原。戈壁沙漠的北面是北蒙古、贝加尔湖畔的森林、鄂尔浑河和克鲁伦河畔草原，南面是南蒙古、阿拉善、鄂尔多斯、察哈尔草原和热河。

　　沙漠边上的草原之路，给今天的塔里木盆地的历史带来决定性的转变。这个地区摆脱了游牧生活，商路上的这些绿洲具有都市的商业特征，这片地区是地中海世界的文明、伊朗文明、印度文明与中国文明之间的交通线。在干涸的塔里木河南北两条凹形河岸上有两条道路：北道经过敦煌、哈密、吐鲁番、焉耆、库车、喀什、费尔干纳盆地和河中地区；南道经过敦煌、和田、莎车、帕米尔山谷和巴克特里亚。这两条道路交替穿过沙漠，越过山峦；这就是丝绸之路和朝圣之路。贸易交往和宗教传播就是沿着这两条道路进行的。这两条道路上有过亚历山大后继者们的希腊艺术，有来自阿富汗地区的佛教传播者。正是通过这两条路，中国东汉王朝的将军们曾经试图与伊朗和罗马帝国东部往来。从中国的汉朝一直到元代忽必烈，都努力维持这两条商路的畅通。

　　不过，在这条狭窄的文明小径以北，游牧民则行走在另外一条完全不同的道路上。这是一条蛮族之路。在鄂尔浑河或克鲁伦河畔与巴尔喀什湖之间的地区，浩浩荡荡的蛮族大军畅通无阻，

虽然阿尔泰山和天山北部山嘴朝着巴尔喀什湖方向合拢,可是,两山之间在楚固恰克方向,在塔尔巴哈台的额敏河处,仍有十分宽阔的空隙,裕勒都斯河、伊犁河和伊塞克湖之间朝着西北方向的空隙也很宽,来自蒙古利亚的牧马人在这里看到了一望无际的吉尔吉斯草原和俄罗斯草原。塔尔巴哈台、阿拉套和穆扎尔特通道上,不断有从东方草原向西方草原迁徙的游牧民。其中,萨加人必定朝着东北方向深入了很长的路程,进入了帕兹雷克和米努辛斯克地区;另一些印欧种人在塔里木的各个绿洲上定居,分布在从喀什到库车、焉耆和吐鲁番,甚至远至甘肃的地区。可以肯定的是,从公元初年起,这种人口的流动就是从东向西进行的。在以后的中国突厥斯坦的各个绿洲上,活跃着匈奴人。他们也被称为匈人,并在俄罗斯南部和匈牙利建立了前突厥帝国。匈人之后,来了阿瓦尔人。7世纪时,来了哈扎尔突厥人。11世纪时,来了佩切涅格突厥人。12世纪时,来了库蛮突厥人。他们全都是沿着同一条路来的。最后,在13世纪,成吉思汗蒙古人统一了草原。

草原的历史,其实就是突厥—蒙古各部落为了争夺肥沃的牧场,彼此吞并的历史。出于牧群的需要,这些民族从一个牧场到另一个牧场,无休止地迁徙。有时,由于迁徙的路途非常遥远,往返一次往往需要好几个世纪,而这些游牧民的身体状况和生活方式,也都适应了这样的迁徙。他们在黄河和布达佩斯之间不停游荡的历史,是由定居国家的人们为他们保留下来的,不过这样的文字很少,仅仅限于当时有影响的一些事件。这些文字记录了游牧民们在长城脚下,在多瑙河要塞下,在大同或锡利斯特拉爆发过的战争。关于突厥—蒙古各族之间的内部骚动,每一支游牧部落都企图统治别的游牧部落:公元前有突厥族的匈奴人;公元3世纪有蒙古族的鲜卑人;5世纪有蒙古族的柔然人;6世纪有突厥族的突厥人;8世纪有回鹘突厥人;9世纪有黠戛斯人;10世纪有蒙古族的契丹人;12世纪有突厥族的克烈人或乃蛮人;13世纪有成吉思汗的蒙古人。实际上,我们并不清楚突厥、蒙古和通古斯这三大氏族的最初分布情况。今天,通古斯人主要生活在蒙古北部和西伯利亚东部的大部分地区,以及在中西伯利亚叶尼塞河中游东岸地区;蒙古人主要生活在历史上的蒙古利亚地区;突厥人主要分布在西西伯利亚和东、西突厥斯坦。在东、西突厥斯坦,突厥人是后来者,他们对阿尔泰山地区的影响直到公元1世纪才为人察觉。他们对喀什噶尔和河中地区的影响直到9世纪以后和11世纪以后才被察觉。生活在撒马尔罕和喀什的基本上是突厥化的伊朗人。在蒙古利亚本土上,成吉思汗的后代们明显使许多突厥部落蒙古化,这些部落

包括阿尔泰山的乃蛮人，戈壁滩的克烈人，察哈尔的汪古特人。直到今天，蒙古利亚的一部分仍然是属于突厥族的，甚至今天，还有一支突厥人，即雅库特人，占据着通古斯人以北的西伯利亚东北部，在勒拿河、因迪吉尔卡河和科雷马河流域。他们距离白令海峡很近。

如果突厥—蒙古族游牧部落的历史仅限于远征，或者仅限于在寻找新牧地中发生的一些小冲突，那么，其历史就没有多大意义。在人类史上，他们的重要意义在于曾经对文明地区所施加的压力。这种压力反复出现，直到他们征服成功。游牧民对文明地区的袭击和掠夺是一种自然规律，是由草原上的各种条件决定的。

那些留在贝加尔湖畔森林地带和黑龙江的突厥—蒙古人仍然没有开化，他们靠渔猎为生。他们与草原上的突厥—蒙古人不同，草原牧民靠饲养牲畜生活，所以，牧群追逐牧草，他们则跟随牧群。

另外，草原是马的故乡。草原的人是牧马人出身。无论是西方的伊朗种人，或者是东方的突厥—蒙古种人，是他们发明了骑马服，如同在博斯普鲁斯出土的辛梅里安人时期希腊花瓶上看到的斯基泰人穿的服装一样，或者像我们听到的那样，公元前300年，汉人曾经在交战时仿效匈奴人，用裤子取代了长袍。这些牧马人擅长闪电般的突然袭击，他们能远距离射中敌人的马，是优秀的弓箭手。他们在交战时使用的武器，与他们捕捉野味或牧马时用的武器一样，都是箭和套索。

就是在这样的条件下，草原上的游牧民们，逐渐瞥见了另外一种完全不同的生活方式。

13世纪成吉思汗征服北京后，他要让河北平原上肥沃的玉米地变成牧地。尽管他对耕耘一无所知，但是对都市文明中的机械产品和令人愉快的事情却赞叹不已，并把这些作为他们掠夺和洗劫的目标。成吉思汗在每次战役后，都会返回北方，在贝加尔湖附近度夏。他打败了札兰丁后，故意避开脚下的印度。不管怎样，成吉思汗对舒适的文明生活的怀疑是正确的，因为当他的后代们住进北京和大不里士的宫殿里时，随即就开始了堕落。不过，只要游牧民还保持着游牧的精神，他就会把定居的人看成是自己的农人，把城市和耕地看成是自己的农场，并对农人和农场进行公开勒索。他骑在马背上沿着古老帝国的边境巡游，检查人们上交来的贡赋，或者在突然袭击中掠夺那些不设防的城市。他们像狼群一样，而狼不正是古代突厥人的图腾吗？

欧洲与亚洲一样。在俄罗斯草原上也经历了类似的事件。在阿提拉的匈人之后，接踵而来的是保加尔人、阿瓦尔人、匈牙利人、哈扎尔人、佩切涅格人、库蛮人和成吉思汗的后裔。在伊斯兰境内，在伊朗和安纳托利亚的突厥征服者中，伊斯兰化和伊朗化的过程与突厥人、蒙古人和通古斯征服者的汉化过程也一一对应，可汗成为苏丹和国王，如同在东方成为天子一样。在伊朗也可以看到征服、继承和毁灭的过程，伽色尼突厥人之后，紧接着是塞尔柱克和花剌子模的突厥人，成吉思汗的蒙古人，帖木儿王朝的突厥人和昔班尼王朝的蒙古人，更不用说奥斯曼土耳其人。他们迅速来到穆斯林地区的外缘，取代了在小亚细亚垂死的塞尔柱克人的残余，征服拜占庭。

所以，亚洲大陆可以被看成是各民族的策源地和亚洲的日耳曼尼亚，在民族大迁徙中注定要把苏丹和天子献给古文明帝国。草原游牧部落的定期性征服和攻击成为历史上的一种地理规律。草原游牧部落的可汗们登上了长安、洛阳、开封或北京的王位，登上了撒马尔罕、伊斯法罕或大不里士的王位，登上了科尼亚或君士坦丁堡的王位。但是，它也通过古代文明地区使游牧入侵者缓慢地开始同化。这种现象是具有双重性的。中国和波斯文明，尽管被征服，但反过来也征服了野蛮的和未开化的胜利者。在征服后常常只需要50年，中国化和伊朗化的蛮族又会首先起来保卫文明，反对来自蛮族之地的新攻击。

公元5世纪，洛阳的拓跋族君主把自己看成是中国耕地和文化的卫士，反对所有蒙古人、鲜卑人，或希望重建业绩的柔然人。12世纪，塞尔柱人桑贾尔密切注视着阿姆河和锡尔河，反对来自咸海或伊犁地区的乌古思人或喀喇契丹人。如同罗马文明奋力抵抗撒克逊和诺曼日耳曼主义时，在被它同化的法兰克人中也发现了后备力量一样。中国文明在5世纪的拓跋人中发现了自己的支持者；阿拉伯—伊朗的伊斯兰国家也把勇敢的桑贾尔作为自己最忠实的拥护者。这些汉化和伊朗化的突厥—蒙古人做出了更好的榜样，他们完成了天子们的事业。库思老或哈里发没有能够取得的胜利，却被他们的意外继承者、15世纪的奥斯曼国王在穆斯林的欢呼声中完成了。同样，汉唐两代曾经希望建立的统治梦想，由13世纪和14世纪的元朝皇帝忽必烈和铁穆耳·完泽笃完成了。从忽必烈到康熙和乾隆，这些统治者在中国政府里，执行了中国在亚洲的帝国主义纲领；在伊朗—波斯世界，实现了萨珊朝和阿拔斯朝向君士坦丁堡的金色圆屋顶的进军。

实施过统治的民族、取得过帝位的民族是很少的。像罗马人一样，突厥—蒙古人只是其中的成员而已。

阅读导航

节标题
此处为本章内容上下文间一个大的分界，介绍下面所叙述主要内容。

小节标题
此处为节之下再次细分的内容分界，为正文内容的精简提炼标题。

绚丽插图
数百张彩色插图，从视觉角度了解草原游牧民族，与正文相辅相成。

精彩图说
对图片的深度解说，揭开图片背后隐藏的故事和知识。

图解草原帝国 >>

6. 鲜卑、匈奴、拓跋突厥与柔然

鲜卑人取代北匈奴

大约在155年，北匈奴人被鲜卑人征服。鲜卑人来自蒙古和兴安岭地区。鲜卑首领檀石槐征服了北匈奴后，进军西蒙古，并远征至伊犁河畔，打败了乌孙人。（据记载，166年，鲜卑人统治着从中国东北三省到乌孙国，远至巴尔喀什湖的广大地区。）很快，檀石槐就把侵略的目标指向东汉朝廷。156年，檀石槐进攻辽东地区，但是被击退。接着，他转攻内蒙古的南匈奴人，此时，南匈奴人已归顺东汉。檀石槐与南匈奴达成协议，诱使南匈奴人和他一起夹攻陕西和甘肃地区。不过，面对强大的东汉军队，他们撤退了（158年）。随即，鲜卑人又对辽西地区发起攻击，177年，汉将赵彪将他们击溃。207年，曹操彻底击溃在大兴安岭南部的达费诺尔（即呼伦池）和西拉木伦河（辽河）游牧部落——乌桓。215～216年间，曹操把余下的南匈奴人安置在今陕西省、山西省和河北省以北的地区，当时，这些地区人烟稀少。曹操还把他们分成五部，每部由一位汉人"司马"统治。

220年，东汉灭亡，三国开始。224年，鄯善（罗布泊）、库车和于阗向魏王曹丕表示效忠。285年，库车王派王子入侍西晋朝廷。279年，鲜卑人进攻凉州（今武威）附近的甘肃边界，被西晋大将马隆击退。

从此，匈奴人已基本消失，鲜卑人也无力攻击中国边境，华夏民族几乎不再受到来自草原的威胁，可是，4世纪时的少数民族大入侵又开始了。

4世纪的大入侵

从前3世纪开始，在单于带领下，匈奴人控制着内、外蒙古地区，单于的驻地在鄂尔浑河流域。前44年，单于首领郅支被赶出蒙古，迁向巴尔喀什湖地区（今哈萨克斯坦共和国），匈奴人开始出现分裂。于是，东匈奴、西匈奴产生了；东匈奴主要在蒙古地区，他们仍然是华夏民族的敌人，西匈奴主

 "黄须"鲜卑人

图为鲜卑人的骑兵与步兵。鲜卑人属于东胡族一支，兴起于大兴安岭山脉。据说，鲜卑人最醒目的相貌特点是黄须，具有白种人的相貌特征。《世说新语》载王敦称晋明帝为："黄须鲜卑奴"，是因为晋明帝的母亲是鲜卑人，故其相貌类似于鲜卑人。"黄头"或"黄须"正是鲜卑人的相貌特征。

斯基泰人	萨尔马特人		柔然人	突厥人		契丹人	女真人
	匈奴人	鲜卑人			厌哒人	回鹘人	

36　第一编　13世纪前的亚洲高原

我们在此特别设置了阅读导航这一单元,对本书内文中各个部分的功能、特点等逐一说明,相信会使您的阅读效率大大提高。

要在巴尔喀什湖和咸海草原上,他们后来成为罗马帝国的敌人。

48年,东匈奴内部分裂;内蒙古的八个匈奴部落不再效忠于鄂尔浑河地区的单于。从此,在外蒙古鄂尔浑河流域的主要是北匈奴人,在长城以北的内蒙古的主要是南匈奴人。155年,北匈奴人被鲜卑人征服。

东汉末年,南匈奴人在鲜卑人的压力下南迁。他们逃入黄河河套、鄂尔多斯草原和阿拉善附近地区。三国时期(220~265年),他们居住在这些地方并成为华夏民族的盟邦。当时,这些匈奴人经常前往长安和洛阳。

与此同时,南匈奴人继续向南推进,并在长城内定居下来。其中一支单于部落在首领呼厨泉单于(195~216年在位)的带领下,在山西腹地平阳定居下来。304年,使用了汉朝姓氏的匈奴首领刘渊踞守山西太原,西晋朝廷封他为五部落单于。308年,他在太原称帝,建立北汉,也称为前赵。

311年,刘渊之子刘聪(310~318年在位)率军占领洛阳,火烧西晋宫廷,俘获了晋怀帝,并逼近长安。312年,刘渊率军屠杀长安居民。313年,晋怀帝被杀。晋愍帝(312~316年)继位,建都长安。316年,匈奴再次卷土重来,包围长安城,迫使西晋

正文
流畅的语言描述,精辟地介绍草原游牧民族的兴衰历史。

"五胡十六国"隶属图

"五胡十六国"是指自西晋末年到北魏统一北方期间,曾在中国北部境内建立政权的五个北方民族及其所建立的政权。实际上在这一华夏动乱时期,成立的政权多达60多个,但是其中时间相对较长的是这其中的十六国,具体情况见表3。

表3 五胡十六国

民族	政权	首都	年代(公元)	开国者
匈奴	汉(前赵)	离石—黎亭—蒲子—平阳—长安—上	304/318~329	刘渊
	大夏	统万	407~431	赫连勃勃
	北凉	张掖	401~439	沮渠蒙逊
鲜卑	前燕	昌黎—棘城—龙城—蓟城—邺城	337~370	慕容皝
	后燕	中山	384~409	慕容垂
	西凉	苑川(今甘肃榆中东北)	385~431	乞伏国仁
	南凉	廉川—金城—乐都—西平—姑臧	397~414	秃发乌孤
	南燕	滑台—广固	398~410	慕容德
羯	后赵	襄国—邺城	319~351	石勒
氐	成汉	成都	304~347	李雄
	前秦	枋头—长安—晋阳—南安—湟中	351~394	苻健
	后凉	姑臧(今武威民勤县)	386~403	吕光
羌	后秦	北地—长安	384~417	姚苌
汉	前凉	姑臧(今武威民勤县)	320~376	张茂
	西凉	酒泉—敦煌	400~421	李暠
	北燕	龙城(今辽宁朝阳)	409~436	冯跋

精练图表
以图表的形式,将散于文中的诸多关联内容统合起来,方便掌握。

塞尔柱人 古兹人　　　　　可萨人 钦察人　　　　满族人 卡尔梅克人
　　阿瓦尔人 保加尔人　　　　蒙古人 塔吉克人

第一章 草原的早期历史:斯基泰人与匈奴

章序号与章标题
此处可以让读者清楚地知道,自己所阅读的是全书哪一部分内容。

西夏党项人骑兵

乌古斯人

蒙古弓骑兵

花剌子模贵族

目录 CONTENTS

鉴赏插页

编者序

序言

阅读导航

**第一编
13世纪前的亚洲高原**

第一章　草原的早期历史：斯基泰人与匈奴

1. 上古时期的草原文明 / 3
2. 斯基泰人及其艺术 / 7
3. 萨尔马特人和阿尔泰地区前突厥文化 / 14
4. 匈奴 / 17
5. 丝绸之路 / 26
6. 鲜卑、匈奴、拓跋突厥与柔然 / 36
7. 欧洲的匈奴人：阿提拉 / 41

蒙古骑兵

蒙古军帐

迦勒迦河战役

骑射"回头望月"

第二章　中世纪初期：突厥、回鹘和契丹

1. 突厥帝国的分裂与瓦解 / 45
2. 塔里木绿洲上的民族 / 50
3. 唐朝：中亚的主人 / 54
4. 回纥突厥帝国 / 65
5. 契丹 / 69
6. 女真人 / 73

第三章　13世纪前的突厥人与伊斯兰教

1. 抵御突厥势力的伊朗屏障：萨曼王朝 / 78
2. 喀什噶尔和河中地区的突厥化：哈拉汗朝 / 80
3. 突厥史上的塞尔柱人 / 84
4. 桑贾尔苏丹和阿姆河防线 / 90
5. 喀喇契丹帝国 / 92
6. 花剌子模帝国 / 95

第四章　6至13世纪的南俄罗斯草原

1. 阿瓦尔人 / 99
2. 保加尔人和马扎尔人 / 104
3. 可萨人 / 106
4. 佩切涅格人和钦察人 / 107

 倭马亚王朝步兵
 波斯细密画
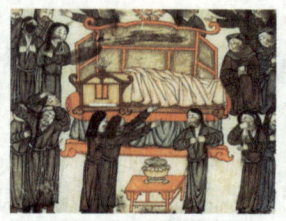 成吉思汗葬礼
 南宋"飞火枪"

第二编
成吉思汗蒙古人

第五章　成吉思汗
1. 12世纪的蒙古 / 113
2. 成吉思汗 / 117
3. 蒙古帝国 / 128
4. 成吉思汗的征服 / 132
5. 成吉思汗的最后岁月 / 148

第六章　成吉思汗的继承者
1. 成吉思汗儿子们的封地 / 153
2. 窝阔台的统治 / 156
3. 贵由的统治 / 170
4. 蒙哥的统治 / 175

第七章　忽必烈与元朝
1. 忽必烈的统治 / 190
2. 元朝的宗教政策 / 204
3. 马可·波罗的旅行 / 211

蒙古来袭绘词

蒙古可汗

帖木儿的血与火之路

战败的昔班尼

    4. 元朝的天主教 / 221

    5. 忽必烈家族的后裔和蒙古人被逐出中国 / 228

第八章　察合台家族统治下的突厥斯坦

    1. 察合台汗国的起源与一般特征 / 233

    2. 阿鲁忽的统治：察合台人独立的尝试 / 238

    3. 海都宗主权下的察合台汗国 / 240

    4. 察合台汗国的鼎盛与分裂 / 243

    5. 察合台汗国的重新统一 / 249

第九章　蒙古人统治下的波斯和旭烈兀家族

    1. 初期蒙古人在波斯的统治 / 253

    2. 阔儿吉思和阿儿浑的统治 / 256

    3. 旭烈兀的统治 / 259

    4. 阿八哈的统治 / 273

    5. 阿鲁浑的统治 / 278

    6. 列班·扫马出使欧洲 / 281

    7. 合赞的统治 / 286

    8. 完者都和不赛因的统治 / 291

    9. 波斯蒙古汗国的瓦解 / 297

 拘押阿巴斯王朝哈里发
 旭烈兀
 库利科沃战役
 驼骑鼓手

第十章　钦察汗国

1. 金帐、白帐和昔班兀鲁思 / 302
2. 拔都和别儿哥 / 304
3. 那海和脱脱 / 312
4. 月即别和札尼别 / 316
5. 马麦和脱脱迷失 / 319

第十一章　帖木儿

1. 帖木儿与迷里忽辛在河中的争斗 / 325
2. 帖木儿帝国 / 329
3. 帖木儿帝国的征服 / 333
4. 沙哈鲁的统治 / 367
5. 卜撒因的统治 / 375
6. 最后一批帖木儿人 / 378

第三编
最后一批蒙古人

第十二章　罗斯的蒙古人

1. 金帐汗国的结束 / 385
2. 克里米亚汗国、喀山汗国和阿斯特拉罕汗国 / 388

弈棋图壁画

帖木儿觐见礼

明宣宗行乐图

满族骑兵

第十三章 昔班家族

1. 从昔班到阿布海儿 / 393
2. 穆罕默德·昔班尼和昔班尼汗国 / 395
3. 阿斯特拉罕汗国、布哈拉汗国、希瓦汗国、浩罕汗国 / 398

第十四章 察合台王室的末代后裔

1. 蒙兀儿斯坦的复兴：歪思汗与也先不花 / 405
2. 末代察合台后裔 / 408

第十五章 15世纪后蒙古的最后帝国

1. 1370年后蒙古的混乱 / 413
2. 第一个卫拉特帝国：脱欢 / 415
3. 成吉思汗系最后的复辟 / 417
4. 满族对中国的征服 / 420
5. 17世纪的西蒙古人 / 422
6. 清朝合并准噶尔地区 / 431

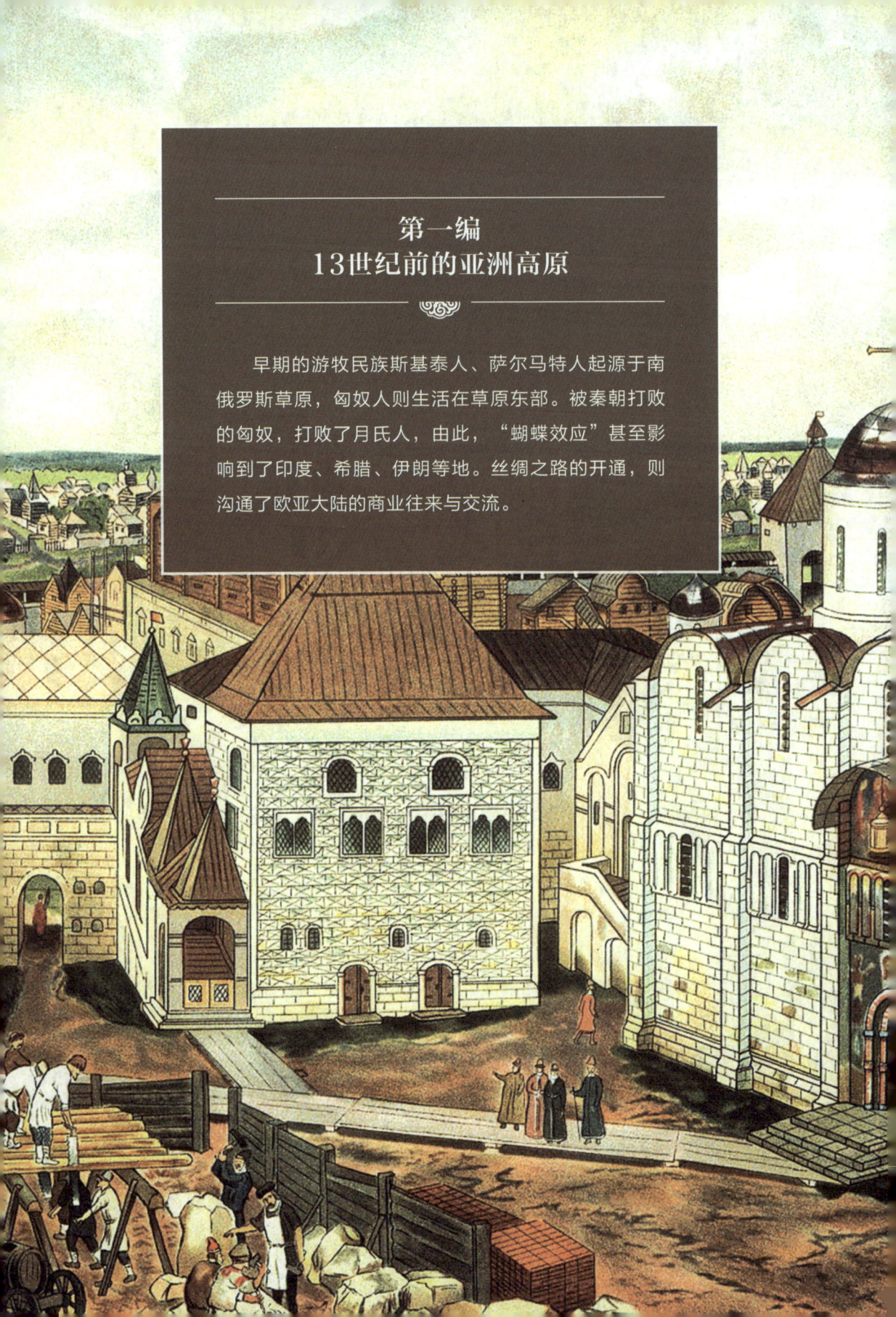

第一编
13世纪前的亚洲高原

早期的游牧民族斯基泰人、萨尔马特人起源于南俄罗斯草原，匈奴人则生活在草原东部。被秦朝打败的匈奴，打败了月氏人，由此，"蝴蝶效应"甚至影响到了印度、希腊、伊朗等地。丝绸之路的开通，则沟通了欧亚大陆的商业往来与交流。

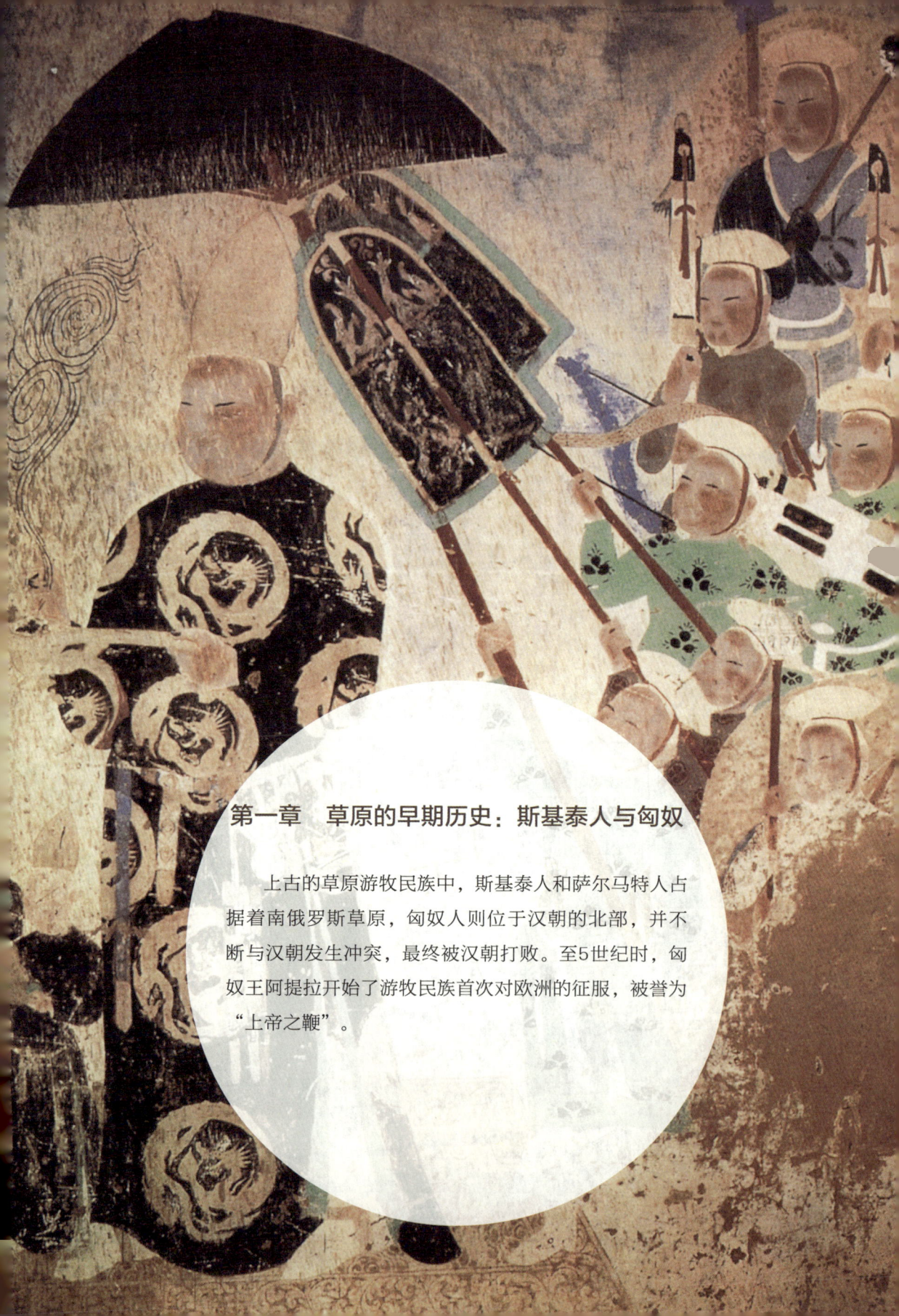

第一章　草原的早期历史：斯基泰人与匈奴

上古的草原游牧民族中，斯基泰人和萨尔马特人占据着南俄罗斯草原，匈奴人则位于汉朝的北部，并不断与汉朝发生冲突，最终被汉朝打败。至5世纪时，匈奴王阿提拉开始了游牧民族首次对欧洲的征服，被誉为"上帝之鞭"。

1. 上古时期的草原文明

我们知道，北方的草原之路是历史上最早的欧亚之路。

早在旧石器时代，奥瑞纳文化就是沿着这条路，经过寒冷的西伯利亚——人们曾经在安加拉河的上游，距离伊尔库茨克不远的马利塔地区发现过一尊属于奥瑞纳文化时期的维纳斯雕像——进入中国的北方地区。泰亚尔·夏尔丹曾经注意到，在中国东北地区，西北的甘肃、宁夏附近的水洞沟、黄土坡，陕北榆林地区，以及西南的萨拉乌苏河流域，都有奥瑞纳文化时期的遗址。

接着，在新石器时代，或者更确切点说在新石器时代的末期，一种梳形的陶器也曾经经过西伯利亚地区的草原之路传播到了亚洲地区。这种梳形的陶器装饰有平行直线纹，大约是在公元前3世纪的上半叶，在俄罗斯中部地区被发明出来，然后传入到了西伯利亚的部分地区，并逐渐对中国甘肃齐家坪地区的中国原始陶器的发明和生产产生了重要影响。

随后，在公元前2000年左右，又出现了一种装饰有螺旋纹的优质陶器，这种风格的陶器最初发明并产生于基辅附近的特里波利耶地区、布科维纳的斯奇彭尼兹地区、比萨拉比亚的彼特里尼地区，以及摩尔达维亚的库库特尼地区。这种陶器可能同样是经过西伯利亚地区，然后从乌克兰传入中国，并且在大约公元前1700年，在中国河南省仰韶村大量生产，并在甘肃的半山地区广泛使用。根据塔尔格伦的推算，西伯利亚的青铜时代大约开始于公元前1500年左右，并且与同时期的多瑙河地区伟大的青铜文化即奥涅提兹文化，有着紧密的联系。而在西伯利亚中部的米努辛斯克地区，青铜时代大约是在300年后，即公元前1200年左右才开始的。西伯利亚人曾经使用的青铜斧和长矛头，也在中国仿造了出来，以至于马克思·劳尔推测，中国大约就是在这一时期，即公元前1400

◉ 维林多夫的维纳斯

这尊很小的女性裸体雕像属于旧石器时代晚期奥瑞纳文化的作品，距今约有两万多年，是人类最早的雕塑艺术代表作，因发现于维林多夫山洞，故被称为"维林多夫的维纳斯"。它有意夸张和强调了女性的特征，是因为在原始的母权制社会中，只有最肥胖、最强壮的女性才有能力生育、抚养后代，所以肥胖是富足、力量和称心如意的象征。

| 塞尔柱人 | 古兹人 | | 可萨人 | 钦察人 | | 满族人 | 卡尔梅克人 |
| 阿瓦尔人 | 保加尔人 | | | 蒙古人 | 塔吉克人 | |

第一章　草原的早期历史：斯基泰人与匈奴

埃兰的公牛形银器

动物形象在人类早期常被视为某些自然力量的代表，受巴比伦文化的影响，草原的文化历史上也出现了诸如纯金、纯银的动物形象。图为古代埃兰地区的公牛形银器。

年左右，模仿出了西伯利亚的青铜技术。

在草原的古代史上，有一个非常突出的特征，那就是发展出了一种日益风格化的动物艺术。这种动物艺术显然是独创的，是为了用来装饰镶嵌在马具和装备上的铜片、银片及金片而设计出来的。对于古代的游牧民来说，这是一种奢侈品。在库班的迈科普墓地中出土的金银合金花瓶，以及一些明显反映出受亚述—巴比伦文化风格影响的纯金银动物形象，如公牛、狮子等，也是这种文化艺术中的杰出代表。根据塔尔格伦的推算，这些艺术品的产生年代大约是在公元前1600~前1500年，与米诺安中期文化属于同一时期。这种受亚述—巴比伦文化影响的艺术，一直持续到了大约公元前6世纪。关于这一点，我们可以在著名的克勒姆斯青铜斧上看到。在各种推论中，塔尔格伦更倾向于同意：大约从公元前1200年开始，有一支印欧种的辛梅里安人（Cimmerians）最初居住在黑海以北的俄罗斯草原上。他认为，辛梅里安人属于色雷斯—弗里吉亚人种（Thraco—Phrygian），或者"来自"于匈牙利和罗马尼亚，或者他们一直就"居住在"匈牙利和罗马尼亚。

这位著名的芬兰考古学家，将在第聂伯河流域和库班地区发掘出来的这一时期的大量古物，归属于这些辛梅里安人。这些古物中，最重要的有博罗季诺珍品（公元前1300?~前1100年左右），像青铜镰刀这样的斯特科夫珍品（公元前1400?~前1100年），尼科拉耶夫地区发现的青铜铸器（公元前1100年?），以及阿布拉莫威卡地区发现的青铜镰刀（公元前1200年?），这些东西都是在多瑙河下游与第聂伯河下游之间的地区发现的。此外，考古学家还在库班地区发现了金片和一尊纯银制的斯特拉米沙斯托夫卡雅公牛像（公元前1300年?）。最后，在捷列克河畔，又发现了皮亚蒂戈尔斯克棺椁（公元前1200年?）和科本初期的棺椁（大约公元前1200年?~前1000年，属于青铜器时期）。

在俄罗斯南部地区，所有这种辛梅里安艺术都与甘扎—卡拉巴克赫地区的外高加索文化有着密切的联系。在甘扎—卡拉巴克赫地区，人们已经发现了饰有几何纹动物图案的优质青铜纽扣——外高加索文化开始于公元前1400~前1250年间，最迟在公元前8世纪结束。另外，辛梅里安艺术与塔里锡文化也有联系——塔里锡青铜艺术大约在公元前1200年达到繁荣的顶峰。

波克罗夫斯克（今恩格尔斯地区）木棺的年代可以推溯至公元前1300～前1200年左右，它反映出了前辛梅里安文明，或者说辛梅里安的青铜文明，是从伏尔加河流域传播到乌拉尔山区和突厥斯坦地区的。在下诺夫哥罗德（今高尔基地区）附近的色玛地区发现的一批珍品，尤其是一些带孔的战斧（公元前1300～前800年），使我们看到了还处于低级阶段的铜器和青铜器文化。在哈萨克地区有一种类似的文化，即安德罗诺沃文化，传到了米努辛斯克，并且大约在公元前1000年，由卡拉苏克文化延续了下来。这就是最早的西伯利亚青铜时代。在这个时期，人们发现过带孔的斧子——这种青铜斧可能对中国商朝时期的安阳地区的青铜斧的生产和使用产生过影响，以及扁平的匕首，色玛式的矛头和带有纯几何纹的装饰。高加索文化中的动物艺术似乎没有传入这一地区。再往北，在叶尼塞河河畔的克拉斯诺亚尔斯克地区，人们在很晚的时候才发现了铜石并用时期的艺术，其中有一些著名的麋形石刻和马形石刻。

公元前1150～前950年，辛梅里安文化继续在黑海北岸地区发展。此时，似乎已是诺沃格里格鲁夫斯克时期（人们发现的带孔的青铜手斧就是属于这一时期的文物），以及布格河畔的尼古拉耶夫的青铜铸器时代（约公元前1100年？）。在捷列夫草原上，科本地区的纯青铜时代与格鲁吉亚地区的勒尔瓦尔文化惊人相似。草原上的勒尔瓦尔文化是一种比较先进的文化，因为人们在这个地区发现了铁。在这一文化时期，装饰有人和动物形象的一种奇特的青铜带出现了。青铜带上的人和动物形象是呈几何图形的，表现的是人们打猎和耕种的场面（大约公元前1000～前900年）。此外，在萨马拉和萨拉托夫之间的波克罗夫斯克地区（今恩格尔斯），我们还可以看到一种地区性的青铜文化，这可以从赫瓦伦斯克墓群中的古物得到证实。根据塔尔格伦的估计，赫瓦伦斯克墓群的年代是在公元前1200～前700年左右。塔尔格伦还断定，这一文化是属于斯基泰人的，即当时第一次出现在俄罗斯的北伊朗人，他们将继辛梅里安人之后统治黑海北岸草原。辛梅里安文化的最后阶段大约是在公元前900～前750年之间。

在加利西亚地区的米海洛夫卡文化时期，人们发现的有名的金王冠，就反映了在

商朝铜钺

公元前11世纪的辛梅里安文化已经进入青铜器时代，其青铜铸器的样式可能影响了中国同时代的商朝。图中是中国商代出土的带有孔洞和兽纹铜钺，钺是一种较大型斧子的称呼。这种铜钺的样式很有可能是受到西西伯利亚新梅里安文化的影响。

▽ 描绘人物的青铜带

这条公元前800多年前的青铜带上，描绘着人们在亚述发现了金属和马，以及一条河流的源头，人们忙着用锤子雕刻或者记录着什么。带上的人和动物形象清晰可见，并有一定的叙事色彩。

这一时期的辛梅里安文化与高加索文化，还有奥地利的哈尔希塔特文化（公元前800～前700年？）有着相似之处。在基辅南部，受高加索文化影响的波德戈尔扎文物也是这一时期的；在敖德萨东部科布勒沃发现的带孔的青铜斧也属于这一时期；在俄罗斯南部大量存在，矛端上有两个槽口的矛头，也都属于这一时期（约公元前900～前700年）。另外，辛梅里安的青铜文化还流传到了罗马尼亚地区，并且在摩尔达维亚地区，融合了波德—希拉斯特安和穆列什文化艺术的形式；在瓦拉几亚地区又融合了瓦尔托普文化艺术的形式。

随后，辛梅里安青铜文化继续传入匈牙利地区。和塔尔格伦一样，我们有理由认为，当东南部的高加索文化和奥地利的哈尔希塔特文化已经进入了铁器时代（大约处于公元前900～前700年之间），辛梅里安人和色雷斯人却仍然逗留在青铜时代。在别的地方，位于伏尔加河与乌拉尔山之间、属于斯基泰人先驱的哈瓦伦斯克文化的发展同样也放缓了速度，大约在公元前900年，该文化群曾经产生过索斯诺瓦雅·马扎青铜铸器。同时，在西伯利亚的米努辛斯克地区，青铜时代的第二阶段也发展起来了。根据塔尔格伦的观点，这一时期大约是在公元前1000～前500年之间，这个时期的文化是以带有两个眼的有孔青铜斧为代表，青铜器上的装饰图案仍然是以几何图形为主，尽管也有少量珍贵的动物形象，但无疑只是用来装饰刀柄和剑柄。我们应该记住的是，俄罗斯草原上的辛梅里安人的青铜时代，在其最后阶段是处于两种铁器文化，即奥地利的哈尔希塔特文化和高加索文化的交流之中的。历史学家还在辛梅里安文化的较晚地层上，发现了来自哈尔希塔特的铁刀，就如同在斯基泰人早期地层中所发现的一样。

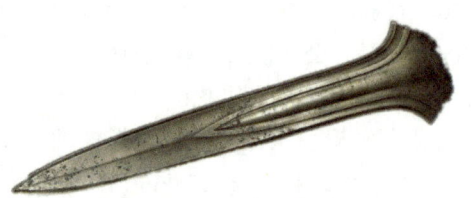

▽ 青铜匕首

这是一把公元前1300多年的青铜匕首，发现于欧洲大陆，其长70.9厘米，重2.37公斤，边缘整齐而生硬，显然并非用于战斗，更像是专为礼仪上使用，极为罕见。

2. 斯基泰人及其艺术

 斯基泰人

根据希腊历史学家们提供的证据和亚述王国的编年史，从公元前750～前700年，来自突厥斯坦和西西伯利亚的斯基泰人从辛梅里安人手中夺走了南俄罗斯草原。历史学家们推断，斯基泰人应该属于伊朗种人。这些北伊朗人一直过着游牧生活。所以，亚述和巴比伦的物质文明对他们的影响不大。而生活在伊朗高原上的米底人和波斯人却明显受到了亚述和巴比伦物质文明的影响。斯基泰人和萨尔马特人（两者是有血缘关系的）一样，对马兹达克教和琐罗亚斯德改革一无所知。至今，斯基泰人的生动形象仍然保留在库尔奥巴和沃罗涅什的希腊—斯基泰式花瓶上。他们留着胡须，戴着和萨迦人一样的帽子——能够防御草原寒风的一种护耳尖顶帽，穿着与萨迦人、米底人、波斯人类似

▽ **铁器时代的刀剑**

这把铁器时代的刀剑出自英格兰东部公元前300多年的墓葬，还带有部分青铜时代的色彩。刀剑整体上采用复杂的铁块镶嵌而成，刀柄非常精细，由不同的铁、铜组成，并镂刻有各种几何图形，涂有红色的磁漆。

的宽松服装——束腰的上衣和大裤子。在切尔托姆雷克古坟中出土的两耳细颈银酒罐上，还绘有草原上的骏马。斯基泰人时刻都离不开马和弓箭。他们没有固定的居住地，常年生活在篷车中，这种篷车能够随着季节的变换而迁徙。直到1900年以后，也就是在13世纪时，由成吉思汗率领的蒙古人，也是赶着这样的大篷车，在俄罗斯草原上来回穿越。篷车载着他们的妻子和财产，包括用黄金制作的装饰品、马具，以及装备上的饰片，还有地毯。这些装饰品和地毯深刻地呈现出了斯基泰人的艺术。直到公元前3世纪，斯基泰人始终都是俄罗斯草原上的主人。

今天，语言学家们认为，斯基泰人隶属于印欧家族的伊朗种人或雅利安种人。不

▽ **金王冠**

这是公元前7世纪～前4世纪，活跃在黑海北岸、哈萨克草原、阿尔泰、蒙古国西部等广大草原地区生活着的斯基泰人的黄金头盔。斯基泰人是阿尔泰黄金宝藏的主人，其工艺发达，制作极其绚烂，是游牧艺术最早的发源地之一。

鲁文物，以及加利西亚的米海洛夫卡文物，大概就是这些避难的辛梅里安人留下来的。其余的辛梅里安人则经过色雷斯或者科尔奇斯，逃进了小亚细亚。他们先在弗里吉亚游荡（大约公元前720年），随后又迁移到了卡帕多细亚和西里西亚地区（大约公元前650年），最后进入彭蒂斯（大约公元前630年）。随同这些辛梅里安人迁移的还有一些斯基泰人（大约前720～前700年），不过，斯基泰人走的是另外一条路，他们从耳班关隘穿过了高加索，进入亚述帝国的疆域。斯基泰王伊斯卡帕带领自己的种族进攻亚述帝国，但没有成功（大约公元前678年）。而另外一位斯基泰王巴塔图亚则与亚述人建立了友好关系，并开始共同对付辛梅里安人，此时，辛梅里安人正在西里西亚和卡帕多细亚地区游牧，对亚述帝国构成了威胁。于是，

▽ **斯基泰人**

所谓的斯基泰人，是对这些文化、生活方式比较接近的游牧人的统称。他们在公元前7世纪获得了南俄草原的霸权，不停地和亚述人、辛梅里安人、波斯人、米底人征战，是游牧文化和后来诸多游牧民族的族源之一。

过，他们的生活方式类同于突厥—蒙古种的匈奴人。匈奴人大致与斯基泰人生活在同一时期，他们的主要居住地在当时的中国边境。事实上，无论是在黑海、里海以北，还是在蒙古，草原上的游牧生活都是相似的。例如，斯基泰人和匈奴人在骑马打猎时，都穿裤子和靴子，都使用马镫，他们都有殉葬的风俗。于是，在公元前750～前700年间，斯基泰人从图尔盖河流域和乌拉尔河流域进入俄罗斯南部地区，他们赶走了居住在那里的辛梅里安人。一些辛梅里安人只好逃到匈牙利避难。历史学家们推测，在匈牙利舍拉吉附近的米赫埃尼文物，赫维什附近的富库

▽ **希腊的金瓶**

公元前8世纪～前3世纪，斯基泰人生活在南俄草原上。图中希腊人制作的金瓶上描绘了斯基泰人的外貌，他们留着胡须，戴着护耳尖顶帽，束腰的上衣和大裤子，他们手中持着的长矛是用来狩猎和战斗的武器，具备典型的游牧民族特征。

在亚述帝国的旨意下，一支由斯基泰人组成的军队进入彭蒂斯，打垮了最后一批辛梅里安人（大约公元前638年）。十年后，亚述人受到了米底人的侵扰，巴塔图亚的儿子——希罗多德名为马代斯者，在亚述帝国的旨意下，亲自带兵入侵并征服了米底（大约公元前628年）。但随后，米底人在米底王奇阿克撒列的带领下开始反抗，杀了斯基泰人的首领。于是，余下的斯基泰人穿过高加索返回了俄罗斯南部地区。虽然在斯基泰人的侵略事件中，这只是一个小片段，但却影响深远。斯基泰人威胁入侵西亚地区将近70年，期间，他们是东半球最令人恐惧的人。斯基泰人的骑兵在卡帕多细亚、米底、高加索、叙利亚之间来回奔驰，寻找"猎物"。这次民族大动荡，标志着北方草原上的游牧民对

斯基泰人的征程

作为游牧民族，斯基泰人的迁移就是不停地与各色人等征战的战争史。

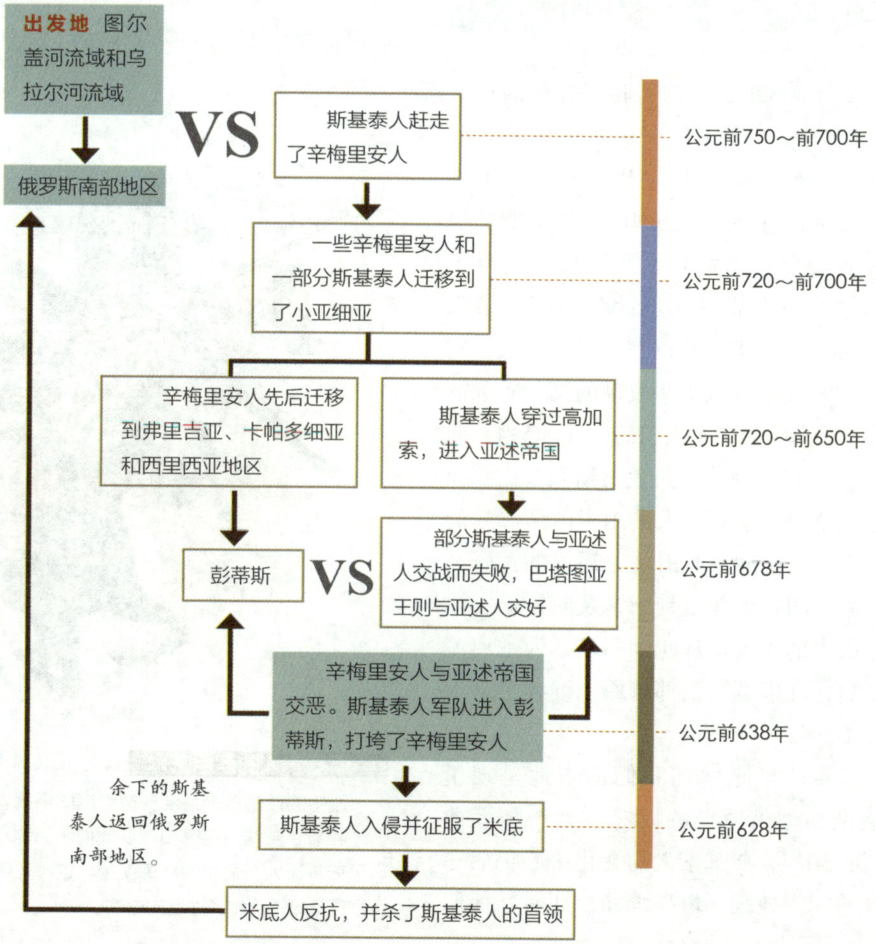

出发地 图尔盖河流域和乌拉尔河流域 → 俄罗斯南部地区

VS

- 斯基泰人赶走了辛梅里安人 —— 公元前750～前700年
- 一些辛梅里安人和一部分斯基泰人迁移到了小亚细亚 —— 公元前720～前700年
- 辛梅里安人先后迁移到弗里吉亚、卡帕多细亚和西里西亚地区
- 斯基泰人穿过高加索，进入亚述帝国 —— 公元前720～前650年
- 彭蒂斯 VS 部分斯基泰人与亚述人交战而失败，巴塔图亚王则与亚述人交好 —— 公元前6/8年
- 辛梅里安人与亚述帝国交恶。斯基泰人军队进入彭蒂斯，打垮了辛梅里安人 —— 公元前638年
- 余下的斯基泰人返回俄罗斯南部地区。
- 斯基泰人入侵并征服了米底 —— 公元前628年
- 米底人反抗，并杀了斯基泰人的首领

塞尔柱人 | 古兹人 | 阿瓦尔人 | 保加尔人 | 可萨人 | 钦察人 | 蒙古人 | 塔吉克人 | 满族人 | 卡尔梅克人

第一章　草原的早期历史：斯基泰人与匈奴

斯基泰人的划分

广义的斯基泰人分布的地区很广，西自黑海以北，东至伊犁河下游，南达古波斯的北边边疆。虽然在种族上属同一语族，但在不同地区史学家对他们的称谓并不相同，详情见表1。

表1

斯基泰人生活的地区	史学家的称谓
欧洲地区	斯基泰人（Scythians）
里海西北部地区	萨尔马特人（Sarmatians）
里海东北部地区	奄蔡人（Aorsoi），后称阿兰人（Alani）
自咸海以南东至伊犁河下游的广大地区	塞人（Sacae）和马萨革泰人（Massagetae）

南方古文明地区的第一次入侵：在随后的大约20个世纪中，这种入侵反复出现。

波斯人取代亚述人、巴比伦人、米底人成为西亚的主人时，开始致力于维护伊朗地区的安全。据希罗多德记载，居鲁士发动的最后一次战争就是针对马萨革泰人（Massagetae），即希瓦以东的斯基泰人（约公元前529年）。而大流士发动的第一次远征也是反对欧洲的斯基泰人（约公元前514～前512年）。大流士率军经过色雷斯和今比萨拉比亚进入草原，斯基泰人采用了诱敌深入的策略，将大流士的军队引诱进遥远的荒野。幸好大流士明智地作出判断，及时撤退，才没有造成大的损失。从此，斯基泰人远离波斯的影响，在俄罗斯南部草原上继续平静地生活了300年。

斯基泰人的艺术向我们清晰地呈现了他们逐渐占领俄罗斯的情况。大约公元前700～前550年，斯基泰人的文化中心仍然在东南方的库班地区和塔曼半岛。此时，他们

已在第聂伯河下游和布格河下游之间的乌克兰南部地区处于统治地位。直到大约公元前550～前450年间，斯基泰文化才在现今的乌克兰地区繁荣起来，并在大约公元前350～前250年间达到顶峰。在西方，斯基泰人的扩张最远到达了基辅南部、沃罗涅什地区。在东北方，斯基泰人沿伏尔加河流域扩张，直达萨拉托夫。塔尔格伦把生活在该地区的斯基泰人，即具有斯基泰特征的人，都认定是萨尔马特人。

最后，生活在斯基泰地区北部的，大约是曾经与辛梅里安人一同居住过的安德罗法吉人、米兰克尼勒斯人、伊赛多涅斯人，他们可能属于芬兰—乌戈尔种。安德罗法吉人

斯基泰人的盔甲艺术

图中的斯基泰骑兵全身披青铜鳞甲战衣，手持竖立长矛和盾，腰间是弓箭和剑。他们所骑的马也有披甲，可见斯基泰人对盔甲的熟练使用。这种盔甲艺术对于整个欧亚草原都产生了深远的影响。

和米兰克尼勒斯人都加入了斯基泰人反抗大流士入侵的战争。历史学家们在德斯纳河流域和奥卡河流域的考古中，发现了摩尔达维亚文化遗迹。在摩尔达维亚文化中，有大量低级的几何纹图案，完全没有斯基泰人文化中的动物形象的风格。塔尔格林认为，所谓的摩尔达维亚文化，应该就属于安德罗法吉人和米兰克尼勒斯人。

斯基泰艺术

斯基泰人和亚述帝国曾经是同盟者，这种关系持续了将近一个世纪。但公元前7世纪时，斯基泰人开始大举入侵高加索、小亚细亚、亚美尼亚、米底地区和亚述帝国。历史学家们推测，斯基泰人可能是在这次穿越西亚时，完成了从青铜时代到铁器时代的过渡。

初期的斯基泰艺术也受到了哈尔希塔特铁器技术的影响——哈尔希塔特文化时期是从公元前1000年或前900年，至公元前500或前400年，在克尔特—多瑙河流域，斯基泰文化则是从公元前700～前200年。不过，在公元前7世纪的民族动荡中，最先与斯基泰人有密切联系的是高加索和米底国家。弗朗兹·汉卡和F·W·库利格都认为，在高加索的科本青铜器中，大量都是公元前7世纪的遗物，与古代米底西南部卢里斯坦的一些青铜器一样。汉卡认为，科本的青铜器，甚至卢里斯坦的部分青铜器，都是属于辛梅里安人的。很明显，两种青铜文化与这一时期的斯基泰艺术早期阶段是有联系的，此时，斯基泰人和辛梅里安人正入侵同一地区。

从库班的克勒姆斯铁和金铸成的斧子来看（大约公元前6世纪），亚述—巴比伦的美

◇ 造型奇异的雕塑

图中是一头守卫在雄伟的亚述萨尔贡二世宫殿门口，具有人的头像，带有翅膀的巨大公牛神像，大约建成于公元710年。亚述帝国在雕塑、绘画等艺术上取得了辉煌的成就，并影响了与其毗邻的斯基泰—萨尔马特人艺术作品。

索不达米亚文化对斯基泰艺术的早期作品产生过直接影响。在这把斧子上，有一株生命之树，树的旁边有两只长着大弯角的野山羊与一群美丽的鹿，这是古代亚述—巴比伦的艺术品中常用到的题材。在斧子中，对动物的描绘采用了现实主义手法，其艺术形式明显受亚述动物艺术的影响。同时，斧子上采用的装饰手法则是典型的斯基泰风格。

通过这一点，我们可以看到斯基泰动物艺术的兴起，它将亚述（或希腊）的自然主义转向了以装饰为目的的艺术。另外，在科

斯基泰人的项链

斯基泰人酷爱黄金制品，他们的黄金制品给人们留下了深刻的印象。由于受到亚述—巴比伦文化的影响，斯基泰人的艺术作品对动物是用自然手法进行程式化的描绘。由于斯基泰人游牧中没有固定的驻地和住所，以至于他们的爱好都偏向于各种装饰品，图中是斯基泰人制造的黄金项链，项链上镶嵌了有关人物和牲畜的黄金雕塑。

斯特罗马斯卡雅墓出土的金鹿，其鹿角呈现一种程式化的螺旋形，而在公元前6世纪的库班地区也出现了这种艺术。

草原美学就是以这种方式在俄罗斯南部草原上存在了长达数个世纪，并逐渐向东部地区发展，一直到蒙古和中国地区。它的发展有两种趋势：一种倾向于自然主义，并接受了亚述—阿赫门尼德王朝艺术和希腊艺术的影响；一种倾向于装饰性，以纯装饰为目的，并朝着这一方向发展。最后，以动物风格为代表的现实主义成为一种程式化的装饰艺术。

无论是西方的斯基泰—萨尔马特人，还是东方的匈奴人，都没有固定住地，也没有地产，像现实主义的雕塑、浅浮雕和绘画，他们都不了解。他们的奢侈消费只限于华丽的服装和个人修饰，以及对各种装备和马具等物品的装饰。像他们使用的各种带子的挂钩和金属片、马具上的装饰片、剑带钩、篷车的壁板、各种用具上的把柄以及地毯等，其装饰图案都是程式化的，或者说是一种纹章学艺术。

综上所述，无论是和斯基泰人一样的伊朗族人，还是和匈奴人一样的突厥—蒙古族人，他们都在马背上过着草原游牧生活。由于受到亚述—巴比伦文化的影响，在他们遗留下来的艺术形式中，主要题材结构是纹章式的，对动物是用自然手法进行程式化的描绘。

除了金匠们制作的希腊—斯基泰风格的艺术品外，其余艺术品的主题都是斯基泰式的。这些艺术品上的动物形象都是按照装饰效果，用规则的几何图形制作出来的。像公元前5世纪的科斯特罗马斯卡雅文物，同一时期的伊里扎威托夫斯卡文物，公元前450～前350年的克里米亚—库尔奥巴文物，公元1世纪萨尔马特人时期的彼得大帝收藏品，还有出土于外贝加尔省上乌金斯克地区的公元初的匈奴艺术品，都使用了弯曲的螺旋形鹿角、马鬃，甚至猫爪来作为装饰图案，有时，这些夸张的鹿角、马鬃、猫爪图案甚至使动物的身高增加了一倍。还有一些装饰图案上，马的上唇像蜗牛的外壳一样卷曲。在西西伯利亚的斯基泰—萨尔马特艺术中，动物形式的仿效有时非常彻底，尽管在处理鹿、马、熊、虎的头部时仍然保留着现实主义。在这些装饰图案中，要把动物区分出来很困难。有时，动物的角和尾看起来像树叶一样，或者像一只鸟。动物艺术的现实主义就这样消失在源于它自身的装饰艺术中。

于是，以斯基泰艺术和匈奴艺术为代表的草原艺术，与以阿赫门尼德朝人的艺术和中国人的艺术为代表的定居民族的艺术是相对的。与草原艺术风格不一样的是，在亚述或阿赫门尼德人的艺术以及中国汉朝的古典艺术中，风格更倾向于快速敏捷、刻画简朴。和中国汉朝文化艺术一样，亚述和阿赫门尼德王朝的艺术品，通常描绘的是在简单、虚构的背景中，潜行觅食的动物互相追逐或挑战的场面。草原艺术家们描绘动物时，表现的是动物之间殊死搏斗场面。像断肢少翅的鸟，被豹子、黑熊、灰色大鸟捕捉住的鹿和马，等等。在图案上，牺牲者的躯体常完全卷成圆形。图案中没有表现疾速、逃避，表现的只是胜利者有耐心、有条理地地撕扯失败者的脖子。动物的形态往往交织在一起被精心制作出来，在屠杀的场面中，现实主义被抹去了。

草原艺术中的各种要素和主题倾向，对其他地区和民族也多多少少产生了影响，像从敖德萨到中国黄河流域之间的广大地区。斯基泰人的草原艺术向伏尔加河上游的森林地带传播时，对喀山附近的安纳尼诺文化（大约公元前600～前200年）产生了影响，人们在喀山附近发现的文物，除了常见的尖头青铜斧和青铜匕首，还有动物图像。在这些图像中，动物的身体呈卷曲状，表现出与斯基泰艺术之间的联系。不过，安纳尼诺文物中，只有部分采用了斯基泰人的动物艺术风格，其装饰仍然是以几何图案为主的。

在青铜文化最繁荣的时期（公元前6～前3世纪），西伯利亚中部，阿尔泰山区的米努辛斯克这个重要的金属加工中心仍然生产一种饰有纯几何纹的有孔手斧，像克拉斯诺亚尔斯克文物中的尖角式装饰品。不过，此时此地又出现了一种质朴的、风格简单的青铜动物像，与其他地区复杂精巧的青铜器形成了对比。

那么，阿尔泰山区的古代工匠们创作出来的第一批动物像，是在米努辛斯克吗？这些动物像是否受到了亚述—阿赫门尼德王朝艺术和中国艺术的影响？或者是由于斯基泰

吞食人的母狮

这是一座公元前8世纪亚述人的象牙雕刻，表现了作为胜利者的狮子有条理地撕扯失败者的脖子。这一时期的亚述艺术带有统治者强烈的好战、霸权精神，透露出亚述强大的威慑力，炫耀着王国的强大。

▽ 镀金鹿

这座有些变形、扭曲的雕像其实是一只头角峥嵘的鹿，属于公元前375年的俄罗斯草原艺术，它的材质包括木材、金、银、铜，鹿身披花纹，头上的角分枝复杂、精细，带有斯基泰、米努辛斯克文化的艺术色彩。

艺术在向西伯利亚森林地带传播时衰落的原因导致的？如果是这样，那么，米努辛斯克艺术和安纳尼诺艺术只不过是来自俄罗斯草原艺术的微弱反响而已。

另外，人们还在俄罗斯南部草原上，最初（从公元前7世纪至前6世纪）发现了一些朴素无华的动物风格图案，例如在七兄弟墓和库班的克勒姆斯、乌尔斯基和科斯特罗马斯卡雅，以及基辅附近的奇吉林和克里米亚的刻赤和库尔奥巴等地发现的青铜器上的那些图案。公元前5世纪至前4世纪时，这种风格明显变得复杂，就像在亚速海岸边的美利托波尔附近的素罗克哈发现的动物图案。在希腊金匠按斯基泰题材制作的艺术品上，有扭曲的动物图像，这些动物有独特的分枝，制作精细。在亚速海附近的伊里扎威托夫斯卡亚发现的动物图案也一样。在这些地方，青铜器上的花纹和刻纹是为图纹本身制作的，并没有别的目的。

3. 萨尔马特人和阿尔泰地区前突厥文化

萨尔马特人

人们在乌拉尔山附近奥伦堡地区的普罗霍罗夫卡墓群中，发现了一种公元前4世纪的地区文化，主要的代表物是矛。这种矛是萨尔马特人的独特武器。而普罗霍罗夫卡墓群则标志着萨尔马特人首次出现在俄罗斯地区。萨尔马特人可能在公元前3世纪后半叶渡过伏尔加河，侵入了俄罗斯草原，并把斯基泰人赶回了克里米亚地区。

萨尔马特人和斯基泰人都是游牧民。不同的是，斯基泰人是骑在马上的弓箭手，他们戴着萨迦帽，穿着宽松的外套，略懂一点希腊文，并且创作出一种动物艺术。萨尔马特人则手持长矛，头戴圆锥形帽，身披铠甲，虽然他们的艺术仍然以动物风格为主，但是其图案更倾向于程式化，更多地使用了几何图形。萨尔马特人还喜欢在金属品中镶嵌彩色的瓷。

公元前3世纪初,斯基泰艺术向萨尔马特艺术过渡。公元前3世纪~前2世纪,萨尔马特艺术已在俄罗斯南部确立起来。在库班的布诺瓦、莫吉拉、阿赫坦尼诺夫卡、阿纳帕、斯塔夫罗波尔、卡西斯科耶和库尔德泽普斯等地出土的宝石首饰上,以及亚速海附近伊里扎威托夫斯卡亚的萨尔马特时期地层上,都反映了这一点。著名的迈科普镶釉的银质带上也有同样的风格。在以后一个时期的萨尔马特饰片上,在顿河河口附近的塔甘罗格和费杜罗沃,以及库班河口附近的锡韦尔斯卡亚,都发现了同样风格的艺术品(公元前2世纪~前1世纪),同样风格的艺术器还有公元1世纪的文物,像亚速海附近的新切尔卡斯克,库班的乌斯季拉宾斯卡亚、祖波夫农场和阿尔马维尔的文物。

这些文物,尤其是迈科普银带上的饰片,与西西伯利亚的金、银饰片是有联系的,装饰图案几乎都是狮子和马群,例如,虎和马,狮子和牦牛,鹰和虎的搏斗场面。这些图案都是以非常程式化的枝状线条来表示的。波罗夫卡认为这些饰片大概产生于公元前3世纪~前2世纪;麦哈特认为大约是在公元前1世纪;罗斯托兹夫则认为产生于公元1世纪。

近些年来,人们还在西伯利亚中部发现了同时期的人类头盖骨。据分析,这些头盖骨很可能是属于居住于此的印欧种人的,而这些人与斯基泰人、萨尔马特人和塞人是有往来的。

被追击的萨尔马特人

萨尔马特人最早使用了尖顶头盔、马凯、有骨架的马鞍,配以全身披甲、长矛、弓箭,这种全副武装的游牧战士改变了整个世界的战争形势。图为罗马图拉真凯旋柱浮雕,右侧的萨尔马特人连马匹的胫部也穿着鳞甲。

阿尔泰地区的前突厥文化

在叶尼塞河上游的米努辛斯克地区的金属加工中心,大约在公元前5世纪初期,出现了一种长方形的石槽坟墓,恰好与公元前500～前300年左右"全青铜时代"是一致的。此时,艺术品中出现了大量的动物图纹,图案中有呈现各种姿态的鹿,或者侧卧,或者直立,或者回首翘望,也有其他一些卷曲着身体的动物。这些图案,大概起源于俄罗斯南部。

公元前500～前300年,第一批西伯利亚青铜匕首和小刀生产出来了。米努辛斯克和塔格尔斯科耶地区的这种小刀,刀身薄,形状有些弯曲,刀柄上有一个精致的鹿头,后来,在蒙古地区和鄂尔多斯地区,也都普遍使用这种小刀。此时,还出现了一种"杯状大锅"。

▽ **杯状大锅**

这种像酒杯一样的大锅最早铸造于青铜时代,它的环耳、圈足都是为了适应草原地带的流动生活。它可以作为炊具、餐具,甚至是祭祀用具,十分实用,因此在整个欧亚草原迅速流行起来。

公元前330～前200年,米努辛斯克出现了一种用铁和青铜的合金制作的尖形斧,并出现了一种公共大墓地。另外,考古学家们还在米努辛斯克发掘出了一些青铜装饰片,据考证,它们应该是公元前2世纪～前1世纪的产物。这些青铜饰片上的图案或者是正在用头搏斗的公牛,或者是正在征战的马,动物图案的耳、蹄、尾、肌肉和毛,都状如"空心三叶草"。这种绘画技法显然与萨尔马特艺术有关。很多考古学家认为,这种绘画技法经过米努辛斯克,传播到了鄂尔多斯的匈奴地区,并对匈奴人的艺术产生了影响。

从米努辛斯克往西南,在大阿尔泰山北面的帕兹雷克,人们又在1929年发现了大约为公元前100年的墓地。墓地中有马的尸体,而这些马都"戴着像驯鹿一样的面具"。在马面具和一些用皮、木、金制的马具上,都有用程式化绘图技法表现的动物图案,如飞奔的野山羊和牡鹿,撕咬野山羊的带翼的狮子,扑向鹿和野山羊的黑豹,朝地上的鹿俯冲的鹰,搏斗的鸡等等。这些绘画题材都与斯基泰或者希腊—斯基泰艺术风格中的动物艺术的现实主义有紧密的关系。虽然没有复杂的装饰,但这种工整、严谨的风格却产生了很好的装饰效果。在帕兹雷克还发现了一种有胡须的面具,它可能来源于希腊—罗马人。很显然,这些面具的艺术风格受到了希腊王国的影响。公元1世纪,阿尔泰文化以卡坦塔棺椁为代表,棺椁中有熊和鹿搏斗的木雕,鹿的角看起来像鸟头。

公元1世纪和2世纪,动物图案继续在米努辛斯克地区盛行。这种文化被称为塔锡蒂克文化。米努辛斯克以北37英里的俄格拉克提村遗址就属于这一文化,人们在这里发现

人熊搏斗纹青铜饰牌

　　游牧民族特殊的生产方式和生活环境，造就了他们比农耕民族对于弱肉强食、优胜劣汰这一大自然法则更为深邃的理解。各类猛兽以及食肉动物捕食食草动物造型图案大量出现，集中展现了游牧民族对当时的森林草原景观，对他们赖以生存、朝夕相处的大自然中各种生物浓郁的迷恋情结。

过一块东汉时期的中国丝绸，其中还有一些精致的动物岩画。

　　其后不久，人们在阿尔泰山和米努辛斯克发现的与斯基泰—萨尔马特人有关系的文化中心发生了变化。公元7世纪初期，米努辛斯克地区还在生产青铜装饰品，人们曾经在这里发现过中国唐朝初年的钱币。后来，这里遭到了黠戛斯人的祖先，即突厥各部的征服。公元3世纪以后，黠戛斯人在米努辛斯克取代了与萨尔马特人有联系的印欧贵族。不过，在米努辛斯克、帕兹雷克和卡坦塔等文化中心消失以前，它们在向蒙古和鄂尔多斯的匈奴各族传播程式化动物艺术（即草原艺术）的过程中，起到了巨大作用。

4. 匈奴

 匈奴的起源

　　当斯基泰人和萨尔马特人占据着俄罗斯南部地区时，草原的东部地区则被突厥—蒙古种民族统治。在古代史上，中国人称他们为"匈奴"。历史学家们推测，这些匈奴人大概在公元前9世纪～前8世纪时，被中国人称为严狁，或者叫作"胡人"。在这些匈奴人中，北戎大概分布在今北京西部和西北部，是一支胡人部落。其他匈奴部落大概在公元前4世纪时已经归降于赵国。赵武灵王（大约公元前325～前298年在位）从这些匈奴人手中夺取了山西最北部地区（相当于今大同），还包括今鄂尔多斯北部地区（约公元前300年）。为了有效防范这些游牧民的进攻，中国的诸侯国——秦国和赵国都把自己的重车兵改为灵活的骑兵。

　　这一军事改革导致了服饰的变化，即中国历史上的"胡服骑射"。人们穿的长袍被借鉴于游牧民的骑兵裤子取代，中国中原的汉人武士还仿造了匈奴人的羽毛装饰的帽子，等等。为了防御匈奴，赵国及其邻近诸侯国开始沿北部边境修筑城墙，直到秦始皇统一，并把各诸侯国修筑的城墙连接起来，这就是今天的万里长城。

　　据中国著名史学家司马迁记载，公元前3世纪后半叶，在单于的带领下，匈奴成为一个统一的强大民族。在单于下面有两个最大的官职，即左贤王和右贤王，其中左贤王是由单于的继承人担任。左右贤王下，依次是左右谷蠡王、左右大将、左右大都尉、左右大当户、左右骨都侯，然后是千夫长、百夫长，十夫长。

根据中国人的描绘，匈奴人身材矮而粗壮，头大而圆，宽脸，颧骨高，鼻翼宽，上颌胡须浓密，下颌仅有一小撮硬胡须，长长的耳垂上穿着孔，佩戴着一只耳环。头上除了留着一束头发，其余都剃光。浓厚的眉毛，杏眼，目光炯炯有神。他们身穿长齐小腿、两边开衩的宽松长袍，肩上披着一条短毛皮，头戴皮帽，腰带的两端垂在前面，衣裳的袖子在手腕处收紧。他们的鞋是皮制的，宽大的裤子用一条皮带在踝部捆扎得紧

胡人出猎

图为明代张龙章所绘《胡人出猎图》的局部，生动地描绘了胡人，也就是匈奴牵马备鞍、列队出发狩猎的情景。图中的胡人头戴羽毛装饰的帽子，身穿骑兵长裤，手持弓箭，十分利于游击骑射，当时的中原汉族模仿这种服饰以利于马上征战，称为"胡服骑射"。

带着鲜血的葬礼习俗

匈奴人和斯基泰人的习俗十分相似。在死者的葬礼上，他们会在一个小土堆上插上自己的短弯刀，并把敌人的血洒在上面，最后，他会喝下一杯自己杀死的第一个敌人的血。如果是首领的葬礼，包括其妻子、随从殉葬的多达成百上千人。

在公元6世纪，一个突厥战士死后，其坟墩上的石头的数目和他一生中所杀敌人的数目一样多。同样，斯基泰人会在一个小土堆上插上自己神圣的短弯刀，并把敌人的血洒在上面，而且他会喝下一杯自己杀死的第一个敌人的血。匈奴人订盟约时，要用人头盖骨制成的容器喝血。悼念死者时，斯基泰人和匈奴人都会用小刀把脸划破，"让血和泪一起流出来"。

和斯基泰人一样，匈奴人也是游牧民，他们终年与羊、马、牛和骆驼群生活在一起。为了寻找水源和牧场，他们会随着牧群迁徙。他们吃畜肉，穿皮革，盖裘皮，住毡帐。他们崇拜天（腾格里），信奉萨满教。每年秋季，匈奴人的首领——单于都会召集全体子民清点人头和牲畜。在当时，他们经常入侵汉人的居住区，抢占耕地，掠夺牲畜和钱财。在战争中，他们经常把汉人的军队引诱进大漠戈壁之中，直到敌人被饥渴弄得精疲力竭，借此拖垮敌人，然后将敌人一举灭尽。同样，斯基泰人对付大流士也采用了同样的策略。

紧的。腰带上系着弓箭袋，并垂在左腿前面，箭筒也系在腰带上并横吊在腰背部，箭头朝向右边。

匈奴人这些服饰上的细节，尤其是裹齐踝部的裤子，与斯基泰人是一样的。匈奴人和斯基泰人有许多习惯相同。例如，匈奴人和斯基泰人的首领死后，都会将其妻子及随从的喉咙割开殉葬，匈奴首领死后的殉葬人数多达上百甚至上千人。此外，斯基泰人会将敌人的头盖骨沿眉毛处锯开，在外面用皮套蒙上，里面嵌上金片，作为一种饮器来使用。而根据《前汉书》中的记载，匈奴人也有同样的习惯，例如匈奴单于就曾用月氏王的头盖骨来饮酒。匈奴人和斯基泰人都把敌人的头颅作为战利品。

 ### 匈奴艺术

匈奴人拥有的主要是青铜艺术。他们的青铜器上的带状或其他形状的饰片，以及马具或装备上的座架、钩、饰钉，采用了程式化的艺术手法绘制的动物纹，或者以末端刻有牝鹿形状的棍棒为代表。这种艺术被称为"鄂尔多斯艺术"。这个名称来自蒙古人的鄂尔多斯部落。16世纪以后，该部落一直占据着从黄河河套到陕北之间的地区。鄂尔多斯艺术是草原动物艺术的

▽ 虎噬羊纹青铜饰牌

匈奴人的鄂尔多斯艺术大量使用有规律的线条、虚实结合的孔洞和写实的图形来表示厚实、灵巧或者威武的动物之间的搏斗，以此来体现草原上弱肉强食、崇拜强者的生存规则。图中的虎噬羊纹青铜饰牌塑造的就是一只猛虎口衔山羊的脖子，满载而归的情景。

一个分支，它与中国艺术互相影响，互相作用。在代表鄂尔多斯艺术的饰片上，装饰着动物的搏斗图，如马的搏斗，马或者鹿与虎、熊、怪兽的搏斗。

在滦平和宣化发现的鄂尔多斯青铜器，大约可以追溯到公元前3世纪初期，或者公元前4世纪后半期。1935年，日本考古学家梅原末治认为，鄂尔多斯艺术对中国战国时期的艺术产生过深远影响，中国战国时期的艺术至少是从公元前5世纪开始繁荣的。他认为，鄂尔多斯的第一批青铜器大约开始于这一时期。最近，瑞典汉学家卡尔格林把战国艺术又推进到公元前650年，由此证明，以鄂尔多斯艺术为代表的草原艺术那时就已经存在了，考古学家们一致同意：正是鄂尔多斯艺术，影响着中国古代青铜器从"中周式"向"战国式"转变。

匈奴文化遗址主要分布在从贝加尔湖到河北、山西、陕西边境的地区内。在北方，外贝加尔省的赤塔墓地属于公元前3世纪~前2世纪的文物，在蒙古高原恰克图北，特罗伊茨科沙夫斯克附近的德瑞斯特斯克墓地中，发现了西伯利亚饰片和公元前118年以后发行的中国汉代钱币。在外蒙古的库仑附近的诺恩乌拉，发现了一位匈奴王子的坟墓，墓中有表现草原艺术的青铜器和同样风格的毛织品。在鄂尔多斯的许多遗址里都发现了鄂尔多斯青铜器，特别是在中国东北三省的滦平等地区。另外，在中国宣化发现的一些古物可以追溯到战国时期，大概在公元前480~前250年左右。

总之，尽管许多鄂尔多斯青铜器的产生年代大约在中国战国时期，约公元前5世纪~前3世纪期间，然而，在中国整个汉朝时期（从公元前2世纪初~公元3世纪初），同一艺术继续在内、外蒙古繁荣，甚至在中国六朝时期（公元4世纪~5世纪），来自鄂尔多斯艺术的影响也一如既往。

匈奴打败月氏及其影响

匈奴人最先出现在历史上大约是在公元前3世纪末，此时，中国正处于秦朝（前221~前206年）时期。为了防范匈奴人，秦始皇命大将蒙恬带兵修建长城。大约在公元前214年，蒙恬率军把匈奴人赶出了今鄂尔多斯地区，即黄河河套地区。同时，匈奴人在头曼单于（死于约前210~前209年）的率领下，开始攻打月氏人。当时，月氏人居住在今甘肃西部。接着，头曼单于之子——冒顿（约前209~前174年在位）率军打败了生活在今天东北三省地区的东胡人。然后，公元前201年，冒顿率军侵入中国山西，围攻太原。时值汉朝建立，汉高祖率军奔赴太原，驱赶匈奴人，结果反被匈奴人围困在平城附近的白登山，即今山西大同。汉朝只好和匈奴人和谈，采用"和亲"政策，将汉朝公主嫁给匈奴单于为妻。

公元前177或前176年，冒顿征服了月氏人。冒顿之子——老上单于（约公元前174～前161年在位）最终结束了月氏对匈奴的威胁，并用月氏王的头盖骨做了饮器，把月氏人赶出了中国甘肃地区。月氏人被迫向西迁徙。其中少数月氏人，即小月氏，在南山南部地区的羌人或吐蕃人中间定居下来，他们使用羌人或吐蕃人的语言。其余的月氏人，即大月氏，则试图在伊犁河流域和伊塞克湖盆地定居，但很快被乌孙人赶走。

在塔什干、费尔干纳和喀什噶尔这些地区，居住着塞人，他们是"亚洲的斯基泰人"。因为他们是来自西北草原的游牧的伊朗人。月氏人在西迁过程中，曾经对他们产生冲击，并导致他们入侵巴克特里亚王国。在月氏人的压力下，他们越过索格底亚那地区，进入了巴克特里亚，并在此取代了希腊人。大约公元前126年，月氏人不再满足于对巴克特里亚的宗主权，他们越过阿姆河，占领了这个地区。

不管怎么说，月氏人的迁徙是各游牧部落大混乱和横扫东伊朗的游牧民浪潮的标志。在南方，塞人受到月氏人在后面的攻击，并永久性地占领了德兰吉亚那（今锡斯坦）和阿拉霍希亚（今坎大哈）。

这些游牧部落都从锡斯坦扑向帕提亚帝国，并且几乎摧毁了这个帝国。帕提亚国王弗拉亚特斯二世在米底受到叙利亚国王安提珂七世的威胁，导致其他部族前来救援。不久，弗拉亚特斯兵败被杀（公元前128年或前127年）。公元前124或前123年，帕提亚新王阿特班努斯二世在进攻吐火罗人的战争中受重伤。帕提亚王密特里达提二世（前123～前88年）继位后，阻止了其他游牧部落对帕提亚的入侵，甚至将宗主权强加于锡斯坦的塞人。然而，公元前77年，塞人在伊朗的势力已十分强大，他们挑选了他们的保护者辛剌特拉克斯，并将他拥上帕提亚王位。后来，辛剌特拉克斯企图反对他们，又被他们乱箭射死（大约公元前70年）。

这些塞人和月氏人的命运，共同构成了伊朗和印度历史中的一部分。

匈奴人

图为匈奴人的复原图，他们虽然身材矮小，但却骁勇善战。他们善骑射，长于袭扰周边，与包括汉朝在内的各个国家交战。在满怀恐惧的欧洲人眼中，匈奴是"hun"，是破坏者和野蛮人的代名词。

匈奴首次出击的影响

匈奴人首次出击赶走了月氏人，由此引发了一系列的多米诺骨牌效应，影响甚至波及伊朗、希腊、印度等国家和地区。

公元前214年 ▶ 秦朝蒙恬率军将匈奴人赶出鄂尔多斯地区（即黄河河套地区），匈奴头曼单于开始攻打今甘肃西部的月氏人

公元前177或前176年 ▶ 冒顿征服月氏人，其子老上单于将月氏人赶出中国甘肃地区，其被迫西迁

- 少数月氏人，即小月氏，在南山南部地区的羌人或吐蕃人中间定居
- 其余月氏人，即大月氏与乌孙人征战，最后被赶走

公元前160年 ▶ 塞人夺取了巴克特里亚（希腊殖民国），取代希腊人

公元前140~前130年 ▶ 大月氏人在锡尔河上游定居，挤压了游牧在塔什干、费尔干纳和喀什噶尔地区的塞人的生存

月氏人占领巴克特里亚地区

公元前126年 ▶ 受月氏人所迫，塞人永久占领了南方的德兰吉亚那和阿拉霍希亚，冲击并几乎摧毁了帕提亚帝国（伊朗古国）

公元1世纪 ▶ 月氏人在巴克特里亚建立大贵霜王朝，疆土一度扩张到北印度地区

匈奴与西汉的冲突

月氏西迁增强了匈奴的重要性。从此，匈奴人控制了戈壁东部的南北两面：匈奴单于在外蒙古鄂尔浑河地区，即哈剌和林附近建了一座单于庭帐。公元前167年，匈奴人进入陕西，直至彭阳（长安以西的地方），放火烧了皇宫。公元前158年，他们返回渭河以北，直接威胁长安。公元前142年，他们进

攻山西北部大同附近的雁门关长城。直到汉武帝（前140～前87年在位）登基，中国边境各地都处于他们的威胁下。

当时，单于的主要驻地是在鄂尔浑河的河源处，其政权的另一个主要据点是在翁金河下游地区，称为"龙庭"。汉武帝为了打败他们，在行动前，设法与当时定居在索格底亚那的月氏人联合，企图让月氏人从后方进攻匈奴。为此，汉武帝派张骞出使月氏。然而，公元前138年，张骞出使后不久就被匈奴人俘虏，并被迫留居在匈奴部落中长达十年之久。后来，他逃出来，先到费尔干纳（大宛）王那里，再到达索格底亚那（康居）。而此时，月氏人已无意再攻打匈奴。张骞只好重返归途，并再次成为匈奴人的俘虏。他被匈奴人拘留了一年多后，终于在公元前126年回到了中国。

最终，汉武帝发动了对匈奴的战争。汉朝将军卫青从山西北部地区出发，穿过戈壁，远征至翁金河畔的龙庭，赶跑了匈奴人。公元前127年，东汉军队在鄂尔多斯和阿拉善之间的朔方地区进行军屯，以保卫河套地区。公元前124年，匈奴入侵朔方边境，卫青又率军将他们赶跑。公元前121年，大将霍去病率领1万骑兵把匈奴人赶出了甘肃地区。从此，生活在这片区域的两支匈奴小部落不再听命于单于，而是归附了汉朝，把汉人作为自己的盟友。公元前120年，鄂尔多斯形成了一个以汉人为主的居住区。公元前119年，卫青和霍去病又横穿戈壁，挥军直达匈奴帝国的中心。卫青远征至翁金河下游，出其不意地袭击了伊稚斜单于，消灭并俘虏了大约1.9万匈奴人。霍去病深入外蒙古大约600英里的地方，直达土拉河上游和鄂尔浑河上

▽ 张骞出使西域行程图

张骞出使西域，一路历经大宛、康居、大月氏和大夏诸国，其本来目的是为了执行汉武帝联合大月氏抗击匈奴的战略意图，虽然最终未能达成，但西域之行也开辟出了中原文化与西域诸国交往的"丝绸之路"，历史影响深远。

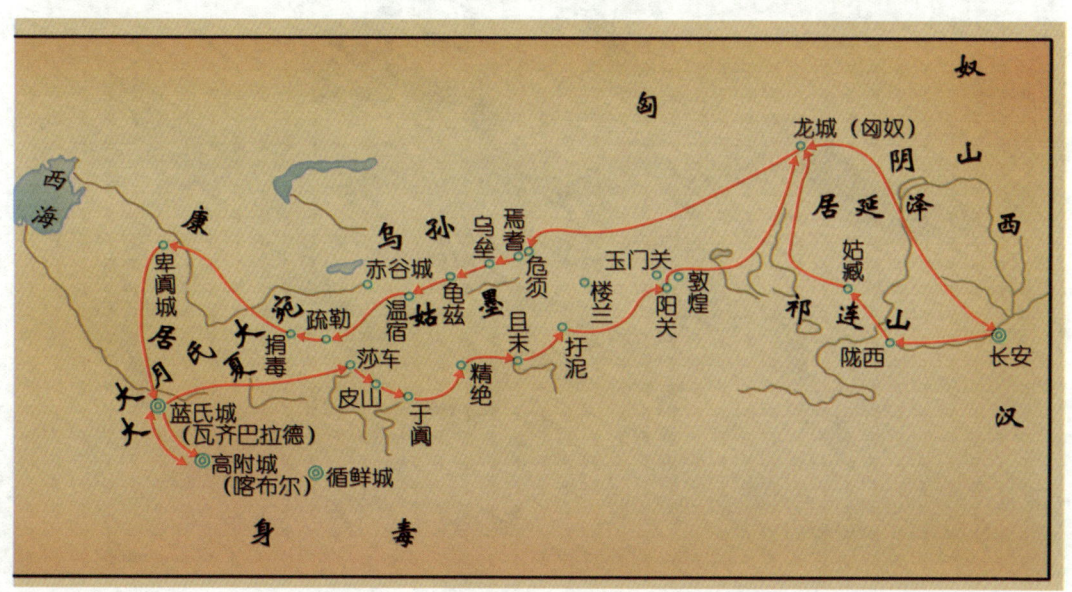

| 塞尔柱人 | 古兹人 | | 可萨人 | 钦察人 | | 满族人 | 卡尔梅克人 |
| 阿瓦尔人 | 保加尔人 | | 蒙古人 | 塔吉克人 |

第一章　草原的早期历史：斯基泰人与匈奴

图解草原帝国

西汉与匈奴的战争

西汉军在名将卫青、霍去病的率领下,把匈奴人赶出了甘肃地区,直至外蒙地区。"马踏匈奴"是谥封"景桓侯"的西汉大将霍去病墓前的一尊石雕,它向人们传递着2000多年前西汉军严阵以待,誓死破击匈奴的气魄与决心。

游,俘虏匈奴头目80余人,并在其境内的山头上举行了庄严的祭神典礼。

公元前127～前111年间,汉武帝在甘肃设立了若干郡和军府。从兰州到玉门关,有武威郡(凉州附近)、张掖郡(甘州附近)、酒泉郡(肃州附近)和敦煌郡,通过这些关隘,能够时刻观察匈奴人的动静,并保证丝绸之路的安全和畅通。

公元前108年,大将赵破奴进军西北地区,直至罗布泊地区的楼兰国和今天吐鲁番地区的车师国。他监禁了楼兰王,打败了车师王。几年后,中国与费尔干纳(中文称大宛)建立了商业关系,费尔干纳人向汉朝提供河中地区的优良马种。大约在公元前105年,费尔干纳人暗杀了中国使者。公元前102年,汉将李广利率兵六万,从敦煌出发直奔费尔干纳。抵达费尔干纳时,李广利军只剩下三万人。最后李广利采取引水改道的方法降服了费尔干纳国的都城,直到费尔干纳王献上3000匹骏马,李广利才退兵。

然而,北方的匈奴人并没有停止对汉朝疆

| 斯基泰人 | 萨尔马特人 | | 柔然人 | 突厥人 | | 契丹人 | 女真人 |
| 匈奴人 | 鲜卑人 | | | 厌哒人 | 回鹘人 | | |

第一编　13世纪前的亚洲高原

域的觊觎。汉武帝统治末期，大将李陵率5000步兵从额济纳河北部支流上的居延出发，向翁金河方向行军。可是到达浚稽山之后，他却陷身于八万匈奴人的包围之中。战斗中李陵率军向汉朝边境方向撤退，可是匈奴人的骑兵紧追不舍。最后汉军仅有400人突围生还，其余的人，包括李陵都成了匈奴人的俘虏。

在以后一个时期，匈奴人和汉人一直在长城脚下对峙，没有发生过公开的冲突。但是，双方却为争夺并控制丝绸之路展开了斗争。公元前77年，罗布泊的楼兰王被杀，楼兰国与匈奴人联合反对汉人，汉王朝在该地区屯民。后来，在汉宣帝的统治下（公元前73～前49年），中国在塔里木盆地的扩张取得了决定性进展。公元前71年，中国校尉常惠帮助伊犁河流域的乌孙人对付匈奴人。公元前67年，吐鲁番国（车师国）与匈奴人结盟，被汉将郑吉征服。公元前65年，汉将冯奉世打败了叶儿羌王的军队，使其属地成为汉朝的疆土。次年（前64年），吐鲁番国倒向匈奴人，公元前60年，汉将郑吉重新占领其国，并驻扎在乌垒，监视着整个塔里木地区。

就这样，汉朝从匈奴人的手中夺取了对

◇ **明妃出塞图**

匈奴与中原一直时战时和，汉武帝大败匈奴后，剩余的匈奴仍与汉朝在长城下对峙。在塞下的荒凉和寒风中，还夹杂着女子为了国家"和亲"的血泪。这幅图中所绘，正是西汉元帝时，王昭君远嫁匈奴呼韩邪单于的情景。

丝绸之路的控制权。公元前51年，匈奴单于呼韩邪亲自到长安表示归顺汉朝。从公元前49年起，在汉朝的保护和支持下，呼韩邪打败对手，并于公元前43年在鄂尔浑河营地安定下来。公元前33年，他再次到长安觐见天子，汉朝实行"和亲"政策，将公主嫁给了他。

公元前44年，被呼韩邪打败的另一位匈奴首领郅支，率领自己的族人向西迁移到了今突厥斯坦地区。在途中，他打败了伊犁河畔的乌孙人，并把额敏河畔的呼揭人和咸海草原上的坚昆人纳入自己的统治之下。他随后又打败索格底亚那人（康居人），在楚河和怛逻斯河畔的草原上扎营安驻。公元前36年，汉将陈汤率军直抵楚河畔，袭击郅支的军队，并砍掉了郅支的头（前36～前35年）。从此，咸海边的匈奴人消失了。

在东汉时期，匈奴人的内部产生了分裂。公元48年，位于南部地区的八个匈奴部落在首领比的率领下反对蒲奴单于，并归附于东汉王朝。汉光武帝把他们作为盟邦，安置了在内蒙古、戈壁南部边境，以及山西与甘肃的边境上。从此，南匈奴国建立起来。此时，东汉唯一的敌人是在外蒙古鄂尔浑河畔的北匈奴。大约在公元49年，东汉辽东太守祭彤怂恿辽河上游流域的乌桓部落和鲜卑人部落反对北匈奴，使北匈奴的力量受到削弱，从此不再构成对汉朝的威胁。

5. 丝绸之路

丝绸之路

汉朝由于控制了丝绸之路上的塔里木绿洲，获得了很大的利益。这些绿洲沿着塔里木盆地的南、北两侧，形成了两条弧。在北面的绿洲上有吐鲁番（车师）、喀拉沙尔（焉耆）、库车、阿克苏（姑墨）、乌什·吐鲁番（温宿）和喀什（疏附）。在南面的绿洲上有罗布泊旁边的楼兰、于阗（和田）和叶尔羌（莎车）。

由于历史上伟大的丝绸之路要穿越这片绿洲，所以，塔里木盆地上的这些小王国在经济上具有重要意义。丝绸之路从罗马帝国叙利亚行省的首府安条克城开始，在海俄拉城（即门比杰）渡过幼发拉底河，进入帕提亚帝国，然后经过埃克巴坦那（哈马丹）、今天德黑兰附近的剌夷（或雷伊）、赫卡托姆皮洛斯（和椟城）和莫夫，进入巴克特拉（巴尔赫）。巴克特拉城很可能就是月氏人的属地。从此，丝绸之路进入帕米尔山区。在帕米尔山区的一个山谷中，即在拘谜陀山脚有一个石塔，从地中海东岸各地来的商队与赛里斯商队（带着丝绸）彼此在塔附近交换商品。

在喀什，丝绸之路分成两条道路。北道到达库车，再到喀拉沙尔（他们称达蒙纳），再到罗布泊的楼兰（他们称伊塞顿·塞里卡Issedon Serica），最后到达敦煌以西的玉门关（他们称达克沙塔）。南道则从喀什起，过叶儿羌、于阗、尼雅和楼兰国内的最后一座城市米兰到罗布泊。两条道在

▶ 丝绸之路路线图

丝绸之路由张骞出使西域开辟而来,自长安起,经甘肃、新疆,过中亚、西亚各国,并联接地中海各国。因为这条路运送的货物以丝绸的影响最大,因此命名为"丝绸之路"。其基本走向定于两汉时期,包括南道、中道、北道三条路线。

敦煌重新会合。然后,丝绸之路进入中国汉朝疆域,并经过酒泉和张掖,到达长安(西安)和洛阳(河南)。

 班超平定西域

东汉对塔里木盆地的再次征服主要发生在汉明帝(58~75年)、汉章帝(76~88年)、汉和帝(89~105年)时期。73年,东汉骠骑将军耿秉和窦固发动了对北匈奴的初征。北匈奴人在汉军到达之前就逃走了。窦固的副将,骑都尉班超受命进攻在巴里坤的另一支匈奴部落呼衍部,并最终打败了这个部落。同年(即73年),东汉在伊吾屯兵。74年,耿秉和窦固又进攻吐鲁番地区,当时,这个地区有两个小国,即分布在吐鲁番周围

的南车师国和分布在天山北麓接近古城的北车师国。耿秉首先进攻古城车师,车师王安得在汉军猛攻之前投降。吐鲁番王安得之子受父亲的影响也投降了。于是,两支中国驻军分别留守在北部车师(古城)和吐鲁番的鲁克沁。同时,班超派出一支小分队进入地处楼兰和罗布泊西南的鄯善国。此时,鄯善国王正在与一位匈奴使者密谋反对东汉。于是,班超在一个夜晚,率小队人马放火烧了匈奴使者住的小屋,事后召见鄯善王,并把匈奴使者的头拿给他看。鄯善王只好战战兢兢地又恢复了对东汉的臣属地位。

在塔里木盆地上的各印欧小王国之间,叶儿羌王贤(33~61年)征服了库车(46年)、费尔干纳和于阗,获得了对该地区的统治霸权,但是他在一次叛乱中去世。61

| 塞尔柱人 | 古兹人 | | 可萨人 | 钦察人 | | 满族人 | 卡尔梅克人 |
| 阿瓦尔人 | 保加尔人 | | | 蒙古人 | 塔吉克人 | |

第一章 草原的早期历史:斯基泰人与匈奴

▽ 班超像

班超原本是一书生，后投笔从戎，成为平定西域的著名将领。他以非凡的政治和军事才能，在西域31年中分化、瓦解、驱逐匈奴势力，使西域50多个国家都归附了汉朝，实现了自己立功西域的理想，被封为定远侯，后人称之为"班定远"。

反对汉朝的大叛乱。焉耆王暗杀了汉朝都护陈睦。库车和阿克苏人包围在喀什的班超，被围一年多后班超开始反攻。与此同时，匈奴侵扰北车师（古城）王国，杀了北车师藩王安得，围攻汉朝戊己校尉耿恭。耿恭也奋起抵抗。然而，刚继位不久的汉章帝却命令班超和耿恭撤离塔里木盆地。班超意识到，撤退就意味着把塔里木盆地拱手交给匈奴人。于是，当班超撤到于阗后，改变主意，重返喀什。此时，喀什已落入库车人之手。班超杀了库车人的头目，并决定从此驻守喀什。78年，班超夺取了阿克苏和吐鲁番。同时，汉军从匈奴手中重新夺取了吐鲁番的车师王国，斩首3800人，获取牲畜37000头。

为了把匈奴人赶回外蒙古地区，班超粉碎了在喀什（80年和87年）和叶儿羌（88

年，于阗王推翻叶儿羌，库车接受匈奴的保护，塔里木南部的霸权转入于阗王手中，于阗王也成了叶儿羌的主人。在北方，库车王居统治地位。库车王建在匈奴人的支持下，于73年夺取喀什。此时，汉明帝命班超到达喀什噶尔。班超先到于阗，可是于阗王听从匈奴的指挥，对班超十分冷淡。班超随即亲手砍下于阗王手下一位巫师的头。于阗王惊恐万状，重新归附汉朝，并杀死匈奴使者以示忠诚。然后，班超前往喀什。库车王已经征服了喀什，并且让他的一个亲信登上喀什王位。班超捉住这位库车王，废黜了他，恢复了原喀什噶尔王朝，另立新王。

75年，在匈奴的支持下，塔里木爆发了

▽ 西汉彩绘骑兵俑

这是出土于陕西咸阳市杨家湾长陵陪葬墓的彩绘骑兵俑，它和最多的步兵俑以及部分战车俑一起，构成了西汉时期军阵的真实情况，反映出当时的军队正由车骑并用向以步兵为主力的转化。

年)发生的新叛乱,并使生活在伊犁河畔的乌孙人成为自己的盟友。84年,喀什的王忠伙同莎车人、粟特人(索格底亚那人)和月氏人(或称印度塞人)叛乱,被班超赶跑,87年王忠佯装归附班超,要求接见。接见时,王忠随身带来一支强悍的骑兵,企图对班超发起突然攻击。班超识破王忠的企图,假装不知,设宴款待。酒宴上,班超捉住王忠并砍下了他的头。同时,汉军从隐蔽处出来,猛扑向敌人,并把他们全部杀掉。88年,班超攻打莎车前,只有一小支军队。为了对付军力远强胜于自己的敌人,班超采用奇袭计策,先假装撤退,然后急行军返回攻城,杀5000人,迫使城民投降。

90年,印度—塞人国王,即统治着阿富汗地区和北印度的强大的贵霜王朝皇帝,向帕米尔山区东北部派出一支远征队帮助库车反对班超。班超阻截了该军与库车人之间的一切通道。这些印度—塞人在没有给养的情况下只好撤退。库车朝廷终于在90年重新与汉朝建立起友好的关系。

在北方的蒙古地区,汉将窦宪和耿秉也打胜了北匈奴(89~90年)。北车师和南车师(古城和吐鲁番)国都恢复了与汉朝的联

汉西域诸国图

公元73年,班超率领36名部下向西域进发,历经鄯善、于阗、疏勒、龟兹、焉耆等国,凭着"不入虎穴,焉得虎子"的决心,成功使用"以夷制夷"的策略,让西域诸国孤立匈奴,并最终归顺了汉朝。图为班超出使西域时西域诸国的分布图。

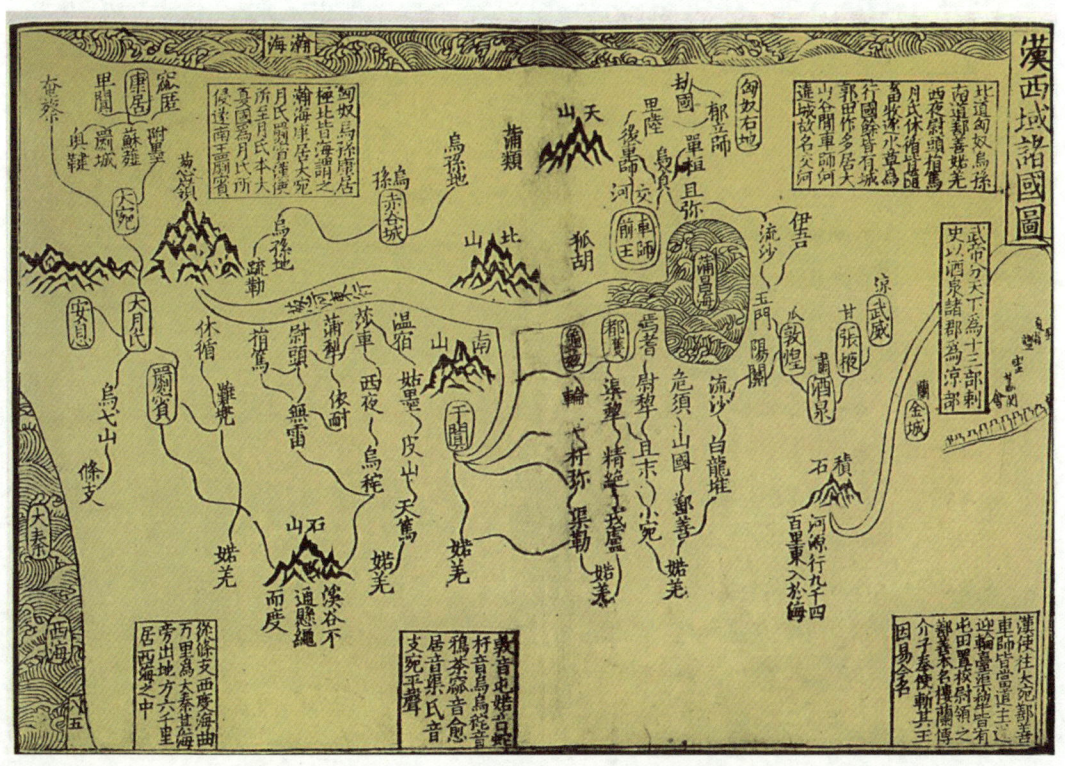

汉代西域三十六国

西域狭义上是指玉门关、阳关以西，葱岭即今帕米尔高原以东，巴尔喀什湖东、南及新疆广大地区。在班超生活的年代，这一地区有众多围绕这片绿洲而诞生的小的国家，传统称为西域三十六国，据考证这36国如表2：

表2　汉代西域三十六国

1	乌孙	今新疆伊宁市附近及吉尔吉斯斯坦、哈萨克斯坦的部分地区
2	龟兹	今新疆库车、拜城一带
3	焉耆	今新疆焉耆回族自治县一带
4	于阗	今新疆和田一带
5	若羌	今新疆若羌东南，罗布泊西北，离古阳关最近
6	楼兰	今新疆在巴音郭楞蒙古自治州罗布泊旁沙漠中。后改国名，为鄯善。今存有楼兰遗迹
7	且末	今新疆且末县西南，今有周围二十里古城兀立，墙垣断续。唐玄奘取经，在此停留过
8	小宛	今新疆且末城河南，有人口只有一千五百多人，国家最小
9	戎卢	今新疆丰县南
10	弥	今新疆南疆策勒县东
11	渠勒	今新疆策勒县南。（以上四个小国，全在今和田东部一带，均已被塔克拉玛干沙漠湮没）
12	皮山	今新疆皮山县东南，藏桂附近，尚有汉皮山国城墟，当地人叫破城子
13	西夜	今新疆皮山西南
14	蒲犁	今新疆叶城东一带地方
15	依耐	今新疆英吉沙东南东勒库尔，依耐和蒲犁两国虽小，但是汉唐以来东西交通要道。唐玄奘从天竺（今印度）取经回国，取道于此
16	莎车	今南疆莎车县，后被于阗吞并
17	疏勒	今新疆喀什市和疏勒县一带
18	尉头	今新疆南疆乌什、巴楚地
19	温宿	今新疆阿克苏和温宿一带
20	尉犁	今新疆库尔勒、尉犁地方。后被焉耆吞并
21	姑墨	今新疆南疆拜城一带
22	卑陆	今新疆阜康县以北
23	乌贪訾	今新疆离今玛纳斯北和昌吉附近
24	卑陆后国	今新疆阜康县东
25	单桓	今新疆玛纳斯东北
26	蒲类	今新疆巴里坤哈萨克自治县西北
27	蒲类后国	今新疆巴里坤哈萨克自治县西北

斯基泰人｜萨尔马特人　　　柔然人｜突厥人　　　契丹人｜女真人
　　　匈奴人｜鲜卑人　　　　　厌哒人｜回鹘人

28	西且弥	今新疆乌苏县东南
29	东且弥	今新疆昌吉县以西
30	劫国	今新疆呼图壁东北
31	狐胡	今新疆吐鲁番以北
32	山国	今新疆南疆尉犁县东
33	车师前国	今新疆吐鲁番交河城
34	车师后国	今新疆乌鲁木齐及附近地方
35	师车尉都国	今新疆吐鲁番东南
36	车师后城国	今新疆奇台周围

系。91年，汉将耿夔再次打败匈奴，进军至外蒙古，大概到了鄂尔浑河流域，俘虏了单于的母亲，立单于的弟弟於除鞬为继承人。93年，新单于反叛汉朝，汉朝派蒙古族部落鲜卑人对付他，匈奴战败，新单于被杀。从此，北匈奴衰落下去，再也无法与汉朝对抗。

失去了匈奴人和印度—塞人的援助，塔里木北缘的库车、阿克苏和吐鲁番这三个小国只好向班超投降（91年）。班超被汉朝封为"都护"，相当于中亚地区的总督，他驻守库车附近的小城乾城，另一位汉将驻守喀什。此时，只有焉耆还没有被征服。94年，班超率领来自库车和鄯善（罗布泊地区）的军队向焉耆进军，焉耆王被迫投降。至此，塔里木盆地全境全部被汉军征服。97年，班超命令副将甘英出发，穿过安息——即阿尔萨息朝的帕提亚帝国——前往大秦（罗马帝国）。遗憾的是，甘英没能越过帕提亚人的领地，还没有到达罗马边境就回来了。

102年，班超告老回乡，并在同一年去世。106年和107年，塔里木地区再次爆发了大叛乱，汉将梁慬在库车被围。107年，汉朝廷召回了塔里木的全体驻军，包括鲁克沁和伊吾的驻军。次年，羌人（或称吐蕃人）攻打驻守甘肃的汉军，几乎截断通往敦煌的道路。数次激战后，梁慬率军阻挡了他们的进攻（108年）。109年，内蒙古的南匈奴对汉朝边界发起进攻。度辽将军耿夔率鲜卑部落反击。然而，南匈奴一直骚扰山西北部，并最终于110年与梁慬讲和。

123年，班超的儿子班勇在吐鲁番附近的鲁克沁重新屯兵；124年，班勇支持鄯善王对汉朝的效忠。库车王和阿克苏王开始归附汉朝，并派了一支军队给班勇，任其调遣，班勇用这支军队把匈奴人赶出了吐鲁番。126年，班勇征服了生活在巴里坤湖东北地区的北匈奴呼衍部，并赶走了北匈奴人的主力部队。127年，汉军进入焉耆，完成了对塔里木盆地的再次征服。130年，喀什王的儿子和费尔干纳王的使者一起到达东汉都城洛阳，觐见汉顺帝。

在以后若干年中，除了南匈奴左支的一位首领在140～144年期间曾经发动过短期叛乱外，汉朝面临的主要威胁是来自巴里坤的呼衍部匈奴人。131年，呼衍部匈奴人攻打北车师（古城），并蹂躏当地居民；151

年，这些匈奴人几乎摧毁了汉朝在伊吾的军屯区。不过，直到153年，北车师仍然是汉朝的属国。151年，一位汉朝官员的残暴行为激起了于阗人的反抗，官员被杀死。170年，汉将利用来自吐鲁番、焉耆和库车的小分队，以地区纠纷仲裁人的身份进行了一次远征，直抵喀什；168～169年间，汉朝护羌校尉段颎击退了沿甘肃边境入侵的羌人（或吐蕃人）。

上古末期和中世纪初期的塔里木绿洲文化

由于沿着塔里木盆地南、北绿洲，贯穿欧亚大陆的贸易之路自由畅通，再加上汉朝对丝绸之路的控制，都促进了佛教在塔里木河流域的传播，并随之使印度文学和希腊艺术也传播到了这一区域。也就是说，沿着丝绸之路，贸易和宗教繁荣的同时，希腊—罗马艺术也被传播进来了。

当时，最繁华的商路似乎是南道，即经过莎车和于阗的那条道路。在约特干，即古于阗，奥瑞尔·斯坦因探险队发现了瓦伦斯皇帝统治时期（364～378年）的罗马钱币，在于阗东部的刺窝，探险队偶然发现了一组纯犍陀罗式风格的希腊—佛教式浅浮雕，浮雕上刻有精致的希腊服饰。再往东，在尼雅境内一个3世纪末期废弃的遗址上，人们发现了罗马图章、凹雕和印度—塞人的钱币。在罗布泊西南的米兰，即原鄯善国境内，探险队发现了一些美丽的希腊—佛教式壁画，壁画的题材主要是佛陀及其僧侣，还有明显具有罗马—亚洲外貌的、带翼的天使。壁画上都注有印度字，它们显然是属于3世纪和4世纪的艺术品。

当时，大批佛教使者就是经过这条丝绸之路来到中国的。148年，帕提亚人安世高抵达洛阳，并于170年在洛阳去世。这一年，印度人竺朔佛和月氏人（即印度—塞人）支谶也同时来到洛阳，并在洛阳城里建立了一个佛教团体。223～253年，一名月氏使者的儿子支曜把一些佛经译成了汉文。也正是月氏人地跨阿富汗、犍陀罗和旁遮普的贵霜帝国，通过丝绸之路，对塔里木盆地和中国佛

▽ 佛教出生石灰雕刻

这是一幅描述王子悉达多出生的石灰石鼓平板雕刻，展现出摩耶王后梦象怀孕、预言者向净饭王释梦、摩耶王后扶树生子、树神礼拜悉达多四场有关佛陀出生情景，出自公元150年的印度。同一时期，经由丝绸之路，佛教开始传入中国。

教繁荣做出了巨大贡献。除了贵霜帝国和印度的使者,还有许多皈依佛教的帖提亚人继续在亚洲高原和亚洲东部地区进行佛教的传播。在中国佛经《三藏》上,收录有这些佛教使者和翻译家的名字。在塔里木地区,来自东伊朗和西北印度的另一群僧侣从事翻译工作,他们将神圣的梵文翻译成从东伊朗语到库车语的各种方言。其中,鸠摩罗什(344～413年)就是一例。

鸠摩罗什出生于库车的一个印度人家庭。他的父亲是一位虔诚的佛教徒,尽管希望成为一名僧侣,但是库车王强迫他担任官吏,并把妹妹嫁给他为妻。于是,鸠摩罗什就这样出生了。他自幼跟随母亲在克什米尔学习印度文学和佛教,在返回塔里木时访问了喀什,并逗留了一年,继续研究《论藏》。当鸠摩罗什回到库车时,库车王对他表示了欢迎。库车王的两个孙子成了他的门徒。他和自己的印度老师卑摩罗义都住在库车,直到382～383年东晋将军吕光入侵库车,然后带着鸠摩罗什返回都城建康(今南京)。

正如这些例子反映的那样,亚洲大陆的文明明显分成了两个长形地带。在北方,从黑海地区的俄罗斯到中国的鄂尔多斯,这片区域属于草原艺术,这是一种精致的游牧艺术,以刻在青铜烛台和工具柄端上的、具有明显装饰性的程式化动物艺术为特征。在南方,从阿富汗到敦煌的丝绸之路,经过围绕塔里木盆地的南、北绿洲,在这些商路绿洲上的定居民族中,有许多绘画和雕塑都受到了希腊、伊朗和印度艺术的深刻影响。希腊、伊朗、印度艺术都是沿丝绸之路传播的,并且在传播的过程

▽ 鸠摩罗什塑像

东晋时后秦高僧,著名的佛经翻译家。出生于一个印度人家庭。幼年出家,遍习各种佛经流派。在东晋后秦弘始三年(公元401年),来到长安从事翻译佛经的工作,成为我国一大译经家。为佛教在中国的传播做出了巨大贡献。图中为后人所做的鸠摩罗什雕像,他一身佛教装束,正低头沉思。

中与佛教掺合在一起。

起源于上古末期和中世纪初期的塔里木艺术,其踪迹还要在阿富汗地区去寻找。在阿富汗的喀布尔谷地,4世纪贵霜王朝的最后几位国王受到了萨珊波斯的强烈影响——这一点从萨珊钱币上可以看到。萨珊佛教文明和萨珊佛教艺术产生在印伊边境上,这一点在3世纪末和4世纪的巴米安及卡克拉克的伟大壁画中能得到证明。这些壁画图案,无论

是对人物的处理还是人物所穿的服装,都明显受到萨珊的影响。最近在喀布尔附近的海尔哈纳发现的一尊萨珊—婆罗门雕塑(属于4世纪末),还有从喀布尔到巴尔赫途中的拉伊附近的杜克塔—依—奴细尔汪的纯萨珊式壁画群,都是最好的证明。这些都是哈辛—哥达德和哈辛—卡尔探险队发现的。这些壁画证明,当时的阿富汗是一个印度宗教、文学与萨珊王沙普尔和科斯洛埃斯时代的波斯物质文明紧密结合的地区。

在佛教使者们的努力下,丝绸之路也成了一条传授宗教的道路。像克孜尔的早期壁画就具有巴米安壁画的风格,壁画中的主题造型准确、高雅,用色谨慎,颜色以灰色、深褐色、红棕色、浅绿色、深棕色为主。这种风格的艺术大约在450~650年之间。在这些早期壁画中,还有来自印度艺术风格的影响。例如,壁画中的旃陀毗罗婆王后舞,令人情不自禁地联想到阿旃陀石窟中优美的印度裸体画像。同样,这些壁画中也有萨珊艺术的影响。例如,在孔雀洞和画师洞中,画家把自己画成年轻的伊朗君主,身穿精致的浅色紧身上衣,上衣的腰部收紧,衣领是库车式的大翻领、下身穿裤子和高筒靴,壁画中的服装都是仿效伊朗的。1937年,哈辛和卡尔又在喀布尔以西的法杜克斯坦发现了精美的灰墁,通过一枚萨珊王库斯老二世时期(590~628年)铸造的钱币,可以确定灰墁的年代。这些灰墁说明,直到阿拉伯征服前夕,深受佛教影响的阿富汗地区继续使用库车社会产生的男性式的服饰。

哈辛认为,具有第二期风格的克孜尔壁画大约在650~750年之间。这些壁画缺乏固定的造型,但是色彩明快,颜色大多采用了

◇ 克孜尔壁画

此壁画出自克孜尔马牙窟第205窟的弥勒说法图,本来位于窟门上方的弦月窗上。画中央端坐的弥勒佛白净上身,璎珞华丽,白毫眉心,左手持净瓶,右手施手印。与左右八位信徒一起,头光、身光、半圆构图层层呼应,共同造成向心内聚的节奏感。有学者认为此画具有印度—伊朗风格第二盛期的特色,用大量深蓝与金箔来强调色彩对比,尤为引人注目。

东西文明交汇的于阗佛教艺术

这是出土于丹丹乌里克遗址1号佛寺壁画中一张残缺的佛脸，寥寥几笔，人物神韵跃然画上，其色谱很广，多采用平涂，同时略施明暗手法，追求大色块的对比和总体艺术效果的突出，反映出于阗画派吸收了印度、萨珊波斯、中国、粟特等地的艺术风格，并形成自己成熟的绘画艺术水准，也反映出东西文明在于阗的交融。

天青石色和浅绿色，壁画中的人物主要穿着萨珊服饰。现存于柏林克孜尔和库姆吐拉的佛教壁画重现了5世纪至8世纪时的库车国王们的宫廷。这批穿着华丽的贵族，无论是服饰还是物质文明的其他方面，都深受伊朗的影响。除了宫廷服饰，克孜尔壁画还反映了一些军事场面。例如，一位身着盔甲，头戴圆锥形头盔，身穿须子甲服，手持长矛的库车"骑士"，看上去就像萨珊骑兵和克里米亚地区的萨尔马特牧人一样。

人们在塔里木南部地区，也发现了这种伊朗—佛教的混合物，尤其是在于阗东北的丹丹乌里克绿洲中发现的一块木板画上（属7世纪末），就呈现了这样的主题。图画中，纯印度式的裸体龙女画一个紧挨一个，类似于阿旃陀壁画中的精致裸体像；画中的牧马人和赶骆驼的人都具有伊朗特征；还有一尊留着胡须，戴着古波斯人头巾，穿绿色长上衣、裤子和一双萨珊贵族式靴子的菩萨。在吐鲁番地区的壁画和小塑像上，也能看见来自伊朗艺术风格的影响。例如，在伯子克力克壁画中，主题人物身穿胸甲，状如神祇，看上去就像克孜尔和库姆吐拉壁画中身着萨珊式甲胄的库车牧马人。在穆尔吐克壁画中，佛像完全是印度面孔，佛像旁边的人物穿着类似克孜尔的甲胄，头盔上用展开的翅膀作装饰，这一切都表明了壁画与萨珊王朝的联系。另外，奥瑞尔·斯坦因在焉耆发现了一种精致小巧的泥塑像，类似于阿富汗地区哈达的希腊—佛教式雕塑。

所以，在8世纪后半期，塔里木南、北两侧的印欧绿洲，以及从莎车和于阗到罗布泊；从喀什、库车、焉耆到吐鲁番的广大地区，在被突厥人征服以前，这些地域的文化不是来自阿尔泰文明和草原文明，而是来自伟大的印度和伊朗文明。此外，渗入华夏地区的印度和伊朗文明应该归功于这些绿洲，这一点已经由敦煌的佛教壁画和幡旗上的艺术加以证明。

6. 鲜卑、匈奴、拓跋突厥与柔然

鲜卑人取代北匈奴

大约在155年，北匈奴人被鲜卑人征服。鲜卑人来自蒙古和兴安岭地区。鲜卑首领檀石槐征服了北匈奴后，进军西蒙古，并远征至伊犁河畔，打败了乌孙人。（据记载，166年，鲜卑人统治着从中国东北三省到乌孙国，远至巴尔喀什湖的广大地区。）很快，檀石槐就把侵略的目标指向东汉朝廷。156年，檀石槐进攻今辽东地区，但是被击退。接着，他转攻内蒙古的南匈奴人，此时，南匈奴人已归顺东汉。檀石槐与南匈奴达成协议，诱使南匈奴人和他一起夹攻陕西和甘肃地区。不过，面对强大的东汉军队，他们撤退了（158年）。随即，鲜卑人又对辽西地区发起攻击，177年，汉将赵虎将他们击溃。207年，曹操彻底击溃在大兴安岭南部的达费诺尔（即呼伦池）和西拉木伦河（辽河）游牧部落——乌桓。215～216年间，曹操把余下的南匈奴人安置在今陕西省、山西省和河北省以北的地区，当时，这些地区人烟稀少。曹操还把他们分成五部，每部由一位汉人"司马"统治。

220年，东汉灭亡，三国开始。224年，鄯善（罗布泊）、库车和于阗向魏王曹丕表示效忠。285年，库车王派王子入侍西晋朝廷。279年，鲜卑人进攻凉州（今武威）附近的甘肃边界，被西晋名将马隆击退。

从此，匈奴人已基本消失，鲜卑人也无力攻击中国边境，华夏民族几乎不再受到来自草原的威胁，可是，4世纪时的少数民族大入侵又开始了。

"黄须"鲜卑人

图为鲜卑人的骑兵与步兵。鲜卑人属于东胡族一支，兴起于大兴安岭山脉。据说，鲜卑人最醒目的相貌特点是黄须，具有白种人的相貌特征。《世说新语》载王敦称晋明帝为："黄须鲜卑奴"，是因为晋明帝的母亲是鲜卑人，故其相貌类似于鲜卑人。"黄头"或"黄须"正是鲜卑人的相貌特征。

4世纪的大入侵

从前3世纪开始，在单于带领下，匈奴人控制着内、外蒙古地区，单于的驻地在鄂尔浑河流域。前44年，单于首领郅支被赶出蒙古，迁向巴尔喀什湖地区（今哈萨克斯坦共和国），匈奴人开始出现分裂。于是，东匈奴、西匈奴产生了；东匈奴主要在蒙古地区，他们仍然是华夏民族的敌人，西匈奴主要在巴尔喀什湖和咸海草原上，他们后来成为罗马帝国的敌人。

48年，东匈奴内部分裂；内蒙古的八个匈奴部落不再效忠于鄂尔浑地区的单于。从此，在外蒙古鄂尔浑河流域的主要是北匈奴人，在长城以北的内蒙古的主要是南匈奴人。155年，北匈奴人被鲜卑人征服。

东汉末年，南匈奴人在鲜卑人的压力下南迁。他们逃入黄河河套、鄂尔多斯草原和阿拉善附近地区。三国时期（220～265年），他们居住在这些地方并成为华夏民族的盟邦。当时，这些匈奴人经常前往长安和洛阳。

与此同时，南匈奴人继续向南推进，并在长城内定居下来。其中一支单于部落在首领呼厨泉单于（195～216年在位）的带领下，在山西腹地平阳定居下来。304年，使用了汉朝姓氏的匈奴首领刘渊踞守山西太原，西晋朝廷封他为五部落单于。308年，他在太原称帝，建立北汉，也称为前赵。

311年，刘渊之子刘聪（310～318年在位）率军占领洛阳，火烧西晋宫廷，俘获了晋怀帝，并逼近长安。312年，刘渊率军屠杀长安居民。313年，晋怀帝被杀。晋愍帝（312～316年）继位，建都长安。316年，匈奴再次卷土重来，包围长安城，迫使西晋

"五胡十六国"隶属图

"五胡十六国"是指自西晋末年到北魏统一北方期间，曾在中国北部境内建立政权的五个北方民族及其所建立的政权。实际上在这一华夏动乱时期，成立的政权多达60多个，但是其中时间相对较长的是这其中的十六国，具体情况见表3。

表3　五胡十六国

民族\政权	政权	首都	年代（公元）	开国者
匈奴	汉（前赵）	离石—黎亭—蒲子—平阳—长安—上	304/318～329	刘渊
	大夏	统万	407～431	赫连勃勃
	北凉	张掖	401～439	沮渠蒙逊
鲜卑	前燕	昌黎—棘城—龙城—蓟城—邺城	337～370	慕容皝
	后燕	中山	384～409	慕容垂
	西秦	苑川（今甘肃榆中东北）	385～431	乞伏国仁
	南凉	廉川—金城—乐都—西平—姑臧	397～414	秃发乌孤
	南燕	滑台—广固	398～410	慕容德
羯	后赵	襄国—邺城	319～351	石勒
氐	成汉	成都	304～347	李雄
	前秦	枋头—长安—晋阳—南安—湟中	351～394	符健
	后凉	姑臧（今武威民勤县）	386～403	吕光
羌	后秦	北地—长安	384～417	姚苌
汉	前凉	姑臧（今武威民勤县）	320～376	张茂
	西凉	酒泉—敦煌	400～421	李暠
	北燕	龙城（今辽宁朝阳）	409～436	冯跋

投降。318年，晋愍帝被处死。西晋朝廷撤往江南，在建康（今南京）建都，以长江为屏障，史称东晋（317年）。

329年，刘渊的大将石勒在河北南部的襄国（今顺德）周围割地为王，建立后赵（大约330～350年）。350年左右，鲜卑首领慕容俊（349～360年）在燕（今北京）建都，建立前燕。

350年，苻洪以长安为都，在陕西建立了统治，史称前秦（350～394年）。383年，前秦统治者苻坚率军攻打东晋，但以惨败告终。不久后，苻坚的部下，原鲜卑慕容氏后裔慕容垂叛变，建立后燕（384～407年），同时（384年），另一位慕容家族成员在山西建立西燕。394年，西燕被并入后燕。接着，姚苌从苻坚手中窃取陕西和河南部分地区，并建立后秦（从84～417年），定都长安。

拓跋突厥人的国家和柔然人的对抗

3世纪末，可能属于突厥族的拓跋人定居在山西最北部的大同地区。396年开始，其首领拓跋珪（371～409年在位）从后燕慕容氏手中夺取了晋阳（今太原）、中山（今保定南部的定州）、邺城（今安阳），定都平城，国号"魏"。

这个游牧部落建成的国家同时也受到了新部族的入侵，即柔然，一支真正的蒙古种游牧部落。当时的柔然统治了整个戈壁以北，疆域东起高丽边境的辽河，西至额尔齐斯河上游和焉耆附近地区，并出现了"可汗"的称号。

面对柔然的侵扰，拓跋人展开了一系列穿越戈壁的反击。402年，拓跋珪（386～409年在位）的北魏军将柔然人驱逐出了黄河河套地区；423年，拓跋嗣（409～423年在位）攻占了东晋洛阳。其子拓跋焘（423～452年在位）刚继位就受到柔然人的攻击，后于424年击溃柔然，更于425年发起反击，率军由南向北穿过戈壁，同时攻打赫连氏匈奴人在陕西建立的夏国，并于431年灭夏，把陕西并入北魏领土。436年，拓跋焘率军进攻北燕告捷。439年，拓跋焘继续率军征服甘肃的北凉国，迫使北凉王室逃往吐鲁番。从此，拓跋人完成了对中国北部地区的占领和征服，建成了拓跋人的国家，即北魏。

拓跋突厥人的成功，在于它保留了优于中原人的独有的军事优势，同时，又从中原

北魏的骑兵俑

4世纪时，塞北多个游牧部落趁中原西晋王朝衰弱之际，大举入侵并建立国家，与中原政权对峙，史称"五胡乱华"。"五胡"包括匈奴、鲜卑、羯、羌、氐五个部族。图为鲜卑族拓跋部落建立的北魏王朝的骑兵俑，马匹与武士均披铠甲，保留着该民族的许多风貌。

获得了优于游牧部族的组织能力,可以说是中原与游牧结合的完美先例。这种优势后来为成吉思汗的后裔所使用,如忽必烈之对付宋朝人、海都的蒙古人,满族人对付最后一批中原人和蒙古人。但是,这种优势也只是暂时的,最终他们仍将被中国化,或者被其他游牧部落打败。这是中原人与蒙古人历史发展的基本规律。

438年,拓跋焘下令佛教僧侣还俗,并于446年正式颁布法令迫害佛教僧侣。然而,其孙子拓跋浚(452~465年在位)继位后停止了对佛教徒的迫害。大同附近的云冈佛教石窟中,最好的雕刻艺术就是在拓跋浚时期产生的。

在拓跋浚统治时期,456年,拓跋人占领了哈密绿洲;458年,对戈壁地区的柔然部落发动进攻。接着,在拓跋弘(465~471年在位)的统治下,466年,拓跋人占领彭城(今江苏),467年征服淮河流域,469年占领山东,470年征服鲜卑部落。

拓跋弘是一位虔诚的佛教徒。471年,他让位给年幼的儿子后出家为僧。拓跋宏(471~499年在位)成年后,对佛教也表示出同样的感情,颁布了一些比较人道的法规。494年,拓跋宏迁都洛阳,使拓跋人全面汉化。此外,他还主持了龙门佛教石窟的开凿工作。虽然拓跋人企图彻底征服长江南面的汉人朝廷,完成对华夏民族的统一,但却未能成功。507年,拓路恪(499~515年在位)企图攻打淮河防线,但是却在钟离(安徽凤阳)要塞受到了顽强的阻挡,彻底粉碎了他们的南进计划。

534年,北魏分裂成了东魏和西魏。东魏拥有河北、山西、山东、河南的广大地区,定都在今彰德(534~550年);西魏拥有陕西、甘肃,定都长安(534~557年)。后来,北齐(550~577年)取代了东魏;北周(557~581年)取代了西魏。

在5世纪到6世纪上半叶柔然人统治外蒙古地区时期,有一种被称为"游牧的牧马人"的新文化繁荣在西伯利亚叶尼塞河流域、米努辛斯克附近。在这个文化的遗址中,历史学家们发现了许多装饰品、青铜带装饰片、纽扣、马具、马镫、马嚼子、小刀、匕首、马刀、矛头、马鞍等物品。这一文化与6世纪至8世纪匈牙利的阿瓦尔文化异常相似,还与9世纪的原始匈牙利文化——列维底亚文化相似。

 厌哒匈奴人

厌哒匈奴人是一支突厥—蒙古部落。据记载,他们可能起源于金山(即阿尔泰山),再由金山南下到今突厥斯坦草原上。5世纪初期,他们还只是一支中等规模的游牧部落,臣属于柔然人。但是在525~550年间开始向西扩张,其疆域从东方格勒都斯河上游(焉耆西北)开始,越过伊犁河流域到巴尔喀什湖,再到楚河和怛逻斯河草原、锡尔河地区,一直达到威海。大约到440年时,他们占领了索格底亚那,即河中地区(撒马尔罕)。

有东方学者认为,在波斯王巴赫拉姆·哥尔统治期间(420~438年),厌哒人定居在巴克特里亚。另据猜测,他们曾入侵萨珊王朝的呼罗珊省,后于库什麦罕战役中被巴赫拉姆·哥尔赶了回去。但可以确定的是,在萨珊王卑路支统治时期(459~484

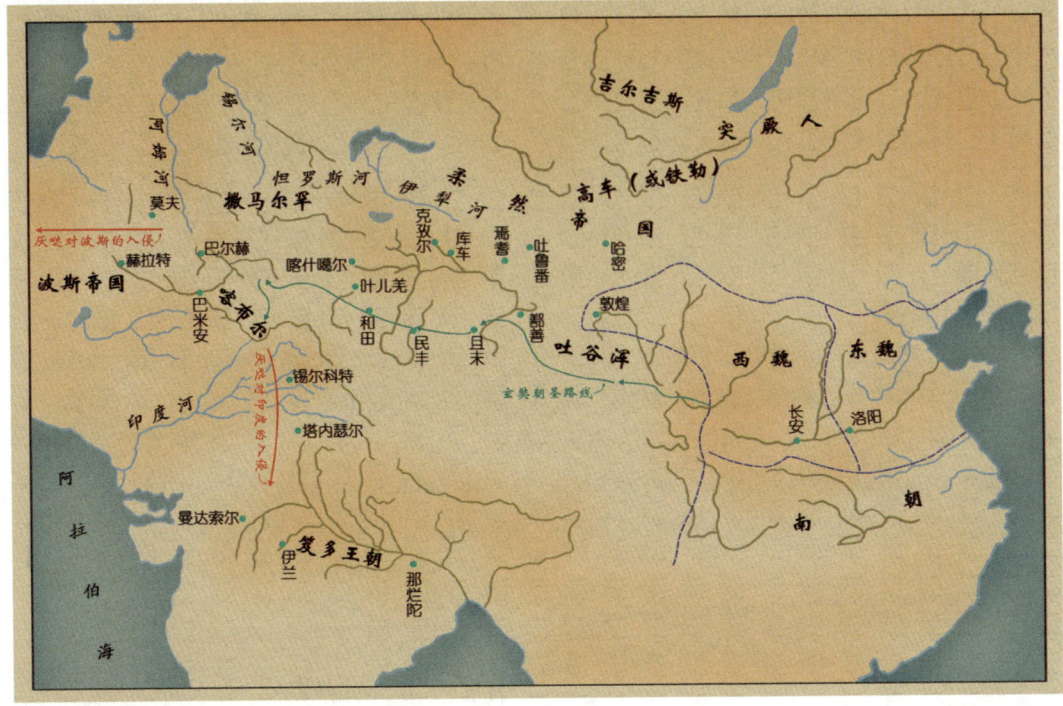

▽ **厌哒人对波斯和印度的入侵**

游牧的厌哒人不脱匈奴本色,先后入侵了波斯萨珊王朝和印度笈多王朝,并一度成为中亚一支不可忽视的力量。这幅地图就是他们的入侵路线图。但是,随着战败或者同化,他们同大多数游牧民族一样,湮灭在历史河流中。

年),进攻呼罗珊、击败并杀死卑路支的就是这些厌哒人。

战胜卑路支王以后,厌哒匈奴人占领了萨珊帝国东北边境的塔里寒地区(在巴尔赫和莫夫之间)、莫夫和赫拉特,甚至还参与了波斯萨珊王朝的宫廷斗争。正是在厌哒可汗的军事支持下,萨珊王朝被赶下王位的喀瓦德重新获得了王冠(498或499年)。而此时,厌哒人已经成为亚洲中部一支不可忽视的力量。《梁书》就有记载,(516年)厌哒王叶太伊里窦遣使到南京梁朝宫廷。

随后,厌哒人又转战东南方向,试图征服印度。此时是印度笈多王朝的鸠摩罗笈多(约414~455年在位)统治末期,和塞建陀笈多(455~470年在位)统治初期。厌哒匈奴人征服了喀布尔,然后南下旁遮普,随后在多阿布或马尔瓦附近,与笈多王朝的边境部队爆发了战争,最后被击溃。

此时,厌哒人已经开始在兴都库什山南北两麓的喀布尔、巴克特里亚定居,并于两地之间季节性地迁徙。520年,北魏西行求法者宋云访问了在夏季驻地巴达克山的厌哒可汗和在犍陀罗的特勤,在他笔下,这些匈奴人过着游牧的生活,并且对佛教十分仇视。后来西行的玄奘大师证实,厌哒人曾割断了三分之二的犍陀罗人喉咙,其余则贬为奴隶，并毁掉了大部分的寺院和佛塔。

笈多王朝在塞建陀笈多死后（约470年）走向衰落时，厌哒匈奴人恢复了对印度的入侵。他们不仅征服了印度河流域，还征服了马尔瓦。厌哒匈奴人的首领头罗曼之子——摩醯逻矩罗，在520～530年期间统治着他的部落。他征服了克什米尔后，回到犍陀罗，并开始了对佛教信徒的大屠杀。

然而，从7世纪下半叶开始，印度的厌哒匈奴人消失了。历史学家们推测，他们或者是被旁遮普人消灭，或者是被同化了。其中的一些氏族可能成了印度的贵族阶级。

7. 欧洲的匈奴人：阿提拉

自前3世纪开始，萨尔马特人就统治着黑海北岸的俄罗斯草原。这些萨尔马特人中，有生活在捷列克草原上的阿兰人，有在顿河下游西岸居住的罗克索兰人；还有生活在蒂萨河和多瑙河之间平原地带的雅齐基人。在萨尔马特人和罗马帝国之间，还生活着东日耳曼裔的巴斯塔尔尼人。历史学家们曾经在萨尔马特人—边库班的古冢群时期，发现了具有萨尔马特风格的饰片、饰针。喀山附近的皮亚诺波尔文化（约100～300年或400年）也深受萨尔马特艺术的影响。这些是匈奴人还没来到草原时的种族和文化。

大约374年，西匈奴人的后裔们开始渡过伏尔加河下游，渡过顿河，打败并征服了库班河和捷列克河畔的阿兰人，接着进攻第聂伯河以西的东哥特人，并打败了其年迈的国王亥耳曼纳奇。接着，亥耳曼纳奇的继承人威塞米尔也被杀死，大多数东哥特人征服于匈人的统治。西哥特人则避开了匈人的入侵，于376年渡过多瑙河进入罗马帝国。库班河和捷列克河畔的大多数阿兰人也被迫屈从于匈奴人的统治。

▽ 罗马人眼中的匈奴人

在匈奴人的入侵中，罗马人十分惊恐地认识到，这种个子矮小、外表有点畸形、生活得像野兽一样的野蛮人，带给他们的却是残忍、勇猛和一往无前，他们不得不屈服于匈奴人的统治。

▽ 阿提拉帝国图

匈奴人在阿提拉的统领下，入侵巴尔干半岛、包围君士坦丁堡、远征至高卢，并攻陷西罗马帝国的首都，帝国版图东起咸海，西至大西洋海岸；南起多瑙河，北至波罗的海。

古罗马人阿米安努斯·马塞尼努斯是这样描述匈奴人的："他们凶猛、野蛮，身体粗壮、手臂巨长，头大得不合比例，鼻子扁平，高颧骨，眼睛深陷，外表甚至有些畸形。他们像野兽一样生活，吃生食、树根，习惯忍饥挨饿，带着牲畜拉着的篷车和妻儿常年游牧；他们的衣服只是缝在一起的麻织内衣和一件鼠皮外套，一直穿到坏，头盔或帽子朝后戴在头上，腿部用羊皮裹住。他们骑马不知疲乏，像闪电一样奔驰迅速，在马背上开会、做买卖、吃喝甚至睡觉。战斗时他们勇猛地扑向敌人，受阻时他们懂得迂回，他们的箭术无与伦比……他们砸碎和推翻所见到的一切。"这些描述与中国历史上对匈奴，中国和基督教世界对13世纪蒙古人的描述十分吻合。

匈奴人很快就经过喀尔巴阡山豁口或瓦拉几亚平原，占据了匈牙利平原，并征服了平原上的吉别达伊人，然后扩张到多瑙河右岸（405年～406年）。此时，他们分裂成三支部落，大约在425年，卢噶斯、蒙杜克和鄂克塔三兄弟同时掌权。434年，部落又归于蒙杜克的两个儿子布勒达和阿提拉统治，前者很快就被除掉。从此，阿提拉开始了他的征程。

441年，阿提拉向东罗马宣战。他渡过多瑙河，沿摩拉瓦河逆流而上，占领了尼什，掠夺了菲利普波利斯（即普罗夫迪夫），然后掠劫色雷斯，直抵卢累布尔加兹（阿可卡迪奥波利斯）并洗劫了该城，东罗马帝国只好割让多瑙河以南的大部分地区给他。

451年1～2月，阿提拉率军向高卢进军，他渡过了莱茵河，攻击仍属罗马帝国的高卢部分地区。4月7日，阿提拉火烧梅斯，接着围困奥尔良。7月14日，埃提乌斯的罗马军和狄奥多里克王率领的西哥特军赶来帮助奥尔良，阿提拉朝特鲁瓦撤退，撤退途中遭遇罗马人和西哥特人的阻截，最终以失败告终。

此后，阿提拉退回到多瑙河畔。452年春，他率军入侵意大利，最后攻陷了阿奎莱亚，占领了米兰和帕维亚，并扬言要进军罗马，使得罗马皇帝瓦伦丁三世仓皇逃走。罗马主教利奥一世承诺向阿提拉交纳贡赋，并把罗马皇族公主荷罗丽娜嫁给他，阿提拉停止了进军罗马的步伐。453年，阿提拉在班诺尼亚去世。

哥特人历史学家约丹勒斯给我们留下了一幅令人印象深刻的阿提拉画像：他是位典型的匈奴人，矮个子、宽胸部、大头颅、小而深的眼睛、扁鼻梁。皮肤黝黑，留着稀疏的胡须，发怒时令人害怕。他在他的人民中是公正和廉洁的法官，对臣民慷慨大度，对臣服者和气，过着俭朴的生活。他很迷信，对他的萨满们盲目轻信，但对身边外族人十分谨慎。他喜欢烈酒并经常酩酊大醉。在战争中，他的策略灵活多变，善用智而少蛮力。这些品质令人不由自主地想起游牧帝国的另一位王者：成吉思汗。

阿提拉去世后，他那由不同民族组成的帝国瓦解了。东哥特人和吉别达伊人立刻反叛，于454年在班诺尼亚的一次大战中打垮了匈奴人，阿提拉长子埃拉克也被杀死。

阿提拉的次子顿吉兹奇带领匈奴人朝南俄撤退。其余的几个儿子由罗马人安置在多布罗加和麦西亚地区。后来，顿吉兹奇率领匈奴人在多瑙河下游附近进攻东罗马帝国，但是兵败被杀。

从此，残留在黑海北岸的匈奴人分成了两部分，即生活在亚速海西北地区的库特利格尔匈奴人，以及生活在顿河河口处的乌特格尔匈奴人。不久，在拜占庭的暗中挑拨下，这两支同根生的部落由兄弟变成了仇敌，互相残杀，直到来自亚洲的阿瓦尔部落打败他们，并占据了俄罗斯草原。

上帝之鞭阿提拉

匈奴王阿提拉凭借着弓弦和马蹄，率领一支有史以来最强大的蛮族军队，挥鞭掳掠罗马帝国，令欧洲大部分地区俯首称臣。在欧洲人的描述中，阿提拉矮个子，皮肤黝黑，眼睛深邃，骑在马上充满威严，被认为是上帝派来惩罚古代文明的"上帝之鞭"。图中骑马者即为匈奴王阿提拉。

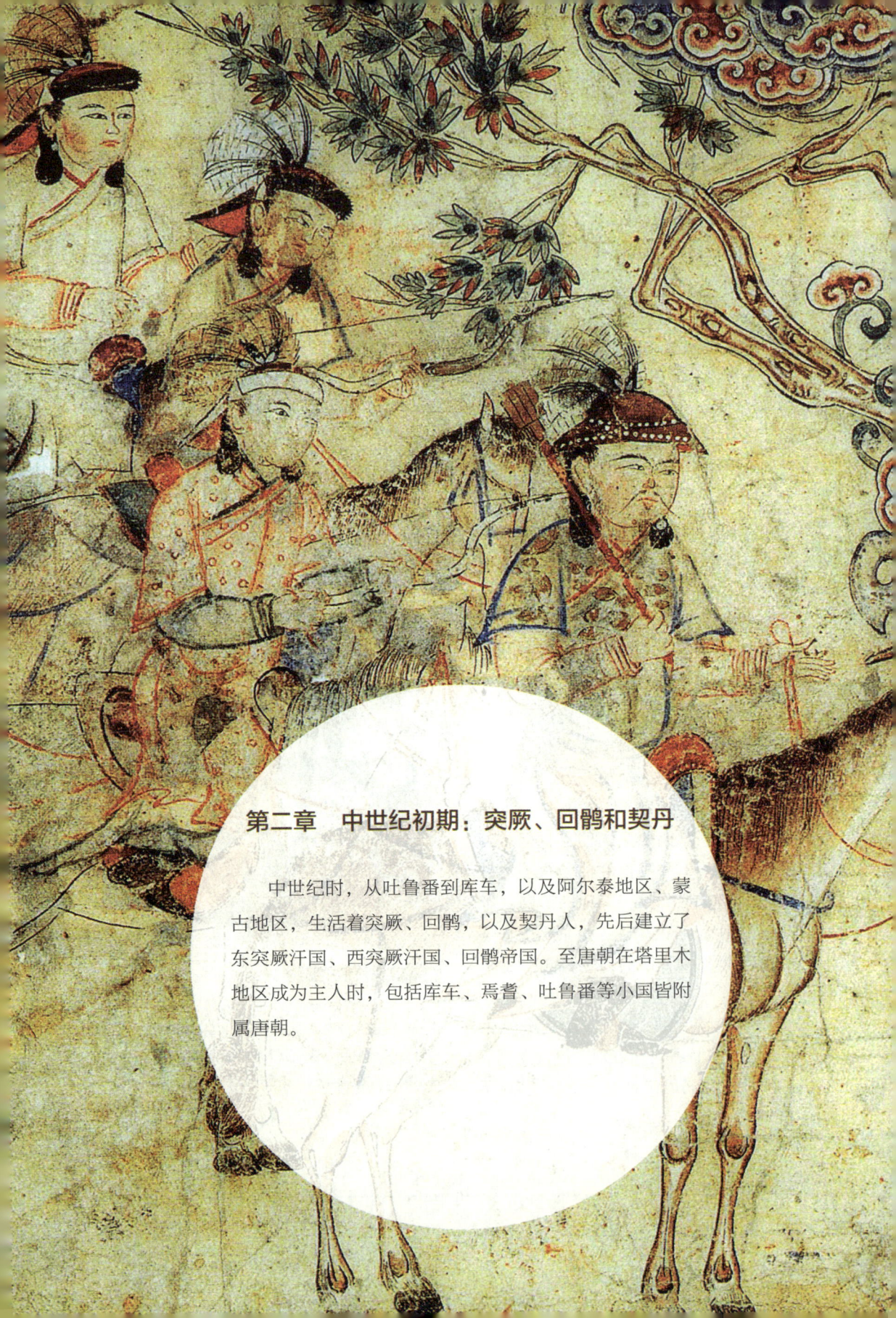

第二章 中世纪初期：突厥、回鹘和契丹

中世纪时，从吐鲁番到库车，以及阿尔泰地区、蒙古地区，生活着突厥、回鹘，以及契丹人，先后建立了东突厥汗国、西突厥汗国、回鹘帝国。至唐朝在塔里木地区成为主人时，包括库车、焉耆、吐鲁番等小国皆附属唐朝。

1. 突厥帝国的分裂与瓦解

东突厥与西突厥

据中国编年史家记载，突厥的图腾是狼。他们是古代匈奴的后裔。6世纪初，突厥人已经居住在阿尔泰地区，在那儿进行金属冶炼。520年，在分别代表东、西部落的柔然可汗阿拉瑰和他的叔叔婆罗门之间，爆发了内战。

阿拉瑰（522～552年在位）幸存下来，开始平定突厥各部落的叛乱。508年，高车部打败了柔然。高车部就是铁勒族，当时，他们在阿尔泰山南乌伦古河附近游牧，可能是回纥人的祖先。516年，柔然人杀了高车王，迫使高车部归顺。521年，高车部再次企图在柔然人的内乱中崛起。然而，546年，高车部被突厥挫败。

551年，西魏王朝采用"和亲"政策，

◇ 东、西突厥帝国版图

东突厥地处鄂尔浑河上游的蒙古地区，后扩展到从中国东北部边境到长城和到哈密绿洲；西突厥地处伊犁河流域和西突厥斯坦，后扩展到从哈密一直延伸到威海和波斯。两个突厥帝国以大阿尔泰山和哈密以东山脉为边界。

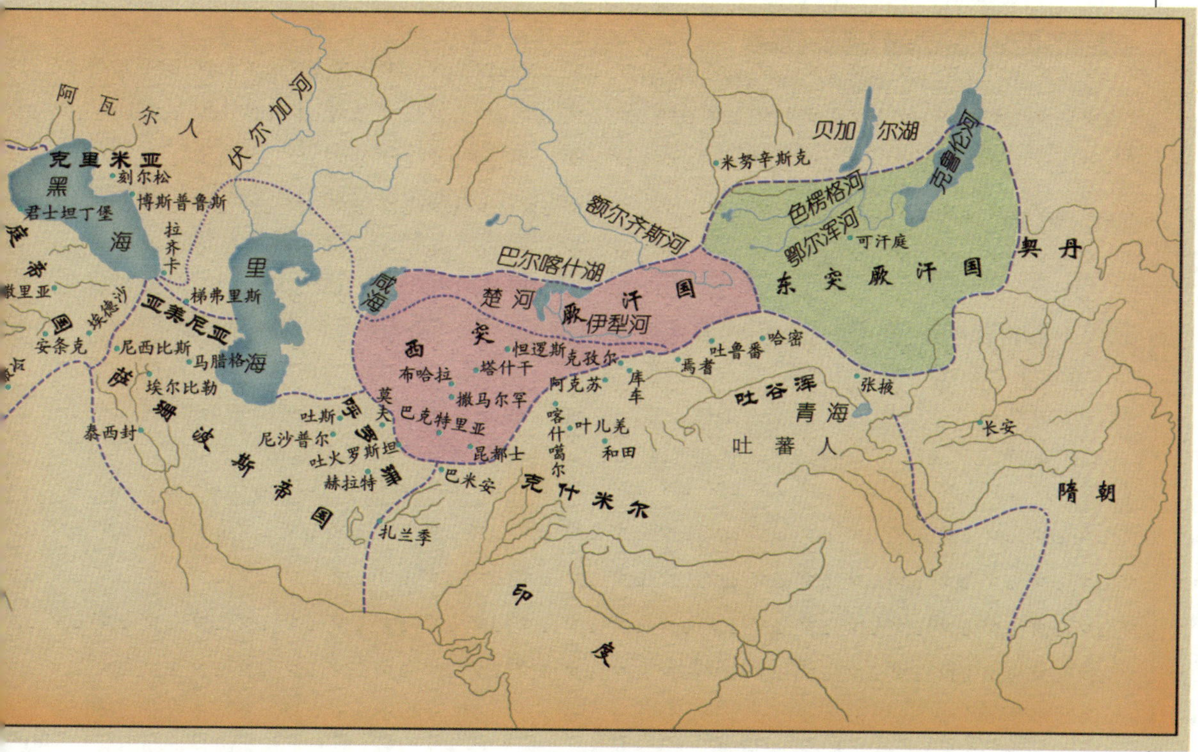

塞尔柱人	古兹人		可萨人	钦察人		满族人	卡尔梅克人
	阿瓦尔人	保加尔人			蒙古人	塔吉克人	

第二章 中世纪初期：突厥、回鹘和契丹

▽ 战斗中的突厥骑兵与波斯萨珊重骑

图为突厥与波斯战争时期各族兵种的复原图，前方是凶猛的突厥骑兵正举起战刀砍向波斯萨珊的重骑兵，后方一个阿拉伯步兵正在追杀受伤的波斯弓骑手。公元6世纪时，突厥人与波斯人共同攻打厌哒人而成盟友，又因对丝绸贸易的自由权而成仇敌。

把公主嫁给突厥首领布明。在东魏的支持下，552年，布明击溃了柔然蒙古人，迫使阿拉瑰可汗自杀。突厥占领了蒙古地区。北齐取代东魏后，继续与他们结盟，让他们驻守边境。

552年，突厥可汗布明去世。他死后，帝国被瓜分。其子木杆占领了蒙古地区，并获得了帝王的称号（553～572年在位），建立了东突厥汗国。同时，布明的弟弟继承了王侯的叶护称号，获得了准噶尔、黑额尔齐斯河和额敏河流域、裕勒都斯河流域、伊犁河流域、楚河流域和怛逻斯河流域的广大地区，最后建立了西突厥汗国。

后来，西突厥首领室点密在怛逻斯地区与厌哒人发生冲突。为了攻打厌哒人的后方，室点密与波斯人订立和约。为了巩固盟约，室点密把女儿嫁给了库思老一世。于是，突厥人在北部进攻，萨珊朝人在西南部进攻，565年左右，厌哒人被彻底打败，从此消失了。在西北咸海地区游牧的厌哒人被迫向欧洲逃亡，可能正是他们以乌尔浑和阿瓦尔为名，在匈牙利建立了一个新的蒙古汗国。

厌哒人的领土受到了西突厥人和萨珊波斯人的瓜分。西突厥获得了索格底亚那地区，萨珊波斯人夺取了巴克特里亚地区。565～568年，巴克特里亚归萨珊帝国所有。

就这样，在中世纪初期，木杆可汗在蒙古地区建立了东突厥汗国，地处鄂尔浑河上游、未来的哈拉和林附近；西突厥汗国则在伊犁河流域和西突厥斯坦，夏季的扎营地是裕勒都斯河上游，冬季扎营地是伊塞克湖沿岸或怛逻斯河流域。这两个汗国的边界是以大阿尔泰山和哈密以东的山脉为标志。

西突厥可汗室点密在位时，拜占庭人把他看成是同盟者。为了获得对丝绸贸易的自由权，室点密向波斯宣战。572年，拜占庭人也向波斯宣战，这场战争持续了20年（572～591年）。在这期间，西突厥与拜占庭人保持着密切的联系。

576年，拜占庭皇帝提比留斯二世再次派使者瓦伦丁出访西突厥。此时，室点密已经去世。继位的达头（575～603年在位）很不高兴，因为君士坦丁堡宫廷已经与阿瓦尔人，即逃亡到南俄的厌哒人缔结了条约。所以，达头冷淡地接待了瓦伦丁。并在576年，派出一支突厥骑兵攻打拜占庭在刻赤附近的博斯普鲁斯城。581年，突厥兵再次兵临刻松城下，直到590年才完全撤出这个地区。

在588~589年期间，西突厥入侵巴克特里亚，一直前进到赫拉特。最后，西突厥人完成了对兴都库什山以北的巴克特里亚的征服。从597~598年，这一地区及其都城巴里黑和昆都士都成了西突厥的属地。630年，唐朝玄奘和尚途经该地时，巴克特里亚是昆都士的突厥王子的封地，他是西突厥可汗的儿子。

当隋朝重新统一中国时，中亚地区已经分裂成了东突厥帝国和西突厥帝国。东突厥帝国从中国东北部边境到长城和到哈密绿洲；西突厥帝国从哈密一直延伸到咸海和波斯。兴都库什山以北的整个巴克特里亚都在突厥的政治疆域之内。

突厥帝国内部的分裂

两个突厥帝国都没有长久鼎盛。两国之间的敌对和内战摧毁了它们。所以，在隋唐王朝时期，突厥人内部在继续分裂。

东突厥一方面面临西突厥的反叛，另一方面面临内部斗争。东突厥可汗沙钵略

突厥人的武器装备

突厥的武器主要有弓矢、鸣镝、甲鞘和刀剑，主要以远射的弓矢为主。

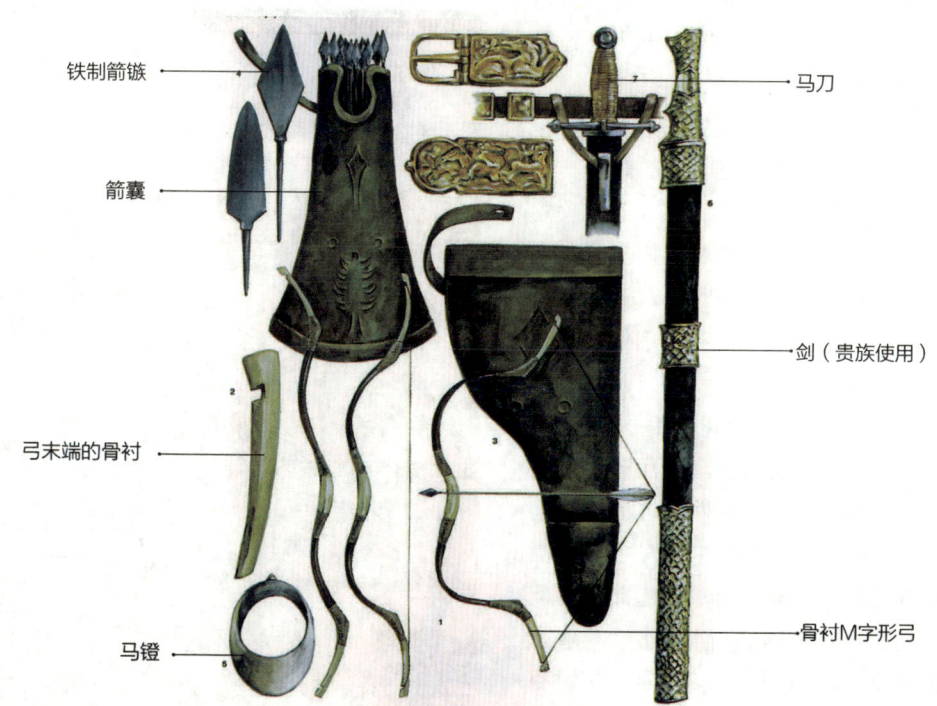

（581～587年在位）和其堂兄庵罗、大逻便互相争夺权力。同时，他在西方受西突厥可汗达头的攻击，在东方受辽西契丹人的攻击。585年，隋朝杨坚支持东突厥可汗沙钵略对付达头。587年，沙钵略的兄弟莫何杀死了大逻便，不久后就去世，然后都蓝（587～600年在位）即位。599年，都蓝可汗驱逐了突利，隋朝皇帝杨坚支持突利，并把突利作为盟邦安置在鄂尔多斯。

都蓝死后，西突厥达头可汗企图利用东突厥人的混乱建立起对蒙古地区和突厥斯坦的统治，统一突厥各部。为此，601年，他威胁隋朝都城长安；602年进攻驻在鄂尔多斯、受中原隋朝保护的突利可汗。603年，一支居住在西部地区的铁勒族部落突然反叛达头，使其被迫逃往青海避难，从此销声匿迹。

东突厥的政权一直受突利控制，突利则依附于隋朝。和西突厥斯坦一样，隋朝廷并不是通过战争，而是通过计谋，成功地分裂了突厥势力，达到了控制突厥人的目的。

青海地区也一样。居住在这里的是吐谷浑部的鲜卑人（可能是一支蒙古部落）。在长达300多年的时间里，它们一直令汉人政权忧心忡忡。608年，隋朝军队将他们击溃，这些鲜卑人不得不逃亡西藏。同年，隋朝大军占领哈密绿洲。609年，吐鲁番王麹伯雅归顺隋炀帝。

612～614年，隋炀帝正和高丽进行战争。这场战争令隋朝走向衰落，瓦解了隋朝政府的结构。于是，东突厥始毕可汗开始起来反叛，并于615年差一点在山西西北的雁门关俘虏隋炀帝。接着，隋末大起义，突厥人趁乱而起，掠夺中国边境。618年，隋朝覆灭，唐朝建立。624年，东突厥可汗颉利（620～630年在位）利用隋末唐初社会的不安宁，率领着他的铁骑直接威胁着唐朝长安。

在这关键时候，唐高祖李渊之子李世民率军前往幽州，与突厥大军对峙，很快，李世民的大军就降服了突厥可汗。这场战争之后的626年，年仅27岁的李世民登上了唐朝皇位，史称唐太宗。

 ## 唐太宗灭东突厥

唐太宗（627～649年）在位期间，歼灭了东突厥汗国，瓦解了西突厥人的势力，日后，唐太宗之子又完成了对西突厥人的征服，并把塔里木盆地的印欧族诸王国置于唐朝的保护之下。

唐太宗即位后不久，东突厥颉利可汗再

唐太宗反攻东突厥之战

629年11月～630年3月，唐太宗派大将李靖、李世勣率军猛攻颉利可汗，唐将苏定方为前锋，大胜突厥军，李世勣堵截突厥归路，随后颉利可汗投降。此后649年，东突厥彻底归顺唐朝。

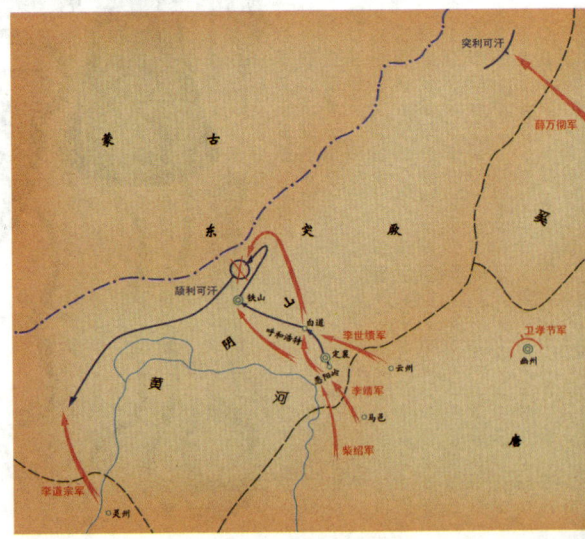

次远征，直抵长安城下。626年9月23日，东突厥的十万人马出现在长安城北门外的便桥前。颉利可汗提出无理的纳贡要求。唐太宗召集起可用的人，置于各城门前，并亲自率领小部分骑兵沿渭水向敌军行进。唐太宗纵马到突厥营前，训斥可汗及众首领背信弃义，破坏休战之约。颉利可汗羞愧难当。次日，唐太宗与颉利可汗按传统习俗结盟，言归于好。

为了削弱颉利可汗的权力，唐太宗支持铁勒部和薛延陀部对东突厥的反叛。同时，还支持东蒙古的突利可汗脱离颉利可汗的控制，致使突利在628年起兵反抗颉利。就这样，唐太宗在颉利的周围布下了一个包围圈。630年，太宗派大将李靖和李世勣率领唐军猛攻颉利可汗。唐军在山西以北的内蒙古地区与颉利大军相遇，唐军对突厥人发起了突然攻击，击溃了他们，并俘获颉利可汗。从此，在大约50年（630～682年）的时间里，东突厥汗国臣服于中国。

唐太宗灭了东突厥后，在以后20年中，陆续把生活在突厥斯坦的突厥部落和戈壁上的印欧种人的绿洲，都纳入了自己的版图。

▽ 突厥战士

图为6世纪时的突厥战士。他们身穿甲胄，手持长矛或马刀，腰间多带有匕首或弓箭，所骑的马也披有鳞甲。这些装备在当时来说是十分精良的，除了因为他们继承了前代游牧民族的技术特色外，还在于其自身也"工于铁作"。

 西突厥的瓦解

630年，唐太宗重建了以鄂尔多斯和内蒙古为边境的疆域后，又开始把注意力转向西突厥。西突厥部落已经在射匮可汗的统治下重新统一起来。射匮之弟统叶护继位后，又进一步扩张势力，征服了东北方的铁勒部，在西南征服了吐火罗地区和巴克特里亚地区，取得了对塔里木盆地部分地区的霸权。

630年初，唐朝僧人玄奘途经托克玛克时，朝见过统叶护。此时，统叶护权力正盛。

统叶护热情地接待了玄奘。总的来说，他对佛教持开放态度。数年前，他还曾热情地款待过一位名叫波罗颇迦罗蜜多罗的印度佛教使者。

但是，在玄奘访问西突厥帝国之后数月，强大的汗国就崩溃了。630年，游牧的葛逻禄部反叛，并杀害了统叶护。从此，西突厥汗国分裂成两个部分，即在伊塞克湖西部和西南部的弩失毕部，以及在伊塞克湖东北部的咄陆部。这两个部族又继续内战，并耗尽了自己的力量。尽管曾经有一位名叫咄陆（638～651年在位）的咄陆部可汗曾企图统一两部，他还曾大胆进攻唐朝在哈密地区的屯军。但是，大约在642年，唐将郭孝恪在古城和今乌鲁木齐之间的博格达拉山附近打败了他。另外，唐太宗支持弩失毕部反对咄陆，致使他最后只好逃往巴克特里亚。

2. 塔里木绿洲上的民族

塔里木绿洲上的印欧各族

唐太宗灭了突厥后，在塔里木绿洲上重新建立起霸权。生活在塔里木绿洲上的居民，有一部分是印欧人，他们主要居住在绿洲北缘上的吐鲁番，喀拉沙尔（焉耆），库车和喀什，

◇ 西归图

塔里木绿洲上的诸国是中国通往印度和中亚的重要通道，公元8世纪时期唐僧玄奘赴印度学习佛教经典就曾路过这一地区。事实上这一区域已经是中国和其他文明国家建立各种经济和文化交流的纽带。图中是公元645年，唐僧玄奘率领驮着来自印度的佛教画像和经书手稿的马队抵达长安的景象。

| 斯基泰人 | 萨尔马特人 | | 柔然人 | 突厥人 | | 契丹人 | 女真人 |
| | 匈奴人 | 鲜卑人 | | | 厌哒人 | 回鹘人 | |

以及南缘上的鄯善、于阗和叶儿羌。

在丝绸之路这条古商道上的城市，它们既是商贸的重要中转站，也是佛教徒往来于中原地区和阿富汗、印度之间的重要驿站，具有重要作用。例如629年，唐朝僧人玄奘从甘肃出发，经过了吐鲁番、喀拉沙尔（焉耆）、库车、阿克苏、托克玛克（碎叶城）、塔什干和撒马尔罕，前往印度。644年他返回时，经过了帕米尔山、喀什、叶儿羌、于阗、鄯善、敦煌，最后回到唐朝。

在天山到罗布泊之间的地区，人们曾发现了一个7世纪时的粟特移民遗址。粟特人使用的粟特语，就是从布哈拉和撒马尔罕来的商队传入的。来自印伊边境的丝路上的行商和坐贾们以及佛教使者们，共同把伊朗和印度艺术传入了塔里木绿洲。所以，在塔里木绿洲的文化遗址中，人们能找到各种风格的艺术品。它们有的是克孜尔I期（约450~650年）风格，有的属于克孜尔II期（约650~750年）风格。另外，在于阗以东的丹丹—乌里克的木简上（约650年），也具有典型萨珊特征的佛教画。除了来自印度、希腊和伊朗的影响，中原汉人文化也对这里产生了影响。在库车附近的库姆吐拉壁画中，我们就能看见这样的风格。

在戈壁滩上由印欧人居住的所有绿洲中，库车无疑是印欧文明的代表地区。因为这里有用库车语写成的大量佛教文学。从5世纪至7世纪，一部分佛教梵文经卷已经被译成了库车文。库车社会通过与佛教文明（印度文化遗产）的接触而获益，同时也从与伊朗（库车模仿伊朗的物质文明）有联系的商队

| 塞尔柱人 | 古兹人 | | 可萨人 | 钦察人 | | 满族人 | 卡尔梅克人 |
| | 阿瓦尔人 | 保加尔人 | | | 蒙古人 | 塔吉克人 | |

▽ **克孜尔壁画**

图为新疆克孜尔第205窟现存的一幅描绘阿阇世王传说故事壁画的供养人画像。画面从左至右分别绘有：白皮肤的艾加塔夏秋国王、黑皮肤的王后以及大臣互夏克拉。人物面部丰满，柳眉樱口，颇似内地唐画风格，眼窝处的用线和晕染也能看到西域风采，可见这一时期印度—伊朗风格与唐代美学的融合。

中获利，就像在手稿和克孜尔、库姆吐拉壁画中展示的一样。

塔里木绿洲上的唐朝属国

虽然库车和吐鲁番都处于佛教的影响下，但是，库车的物质文化仍然是伊朗风格为主；吐鲁番（高昌）则更多地受到了汉文化的影响。稍微比较一下库车壁画（即克孜尔壁画）与吐鲁番壁画（即穆尔吐克、圣吉木、伯子克力克壁画），就能发现这一点。在吐鲁番，经库车传入的印度—伊朗文化风格逐渐融入唐代美学。507年以后，吐鲁番地区由鞠氏统治。609年，鞠伯雅归顺隋炀帝。随后，鞠文泰（约620～640年在位）曾经热情接待唐朝僧人玄奘。这一切都表明了这位君主对汉文化的兴趣和对佛教的热诚。630年，鞠文泰归顺唐王朝。不过，到了鞠文泰统治末期（大约640年），他开始不再承认自己对唐朝的归附。于是，唐太宗派大将侯君集率军讨伐，鞠文泰惊骇而死，唐朝大军攻下吐鲁番，从此，吐鲁番成为唐朝的一个行政机构所在地，即安西都护府。

和库车一样，喀拉沙尔国成为显赫的印欧文化中心。同样和库车一样，焉耆的宗教文化来自印度的影响，物质文化则来自伊朗的影响，大量的艺术都让人联想到阿富汗地区的希腊—佛教艺术。现存柏林的焉耆墙壁涂饰与纪麦特博物馆中的哈达墙壁涂饰有着惊人的相似。同时，唐朝也在向焉耆施加军事力量。632年，焉耆归附唐朝。而吐鲁番归顺于唐朝却使焉耆王（汉名突骑支）感到不安。640年，焉耆王联合西突厥反叛唐朝。唐太宗派大将郭孝恪平乱。郭孝恪采用奇策，在深夜从裕勒都斯河方向靠近焉耆，黎明时分就攻下了这座城市。郭孝恪把与唐朝亲善的、前王之弟栗婆准登上王位，几年后，栗婆准被其堂兄弟薛婆阿那支废黜，薛婆阿那支得到了库车人和突厥人的支持。唐太宗命突厥王子阿史那社尔带兵平乱。648年，阿史那社尔向焉耆进军，砍下了薛婆阿那支的头，另立他人为王。

618年，库车王苏伐勃驶归顺隋炀帝。他的儿子苏伐叠虔诚地信仰佛教。630年，他举行盛大的集会欢迎唐朝僧人玄奘，尽管当时玄奘信奉的是大乘佛教，而他和他的臣民信奉小乘佛教。同年，苏伐叠宣布归附唐朝。可是不久之后，由于不满唐朝的干涉政策，他又与西突厥联兵反对唐朝。644年，他拒绝向唐朝纳贡，并援助焉耆反叛唐朝。646年，苏伐叠去世，他的兄弟诃黎布失毕继位。这位新的库车王审时度势，很快就表明了要重新效忠唐朝（647年）。然而，此时，突厥王子阿史那社尔已在唐太宗的任命下，率领一支由汉人和突厥人、铁勒人组成的大军前去征战讨伐了。

阿史那社尔首先粉碎了和库车结盟的两个突厥族部落：处月部和处密部，处月部在古城附近过着游牧生活，处密部在玛纳斯河流域附近游牧。阿史那社尔从玛纳斯河流域开始袭击库车。库车王诃黎布失毕率军迎战，阿史那社尔佯装退却，诱敌深入沙漠，并在沙漠中给予库车人毁灭性的打击。阿史那社尔进入库车，接着追击到阿克苏（拨换城）的西部边区，阿史那社尔在此处包围并打败库车军队。就在这时，前往西突厥请求援兵的库车贵族那利意外归来，并在突袭中杀了唐朝大将郭孝恪。阿史那社尔进行反攻，砍下了11000名库车人的头，诃黎布失毕

◇ 于阗——和田玉的故乡

于阗是西域诸国中最早获得中原养蚕技术的国家，同时又盛产玉石，是西域有数的富饶之地。唐朝时于阗归顺，成为其治下都督府之一。图为唐代舞人和田玉雕，人物面貌圆润丰满，舞姿有敦煌飞天之态，可见当时于阗受唐朝的影响深远。

被俘并被带到了长安。唐朝立诃黎布失毕的兄弟叶护为库车王,重新将库车置于唐朝的监视之下。

从此以后,库车和克孜尔辉煌的印欧社会一蹶不振。到了8世纪下半期,唐朝再次失去了对库车的控制。此时,牢牢控制库车政权的是回纥突厥人。从此,这片古代的印欧地区(即外伊朗地区)成了"东突厥斯坦"。喀什王国(疏附王国)位于塔里木西部,主要居民是古代萨迦人的后裔。喀什人主要信仰小乘佛教。与此同时,叶尔羌国(莎车王国)盛行大乘佛教。最后是于阗绿洲,这片地区因种桑养蚕、发展地毯织业和开采玉石而富裕起来,并且于阗也是一个重要的佛教中心,生活居住在于阗的人们热衷于研究梵文,讲授大乘佛教。

唐太宗登基后,这三个王国都向唐朝表示归顺。632年,喀什和于阗归顺唐朝。635年,莎车归顺唐朝。635年,于阗太子入侍唐朝。648年,唐朝大将,即突厥王子阿史那社尔平定库车叛乱,然后派轻骑兵护送副将薛万备到于阗。于阗王(汉名伏阇信)被召入唐朝宫廷并受到封赏。

3. 唐朝:中亚的主人

苏定方攻西突厥之战

图为苏定方攻西突厥路线图。苏定方率军首先在金山(今阿尔泰山)北,击破突厥处木昆部,后在被突厥可汗沙钵罗部10万之众包围的情况下反击,大败沙钵罗。随后,与南路唐军会师双河,奇袭金牙山沙钵罗牙帐,沙钵罗仓皇而逃,后被萧嗣业部所俘。至此,西突厥诸部归顺安居。

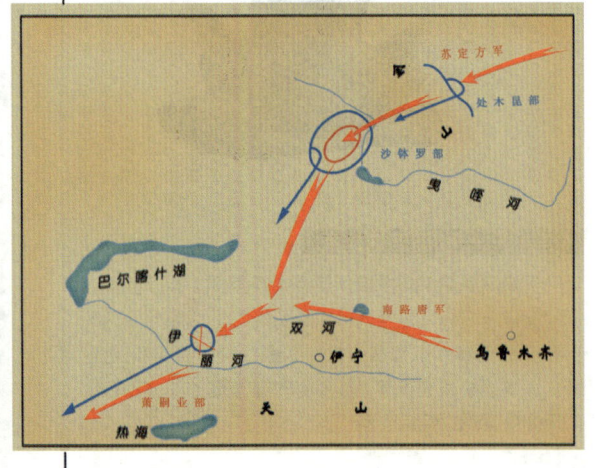

唐苏定方平西突厥

在上述征服结束之后,唐朝的疆域已经延伸到了帕米尔地区。

唐太宗一直牢牢地控制着突厥人。例如,唐朝大将阿史那社尔原本是东突厥王室的王子,颉利可汗的兄弟,636年投降唐朝后,被唐太宗封为将军,并成为唐朝最优秀的将军之一。为了奖赏他,唐太宗还把一位唐朝公主许配给他。阿史那社尔对唐太宗很忠诚,唐太宗去世时,这位年迈的突厥人甚至要求按游牧民的方式,以身殉葬。

唐太宗的儿子唐高宗(650~683年在位)在即位初期,完成了父业。唐高宗致力于打击西部突厥人的叛乱。为了反击突厥人的叛乱,唐高宗与回纥突厥人即铁勒人结成联盟,在回纥人的支持下,唐朝大将苏定方率军直抵西北不毛之地。苏定方奇袭敌人，并在准噶尔地区艾比湖附近的博罗塔拉河边与突厥首领贺鲁率领的军队相遇，后来又在伊塞克湖以西的楚河流域再次打败了他（657年），迫使贺鲁逃到塔什干。塔什干人把贺鲁交给了唐军。随后，唐朝重新任命忠于唐朝的突厥人阿史那弥射为咄陆部新可汗（657~662年在位），立另一位依附于唐朝的突厥人阿史那步真为弩失毕部的可汗（659~665年）。

突厥汗国的回光——默啜可汗

唐高宗统治后半期（665~683年），唐朝对中亚各地区的影响逐渐走向衰落。从665年起，西突厥的弩失毕和咄陆两部反叛效忠于唐朝的可汗，重新获得独立。接着，670年，吐蕃人闯入塔里木盆地，从唐朝人手中夺取了被称为"四镇"的焉耆、库车、于阗和喀什。东突厥汗国本来已经被唐太宗灭掉，然而在630年，在原王室后裔骨咄禄可汗的率领下，在鄂尔浑河源边和于都斤山（可能是杭爱山脉），重新建立了东突厥汗国。

东突厥汗国重建时，骨咄禄得到暾欲谷的密切支持。暾欲谷也是突厥人，是一位精明的政治家，他的家族曾经在山西北部的云中（今归化城附近）边境地区世袭担任唐朝的官职。暾欲谷把自己对汉文化的了解，包括唐朝汉人的习俗、政治、思想等情况，尤其是当时唐高宗政权已日益削弱的情况，都告诉给骨咄禄，并帮助骨咄禄进行筹划。682年，骨咄禄和暾欲谷进攻山西北部地区，开始反对唐朝。683年3月，骨咄禄征服妫州地区（北京西北，南口关北、怀来县）。从

◆ 后突厥汗国之始

公元630年，原突厥颉利可汗的后人骨咄禄在鄂尔浑河源边和于都斤山重新建立东突厥汗国，并反对唐朝的统治。据突厥文《阙特勤碑》记载，他先后进攻过唐朝北部、九姓铁勒、三十姓鞑靼、契丹、奚等，奠定了后突厥汗国的基业。图为记录骨咄禄功绩的阙特勤碑拓片和突厥文细部。

此，骨咄禄领导的突厥人每年进犯山西和河北边境。683年4月，骨咄禄和暾欲谷洗劫单于都护府，即今绥远。6月，他们杀了幽州刺史，俘虏了丰州（陕西北部的榆林）刺史，洗劫山西西北的岚州。684年秋天，他们攻下了朔州（朔平，现在的右玉，位于山西北部）。685年5月，他们攻入太原北部的忻州，大败唐军。687年4月，他们攻入北京西北部的昌平。同年秋天，他们进攻山西朔平，但最后失败了。

683年12月26日，唐高宗去世。武后（武则天）开始掌权。武则天凶狠专横，但很有才干，她一边实行专制统治，一边恢复唐太宗时期唐朝的对外政策。在塔里木盆地，武则天派军从吐蕃人手中夺回了四镇：692年派军夺取了焉耆和库车，694年再次派军，夺取了喀什和于阗。不过，东突厥的势力此时却与唐军势均力敌。东突厥可汗骨咄禄几乎每

默啜可汗

武则天篡唐时期，骨咄禄之弟默啜篡位成为后突厥的可汗。他一边帮助唐朝平定契丹，受封为立功报国可汗；一边又不停地骚扰唐朝边境，并攻击契丹、奚、黠戛斯、西突厥诸部，一度将帝国拓展至黑海以东地区。图为突厥可汗率领军队出征的复原图。

年都要劫掠山西、河北边境。武则天试图借助居住在伊犁河下游的谢米列契耶的突厥部落突骑施的援助，从侧面打击骨咄禄，但是没有成功，因为骨咄禄打败了突骑施，并俘虏了突骑施可汗乌质勒，乌质勒被迫归顺东突厥人（689年）。

默啜一边高举保卫李氏唐朝、反对武则天的旗帜，一边继续进攻唐朝领土。694年，他率军掠夺宁夏附近的灵州。698年，他又率军掠夺地处北京西部的宣化和灵丘之间的蔚州。在这期间，他曾与武则天建立了短暂的合作关系，共同抗击在辽西和热河之间的一支蒙古族游牧民契丹。此时，契丹人正进攻永平附近的唐朝边境地区，准备开始向南扩张。696年，契丹首领李尽忠在永平附近打败唐军。李尽忠和默啜是盟友。李尽忠去世后，契丹人赶走了李尽忠的儿子，摆脱了与突厥人的联盟。默啜企图帮助李尽忠之子复位，并率军进入契丹领地，但是他没有成功。于是，默啜与唐政府联合，共同采取了反对契丹人的行动。默啜从唐朝获得了蚕丝、稻米、武器、铠甲等，在默啜和唐朝军队的夹击下，696～697年契丹人被击溃。

击溃契丹人后，武则天对默啜大加褒奖。默啜却重新进攻宁夏附近的灵武，并向武则天提出蛮横的要求，被武则天拒绝。于是，默啜开始对宣化以南地区进行远征，并席卷了蔚州（大同东南的灵丘），又进攻河北中部保定和正定之间的定州，接着占领赵州。702年，默啜进攻山西北部的代州。706年，默啜在敦煌东鸣沙山打败唐将沙吒忠义，围攻宁夏北部灵州的边境哨所。

默啜每次进攻，都会带着大批俘虏和战利品返回蒙古。

对付突厥各部时，在东方，默啜战胜了克鲁伦河上游的拔野古部；在北方，他战胜了叶尼塞河上游地区的黠戛斯人。在西方，699年，默啜用武力征服了西突厥的两部，即咄陆部和弩失毕部，至此，突厥部落基本上归于统一。在巴尔喀什湖以南的伊犁河下游，突骑施的婆葛可汗（706～711年在位）企图联合西突厥反叛默啜，但是在711年遭到了失败，婆葛可汗也被默啜杀死。于是，默啜统一的突厥帝国，东起中国边境，西至河中地区。

但是，随着默啜的衰老，突厥人开始反抗默啜的残暴和专制。许多突厥首领陆续归顺唐朝廷。最先，克鲁伦上游的拔野古部反叛，默啜在土拉河两岸将他们击溃。但是，当默啜班师回朝时，途中路过一片森林时，受到攻击，716年7月22日，默啜被杀。拔野古人将默啜的首级交给唐朝使者，被带往长安。

阙特勤和默棘连

默啜可汗死后，突厥内部大乱。默啜的侄子，即骨咄禄之子，杰出的阙特勤发动了宫廷政变。阙特勤曾经屡建功勋，曾经是默啜可汗的得力臣子，拥有极高的权威。阙特勤杀了默啜的儿子匐俱和那些效忠默啜的大臣，除了暾欲谷之外，因为他是阙特勤兄长的岳父。

但是，阙特勤并没有夺取汗位，而是把兄长默棘连立为可汗，从716～734年间，默棘连一直统治着蒙古地区。在默啜去世之后导致的王族内乱之中，几乎所有的臣属部落都反叛了鄂尔浑王朝。为了重新恢复秩序，让反叛的部落归附，阙特勤和默棘连几乎耗尽精力。

默棘连曾经试图重振政权，他与当时已经70岁高龄的暾欲谷商议，企图入侵唐朝以巩固自己的统治，但是暾欲谷阻止了他。此时，唐玄宗（713～755年在位）刚刚登基，李氏王朝正在复兴之中。

而突厥内乱则大大消耗了国家元气，牲畜四散，马匹消瘦，民众饥寒，要攻打正在复兴中的唐朝无疑是一种草率行为。随后不久，默棘连又试图让突厥人像汉人一样过上定居生活，并在鄂尔浑河畔建筑有城墙的城市，建立道教和佛教寺院。事实上这同样不适合突厥人，因为游牧民族的优势在于能够在机会到来时突然出击，能够在受挫时躲避敌人。

于是，在暾欲谷的劝导下，718年默棘连向唐朝求和。可是，唐玄宗拒绝了，并下令攻击突厥人。唐朝与在古城（原北庭）的一支突厥部落拔悉密部，以及在辽西、热河一带的契丹人联系，准备从西南方和东南方侧击突厥人。默棘连可汗大为恐慌，关键时候，暾欲谷指出，拔悉密、契丹和唐朝人相差甚远，肯定无法协调一致地作战。果然，默棘连后来伺机在古城击溃了拔悉密部，接着进犯甘州和凉州一带，即今甘肃边境地区（720年）。最后在721～722年，突厥人与唐朝议和，建立了友好关系。

▽ **阙特勤雕像头冠**

阙特勤在默啜死后夺取突厥政权，拥戴其兄默棘连为可汗。兄弟俩试图恢复动乱的突厥王朝，并与唐朝交好。其死后唐朝遣使吊祭，并立祠制碑，即《阙特勤碑》。图为1889年发掘于毗伽可汗墓园中的阙特勤雕像头冠。

毗伽可汗碑

现存突厥人用以记功铭业的石碑内容最丰富、影响最大的，是立于蒙古国鄂尔浑河旧河道及和硕柴达木湖附近的《阙特勤碑》和《毗伽可汗碑》，图为毗伽可汗碑。毗伽可汗即默棘连，碑文以毗伽可汗的口气，表现了他与弟弟阙特勤的深厚感情。

731年，默棘连的兄弟阙特勤去世。默棘连写了一篇祭文刻在墓碑上，阙特勤的墓在和硕·柴达木湖和鄂尔浑的科克沁之间，距离哈拉和林北大约64公里处。732年，唐玄宗又补充了一篇汉文的碑文，以表示两国间存在的友好关系。

东突厥灭亡和回纥帝国兴起

734年，默棘连被他的一位大臣毒害，此时，东突厥人即将跨入伟大文明的主流。默棘连的死导致了一系列动乱。动乱结束时，突厥帝国崩溃了。不久后，默棘连的儿子伊然可汗也去世了，登利可汗继位，由默棘连可汗的遗孀辅政。741年，登利可汗被部下杀处死，这一事件标志着突厥帝国的结束。因为很快，新继任的乌苏米施可汗就面临着三个主要臣属突厥部落的反叛，他们是居住在今天古城周围的拔悉密部，地处科布多和色楞格河之间的回纥部，以及巴尔喀什湖东端、额敏河附近的葛逻禄部。744年，乌苏米施可汗被拔悉密人杀害。而东突厥王室余下的成员，已在743年逃亡唐朝长安。

从此，蒙古地区的帝国成为各部落的猎物。744年，拔悉密部想夺取蒙古，但是失败了。回纥部在葛逻禄部的帮助下成功夺取了蒙古地区。回纥可汗在鄂尔浑河上游的帝国地区称汗，称为骨咄禄毗伽阙可汗。唐朝承认了他的登基，唐玄宗册封他为怀仁可汗。根据唐朝的编年史记载，他的疆域从阿尔泰山延伸到了贝加尔湖。不过，据记载，745年他就去世了。

回纥帝国就这样取代了东突厥汗国，大约持续存在了一个世纪（744～840年）。回纥可汗们的都城在哈喇巴喇哈森，当时称为斡耳朵八里，即"宫廷之城"的意思。这座城市在鄂尔浑河上游河畔，靠近匈奴单于和突厥可汗们的驻地，后来成为成吉思汗的哈拉和林的近邻。

唐朝西突厥斯坦各属国

714年，由唐朝雇佣的突厥将军阿史那献在伊塞克湖以西的托克玛克打了一场大胜仗，使准噶尔的咄陆诸部落，以及额敏河畔和塔尔巴哈台的葛逻禄部突厥人，都并入到唐朝的版图之中。突骑施可汗苏禄（717～738年在位）在吐蕃人和阿拉伯人中寻找反对唐朝的盟友。苏禄趁着穆斯林军团的攻击造成的混乱，入侵了塔里木。从692～694年起，塔里木已经处于唐朝的保护之下。717年，苏禄包围阿克苏城，数月之内，就骚扰了焉耆、库车、喀什和于阗。虽

回鹘王子供养像

回鹘即回纥，唐德宗时改称回鹘。图为回鹘王子礼佛图中供养像局部，王子面形浑圆，细眼小嘴，戴顶云缕冠，穿团龙锦袍，手执香炉作礼佛状。后有侍卫分别持着伞、遮晕扇、宝剑等，一派回鹘贵族王子出行的排场。画像基本承袭唐风，可见当时受唐朝的影响深远。

| 塞尔柱人 | 古兹人 | | 可萨人 | 钦察人 | | 满族人 | 卡尔梅克人 |
| | 阿瓦尔人 | 保加尔人 | | | 蒙古人 | 塔吉克人 | |

然他没有攻陷这四个重镇，但是却占领了长期以来汉族政权在突厥斯坦的前哨基地——伊塞克湖以西的托克玛克城（碎叶城）。

719年，唐朝大将阿史那献在托克玛克城与苏禄的军队大战。此后的722年，唐朝企图以封号和爵位来笼络苏禄。但726年，苏禄的军队再次劫掠了这四个要镇。736年，唐朝北庭（或吉木萨）都护盖嘉运在古城附近大破苏禄军。此后不久，大约在738年，苏禄被处木昆部的阙律啜，即莫贺达干杀害，处木昆是一支小突厥部落，大概居住在巴尔喀什湖东南，在葛逻禄和突骑施两部之间游牧。

739年，莫贺达干同唐朝大将盖嘉运联合起来，阻止了苏禄的儿子吐火仙的复辟。不过，莫贺达干很快与唐朝决裂，742年，莫贺达干杀害了唐朝派往突骑施的都督、汉化的突厥人阿史那昕。744年，唐朝大将夫蒙灵詧打败并杀死了莫贺达干。此后，唐朝又成了伊塞克湖地区和伊犁河流域的主人。748年，唐将王正见在伊塞克湖西北、楚河上游地区的托克玛克城（碎叶城）修建寺庙。751年，唐朝大将，即著名的高仙芝入朝，呈献被俘

唐前期疆域与周边图

在兼容并蓄的胸怀和"以夷制夷"的政治策略下，唐前期的疆域覆盖整个西域。包括焉耆、库车、喀什、于阗等西域小国，以及归顺的葛逻禄、突厥、吐蕃、回纥等部族。形成历史上最为辉煌的大唐盛世。图为公元8世纪前唐疆域和周边图。

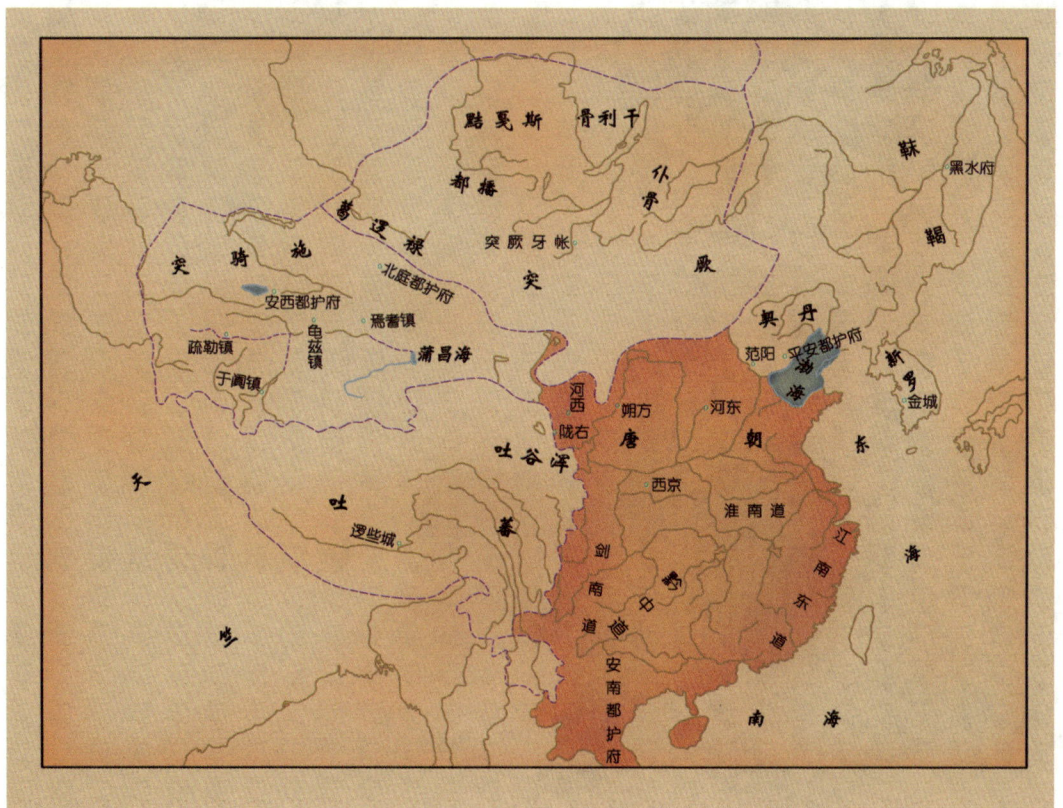

的另一位突骑施首领。

在塔里木盆地，唐朝军队占据的、被称为安西四镇的焉耆、库车、喀什和于阗四个小王国一直效忠于唐朝。728年，唐朝册封喀什王，接着册立尉迟王朝的尉迟伏师为于阗王。塔里木绿洲上的原印欧种居民都开始与汉人交好，因为在唐朝汉军的保护下，帮助他们阻止了阿拉伯人和吐蕃人的入侵。

帕米尔西部的纷争

637年的卡迪西亚战役和642年的尼哈温战役推翻了强大的萨珊王朝，并征服了西伊朗。651年，阿拉伯人占领赫拉特，萨珊王朝的末代君主叶斯德苟特三世在莫夫去世；652年，阿拉伯人侵入巴里黑。8世纪初，在库泰拔·伊本·穆斯里姆的领导下，阿拉伯人继续向前挺进。从705～715年，库泰拔以倭马亚哈里发的名义统治呼罗珊。705年，库泰拔远征吐火罗地区，即从前的巴克特里亚。在当时，吐火罗地区是由原西突厥王室幼支、佛教徒特勤们建立的突厥王朝在统治。接着，库泰拔利用地区纠纷，干涉花剌子模和索格底亚那。从706～709年，库泰拔对伊朗—突厥族的布哈拉国发起战争，并于709年征服了布哈拉国。随后，他扶持王室的合法继承人吐格沙达登上王位，新国王的统治从710年持续到739年。在这期间，吐格沙达是阿拉伯人忠实的属臣，也是伊斯兰教的追随者。

709年，撒马尔罕地区的德赫干答应纳贡和归还人质，与库泰拔讲和，但是不久后，伊克谢德·胡拉克取代了他。库泰拔长期围困撒马尔罕后，又迫使胡拉克投降，并打败

阿拉伯倭马亚王朝的军队

图为公元7到8世纪远征吐火罗地区的阿拉伯倭马亚王朝的战士，前方身着布袍和鳞甲的是倭马亚步军卫兵，后面是骑马持盾的骑兵，马后站立的是步兵弓箭手。就是这支军队先后同罗珊、突厥、布哈拉等国征战，并占领了吐火罗、撒马尔罕等地区。

了前来援救胡拉克的塔什干的突厥人和费尔干纳人（712年）。

在707年和712年，布哈拉人和撒马尔罕人向东突厥可汗默啜求援。每次求援，默啜都会派军队前去解救他们。军队由默啜的侄子阙特勤统领。707年，布哈拉和莫夫之间爆发战争，库泰拔打败并赶跑了阙特勤。712年，突厥人曾经短期占领粟特地区，阿拉伯

▽ 偏重步兵的倭马亚阿拉伯王朝

后世的人们提起古代阿拉伯军队,首先想到的是他们的骑兵。实际上在倭马亚王朝时期,军队的核心是他们的重步兵系统,骑兵更多作为辅助。图中走在最前的即是倭马亚步兵,旁边的弓箭手牵着坐骑骆驼,一个穆斯林妇女正手持长矛充作警卫。

也请求唐朝援助自己反对新的阿拉伯主子(719~731年)。再往南,吐火罗地区(指昆都士和巴里黑)的突厥统治者,或者称叶护,同样要求唐朝的保护,免受阿拉伯人的侵害(719~727年)。

虽然唐玄宗梦想扩张版图,但是,仍然犹豫是否要派遣军队到粟特或巴克特里亚,并与倭马亚王朝公开交战。至少在751年前,哈里发宫廷和唐朝宫廷并没有什么大的冲突,撒马尔罕、布哈拉、昆都士的突厥—伊朗族人却都盼望二者爆发矛盾,并认为这是赶走穆斯林侵略者的一个机会。不过,唐玄宗只想通过授予粟特人和吐火罗人极高的特权,加强他们对阿拉伯人的抵抗。统治人保住了撒马尔罕城,但是最终,在713年,库泰拔还是使突厥人撤退了。随后又远征塔什干,并亲自从忽毡方向进入费尔干纳。714年,他占领塔什干。715年,他正在费尔干纳发起第二次战争时,哈里发王朝内乱爆发,库泰拔被他的部将杀害。

库泰拔的去世,以及使倭马亚王朝末期的哈里发受到削弱的内战,使粟特人有了喘息的机会。同时,唐玄宗恢复了汉人在蒙古、伊犁河流域和塔里木地区的势力,使粟特人有了依靠和希望。712年,费尔干纳王逃到库车避难,并在库车请求唐王朝帮助他恢复王位。715年,库泰拔死后不久,唐朝大将张孝嵩赶跑了阿拉伯人指定的费尔干纳王,帮助其复位。718~719年,布哈拉王吐格沙达宣称自己是唐朝的属臣,请求唐朝介入布哈拉事务,并于726年派其弟阿尔斯兰入侍唐玄宗。虽然撒马尔罕王胡拉克(约710~739年在位)被迫承认阿拉伯人的宗主权,但

着伊犁河流域的突厥酋长、突骑施王苏禄（717~738年在位），支持了反穆斯林统治的地方叛乱。在他的支持和鼓励下，728年，反阿拉伯人统治的大起义爆发了，在突骑施突厥人的支持下，布哈拉人坚持战斗了一年（728~729年）。此外，也是在突骑施人的援助下，撒马尔罕王胡拉克在730~731年期间起义。直到大约737年或738年，阿拉伯人才重新征服撒马尔罕。

唐朝在中亚统治的崩溃

唐玄宗让阿拉伯人统治着布哈拉和撒马尔罕而不去干扰，是因为在甘肃和塔里木地区，唐玄宗正在勉力对付吐蕃人。

700年，吐蕃人被唐朝大将唐休璟打败。702年，吐蕃人向唐朝求和，但是很快又爆发了战争。737年，唐朝大军在青海以西打败了他们，赢得胜利。746年，唐朝大将王忠嗣又在同一地方打败他们。事关胜败的双方争夺的重要据点是在甘肃边境西宁附件的石堡城。这座城池是唐将李祎从吐蕃人手中夺过

▽ **唐与吐蕃的关系**

图为唐代画师阎立本所绘著名的《步辇图》，描绘贞观十五年（641）唐太宗接见来迎娶文成公主的吐蕃使者禄东赞的情景。此时唐朝与吐蕃的关系和好，并因文成公主的和亲而迅速发展。但随后的170多年间，两者一直处在边界摩擦、互相争斗之中。

| 塞尔柱人 | 古兹人 | | 可萨人 | 钦察人 | | 满族人 | 卡尔梅克人 |
| | 阿瓦尔人 | 保加尔人 | | | 蒙古人 | 塔吉克人 | |

第二章　中世纪初期：突厥、回鹘和契丹

▽ 死神阎魔像

图为吐蕃时期拉萨大昭寺所藏的死神阎魔铜像。在松赞干布时期，佛教开始正式传入吐蕃。在随后的吐蕃王朝大力支持下，逐渐形成了现在的藏传佛教。

来的，但是不久后又被吐蕃人夺了回去。749年，唐朝大将哥舒翰再次将它夺了过来。同时，在西藏的另一端，帕米尔地区的一些王国，如吉尔吉特（汉名小勃律）、巴蒂斯坦（汉名大勃律）和瓦罕（汉名护蜜国）都受到了威胁。唐朝在塔里木地区的保护国与印度交通的道路经过了瓦罕。由于贸易关系和佛教传播的关系，这里与印度有着联系。所以，对唐朝来说，能够维持穿越帕米尔高山谷地交通的畅通是最基本的。克什米尔王真陀罗秘利（死于733年）和木多笔（733～769年在位）是唐朝的忠实盟友，与唐朝共同反对吐蕃人，并且被唐朝册封为王（720年和733年）。在喀布尔河谷上统治着迦毕试国的突厥王朝，即佛教中所说的沙赫王朝，也分别于705年、720年、745年得到了唐朝的册封。小勃律归附了吐蕃人。唐朝任命高仙芝为库车的副节度使，并于747年率军越过帕米

▽ 怛逻斯之战

怛逻斯之战是当时世界上最强大的东西方帝国的碰撞：东方的唐朝与西方的阿拔斯王朝。高仙芝统帅的唐军与阿拉伯人在怛逻斯河两岸决战，因唐军的葛逻禄部雇佣兵中途叛变，而致整场战役唐军告负。图为怛逻斯之战时的唐军，中间华盖下应为高仙芝。

尔，经过巴罗吉尔山口到小勃律，监禁了吐蕃人的臣属王。749年，吐火罗地区的叶护，即昆都士的佛教突厥王朝的统治者，试图得到唐朝的援助，共同对付一个小山国酋长，而该酋长切断了小勃律与克什米尔之间的交通。高仙芝再次率中国远征军越过帕米尔山，赶走了吐蕃人的党羽（750年）。

唐朝大将高仙芝对帕米尔以西的两次战役，标志着唐朝在中亚的扩张达到了顶点。此时，唐朝的版图，已包括了塔里木地区、伊犁河流域和伊塞克湖地区，并控制了帕米尔山谷地区，成为吐火罗地区，喀布尔和克什米尔的保护者。

塔什干的突厥王曾经多次（分别在743年、747年、749年）前往唐朝表示归顺。但是，当时的库车节度使高仙芝却到塔什干杀了他，并占有了他的财产。这一行为导致了西部地区的反叛。车鼻施之子向葛逻禄部突厥人求援，并还向粟特地区的阿拉伯驻军求援。阿拉伯将军齐雅德·伊本·萨里匆忙从南方赶往塔什干，葛逻禄军则从北方南下。751年7月，高仙芝在怛逻斯河两岸、今奥李—阿塔（江布尔）附近被彻底打败。齐雅德·伊本·萨里带着数千俘虏回到了撒马尔罕。正是这一事件，导致中亚地区成了穆斯

◆ 唐朝名将高仙芝

经常有史学家把唐朝止步中亚的原因归咎于高仙芝怛逻斯之战的失利，然焉有一战而衰之说？真正令盛唐衰弱的是安史之乱。即使怛逻斯之战获胜，唐朝在内忧之下依然会退出中亚。这位唐代的著名骁将实在是背负了不白之冤。

林世界。葛逻禄人获胜之后，其领土扩张到了巴尔喀什湖以南和伊塞克湖以北的整个伊犁河流域。原西突厥汗庭的几处驻地都处于葛逻禄人的统治之下，但葛逻禄部首领竭力避免冒犯回纥可汗。

另外，再加上唐玄宗统治后期的内乱，从此丧失了中亚的大片土地，也丧失了称雄于中亚的机会。

4. 回纥突厥帝国

唐玄宗后期的内乱主要是由蒙古族契丹人安禄山发动的，这就是中国历史上的安禄山叛乱。安禄山叛乱后，迅速占领了洛阳（755年）和长安，唐玄宗被迫逃亡四川。唐玄宗之子唐肃宗（756～762年在位）向当时的蒙古君主、突厥族回纥人求援。

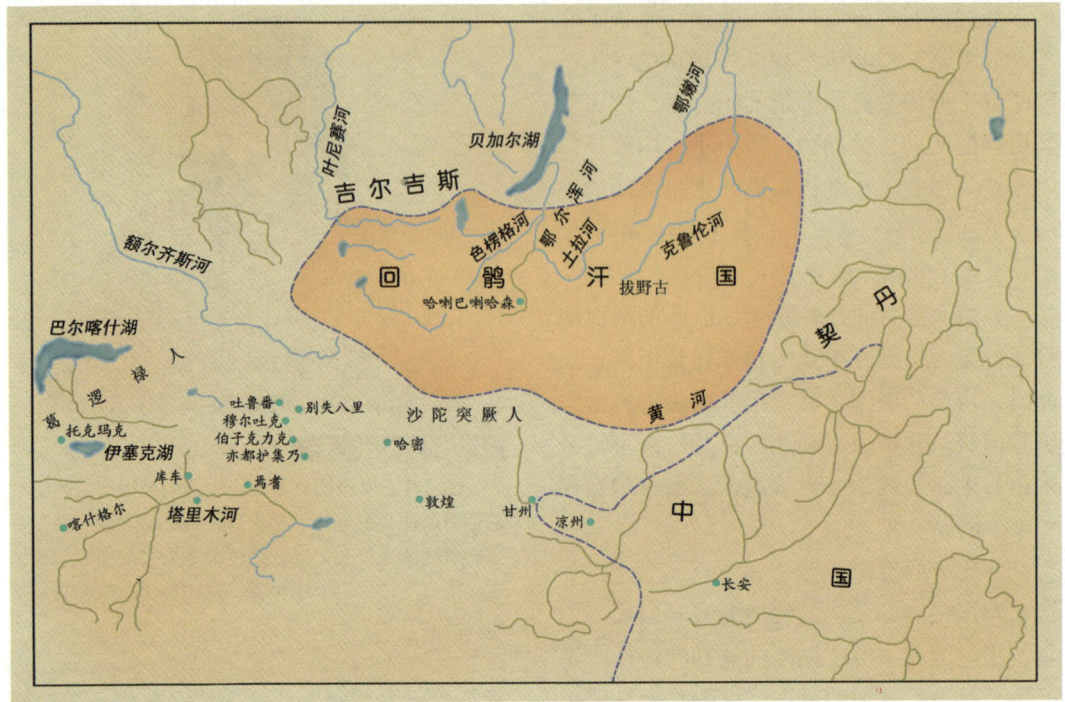

▼ 回鹘突厥帝国

公元8世纪时，回纥突厥人取代了东突厥在中亚的统治地位，建立了回纥突厥帝国。他们与唐朝结盟、通婚，始终保持着友好的关系。图为这一时期回纥突厥帝国的版图。

744年，回纥突厥人取代了东突厥在蒙古的帝国。回纥可汗接受了唐肃宗的要求，同时，唐肃宗采用"和亲"政策，将唐朝公主嫁给他。757年，回纥军队与唐朝军配合，从叛军手中夺取了洛阳城。唐肃宗很感激回纥首领，并对其封官。回纥军返回蒙古时，唐肃宗答应每年给回纥绢帛两万匹。

但是，安禄山叛乱平息后不久，另外一些起义继续威胁着唐朝的统治。最初，回纥新可汗登里牟羽（759～780年在位）受叛军使者左右，想利用唐朝面临的种种困难获得渔翁之利，甚至抱着与叛军合作的目的，率军出发进攻唐朝。但是在途中，在一位唐朝使者的劝说下，他改变了主意，与唐朝联合，以唐朝的名义从叛军手中夺回了洛阳（762年11月20日）。掠夺了洛阳城后，763年3月，他终于踏上了通往蒙古的归途。

在洛阳，回纥可汗认识了一些摩尼教僧侣（粟特人），他把他们带回蒙古地区。后来，他皈依了摩尼教。从此以后，摩尼教成为回纥帝国的国教。

回纥帝国后来一直保持着对中亚的统治势力。阿尔普·骨咄禄可汗（780～789年）与唐朝公主通婚。爱登里啰汨没蜜施合毗伽可汗（808～821年）也曾向唐朝公主求婚，但是由于种种原因未能如愿。后来，唐朝公主与他的儿子登啰羽录没蜜施句主毗伽可汗（821～824年在位）结婚。

和摩尼教一起传入回纥帝国的还有基督教、马兹达哲学、伊朗艺术。摩尼教的传入对回纥的文明做出了贡献。768年，唐朝允许回纥汗国的摩尼教徒在中国布教的法令。于是，在湖北的荆州、江苏扬州、浙江绍兴和江西南昌（771年）等地，建立了一些摩尼寺，这些寺庙又成为回纥使者的住所。807年，回鹘使者要求在洛阳和太原再建摩尼教寺院。

此时，吐鲁番地区也已经并入了回鹘领土。在回鹘帝国下的吐鲁番，人们仍然可以发现一些精致的聂思托里安教的壁画。在840年之后，从9世纪后半期到10世纪初期，回鹘的吐鲁番艺术得到发展，特别是伯子克力克。因为，正是当时回鹘人被逐出了蒙古地区，大批逃往吐鲁番，才在此建立了新国家。

840年，一些仍处于更加原始状态的突厥人，即叶尼塞河上游（米努辛斯克和库苏泊之间）的點戛斯人，占领了回鹘都城哈喇巴喇哈森，杀死了回鹘可汗，推翻了回鹘帝国。

點戛斯人取代了回鹘人，移居鄂尔浑河

◆ 摩尼教经书残画

摩尼教是回纥可汗在洛阳时受一些摩尼教僧侣感化而信教，进而成为回纥突厥帝国的国教。到了宋代演变成了著名的"明教"。图为出自吐鲁番地区寺庙的摩尼教经书手稿中的插画，分正反两面，正面为穿着白袍的摩尼教徒像，背面为双色提签和曲折花叶图案。

▽ 汉化的突厥人：后唐庄宗李存勖

处月部突厥人在首领李克用、李存勖父子的带领下，插手唐朝内乱，汉化为唐节度使，并最终统一中国北方，建立后唐政权。图为后唐庄宗李存勖的画像。他为将堪称智勇双全，为帝却昏聩无能，在位三年后即被叛军杀死。

上游的"帝国的蒙古地区"，即哈喇巴喇哈森和和林附近。他们一直是蒙古地区的主人，直到大约920年被蒙古族契丹人打败后返回叶尼塞河草原。

回鹘失去了蒙古帝国之后，定居在塔里木北缘诸绿洲地区，即哈拉米州（或称高昌，古代吐鲁番）、济木萨（它已成为突厥的别失八里城），以及焉耆和库车（843年）。另一批回鹘，以萨利回鹘一名而被人们所知，约在860或866年居住在甘肃西部的甘州一带。甘州回鹘国一直存在到1028年，是年，它被唐兀人征服。

907年，唐朝被推翻。880年，黄巢起义导致了唐朝的衰落。唐朝首都长安和洛阳一样，落入了起义军之手。唐朝廷向一支新的突厥部落，即处月部求援。

处月部从7世纪开始，就生活在巴里坤湖以东。712年，吐蕃人掠夺巴里坤湖时，他们向西朝着古城方向迁移。808年，吐蕃入侵者把他们赶走，他们向唐朝请求保护。唐朝把他们作为邻邦，安置在鄂尔多斯北部，灵州（宁夏附近）的东北部。

直到878年，处月部一直留居在鄂尔多斯地区。趁着唐末的内乱，处月部的一位首领李克用攻占山西北部大同边区，企图插手唐朝内乱。880年，当黄巢的起义军夺取长安时，唐朝向李克用求援。883年，李克用帮助唐朝把起义军从长安驱逐出去。唐朝任命他为节度使。后来，另一支起义军的头目朱温夺取了唐朝的政权，废黜了唐朝的最后一位皇帝，自己称帝，建立"后梁"（907年）。此时，李克用仍然占有山西。908年，李克用去世，其子李存勖（死于926年）继位并称帝，国号"晋"，仍然统治着山西，并以太原为都城。923年，李存勖推翻"后梁"，建立"后唐"，定都洛阳。"后唐"仅仅存在了13年（923～936年）。936年，另一位处月突厥人石敬瑭在契丹人的帮助下，推翻"后唐"建立"后晋"，以开封（即汴）城为都。不过，"后晋"比"后唐"更短命，仅存在了10年。946年，这支完全汉化的古代突厥人被蒙古族契丹人推翻。

5. 契丹

405~406年，契丹人就居住在辽河以西，在辽河及其支流沙拉木伦河之间的地区。契丹人属于蒙古族。696年，契丹人越过山海关，攻入河北永平，抵达北京平原。武则天召集当时处于极盛时期的东突厥可汗默啜对付他们。697年，默啜攻打他们的后方，给了他们一次沉重的打击，并在未来三个世纪里阻止了他们的扩张。734~735年，契丹和唐朝爆发了一系列的边境战争。751年，安禄山率军入侵平卢（今平泉附近），被契丹人打败。

10世纪初，契丹人在精明强干的首领耶律阿保机的统治之下，居住在辽河西北流域和辽河支流沙拉木伦河地区。阿保机为耶律部保住了拥有最高权力的可汗位置。947年，阿保机的继承者建立辽朝。924年，阿保机进入蒙古地区，直达到鄂尔浑河上游，进入哈喇巴喇哈森，把自840年以来就居住此地的黠戛斯突厥人赶回叶尼塞河上游和西部草原。926年，阿保机灭了通古斯—高丽人建的渤海国，并在这次远征中去世。

阿保机还企图通过夺取河北，在汉族政

◆ 契丹人牵马图

契丹人是居住在中国东北辽河一带的游牧民族，在公元10世纪兴起并且侵占了中国北方的部分地区。图中是一幅反映契丹人生活的一幅图画。图中的男子牵着马摆弄着手中的弓箭，显示了这个民族一贯的尚武传统。

权的内战中获利。但是922年，他却被"后唐"王朝的建立者李存勖在保定南部的望都将他们赶走。

阿保机死后，耶律德光继位。936年，耶律德光把后唐大将石敬瑭置于自己的保护之下。当时，石敬瑭已经反叛后唐王朝。耶律德光率领五万军队过古北口，袭击河北，帮助石敬瑭打败了后唐军队，并帮助他做了皇帝，建立"后晋"王朝。

石敬瑭为了报答契丹人，于936年把包括幽州或称燕州（今北京）在内的河北北部地区，连同云州（今大同）在内的山西北端都割让给了契丹。从936~1368年，北京一直处于游牧民的统治之下。938年，耶律德光把北京作为自己的一个驻地，他的另外两个驻地是在北部沙拉木伦河畔的临潢，以及在东部的辽阳。

942年，石敬瑭去世。直到他去世时，他一直都臣服于契丹人。他死后，他的侄子石重贵（943~946年在位）继位。石重贵试图摆脱契丹人的统治。于是，契丹人在河间附近打败了石重贵的军队，渡过了黄河，兵临开封（当时的大梁）城下。耶律德光可汗在947年的第一天进入了开封城，建立辽国。

耶律德光的目的很明确，就是希望自己做汉人的皇帝。在开封城内，他穿着汉人服饰。然而，汉人却起来反抗他。他们杀死了几处孤立的契丹人，尤其是彰德的契丹人。为了报复，耶律德光屠杀了彰德居民。947年，耶律德光去世，在契丹人内部引起了混乱，从此，契丹人失去了征服中原的机会。

契丹人撤退时，山西节度使刘知远于947年2月被拥立为皇帝。他也是处月部突厥人，建立了"后汉"。

▽ 后唐时的契丹人

图为东丹王出行图，描绘了投靠后唐的契丹人东丹王出行的场面。东丹王，原名耶律倍，为辽代开国皇帝耶律阿保机的长子，投后唐后赐名李赞华，封东丹王。画面中的马匹矫健、丰肥；人物形象似胡人，各具姿态，马上的东丹王神情忧郁，若有所思，正合其弃辽投唐后的处境。

耶律德光去世后，耶律阮（947~951年在位）和耶律璟（951~968年在位）先后成为契丹统治者。951年，"后汉"被"后周"赶跑，逃到山西中部，建立了"北汉"。"北汉"以太原为都，统治时间从959年到979年。先后在开封建都的后周（951~960年）和北宋王朝（960年），与统治着山西中部太原的"北汉"王朝之间，连续不断地爆发战争。为了寻求保护，"北汉"统治者重新归附契丹人。这种形势一直持续到975年，宋朝重新统一了中国。

968年，宋太祖赵匡胤试图收复太原，但是被契丹人阻止。979年，宋太宗不顾契丹人的干涉，迫使太原投降，归并了山西的北汉。接着，宋太宗决定收复自936年以来被契丹人占据的长城以南的领土——大同和北京。当时，契丹君主耶律贤（968~982年在位）及其将领顽强抵抗，打消了宋朝再征服的念头。宋太宗一直进军至北京（当时的幽州或燕京），但被契丹大将耶律休哥击败，宋军被迫撤至北京与保定之间的涿州（979年）。

986年，宋太宗又准备攻打契丹。这时，契丹可汗耶律贤刚去世，年仅12岁的耶律隆绪（983~1031年）继位，其母萧氏摄政。宋军分兵数路，分别由大将曹彬、潘美、杨业率领，一部分向大同进军，一部分向北京进军。西进的军队胜利夺取了大同；东进的军队只到达涿州就受阻，最后在涿州西南、易州附近的歧沟关被耶律休哥击败，退至北京与保定中间的拒马河。宋军残部南逃。耶律休哥紧追不舍，当宋军正在渡沙河时，耶律休哥把宋军赶入河中，大批宋军淹死。契丹占领了深州（在正定附近）、德州和顺德。

▽ 宋代时宋辽疆域图

宋朝统一中国后，就与契丹人的辽国交锋不断。自979~1004年，宋辽间以燕云地区领地争端为主，进行了长达25年的战争。图为公元10世纪宋朝、契丹人的辽国疆域图。

直到989年，宋军才完全恢复元气，并在保定附近打败了契丹人。

后来，唐兀人的出现使宋朝的困境加剧。唐兀人是藏族的一支，11世纪初在鄂尔多斯和阿拉善地区建立了新国家，即西夏国。西夏一直威胁着陕西省。990年，西夏国的建立者赵保机，又名李继迁（死于1003年），在契丹人的认可下成为西夏王。

1001年，李继迁掠夺了宁夏附近的宋朝重镇灵州（或称灵武），在离宁州不远的兴庆府建立了都城。因此，宋朝同时面临着东北部契丹王朝和西北部西夏王国的威胁。在宋真宗统治时期，1004年，契丹王耶律隆绪发起远征，企图穿越河北北部。契丹大军沿途攻占了保州（今保定）、冀州（今大

西夏党项人

西夏国是由唐兀人（党项人）组成的国家，政治制度基本模仿宋朝，占据西凉府、甘州、瓜州等州，控制了河西走廊，与宋朝、辽国形成三足鼎立的局面，后被蒙古所灭。图为西夏党项人的骑兵复原图。

再入侵北宋边境。北宋王朝除了契丹占据的地区外，已经统治了整个中国，也放弃了收复北京和大同的愿望。此时，契丹进攻的目标变成高丽和戈壁。1014年，高丽人设法让乌苏里江畔的一支通古斯人，即女真人，对契丹人采取了牵制行动，契丹对高丽的攻击被击溃了。在戈壁，契丹从回鹘手中夺取甘肃西部城镇甘州和肃州。1017年，契丹企图征服喀什噶尔和伊塞克湖地区，但是被喀什的哈拉汗朝可汗托甘汗击败。与此同时，西夏的唐兀人也把侵略的目光转向西方。西夏王赵德明（1006～1032年在位）于1028年从回鹘手中夺取甘州（契丹在1009年远征之后就失去甘州）。1036年，其子赵元昊（1032～1048年）从吐蕃人手中同样地夺取肃州和敦煌。

1044年，赵元昊在鄂尔多斯附近粉碎了契丹发起的一次进攻。在元昊统治期间，唐兀人有了自己的文字，即西夏文，它源于中国文字。

契丹人同样也创造了他们自己的文字。但直到最近才发现其遗迹。历史学家们1922年在蒙古地区发现的两块契丹文石碑，可以追溯到12世纪初年。

名）、德清军（今清丰县），与开封隔黄河相望。在开封城内，宋朝的投降派主张迁都南京或四川。但是，宋真宗拒绝迁都，而且还采取了积极抵抗的政策。宋朝大将李继隆被契丹人围在澶州后，出奇计诱敌进入埋伏点，大败敌军。1004年，契丹与宋朝在澶州签订和约。双方边境仍维持936年的规定：北京和大同属契丹，保定和宁武属中国。边境线沿霸州（该城仍属于中国）北郊穿过河北省，过五台山以北的山西境，同样，五台山仍是中国领土的一部分。

1004年签订的和约履行了100年左右。契丹人满足于对北京和大同地区的统治，不

6. 女真人

北宋朝廷仍然想从契丹人手中收复北京和大同地区。宋徽宗（1101～1125年在位）爱好艺术，是一位有成就的画家。但在政治上，他犯了"以夷制夷"和"远交近攻"的错误。这一传统策略常常获胜，但这一次失败了。

在女真王室完颜部中一位名叫阿骨打的首领，他把女真人组织起来（1113～1123年）。1114年，阿骨打利用契丹人内部的虚弱，反叛契丹的宗主权，并率领女真部落征服了契丹领土。在九年之内，他从北向南夺取了契丹人的一切重镇：1114年占领了宁江州（今哈尔滨南，在松花江的支流上）；1116年占领了辽阳；1120年占领了临潢府，即契丹的上京（北京，今热河北的沙拉木伦河畔）；1122年占领了上定，即契丹的中京（热河北部，赤峰附近）；同年又占领了山西北部大同。宋徽宗匆忙与女真人签订盟约，双方约定瓜分契丹国，并将北京归还给宋朝。然而，宋朝却没有能力收复北京。1122年，女真人夺取了北京并于次年傲慢地归还给北宋王朝。最后一位契丹王耶律延禧朝库库河屯逃亡，企图在武州（朔平附近）落脚（1124年），1125年，他被女真骑兵俘虏。

女真征服契丹后，在完颜部王室的统治下，学习汉人的一些习俗，建立起金国，历史上称为金朝。从此，蒙古族契丹人被凶猛的通古斯族女真人取代了。

1123年，金国的统治者阿骨打去世。他的兄弟吴乞买继位。他更有野心，其统治时间从1123年直到1135年。很快，北宋边境和金国就爆发了战争。在短短几个月内，金大将粘没喝就从北宋人手中夺取了北京和河北平原，又占领了太原和陕西中部地区（1125～1126年）。金国另一员大将斡离不

1150年的金国

女真人在灭了契丹人的辽国后建立了金国，之后占领宋朝大部分领土，与宋高宗在南京建立的南宋隔淮河而治。图为1150年的金国疆域图，东北到黑龙江流域一带，西边接壤西夏，南边以秦岭到淮河一线与南宋交界。

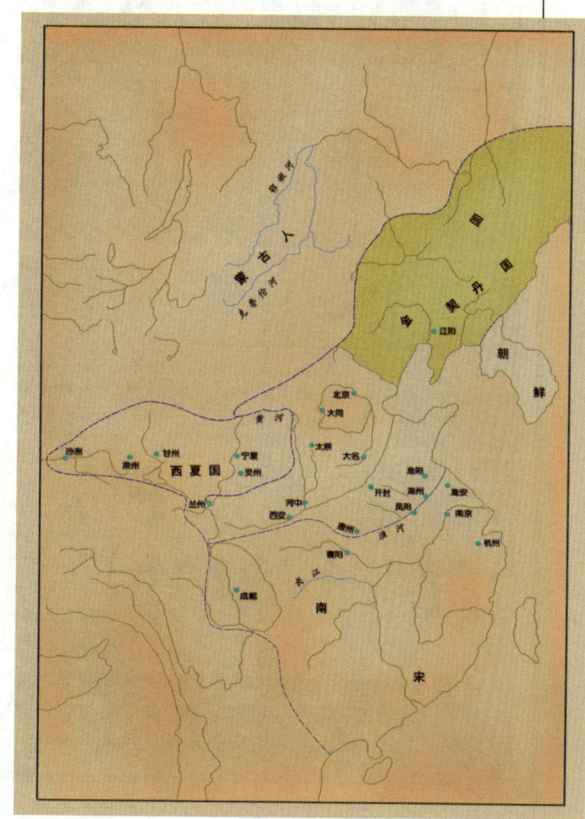

图解草原帝国 ▶▶

| 斯基泰人 | 萨尔马特人 | | | 柔然人 | 突厥人 | | | 契丹人 | 女真人 |
| | | 匈奴人 | 鲜卑人 | | | 厌哒人 | 回鹘人 | | |

▽ **金军的重装骑兵：铁浮图**

　　铁浮图是女真重装骑兵的别称，人和马都全副盔甲，脸部还有半遮挡的面甲，马则只有四蹄是空的，远望去像一座铁塔，所以又称铁塔兵，主要用来正面攻坚。图为宋代萧照《瑞应图》第八段"追师退舍"局部，旌旗下银盔铁甲即为金军的铁浮图。

塞尔柱人	古兹人			可萨人	钦察人		满族人	卡尔梅克人
	阿瓦尔人	保加尔人			蒙古人	塔吉克人		

第二章　中世纪初期：突厥、回鹘和契丹

与粘没喝联合，渡过黄河，兵临北宋都城开封。1126年，宋徽宗和其子宋钦宗投降金国，金人把这两位皇帝连同他们的侍从、朝廷舆服以及大量的金银财宝，一同运回金国都城（1127年初），即中国东北部的内地，哈尔滨以南的宁江。

1127年，宋高宗在南京被拥立为皇帝。在这期间，金国占领了北宋在华北地区的最后一些重镇：河北的河间和大名；山东的济南；河南的彰德；山西西南角的河中（蒲州），以及开封。宋军虽然试图收复开封，但很快又被金军占领了。

1129年，金军在粘没喝的率领下，征服了淮河下游和长江下游之间的地区。稍息之后，他们又兵分两路进攻长江下游沿岸。西路军在湖北黄州处渡江，袭击了鄱阳湖北的江州（江西九江）和该湖南岸的洪州（即南昌）。金军从南昌入侵虔州（江西南部的赣州）。金军迅速横穿了几乎整个南部中国，并在太平附近渡江，迫使南京投降。宋高宗逃亡宁波（当时称明州），后又逃往浙江南部的温州港。金大将兀术从南京出发，紧追不舍，占领了杭州和宁波（1129年底～1130年初）。

虽然金军一直深入到江南地区，但是，江南地区的洪泛区、纵横交错的河流、稻田、运河和密集的人口，都困扰着金军骑兵。金军将领兀术企图返回北方，又被长江阻挡。长江的江面很宽，江面有南宋的军队巡逻。最后，由一位叛贼引路，金兀术才得以从南京以东的镇江附近渡江而逃（1130年）。南方摆脱了金军之后，宋高宗于1130年返回，定居杭州，直到蒙古人征服中国前，杭州一直是宋朝都城。

金军经过这次挫折后，开始仓皇失措。南宋的爱国将领开始收复长江与黄河之间的地域，其中最杰出的人是岳飞。岳飞从金军手中夺回了襄阳重镇（1134年）。1138年，当岳飞正在向开封进军时，懦弱的宋高宗与金国签订了合约。当时，金主吴乞买去世，合剌（1135～1149年在位）刚登上王位。由于受到来自北方的蒙古人的威胁，合剌也想与宋朝议和。

于是，1138年南宋和金国迅速签订和约，以淮河为边界，以及黄河（及渭河）流域与汉水上游流域之间的高地为界，黄河流域和渭水流域仍归金国，汉水流域归南宋王朝。金国拥有河北、山东、山西、几乎整个陕西和河南、安徽和江苏以北的许多地区。

至此，中国分裂成两部分，南方是以杭州为都的南宋王朝，北方在通古斯族女真人的金国统治之下。

1149年，迭古乃杀了合剌和部分王室成员，登上了金国王位。1161年，迭古乃进攻南宋，窜入长江下游，企图在正对扬州的江湾口，即在金山岛附近，也就是今镇江城渡江。但是，迭古乃是一个凶残的人，他的部下不满他的暴虐统治，杀死了他。乌禄在辽阳被宣布为金主。

乌禄登上皇位后，与宋朝议和。1189年，乌禄去世后，金国皇位由他的孙子麻达葛继承。

1206年，南宋轻率地对金国宣战。金军越过淮河，进军至长江。在1208年，金国同意退至原来的边境线，并要求南宋王朝每年增加给金国的银和丝的数量。在麻达葛的继承者永济统治时期（1209～1213年），蒙古人开始了他们的大入侵。

第三章　13世纪前的突厥人与伊斯兰教

在9世纪~12世纪的河中地区，先后出现了萨曼王朝，以及相对抗的属于突厥人的哈拉汗王朝、伽色尼王朝、塞尔柱克苏丹国、喀喇契丹国、花剌子模国，使得河中地区逐渐突厥化。

1. 抵御突厥势力的伊朗屏障：萨曼王朝

在751年的怛逻斯之战以后的一个世纪，阿拉伯人巩固了他们在河中的统治，并使伊朗民族受益。阿拉伯人扫除了突厥人和汉人对河中地区的威胁。但是，在950～975年中，布哈拉和撒马尔罕的权力从阿拉伯人的手中转移到了当地的伊朗人手中，也就是历史上古粟特人的后裔手中。875～999年，伊朗人建立的萨曼王朝（源于巴尔赫附近的萨曼的一个统治家族）定都布哈拉，并统治着河中地区。

萨曼王朝的伟大时期开始于纳斯尔·伊本·阿赫穆德时期。从874～875年，他从哈里发穆塔米德那里获得了河中地区作为自己的封邑，并以撒马尔罕为驻地。同年，纳斯尔任命自己的兄弟伊斯迈尔为布哈拉的瓦利，或称总督。但是两兄弟之间很快就发生了冲突（885～886年）。892年，纳斯尔去世，伊斯迈尔成为河中地区唯一的君主，并把王室的驻地布哈拉作为萨曼王朝的都城。

伊斯迈尔（伊斯迈尔·伊本·阿赫默德，892～907年在位）是一位伟大的君主。900年春天，他的军队在巴尔赫附近打败并俘虏了萨法尔王朝的统治者——呼罗珊君主阿马尔·伊本·埃—勒斯。这场战争之后，伊朗人的国土扩大了一倍，随后又乘胜吞并了呼罗珊。902年，伊斯迈尔从另外一个王室手中夺取了包括剌夷（今德黑兰）和加兹温在内的塔巴里斯坦。在东北部地区，893年伊斯迈尔发动了对怛逻斯突厥地区的战争。他深入突厥草原，占领了怛逻斯，然后立即把当地的基督教教堂变成一座清真寺。当这位伊朗王子返回布哈拉时，携带着从游牧民手中抢来的大批战利品：马、羊和骆驼。事实上，伊斯迈尔对游牧民的行动，与古代萨珊国王们在阿姆河北岸采取的防御性反击政策如出一辙。当边境地区的突厥游牧部落逐渐皈依伊斯兰教后，二者对峙的形势变得缓和了。

在纳斯尔二世（伊本·阿赫默德，914～943年在位）统治时期，萨曼王朝的疆域达到了鼎盛。像北方的塔什干（柘析

◆ 萨曼王朝弓骑兵

这是一只发现于阿勒颇附近的公元13世纪的陶碗，这种陶瓷技术普遍存在于伊朗的萨曼王朝时期。图中一个萨曼王朝的骑马射手正拉弓射箭，周围的空间充满了卷轴风格的植物茎叶。

城），东北方的费尔干纳，西南方的剌夷（928年才归顺），都陆续成为萨曼王朝的一部分。萨曼王朝的影响甚至远达喀什噶尔。可是，当纳斯尔信奉伊斯兰教什叶派时，却引起了一场严重的骚乱，最后导致他退位。因为在当时，河中地区的伊朗人狂热地信奉逊尼教，并企图利用宗教上的差别加深自己与波斯人之间的区别。

到了努赫一世（943～954年在位）统治时，萨曼王朝开始走向衰落。在这期间，伊朗手握军权的贵族不断反叛。在西南方，萨曼王朝与另一个由伊朗人建立的王朝——统治着波斯西部的布威朝处于敌对关系。这两个王朝之间的冲突因为宗教的分歧而加剧，因为萨曼王朝信奉逊尼教，而布威王朝则信奉什叶教。两王朝都以宗教的分歧为借口，企图占领不断易手的剌夷城。这场战争不但严重削弱了萨曼王朝抵御突厥人的力量，而且也影响到了伊朗内部的历史。不过在当时，许多突厥人都皈依了伊斯兰教，从而使得这些改变信仰的突厥人获得了成为"河中公社成员"的权利（以河中雇佣军的身份得到承认）。所以，伊朗各重镇又逐渐掌握在了突厥人的手中。

伽色尼王朝就属于这种情况。在萨曼王朝的阿布德·阿尔—马克克一世（954～961年在位）统治时，一位名叫阿尔普特勒的突厥奴隶成为卫队统帅，并且被任命为呼罗珊总督（961年1～2月）。

可是在萨曼王曼苏尔一世统治（961～976年在位）时，阿尔普特勒被免职，退到巴尔赫，随后又被萨曼王朝的军队赶出了该城。阿尔普特勒逃到阿富汗地区的加兹尼城避难（962年）。最后，阿尔普特勒的家族承认了

▽ 萨曼王朝时期的战士

萨曼王朝是阿拔斯王朝中的一个封建割据王朝，征服了萨法尔王朝，占领了怛逻斯，并与布威王朝因宗教分歧而交战不休。图中骑马者是布威王朝骑手，左侧是萨曼王朝步行重骑兵，前方是花剌子模帝国的答拉米轻步兵，最右边是迦色尼王朝卫士。

萨曼王朝的宗主权，并在加兹尼建立了新王国。这是突厥人在穆斯林伊朗境内建立的第一个国家。不久后，阿尔普特勒去世（约963年？）。他在加兹尼创建的突厥雇佣军（深受伊斯兰教的影响）从977年开始，由另一位前突厥奴隶赛布克特勒统领，赛布克特勒成为吐火罗地区（巴尔赫—昆都士）和坎大哈的君主，并开始征服喀布尔。

在萨曼王朝努赫二世伊本·曼苏尔统治时期（977～997年在位），由于伊朗军队贵族闹独立导致的封建分裂已经十分剧烈。992

年，为了反对萨曼王，一位名叫阿布·阿里的贵族向位于楚河河畔八拉沙衮城内的哈拉汗朝的突厥人博格拉汗·哈仑求援。于是，博格拉汗远征布哈拉，并在992年5月进入布哈拉城。努赫二世向伽色尼王朝的突厥人求援，这些突厥人的统帅正是赛布克特勤（995年）。他率军从加兹尼赶来，将萨曼王朝置于自己的保护之下，并将呼罗珊占为己有。于是，伊朗人的萨曼国缩小到河中地区，其两侧都是突厥人，一边是伽色尼王朝的突厥人；另一边是哈拉汗朝突厥人。

在阿布德·阿尔—马立克二世统治时期（999年2月～10月），萨曼王朝开始面临最后的打击。首先，马立克二世在莫夫附近被伽色尼王朝的赛布克特勒之子、继承者马赫穆德打败，被迫放弃了呼罗珊（5月16日）。同年秋天，费尔干纳乌兹根地区的哈拉汗朝王阿尔斯兰·伊列克·纳斯尔侵入河中地区，并在999年10月23日进入布哈拉，监禁了马立克，吞并河中地区。

就这样，东伊朗和河中地区的伊朗王国被两个穆斯林的突厥势力瓜分了：在喀什噶尔的哈拉汗王朝得到了河中地区；在阿富汗地区的伽色尼王朝得到了呼罗珊。这两支突厥人对这两个地区的长期突厥化产生了深远的影响。

2. 喀什噶尔和河中地区的突厥化：哈拉汗朝

回鹘突厥人在蒙古失势后，定居在塔里木盆地的北部，在火州（即吐鲁番）、别失八里（今济木萨）、焉耆和库车，他们把古老的吐火罗地区变成了突厥地区，不过他们仍然尊重当地的佛教和聂思托里安教。然而，在下一个世纪，居住在喀什西部和西南部，以及伊犁河流域和伊塞克湖地区的哈拉汗朝突厥人却皈依了伊斯兰教，并从根本上改变了这些地区。

我们并不知道哈拉汗王朝王室的起源，但是在10世纪中期到13世纪初期，这个王朝却统治着喀什噶尔。哈拉汗王朝的第一位统治者是喀什王博格拉汗萨图克，他大约死于955年。在10世纪的最后几年和整个11世纪，塔里木盆地西部的各绿洲和楚河流域、怛逻斯平原，都已经被哈拉汗王室的成员瓜分了，他们都是伊斯兰教徒。992年5月，哈拉汗朝的博格拉汗·哈仑（统治着楚河流域的八拉沙衮地区）发动了对布哈拉的攻击，从而开始了突厥人对该地区的一系列入侵活动。999年10月23日，哈拉汗朝的另一个统治者，费尔干纳乌兹根地区的阿尔斯兰·伊列克·纳斯尔以胜利者的身份进入布哈拉，监禁了萨曼王朝的末代君主马立克二世，吞并了河中地区。

阿姆河以南的呼罗珊，即萨曼王朝的另一个残余地区，落入了第二个突厥王朝——伽色尼王朝的手中。当时，统治着伽色尼王朝的是西北印度的征服者、杰出的马赫穆德苏丹（998～1030年在位）。最初，这两个

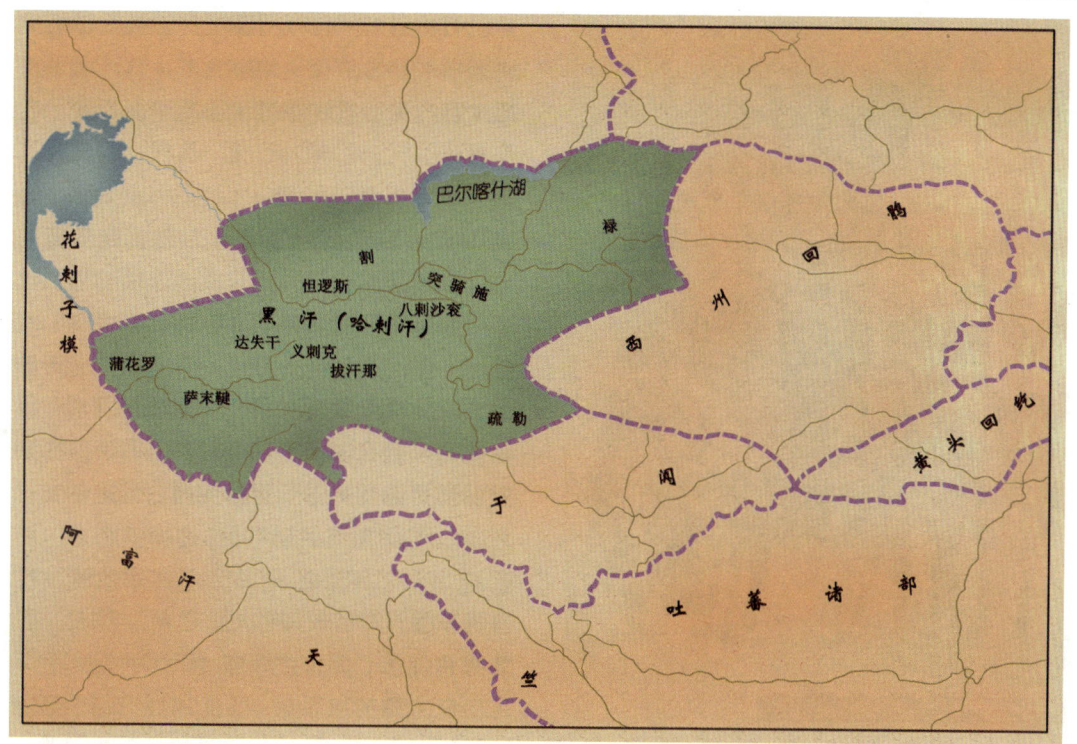

▽ 哈拉汗朝疆域图

　　哈拉汗朝又称黑汗、喀喇汗国、可汗王朝，是西北地区操突厥语的民族在约940～1211年建立的突厥汗朝。其疆域东起喀什河、西及河中（纪浑河与锡尔河之间），北临巴尔喀什湖，南达兴都库什山，以喀什噶尔（今新疆喀什）为其第二首都。强盛时于阗亦在其辖下。

穆斯林突厥王朝的关系温和而友好。布哈拉的征服者阿尔斯兰·伊列克·纳斯尔把女儿嫁给马赫穆德为妻。然而，两个王朝之间的和睦关系很短暂。当时，哈拉汗朝不仅统治着喀什噶尔，还统治着原突厥国土，即伊犁河和楚河流域地区。哈拉汗王朝的统治者轻视曾经是奴隶的伽色尼王朝统治者。此外，加兹尼的马赫穆德刚把旁遮普并入了自己的阿富汗和呼罗珊版图（1004～1005年），并靠着掳掠了大量的印度财宝而富裕起来。这时的马赫穆德正处于权力的鼎盛时期，他把长期逗留在北部贫瘠草原之地的哈拉汗朝突

厥人也视为野蛮之人，并把他们看成是自己的帝国的威胁。1006年，正当马赫穆德忙于印度事务时，哈拉汗朝的阿尔斯兰·伊列克·纳斯尔入侵呼罗珊，洗劫了巴尔赫和尼沙普尔。马赫穆德返回伊朗，在巴尔赫附近的沙尔希延打败了伊列克（1008年1月4日）并赶走了他。在这次战争中，伊列克得到堂兄于阗王喀迪尔汗·优素福的援助，但是，伊列克、哈拉汗王朝的第三位可汗——托甘汗被争取到了马赫穆德这一边。

　　当哈拉汗朝在阿姆河沿岸与马赫穆德发

| 塞尔柱人 | 古兹人 | | 可萨人 | 钦察人 | | 满族人 | 卡尔梅克人 |
| | 阿瓦尔人 | 保加尔人 | | 蒙古人 | 塔吉克人 | | |

伽色尼与哈拉汗朝的战士

图为西北印度地区的征服者伽色尼王朝与河中地区的哈拉汗王朝战士复原图。其中持旗的是伽色尼王朝的阿拔斯人旗手，左边是信奉伊斯兰逊尼教派的信德人骑兵，右边是占领河中地区的哈拉汗朝突厥骑手，后面站立的是阿塞拜疆族步兵。

生战争时，后方受到了来自北京的契丹诸王的攻击。1017年，这些契丹王派遣了一支契丹军进入喀什噶尔，被哈拉朝丽托甘汗击退。接着，契丹人派了一位使者去加兹尼马赫穆德那里，达成了共同对付哈拉汗朝的协议。此时，马赫穆德正在伽色尼王朝的另一端与印度进行战争。1014年，伽色尼军占领了塔内瑟尔；1019年，攻打马图拉；1020～1021年，围攻瓜廖尔；1025年，攻打索姆纳特。到了1025年，伽色尼王国的领土已经延伸到了恒河和马尔瓦。这时，伽色尼

王朝的马赫穆德打算继续攻打统治着布哈拉和撒马尔罕的哈拉汗朝的阿里特勒。阿里特勒无力抵抗，只好撤退。马赫穆德的大军进入撒马尔罕。同时，哈拉汗朝的另一位统治者，喀什王喀迪尔汗·优素福进入河中地区。1025年，喀迪尔汗与马赫穆德在撒马尔罕城前进行了友好的会见，商讨对于河中地区的瓜分。但是他们并没有成功。1026年，当马赫穆德返回呼罗珊后，阿里特勒重新占领了布哈拉和撒马尔罕。伽色尼王朝苏丹马赫穆德的儿子马苏德（1030～1040年在位）派军攻打阿里特勒，重新占领了布哈拉。不过，马苏德没有能够守住这座城池（1032年），阿里特勒很快又占领了河中地区，直到他去世。然后，河中地区由哈拉汗朝的贝里特勒统治，贝里特勒被称为桃花石汗，其在布哈拉的统治时间从1041年（或1042年）～1068年。

与此同时，伊朗东部爆发了一场大革命。1040年5月22日，伽色尼王朝的统治者在莫夫附近的丹丹坎战役中，被另外一支突厥人（塞尔柱人）击败，塞尔柱人夺取了呼罗珊，并把伽色尼王朝的统治者赶回阿富汗和印度。在丹丹坎战役中获胜的塞尔柱可汗——吐格利尔拜格又征服了波斯的其余地区，并在1055年进入巴格达，巴格达的阿拔斯朝哈里发承认他为苏丹，也就是东、西伊朗之王。于是，这个大突厥帝国从阿姆河扩张到了地中海。

贝里特勒的儿子，即哈拉汗朝的沙姆斯·乌尔·莫尔克·纳赛尔，从1068年～1080年统治着布哈拉和撒马尔罕。1072年，他的领土受到第二代塞尔柱苏丹阿尔普·阿尔斯兰的入侵。在这次战斗中，阿尔普·阿尔斯

兰被杀，他的儿子马立克沙赫苏丹进军撒马尔罕，并与沙姆斯·乌尔·莫尔克和谈，成了他的属臣（1074年）。1089年，马立克沙赫再次攻占布哈拉，夺取撒马尔罕，监禁了沙姆斯的侄子阿黑马德汗。后来，马立克沙赫重新任命阿黑马德为藩属王。从此，统治着布哈拉和撒马尔罕的哈拉汗朝成了塞尔柱苏丹的代理人。此时的河中地区只不过是塞尔柱帝国的一个属地。

当河中地区的哈拉汗朝正衰亡之时，伊犁和喀什噶尔的哈拉汗朝的命运更加扑朔迷离。其中，喀迪尔汗·优素福已经重新统一了八拉沙衮、喀什和于阗。他去世后，八拉沙衮、喀什和于阗传给了他的一个儿子，即阿尔斯兰汗（约1032～1055年？在位）；他的另一个儿子博格拉汗·穆罕默德得到了世逻斯（约1032～1057年在位）。大约在1055年，博格拉汗从阿尔斯兰手中夺取了喀什噶尔，再次统一了这些地区，但很快又分裂了。11世纪末，八拉沙衮、喀什和于阗由哈拉汗朝的博格拉汗·哈仑（死于1102年）统治。

1130年，当北京的契丹人征服喀什噶尔和伊塞克湖流域时，穆斯林突厥的统治已经在这些地区根深蒂固，这要归功于哈拉汗朝的统治者们。下面，我们来回顾一下西亚地区的塞尔柱人的历史。

丹丹坎战役

1040年，强大的伽色尼王朝在丹丹坎遇上了同为突厥部族的塞尔柱人，并被击败，只好退回印度。图为两支中世纪的突厥军队交战的场景，可以看到双方都披着鳞甲，武器是相同的弯刀、长矛、盾牌以及腰侧的弓箭。

塞尔柱人	古兹人		可萨人	钦察人		满族人	卡尔梅克人
	阿瓦尔人	保加尔人			蒙古人	塔吉克人	

3. 突厥史上的塞尔柱人

根据10世纪的波斯地理书《世界境域志》记载，突厥人主要居住在巴尔喀什湖以北，即今吉尔吉斯—哈萨克人的地区（在萨雷河、图尔盖河和恩巴河之间的草原上），他们也被称为古兹人。

在11世纪时，古兹人就和今土库曼人一样，形成了一个关系松散、经常发生内乱的部落群。1025～1050年，这些古兹人在南俄和伊朗寻找更多的生存空间。大约在1054年，这些突厥人被另外一支突厥人，即钦察人赶到了多瑙河下游地区，并越过该河入侵巴尔干，最后，他们在巴尔干被击溃（1065年）。与此同时，朝着另外一个方向迁移的另一支古兹部落（塞尔柱人）则征服了波斯和小亚细亚。

与塞尔柱人同名的英雄——塞尔柱，他的父亲杜卡克是古兹乞尼黑部的一位酋长。985年前，塞尔柱及其部落分离出来，在锡尔河下游右岸，即今波罗威斯克附近（今克孜勒奥尔达）的真德方向扎营。历史学家们推

塞尔柱人的源起

塞尔柱人起源于中国隋唐时期的"九姓"部落联盟中的乌古斯或古兹人，在首领塞尔柱的带领下，定居今锡尔河下游地区，并占领了呼罗珊及伊朗全境。在10世纪末的波斯文地理著作《世界境域志》中，详细地记载了古兹人的发源、领地等概况。图为《世界境域志》中的地图。

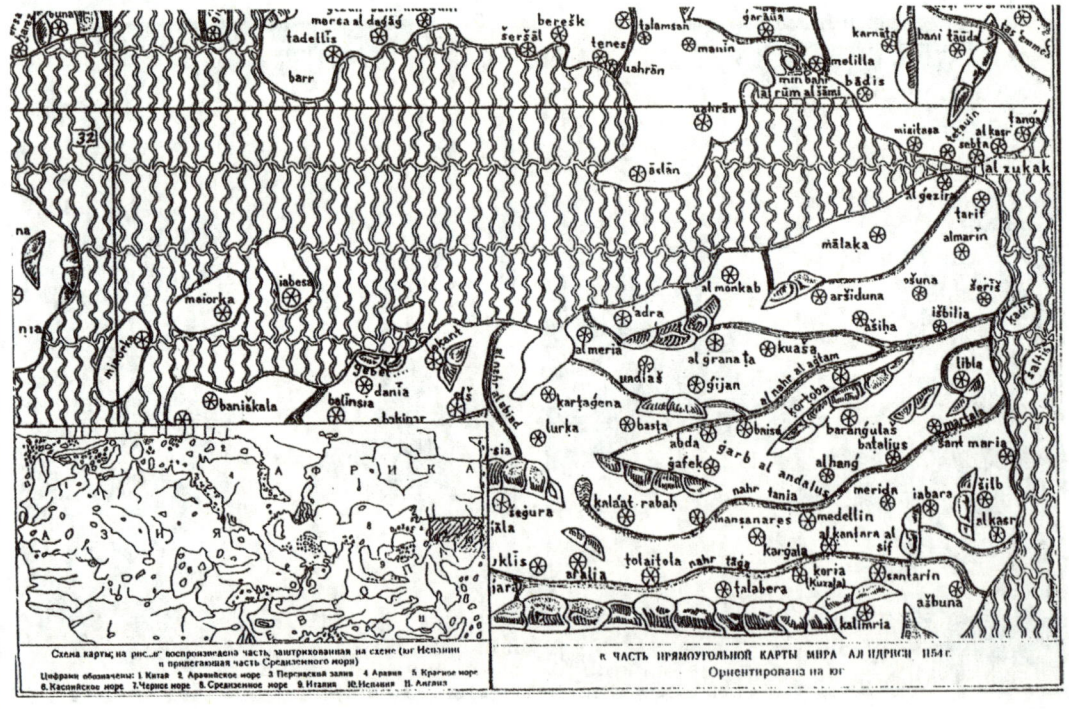

塞尔柱骑兵

塞尔柱人的骑兵其主要武器是很短的双弯弓，近身武器是一把双刃剑和铁制钉头锤。他们穿着丝绸打褶外套、毛毡马裤，戴着缀有毛皮的丝绸帽子，身上没有铠甲的累赘，只拿着一面木质盾牌来防御，具有高度的灵活机动性。

测，当塞尔柱人定居在萨曼王朝统治下的河中边境地区时，被迫放弃了古老的萨满教，皈依了伊斯兰教。

此时，统治着河中地区的萨曼王朝在抵制伊塞克湖和喀什噶尔的哈拉汗朝的入侵时，遇到了困难。塞尔柱人与伊朗王公联合，反对哈拉汗王朝。

萨曼王朝灭亡后，河中地区的哈拉汗朝和统治着呼罗珊的伽色尼王朝之间正在为争夺萨曼王朝的领地而争吵。此时，塞尔柱人正在逐渐向前推进，在战乱中获利，并最终驻扎在了河中地区。985年，塞尔柱人遍布布哈拉的东北地区。大约在1025年，塞尔柱人的首领阿尔斯兰，即伊斯莱尔被尊称为叶护，并成为哈拉汗朝统治者阿里特勒的辅佐者，开始反对伽色王朝的马赫穆德。马赫穆德俘虏了阿尔斯兰，并把他带到加兹尼，企图通过监禁使其部落中的其他人驯服。然而，阿尔斯兰的部落却逃脱了马赫穆德的监控。最终，在伽色尼王朝的同意下，阿里特勒成功统治了河中地区。1032年阿里特勒死后，仍然忠实于阿里特勒的塞尔柱人起来反对他的儿子，并且开始为自己的利益而战

斗。这些塞尔柱人的首领吐格利尔拜格、道特和拜格护向伽色尼王朝苏丹马苏德索取呼罗珊部分地区。

马苏德拒绝了他们之后，1038年8月，吐格利尔拜格强占了尼沙普尔，1040年5月22日，又在莫夫附近的丹丹坎战役中大败马苏德的军队。从此，伽色尼王朝的统治者被迫退回阿富汗地区，并将整个呼罗珊让给了塞尔柱的子孙们。就这样，塞尔柱人成了东伊朗的主人。

进入尼沙普尔后，吐格利尔拜格就宣布遵守穆斯林制度，虽然塞尔柱人仍然过着游牧生活。1042～1043年，吐格利尔拜格的兄弟查基尔拜格占领了花剌子模（希瓦）。易不拉欣·伊本·伊纳尔则定居在剌夷。当吐格利尔拜格更加深入地占领了阿拉伯—波斯世界后，他和他的部落从中获得了更多的利益。吐格利尔拜格成为绝对的统治者，并保证了对自己家族成员，即其他部落酋长们的支配地位。

波斯西部地区长期由布威王朝（932～1055年）统治。布威王朝是真正的波斯王朝，信奉穆斯林什叶派，虽然布威王是以与

▽ 巴格达城

在这幅巴格达城的绘画中，底格里斯河东岸建造起林立的砖制楼房。作为阿巴斯王朝时期穆斯林帝国的首都，巴格达也是当时帝国最大的商业中心。11世纪初，巴格达开始饱受塞尔柱人战火的侵袭，并最终归附塞尔柱帝国。

巴格达的逊尼派哈里发并行的埃米尔—乌尔—乌马拉的身份行使的统治。他们使巴格达的哈里发处于没有实权的地位，并且以宫廷侍长的身份代表他行使大权。11世纪，布威王朝开始衰落。1029年，加兹尼的马赫穆德从他们手中夺取了伊剌克·阿只迷的大部分地区。当塞尔柱人入侵时，布威朝的末代君主库思老·卑路支·拉希姆（1048～1055年在位）在埃米尔—乌尔—乌马拉的称号下，仍然占有巴格达、阿拉伯[的]伊拉克、设拉子和法尔斯，同时，他的另外一个兄弟占有起儿漫。

吐格利尔拜格在征服伊剌克·阿只迷时，伊斯法罕城只坚持抵抗了一年，就在1051年因为饥荒而投降。随后，吐格利尔拜格把伊斯法罕作为自己的都城。在政治瓦解、封建分裂、知识混乱的局势下，这位貌似粗鲁的突厥人却代表着某种秩序。1054年，阿塞拜疆地区（大不里士、刚加等地）的君主开始效忠吐格利尔拜格。阿拔斯哈里发阿尔·哈伊木和哈里发的卫队司令贝撒希瑞亲自把吐格利尔拜格召到巴格达，希望能够摆脱布威王朝的统治。吐格利尔拜格利用这些矛盾冲突，在1055年进入巴格达，推翻了布威王朝末代君主库思老·卑路支的统治。

1058年，哈里发承认吐格利尔拜格作为自己世俗权力的代理人，并赐予他东方和西方之王的称号。在获得荣誉的同时，吐格利尔拜格不得不面对表兄易不拉欣·伊本·伊纳尔的反叛。与伊纳尔结盟的贝撒希瑞利用塞尔柱人之间的战争，很快就重占巴格达，并宣布阿尔·哈伊木哈里发垮台，公开支持什叶派伊斯兰教（1058年12月）。在这种情势下，吐格利尔拜格采取了冷静而果断的措施。他首先在剌夷附近打败了易不拉欣·伊本·伊纳尔，并将他处死；然后，在巴格达城前打败并杀死了贝撒希瑞，并在1060年初把哈里发迎回了都城。就这样，这位乌古思部落联盟中的小酋长，被推举为阿拉伯哈里发国的正式代表。作为哈里发的救星和光复者，他赢得了逊尼派——即伊斯兰教正统派的支持和拥戴。

于是，突厥的苏丹国代替了波斯的埃米尔国，最终成为阿拉伯哈里发世俗权力的代表。吐格利尔拜格的侄子和继承者阿尔普·阿尔斯兰·伊本·查基尔拜格（1063～1072年在位）从即位开始，就面临着如何废除氏族内部不守法的习惯。为此，阿尔普·阿可尔斯兰不得不打败并杀死自己的堂兄库吐尔米希（1063～1064年）；阿尔斯兰的叔叔额乌德在起儿漫起兵叛乱，1064年，阿尔斯兰打败并赦免了他。

1070年，阿尔斯兰征服了阿勒颇的米尔达西王朝。次年8月19日，他在亚美尼亚的曼吉克特战役中，打败并俘虏了拜占庭皇帝，从而令他名垂伊斯兰教的史册。很快，阿尔斯兰就释放了拜占庭皇帝罗曼努斯·狄根尼斯，表现出他的宽容大度。他还把内务都交给自己的波斯首相尼查姆·乌尔·莫尔克进行管理。

阿尔斯兰去世时，他的儿子，苏丹马立克沙赫（1072～1092年在位）年仅17岁。马

塞尔柱人首次打败拜占庭

公元1071年8月19日，阿尔斯兰在亚美尼亚的曼齐刻尔特战役中，打败并俘虏了拜占庭皇帝罗曼努斯四世，从而使他名垂伊斯兰教史册，其势力也扩张到耶路撒冷和大马士革。此后两年，塞尔柱人占领了耶路撒冷。图为中世纪手稿中的耶路撒冷城。

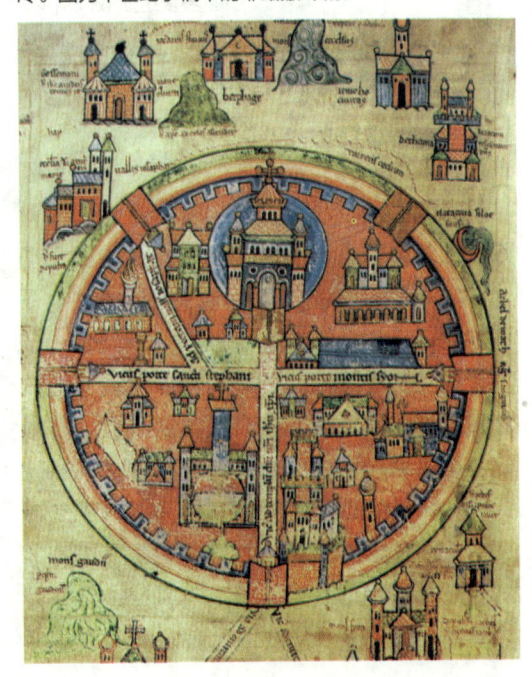

立克沙赫发动了对河中哈拉汗朝统治者沙姆斯·乌尔·莫尔克的第一次战争。沙姆斯趁阿尔斯兰去世,马立克沙赫即位之机,入侵呼罗珊东部,占领了巴尔赫。马立克沙赫率军逼近撒马尔罕,哈拉汗朝要求和谈,并成为马立克沙赫的属臣。不过,马立克沙赫犯了一个错误,他把巴尔赫地区交给弟弟塔卡什管理,塔卡什在时机成熟的条件下起兵反叛,马立克沙赫被迫两次远征,最后打败了弟弟,并在1084年派人挖掉了他的眼睛。马立克沙赫的叔叔喀乌德也在起儿漫起兵反叛,马立克沙赫再次远征,并在1078年打败并绞死了叔叔。

在东北方,为了反对哈拉汗朝,马立克沙赫第二次远征河中地区,进攻沙姆斯·乌尔·莫尔克的侄儿、继承者阿黑马德(1080年),并监禁了阿黑马德。但不久后,他又让阿黑马德作为自己的属臣前往撒马尔罕。在西方,马立克沙赫的堂兄弟——塞尔柱幼支苏里曼·伊本·库吐米施则不受他的控制,并在大约1081年在小亚细亚的尼西亚驻扎下来。内战中的拜占庭人向苏里曼求援。这就是塞尔柱的罗姆苏丹国的起源。罗姆苏丹国存在的时间是1081~1302年,它先后以尼西亚(1081~1097年)和伊康(1097~1302年)为都。

塞尔柱国控制了波斯,但在小亚细亚的原拜占庭疆域内,独立的古兹部落联盟很是

赛尔柱帝国的形成

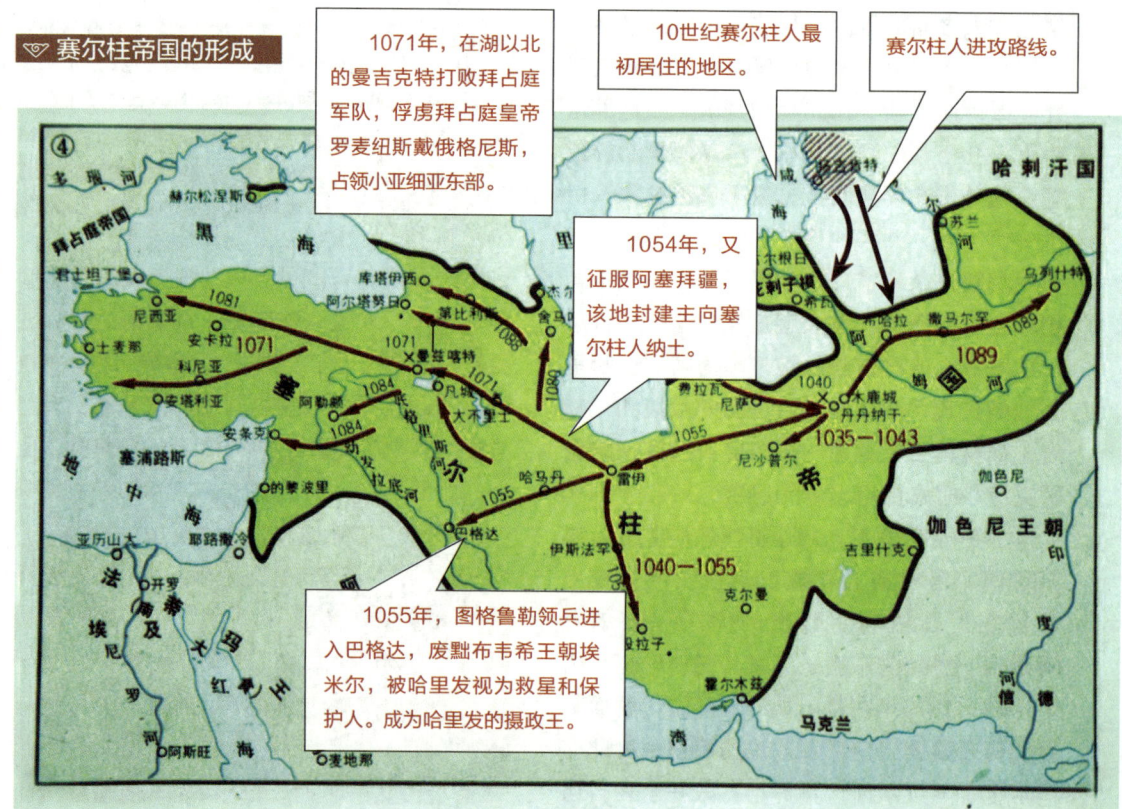

1071年,在湖以北的曼吉克特打败拜占庭军队,俘虏拜占庭皇帝罗麦纽斯戴俄格尼斯,占领小亚细亚东部。

10世纪赛尔柱人最初居住的地区。

赛尔柱人进攻路线。

1054年,又征服阿塞拜疆,该地封建主向塞尔柱人纳土。

1055年,图格鲁勒领兵进入巴格达,废黜布韦希王朝埃米尔,被哈里发视为救星和保护人。成为哈里发的摄政王。

▼ 1094年的塞尔柱帝国

塞尔柱帝国的继承者不但要同哈拉汗朝、埃米尔国、拜占庭战斗，更是要同自己的兄弟叔伯争斗。随着几乎永不休止的战争，塞尔柱帝国的版图不断扩大，同时，塞尔柱人也在不断地分流。

活跃。很显然，他们从1084年开始，就统治着锡瓦斯和凯撒里亚。渐渐地，随着游牧部落的不断迁徙，上述这些古文明地区以吉尔吉斯草原上的方式被分割了。

苏里曼·伊本·库吐米施占领了小亚细亚的大片地区后，在1086年袭击了叙利亚。他在叙利亚和马立克沙赫的弟弟突吐施发生了冲突。早在1079年，突吐施在大马士革为自己开辟了一块封地。此时，双方为了争夺阿勒颇，在附近打了一仗，结果，苏里曼被杀。1086年，突吐施将阿勒颇并入大马士革，并准备筹建一个独立的塞尔柱王国。这时，他的哥哥——苏丹马立克沙赫出现在叙利亚，强迫他退回大马士革，并于1087年在阿勒颇对酋长们的封地重新分配。

1092年，马立克沙赫去世，各地陷于无政府状态。马立克沙赫的长子巴尔基雅鲁克（1093～1104年）面临所有亲属的反叛。他的叔叔突吐施如愿把阿勒颇并入了大马士革领地，并且企图从他的手中夺取波斯。1095年2月26日，突吐施在刺夷附近兵败被杀。在巴尔基雅鲁克统治时期，大多数时候都在被迫征战，不断对付自己的兄弟们。最后，巴尔基雅鲁克被迫与兄弟们瓜分了波斯。从此以后，塞尔柱领地分裂为三部分，即波斯的苏丹国归巴尔基雅鲁克及其兄弟们；阿勒颇和大马士革的王国归突吐施的儿子们；小亚细亚苏丹国归苏里曼的儿子凯佐尔·阿尔斯兰。

叙利亚的塞尔柱王国（阿勒颇和大马士革）迅速阿拉伯化。突吐施家族的这两个塞尔柱王朝不久就被消灭了。小亚细亚的塞尔柱苏丹国延续了两个世纪，也正是从这个王国中，才产生了土耳其人的历史。波斯的居民基本上是伊朗人。而在叙利亚的突厥人又过于分散，所以也不可能侵犯阿拉伯的大部分地区。

但是在小亚细亚，突厥人并不仅仅是在进行政治征服，而且还在有效地进行土地征服。这里主要居住着土库曼牧民，因为根据安纳托利亚高原的高度、气候环境和植物，这里是中亚草原的延续地带。来自咸海荒凉之地的古兹人占领了卡帕多细亚和弗里吉亚古老的行省，带给这些地区的不仅是突厥人的生活方式，也有草原游牧民的生活方式。

巴尔基雅鲁克之弟——穆罕默德（1105~1118年在位）即位后，发现自己在勉力对付阿拉伯哈里发暗中进行的反叛。哈里发坚持要摆脱苏丹的政治监护，伊斯法罕的塞尔柱宫廷与巴格达的阿拔斯朝宫廷之间，看似亲近的关系也越来越尖锐。12世纪后半期，哈里发们在斗争中获胜。这标志着突厥苏丹国与阿拉伯哈里发之间的分裂正在逐渐扩大。在随后的塞尔柱苏丹——马赫穆德·伊本·穆罕默德（1118~1131年在位）和马苏德（1133~1152年在位）的统治下，这种关系变得更加严重。苏丹一般住在哈马丹。其余行省——阿塞拜疆、摩苏尔、法尔斯等，则处于突厥军人和被称为阿塔比的世袭封建主的统治之下。阿塞拜疆的阿塔比最后成了末代塞尔柱君主的宫廷侍长。1194年，吐格利尔三世屈服于花剌子模突厥人的攻击，花剌子模突厥人最终继承了塞尔柱人在中东的帝国。

4．桑贾尔苏丹和阿姆河防线

塞尔柱的最后一位苏丹是桑贾尔（马立克沙赫的幼子）。

当马立克沙赫的儿子们在为各自的领土利益争战不休时，桑贾尔还未满10岁或12岁。在对领地的瓜分中，桑贾尔得到了呼罗珊，他的主要驻地在莫夫（1096年）。1102年，桑贾尔为了保卫自己的封地，不得不起兵抵抗喀什噶尔哈拉汗朝的喀迪尔汗·贾布拉伊尔的入侵。在武耳迷地区附近，桑贾尔打败并杀死了贾布拉伊尔，接着把入侵前逃跑的哈拉汗朝的地区统治者阿尔斯兰汗作为自己的封臣安插在河中地区。1130年，桑贾尔与受他庇护的阿尔斯兰汗发生争执，于是攻占了撒马尔罕并废黜了阿尔斯兰，并先后任命另外两位哈拉汗朝王公取代了阿尔斯兰，即哈桑特勤和鲁肯·阿德丁·马赫穆德（1132~1141

年在位）。当阿富汗地区的伽色尼王朝的各个首领都在交战时，桑贾尔率兵干涉了这一地区。1117年，他率军攻打伽色尼王朝的阿尔斯兰沙赫，夺取了加兹尼城，拥立该王室的另一个王子——巴赫拉姆沙赫登上王位。就这样，桑贾尔成为伽色尼王朝统治下的阿富汗地区和哈拉汗朝统治下的河中地区的宗主，以及伊朗东部大苏丹国的君主。

花剌子模沙赫、突厥人阿特西兹（1127～1156年在位）也是桑贾尔的一位封臣。1138年，企图独立的阿特西兹在赫扎拉斯普被桑贾尔打败赶跑。不过，1141年阿特西兹又返回了赫扎拉斯普，宽宏大量的桑贾尔原谅了他。同年，喀喇契丹人从中国边境迁至伊塞克湖，并入侵河中地区。这些蒙古人信仰的是佛教而非伊斯兰教，受到穆斯林社会的防备。桑贾尔率军前去与喀喇契丹人交战，却于1141年9月9日在撒马尔罕附近的卡特文惨败，不得不逃回呼罗珊，河中地区落入喀喇契丹人之手。阿特西兹乘机反叛并进入呼罗珊，占领了莫夫和尼沙普尔。然而，他无法抵抗桑贾尔的反攻，最终放弃了这两个城市。

随后，桑贾尔两次入侵花剌子模（1143～1144年和1147年），第二次他甚至攻到乌尔根奇城下，迫使阿特西兹再次承认封臣地位。但遗憾的是，不久之后来自巴尔赫附近的乌古思，或称古兹部落，反叛并俘虏了桑贾尔，掠夺了莫夫、尼沙普尔和呼罗珊的其他城市（1153年）。直到1156年，桑贾尔才获得自由。1157年，桑贾尔去世。

桑贾尔之后，花剌子模沙赫们（像塞尔柱人一样，他们也是突厥人）和塞尔柱人一样，企图在东伊朗建立大突厥—波斯帝

1094中亚地区的穆斯林战士

塞尔柱人进入小亚细亚后，不断与哈拉汗朝、伽色尼朝征战。图为11～12世纪中亚的穆斯林战士。前面蹲着的是亚美尼亚拓荒战士，站立的是马拉提亚边境战士，后面骑马的分别是阿勒颇的汉达尼德骑兵和塞尔柱人的弓骑手。

国，这个帝国在军事机构上是突厥式的，在行政体制上是波斯式的。同时，来自远东的喀喇契丹人（蒙古族而不是突厥族）夺取了"东突厥斯坦"，他们的到来提前一百年预示了草原力量的主体——成吉思汗蒙古人即将到来。

总的来说，塞尔柱人，即成为波斯苏丹的土库曼人，并没有使波斯突厥化。相反，正是在他们建立的萨珊王朝的统治下，才使得伊朗人免受古兹部落的掠夺，并且使伊朗文化避免受土库曼人的蹂躏。不过，他们未

塞尔柱人与乌古斯人

左图是游牧的乌古斯人，右图是晚期塞尔柱帝国的军队。从发展源头上说，塞尔柱人与乌古斯人是同一个部族。但塞尔柱人成功地建立帝国，在穆斯林中具有中世纪任何一个突厥民族所不曾具有的重要意义，而乌古斯人仍旧过着游牧的生活。

能阻止土库曼人定居在乌兹特—乌尔特高原和莫夫之间的阿姆河下游南岸人口密集的地区，这大概是1153年桑贾尔被古兹人打败的主要因素之一。同时，在安纳托利亚高原上，由幼支塞尔柱人领导的土库曼部落无疑把古代拜占庭的土地变成了突厥人的土地，并使得他们在科尼亚的苏丹们，即奥斯曼人的统治下，以及在穆斯塔法·基马尔·阿塔图克的统治下，成为近代史上的土耳其人。

5. 喀喇契丹帝国

要更多地了解1225～1250年内发生在"东突厥斯坦"内部的骚动，就必须考虑同一时期中国北部地区爆发的革命。从936年到1122年，一支起源于辽河西岸的蒙古族契丹人占领并统治着河北和山西北部，以及今东北地区。在1116～1122年间，通古斯族的女真人（或称金人）取代并继承了他们在中国北部地区的统治。

绝大多数契丹人仍然居住在中国东北的西南部和今天辽宁东部之间的地区内。但是，有一部分契丹人也曾经试图西行前往塔里木北部地区。在塔里木北边的吐鲁番、别失八里和库车的回鹘突厥人都臣属于这些契丹人。1128年，又有一支契丹人从这些地区进入喀什噶尔，但是却被统治这个地区的哈拉汗朝的阿尔斯兰·阿黑马德汗击溃。流亡的契丹人在一个名叫耶律大石的契丹王子的率领下向西北方向迁徙。他们在塔尔巴哈台，即今楚固恰克附近建立了额敏城。而伊塞克湖以西，在八拉沙衮进行统治的哈拉汗朝此时正受到来自伊犁河下游的葛逻禄人和分布于咸海以北的康里突厥人的威胁。哈拉汗朝可汗向契丹首领耶律大石求援，耶律大石率军前往八拉沙衮，废黜了哈拉汗王朝的可汗，并取代了他的位置。就这样，八拉沙衮成为耶律大石的都城，耶律大石自称"古儿汗"（意思是"世界之王"）。他的子孙们也都沿用这个称号。不久之后，新的古儿汗又征服了在喀什和于阗实施统治的哈拉汗朝的地方统治者，在"东突厥斯坦"建立了一个新的契丹国，在穆斯林的历史上称之为"喀喇契丹帝国"（即黑契丹）。

契丹人属于蒙古人种，不过，在统治汉人长达200年的时间中，他们已经明显汉化了。他们的子孙虽然居住在突厥斯坦的穆斯林突厥人中，却仍然敌视伊斯兰教和阿拉伯—波斯文化，因为他们仍倾向汉文化，主要信仰佛教和儒教，被穆斯林视为"异教徒"。

当然，如同在当时的中国封建王朝中一样，喀喇契丹帝国的每个家庭仍然要承担着繁重的赋税。和其他游牧部落不同的是，古儿汗们不会把"封邑"和"属地"赐给自己的王室成员。在喀喇契丹国内，除了佛教，基督教也十分兴盛。此时的喀什地区还有一位基督教主教，历史学家在楚河流域发现的最古老的基督教碑文就是属于这一时期的。

喀喇契丹帝国的第一位古儿汗耶律大石（大约1130~1142年在位）为了巩固自己在伊塞克湖和喀什噶尔的势力，牺牲了东哈拉汗朝的利益。他随后又进攻河中地区的西哈拉汗朝人，但要知道，西哈拉汗朝西边的领地隶属于桑贾尔统治的东伊朗的塞尔柱苏丹

西辽马库军使朱记青铜官印

在契丹人耶律大石的率领下，一部分契丹人废除并取代了哈拉汗朝，建立了喀喇契丹帝国，中国历史上称为"西辽"。西辽深受汉文化和中原政权典章制度的影响，其官制仿照辽国旧制。图为西辽曾设马库军将一职所用的马库军使朱记青铜官印。

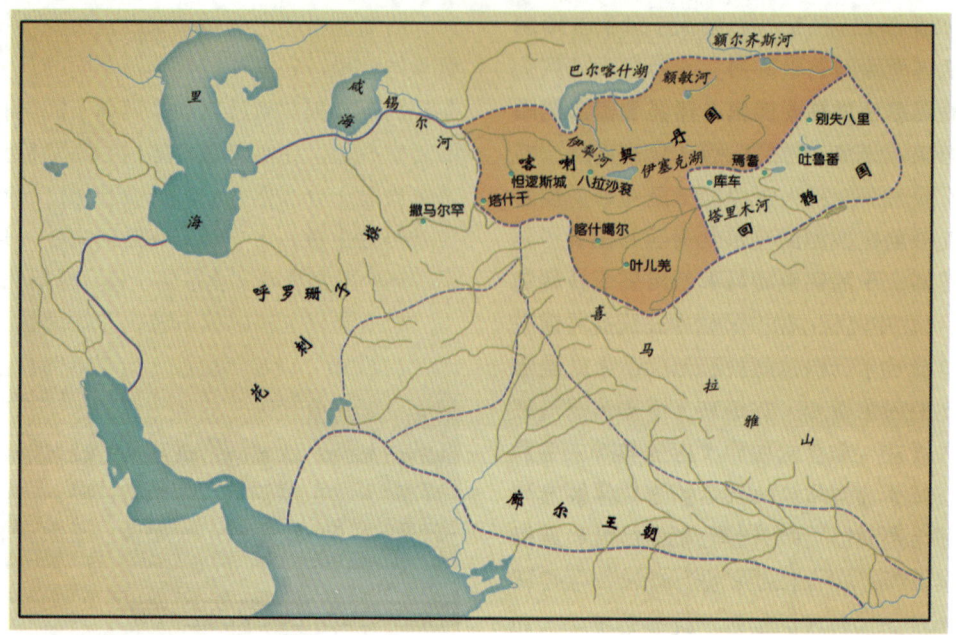

▼ 13世纪的喀喇契丹帝国

耶律大石打败了撒马尔罕的哈拉汗朝、塞尔柱最后一位苏丹桑贾尔，并令花剌子模投降纳贡。鼎盛时期，其直辖领土为以八拉沙衮为中心的锡尔河上游、伊塞克湖周围地区，其附庸国有高昌回鹘、东哈拉汗、西哈拉汗和花剌子模国。

国。1137年5月～6月，耶律大石在费尔干纳的忽毡，打败了撒马尔罕的哈拉汗朝统治者鲁肯·阿德丁·马赫穆德。桑贾尔苏丹赶来援救他的封臣，但是他本人也在撒马尔罕北部的卡特文被喀喇契丹打败（1141年9月9日）。从此以后，布哈拉和撒马尔罕不再臣属于桑贾尔，而开始臣属于古儿汗。不过，和桑贾尔不同的是，古儿汗允许地区哈拉汗朝的统治者们作为封臣留在撒马尔罕。在这一年（即1141年）喀喇契丹入侵花剌子模。花剌子模沙赫阿特西兹也被迫承认自己臣属于契丹人，并向契丹人纳贡。后来，虽然阿尔斯兰（1156～1172年在位）企图继承塞尔柱人在东伊朗的统治，却也不得不终生向古儿汗称臣纳贡。

到了此时，喀喇契丹国的领土已经从哈密延伸到了咸海和忽毡地区，统治着从叶尼塞河上游地区直到阿姆河流域的广大区域。耶律大石死（大约1142年2月）后，他的遗孀塔不烟成为帝国的摄政者（1142～1150年在位）。然后是他们的儿子夷列统治（1150～1163年在位）帝国。夷列死后，由他的姐姐耶律诗，即普速完摄政（1163～1178年在位），此时，一支喀喇契丹军进入呼罗珊，掠夺了巴尔赫（1165年）。最后，在1178～1211年，耶律夷列之子耶律直鲁古亲理国政。在他统治期间，喀喇契丹国与封臣花剌子模沙赫之间发生了冲突。这次冲突使得双方都走向了衰落，而在另一边正对其虎视眈眈的蒙古人却从中获利。

6. 花剌子模帝国

花剌子模（今希瓦）的沙赫们代表穆斯林突厥社会，尤其是在1157年塞尔柱人桑贾尔死后没有继承人的那一段时期，伊朗东部处于无君主统治的状态。实际上，桑贾尔的原呼罗珊国无人管理，王国内的乌古思首领们自从1153年胜利之后一直独断独行，只是或多或少地承认自己臣属于花剌子模而已。

1172年花剌子模沙赫阿尔斯兰死后，他的两个儿子塔喀什和苏丹·沙赫争夺王位。最后塔喀什失势，企图向喀喇契丹寻求避难。喀喇契丹的摄政皇后耶律诗为了驱逐苏丹·沙赫并帮助塔喀什复位，让丈夫率军进入花剌子模。同年12月，她的丈夫完成了任务。不过，尽管喀喇契丹人帮助塔喀什重新获得了王位，可是由于喀喇契丹人强征贡赋，所以塔喀什很快就起来反抗。于是，喀喇契丹人改变策略，开始支持他的兄弟苏丹·沙赫反对他。尽管喀喇契丹人没有能够使苏丹·沙赫恢复花剌子模的王位，但借给了他一支军队，苏丹·沙赫用这支军队去征服呼罗珊。1118年，他夺取了莫夫、萨拉赫斯和图斯。就这样，苏丹·沙赫统治了呼罗珊，并直到1193年去世。苏丹·沙赫死后，塔喀什把呼罗珊地区重新并入了自己的花剌子模版图（1193年）。

成为呼罗珊的主人后，塔喀什立即入侵末代塞尔柱苏丹、吐格利尔三世的王室领地伊剌克·阿只迷。1194年3月19日，一场决定性的战争在剌夷附近爆发了，塔喀什打败并杀死了吐格利尔三世，从此结束了塞尔柱人在波斯的统治，伊剌克·阿只迷和剌夷、哈马丹都成了花剌子模沙赫的属地。

塔喀什死后，他的儿子阿拉·阿德丁·摩诃末继位（1200～1220年在位）。在他的统治下，花剌子模国的强盛达到巅峰，并成为中亚的主要帝国。也正是在阿拉·阿德丁·摩诃末的带领下，花剌子模从古尔人手中夺取了阿富汗地区。

当摩诃末的前两代沙赫们在阿姆河下游创建花剌子模帝国时，另一支强大的穆斯林势力正在阿富汗境内崛起。当时，阿富汗仍然隶属于突厥族伽色尼王室，同时，伽

花剌子模的重骑兵

花剌子模在中亚地区崛起并迅速成为一个非常强大的帝国，其重骑兵非常有名。从图中可以看出，尽管装甲厚重，但是花剌子模的重骑兵并不像欧洲人一样使用大盾牌和长枪作战，而仍以弓箭、长矛为主。

▼ **花剌子模古钱**

图中是花剌子模的古钱，钱币上刻写着阿拉伯文字。花剌子模以伊斯兰教为国教，是典型的伊斯兰国家，后来被成吉思汗的骑兵部队消灭。

色尼王室还拥有印度的旁遮普。大约在1150年，苏里阿富汗人中的一个氏族起兵反抗在赫拉特和巴米安之间的古尔山区的伽色尼苏丹们。同年，古尔王朝首领贾汗·索兹掠夺加兹尼。1173年，贾汗·索兹的继承者吉雅斯·阿德丁占领了加兹尼。伽色尼王朝的苏丹们被迫逃到旁遮普的拉合尔避难，并把阿富汗地区让给了古尔王朝。在古尔王朝的希哈布·阿德丁·摩诃末统治期间（1163～1206在位），古尔帝国向东发动了一次有影响的扩张。希哈布·阿德丁·摩诃末废黜了旁遮普的末代伽色尼王朝统治者们，吞并了这个地区（1186年），然后从印度王公们手中夺取了恒河流域（1192～1203年）。

在阿姆河畔，古尔王朝和花剌子模爆发了第一场战争，最后，古尔王朝获胜，并掠夺了花剌子模本土（1204年）。花剌子模的沙赫向喀喇契丹的古儿汗求援，古儿汗派了一个名叫塔延古·塔拉兹的人和另外一个封臣，即撒马尔罕的哈拉汗朝王子乌斯曼·伊本·易不拉欣领兵前去援助。最终，花剌子模沙赫在赫托拉斯普打败了古尔人，并把古尔人赶出了花剌子模（1204年）。面对古尔人的逃逸，喀喇契丹人紧追不舍，并在巴尔赫以西的安德克霍给予了古尔人灾难性的打击（1204年9月～10月）。这次胜利表明了花剌子模人对古尔人的绝对优势。不过，直到古尔王朝的摩诃末死后（1206年3月13日），花剌子模才从古尔人手中夺取了赫拉特和古尔山区（1206年12月）。1215年，花剌子模沙赫夺取加兹尼城，完成了对阿富汗地区的征服。

虽然花剌子模是在喀喇契丹古儿汗的帮助下获得的胜利，但是，当其权力到达顶峰后，这位穆斯林的皇帝和统治着伊朗三分之二地区的君主，却不能再忍受继续向喀喇契丹人称臣纳贡。与此同时，喀喇契丹人的另外一个封臣——哈拉汗朝的撒马尔罕王乌斯曼（1200～1212年）也一样。最后，花剌子模与乌斯曼达成了一项协议，并于1207年占领了布哈拉和撒马尔罕，取代了喀喇契丹人对这片地区的统治。这样，花剌子模帝国囊括了整个河中地区。喀喇契丹人进入撒马尔罕反攻，但是在一次战斗中，花剌子模人俘虏了喀喇契丹人的塔延古将军，这次战争发生在费尔干纳安集延附近的伊拉米什草原，或者在怛逻斯草原（1210年）。

击溃了喀喇契丹人后，撒马尔罕王、哈拉汗朝的乌斯曼不再效忠于喀喇契丹人，而是效忠于花剌子模人。1212年，乌斯曼又不甘于服从于花剌子模人而起兵反叛。于是，花剌子模人向撒马尔罕进军，占领并洗劫了该城，处死了乌斯曼。就这样，统治着突厥斯坦长达两个多世纪的哈拉汗朝的最后一位君主也不复存在了。

1217年，花剌子模人骑马穿越波斯，一直来到阿拔斯领地阿拉伯的伊拉克的边界扎格罗斯山的霍尔湾。当他们正要向巴格达前进时，与哈里发发生了争吵。这次，其至连阿塞拜疆的阿塔比（总督），也主动承认自己是花剌子模的纳贡臣。这一年，花剌子模突厥帝国的疆域北以锡尔河为界，东以帕米尔和瓦济里斯坦山区为界，西以阿塞拜疆、卢里斯坦和胡齐斯坦山区为界，囊括了河中、大半个阿富汗和几乎整个波斯地区。

此后，花剌子模人与成吉思汗率领的蒙古人发生了冲突。

在蒙古人进攻的时候，花剌子模帝国刚建立不久，它还来不及巩固，甚至没有建立起任何组织，就在蒙古人最初的一击之下崩溃了。当成吉思汗开始征服花剌子模时，布哈拉和撒马尔罕归属于花剌子模帝国还不到八年，撒马尔罕城是在受到疯狂的屠杀后才归属的。在成吉思汗入侵前四年多的时间内，阿富汗地区还没有完全归并于花剌子模帝国（加兹尼城是在1216年才并入的）。西波斯归属于花剌子模国也仅仅只有三年时间（1217年）。也就是说，在成吉思汗入侵时，还只是胚胎的花剌子模帝国便僵死腹中了。

13世纪的花剌子模

13世纪初，花剌子模的领土广阔，包括了今伊朗、乌兹别克斯坦、土库曼斯坦、塔吉克斯坦、阿富汗、哈萨克斯坦、吉尔吉斯斯坦、伊拉克东部及以色列等地。

第四章　6至13世纪的南俄罗斯草原

在6世纪~13世纪南俄罗斯草原上，先后生活着阿瓦尔人，属于突厥人种的保加尔人、马扎尔人、可萨人、佩切涅格人、乌古思人、钦察人等。他们与周边的拜占庭、匈牙利人、阿兰人或结盟或相互攻讦。最初的钦察人属于突厥人的一部分，11世纪末成为俄罗斯草原的主人，直到成吉思汗的远征到来。

1. 阿瓦尔人

在地理学家看来，俄罗斯草原南部地区仅仅是亚洲草原的延伸而已。历史学家们的看法也一样。这片地区在上古时，是与斯基泰人、萨尔马特人和匈奴人联系在一起的。在中世纪初期，它是与阿瓦尔人和成吉思汗的后裔联系在一起的。

拜占庭历史学家塞俄菲拉克特斯·西摩卡塔为我们区别了真、假阿瓦尔人。他认为，真正的阿瓦尔人是柔然人，他们是蒙古人种，在整个5世纪一直是蒙古的主人，直到552年才被突厥人击溃和取代。假阿瓦尔人则是欧洲中世纪史上的阿瓦尔人，他们是由两个联合起来的部落，即瓦尔部和昆尼部组成的。瓦尔和昆尼这两个名字合起来就代表阿瓦尔与匈人。不过也有人认为它们是乌戈尔人，即回鹘人的两个部落。不过，历史上的回鹘是突厥人种，欧洲的阿瓦尔人却是蒙古人种。在阿尔伯特·赫尔曼的地图册中，有一张地图上仍然把瓦尔人和昆尼人与属于蒙古人种的柔然人等同起来。但是仅仅根据一则拜占庭的史料来判断真、假阿瓦尔人难免不足。如同赫尔曼所推测的，如果在6世纪下半期向欧洲迁徙的阿瓦尔人不是柔然人，则可能是厌哒匈奴人。因为厌哒人在5世纪占有着伊犁、河中和巴克特里亚地区，他们和柔然人一样，也是属于蒙古人种。大约在565年，他们也被突厥人打败，并失去了原来的领地。

不管怎样，在接近查士丁尼（死于565年）统治末期，阿瓦尔人进入了欧洲。拜占庭人将称为萨罗秀斯的阿兰人国王与阿瓦尔人保持着友好的关系。对拜占庭人来说，阿瓦尔人的外貌使他们想起了古代的匈人，不同的是阿尔瓦尔人的头发是编成两根长辫子拖在脑后，并信仰萨满教。557年，阿瓦尔人的使者——巫师坎迪赫在受到查士丁尼接见时，向他索求土地和贡赋。查士丁尼派使者瓦伦丁去鼓动他们的可汗与其他部落，即与昆奴格尔和沙比尔人打仗，最后，阿瓦尔人打败了这些部落。阿瓦尔人还打败了库特利格尔和乌特格尔匈奴人，他们都是阿提拉匈奴人的后裔，分别在亚速海西北和顿河河口

▽ 阿瓦尔人

阿尔瓦人的外貌与古代匈奴人相像，头发梳成两根长辫子拖在脑后。他们的骑弓手除了穿缀甲、护心镜、皮胸罩外，也穿欧式锁子甲，还会在盔甲外穿一件土耳其斯坦样式的花纹饰边的毛毡长袍。他们的盔甲技术对拜占庭和法兰克都有很大的影响。

附近过着游牧生活。阿瓦尔人把这两支匈奴人纳入自己的部落之中。在阿瓦尔人和拜占庭帝国结为盟邦时，阿瓦尔人消灭了这些匈奴王国。560年，阿瓦尔人的版图已经从伏尔加河延伸到多瑙河河口，阿瓦尔汗把自己的篷车驻扎在多瑙河北岸。他向北攻打斯拉夫各部（安特人、斯洛文尼亚人和文德人）；向西进入日耳曼地区，最后在562年图林的一次大战中，被克洛维的孙子、奥地利的法兰克王希格贝特打败。于是，阿瓦尔人向黑海撤退。

之后不久，大约在565年，一个名叫巴颜的可汗登上阿瓦尔王位。巴颜和他之前的阿提拉及他之后的成吉思汗一样，是一位精明强干的政治家。567年，他与居住在班诺尼亚的日耳曼人——伦巴德人联合起来，消灭了定居在匈牙利和特兰西瓦尼亚的另外一支日耳曼哥特人——吉别达伊人。阿瓦尔人占领了匈牙利，巴颜在古代阿提拉的都城附近建起了自己的王庭。于是，在这片亚洲草原最远的延伸地——匈牙利平原上，突厥—蒙古帝国重新复活。此时，阿瓦尔人的统治从伏尔加河流域一直延伸到了奥地利。突厥人对阿瓦尔人的崛起深怀戒心，于是就查士丁尼与阿瓦尔人之间签订的条约抱怨拜占庭人。575～576年，西突厥首领达头在库车以北的裕勒都斯河上游地区接见拜占庭使臣瓦伦丁时，他为此条约严厉谴责瓦伦丁。

为了惩罚与阿瓦尔人建立关系的拜占庭人，576年，突厥人派一位名叫波汗的人率领

阿瓦尔王国的建立

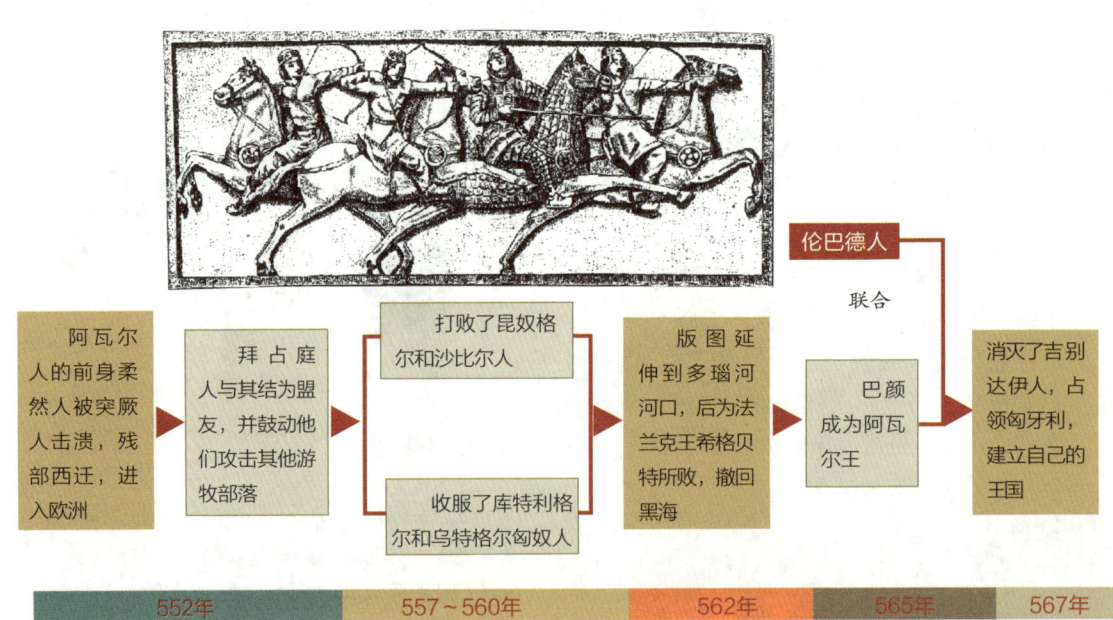

公元6世纪的拜占庭

图为公元6世纪圣维塔尔教堂镶嵌画长卷中的《查士丁尼及其随从》。图中间是拜占庭皇帝查士丁尼,他和他的主教、牧师、军队代表站在一起,显得同样的身材修长,给我们留下了6世纪拜占庭傲慢而冷漠、高贵而威严的形象。

一支骑兵进入俄罗斯草原,并与该地的乌特格尔匈奴人的末代首领阿纳盖一起,进攻拜占庭的博斯普鲁斯城(或称潘蒂卡派城)。这座城池在亚速海入口处,即今克里米亚的刻赤附近。

582年,当巴颜可汗与拜占庭人开始公开敌对时,波汗夺取了萨瓦河上的桥头堡锡尔米蒙(即米特罗维察)。在阿瓦尔人的压力下,一些突厥人种的保加尔人——可能是库特利格尔匈奴人的后裔,在比萨拉比亚和瓦拉几亚定居下来。随后,马扎尔人的到来又迫使他们迁往麦西亚,他们后来把麦西亚变成保加利亚。在西部,大约在570年,巴颜恢复了与法兰克人的战争,打败了奥地利王希格贝特。接着,巴颜再次进攻拜占庭帝国,占领了辛吉杜蒙(即贝尔格莱德),洗劫了麦西亚,一直打到安齐阿卢斯(布尔加斯附近)。但在587年,他在亚德里亚堡附近被拜占庭人打败。592年,巴颜发起新的进攻,占领了安齐阿卢斯,劫掠了色雷斯,一直打到祖鲁姆(即乔尔卢)。当时,一位名叫普利斯卡斯的拜占庭将军堵住了巴颜。渡过多瑙河,攻打到巴颜帝国的腹地——匈牙利,并在蒂萨河岸彻底打败了他,杀死了他的四个儿子(601年)。602年,巴颜去世。

巴颜去世后,阿瓦尔可汗继位。阿瓦尔可汗开始攻击当时处于伦巴德人势力之下的意大利。趁伦巴德人从班诺尼亚迁往伦巴底之机,阿瓦尔人占领了班诺尼亚。610年,阿瓦尔可汗占领并洗劫了弗留利。619年,趁着在色雷斯的赫拉克利庞蒂亚(即埃雷利)与拜占庭皇帝会谈,阿瓦尔可汗背信弃义,袭击了拜占庭皇帝希拉克略,随即进攻君士坦丁堡,未能成功。阿瓦尔人利用波斯王库思老二世对拜占庭的敌视,与波斯人联合围攻君士坦丁堡。波斯人从小亚细亚出兵,阿瓦尔人从色雷斯出兵。626年6月~7月,波斯将军沙赫巴拉兹从小亚细亚的一端横穿到另一端,在博斯普鲁斯入口处的卡尔西登扎营。此时,阿瓦尔可汗已抵达君士坦丁堡城下,而希拉克略皇帝正在高加索前线,君士坦丁堡由他的行政官波努斯成守。从626年的7月31日至8月4日,阿瓦尔人对君士坦丁堡发动了一次次的猛攻。不过,博斯普鲁斯海峡上的霸主——拜占庭舰队很快就阻止了波斯人与阿瓦尔人的联合行动。最终,拜占庭以惨重的代价打败了阿瓦尔人的进攻,阿瓦尔可汗被迫撤退突围,退回了匈牙利。

这次战争严重削弱了阿瓦尔人的威信。630年,阿瓦尔可汗去世,保加尔人可汗库弗拉特提出继承王位的要求。于是,阿瓦尔人与保加尔人之间爆发了战争。最后,阿瓦尔人被迫让保加尔人成为今天瓦拉几亚和巴尔干山区以北的"保加利亚"的君主,如同他们不得不让斯拉夫人(克罗地人等)占领多瑙河和萨瓦河之间的领土一样。阿瓦尔人仍

◆ **公元8世纪阿瓦尔人和法兰克王国**

公元8世纪末,阿瓦尔人彻底被法兰克王国的查理曼打败,城堡围墙被拆毁,财宝被抢走,反抗被镇压。强大一时的阿瓦尔汗国最终瓦解了。图为当时阿瓦尔人与法兰克王国、拜占庭王朝等周边的疆域图。

然留在匈牙利平原上，直到8世纪末期。

791年8月，法兰克王查理曼亲自入侵阿瓦尔汗国，打到多瑙河和拉布河的合流处。795年，查理曼之子丕平在弗留利大公伊里克的支持下，攻打阿瓦尔人带围墙的城堡，夺取了阿瓦尔人的部分财宝——这些财宝也是阿瓦尔人在长达两个世纪攻打拜占庭帝国的战争中获得的战利品。796年，丕平拆毁了阿瓦尔人的城堡围墙，拿走了阿瓦尔人所有的财宝。同一年，阿瓦尔人的一位首领（拥有古代突厥—蒙古族的"吐屯"称号）在埃克斯—拉—夏佩勒（亚琛）接受了基督教的洗礼。799年，他起义反抗法兰克人的统治，但是失败了。随后从803年开始，名叫佐登的阿瓦尔人新首领长期屈服于法兰克人的统治。805年，一位教名为塞俄多尔的可汗作为查理曼的属臣统治着阿瓦尔人。

饱经灾难之后，阿瓦尔人已无力承受来自斯拉夫人和保加尔人的双重压力。在查理曼统治末期，阿瓦尔人放弃了多瑙河北岸，在可汗塞俄多尔的带领下，迁往卡农图姆和沙巴里亚之间的班诺尼亚西部。9世纪末，原阿瓦尔人的地区被斯维雅托波尔克统治的斯拉夫人帝国和保加尔人的突厥汗国瓜分了。斯拉夫人的帝国称为大摩拉维亚国，包括从波希米亚到班诺尼亚之间的地区；保加尔人的突厥汗国包括匈牙利南部、瓦拉几亚和巴尔干山以北的保加利亚。保加利亚的乌基杜尔部占据着喀尔巴阡山山脉以东和以南的地区。

阿瓦尔人也有自己的艺术，在匈牙利发现的考古文物中证实了这一点，它是草原艺术的一个分支。在阿瓦尔人的艺术品中，有弯曲的动物形体，尤其是螺旋形的几何图案

❤ **老年的查理曼大帝**

查理曼大帝是法兰克王国加洛林王朝国王，查理曼帝国创建者。查理曼勇武善战，他在位的14年期间，发动过大大小小50多场战争。控制了大半个欧洲的版图，他亲自率军征讨了阿瓦尔汗国，并且掠夺了阿瓦尔人同样也是掠夺来的大量财宝。

或者错综交织的植物图案，从而产生了一种固定的装饰效果。他们的艺术品通常是用青铜做成的，如同草原上的传统装饰品，是由带状片、扣子、各种设备和马具上的装饰物、钩、饰针组成的。事实上，在匈牙利的阿瓦尔人的艺术遗物，与在中国黄河河套地区、鄂尔多斯草原上发现的、属于匈奴人、柔然人和突厥人类似的青铜器艺术品之间是有连续性的。在遗物丰富的匈牙利遗址中，包括了凯斯特海伊、琼尼、内麦斯沃尔吉、帕希普兹塔、琼格拉德、森特什、舍拉吉—索姆利欧、杜纳彭特勒、于勤以及小克勒什。阿瓦尔人的艺术与米努辛斯克的西伯利亚艺术的晚期风格，即被称为游牧骑士风格的艺术特别相似。

2. 保加尔人和马扎尔人

阿瓦尔人衰落以后，在突厥—蒙古人统治下的欧洲由保加尔人取而代之。保加尔人可能是突厥人种，与库特利格尔匈奴人有关系。625～650年间，在保加尔人的乌基杜尔部首领库弗拉特汗的统治下，他们在高加索西北，库班河谷与亚速海之间的地区内建立了一个强大的王国。642年库弗拉特死后，可萨人把保加尔各部分成了两大部分。一部分是由库弗拉特的一个儿子巴颜率领，臣属于可萨人，继续生活在原地区内。这一支的后裔向北朝着卡马河和喀山方向迁移，并在那儿建起了大保加尔国，13世纪时被成吉思汗的蒙古人灭亡。他们子孙可能就是今楚瓦什人。

另一部分保加尔人在库弗拉特的另一个儿子伊斯泊利克的率领下朝西迁移，于679年渡过多瑙河，在古代麦西亚境内定居下来。在拜占庭内战中，查士丁尼二世（705～711年在位）曾经得到伊斯泊利克的继承者特尔维尔可汗（701～718年在位）的保护，正式承认他们占有麦西亚。一个世纪后，麦西亚的保加尔人在特莱茨汗（约762～764年在位）的率领下进军君士坦丁堡。但是，拜占庭皇帝君士坦丁五世在今布尔加斯附近的安齐阿卢斯打败了他们（762年6月30日）。811年，另一位保加尔可汗克鲁姆打败并杀死了拜占庭皇帝尼塞弗留斯一世，然后按照古代匈奴的方式，用他的头盖骨制作了一个饮器。813年，克鲁姆围攻君士坦丁堡，最后却失败了。克鲁姆的继承者奥慕尔塔格汗（814～831年在位）与拜占庭人议和。9世纪中期，保加尔人受到斯拉夫人的影响越来越大，最终从突厥人中分离出来，融合在了信仰基督教的欧洲人中。

9世纪末期，原先阿瓦尔人的疆域被马扎尔人占据了。其中一部分马扎尔人留居在乌拉尔山区，即今天窝古尔人仍然生活的地方；另外一部分马扎尔人先是迁到了亚速海北面的列维底亚，然后又迁移到了

◆ 保加尔人战士

公元7世纪，保加尔人在库弗拉特汗的带领下，建立了统一的强大汗国，拜占庭人称之为大保加利亚，以库班河为其南部边界。图中侧身站立，全身披甲的就是保加尔骑兵，右侧是俄罗斯部落贵族女士，骑马者是突厥钦察武士。

阿特尔库祖——处在第聂伯河下游、喀尔巴阡山脉、谢列特河、多瑙河三角洲和黑海之间的平原。在乌拉尔山的马扎尔人由在卡马的保加尔人统治；在阿特尔库祖的马扎尔人由乌基杜尔人（或乌基尔人）统治。9世纪时，乌基杜尔人占领了喀尔巴阡山脉的东南地区。

大约在833年，马扎尔人生活在顿河和第聂伯河之间的列维底亚，置身于突厥可萨大帝国的保护之下。到了850年或者860年时，他们被佩切涅格突厥人赶出了列维底亚，进入阿特尔库祖。大约在880年时，他们到达多瑙河三角洲。不久，拜占庭皇帝尼禄六世因为正在与保加利亚大公西蒙打仗而请求匈牙利援助。于是，匈牙利人在阿尔帕德的率领下渡过多瑙河，使保加利亚也卷入了战争。不过，保加利亚人向俄罗斯草原南部的佩切涅格人求援，佩切涅格人从后方进攻匈牙利人，迫使阿尔帕德及其子民逃到特兰西瓦亚山区避难。当时，日耳曼尼亚的国王阿尔努尔弗正在与大摩拉维亚国（捷克斯洛伐克、奥地利、匈牙利西部）的斯拉夫王斯维雅托波尔克打仗，决定像拜占庭一样向匈牙利人求援。阿尔帕德匆忙赶来打败了斯维雅托波尔克。895年，斯维雅托波尔克失踪，大摩拉维亚国崩溃。899年，匈牙利人占领并一直居住在以他们名字命名的这一国家里。他们掠劫欧洲，入侵意大利，甚至远征到帕维亚（900年）。他们在德国打败了最后一位加洛林王朝的国王，即年幼的童路易斯（910年）。919年，他们进攻洛林，放火烧了帕维亚，并在924年越过阿尔卑斯山到达法兰克王国的勃艮第和普罗旺斯。紧接着，他们进攻香巴尼地区的阿蒂尼（926年），掠夺了兰

▽ **圣斯提芬王冠**

马扎尔人即匈牙利人。他们在10世纪初掠劫欧洲，后被日耳曼王击败，并皈依了基督教，其匈牙利王被称为圣斯提芬。图中的十字架王冠，就是斯提芬即位时所戴。王冠上倾斜的十字架，据说是后来失窃时让小偷压斜的。

斯、桑斯、贝利，洗劫洛林、香巴尼、勃艮第（954年）。最后在955年8月10日，日耳曼王奥托一世于奥格斯堡战役中打败了他们，结束了他们的入侵，拯救了欧洲。

从此，匈牙利王瓦伊克皈依了基督教，被命名为斯提芬。在圣斯提芬的统治下（997～1038年在位，他先称大公，后称国王），匈牙利人开始了新的生活。

3. 可萨人

在7世纪初期，可萨帝国崛起。

可萨人是突厥民族，他们信奉腾格里，由可汗或达干统治。626年，在可汗札比尔的统治下，可萨人已经成为了一个强大的民族。他们曾经借给拜占庭皇帝四万兵与波斯交战，希拉克略用这支援军将萨珊波斯的阿塞拜疆省夷为平地。随后，拜占庭人与可萨人多次联姻，加强了他们之间的联盟关系。拜占庭皇帝查士丁尼二世在流亡期间（695～705年）逃到可萨帝国中避难，并与可汗的一位姊妹结婚，她就是后来的塞俄多拉皇后。732年，君士坦丁五世娶可萨可汗的女儿为妻，她成为伊拉尼皇后。他们的儿子是利奥四世皇帝，被称为可萨人利奥（775～780年在位）。在拜占庭反对阿拉伯人的战争中，拜占庭与可萨的联姻起着巨大作用。当拜占庭军队在小亚细亚进攻阿拉伯人时，可萨人在外高加索从后方进攻阿拉伯人。

在欧洲的突厥人中，可萨人的文明程度最高，正如在中亚突厥人中回鹘的文明程度最高一样。虽然可萨人从未采用过定居或者农耕的生活方式，但是，他们已经建立了一个有秩序的国家，并由于贸易而致富，再加上与拜占庭和阿拉伯世界的接触，使他们具有相当高的文化。但是，可萨帝国在最初仍然以捷列克草原地区为中心，巴伦加尔是第一个可萨"都城"，在捷列克河南部支流苏拉克河源处。722～723年，阿拉伯人摧毁了它，于是，可萨王室的驻地迁往拜达（意为白城），即日后伏尔加河口上的伊提尔都城的所在地。不过，伊提尔只是可萨可汗们的冬季驻地。夏季，他们像祖先匈奴人一样在草原上来回漫游。833年，他们请求拜占庭皇帝狄奥菲勒斯派人帮助他们建造一座设防的都城。狄奥菲勒斯派总工程师帕特罗纳斯帮助他们建起了第三个都城沙克尔，大概位于顿河入海处，或者是大拐弯处。可萨人在克里米亚对面、塔曼半岛的原法纳戈里亚的废墟上，又建起了马他喀贸易据点。

可萨帝国可以说是一个繁荣的贸易中心。拜占庭、阿拉伯和犹太商人们成群结队来到伊提尔和沙克尔，收购从北方来的毛

▽ 可萨帝国疆域图

可萨人比较可信的来源，是属于从东方迁徙来的西突厥人后裔，他们信仰犹太教，是拜占庭最可靠的盟友。图为公元850年可萨帝国的疆域图，其东连花剌子模，西邻拜占庭帝国，向北征服了斯拉夫部落，向南扩展到高加索地区。

皮。于是，基督教、伊斯兰教和犹太教在可萨帝国内也找到了落脚之处。851～863年，拜占庭派基督教教士圣西利尔来到可萨人中，并受到了热烈欢迎。利奥六世统治期间，马他喀成为拜占庭的一个主教区所在地，它的建立是为了能够在可萨境内传播新约。从868年起，特别是在965年以后，伊斯兰教成为这个地区的一大宗教，但犹太教更受欢迎。767年，伊沙克·圣格里在可萨人中任牧师。在哈仑·阿尔·拉施德哈里发朝的统治下（786～809年），可萨可汗和贵族都拥护犹太教。但随后拜占庭皇帝罗马努斯·尼卡彭努斯（919～944年）发起了对犹太人的迫害，使大批以色列难民进入可萨境内。

9世纪，可萨人在政治上走向衰落。草原又开始处于动荡不安中。来自咸海草原的乌古思突厥人（奥佐伊人）把恩巴河地区和乌拉尔河地区的佩切涅格突厥人赶向西方。大约在850～860年，佩切涅格人穿过可萨帝国的领地，赶走了亚速海北岸的可萨属民马扎尔人。马扎尔人退到第聂伯河和多瑙河下游之间的阿特尔库祖。不久，在889至893年，佩切涅格人重新追逐马扎尔人，再次把他们赶走。最后，佩切涅格人占据了顿河河口和摩尔达维亚之间的俄罗斯草原。可萨人只保

▽ 可萨人古城

9世纪时，可萨帝国已经是黑海和里海沿岸的贸易中心和突厥文明中心，图为可萨人建造的古城的复原图。但是，再坚固的城堡也抵挡不住盟友的利剑，在拜占庭巴西尔二世的反戈下，可萨帝国终于被摧毁，消失在历史中。

留了顿河下游、伏尔加河下游和高加索山脉之间的地区。

965年，基辅的罗斯王公斯维雅托斯拉进攻可萨人，占领了他们建在顿河河曲上的沙克尔都城。可萨汗国在这场灾难中幸存下来，仍然保住了伏尔加河下游地区、库班河地区和达吉斯坦草原。但是在1016年，拜占庭皇帝巴西尔一世派出舰队，在俄罗斯军队的支持下，攻击最后一批可萨人。这支联军夺取了塔曼半岛和可萨人在克里米亚的属地。到1030年时，可萨人消失了。

4. 佩切涅格人和钦察人

佩切涅格人是一支突厥部落；马迦特认为这支部落曾经是西突厥联盟中的组成部分，受到葛逻禄突厥人的驱赶，退到了锡尔河下游和咸海。他们继续向西迁徙，在乌拉尔河（雅克河）和伏尔加河（伊提尔河）之间放牧。大约在913年，他们在可萨人和乌古思人的联合攻击下被逐出这片地区，继续往西，从马扎尔人手中夺取了亚速海以北的列

维底亚，并占据了这个地方。不久，他们又向西推进，迫使马扎尔人离开阿特尔库祖，即第聂伯河和多瑙河下游之间的俄罗斯草原的西部地区。大约在900年，佩切涅格人占据了第聂伯河口和多瑙河河口之间的牧场。934年，他们和匈牙利人一起，在色雷斯入侵拜占庭帝国。944年，他们追随罗斯王公伊戈尔袭击拜占庭本土。1026年，他们渡过多瑙河，但被康士坦丁·台吉内斯打败。1036年，基辅的罗斯王公雅罗斯拉夫再次打败他们，结束了他们对草原的统治，迫使他们再次把目标对准拜占庭帝国。1051年，他们再次入侵拜占庭。1064年，他们穿过色雷斯来到君士坦丁堡。在阿历克塞·科蒙勒努斯统治拜占庭期间，1087年，欧洲的佩切涅格人再次入侵色雷斯，抵达库莱（在埃洛斯和君士坦丁堡之间），最后被赶跑。同年秋天，阿历克塞·科蒙勒努斯追击到锡利斯特拉时反被打败。最后，由于另一支突厥部落，即钦察人到来，拜占庭帝国才得救。钦察人来自佩切涅格人后面的俄罗斯草原，他们在多瑙河畔打败了佩切涅格人。然而，当钦察人退回俄罗斯后，佩切涅格人于1088～1089年再次入侵色雷斯，深入亚德里亚堡以南的伊普萨拉，阿历克塞只好缴纳钱财才让他们撤军。1090年，佩切涅格人与小亚细亚的塞尔柱人联合，再次进攻君士坦丁堡，他们经过马里查山谷，从亚德里亚堡来到埃洛斯。士麦那的占有者塞尔柱舰队攻打海岸地区，塞尔柱军队则从尼科亚威胁着尼科美底亚（伊兹米特）。

这一次，拜占庭受到亚洲和欧洲两面的突厥人的攻击，即欧洲的非基督教突厥人和亚洲的穆斯林突厥人。由于血缘关系，这两支突厥人联合起来对付拜占庭帝国。阿历克塞·科蒙勒努斯再次向钦察人求援，钦察人

▽ **佩切涅格人的入侵**

佩切涅格人又称帕齐纳克人。他们曾将马扎尔人赶走，并进犯俄国领土，10世纪时一再侵犯色雷斯，并多次攻打君士坦丁堡。后来，他们被拜占庭帝国击败，最后在匈牙利定居下来。图为佩切涅格人的入侵路线。

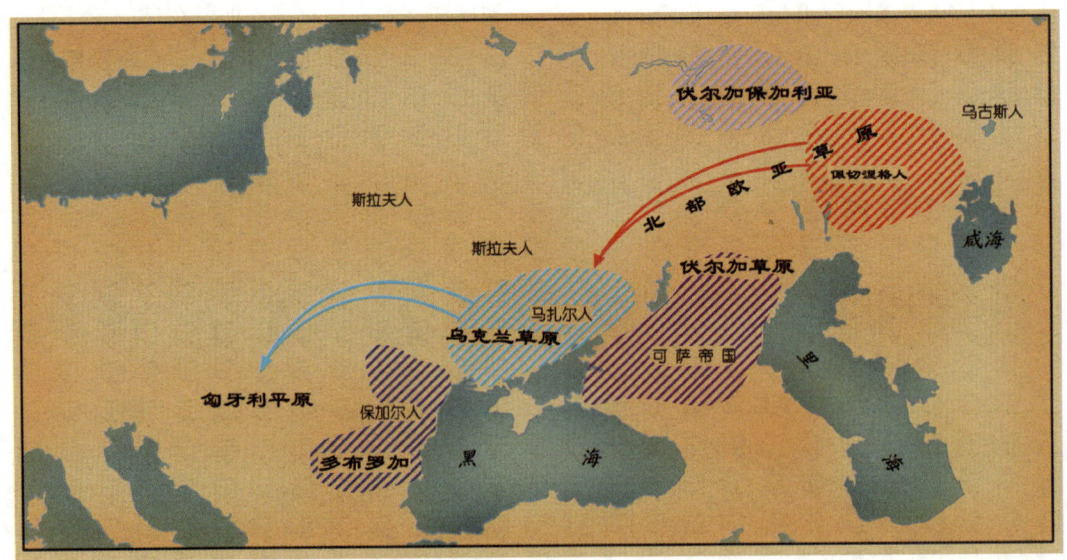

在托加尔塔克和曼尼亚克的率领下从俄罗斯南下进入色雷斯，从后方进攻佩切涅格人。1091年4月29日，拜占庭与钦察人的联合军队在列瓦尼恩山打败了佩切涅格军。佩切涅格人余部在瓦拉几亚重新组织起来，并在1121年对巴尔干山以北的保加利亚进行了攻击。1122年春天，他们遭到约翰·科蒙勒努斯的袭击和屠杀。

从此，佩切涅格人把他们俄罗斯草原上的地位让给了乌古思人和钦察人。

乌古思人在亚洲的后裔就是今土库曼人，被阿拉伯人称为古兹人。他们通常在里海东北部和咸海以北的地方游牧。塞尔柱人是乌古思人中的一支，信奉伊斯兰教。11世纪时，他们前往波斯，并在波斯建立了以吐格利尔拜格、阿尔普·阿尔斯兰和马立克沙赫为首的突厥伊斯兰国家。同一时期，另一支乌古思氏族（非伊斯兰教徒），即奥佐伊人推翻了佩切涅格人在俄罗斯草原的优势。1065年，这些奥佐伊人渡过多瑙河，洗劫了巴尔干半岛，直到塞萨洛尼基和希腊北部，但是此后不久就被佩切涅格人和保加尔人消灭。越过了伏尔加河西岸的这支最后的乌古思部落，最终被钦察人征服、消灭，或者同化了。

钦察人就是俄国人说的波洛伏齐人，拜占庭人称他们为科马洛伊人。他们最初是基马克突厥人的一部分。基马克人住在西伯利亚，在额尔齐斯河中游沿岸，也可能在鄂毕河沿岸。总之，基马克人和乌古思人有着密切的关系。大约在11世纪中期，钦察人从基马克人中分裂出来，朝欧洲方向迁移。钦察人利用乌古思人对佩切涅格人的胜利，在一次对巴尔干人发动的远征中（1065年和1066

钦察人12部族详表

钦察人，古代欧亚以游牧为主业的民族。俄国人叫波洛维赤人，拜占庭人称其为科马洛伊人，阿拉伯人则称之为库蛮，匈牙利人称其为昆人。有十二部族，各部族名称如表4。

表4　钦察人12部族详表

1	托合萨巴
2	弘古尔
3	吾鲁
4	塔尔汗
5	扎拉依尔
6	吾拉什
7	拜延杜尔
8	别西伲
9	克烈
10	托尔吐勒
11	塔兹
12	布达克

年），乌古思人被拜占庭人和保加尔人击溃，钦察人成了俄罗斯草原上唯一的主人。1120～1121年，大概从中国东北边境来到乌拉尔河和伏尔加河流域的几个蒙古部落加入了钦察人中，并可能获得了统治地位。但是，他们也很快就被同化了。当他们开始突厥人的生活方式时，与纯钦察人结合在了一起。直到1222年成吉思汗入侵，钦察人一直是俄罗斯草原上的主人。当时，在罗斯人的影响下，一些钦察人开始接受基督教。钦察人被消灭后，他们的名字留在了蒙古人统治下的俄罗斯，所以，后来建立在这个地区的成吉思汗汗国被称为钦察汗国。

第二编
成吉思汗蒙古人

12世纪末，成吉思汗统一蒙古诸部，建立了蒙古帝国，随后带着善骑射的草原游牧民族，开始了对金朝、西夏、西辽、花剌子模、高加索山一带和东欧钦察草原的征服。由此，展开了一幅横跨整个欧亚大陆的、游牧文化与定居文明相碰撞的征服画卷。

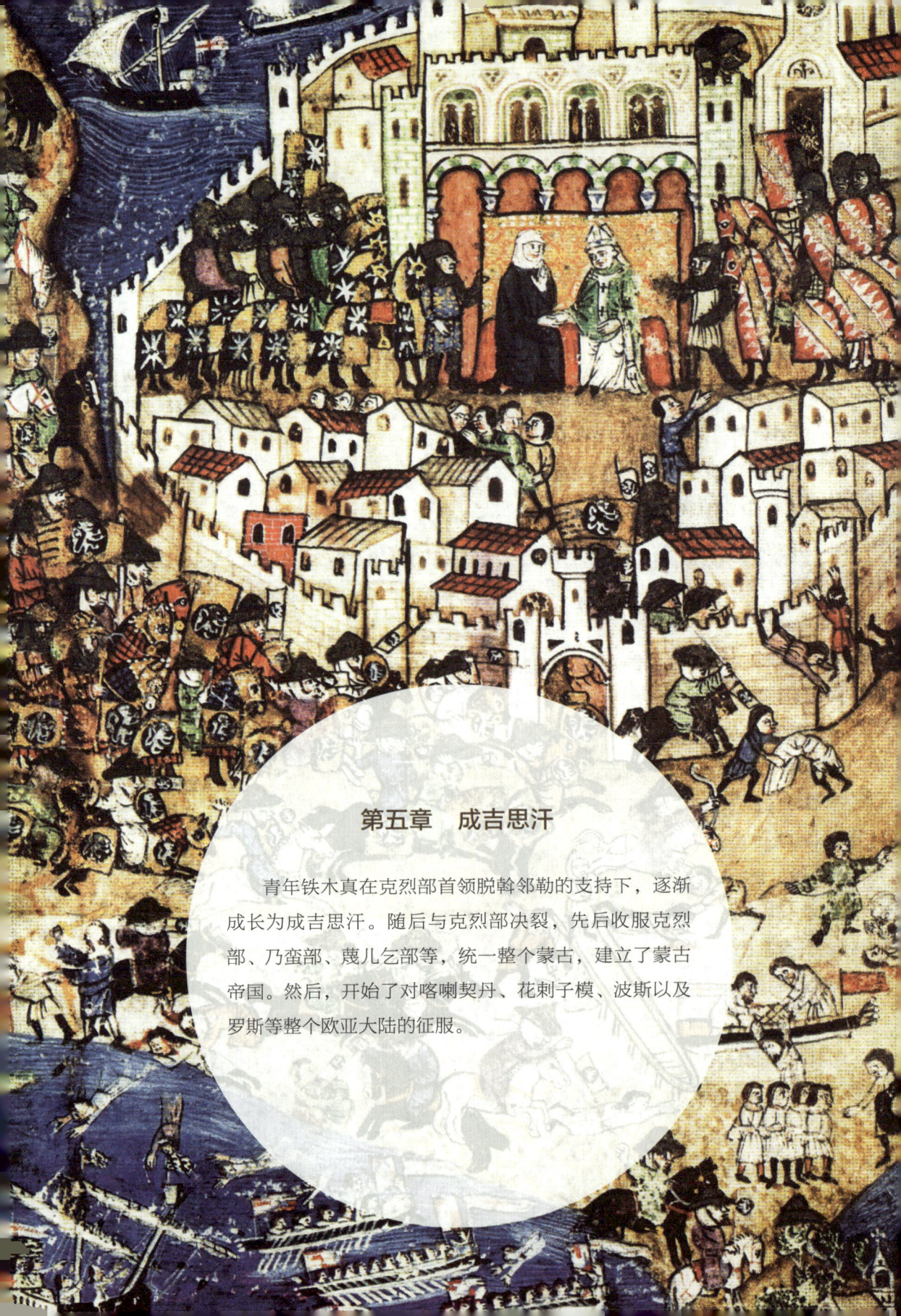

第五章　成吉思汗

青年铁木真在克烈部首领脱斡邻勒的支持下，逐渐成长为成吉思汗。随后与克烈部决裂，先后收服克烈部、乃蛮部、蔑儿乞部等，统一整个蒙古，建立了蒙古帝国。然后，开始了对喀喇契丹、花剌子模、波斯以及罗斯等整个欧亚大陆的征服。

1. 12世纪的蒙古

在12世纪末期，中国分裂为南北两部分，南部是汉人统治的宋朝，定都杭州，称为南宋；北部是通古斯族女真人建立的王国，称为金朝，定都北京。在西北部，即今鄂尔多斯和甘肃，是与吐蕃人有姻缘关系的唐兀惕人建立的西夏国。在塔里木河西北，从吐鲁番到库车，居住着回鹘突厥人。在楚河一带的伊塞克湖地区和喀什噶尔，形成了喀喇契丹国。当时的河中地区和几乎整个伊朗都是花剌子模帝国的领土。在他们以西，穆斯林亚洲的其余地区，被巴格达的哈里发，叙利亚和埃及的阿尤布王朝的苏丹们，以及小亚细亚的塞尔柱苏丹们瓜分了。

另外，在西伯利亚—蒙古边境上，在向着阿尔泰山、杭爱山和肯特山延伸的戈壁滩北部草原上，还生活着游牧部落，他们分别是突厥人、蒙古人和通古斯族女真人。尽管这些游牧民族的语言有差别，但是，他们居住地的气候条件、生活条件却大同小异。

乃蛮人是突厥—蒙古种族中的主要民族

12世纪的蒙古

12世纪的蒙古部族包括：克烈部、乃蛮部、吉利吉思部、不里牙惕部、泰赤兀部、札打阑部、蔑尔乞部、乞颜部、主儿乞部、塔塔儿部，其中以克烈部、乃蛮部最为强大。蒙古的周边包括东边的金朝，南边的西夏、南宋、吐蕃，西边的西辽、花剌子模。

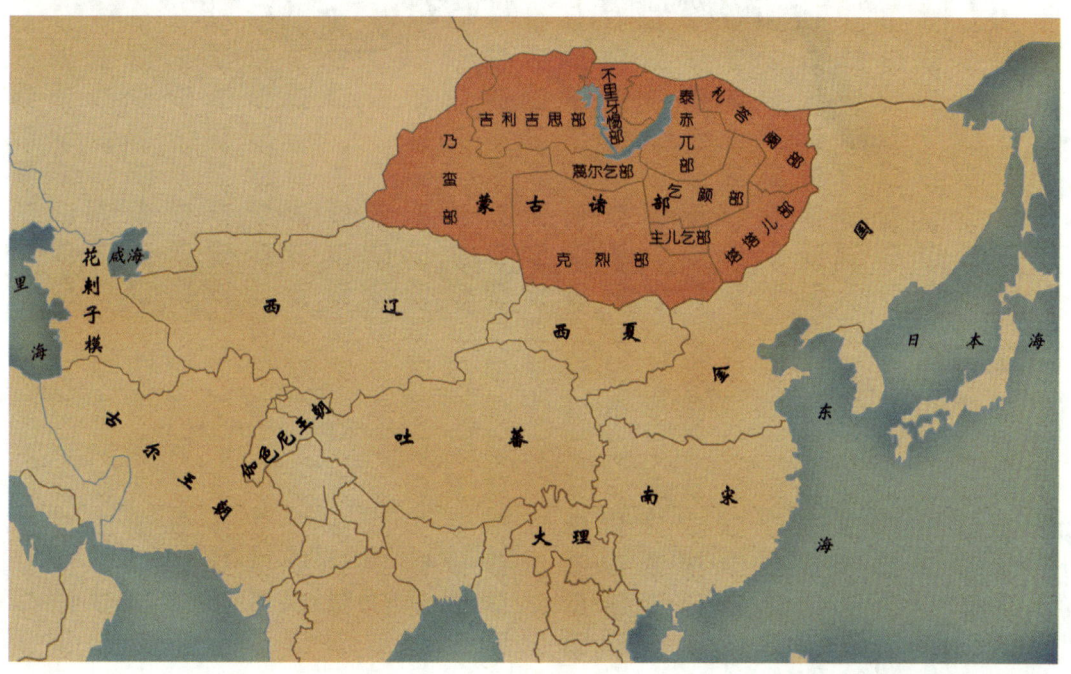

| 塞尔柱人 | 古兹人 | | 可萨人 | 钦察人 | | 满族人 | 卡尔梅克人 |
| | 阿瓦尔人 | 保加尔人 | | 蒙古人 | 塔吉克人 | |

第五章　成吉思汗

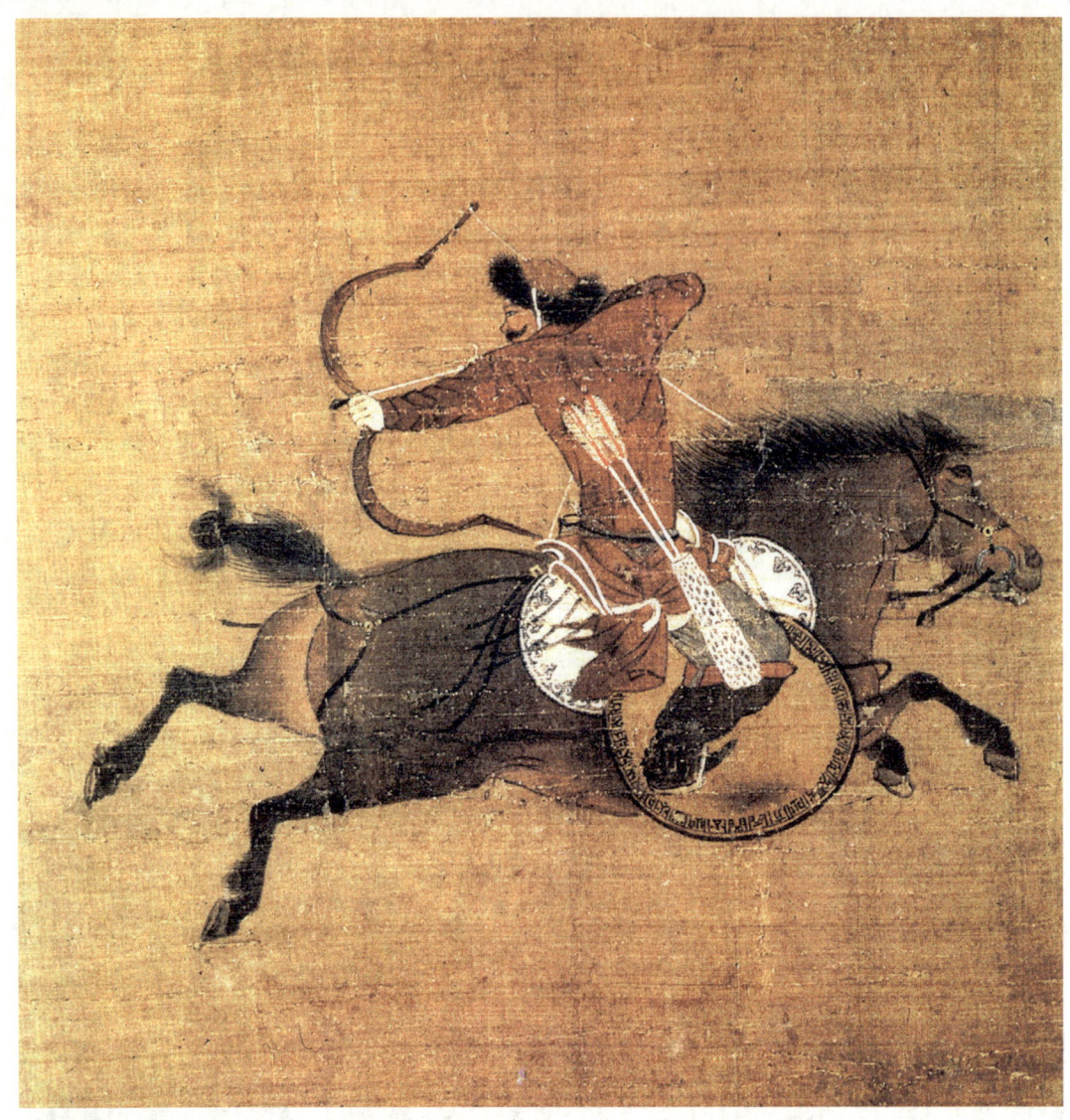

蒙古骑手

图中的蒙古骑手正展示他们最擅长的骑射技巧"回头望月",坐骑驰骋向前,而骑手则回头拉弓射箭。这种娴熟的骑射本领都是在他的故乡草原上练就的,也造就了他们统一草原,征服欧亚大陆甚至整个世界的成就感。

之一,大概居住在今科布多地区和乌布萨泊郊区,向西直至黑额尔齐斯河和斋桑湖,向东直至色楞格河上游。他们中许多人都皈依了聂思托里安教。13世纪初,乃蛮王任用回鹘族学者塔塔统阿为掌印官兼文书,因为回鹘突厥语是他们的官方语言。在另一方面,当时统治着中国北方地区的金国也对他们施加权威。

在乃蛮人以北，叶尼塞河上游的地方，分布着突厥族的黠戛斯诸部落，部落酋长被称为亦纳勒。大约在920年，他们被契丹人赶出了鄂尔浑河上游地区，从此在历史上销声匿迹。

当时，和乃蛮人争权夺利的是克烈人。许多东方学学者认为他们居住在色楞格河以南，鄂尔浑河上游和翁金河与土拉河流域，就是今赛音诺颜境内。克烈人通常被看成突厥人，许多克烈人的称号都是突厥语的。大概从1000年开始，克烈人皈依了聂思托里安教。在成吉思汗时代，克烈部汗自称马儿忽思不亦鲁，他和塔塔儿人一样，也想取得东戈壁的霸权。但是却被塔塔儿人打败，并引渡给金朝，最后被钉死在一只木驴上。马儿忽思留下两个儿子——忽儿察忽思和菊儿罕，忽儿察忽思继承了汗位。他死后，其继承人脱斡邻勒登上克烈王位，但却面临着叔叔菊儿罕的争权夺利。菊儿罕在乃蛮王亦难赤的支持下，暂时把脱斡邻勒赶出了国家。但是，脱斡邻勒得到了成吉思汗的父亲、蒙古酋长也速该的支持，最终赶走了菊儿罕。

1199年，脱斡邻勒在金王朝的帮助下，以金朝的名义打败了塔塔儿人，并在短期内成为蒙古最强大的统治者。金朝封他为王，历史上称为"王罕"。成吉思汗就是作为王罕的藩属崭露头角的。

在克烈部的北边，贝加尔湖南岸的色楞格河下游居住着蔑儿乞人，他们属于突厥人种或蒙古人种。在其北边，贝加尔湖的西岸居住着斡亦刺惕人，他们属于蒙古人种。

在中国东北的北边，额尔古纳河和黑龙江之间，居住着通古斯种的肃良合人，他们的后裔高丽人至今仍然居住在这里。再往南，塔塔儿人在怯绿连河（克鲁伦河）南岸和捕鱼儿海（贝尔湖）附近，直到兴安岭的广大土地上游牧。塔塔儿人有时联合成"九姓鞑靼"，有时联合成"三十姓鞑靼"。当时，他们可能已经生活在怯绿连河的下游地区。到了12世纪时，塔塔儿人成为最勇猛好战的民族，令人畏惧。他们对金国构成了严重威胁，为了从西北部侧击塔塔儿人，金王朝转而支持正在崛起的成吉思汗。

真正的蒙古人生活在今外蒙古东北，在鄂嫩河（斡难河）和克鲁伦河之间季节性迁徙。根据蒙古传说，蒙古人很早就被突厥人打败了，逃到了额儿古涅昆山区避难。大约9世纪时，蒙古人的祖先已经从额儿古涅昆山下来，进入了色楞格河和斡难河平原。

12世纪时，蒙古人分成许多兀鲁思，即部落和小民族。这些部落之间互相争斗，并与塔塔儿人交战。成吉思汗属于孛儿只斤氏族（斡字黑）和乞颜分族（牙孙）。从生活方式上看，在12世纪末期，蒙古人已经分成了草原畜牧部落和森林渔猎部落。

森林渔猎部落似乎更野蛮，除了通过游牧民的隔离地，他们无法与文明生活接触。草原畜牧部落则因为接近中戈壁的回鹘人、辽河畔的契丹人、北京的女真人而受益。

根据传说，大约在12世纪以前，真正的蒙古人就企图建立一个有组织的国家。据说，一位名叫海都的蒙古首领因为击败了札剌儿部而出名，并开始把不同部落的一些家族看作自己的属部。海都的曾孙合不勒享有合不勒汗的王号，并开始反对强大的金国。合不勒汗曾经被金人捉住，逃脱后杀死了追赶他的金朝官员们。在金人与合不勒汗的战争中，金将胡沙虎深入草

蒙古包

游牧民族的生活决定了蒙古包的最大特点是易拆易装，便于搬迁，而且可以就地取材、制造，能遮风挡雨，并且冬暖夏凉。其主要由架木、苫毡、绳带三大部分组成。

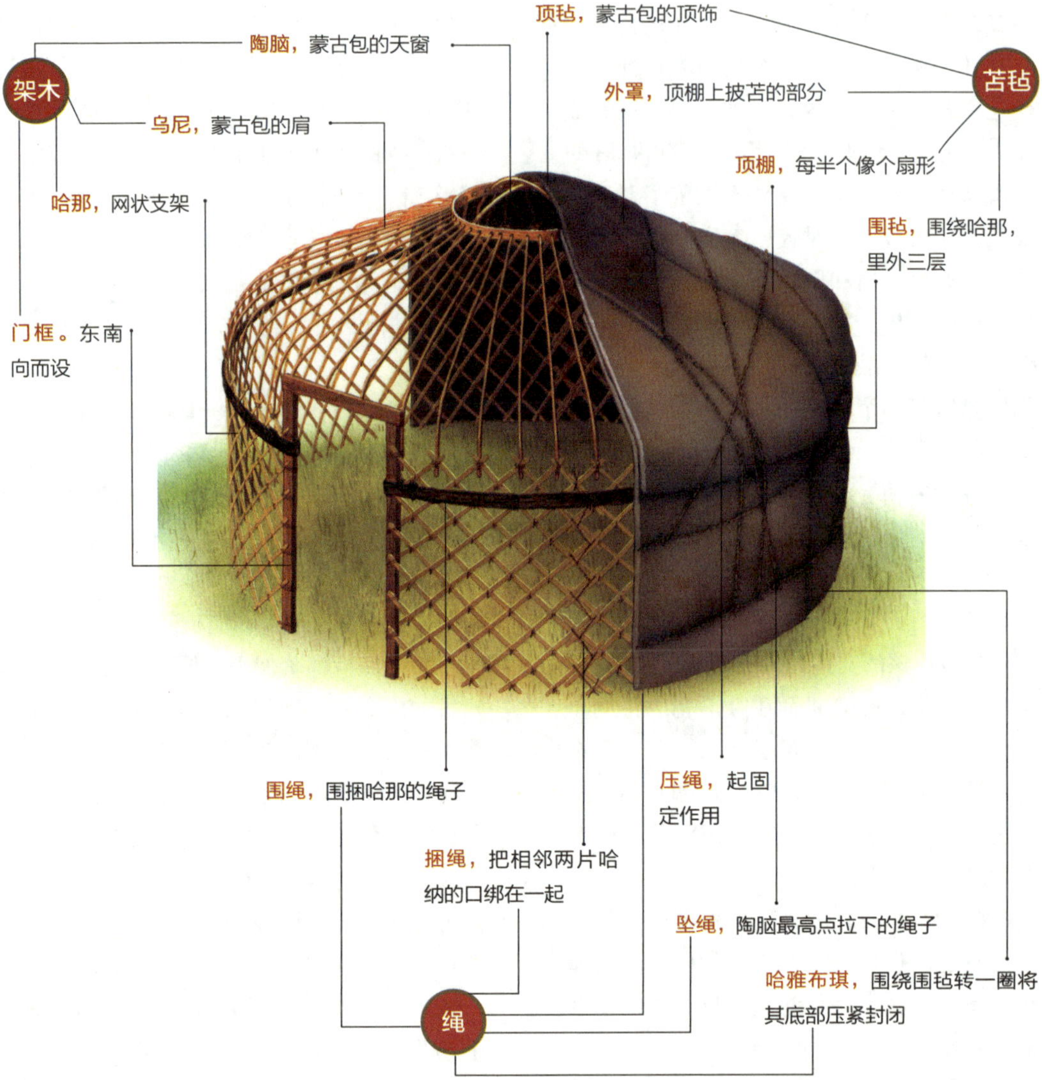

架木

陶脑，蒙古包的天窗

乌尼，蒙古包的肩

哈那，网状支架

门框。东南向而设

顶毡，蒙古包的顶饰

外罩，顶棚上披苫的部分

顶棚，每半个像个扇形

围毡，围绕哈那，里外三层

苫毡

围绳，围捆哈那的绳子

捆绳，把相邻两片哈纳的口绑在一起

压绳，起固定作用

坠绳，陶脑最高点拉下的绳子

哈雅布琪，围绕围毡转一圈将其底部压紧封闭

绳

| 斯基泰人 | 萨尔马特人 | | 柔然人 | 突厥人 | | 契丹人 | 女真人 |
| | 匈奴人 | 鲜卑人 | | | 厌哒人 | 回鹘人 | |

第二编　成吉思汗蒙古人

原，结果被打败，1147年，金王朝被迫求和，答应送给蒙古人大量牛、羊和谷物。

忽图剌也是蒙古传说中的英雄。据说他的兄弟斡勒巴儿合黑和他的堂兄俺巴孩被塔塔儿人捉住，引渡给了金朝，金人将他们钉死在木驴上。忽图剌为了报仇，攻掠了金朝的属地。1161年，为了削弱蒙古人的势力，金帝派兵远征蒙古，同时求助于塔塔儿人，双方联军共同袭击忽图剌。忽图剌遭遇到了灾难性的打击，蒙古王权被金朝和塔塔儿人摧毁之后，蒙古人回复到部落、氏族和小氏族的旧秩序中。

在有关成吉思汗的传说中，成吉思汗的父亲——也速该和他的部民一样，同塔塔儿人作战。此时，塔塔儿人也是蒙古人的世仇。也速该帮助克烈部的脱斡邻勒战胜了菊儿罕，使之后的成吉思汗得到了对方的支持。也速该劫持了蔑儿乞部酋长的年轻妻子月伦为妻，她就是成吉思汗（即铁木真）的母亲。也速该死前，为年轻的铁木真与弘吉剌惕部首领的幼女订婚。大约在1167年，塔塔儿人在一次草原宴会上毒死了也速该。

2. 成吉思汗

成吉思汗青年时代

铁木真是也速该的长子，他大约在1167年出生于斡难河右岸的迭里温盘陀山，在今外蒙古境内。根据一些历史书籍的描述，成吉思汗有着高高的个子，强壮的体格，宽阔的前额，以及一对像猫一样的眼睛，晚年留着胡须。从青年时代开始，成吉思汗就经历了各种磨难，习惯了忍饥挨饿。苦难的经历把他培养成了一个具有钢铁般的意志，最终震惊世界的人。

大约在1179年，年仅12岁的铁木真就成了孤儿。他的氏族认为他还年幼，无力统治部落，就拒绝服从于他，甚至连他父亲最后一批忠实的拥护者都带着牧群离开了他。铁木真与母亲和三个年幼的同胞弟弟——哈撒儿、哈赤温、铁木哥，以及两个异母弟弟别克台尔和别里古台一起被迫在斡难河河源附近的肯特山区以渔猎为生。铁木真的孛儿只

▽ 成吉思汗像

关于成吉思汗究竟什么模样，一直没有准确的说法。传说忽必烈长得很像成吉思汗，因此，后来的成吉思汗画像大都是根据忽必烈的长相模拟出来的。图为台北故宫博物院藏，元代宫廷画家所绘的成吉思汗像。

斤部首领的地位被泰赤乌惕部首领们，即俺巴孩之子、塔儿忽台乞邻秃黑和托多颜·昔惕两兄弟夺取。

在那段艰苦的时期，有一天，异母兄弟别克台尔偷走了铁木真的一只云雀和一条鱼，铁木真在弟弟哈撒儿的帮助下，用箭射死了别克台尔。粗野的生活使年轻的铁木真兄弟变得强壮而无畏。泰赤乌惕部首领塔儿忽台乞邻秃黑原本以为他们已经死了，当得知他们还活着时，非常恼怒、不安。于是，塔儿忽台乞邻秃黑尾随铁木真进入肯特山林，捉住他，并给他戴上了枷锁。但是在速儿都思部首领锁尔罕失剌及其子赤老温、赤不拜的暗中救助下，铁木真逃脱了。他开始依靠自己和弟弟哈撒儿精湛的箭术，重振家道。铁木真告别了贫困的生活后，就向弘吉剌惕部首领德薛禅的女儿、自小就许配给他的孛儿帖求婚，德薛禅答应了婚事，并给了女儿一件黑貂皮斗篷作为嫁妆。不久后，铁木真把帐幕从斡难河河源迁到了克鲁伦河的河源处。

 ### 克烈部人的臣仆

铁木真把妻子的嫁妆——黑貂皮斗篷作为礼物，送给土拉河畔克烈部的首领脱斡邻勒，向他表示效忠（大约1175年）。铁木真的父亲也速该早先对脱斡邻勒有援助之恩，所以他接纳了铁木真作为自己的属臣。

不久后，铁木真受到脱脱别乞首领率领的蔑儿乞人的袭击，他的妻子孛儿帖被俘，他被迫逃入肯特山。在脱斡邻勒和另一位蒙古首领札只剌惕部人札木合的帮助下，最后铁木真在色楞格河支流布拉河击败了蔑儿乞

▽ 游牧生活

　　这幅宋代袖珍轴画表现的是漠北游牧人家的生活情景。在荒凉的草原景色中，牛羊放牧在画面之外，牧人们住在搭盖起来的蒙古包里，后面停着马车，不远处正烹煮牛羊以招待远来的客人。

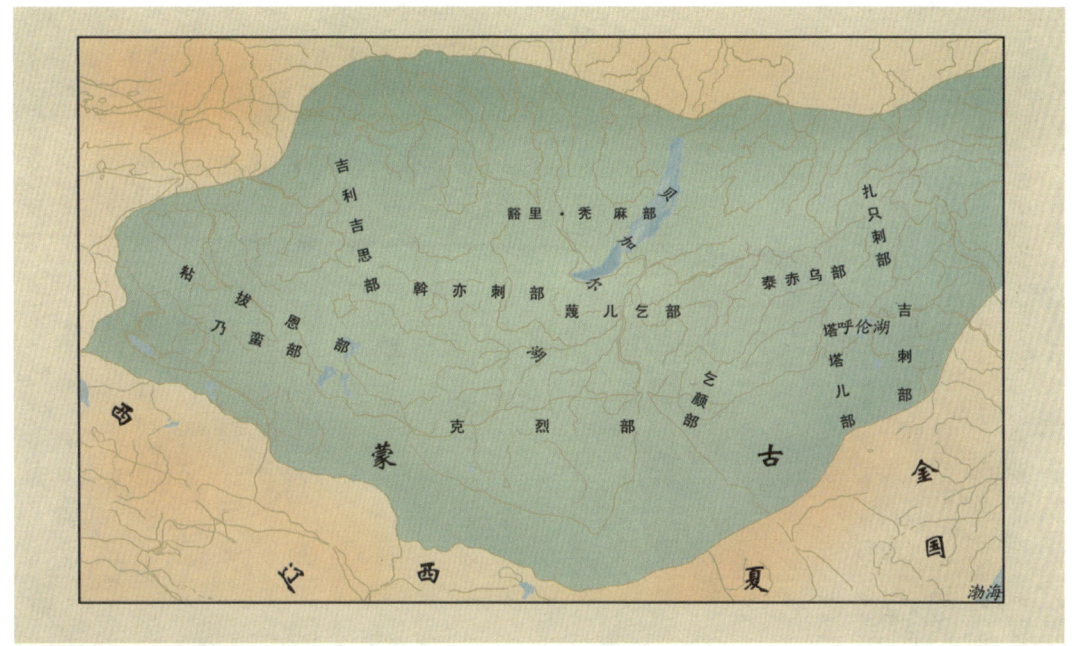

▼ **蒙古诸部分布图**

铁木真尊克烈部脱斡邻勒为主,共同对抗塔塔儿人。随着更多部族的支持,铁木真的势力逐渐令克烈部不安,但还没有引起重视。因为他们有共同的敌人塔塔儿人。

人,夺回了孛儿帖。

尽管铁木真和札木合是结义兄弟,但两人很快就发生了争吵,因为他们都希望在对自己有利的条件下恢复原蒙古王室,并被承认为汗。最后,他们分手了。分手后,札剌儿部、乞颜部和八邻部都跟随着铁木真。另外,他还赢得了最后两代蒙古王后裔们的支持,阿勒坦和撒察别乞是最早宣布铁木真为汗(即蒙古人的王)的人。从此,铁木真被尊称为成吉思汗。

虽然成吉思汗的新政权令克烈部首领脱斡邻勒不安,因为昨天的属臣正在走向与自己平等的地位。不过,脱斡邻勒是一个平庸的人,他并没有认识到这件事的含义。同时,成吉思汗谨慎地声称自己更忠实于他。

另外,当时的形势也令脱斡邻勒放心,毕竟成吉思汗还没有把蒙古统一起来,而反对他的札木合也有自己的党羽。最后一点,克烈王和成吉思汗一样,面对同样的外敌——塔塔儿人。

成吉思汗忠实的支持者之一,札剌儿部的木华黎劝成吉思汗称汗,他通过让成吉思汗回忆蒙古人与塔塔儿人之间的世仇达到了目的。首先,塔塔儿人把原蒙古王室的两位成员引渡给金朝,使他们遭受凌辱;其次,在1161年,塔塔儿人与金人联合,灭了蒙古人的第一个王权;再次,大约在1167年,塔塔尔人背信弃义地毒死了成吉思汗的父亲也速该。

虽然塔塔儿人在金朝的援助下战胜了蒙

<u>塞尔柱人</u> | <u>古兹人</u> | <u>可萨人</u> | <u>钦察人</u> | <u>满族人</u> | <u>卡尔梅克人</u>
<u>阿瓦尔人</u> | <u>保加尔人</u> | <u>蒙古人</u> | <u>塔吉克人</u>

◆ 十三翼之战

铁木真领导下的乞颜部迅速壮大,引来了札只剌惕部首领札木合联合泰赤乌等十三部联盟的攻击。铁木真也将部队分为十三翼迎战,但最终失利,这也是他一生唯一的失利。在王罕的支持下,成吉思汗最终打败了十三联盟,并清算了杀父之仇——消灭了塔塔儿人。图为成吉思汗的军队与部落联盟的战斗情景。

古人。但是,当塔塔儿人成为东戈壁的主人后,他们经常骚扰金国边境,金王朝决定挑动克烈王脱斡邻勒对付塔塔儿人。成吉思汗终于等到了复仇的机会。大约1198年,成吉思汗作为克烈王的属臣出征。贝尔湖畔的塔塔儿人在金军和克烈人、成吉思汗的夹击下惨败。克烈王和成吉思汗沿着斡里札河进军,杀了塔塔儿王蔑古真·薛兀勒图。金王朝封赏脱斡邻勒为"王"(王或王子),历史上称为王罕。

王罕最初的保护,使成吉思汗免遭敌人的伤害。同样,当王罕被其兄弟额尔客合刺推翻,被迫向西南方逃亡,希望能得到喀喇契丹王的帮助,却因为与喀喇契丹王发生争吵而不得不在戈壁滩上流浪时,成吉思汗救济了他,并帮助他重新夺回了克烈部地盘。

王罕的另一个弟弟札阿绀孛在金朝避难,成吉思汗也派人护送他回去,防御正在等待袭击他的蔑儿乞人。

可是,对于成吉思汗的援助,王罕似乎并没有什么感激之情。他随意撕毁军事盟约,背着成吉思汗对蔑儿乞人发动袭击,迫使其首领脱脱经色楞格河口逃到贝加尔湖的东南岸,脱脱的一个儿子被杀,另外一个儿子被俘。王罕掠获了大批俘虏、牲畜和战利品,但他再次违背军事协议,没有让成吉思汗分享任何战利品。

后来，成吉思汗又伴随王罕出征乃蛮人。乃蛮王亦难赤必勤格去世后，他的两个儿子台不花和不亦鲁为了占有一个妾而发生争吵。王罕和成吉思汗利用两兄弟的分裂，攻击不亦鲁统治区，迫使他向乌伦古河撤退。在被追赶到克孜尔巴什湖时死去。不亦鲁的一位部将乃蛮人可苦速·撒亦剌黑在这年冬天对王罕和成吉思汗联军发起了反攻，战斗异常激烈。夜里，王罕背着成吉思汗调走自己的部队，成吉思汗只得冒险撤退。尽管如此，成吉思汗仍然忠实于王罕。接着，乃蛮人入侵克烈部边境，先后赶跑了王罕之弟札阿绀孛和其子桑昆。王罕向成吉思汗求援，成吉思汗立即派他的"四大部将"——博儿术、木华黎、博罗浑和赤老温将乃蛮人赶出克烈部境，夺回了被掠走的牲畜，还救出了桑昆。

这次战争以后，成吉思汗和王罕又对泰赤乌惕部发起了一次战役。泰赤乌惕人在斡难河边战败，成吉思汗的仇敌——泰赤乌惕部首领塔儿忽台乞邻勒秃黑被赤老温杀死。乃蛮部落和泰赤乌惕部落的失败，使很多部落感到惊恐。这些部落很快就组成了联盟，其中有哈答斤部、散只兀惕部、朵儿边部、弘吉剌惕部和塔塔儿残部。他们宣誓要袭击成吉思汗和王罕。成吉思汗及时得到了岳父弘吉剌惕部德薛禅的通报，他们在捕鱼儿海附近大败联盟军。

战胜了上述联盟军后，王罕险些被另一个弟弟札阿绀孛推翻。阴谋败露后，札阿绀孛逃到了乃蛮人中避难。

此时，各个部落对蒙古的争夺十分激烈。札只剌惕部首领札木合纠集了同盟反对王罕和成吉思汗。支持札木合的有札只剌惕部、泰赤乌惕部、弘吉剌惕部、亦乞剌思部、火鲁剌部、朵儿边部、哈答斤和散只兀惕部，还有蔑儿乞部、斡亦剌惕部、乃蛮部和塔塔儿部。1201年，在额尔古纳（怯绿连河下游）河畔的阿勒忽不剌，札木合自封为古儿汗，即蒙古的皇帝。

在札木合和成吉思汗对汗位的争夺中，王罕最终决定支持成吉思汗，并和成吉思汗在阔亦田打败了札木合，迫使札木合退到额尔古纳河下游。接着，成吉思汗最后彻底打败了泰赤乌惕部，杀掉一部分泰赤乌惕人，迫使幸存者归顺，恢复了孛儿只斤氏族的统一。

最后，成吉思汗开始清算杀父仇人——塔塔儿人察罕塔塔儿和按赤塔塔儿。1202年，成吉思汗大败塔塔儿人以大屠杀报了父仇。

消灭了塔塔儿人后，蔑儿乞人的首领脱脱从外贝加尔省返回，并对成吉思汗发起新的攻击，成吉思汗打败了他。接着，脱脱加入了乃蛮人，争夺王位者不亦鲁一边，在不亦鲁的旗帜下，联合了朵儿边部、塔塔儿部、哈答斤部和散只兀惕部残余，再次与王罕和成吉思汗的联军作战。这场战争从大阿尔泰山一直打到兴安岭地区。

 与王罕决裂：征服克烈部

尽管王罕对成吉思汗并不公正，但是，成吉思汗一直都忠实于他。他替自己的儿子术赤向王罕之女察兀儿别吉公主求婚。但是王罕拒绝了他。

事实上，平庸的克烈王一直都不清楚成

▽ 铁木真与王罕的战争

铁木真与老迈的王罕决裂后，克烈人对他发动了突然袭击。局势对铁木真不利，克烈人人数众多，而他的一些追随者见势不妙也离开了。铁木真只得向贝加尔地区撤退，同时向他妻子的部族求援。

吉思汗的实力，没能在他称汗时打倒他。等到王罕发现他的威胁之后，为时已晚。此时，王罕已经年迈，他的儿子亦剌合，即桑昆，怂恿父亲与成吉思汗决裂，并支持札木合反对成吉思汗。札木合的王权崩溃后，桑昆鼓励他到克烈部王宫避难。为了配合桑昆，札木合煽动王罕不要信任成吉思汗，并谴责成吉思汗谋反。此时，古代蒙古汗系的合法后裔阿勒坦也靠拢王罕，并怂恿王罕反对成吉思汗。

1203年，成吉思汗与克烈人彻底决裂，这次决裂成为成吉思汗一生的转折点。

在桑昆的煽动下，克烈人企图以言和为借口，诱骗成吉思汗前来约会，然后消灭他。但是消息走漏了，他们就计划对他发起突然攻击。然而，这个消息被两位牧马人乞失力和把带听见，通报给了成吉思汗。

成吉思汗先撤退到卯温都儿高地附近，留下一小支警戒部队。第二天，他在卯温都儿后方较远的沙丘附近安营，即今兴安岭山嘴一带，合勒卡河源旁边。成吉思汗在此遭到了一生中最严峻的考验。战争很激烈。成吉思汗的副将——乌鲁尔德部首领老主儿扯歹那颜和忙古惕部的忽亦勒答儿薛禅顽强抗敌。忽亦勒答儿闯入敌境内，把大旗插在了敌人后方的小山丘上。主儿扯歹用箭射伤了桑昆的脸。但是克烈军人数众多，成吉思汗最后还是在夜间从战场上撤退了。

面对劣势，成吉思汗沿着合勒卡河，朝贝尔湖和达赉诺尔北部附近撤退。在贝尔地区的合勒卡河入口处居住的弘吉剌惕部，是成吉思汗妻子的部落，成吉思汗向他们求援，得到了他们的支持。

在贝尔湖和达赉诺尔地区，成吉思汗带口信给王罕，回忆了他们友好相处的岁月和为他做的一切事情，希望能够打动王罕的心。但是，懦弱胆小的克烈王一直动摇不定。

当时的情势对成吉思汗极为不利，一些追随者也离开了他。他的队伍人数锐减，被迫朝北西伯利亚方向撤退，一直到蒙古最边缘，今外贝加尔地区边境上。在今中国东北以北，离额尔古纳河不远的班朱尼河附近，他度过了1203年的夏天。

幸运的是，这时反成吉思汗的联盟自行瓦解了。出于对成吉思汗的仇恨，与王罕联合的几位蒙古首领——答力台、火察儿、阿

战胜克烈人

随着反成吉思汗联盟的瓦解，成吉思汗也开始反攻，秘密进军之下成功袭击了王罕的金帐，王汗父子被打败，最后克烈部也效忠于他。图为成吉思汗军队追击王罕部的情景。

| 塞尔柱人 | 古兹人 | | | 可萨人 | 钦察人 | | | 满族人 | 卡尔梅克人 |
| | | 阿瓦尔人 | 保加尔人 | | | 蒙古人 | 塔吉克人 | | |

勒坦、札木合又策划了一次谋杀克烈王的阴谋。王罕及时得到情报，给予反击，并在他们逃跑时夺走了他们的辎重。札木合、阿勒坦和火察儿逃到了乃蛮部避难，答力台投降了成吉思汗。

1203年秋天，成吉思汗从班朱尼河进军斡难河，开始反攻。成吉思汗的兄弟哈撒儿的家人落入克烈军中，成吉思汗利用哈撒儿之名带口信给王罕，消除王罕的疑惑，最后同意和谈。同时，成吉思汗秘密进军后，对克烈军发起袭击，使克烈军在猝不及防中被驱散，成吉思汗获得了决定性的胜利。王罕和儿子桑昆向西逃跑，到了乃蛮人境内时，王罕被一位名叫火力速八赤的乃蛮部将杀死。桑昆则越过戈壁，暂时在额济纳河附近的西夏边境上以剽掠为生，最后在库车的回鹘人中被杀。最终，克烈人投降了成吉思汗，从此效忠于他。

为了分化瓦解克烈人，成吉思汗谨慎地把克烈人重新分配到蒙古各氏族之中。对于王罕的兄弟札阿绀孛，成吉思汗表示了特别关心，因为他娶了札阿绀孛的女儿亦必合别吉，他的幼子拖雷娶了札阿绀孛的另一个女儿唆鲁禾帖尼公主。

统一蒙古

克烈人被成吉思汗征服后，乃蛮部成为蒙古唯一幸存的独立政权。1203年底，成吉思汗成为东蒙古的主人，乃蛮王塔阳则仍然占据着西蒙古。成吉思汗的敌人都聚集在塔阳周围，像札只剌惕部首领札木合、蔑儿乞部首领脱脱别乞、斡亦剌惕部首领忽都花别吉，以及朵儿边、哈答斤、散只兀惕和塔塔

儿等人，甚至包括一支谋反的克烈氏族。他们准备向成吉思汗宣战。为了从侧面进攻成吉思汗，塔阳企图得到汪古部突厥人的援助。汪古部突厥人是金国的边境卫队，居住在托克托附近（今中国山西省北部），他们信仰聂思托里安教。不过，汪古部首领阿剌忽失的斤及时把消息通知了成吉思汗，并站在了成吉思汗一边。

于是，成吉思汗决定在乃蛮人进攻以前采取行动。1204年春天，他在特木因—基也尔附近召开库里勒台（部民会议）。大多数人都认为春季马瘦，应该等到秋天行动。成吉思汗的幼弟铁木哥和叔叔答力台则赞成攻其不备，以奇制胜，获得成吉思汗的赞赏。于是，成吉思汗进兵讨伐乃蛮。塔阳和盟友札木合、脱脱别乞、忽都花别吉统率着乃蛮、札只剌惕、蔑儿乞、斡亦剌全军从阿尔泰山出发，向杭爱山进军，在途中与蒙古人相遇，并在今哈拉和林附近的杭爱山中爆发了战争。本来，塔阳准备向后撤往阿尔泰山，靠长途行军拖垮蒙古军队，然后在某处隘道处实施突袭。可是，塔阳的部将火力速八赤羞辱塔阳过于谨慎。塔阳被激怒了，就发布了进攻命令。

这是一场异常激烈的战斗。在这场战斗中，成吉思汗的弟弟哈撒儿显示出了杰出的领导才干。战斗进行到晚上，蒙古人获得了胜利。塔阳身负重伤，被部下抬到一个小山坡上。最后，除了一些逃亡者，绝大多数乃蛮人都投降了成吉思汗。蔑儿乞部首领脱脱和塔阳的儿子屈出律逃走。蔑儿乞部小酋长带儿兀孙主动投降成吉思汗，并将爱女忽兰嫁给了成吉思汗。1208年秋天，成吉思汗亲自率军向也儿的石河（额尔齐斯河）上游

不黑都儿麻之战

1204年春，铁木真与乃蛮部在纳忽山察乞儿马兀惕地区进行决战，大败乃蛮。此战是铁木真统一蒙古诸部战争中规模最大的一次作战。铁木真以四万胜乃蛮八万之众，是中国战争史上著名的以少胜多的围歼战。

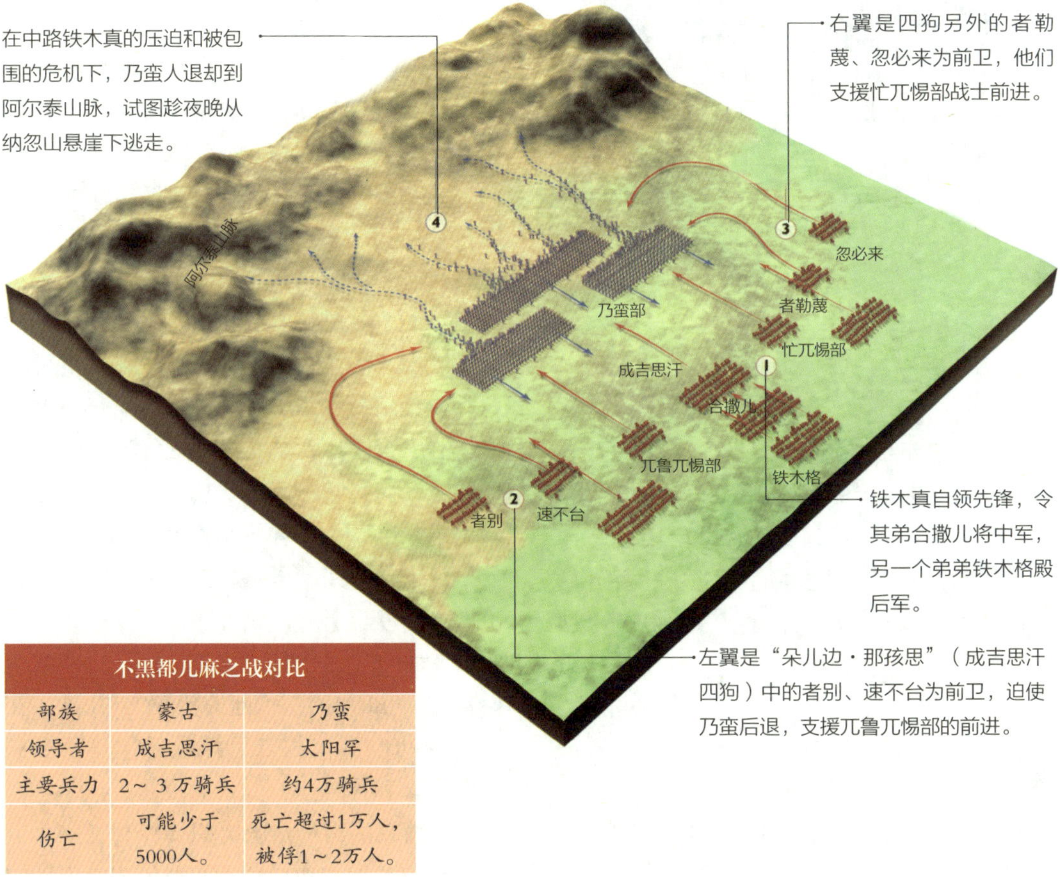

在中路铁木真的压迫和被包围的危机下，乃蛮人退却到阿尔泰山脉，试图趁夜晚从纳忽山悬崖下逃走。
右翼是四狗另外的者勒蔑、忽必来为前卫，他们支援忙兀惕部战士前进。
阿尔泰山脉
4
3
忽必来
者勒蔑
乃蛮部
忙兀惕部
成吉思汗
1
合撒儿
兀鲁兀惕部
铁木格
2
者别
速不台
铁木真自领先锋，令其弟合撒儿将中军，另一个弟弟铁木格殿后军。
左翼是“朵儿边·那孩思”（成吉思汗四狗）中的者别、速不台为前卫，迫使乃蛮后退，支援兀鲁兀惕部的前进。

不黑都儿麻之战对比		
部族	蒙古	乃蛮
领导者	成吉思汗	太阳罕
主要兵力	2～3万骑兵	约4万骑兵
伤亡	可能少于5000人。	死亡超过1万人，被俘1～2万人。

进军，前去对付最后一批“反叛者”。在途中，斡亦剌惕部首领忽都花别吉不战而降。随后成吉思汗的大军在也儿的石河畔击溃了屈出律和脱脱别乞。脱脱阵亡，屈出律逃亡到了喀喇契丹国。札只剌惕部首领札木合及其余部沦为盗贼，过着逃亡的冒险生活。后来，札木合被引渡给成吉思汗。由于札木合和成吉思汗曾经是结义兄弟，所以，成吉思汗赐他不流血地死。

不久后，蒙古将领速不台粉碎了蔑儿乞残部。最后，1207年在叶尼塞河上游（唐努乌拉和米努辛斯克地区）的黠戛斯人也不战而降。

到此为止，整个蒙古都被成吉思汗征服

九斿白纛

九斿白纛也称九足白纛或者九足白旗,蒙古人俗称"查干苏力德",是成吉思汗蒙古帝国的徽旗。它由一柄三叉神矛的主旗和八柄陪旗组成,缨子用银白色公马鬃制成,干为松木。其摆放位置是中间一纛,四方和四角各有一纛,反映以汗为中心的最高统治者的尊严和权力。

了。成吉思汗的大旗——九斿白旄纛,成为所有突厥—蒙古人的旗帜。

乃蛮人在1204年战败后,塔阳的掌印官、回鹘人塔塔统阿投降了蒙古人,并开始为成吉思汗服务。从此有了一个被称为"回鹘文书处"的蒙古政府。

 成吉思汗:皇帝

1206年春天,成吉思汗在斡难河河源附近召集大会(蒙古语称为"库里勒台"),所有已经归顺成吉思汗的突厥—蒙古人,即当时在今天外蒙古地区的所有牧民,都参加了这次集会。在这次会议上,成吉思汗被全体突厥和蒙古部落尊称为至高无上的汗。

自从840年回鹘人被推翻以后,草原上的部落各自为政,处于分裂之中,没有统一的君主。当成吉思汗被推举为"毡帐民族"地位最高的大汗后,蒙古人开始成为草原帝国的统治者。在这个草原帝国中,除了蒙古人,还有突厥人,包括克烈部、乃蛮部、字儿只斤部等。

在1206年的那场著名的集会中,萨满阔阔出,即帖卜腾格里起到了重要作用。阔阔出的父亲、贤者老蒙力克是成吉思汗一生中的重要人物。据推测,他可能迎娶了成吉思汗的母亲——遗孀月伦额格。阔阔出在蒙古人中深受尊敬。正是他,在库里勒台上宣布"长生天指派成吉思汗为宇宙之可汗"。

就这样,萨满阔阔出为成吉思汗的权力奠定了"宗教基础"。由于他的巫术和他的父亲在皇族中的地位,阔阔出显得不可侵犯,慢慢地就变得傲慢无礼,并且准备利用自己的威望挟制成吉思汗,统治草原帝国。

一次,阔阔出和成吉思汗的弟弟哈撒儿发生了争吵,为了除掉哈撒儿,阔阔出向成吉思汗谎称说是上天的旨意,要成吉思汗将哈撒儿除掉。于是,成吉思汗下令抓了哈撒儿,免去了他的职位。成吉思汗的母亲月伦额格得知后,急忙赶来营救哈撒儿。在母亲的劝说下,成吉思汗最后恢复了哈撒儿的荣誉和称号。

萨满阔阔出仍然竭力想要控制王室。见对付哈撒儿不成功,就开始对付成吉思汗的幼弟,并公开侮辱他。这时,成吉思汗的妻子、明智的孛儿帖提醒了丈夫。成吉思汗幡然醒悟,便允许铁木哥除掉阔阔出。铁木哥的行动非常果断。几天后,当阔阔出与父亲蒙力克前来拜见成吉思汗时,铁木哥一下就掐住了阔阔出的脖子,然后在成吉思汗默许下,铁木哥的卫兵折断了阔阔出的脊骨,以不流血的方式处死了他。

▽ **成吉思汗**

1206年，铁木真在库里勒台上正式成为所有"毡帐民族"地位最高的大汗，即成吉思汗，意为"上天赐予蒙古人的大汗"，国号"蒙古帝国"，正式成为草原的统治者。图中描绘头戴金冠的成吉思汗坐在金帐里，和他的儿子窝阔台、术赤交谈的场景。

塞尔柱人	古兹人		可萨人	钦察人		满族人	卡尔梅克人
		阿瓦尔人	保加尔人		蒙古人	塔吉克人	

第五章　成吉思汗

3. 蒙古帝国

虽然除掉了萨满巫师阔阔出，但是新兴的蒙古帝国仍然以萨满教作为政权的基础。他们认为，大汗是神的表现，神是腾格里（即天或天神）。成吉思汗的所有子孙们都宣称自己是腾格里（天国）在地上的代表：他们的统治是腾格里的统治，反对他们就是反对腾格里。

成吉思汗也信仰耸立在斡难河河源的不儿罕合勒敦山（今肯特山）上的神。当他从劫持他妻子的蔑儿乞人手中逃脱时，就是来这座山上避难的。现在，他像朝圣者一样爬上山，按照蒙古人的习惯，他首先脱下帽子，解下腰带搭在肩上，表示他的顺从。然后跪拜九次，用乳酒（牧民的酒，是用马奶发酵制成的）作为奠祭仪式。此后，在他向金国发起进攻之前，又再次来到不儿罕合勒敦山朝圣，祈祷苍天保佑他获胜。

根据对宗教的记载，登上圣山的顶峰是为了能够靠近腾格里，呼唤腾格里，解下帽子以及把腰带放在肩上是为了表示服从，意味着责任落在大汗的身上；当天上有雷鸣之时，表示腾格里愤怒了，暗示人们要注意，不要弄脏泉水，因为泉水是精灵出没之地，禁止人们在小溪中洗澡和洗衣服。同时，在蒙古帝国中，蒙古人对天和巫术的迷信与恐惧还令他们对其他宗教持包容态度。例如，蒙古人信仰萨满教，克烈人和汪古人信仰聂思托里安教，回鹘和契丹人信仰佛教和道教，这里有西藏的喇嘛、方济各会的会士，还有穆斯林的毛拉。

▽ 蒙古的萨满教

蒙古人大都信奉萨满教，几乎达到入迷的程度，凡遇有重大行事，都必须先向"长生天"祷告，即所谓"每事必称天"。祭天、祭地、祭敖包、祭火是蒙古古代萨满教所留下的仪式。图为蒙古的祭奠仪式，中间敲鼓的是萨满教的巫师。

成吉思汗王书

建立蒙古帝国后,成吉思汗令塔塔统阿创造了蒙古文字,即所谓的"畏兀字书"。又令失吉忽秃忽着手制定"青册",这成为蒙古族13年后正式颁布成文法《札撒大典》的开端。图为现存的成吉思汗王书。

另一方面,蒙古人通过回鹘人掌握了文字和官方语言。1204年,乃蛮国被推翻时,成吉思汗任用了乃蛮国已故首领塔阳的掌印官、回鹘人塔塔统阿。塔塔统阿负责教成吉思汗的儿子们用回鹘字书写蒙古语,以及用塔马合(帝国印章)签署官方法令。从1206年开始,成吉思汗任命失吉忽秃忽为大断事官。失吉忽秃忽是塔塔儿人,从小被成吉思汗及妻子孛儿帖收留并抚养长大。失吉忽秃忽负责用回鹘字写蒙古语言,记录审判的决议和判决,掌管蒙古各贵族中居民的花名册,当时被称为"青册"。由于这些工作的需要,产生了实用法典,接着产生了家系手册。

在1206年召开的库里勒台(集会)上,通过了有关帝国的规章制度,蒙古语中称为"札撒"。通过这些规章制度,成吉思汗对其子民和军队规范了严格的纪律。在法典中,严厉地规定了凡是犯有谋杀、盗窃、密谋、通奸、以幻术惑人、收受赃物等罪刑的,必须处死。不论军民,凡是违令的都要按照公共法典与犯罪一样论罪。这部"札撒"既是民法典,也是行政法典,是蒙古帝国第一部用来管理社会的实用的规章制度。

在蒙古帝国中,成吉思汗家族位于社会结构的最高层,他们是以大汗为首的黄金氏族,大汗的儿子们被称为王子。在他们统治的所有被征服地区,他们拥有财产权。成吉思汗的四个儿子每人都得到了一块牧地,这是未来成吉思汗各蒙古汗国的萌芽。由于成吉思汗从阿尔泰地区接纳了大批突厥部落,所以,蒙古社会也称为突厥—蒙古社会,这个社会中保留着贵族政治的特征。在这个帝国中,人是有等级秩序的,等级的排列方式是：勇士贵族（巴阿秃儿）和部落首领贵族（那颜）、战士（亲兵）、完全自由的人（那可儿）；普通百姓（平民）、奴隶（乌拉干，孛斡勒）。

在军队中同样也有封建等级。等级的排列方式是：十夫长（阿儿班）、百夫长（札温）、千夫长（敏罕）、万夫长（土绵）。其中，百夫长、千夫长和万夫长都由地位比较高的那颜组成。在他们下面，军队中的骨干是由自由人中的小贵族组成的，他们被称为达干（答儿罕），他们有权留下战争中掳掠的战利品和大规模狩猎远征中获取的猎物。其中一些答儿罕又会因为勇敢而被擢升为那颜。

军队中的精锐是大汗的护卫军（怯薛），大约有一万人。护卫军中的士兵分为值日班者（土儿合兀惕）和值夜班者。另外还有弓箭手豁儿赤（箭筒士）。值夜班的人数大约是

蒙古帝国的等级划分

成吉思汗创立了"千户制"，这是一种军事、政治、经济三位一体的制度。他先后任命了一批千户官、万户官和宗室诸王，建立了一个层层隶属、指挥灵活、便于统治、能征善战的军政组织。这也同时标志着部落和氏族制的最后瓦解。

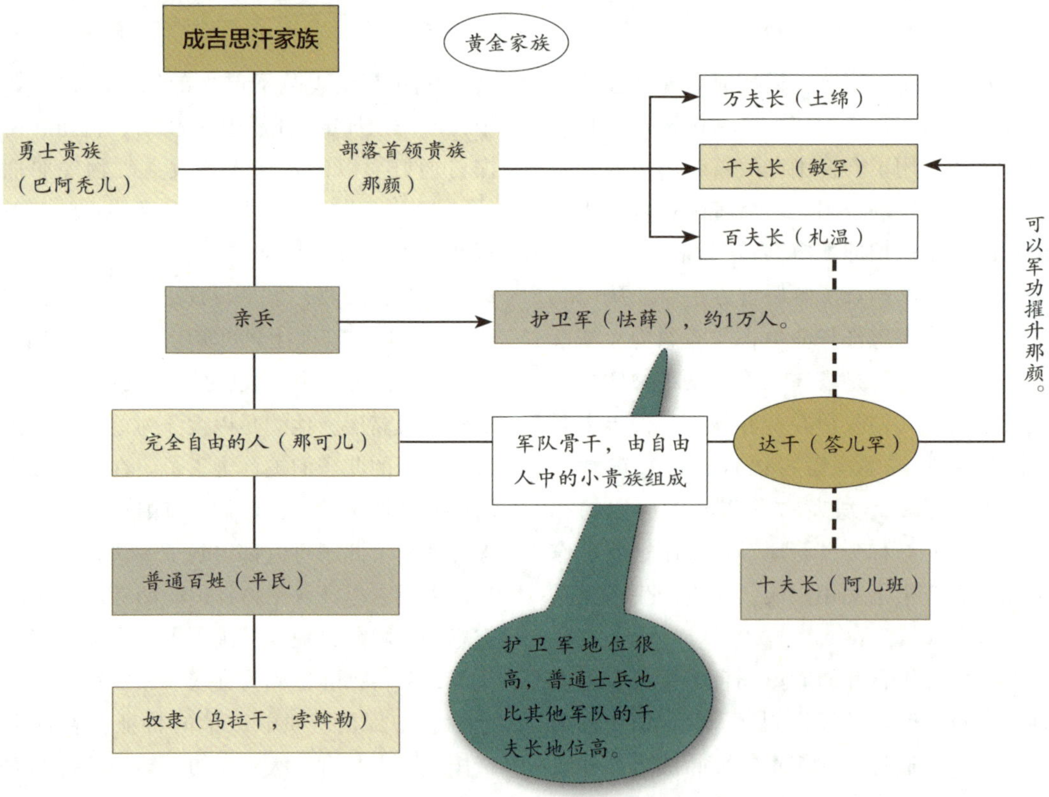

成吉思汗家族　黄金家族

- 勇士贵族（巴阿秃儿）
- 部落首领贵族（那颜）
  - 万夫长（土绵）
  - 千夫长（敏罕）
  - 百夫长（札温）
- 亲兵 → 护卫军（怯薛），约1万人。
- 完全自由的人（那可儿）— 军队骨干，由自由人中的小贵族组成 — 达干（答儿罕）
- 普通百姓（平民）
- 十夫长（阿儿班）
- 奴隶（乌拉干，孛斡勒）

可以军功擢升那颜。

护卫军地位很高，普通士兵也比其他军队的千夫长地位高。

斯基泰人｜萨尔马特人　柔然人｜突厥人　契丹人｜女真人
匈奴人｜鲜卑人　厌哒人｜回鹘人

800～1000人，箭筒士大约是400～1000人，值日班的人数大约是1000人。但并不是所有人都能加入护卫军，只有贵族和被称为答儿罕的、有特权的自由人才能加入护卫军。护卫军中，即使普通士兵的地位也在其他军队的千夫长之上。成吉思汗的很多将领都是从他的护卫军中挑选出来的。

蒙古军队分为三翼，根据蒙古人所习惯的方向，向南展开。打仗的时候，左翼军在东侧，最开始是由札剌儿部木华黎统率的。中军、由八邻部那雅指挥。还有察罕统领的经过精选的护卫军。察罕是一名唐兀惕族青年，被成吉思汗像儿子一样收养长大。右翼军由阿鲁剌惕部人博儿术统率。成吉思汗去世时，这支军队已有129 000人。其中，左翼军有62 000人，右翼军有38 000人，其余的则被分配给中军与后备军。

蒙古军朝南的队列与其出击目标是一致的，它朝南方各国呈扇形展开。其出击目标是左边的中国；中部的突厥斯坦和东伊朗；右边的俄罗斯草原。

蒙古人与战马形影不离。他们身材矮小敦实，骨骼大，体格结实，忍耐力非同寻常。蒙古马个小壮实，有强健的脖子和粗壮的腿，毛很厚，性烈、其精力、忍耐力和平稳的步伐都让人惊叹不已。

蒙古人的战术采用的是匈奴、突厥人的古老战术，即游牧战术。

蒙古人有一支高度灵活的骑兵。在战争中，他们采用草原掳掠者的方式，先散开，再躲起来，然后在汉人的长矛兵、花剌子模人、马木路克人，或者匈牙利骑兵放松警惕时，再随时卷土重来。他们会佯装后退，将敌人引入迷途，让敌人远离自己的阵地，并

▽ 蒙古人蒙古马

这是中国画家眼中骑猎的蒙古骑手。人和马都显得矮小、粗壮，蒙古人体格结实、忍耐力强，蒙古马的精力、忍耐力和平稳非常出色，使他们能够长时间地生活在马上。他们用古老的游牧战术，使得包括动物、其他部族、中原甚至整个世界都成为他们的猎物。

在不知不觉中进入他们的埋伏圈，然后将敌人包围，再把每个敌人像公牛一样砍死。在军阵前列或者两翼的蒙古轻骑兵，负责向敌人齐发箭射，像阵雨一样的飞箭能够在敌人的阵营中辟开一些可怕的空隙。和古代的匈奴人一样，蒙古人也是马上的弓箭手，他们几乎百发百中，能够射中200码、甚至400码以外的人。所以，蒙古人的战术优势在当时是独一无二的。

| 塞尔柱人 | 古兹人 | | 可萨人 | 钦察人 | | 满族人 | 卡尔梅克人 |
| 阿瓦尔人 | 保加尔人 | | | 蒙古人 | 塔吉克人 | | |

4. 成吉思汗的征服

征服中国北部

统一了蒙古各部之后,成吉思汗开始征服中国北部。

成吉思汗首先进攻西夏国。西夏国是唐兀惕(唐古特)游牧民在甘肃、阿拉善和鄂尔多斯地区建立起来的。唐兀惕人是藏族人,信仰佛教。他们受汉文化的影响很深,其文字就来源于汉字。进攻西夏是蒙古人对定居的民族第一次采取行动。对蒙古军队来说,进攻西夏无疑是在考验他们的素质。在当时的中国版图上,西夏的国力最弱。对成吉思汗来说,占领西夏国意味着他能够控制从中国到突厥斯坦的通路,还可以从西面包围金王朝。成吉思汗数次(1205~1207年,1209年)攻打西夏,但是都没有能够攻陷都城宁夏和灵州。西夏王李安全(1206~1211年)答应向成吉思汗纳贡,才暂时得以保住王位,但是在1209年,成吉思汗又再次包围中兴府(今宁夏),并企图引黄河水灌城夺取中兴府。然而,对蒙古人来说,水坝工程是很复杂的,他们没有能够按预定方向引水。最后在1209年,西夏王将自己的一个女儿献给了成吉思汗,才求得了和平。

西夏成为成吉思汗的属地之后,成吉思汗又开始攻打女真国,就是通古斯人在中国北部建立的金国。当时,金国的疆域包括汉水、淮水以北的大片中国地区,并以北京为主要都城,以大定、辽阳、大同、开封为第二都城。成吉思汗在年轻的时候,曾经与克烈人一起与金朝结盟,共同对付塔塔儿人。所以,成吉思汗是金朝的属臣,金朝把他看成雇佣兵,承认他所做出的贡献,并封赏给他一个中等官职。但是,金王麻达葛(1189~1208年在位)在这些过程中去世,成吉思汗利用麻达葛的继承者永济继位(1209~1213年在位)的时机,不再效忠于金朝。

在山西省的北部,是为金朝戍守边关的突厥联盟部落——汪古部。汪古人信仰聂思

成吉思汗时期的锁子甲

图为内蒙古乌珠穆沁旗王府所藏的成吉思汗后裔遗物中的骑士锁子甲。蒙古骑兵初期的装甲多为皮革制成,轻便快捷,随着与欧洲穿着锁子甲、鳞片甲等铁质铠甲的骑士的交战,他们掠夺并也使用上了这种锁子甲。

托里安教。在蒙古内战中，汪古部首领阿剌忽失的斤站在成吉思汗一边。1211年，阿剌忽失的斤把汪古部人戍守的边境让给了成吉思汗。作为回报，成吉思汗把女儿阿剌该别吉嫁给了阿剌忽失的斤的儿子波姚河。

成吉思汗把蒙古人和金人之间的冲突变成了一场民族战争。契丹人也积极支持成吉思汗进攻金国。1212年，契丹族原耶律王室的王子耶律留哥代表成吉思汗，在中国东北地区的西南、辽河一带的原契丹国境内起兵。成吉思汗接受了耶律留哥的效忠，并派给他一支由那颜者别率领的军队。1213年1月，者别帮助耶律留哥从金人手中夺取了辽阳，并使辽阳从此臣属于蒙古人，然后把耶律留哥以"辽王"的身份安置在其祖先统治之地。就这样，金朝边界在东北方和西北方，即在契丹人一边和汪古部人一边被敞开了。

从1211年成吉思汗正式开始攻打金国，战争一直持续到1227年成吉思汗去世之后。直到1234年，才正式结束。这场战争之所以持续了很长时间，主要原因在于：虽然蒙古人的骑兵非常灵活，擅长劫掠农村和不设防的城镇，但是却不擅长于攻占坚固的要塞。他们每次作战，都会反复攻击，每次都会携带战利品撤退，总是给予金人重新夺回城市以及重建和修整工事的时间。还有，蒙古人习惯用屠杀、全面驱逐或在白旗之下整编入册的方法处置草原上战败的敌人。可是在定居的国家，尤其是在人口众多的中国，屠杀并不能起作用。此外，金人虽然在一百多年的时间里一直过着定居生活，但他们仍然保留着通古斯人血统中的活力。所以，在与金人的交战中，蒙古军队面临着严峻的挑战。

▽ 金蒙汴京之战

1211~1234年间，蒙古人先后发动三次攻灭金国的战争。期间蒙古军攻城也有多次失利，除了金国城池坚固，广泛使用炮石、火器外，还有蒙古人不善于攻城战所致。图为金蒙汴京之战中，金军使用火器震天雷和神火飞鸦守城。

成吉思汗在发动了攻金战争（1211~1215年）之后，就把大部分军队撤回去征服突厥斯坦了。成吉思汗离开后，蒙古军对金人的战争就进入了疲软状态，一直拖延下来。

1211~1212年，成吉思汗的大军有步骤地突破了山西北端的大同（金朝的西京）边境，以及河北北部的宣化县（当时的宣德州）和保安。除了设置堡垒，这些地区被夷为荒地。1212年，成吉思汗的大将者别佯装退却，突然攻占了中国东北的辽阳，但是，成吉思汗在山西北部却没有攻下大同。1213

◈ 蒙古三次攻金路线图

蒙古对金作战分三次，历时23年，分别是由成吉思汗发动、木华黎继续、窝阔台汗完成。战略上，蒙古军改变以前肆意杀掠和夺地不守的惯例，开始注重使用投降的宋人、契丹人武装，在各地建立政权以巩固战果，并联宋灭金等，最终灭亡了金国。

年，成吉思汗征服宣化后，兵分三路，一路由他的儿子术赤、察合台和窝阔台统率，进入山西中部，抵达并夺取了太原和平阳。成吉思汗在他幼子拖雷的陪伴下统率中军，向南行进到河北平原，夺取了河间、山东的济南。最后，成吉思汗的弟弟、最优秀的射手哈撒儿和幼弟铁木哥斡赤斤统率第三路军，沿直隶湾朝水平的门槛和辽西迈进。

这三路军骑马挺进之后再次在北京城前汇合，并在1214年，准备封锁北京。这时北京的金朝宫廷刚发生了一起政变，骚乱还没有平息。1213年，金帝永济被大将胡沙虎暗杀，胡沙虎拥立永济的侄子吾睹补登上了王位。但是遗憾的是，新帝（1213～1223年在位）和永济一样无能。成吉思汗由于缺乏正规围攻战必需的兵器，谨慎地接受了吾睹补的求和。金人向成吉思汗赔偿了大量战争费用，包括黄金、丝和3000匹马，还将一位公主献给了成吉思汗。成吉思汗带着他的战利品经过张家口返回了蒙古。

蒙古人走后，吾睹补在1214年将都城从北京迁到开封。金人一迁都，成吉思汗立即撕毁了双方的休战协定，率先采取了行动。他再次率领蒙古大军侵入了河北，接着包围了北京。金国的一支运送粮饷的援军在北京和河间府之间的霸州被蒙古大军击溃，北京守将完颜承晖最后绝望自杀。蒙古大军占领了北京，屠杀城内的居民，并在1215年纵火焚烧了城池。蒙古人的这次劫掠持续了一个月。

占领北京后，俘虏中有一名契丹族王子耶律楚材很受成吉思汗喜爱，就任命他为辅臣。事实上，成吉思汗的选择是正确的。因为耶律楚材融汉文化和政治家的气质于一身。如同回鹘大臣塔塔统阿一样，他是辅佐成吉思汗最合适的人。正是耶律楚材，使得成吉思汗及他的继承者窝阔台能够熟悉汉人的行政管理和政治生活。

此时，金国的领土仅剩下河南省和陕西的一些地区。1216年，蒙古将领三木合·巴儿秃占领了控制着陕西与河南之间黄河谷地的重镇——潼关，从而隔断了陕西与河南。但是很快，潼关又落入金人之手。

成吉思汗曾经一度把有关金朝的事务委托给他的将领木华黎。木华黎经过了长达七年的战争（1217～1223年）之后，再次把金国的领土限制在河南省内。1217年，木华黎率军攻占了河北南部的要塞大名。1218年，木华黎又从金人手中夺取了山西首府太原和平阳。1220年，木华黎率军攻取了山东首府济南。同年，木华黎的副将在黄河以北的河南地区夺取了彰德。1221年，木华黎率军占领了陕西北部的许多城市，其中有保安和鄜州，1222年又夺取了陕西古都、渭水以南的长安。1223年，木华黎从金朝手中夺取了山西西南角、黄河弯曲处的河中要镇（今蒲州，它是金朝在一次袭击后重新占领的），不久后就因精力衰竭而去世。木华黎死后，河中要塞又被金人收复，战争又退回到无止境的围攻战中。

 征服原喀喇契丹国

就在成吉思汗开始征服中国北部地区时，他的私敌——末代乃蛮王的儿子屈出律做了喀喇契丹国的君主。

▽ **蒙古人无敌天下的弓箭**

蒙古人拥有当时射程最远、杀伤力最大的组合弓，通常由后背上的一条动物筋，弓肚上的一层角质物和中间的一个木架组成，拉力在50～75公斤，其杀伤范围可达300米，装备上金属箭头的话，可以穿透金属铠甲，几乎是蒙古骑兵最重要的杀伤武器。

喀喇契丹国是由中国北部契丹人中的一支,在历史上称为喀喇契丹或者黑契丹,统治着伊犁河、楚河、怛逻斯河流域和喀什噶尔等地。

喀喇契丹人是受汉文化影响的蒙古种民族。喀喇契丹国的都城在伊塞克湖以西、楚河上游的八拉沙衮,统治者被称为古儿汗,即"世界之汗"。在喀喇契丹国的领土之内,有生活在东部的回鹘人,这是一个信仰佛教或者聂思托里安教的突厥种民族,他们主要居住在别失八里(今济木萨)、吐鲁番、焉耆和库车;有生活在北部,沿伊犁河下游的葛逻禄突厥人,他们中的一部分人信仰聂思托里安教;还有生活在西南部,花剌子模的沙赫们(以后称苏丹),他们是穆斯林突厥人,统治着河中和东伊朗。喀喇契丹国在古儿汗耶律直鲁古统治时期(1178~1211年)已经衰落了。1209年,回鹘王亦都护巴而术摆脱了耶律的统治,向成吉思汗纳贡称臣。成吉思汗把女儿阿勒屯别吉嫁给了回鹘亦都护。于是,喀喇契丹国的东北地区成为蒙古人的属地。1211年,在伊犁河下游的葛逻禄王阿尔斯兰(都城是海押立)和在伊犁河上游的阿力麻里(今固尔扎附近)称王的布札儿也不再臣属于喀喇契丹国,并承认自己是成吉思汗的封臣。但是最后,给予喀喇契丹人致命一击的并不是成吉思汗,而是成吉思汗的私敌、乃蛮部落塔阳的儿子——屈出律。

成吉思汗征服了乃蛮人后,屈出律被赶出了其祖先之地——阿尔泰山。父亲死了,部民们也被消灭了,屈出律像从前的盟友——蔑儿乞残部一样,前往"东突厥斯坦"碰运气。蔑儿乞部的残余企图在回鹘地区定居,但是,回鹘亦都护巴而术把他们赶走了。相比之下,屈出律要幸运得多。喀喇契丹国的古儿汗、年迈的直鲁古在八拉沙衮欢迎了屈出律,并且对屈出律非常信任,还在1208年把女儿嫁给了他。可是,屈出律急于掌权,他见岳父体弱,就决定取而代之。

他与原喀喇契丹国的属臣、花剌子模苏丹摩诃末联合,阴谋推翻古儿汗,随后与盟友瓜分了喀喇契丹国土。花剌子模人公开挑战,但是喀喇契丹人做了有力的回击,并在1210年占领了撒马尔罕。同时,屈出律在伊犁河地区反叛了古儿汗,并前往费尔干纳的讹迹邗(乌兹根)抢劫了古儿汗的宝藏,向喀喇契丹都城八拉沙衮进军。古儿汗开始反击屈出律,在八拉沙衮附近打败了他。然而,在怛逻斯附近的另一战场上,他的部将塔延古被花剌子模人俘虏。这支从怛逻斯战场撤退回来的喀喇契丹军发现他们都城的城

蒙古的骑射

蒙古赖以征服天下的不是近战武器,而是他们的骑射。在成吉思汗的带领下,他们用弓箭射下一个个部族和国家。图为奔驰中的蒙古骑兵射击敌人的情景,可以看到他们穿着轻便的皮布袍和腰侧满满的箭囊。

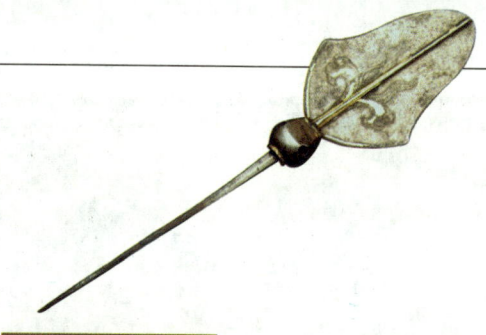

▽ 蒙古响箭的箭头

图为蒙古人用的响箭的箭头。响箭也称鸣镝，箭头的小孔可以在射出后利用风速发出刺耳的声响，是斥候用来报信和警传的工具。也有作为指挥官发布命令所用，通常响箭一出，就是兵马出击的时候。

门已经被叛变的居民关闭，这些居民肯定是突厥人，他们认为摆脱契丹人统治的时机已经来到。于是，愤怒的军队强攻下八拉沙衮后开始屠城。

在动乱中，古儿汗直鲁古于1211年被俘。幸运的是屈出律不忘旧恩，对待他的岳父尊重而且仁慈，直到两年后老人去世。在直鲁古去世前，屈出律一直以老人的名字进行统治，并把直鲁古视为唯一的君主。

屈出律攫取了喀喇契丹国的实际控制权后，与昔日的盟友花剌子模苏丹又为划分边界几乎兵戎相见。曾经一段时间，苏丹的统治在锡尔河以北的讹答剌、拓析（塔什干）和赛拉木（伊斯法吉勒）得到承认。可是由于这些地区难于防守，所以苏丹在不久后就把这些地区的居民迁到了锡尔河南边。

从1211年到1218年，屈出律一直控制着喀喇契丹国。由哈拉汗朝王室的一些突厥族穆斯林小国王们统治的喀什噶尔是喀喇契丹国的属地。直鲁古在被推翻前不久，监禁了喀什的哈拉汗朝汗王的儿子。屈出律掌权后释放了他，并派他代表自己去统治喀什。然而，喀什噶尔的埃米尔们拒绝接受他，并在1211年将他处死。随后两三年，屈出律的骑兵队蹂躏了喀什噶尔（1211～1213年或1214年），直到饥荒迫使喀什居民们接受了他的统治。接着，屈出律又对他们进行了宗教迫害。屈出律原本信仰聂思托里安教。后来在妻子的影响下，又企图使喀什和于阗的穆斯林公开放弃伊斯兰教，接受佛教或基督教。于阗的首席伊玛目进行了反抗，屈出律把他钉死在他办的一所

▽ 蒙古西征喀喇契丹地图

乃蛮王之子屈出律逃至西辽并篡位，聚集兵力图反攻复国。成吉思汗为解除后顾之忧，于1218年派者别将军率军西征屈出律，派长皇子术赤和速不台消灭篾儿乞部残部。屈出律闻风而逃，在巴达哈伤境河谷被擒而死。

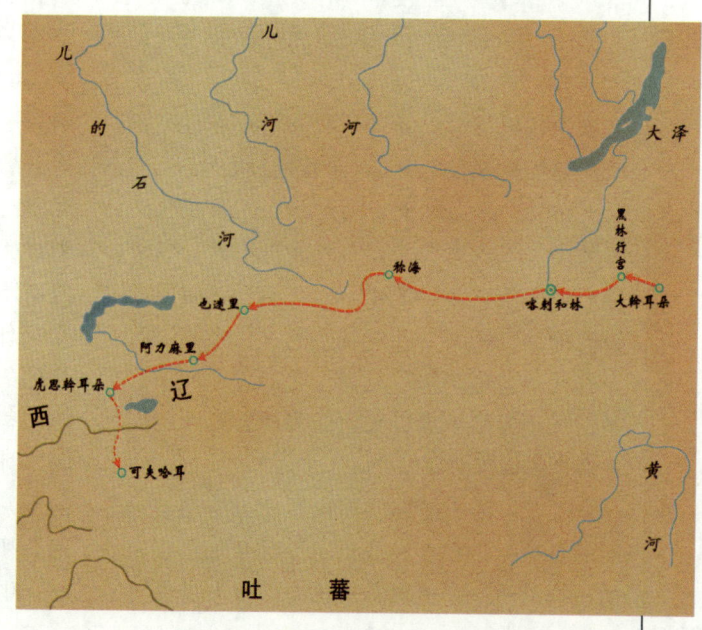

| 塞尔柱人 | 古兹人 | | | 可萨人 | 钦察人 | | | 满族人 | 卡尔梅克人 |
| 阿瓦尔人 | 保加尔人 | | | 蒙古人 | 塔吉克人 |

第五章 成吉思汗

▽ 蒙古骑兵作战

图中是蒙古骑兵穿着铠甲手持长矛进行战斗的画面。他们腰间的弓箭是远距离射杀敌人的武器。近距离则使用长矛攻击敌人，对马匹娴熟的驾驭使他们进退自如，成为当时最具攻击力和灵活性的部队。

宗教学校的门口。经过残酷的宗教迫害后，喀什噶尔基本上变成了一个穆斯林地区。

此时，阿力麻里（固尔扎）王布札儿已经效忠于成吉思汗。在布札儿打猎时，屈出律对他实施突袭，处死了他。不过，屈出律没有能够占领阿力麻里城，因为这座城池由布札儿的遗孀萨尔贝克突干守卫着。后来，她的儿子苏格纳黑特勤也成为成吉思汗的拥戴者，积极反对屈出律。

成吉思汗不能容忍屈出律成为喀喇契丹国的君主。1218年，成吉思汗命令他最杰出的一位部将——那颜者别统率两万人进攻喀喇契丹国。者别奉命要保卫阿力麻里和保证苏格纳黑的继承权。可是，当者别抵达阿力麻里时，屈出律已经离开，奔赴喀什噶尔避难了。八拉沙衮和今谢米列契耶这两个城市不战而降。者别直接前往喀什噶尔，在喀什噶尔，穆斯林居民们对者别表示了热烈的欢迎。者别对军队实行了非常严格的纪律，禁止抢劫，所以他们大受欢迎。屈出律朝着帕米尔的方向逃去，但是者别的随从追上了他，并在撒里豁勒河附近把他杀死（1218年）。

此时，整个"东突厥斯坦"，包括伊犁

河、伊塞克湖、楚河和怛逻斯河流域，都并入了蒙古帝国的版图。

灭亡花剌子模帝国

这时候，成吉思汗的蒙古帝国与花剌子模帝国成了近邻。

在成吉思汗这边，主要是蒙古人和突厥人，他们要么信仰萨满教，要么信仰佛教，要么信仰聂思托里安教。吞并了喀喇契丹国后，喀什噶尔也纳入了蒙古帝国的版图，居民们主要信仰伊斯兰教。在花剌子模摩诃末这一边，这个穆斯林突厥王朝在文化上基本属于伊朗，河中地区还居住着突厥—伊朗种人，还有居住在呼罗珊、阿富汗和伊拉克·阿只迷的纯伊朗人。

这两个统治者也有明显的区别。成吉思汗遇事冷静、精明、顽强、有条理；花剌子模的摩诃末脾气暴躁，做事没有逻辑性，缺乏组织能力，还自命不凡。

在1220年就被成吉思汗灭亡的花剌子模帝国，国家建立的时间不会早于1194年。1212年，当花剌子模的摩诃末杀了撒马尔罕的末代哈拉汗王乌斯曼后，才将都城从玉龙杰赤（希瓦附近）迁移到了撒马尔罕。这是一个不成熟的帝国，只不过是一个临时君主建立的版图，也没有类似于蒙古帝国的"札撒"之类的法典稳固国家，更没有任何东西能与原可汗们复辟帝国的巨大权威相抗衡。事实上，花剌子模帝国处于危险之中。它不

▽ 蒙古人与花剌子模人

蒙古人与花剌子模多少有点血缘姻亲关系，双方保持着友好关系。但随着边界的纠纷和商队问题，成吉思汗亲率大军开始了他的西征之旅。图中左右分别是13世纪时蒙古首领和花剌子模贵族的复原图。

像早期的塞尔柱人那样，以由阿塔比组成的、具有军事封建结构的穆斯林突厥氏族为基础。花剌子模王朝虽然出自一个塞尔柱的显贵家族，却没有部落支持它。花剌子模本土（即希瓦地区）的地盘也太小。他们的军队是由从吉尔吉斯草原的古兹或康里部落中胡乱征集的雇佣兵组成，大多数人都想背叛自己的主人，加入成吉思汗大军。另外，苏丹家庭内部还有不可调和的仇恨，处于分裂之中。苏丹的母亲，可怕的秃儿罕可敦厌恨她的孙子札兰丁，与他针锋相对。但札兰丁是摩诃末的宠儿，也是这个衰亡家族中唯一有作为的人。

伊斯兰教将这些处于冲突和倾轧中的人团结凝聚在一起。摩诃末自称自己是伊斯兰世界的代理人，并发动了圣战，反对那些不信教的人，以及信仰佛教和聂思托里安教的蒙古人。他希望能够恢复塞尔柱人曾经

的帝国，成为伊斯兰世界的苏丹，然而，他却与巴格达的哈里发发生了争吵。1217年，在他进攻巴格达之前，哈里发纳昔儿（1180～1225年在位）把他视为最仇恨的敌人，声称宁愿要蒙古人也不要他。苏丹和哈里发之间的仇恨，使得分裂和无援的穆斯林人面临蒙古人的入侵。

成吉思汗试图与花剌子模人建立起商业和政治关系。但是在1218年，一支来自蒙古帝国的商队在锡尔河中游的花剌子模边境城市讹答剌遭到了劫掠，大约有100名商队成员被花剌子模总督亦纳乞克（又称哈亦儿汗）处死。成吉思汗要求赔偿，却遭到了拒绝。于是，成吉思汗决定发动战争。

1219年夏，蒙古大军集中于也儿的石河，即额尔齐斯河的上游。秋天，成吉思汗到达巴尔喀什湖东南的海押立，来到葛逻禄人中，葛逻禄王阿尔斯兰汗拥戴了成吉思汗。同时，阿力麻里的新王苏格纳黑特勤和回鹘亦都护巴而术也都率领各自的军队加入成吉思汗的队伍。蒙古大军大约有10万～15万人。虽然花剌子模军的人数远远多于蒙古大军，可是蒙古大军纪律严明，作战力很强。

花剌子模苏丹摩诃末把军队分散在锡尔河一线与河中各个设防地区之间。这样就大大分散了兵力。成吉思汗从锡尔河中游的讹答剌附近进入花剌子模境内。他的两个儿子——察合台和窝阔台各率领一支分队围攻讹答剌城，经过长时间的攻打后，终于占领了这座城池。成吉思汗的长子术赤率领另一支分队沿着锡尔河而下，占领了塞格纳克（在今突厥斯坦城对面）和真德（今波罗威斯克附近）。还有5000人的蒙古军队被

派往锡尔河上游,他们占领了别纳客忒(在塔什干以西),围攻了忽毡(今列宁纳巴德)。忽毡守将、能干的帖木儿灭里进行了顽强的抵抗,但终因抵抗不住,乘小船顺着锡尔河逃走。

成吉思汗和幼子拖雷率领主力直入不花剌城,就是今布哈拉,并在1220年2月抵达该城。不花剌城的突厥守军企图突破围城的防线逃跑,但大批人却被杀死。2月10日或16日,被守军遗弃的居民们投降了,城堡被攻占,守城的卫兵全部被杀。接着,不花剌城又被彻底洗劫一空。城内的居民们受到了种种虐待、威逼和蹂躏。

成吉思汗从不花剌进军撒马尔罕,在撒马尔罕城前与刚攻下讹答剌城的察合台和窝阔台会合。撒马尔罕的居民中有一部分是伊朗人,他们企图出击,但是却被压住。经过五天的战斗,这一年3月,撒马尔罕城投降。同样,这座城池也遭到了彻底的洗劫。在洗劫城池前,全城居民被赶出了城,许多人被处死。而那些像技术工匠之类的人则被带往蒙古。突厥守军也遭到屠杀,无一人幸免。撒马尔罕的宗教首领们没有组织抵抗,最后大部分人都被赦免了。

▽ **蒙古西征花剌子模路线**

蒙古西征的导火索,是蒙古通商使团被花剌子模所杀。1219～1222年,成吉思汗及其军队从也儿的石河出发,开始了征服花剌子模的历程,并由此给伊斯兰世界带来无尽的屠戮和毁灭。

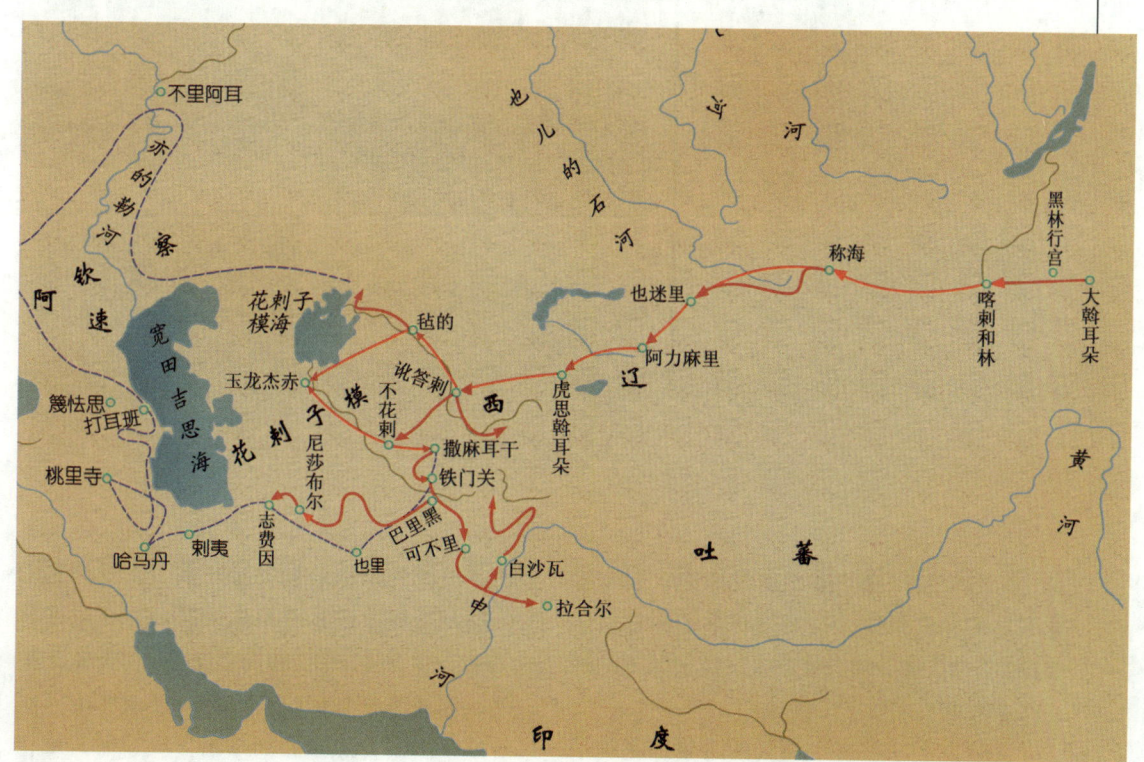

| 塞尔柱人 | 古兹人 | | 可萨人 | 钦察人 | | 满族人 | 卡尔梅克人 |
| | | 阿瓦尔人 | 保加尔人 | | 蒙古人 | 塔吉克人 | |

成吉思汗西征战略

成吉思汗以其严密的统帅、精湛的迂回战略，通过佯攻、牵制、包抄和纵深突破，使敌人疲于应对，最终摧毁了花剌子模帝国。与之相比，1940年曼施坦因在法国战役中著名的"闪电战"也相形见绌。

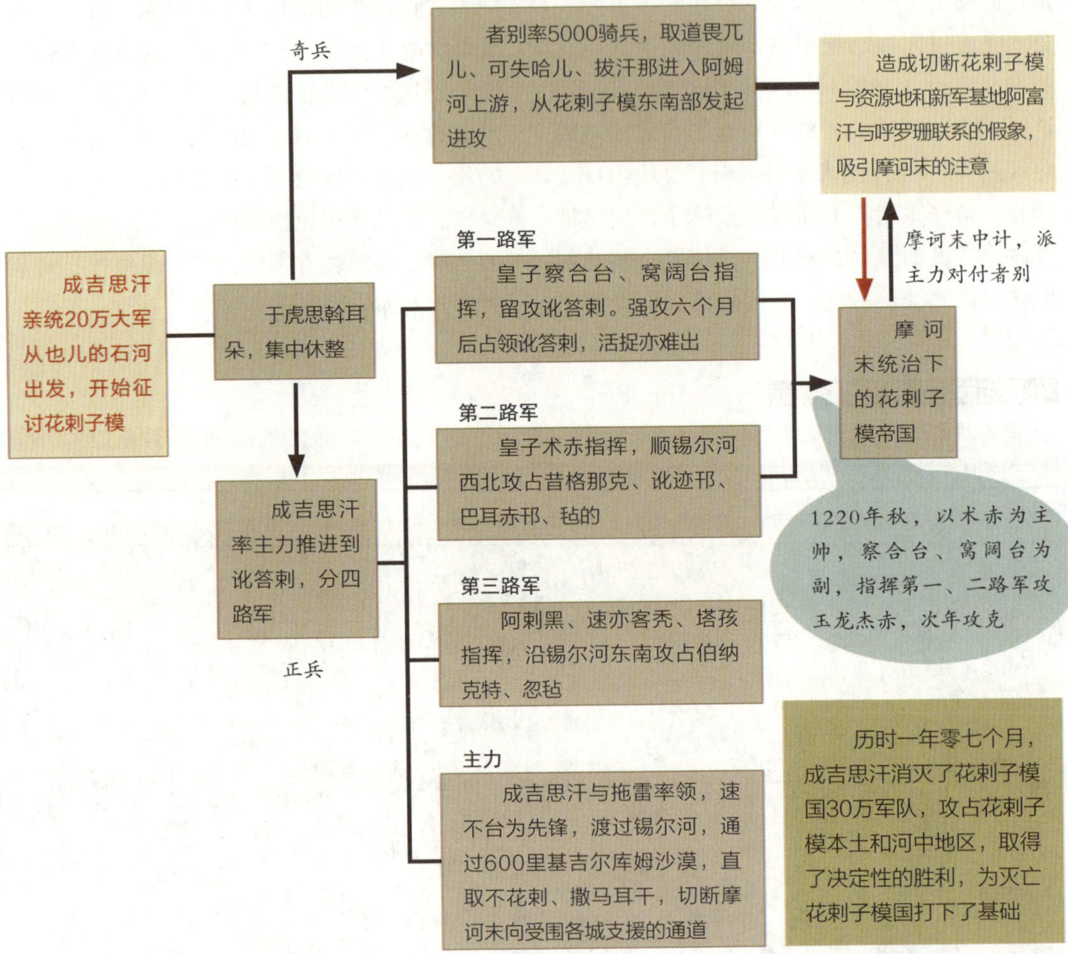

```
                                                           奇兵 →  者别率5000骑兵，取道畏兀儿、可失哈儿、拔汗那进入阿姆河上游，从花剌子模东南部发起进攻
                                                                        ↓
                                                                 造成切断花剌子模与资源地和新军基地阿富汗与呼罗珊联系的假象，吸引摩诃末的注意
                                                                        ↓
                                         第一路军                 摩诃末中计，派主力对付者别
成吉思汗亲统20万大军    于虎思斡耳朵，    皇子察合台、窝阔台指挥，留攻讹答剌。
从也儿的石河出发，    集中休整        强攻六个月后占领讹答剌，活捉亦难出
开始征讨花剌子模                                                  摩
                                         第二路军                  诃
                    成吉思汗率主力     皇子术赤指挥，顺锡尔河西     末
                    推进到讹答剌，     北攻占昔格那克、讹迹邗、     统
                    分四路军           巴耳赤邗、毡的                治
                                                                    下
                                         第三路军                   的
                                        阿剌黑、速亦客秃、塔孩      花
                                        指挥，沿锡尔河东南攻占      剌
                                        伯纳克特、忽毡              子
                                                                    模
                                         主力                       帝
                                        成吉思汗与拖雷率领，速       国
                                        不台为先锋，渡过锡尔河，
                                        通过600里基吉尔库姆沙漠，
                                        直取不花剌、撒马耳干，
                                        切断摩诃末向受围各城支援的通道
                          正兵
```

1220年秋，以术赤为主帅，察合台、窝阔台为副，指挥第一、二路军攻玉龙杰赤，次年攻克

历时一年零七个月，成吉思汗消灭了花剌子模国30万军队，攻占花剌子模本土和河中地区，取得了决定性的胜利，为灭亡花剌子模国打下了基础

花剌子模原先的都城玉龙杰赤，即今希瓦附近的乌尔根奇，在经过长期包围之后，于1221年4月被占领。蒙古人通过引城下的阿姆河水灌城，才攻下了城池。

在蒙古人征服河中地区的时候，花剌子模苏丹摩诃末被这场灾难吓倒了，他逃到巴里黑，又继续逃到呼罗珊西部，并在尼沙普尔（今伊朗霍腊散省内沙布尔）避难。不久，他又逃亡到伊拉克·阿只迷西北的可疾云（今伊朗德黑兰省加兹温）。然而，成吉

思汗派了两位优秀的将领——者别和速不台率领骑兵分队追赶他。巴里黑城在者别和速不台逼近时,靠纳款获得了赦免,并接受了一位蒙古总督的统治。尼沙普尔也因臣服了蒙古大军而免遭厄运。而图斯(今伊朗霍腊散省马什哈德北)、达蒽干(今伊朗马赞德兰省达姆甘)、西模娘(今伊朗德黑兰省塞姆南)都遭到速不台的洗劫。者别和速不台继续追赶摩诃末,进入了伊拉克·阿只迷,对刺夷(今德黑兰之南)发起了突袭,并屠杀了刺夷城中的男性居民,奴役了妇女儿童。他们接着迅速穿过哈马丹,抵达了哈仑。摩诃末几经折腾,在即将落入者别和速不台之手时,终于又逃脱了。为了泄愤,者别和速不台摧毁了赞詹和可疾云。摩诃末逃到里海上的一个孤岛上避难,最后大约在1220年12月,他终于因为精力衰竭而死去。者别和速不台继续进攻,从阿哲儿拜占(阿塞拜疆)进入了高加索和俄罗斯南部地区。

征服了花剌子模后,1221年春天,成吉思汗渡过阿姆河,从花剌子模残军手中夺取了阿富汗的呼罗珊。接着,他占领了巴里黑,屠杀了城内的居民。在呼罗珊,成吉思汗派幼子拖雷夺取莫夫(马里),1221年2月底莫夫城投降,城中的居民也几乎全部被杀。据记载,当时莫夫平原上安放了一把金椅,拖雷坐在金椅上,看着男人、女人、小孩被分开,按类别分配到各个军营中,然后被一个接一个地砍头。

桑贾尔苏丹的陵墓被烧,坟墓被盗空。接着,拖雷又惩罚了尼沙普尔,因为这座城池在1220年11月击退并杀了蒙古将军、成吉思汗的女婿脱合察。1221年4月10日,尼沙普尔城被攻占并遭到彻底摧毁。脱合察的遗孀主持了这场屠杀。尸体都被砍头,并将首级按男、女、小孩分别堆成了金字塔形。蒙古人还拆毁了图斯附近的哈伦拉施特的陵墓。哈伦拉施特和桑贾尔的坟,以及所有代表阿

蒙古头盔

图中是一顶中国制造的镶金头盔,是为蒙古高官所制,此头盔的式样和所有蒙古骑兵戴的铁帽和皮帽子相同。起初在这顶头盔上边应该有两条从头顶垂下来的红色饰带。

| 塞尔柱人 | 古兹人 | | | 可萨人 | 钦察人 | | 满族人 | 卡尔梅克人 |
| | 阿瓦尔人 | 保加尔人 | | | 蒙古人 | 塔吉克人 | | |

▼ 蒙古人的屠城

成吉思汗对花剌子模的战争，采用大规模屠杀、夷平城市，令被俘人众打头阵等残酷手段震慑敌人，所到之处只要不降，一律屠城。历史上花剌子模人口众多，但经历蒙古战争后竟然整个国家都基本消失了，可见屠城之惨烈。图中蒙古重骑兵军官身后的袋子里，是累累的人头。

拉伯—波斯文明的建筑都被毁掉了。接着，拖雷继续攻占也里（赫拉特）。城内的居民们打开了城门，拖雷屠杀了守城的士兵们，但是赦免了城内的居民。

拖雷在塔里寒城（今阿富汗木尔加布河上游以北）附近与成吉思汗汇合，刚攻占了玉龙杰赤的察合台和窝阔台也前来汇合。

毁掉了塔里寒城后，成吉思汗越过兴都库什山，前去围攻范延（巴米安）。在这次行动中，察合台的儿子、深受成吉思汗宠爱的孙子、年轻的木阿秃干被杀。范延城被攻陷后，为了给木阿秃复仇，范延城被彻底毁灭。

此时，花剌子模末代苏丹摩诃末的儿子札兰丁·曼古伯惕突破了蒙古大军在内萨（土库曼阿什哈巴德东）的防线，避开了在河中地区和呼罗珊发生的灾难，逃到阿富汗山区腹地的加兹尼城，并组织了一支新军。后来，在喀布尔以北的八鲁湾（今阿富汗查里卡东北）打败了失吉忽秃忽率领的一支蒙古军团。成吉思汗又追击到加兹尼，札兰丁望风而逃，结果，加兹尼城没有任何抵抗就投降了。最后，成吉思汗在印度河岸追上并击溃了札兰丁的军队，这是在1221年11月24日发生的事。札兰丁策马跳入河中，顶着雨点一样的箭逃跑了，他幸运地到达了河的彼岸，并前往德里苏丹宫廷避难（1221年12月）。蒙古人没有再继续追赶，但是，札兰丁的家庭成员都落入到蒙古人手中，所有的男孩都被杀死。

八鲁湾战役后，1221年11月，也里（赫拉特）起来反叛。蒙古将军宴只吉带进行了长达六个月的围攻，最后在1222年6月14日攻占了这座城池。城内所有的居民都被屠杀。大屠杀结束后，蒙古人假装离开，走了一程后又返回，继续屠杀那些趁蒙古军离开才出来、躲藏着没有被杀的居民。

东伊朗再也没有从成吉思汗的破坏中恢复过来。像巴里黑这样的城市仍然残留着被蒙古破坏的痕迹。15世纪时，在沙哈鲁、兀鲁伯和速檀·忽辛·拜哈拉统治下，这些地区发生的帖木儿文艺复兴运动也未能使它们完全恢复过来。事实上，成吉思汗对伊斯兰教并无敌意。他之所以禁止在河中淋浴和反对穆斯林们的杀牲方式，是因为它们与蒙古习俗或他们的迷信相抵触。他之所以毁掉那些辉煌的都市文明，只是为了能在蒙古的西南边境上制造一种无人区，即人为的草原地带，作为他的帝国的缓冲带或保护带。

成吉思汗在兴都库什山以南的阿富汗逗留了一些时候。1222年5月，他接待了中国道士丘长春。之前的1220年，为了知道长生不死的秘方，成吉思汗曾向丘长春发出邀请。丘长春经过回鹘地区、阿力麻里、怛逻斯河和撒马尔罕后，才到达成吉思汗的驻地。

1222年秋天，成吉思汗渡过阿姆河，沿不花剌道继续前进。在不花剌，他曾经了解

◇ 行进中的蒙古军队

成吉思汗的西征起自也儿的石河，一路对巴里黑、刺夷、莫夫等城进行了屠城，灭掉了花剌子模帝国，最后又从也儿的石河回到蒙古。但征伐并未停止，随后蒙古人又追讨札兰丁到了欧洲，揭开了征服世界的征程。

◇ 蒙古铁骑的挫折：八鲁湾之战

蒙古西征中遇到的最大挫折，是在八鲁湾（今阿富汗喀布尔之北）之战。大断事官古失吉忽都忽率领的3万骑兵，被花剌子模汗摩诃末的长子札兰丁率领的10万反抗军击败，仅数百人生还。图为蒙古指挥官、鼓手及骑兵军队复原图。

有关伊斯兰教的主要教义，并对这些教义深表赞同。不过，他认为没有必要去麦加朝圣，整个世界都是上帝（蒙古语"腾格里"长生天）的归宿。在撒马尔罕，他命令穆斯林祈祷者以他的名字进行祈祷，因为他取代了苏丹摩诃末。他甚至对穆斯林教士——伊玛目和卡迪——免征税，以此证明他对穆斯林世界的所有作为都是战争行为。1223年春天，他与儿子们在亚历山大山（吉尔吉斯山）以北的忽兰巴什草原上召集了一次库里勒台。同时，他的军队开展了一次大规模的狩猎娱乐活动。他在怛逻斯河和楚河草原上度过了夏天。第二年夏天，他是在也儿的石（额尔齐斯）河畔度过的。1225年，他回到了蒙古。

入侵波斯和俄罗斯

者别和速不台受命率领骑兵团追赶正在穿过波斯逃亡的花剌子模苏丹摩诃末。苏丹死后，他们继续向西推进，洗劫了刺夷城，一些逊尼派穆斯林邀请他们毁掉什叶派穆斯林的中心城市库木。此时，哈马丹已经投降，并献上赎金。收取了赎金后，他们破坏了赞詹，攻占了可疾云，可疾云的居民被屠杀。阿哲儿拜占（阿塞拜疆）的最后一位突厥阿塔比（封建主）老月即别是马木路克王朝的统治者，这个王朝在大约12世纪末期几乎继承了塞尔柱人的统治。老月即别通过行贿的方式解救了桃里寺（大不里士）城。者别和速不台继续向前，在隆冬时，他们越过木干草原（今阿塞拜疆的阿拉斯河下游），入侵了谷儿只（格鲁吉亚）。谷儿只是一个基督教王国，当时正处于鼎盛时期。统治者是吉奥尔吉三世拉沙，也称为布里安特

◆ 入侵谷儿只

1221年2月，者别和速不台在梯弗里斯击溃谷儿只王国的大军，屠城并将其南方夷为废墟。而此时谷儿只国另一部十字军还在黑海岸边准备参加第五次十字军征服埃及的战争。

（1212～1223年在位）。1221年2月，者别和速不台在梯弗里斯（今第比利斯）击溃了谷儿只的大军。攻陷城池之后，他们再次屠杀了城内居民，然后佯装撤走，接着又旋风似地返回来砍掉那些没有被杀掉的人的头。然后，他们从谷儿只返回阿哲儿拜占，攻打了蔑刺合（今伊朗东阿塞拜疆省马腊格）。随后，这两员大将向巴格达进军，准备前去推翻阿拔斯朝哈里发。与此同时，十字军已经入侵埃及，并且攻占了达米埃塔。聚集在达古格的只有少数阿拔斯军，他们几乎不足以保住阿拉伯[的]伊拉克。1221年，者别和速不舍返回哈马丹，再次要他们交纳赎金。可是，市民们进行了抵抗，蒙古人最后攻陷了哈马丹，屠杀了全体居民并且纵火焚城。者别和速不台再从哈马丹出发，经过阿尔达比勒（他们也洗劫了该城），然后返回了谷儿只。

在当时，谷儿只骑士是最优秀的骑士之一。在战斗中，速不台佯装败退，将他们引入了埋伏地，者别早已率军等候在埋伏的地点，谷儿只骑士一进入埋伏圈，者别就率军迅速击溃了他们。虽然谷儿只人似乎幸运地保住了梯弗里斯城，但是蒙古人却将谷儿只的南方夷为了一片废墟。接着，蒙古大军又入侵失儿湾，洗劫了沙马哈（今阿塞拜疆舍马合）城。然后经过打耳班，袭击了高加索北部草原。在草原上，他们与当地的民族同盟军发生了冲突，在盟军中有阿兰人（古代萨尔马特人的后裔，东正教徒）、列兹基人和契尔克斯人，他们都是高加索人种，另外还有钦察突厥人。者别和速不台暗中贿赂钦察突厥人，使其背叛了同盟。随后，他们一个接一个打败了同盟中的其他成员。消灭完

迦勒迦河会战

1223年，者别和速不台率领两个万人队采用诱敌深入、各个击破的战术，在迦勒迦河畔平原击败了钦察与俄罗斯南部各公国，以密赤思老公爵为统帅的联军。这是一场决定俄罗斯命运的会战，此后蒙古人血洗南俄，未遇任何抵抗。

了阿兰人、列兹基人和契尔克斯人后，蒙古人反戈一击，打败了钦察人，夺回了他们用来贿赂钦察人的战利品。

面对蒙古人的反戈，钦察人求助于罗斯人。曾经有一位名叫忽滩的钦察可汗，将女儿嫁给了加利奇的罗斯王公。他说服女婿和其他罗斯王公反对蒙古人。于是，加利奇、乞瓦（今基辅）、切尔尼戈夫和斯摩棱斯克的王公们率领一支大约八万人的罗斯军队，沿着第聂伯河而下，在亚历山德罗夫邻地霍蒂萨附近集中起来。

蒙古大军退而不战，直到敌军完全等得不耐烦了，各个军团之间相离很远时，蒙古人才开始出战。战斗发生在迦勒迦（今卡利米乌斯）河附近，这条小河靠近海，在马里乌波尔附近流入亚速海。加利奇王和钦察人不等乞瓦军到来就开始冲锋，他们的莽撞注定了最后的失败，只得溃逃（1222年5月31日），只留下了乞瓦王公。乞瓦王公守着乞瓦营地三天后才投降。可是在投降后，他和他的全体兵士都被蒙古人处死。

乞瓦人被打败后，弗拉基米尔的尤里大公还没有来得及率军抵达迦勒迦河，所以完整地保留住了他的军队。蒙古人抢夺了克里

▽ 战后的屠杀

迦勒迦河之战中，陷入埋伏的俄钦大公们为保住性命而投降，交出武器后蒙古人开始了大屠杀，约八万联军片甲不存，俄钦贵族几乎全军覆没。图为俄钦大公投降被缚的情景，身后可见垒起的尸堆和荒凉的战场。

米亚苏达克城（今萨波罗什）内热那亚人的店铺。者别和速不台在察里津（斯大林格勒，伏尔加格勒）附近渡过了伏尔加河，打败了卡马河畔的保加尔人和乌拉尔山区的康里突厥人，然后回到锡尔河北岸草原，与成吉思汗大军会师。

5. 成吉思汗的最后岁月

成吉思汗之死

1225年春天，成吉思汗回到蒙古，在鄂尔浑河支流、土兀剌（土拉）河畔的营帐中度过了1225～1226年的冬天和1226年的夏天。此时，他的长子术赤受命统治着咸海至里海之间的草原。1227年2月，术赤去世。

在这期间，成吉思汗还领导了另外一场战争，即反对唐兀惕人在甘肃建立的西夏国。虽然西夏王已经是蒙古人的属臣，但是并没有履行职责，派出分队参加成吉思汗攻打花剌子模的战争。当蒙古人正式要求援助时，一名叫阿沙甘不的唐兀惕贵族嘲讽地说，如果成吉思汗没有足够的军队，就不配行使至高无上的权力。于是，成吉思汗征服了花剌子模后，对西夏国予以了打击。事实上，为了完成对金王朝的征服，蒙古人直接占有甘肃、阿拉善和鄂尔多斯地区也是很有必要的。所以，在1226年秋天，成吉思汗开始远征西夏。同年底，他的大军占领了灵州。1227年春天，大军开始围攻西夏都城，即今宁夏城。在围攻宁夏的时候，成吉思汗在今平凉西北的清水河畔和隆德地区扎营。同年8月18日，成吉思汗在此去世，终年60岁。他去世后不久，宁夏城就被蒙古大军攻破了，蒙古人屠杀了全城居民。

成吉思汗的遗体被安葬于斡难河（鄂嫩河）和怯绿连（克鲁伦）河河源边的不儿罕合勒敦圣山（肯特山），这是蒙古人的圣山。1229年，成吉思汗的继承者以蒙古方式为他举行了盛大的祭奠仪式。

成吉思汗的成就

在漫长的人类历史文明中，成吉思汗被看作是草原游牧民族入侵古代定居文明的典型，他的名声远远超过了他的先祖们。在对各民族的征服中，成吉思汗的蒙古大军采用了异常残忍而恐怖的手段，肆意地屠杀，摧毁了无数人类文明。他对东伊朗地区的破坏，远远超过了阿提拉对欧洲的破坏和摩醯逻矩罗对印度的破坏，而帖木儿要比成吉

成吉思汗的葬礼

蒙古族盛行"密葬"，成吉思汗葬后不起坟墓，蒙古兵以群马踏平土地，后来四周长起密林，导致真正的成吉思汗陵在何处始终是个谜，现今的成吉思汗陵只是一座衣冠冢。图为成吉思汗葬礼的场景。

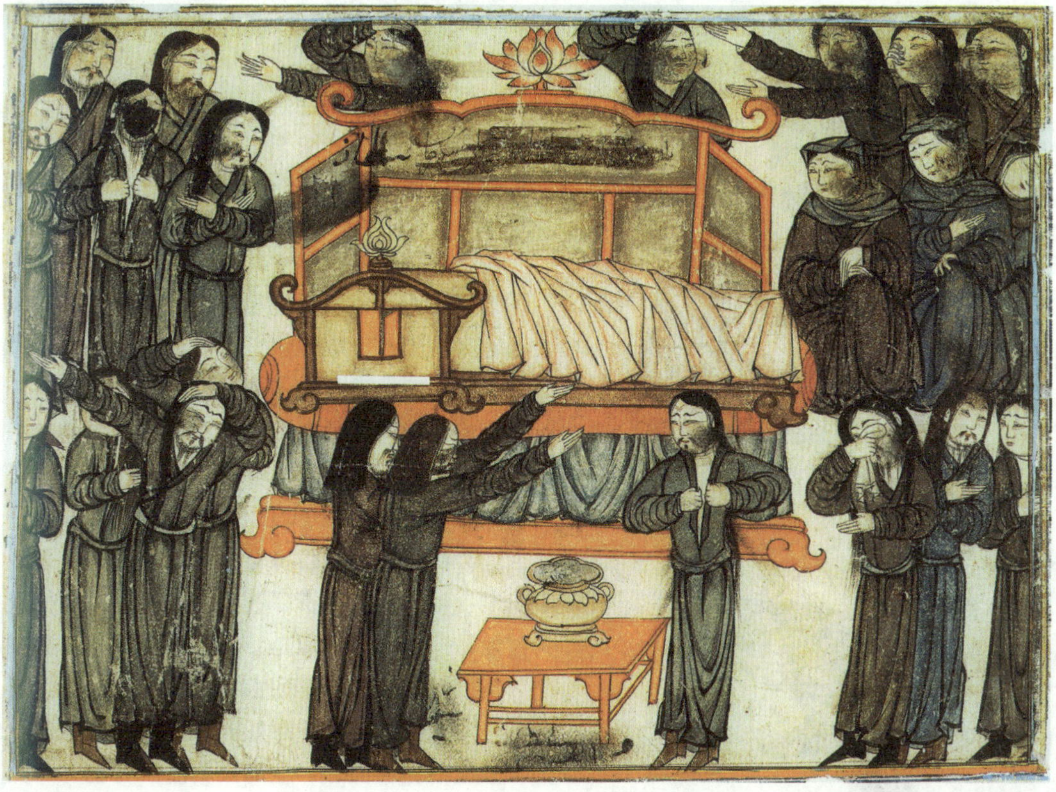

汗开化得多。这位蒙古征服者强制推行的集体处死方式，成了战争体系中的一部分。游牧民采用这样的"武器"来对付那些没有及时投降的定居民族，以及对付那些在投降之后又反叛的人。成吉思汗几乎不能理解农业和都市经济的性质。他在征服了东伊朗和中国北部之后，认为通过夷平城市和破坏农田，使这些地区变为草原是一件很自然的事情。在文明的门槛边和古代农耕地边缘上掳掠，这是他们长达一千年的传统。

按照成吉思汗的生活方式、其周围的环境和种族结构，他似乎应该属于思考型的人。他具有健全的常识，特别善于权衡利弊，也善于听取别人的意见。他对友谊忠贞不移，对那些坚定地跟随他的人十分慷慨，并且充满了深情。他具有真正的统治者的素质。在这些条件下，他显示出杰出的统治的才能。此外，在他的身上，还有一种高贵和崇高的思想，这种思想使他赢得了蒙古人民的尊敬。成吉思汗对叛逆者有着本能的憎恶。那些背叛主人而讨好他的奴仆，通常都被他下令处死。在另一方面，他经常奖励那些对主人忠贞不渝的人，并尽力让他们为自己服务，即使他们是他的敌人。成吉思汗喜欢将弱者置于自己的保护之下，并且始终不渝地忠实地保护着他们。例如，汪古部首领阿剌忽失的斤因为与他并肩作战，被乃蛮人谋杀。他恢复了阿剌忽失的斤家族的首领地位，把其儿子接纳为自己的部属，还把女儿嫁给对方为妻，并确保其家族的财产不受侵害。对于那些战争中的失败者们——回鹘人与契丹人，他同样是他们的保护者。在辽东地区，契丹王耶律留哥从一开始就是成吉思汗的属臣，并在与花剌子模的战争中去世。当成吉思汗在甘肃征战时，耶律留哥的遗孀找到了他，成吉思汗非常仁慈地欢迎她，对她和她的两个儿子表示了慈父般的关怀。在这种情况下，这位身穿兽皮的游牧人，表现出一种天生的高贵、极端的谦恭。在精神上他是一位国王，但是，与其他人相比，他并不因为自己的显位而趾高气扬。

虽然成吉思汗在处理蒙古事务的政策上坚定不移，但是，他对文明的声音也并不是

▽ 欧洲人眼中的成吉思汗

图为欧洲人心目中的成吉思汗像，他有着冷峻的面容、苛刻的眼神，穿着羊皮袍，腰间挂着弯刀，给人以冷酷、残忍的感觉。事实上成吉思汗深沉而有大略，用兵如神，同时作战时野蛮残忍，谈笑间毁城灭地。

中，避免了不少大屠杀。在蒙古人劫掠和烧掉的城镇中，耶律楚材大量收集遗书，寻找药品，用来防治因为大屠杀带来的流行病。虽然耶律楚材忠于成吉思汗，但是，他经常为那些被斥为有罪的城市或地区乞求宽恕。正是由于耶律楚材机智、果断的斡旋，使一些城市和地区避免了无可挽救的破坏。虽然他不可能恳求蒙古人施行仁政，成吉思汗也不会听从他，但是，他竭力向他们证明仁政是最好的政策，在这一点上，他是明智的，因为蒙古人的野蛮行为主要是出于无知。

当成吉思汗在甘肃征战时，有一个蒙古将军建议成吉思汗将被征服的汉人都杀掉。成吉思汗准备同意时，遭到了耶律楚材的反驳。在耶律楚材的劝说下，成吉思汗放弃了屠杀汉人的想法，并命令耶律楚材拟定了一些针对汉人地区的税收制度。

正是在耶律楚材和回鹘辅臣们的帮助下，蒙古行政机构的雏形逐渐产生了。

▼ 草原人的成吉思汗

在草原人眼中，成吉思汗睿智、有大略，对友谊忠诚，对亲人深情，对跟随者慷慨，对叛逆者憎恶，他保护弱者，尊重忠心者，因此获得了蒙古人民的尊敬。图为成吉思汗和他的妻子的壁画像。

充耳不闻。他的许多辅臣都成了他的知己，如回鹘人塔塔统阿、穆斯林马合谋·牙剌洼赤、契丹人耶律楚材。塔塔统阿原本在乃蛮王宫中任职，乃蛮人被征服后，他成为成吉思汗的大臣，成吉思汗让他教自己的儿子们学习回鹘文（畏兀儿文）。牙剌洼赤是成吉思汗在河中居民中的代理人，也是河中地区的第一位蒙古长官。汉化的契丹人耶律楚材帮助成吉思汗了解汉文化，在耶律楚材的劝说和帮助下，在蒙古大军对汉族地区的征服

第六章　成吉思汗的继承者

成吉思汗之后，先后由窝阔台、贵由、蒙哥任可汗，先后征服了金国、西波斯、花剌子模以及欧洲诸公国。至蒙哥时，帝国的统治权从窝阔台家族转移到了拖雷家族。但是，权力的更替伴随着拔都与贵由、蒙哥与海都等兄弟间的争斗。至蒙哥攻宋时死亡，再次引起了忽必烈与诸兄弟对汗位的争夺。

1. 成吉思汗儿子们的封地

成吉思汗生前，他的四个儿子每人接受了一份兀鲁思，即一定数量的部落以及一块"禹儿惕"，即足以维持这些部落放牧的领地。与之同时，产生了"引主"，就是指一份与维持宫廷和奴仆们的开支相应的税收，其中包括在中国、突厥斯坦和伊朗的臣属地区内，由定居的居民们上交的赋税。北京和撒马尔罕周围的农耕地区仍然属于帝国的领土。

成吉思汗的儿子们在瓜分地盘的时候，从来没有想到要把定居民所在地区也计算在内，更没有想过要成为至高无上的汉人的皇帝，或者突厥斯坦可汗，或者波斯苏丹。直到1260年，这样的想法与他们都相距甚远。在他们看来，对于草原的瓜分绝对不会导致对成吉思汗创立的帝国进行瓜分。所以，在"封地联合"的情况之下，虽然他们各自瓜分了地盘，但是兄弟之间仍然保持着和谐。由于他们都是游牧民，所以，他们对于可汗的绝对权威并不重视。对他们来说，国家是属于整个王室的，而不是属于自己个人的。

在成吉思汗去世前的六个月，他的长子术赤就提前去世了，大约是在1227年2月，术赤死于咸海以北的草原上。虽然术赤的出身令人怀疑，因为他的母亲在生他前，曾经被别的部落俘虏过，但是成吉思汗从来没有把身份作为借口公开反对过他，尽管这对父子之间的裂痕越来越深。1221年4月，术赤率军夺取了玉龙杰赤，然后在1222～1227年期间，他就隐退到图尔盖和乌拉尔斯克的封地上，再也没有参加过他父亲发动的战争。术赤的这种莫名其妙的隐退使成吉思汗深感不安。于是，成吉思汗开始怀疑术赤是否在阴谋反对他。幸运的是，术赤的提前死去，避免了父子之间可能会爆发的一场激烈的冲突。

▽ 蒙古帝王树形图

依照蒙古民族的传统，成吉思汗将领地分封给了他的四个儿子。兄弟间划地而治，形成分封但又联合的形式。然而随后的发展超出了成吉思汗的预想，庞大的蒙古帝国在他的子孙间四分五裂。

由下往上，由左至右，依次是：成吉思汗；大儿子术赤、二儿子察合台、三儿子窝阔台、四儿子拖雷；拔都、别尔克、贵由；蒙哥、忽必烈、旭烈兀、阿里木。

战士察合台

察合台掌管着帝国的扎撒（法令），负责蒙古人的纪律，是一位严谨的执法者和服从命令的战士。成吉思汗死后，他同样严谨地执行了立其弟窝阔台为大汗的遗命，亲执臣属之礼拥戴为汗。图中铁血、冷峻的蒙古战士可以说就是察合台的写照。

术赤死后，他的一个儿子拔都继承了对封地的管辖权。根据蒙古的传说，拔都是一位明智而高贵的王子，虽然罗斯人称他为残忍的征服者。后来，他作为成吉思汗家族的首领，在争夺帝国王位所产生的争吵中起着重要作用。人们都相信他是拥立大汗的。由于他年纪较轻，其父亲的去世和对其家系合法性私下产生的疑点，都使"术赤家族"在帝国事务中仅仅起着不明显的作用。不过，根据蒙古人的法律，长子的领地距离父亲的驻地最远，所以，术赤家族面向欧洲，成为蒙古帝国的攻击翼。术赤家族的属地从也儿的石（额尔齐斯）河以西直到"蒙古马蹄所及之处"的草原，即谢米巴拉金斯克、阿克摩棱斯克、图尔盖或阿克纠宾斯克、乌拉尔斯克、阿台和花剌子模（希瓦），以及后来

者别和速不台从钦察人手中夺取的伏尔加河以西的全部征服地。

成吉思汗的次子察合台大约死于1242年。按成吉思汗的授命，他管理着札撒和负责蒙古人的纪律。察合台是一位令人敬畏的严厉的法官，也是成吉思汗法典的严谨的执行者，还是一位习惯于军队生活的战士。不过，察合台是一个缺乏想象力的人。当成吉思汗任命他的弟弟窝阔台继承最高汗位时，他并没有表示异议。察合台得到的封地是原喀喇契丹国（西辽）所在的草原，也就是从回鹘地区到西方的不花剌和撒马尔罕，基本上包括了伊犁河流域、伊塞克湖、楚河上游和怛逻斯河流域。察合台还得到了喀什噶尔和河中地区，不过这些地区都是属于定居民族的，在河中的不花剌、撒马尔罕等城都是由大汗委派的官吏直接管理。根据历史记载，察合台的常驻地是伊犁河南岸。

窝阔台是成吉思汗的第三个儿子，他接受的封地在巴尔喀什湖以东和东北部地区，即叶密立河（今新疆额敏河）和塔尔巴哈台，黑也儿的石河（额尔齐斯河上游）和乌伦古河流域。乌伦古河流域在原乃蛮境附近，而窝阔台的营帐常常扎在叶密立河畔。

最后，按照蒙古人的习俗，成吉思汗的幼子拖雷继承的封地是土兀剌、斡难河上游和怯绿连河上游之间地区。在蒙古传说中，拖雷是一位具有征服欲望的勇士和杰出的将领。1232年，他曾经率军进行了河南之战，显示出了其杰出的军事才能。不过，拖雷也是一个十足的酒鬼。

由于酗酒，他在1232年10月去世，年仅40岁。不过，拖雷娶了一名非常聪明的女人，即原克烈王室的唆鲁禾帖尼公主，她也是已故王

罕的侄女，她和所有的克烈部民一样是聂思托里安教徒，正是她的儿子们保住了帝国。

另外，成吉思汗的两个弟弟，哈撒儿和铁木哥的家族也得到了封地。哈撒儿的封地在额尔古纳河和海剌儿河附近；铁木哥的封地在蒙古东端，也就是今吉林省内原女真国附近。

按照蒙古人的法律，成吉思汗死后，拖雷监国（1227～1229年），直到选举出新的大汗为止。拖雷作为摄政者，得到了他父亲的斡耳朵，即扎营的宫营，包括宫廷和1227年蒙古大军总数129 000人中的101 000人。在余下的28 000人中：成吉思汗的其余三个儿子每人分得4000人，幼弟铁木哥分得5000人，成吉思汗的另一位弟弟哈赤温的儿子们分得3000人，三弟哈撒儿的儿子们分得1000人，母亲月伦额格家族分得3000人。

直到1229年春天，才在怯绿连河畔召集了库里勒台，即蒙古诸王公的大集会，推举新的大汗。在这次会议上，认可了成吉思汗的意愿，即他曾经指命他的三儿子窝阔台为他的继承人。

拖雷和妻子唆鲁禾帖尼

拖雷是成吉思汗最宠爱的幼子，按蒙古习俗幼子继承父业，他掌管着蒙古80%的军队，成吉思汗死后也是由拖雷监摄国政。窝阔台即位后，拖雷依成吉思汗遗嘱，假道宋国灭金。图为拖雷和妻子唆鲁禾帖尼在一起的情景。

第六章　成吉思汗的继承者

2. 窝阔台的统治

在成吉思汗所有的儿子中,窝阔台是最明智的。他和成吉思汗一样,有着很好的判别能力,举止稳重,但是,他没有继承成吉思汗的天才、统治热情和能力。与成吉思汗相比,他行动笨拙、生性随和,喜欢喝酒。不过,他待人宽厚而慷慨。他按自己的方式饮酒取乐。由于有了札撒,蒙古帝国的事务自行运转着。

窝阔台驻扎在哈拉和林。哈拉和林在鄂尔浑河的上游地区。很多古代突厥—蒙古人建立的帝国,从古代的匈奴人到中世纪初期的东突厥人,都曾经在这里建都。8世纪时,回鹘可汗们在附近的哈喇巴喇哈森建立了自己的斡耳朵八里。成吉思汗的都城最初也是命名为斡耳朵八里(宫廷之城)。在成吉思汗的整个统治时期中,至少从1220年开始,哈拉和林,或者在它附近的某一处地方,可能已经被成吉思汗选为理想中的都城了。然而,直到1235年,窝阔台才在哈拉和林的周围筑起了防护墙,才使得这座城池成为蒙古帝国的真正的都城。

窝阔台充分信任汉化的契丹人耶律楚材。耶律楚材试图建立一个像汉人的行政管理机构那样的政府机构。耶律楚材和回鹘学者的意见一样,在蒙古中书省的机构内分别设立处理中国、唐兀惕、回鹘、波斯事务的机构。蒙古人长期使用的是军事化的传令制度,耶律楚材和他的追随者们一起沿着这些道路,每隔一段距离设立粮

窝阔台汗

1229年,窝阔台成为整个蒙古帝国的汗,他遵循成吉思汗的遗志继续扩张领土,西征灭金,南下攻打南宋和高丽,在位期间成功地征服了中亚和华北,并推行赋税、印行交钞,完善了国家制度。

仓。最先，耶律楚材给蒙古帝国制定了一种固定的预算制度，并以此为依据，让汉人按户以银、丝和谷物的方式交纳赋税，蒙古人则按他们拥有的马、牛、羊的10%的数量交纳赋税。到了1230年，汉人居住的地区被划分为十路，每一路都由蒙古官员和汉人组成的行政管理人员共同管理。另外，耶律楚材还在北京和平阳地区办学，对年轻的蒙古封建主进行儒家教育。并招收了大批汉人进入蒙古民政机构。

除了耶律楚材，窝阔台对于聂思托里安教徒、克烈部人镇海也给予了充分的信任。成吉思汗在世时，曾经给予镇海很大的荣誉，他当时的身份和地位相当于蒙古帝国的丞相。

在军事领域内，窝阔台统治的蒙古人完成了对中国北部、波斯和俄罗斯南部地区的征服。

蒙古灭金

为了进一步征服金国，蒙古人又作出了新的努力。蒙古大将木华黎死后，由于成吉思汗忙于西方的事务，无暇顾及金朝，所以，金朝趁机陆续收复了一些失地。这支血管中仍然流着通古斯人血液的古代女真民族，显示出了惊人的活力。他们不仅继续待在河南省的新都开封周围，而且还收复了陕西中部，几乎整个渭水流域的广大地区，包括扼守通往河南的要塞潼关。此外，金人还夺取了山西西南角、黄河以北、与潼关相对的河中（蒲州）要塞。金朝末代皇帝于甲速（史称金哀宗，1223～1234年在位）又燃起了新的希望。

1231年，蒙古人夺取了渭水流域上的平凉、凤翔等城市，从此重新拉开了与金人之间的大战。为了1232年的战争，蒙古人制定

◇ **金代人画卓歇图**

《卓歇图》描绘了契丹可汗率部下骑士出猎后歇息饮宴的情景。旧传为五代契丹画家胡瓌所作，但由画中人物大多数髡顶、脑后垂双辫的发式和方顶黑巾等特点分析，当属金代女真人的风俗，故极可能出自金代汉族画家的手笔。

蒙古灭金之城战

随着蒙古征服的步伐，他们获得了先进的攻城器械，如图中的攻城箭楼。金国则更多使用了各种火器，如士兵所持的突火枪。虽然金人顽强抵抗，但城池最终还是被蒙古人攻克，1234年，金国灭亡。

突火枪示意图

突火枪由南宋发明，以巨竹为枪筒，里面装上火药，安上"子窠"，战时点燃火药后"子窠"射出，射杀灼伤敌人，同时发出巨大的声响，射程远达150步（约合230米）。

下渡过黄河），他的弟弟拖雷正率领三万骑兵穿过西南方，对金军形成了大包抄。拖雷有意穿过南宋境内，从渭水流域进入汉水上游流域，夺取了汉中（南郑，在南宋境内），又继续沿四川嘉陵江流域前进，在四川洗劫了宝宁地区。然后，拖雷回军东北，经过汉水中游流域，突然出现在河南南阳附近的金国境内。与此同时，窝阔台在占领河中城之后，率领主力军渡过黄河，从北面进入了河南（1232年2月）。两军在河南中部的钧州（今禹州）汇合，在此之前几天，拖雷已经在钧州城附近打败了金军。

在这场蒙古人和金人的大决战中，金人表现出了非凡的勇气，令蒙古将士们深为钦佩。虽然金国的将士宁死不屈，可是他们的形势却十分险恶。在西北方，蒙古大军最后终于占领了潼关（1232年3月）。窝阔台已经指派他最杰出的战略家、波斯和罗斯战争中的胜利者速不台前去围攻金都开封。金军经过了长期抵抗之后，速不台率领的蒙古大军终于在1233年5月攻陷了开封。此时，耶律楚材出现了，他极力劝阻窝阔台不要毁城，窝阔台听从了他的劝告，从此，开封城成为蒙古领土的一部分。在开封城被攻陷之前，金哀宗已经逃出了该城，并企图在开封城外的其他地区组织抵抗。最开始，他逃到归德（今河南省商丘）避难，然后又逃到小城蔡州（汝宁）避难。1234年2月～3月，当蒙古人发起最后的攻击时，金哀宗在蔡州城内自杀。南宋王朝企图趁此机会消灭金国，于是，借了一些步兵帮助蒙古大军夺取蔡州。

最后，蒙古军攻陷了蔡州，从此完成了对金国的吞并。就这样，蒙古人成了南宋王朝的近邻。为了报答南宋王朝在攻打金国的

了一个大规模的计划。他们没有能够攻下潼关，就分别从潼关的东北方和西南方向包抄它。当窝阔台率领主力军和大量军需物资夺取河中城时（占有了河中城，就能够顺流而

最后战斗中所给予的援助，窝阔台允许南宋王朝收复今河南东南部的一些地区。但是，宋理宗（1225～1264年在位）却想收复河南全境，便在不明形势的情况下，对蒙古人发起了进攻。最先，南宋军队没有经过战斗就重新占领了开封和洛阳（1234年7～8月）。可是，宋军很快就被蒙古人赶走了。1235年，在哈拉和林举行的库里勒台上，窝阔台决定征服南宋王朝。

蒙古大军兵分三路进攻南宋王朝。窝阔台的次子阔端统率的第一路军进攻四川，在1236年10月夺取了成都。窝阔台另一个儿子阔出和将军铁木台统率的第二路军，在1236年3月占领了湖北襄阳。

蒙古人的第三路军由孔不花王子和察罕将军统率，从今汉口顺流而下，进军到了长江边的黄州，但是他们没有能够站住脚。1239年，襄阳城又被南宋王朝收复。这是一场长达45年（1234～1279年）之久的战争。现在只不过是战争的早期阶段而已。蒙古人的第四路军前去征服高丽。1231年12月攻陷了高丽的都城开城（今首尔西北），并将高丽置于自己的保护之下，由72名达鲁花赤统治。可是，第二年，由于高丽王高宗（王瞰）的命令，所有蒙古驻军都被屠杀了。1232年7月，高宗逃到了首尔西部的江华小岛上避难。1236年，窝阔台派来的新军成功占领了高丽。高丽朝廷被迫宣布投降（从1241年开始，高丽朝就派使者前去蒙古宫廷承认自己的属臣地位），但是仍然在江华岛上又苟且偷安了将近30年。

蒙古征服西波斯

就在窝阔台即位时，蒙古人再次进行了对伊朗的征服。

1221年11月，成吉思汗迫使花剌子模帝国的继承人札兰丁逃到了印度避难。德里苏丹、突厥人伊勒特迷失对这位流亡者表示了

▽ 札兰丁与瑞兽角端的传说

花剌子模王子札兰丁不停地反抗蒙古人，令成吉思汗下了必杀之心。然而在追击札兰丁到印度河时，河里出现一只身高数丈，形似鹿，尾似马，鼻上有角，浑身绿色的瑞兽角端，耶律楚材借此劝成吉思汗放弃追杀，班师而回。图为铜鎏金角端香熏，可见救了札兰丁一命的角端形象。

▽ 蒙古人与花剌子模

札兰丁虽然占领了整个西伊朗地区，恢复了部分花剌子模国，但单凭他简单的勇武，面对蒙古大军的追杀，仍然惊慌失措而逃。图为蒙古军队追击札兰丁到河边，札兰丁单骑逃亡的情景。

欢迎，并且把女儿嫁给了他。可是，札兰丁阴谋反对伊勒特迷失，并在1223年被放逐。成吉思汗率领蒙古大军刚刚回到突厥斯坦，随着蒙古大军的离去，呼罗珊和阿富汗地区的城市和乡镇被夷为一片废墟，几乎渺无人烟。波斯中部和西部地区经历了者别和速不台的袭击后，国界线混乱。虽然蒙古人在这些地区待了长达三年的时间，但事实上，这不是真正意义上的征服，只是游牧民席卷而过的一阵旋风而已。

1224年，札兰丁利用蒙古人对伊朗事务表现出来的冷淡，返回了伊朗。在蒙古大军到来之前，他被起儿漫和法尔斯的阿塔比（世袭突厥长官）承认为苏丹。札兰丁从泄剌失（设拉子）出发，继续从他弟弟嘉泰丁的手中夺取伊斯法罕和伊剌克·阿只迷。1224年，嘉泰丁已经在那里建立了公国。接着，札兰丁出发前去征服阿哲儿拜占（阿塞拜疆）。从1136年开始，统治着阿哲儿拜占的阿塔比是月即别代表的强大的突厥封建家族。月即别曾经大量向蒙古人献上贡赋，使得阿哲儿拜占免遭者别和速不台的入侵。随着札兰丁的到来，月即别更加不幸。札兰丁的入侵者迫使桃里寺（大不里士）投降。1225年，札兰丁在全省内的统治得到了认可，继续从桃里寺前往征讨谷儿只（格鲁吉亚）。在四年前，这个基督教王国曾经遭到者别和速不台的猛烈攻击。此时，谷儿只正在乔治三世的妹妹、著名的女继承人鲁速丹皇后的统治下，从那场灾难中艰难地复苏，札兰丁却出现了。1225年8月，札兰丁在哈儿尼打败了谷儿只人。在第二年，他发起了第二次攻击。这一次，他攻陷了梯弗里斯城。同年3月，他破坏了这座城池的全部基督教教堂。1228年，他第三次返回谷儿只，并在罗耳附近的闵多尔打败了城主伊万涅率领的谷儿只军队。札兰丁对高加索的这些远征，使得他在阿哲儿拜占的势力得到了巩固。

到了这时，札兰丁已经成为整个西伊朗地区，包括起儿漫、法尔斯、伊剌克·阿只迷和阿哲儿拜占等城市的主人。他把伊斯法罕和桃里寺（大不里寺）作为自己的都城。原先的花剌子模国的部分地区得到了恢复，虽然疆域稍微向西偏了一点。遗憾的是，札兰丁这位卓越的骑士缺乏政治意识，他仅仅凭着一个武士的胆量和勇气让穆斯林世界感到震惊。

花剌子模苏丹们的这位继承人占据了波斯王位后，其行为仍然像一位游侠的骑士。这位信仰伊斯兰教的斗士并不是在巩固他的新波斯帝国，为对付必将返回来的蒙古人作准备，而是在与可以作为他盟友的西亚主要的穆斯林王公们争吵不休。1224年，他以入侵来威胁巴格达的哈里发。1230年4月2日，他在长期围攻了起剌特要塞后，从大马士革的阿尤布朝苏丹阿尔·阿昔剌夫手中夺取了这个要塞（在凡湖西北，亚美尼亚境内）。最后，正是他一手促成了阿尔·阿昔剌夫和小亚细亚的（科尼亚苏丹国）突厥王、塞尔柱苏丹凯库巴德的联盟。1230年8月，这两位王公在埃尔津詹（幼发拉底河上游）附近彻底击败了札兰丁。也就是在这个时候，蒙古人发起了新的入侵。

为了阻止花剌子模帝国的复辟，蒙古大将窝阔台派出由那颜绰儿马罕统率的三万蒙军进入了波斯。从1230～1231年的冬天，在札兰丁还来不及集合军队之前，蒙古人以闪电般的速度经过呼罗珊和剌夷，抵达了波斯，并直接奔向札兰丁的常驻地阿哲儿拜占。听到蒙古大军压境的消息，札兰丁表现得惊慌失措。他离开了桃里寺，逃往阿拉斯河和库拉河河口附近的木干和阿兰草原，随后又逃到了迪亚巴克尔（今土耳其东部）。和他的父亲当年一样，蒙古人一直都没有放弃对他的追赶。最后，在1231年8月15日，他在迪亚巴克尔山中被库尔德族农民谋杀，不明不白地死去。

从1231～1241年的十年中，驻扎在波斯西北部的蒙古军首领一直都是绰儿马罕。他在库拉河和阿拉斯河下游的木干和阿兰平原上建立了固定的司令部，因为这片草原水草丰美，适宜于他的骑兵。也是由于同样的原因，从1256年开始，木干和阿兰草原就成了波斯的蒙古大汗们喜爱的居留地之一。在一百多年的时间里，蒙古人正是在阿哲儿拜占西北的这些牧地，对具有灿烂都市文明的定居的古代伊朗实施统治的。

札兰丁消失以后，绰儿马罕派遣一支蒙古小军团前去伊朗－美索不达米亚边境抢劫。在亚美尼亚地区，蒙古人屠杀了比特利斯和阿尔吉斯居民。在阿哲儿拜占，他们占领了蔑剌合，并且以惯用的方式在城内纵

蒙古人对亚美尼亚地区的屠杀

蒙古人以征服的地区作为他们的牧场，他们纵情屠杀、洗劫，令这些地区的人屈辱地投降，胆寒而不敢反抗。图中的蒙古人在追杀、俘虏，地上、河流里到处可见被砍下的头颅。

塞尔柱人 | 古兹人　　　　　可萨人 | 钦察人　　　　　满族人 | 卡尔梅克人
　　　　阿瓦尔人 | 保加尔人　　　　蒙古人 | 塔吉克人

第六章　成吉思汗的继承者

13世纪的波斯细密画

图为13世纪的波斯细密画。这是一种13世纪流行于波斯文化圈内的手抄本插图,现存最早的是《加林手抄本》,属于巴格达风格,多描述一些传奇故事,其人物造型稚拙、僵硬,反映出当时艺术家努力把美索不达米亚和波斯风格有意识地融合在一起。

情屠杀。桃里寺的城民们吸取了教训,他们投降了,并送给蒙古人大量的财宝。为了让绰儿马罕息怒,他们还在1233年,送去了一件为大汗窝阔台织的珍贵的手工织品。在南部,迪亚巴克尔和埃尔比勒地区也遭到了蒙古大军可怕的洗劫。在伊本·艾西尔的描述中,我们可以看到这样的场面:

在尼西比斯地区的一个人告诉我,当时,他躲藏在一间房屋里,从门上的一个小孔向外张望,每当看到蒙古人在要杀人的时候,他们就高声呼叫lailahaillaallah(嘲笑穆斯林的惯用语),蒙古人的屠杀结束以后,他们又掠夺了城市,掳走了城内的妇女。我看到他们骑在马上嬉闹、用他们的语言又唱又叫lailahaillaallah。

艾西尔又叙述了另一件事情:我听到的一些事情都让人难以置信,蒙古人恐怖而残忍的手段让安拉深入每一个人的心中。据说有一个鞑靼骑兵,独自一个人进入了一个人烟密集的村子,他逐个杀掉了所有的村民,这个村子里面的人竟然没有一个人敢反抗。我又听人说,还有一个鞑靼人,他的手上没有兵器,但是他想杀掉他俘虏的人,于是,他命令被他俘获的人卧在地上,然后去寻找刀,等他找到刀以后再回来杀卧在地上的人,奇怪的是,卧在地上的人竟然不敢逃走。还有人告诉我说:"我曾经和十七个人一同行走。我看见了一个鞑靼骑兵来了。这个骑兵命令我们互相把对方的两只手反绑到背后,所有的人都听从了,我对他们说,他只有一人,应该把他杀了然后逃走,可是同伴们却回答说,'我们十分害怕'、我又鼓励他们说他将会杀死你们的,让我们先把他杀死吧,可能安拉会拯救我们的。但是,竟然没有一个人敢杀他。于是,我就用小刀把他杀死了,我们才得以安全逃脱。"

在高加索地区,蒙古人摧毁了刚加之后,接着入侵谷儿只,并迫使鲁速丹皇后从梯弗里斯城逃到了库塔伊西(今格鲁吉亚境内)(大约1236年)。梯弗里斯城被置于蒙古人的保护之下,谷儿只封建主在蒙古战争中作为辅助军参战。1239年,绰儿马罕在大亚美尼亚洗劫了阿尼和卡尔斯城,这两座城池都属于谷儿只城主伊万涅家族。

虽然淖尔马罕在谷儿只和亚美尼亚境内进行战争行动,但是,从原则上说他并不敌视基督教,因为在他自己的人中也有信仰聂思托里安教的。此外,在1233~1241年、他统率军队的这段时期内,当他在阿哲儿拜占时,窝阔台派了一个被称为列班·阿塔的叙利亚基督教徒——西蒙作为处理军内基督教事务的专员。为了保护亚美尼亚的基督教会,列班进行了大量的工作。

继绰儿马罕之后,那颜拜住成了波斯的蒙古军(在木干和阿兰平原上的)首领,拜住的任职期是从1242~1256年。拜住在进攻科尼亚的塞尔柱苏丹国时,为蒙古人的征服做出了重要贡献。当时小亚细亚的大突厥王朝是由凯库思老苏丹统治(1237~1245年)的,此时正处于鼎盛时期。然而在1242年,拜住攻下了额尔哲鲁木城之后,又在1243年6月26日,在埃尔津詹附近的柯塞山,给予了

▽ 蒙古人与波斯人的对抗

13世纪时凯库思老苏丹统治下的波斯王朝正值鼎盛,却仍然抵抗不了蒙古人的入侵,经历了失败、被掠夺后,凯库思老只好称臣求和。图为13世纪波斯象弓手与蒙古双峰骆驼弓手的对抗。

苏丹亲自统率的塞尔柱军以毁灭性的打击。在这次胜利之后,拜住占领了锡瓦斯,锡瓦斯城虽及时投降了,但是也遭到了掠夺。托卡特和开塞利城企图抵抗,却遭到了蒙古军的彻底洗劫。凯库思老只好称臣求和。这次战争使蒙古帝国的领土扩展到东罗马帝国边境。

1244年,亚美尼亚(西里西亚)聪明的国王海屯一世(1226~1269年在位)十分明智地将自己置于蒙古人的统治之下。他的继承者们也都沿袭了这一政策,这使得亚美尼亚人把亚洲的新君主当作了反对塞尔柱或马木路克伊斯兰社会的保卫者。1245年,拜住

第六章 成吉思汗的继承者

凯库思老时期钱币

这是凯库思老苏丹统治时期塞尔柱波斯王朝的钱币。它的特点是使用狮子和太阳的形象，以及占星符号作为硬币的图案。

占领起剌特和阿米德，巩固了蒙古人对库尔德斯坦的统治。接着，蒙古人把起剌特交给了伊万涅氏族的谷儿只属臣们。毛夕里（摩苏尔）的"阿塔比"别都鲁丁卢卢是一位非常精明的政治家，与海屯一样，也自愿承认自己臣属于蒙古。

拔都和速不台在欧洲的战役

就在这时，按照窝阔台大汗的命令，一支由15万精兵组成的蒙古大军正在欧洲作战。在名义上，军队由统治着咸海草原和乌拉尔山区的拔都汗率领，但实际上，在拔都汗的身边，会集了成吉思汗各支军队的代表们，他们都是忠于蒙古帝国的人，如拔都的兄弟斡儿答、别儿哥和昔班；窝阔台的儿子贵由和合丹；窝阔台的孙子海都；拖雷的儿子蒙哥；察合台的儿子拜答儿和孙子不里。这支大军真正的领导者是曾经征服了波斯、罗斯和金朝的胜利者速不台，此时，速不台已经有了60多岁了。

伊斯兰的史籍上记载，这场战争从1236年秋天开始，是以消灭保加尔人的卡马突厥国为导火线。速不台攻陷并摧毁了卡马突厥人的都城，这座城池也是保加尔人的贸易中枢，它坐落在伏尔加河的附近，在伏尔加河与卡马河合流处以南的地方。

1237年的初春，蒙古人开始进攻俄罗斯草原上仍然处于半原始状态的非穆斯林的突厥游牧部落，穆斯林称他们为钦察人，匈牙利人和拜占庭人则称他们为库蛮人，俄国人称他们为波洛伏齐人。面对蒙古大军的进攻，一些钦察人投降了。因此，后来在这片地区建立起来的蒙古汗国也称为钦察汗国，也被称为金帐汗国。统治这个地区的是术赤家族中的一支。有一位名叫八赤蛮的钦察人首领曾经在伏尔加河岸边躲藏了一阵，但是他最终在这条河流的下游的一孤岛上被擒获，这是在大约1236～1237年的冬天。蒙哥把他拦腰砍为两半。据《史集》记载，在1238年，别儿哥发动了第三次战役，这场战役使钦察人遭到了致命的打击。也正是在这个时候，钦察人的首领忽滩率领余下的部属——大约4000户，迁徙到了匈牙利。在匈牙利，他们皈依了基督教。在1239年12月左右，一支蒙古大军又在蒙哥的率领下，攻占了蔑怯思城，此时，这座城池已经成为阿兰人，即阿速人的都城。到此为止，蒙古帝国完成了对俄罗斯南部草原的征服。

正是在俄罗斯南部草原上进行的这两次战役之间，蒙古帝国对罗斯各公国的远征开始了。罗斯各公国的领地支离破碎，使蒙古人的征服异常顺利。里亚赞大公尤里和罗曼兄弟两人各自据守里亚赞和科罗姆纳。最后，在1237年12月21日，里亚赞城被攻破，尤里被杀，全城的居民都遭到了屠杀。罗斯各王公中力量最强大的苏兹达里亚大公尤里二世派援军支持科罗姆纳城的守军，但是他的努力只不过是徒劳而已。罗曼在城堡前战败被杀,接着科罗姆纳城也被占领了。1238年2月,蒙古军洗劫了莫斯科,此时,莫斯科还只是一个二流的小城镇。最后,尤里二世大公也没有能力阻止蒙古人摧毁他的苏兹达尔和弗拉基米尔城。苏兹达尔城被烧,1238年2月14日,弗拉基米尔城也被攻占,全城居民也遭遇到了恐怖的屠杀。甚至那些在教堂内避难的人们也都全部被杀死了。1238年3月4日,尤里二世在莫洛加河支流、锡塔河畔的一次决战中战败被杀。其他分队的蒙古军洗劫了雅罗斯拉夫城和特维尔城。在北方的诺夫哥罗德因为地处沼泽地带最终幸免于难。

第二年的年底,战事又重新开始燃起,这一次,蒙古人对付的是中世纪的罗斯南部和西部地区(大部分地区都在今乌克兰境内)。蒙古人洗劫了切尔尼戈夫之后,夺取了乞瓦(基辅),并且在1240年12月6日几乎彻底摧毁了乞瓦。接着,蒙古人蹂躏罗斯的加利奇国,加利奇王丹尼尔逃往匈牙利境内避难。

在远征的过程中,蒙古各王公之间也产生了分歧。窝阔台的儿子贵由和察合台的孙子不里两人都不满拔都的最高地位,不服从

蒙古征服欧洲之旅

1236年秋,蒙古人开始了征服欧洲的历程,他们攻陷了伏尔加河畔的卡马突厥国都城。次年春,开始进入俄罗斯草原,并开始建立后来的金帐汗国。图为蒙古人进攻欧洲时有条不紊的行进队伍,前方的攻城战丝毫不影响后方补给、帐篷的行进。

| 塞尔柱人 | 古兹人 | | 可萨人 | 钦察人 | | 满族人 | 卡尔梅克人 |
| 阿瓦尔人 | 保加尔人 | | | 蒙古人 | 塔吉克人 |

第六章 成吉思汗的继承者

拔都，致使窝阔台不得不把他们召回蒙古。不里甚至还和拔都发生过激烈的争吵。拖雷的儿子蒙哥也离开了军队，不过蒙哥仍然与拔都保持着友好的关系。拔都与贵由和不里的不合，以及与蒙哥的友谊，对后来的蒙古历史都产生了深远的影响。

另外一部分蒙古军在拜答儿和海都的统率下，从今乌克兰地区出发，开始进攻李烈儿（波兰）。1240～1241年冬天，蒙古人越过了结冰的维斯杜拉河（1241年2月13日），洗劫了桑多梅日城，接着向克拉科夫城郊进军。1241年3月18日，蒙古军在赫梅尔尼克打败了李烈儿（波兰）大军，然后又向克拉科夫城进军，李烈儿王博列思老四世从克拉科夫逃往摩拉维亚。蒙古人发现克拉科夫城民弃城而逃之后，纵火焚烧了城市。

在拜答儿的统率下，蒙古人接着进入了昔烈西亚，并且在拉蒂博尔处渡过了奥得

▽ **克里姆林宫的毁灭与重建**

莫斯科的奠基者尤里大公于1156年修建了后世的克里姆林宫，莫斯科的城区由此开始逐步扩展为城镇。1237年，克里姆林宫被蒙古人摧毁，此后又多次被毁多次重建。图为14世纪时克里姆林宫的修复工程。

里格尼茨歼灭战

1241年，蒙古人拜达尔和合丹率领两个万人队，与波兰、日耳曼、奥地利联军对阵于里格尼茨城外10公里的平原地带。面对蒙古骑兵的箭雨，欧洲重骑兵遭受重创，联军全军覆没。这一战就是后来闻名西方历史的"里格尼茨歼灭战"。

战术：曼古歹

一只独立的队伍迅速冲到敌军队伍前，向敌人放箭然后诈败逃走，不和敌人交锋，诱使敌人追击。当敌人的追击方阵和队伍离散时，蒙古弓箭手就组织起来设埋伏，逐个歼灭分散的敌人，并给敌人造成混乱，再以主力部队攻击

蒙古
- 统帅：拜达尔、合丹
- 兵力：两个万人队

波兰联军
- 统帅：西里西亚国王亨利二世
- 兵力：波兰人约4万、奥地利人约4万、日耳曼人约6万，总14万人

河，与西里西亚的孛烈儿大公亨利交战。亨利率领的军队大约有三万人，是由孛烈儿人、日耳曼十字军与条顿骑士团组成的。4月9日，亨利率领的这支联军被蒙古军消灭，亨利在莱格尼察附近的瓦尔斯塔特被杀。这次胜利后，蒙古人进入了摩拉维亚，并且将整个城市夷为一片废墟。但是，强悍的蒙古军没有能够攻下奥尔米茨城，这座城由施泰日格的雅罗斯拉夫守卫。这支蒙军从摩拉维亚出发，与在匈牙利活动的另外一支蒙军会合了。

在此期间，由拔都统率和速不台直接指挥的另外一支蒙古军兵分三路入侵匈牙利，其中，昔班率一路军从北面而来，也就是从波兰和摩拉维亚之间攻入。在拔都统率下的二路军从加利奇而来，攻克了乌日哥罗德和穆卡切沃之间的喀尔巴阡山峡谷，并且在1241年3月12日击败了负责防守这个地方的伯

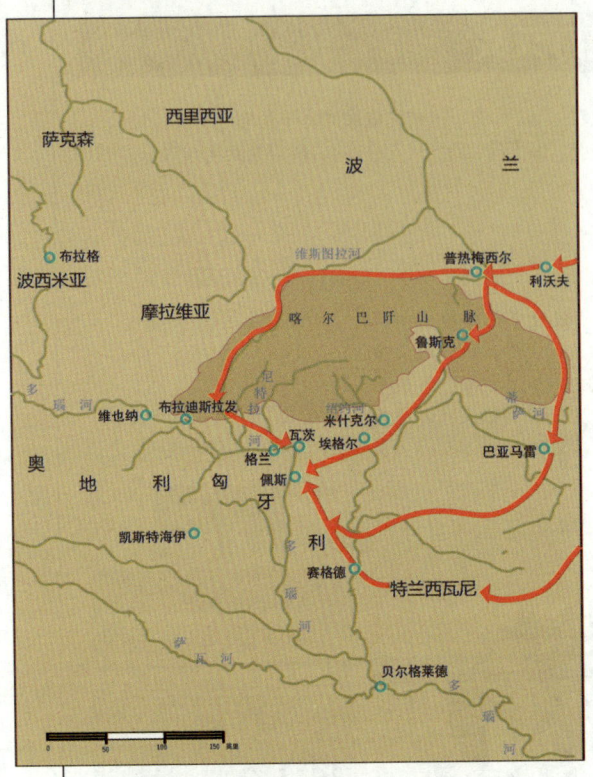

蒙古征服匈牙利：莫希平原之战

由拔都和速不台统率的蒙古军兵分三路：一路军从波兰和摩拉维亚之间攻入；二路军攻克喀尔巴阡山峡谷而入；三路军从摩尔达维亚进军，回合于佩斯，与匈牙利王贝拉四世交战于莫希平原，最终彻底击败匈牙利人。

爵。在合丹率领下的第三路军从摩尔达维亚向奥拉迪亚和琼纳德进军，当时，这两座城池都被摧毁，蒙古军以各种残酷的方式屠杀城内的居民。在4月2日～5日，蒙古人的这三路军队在佩斯对面集合。佩斯城里的匈牙利王贝拉四世匆忙集合他的军队。7日，当匈牙利王离军出城迎战时，蒙古军开始缓慢地撤退，一直退到绍约河与蒂萨河合流处。正是在两条河流合流处上游的莫希南部，11日，速不台赢得了他最辉煌的一次胜利。拔都在战争前夕，以成吉思汗的方式登上高地，呼唤蒙古人的最高神腾格里——长生天，祈祷了一天一夜。

两支军队分别在绍约河的两岸对阵。速不台在4月10日～11日夜间率军在吉里勒斯和纳吉·者克斯之间的地段渡河。第二天早晨，他派出了他的两侧翼军，从侧面包抄敌营，直达扎卡尔德。然后，拔都的弟弟昔班领导了决定性的战斗。在这场战斗中，匈牙利人被彻底击败了，他们或者被杀，或者逃跑。

蒙古人强攻并且焚烧了佩斯城，匈牙利王贝拉逃到亚德里亚避难。佩斯城中的居民们遭受了难以言说的暴行之后，被集体屠杀。在《可怜的诺基里·卡曼》这部书中，对这一悲剧进行了描述：攻城之后，蒙古军鼓励逃亡的居民重返家园，并且答应赦免他们。当佩斯城的居民们消除了疑虑之后，蒙古军又背信弃义地把他们全部杀死。并且有时候，蒙古军还把俘虏赶到队伍的最前面，以俘虏为先锋，去强攻那些设防的城市。蒙古军还强迫农民为他们收割庄稼，然后把农民全部杀死。当他们继续前往别处掠夺之前，在撤走时会杀死被他们污辱过的当地妇女。整个匈牙利地区，直到多瑙河畔，最后都处于蒙古人的统治之下，只有少数抵抗的城堡除外，像格兰、斯特里戈里姆、埃斯泰尔戈姆和阿尔巴尤利亚。1241年7月，蒙古大军的先头部队甚至抵达了维也纳附近的诺伊施塔特。同年12月25日，拔都亲自率军越过了结冰的多瑙河，继续去攻打格兰。

1241年的整个夏天和秋天，蒙古军都留在匈牙利的平原上休整。毫无疑问，这片平原令他们想起了自己的故乡——蒙古大草原。在1242年初,他们唯一的军事活动就是派合丹王子追击已经在克罗地亚避难的贝拉国王。当蒙古军的前锋到来时,贝拉逃到了达尔马提亚群岛。合丹一直追到亚德里亚海边的斯普利特和科托尔,并且洗劫了科托尔城,然后才在1242年3月返回了匈牙利。

在这同时,1241年12月11日,窝阔台大汗在蒙古去世,蒙古帝国的继承权出现了问题。于是,蒙古军被迫撤离了匈牙利。此时,贵由和蒙哥已经回到了蒙古,其他军队的首领也一样急于返回帝国。欧洲就这样得救了,摆脱了自阿提拉以来所面临的最大的危险。蒙古人在撤走之前,警告并威胁俘虏们说,他们随时都可能返回。1242年春天,拔都经过保加利亚,前往黑海。他从保加利亚出发,经过瓦拉几亚和摩尔达维亚,在1242～1243年的冬天,抵达了他在伏尔加河下游的营地。

从1236～1242年,在这期间,蒙古人的远征大大扩张了术赤在伏尔加河以西的领地。根据成吉思汗的遗愿,这一兀鲁思将包括也儿的石河以西、蒙古马蹄所到之处的一切地区。如今,蒙古马蹄已经印在从也儿的石河到德涅斯特河下游之间的土地上,甚至到达了多瑙河河口。这一辽阔疆域后来都成了拔都的领地,再加上拔都又是1236～1242年远征期间名义上的首领,而更加确定无疑。从此,在历史上,拔都被称为"钦察汗"。

▽ 欧洲人眼中的蒙古人

蒙古人在入侵波兰、匈牙利时,屠城毁城,令欧洲人恐惧万分。在13世纪英国编年史家马修·帕里斯所著《大事纪年》的插图中,就描绘了蒙古人砍头、吃人的场景。与当年的上帝之鞭阿提拉相同,欧洲人再一次认为,蒙古人的暴行是上帝对世间罪孽的惩罚。

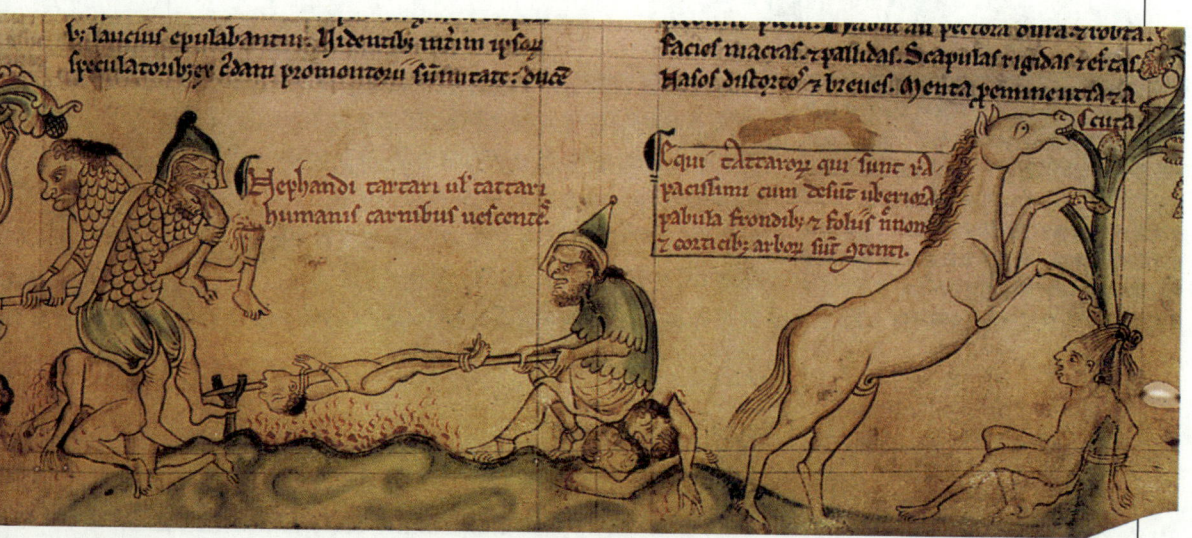

3. 贵由的统治

脱列哥那的摄政

1241年12月11日窝阔台去世的时候，他的遗孀、能干的脱列哥那被委任摄政。这位公主的前夫是蔑儿乞部人，据说她本人也是蔑儿乞部人。1242～1246年，蒙古帝国一直由她掌权。最开始，窝阔台是希望立第三个儿子阔出为继承人。1236年，阔出在远征南宋王朝的战争中被杀，于是，窝阔台选择让阔出的长子、年轻的失烈门为继承人。然而，脱列哥那却想让她的亲生儿子贵由继任大汗，所以，她延长了自己的摄政时间，以便为贵由成为大汗做准备。

在脱列哥那摄政时期，一大批曾经深得窝阔台信任的辅臣被贬官，尤其是已故皇帝的丞相、克烈部人聂思托里安教徒镇海和窝阔台的理财大臣、汉化的契丹人耶律楚材。脱列哥那任用穆斯林奥都剌合蛮取代了耶律楚材。因为奥都剌合蛮答应从税收中给她增加一倍的收入。耶律楚材见自己的明智政策不被采纳，预见到蒙古人民将承受过度的负

▽ 一代权后脱列哥那

脱列哥那，又称乃马真后，是窝阔台的第六皇后。在窝阔台病逝后临朝称制，摄政后她结党营私、宠信奸佞、排斥忠良，一代贤相耶律楚材的"儒政治国"方针被废，导致国力日衰。后推举其子贵由为大汗。

▽ 一代贤相耶律楚材

契丹人耶律楚材先后辅佐成吉思汗、窝阔台汗，提出了许多利国利民的决策，包括设立征收课税使、完善礼制、提倡"儒政治国"等，尤其是劝阻蒙古人很多的屠城行为。在脱列哥那称制时渐被排挤，于1244年6月郁郁而终。

| 斯基泰人 | 萨尔马特人 | | 柔然人 | 突厥人 | | | 契丹人 | 女真人 |
| | | 匈奴人 | 鲜卑人 | | | 厌哒人 | 回鹘人 | |

担，不久后就在哈拉和林忧愤而死，享年55岁，这是在1244年6月发生的事。另外，脱列哥那还罢免了另外两位大臣的官职，一个是突厥斯坦和河中地区的长官穆斯林麻速忽·牙剌洼赤，他只是暂时被革职；另外一个是东波斯的长官回鹘人阔儿吉思，他则被处死，他死后，斡亦剌惕部人阿儿浑·阿合取代了他。

虽然脱列哥那的权力得到了老察合台的保护，但是她的基础仍然不稳固。所以，在她摄政后不久，成吉思汗的幼弟铁木哥斡赤斤就怀着某种不明确的目的率军向帝国斡耳朵挺进，要知道，他的封地是从东蒙古一直延伸到吉林地区的。贵由从欧洲返回了他在叶密立（额敏）河畔的封地，使得铁木哥的阴谋计划落空。更严重的是，贵由的私敌——钦察汗拔都对贵由异常仇恨。因为贵由在远征罗斯时不服从拔都的命令，为了这个原因，贵由被窝阔台召回了蒙古，拔都对此一直怀恨在心。所以，当脱列哥那希望召开库里勒台，让贵由当选为帝国大汗时，拔都千方百计地拖延时间。当这次大会最终召开时，拔都也称病，没有出席会议。

贵由的统治

1246年春夏，脱列哥那在距离哈拉和林不远的阔阔纳兀儿和鄂尔浑河河源一带，召开了库里勒台。巨大的帐篷城昔剌斡耳朵，即黄帐（金帐）扎营地搭建起来了，成吉思汗的各支宗王（除了拔都以外）都聚集在了一起。接着，蒙古帝国管辖之下的各省长官和臣属国王也赶来了，其中职位较高的有：再次出任突厥斯坦和河中地区长官的麻速忽·牙剌洼赤，波斯长官阿儿浑·阿合，谷儿只的两位争夺王位的王子大卫纳林和大卫拉沙，罗斯大公雅罗斯拉夫，亚美尼亚（西里西亚）王海屯一世的兄弟森帕德将军；还有在1249年成为小亚细亚苏丹的塞尔柱人乞立赤·阿尔斯兰四世；起儿漫阿塔比的使者们；甚至有一位来自巴格达哈里发的使臣。按照摄政皇后脱列哥那的意见，库里勒台选举了她与窝阔台生的儿子贵由王子为大汗。1246年8月24日，贵由即位。在蒙古帝国，新的大汗应该在窝阔台家族世袭继承的条件下才能接受权力。在贵由的继位仪式上，全体宗王们脱下帽子，解开了宽腰带，把贵由扶上了金王位，称呼他为大汗。与会者都对他九拜表示归顺，在帐外的藩王及外国使臣也同时跪拜称贺。

1246年召开的这次库里勒台，是从天主教方济各会的会士——普兰·迦儿宾的报道中知道的。普兰·迦儿宾是教皇英诺森四世派往蒙古的信使。在信中，教皇恳求贵由不

▽ **贵由可汗**

贵由的即位有点名不正言不顺，其母强行将他推举为可汗。即位后他深知其母称制导致的法纪混乱，于是立即扫清了其母及党羽在朝中的影响，在位期间还和罗马教宗多有交往。

可汗登基典礼

1246年8月24日，贵由在忽里勒台大会上登基成为蒙古帝国大汗。罗马天主教方济各会的迦儿宾见证了此次典礼：所有的蒙古人全都行跪拜礼，面对贵由汗齐声唱歌，挥舞着手里红色羊毛制作的旗子向大汗致敬……图为可汗接受臣民的跪拜礼。

要再攻击其他民族，并希望蒙古人都皈依基督教。1245年4月16日，迦儿宾从里昂出发，途经德国、波兰和罗斯，并在次年2月3日离开基辅。1246年4月4日，迦儿宾在伏尔加河下游受到钦察汗拔都的接见。拔都派他去蒙古见大汗。他经过巴尔喀什湖南，即原喀喇契丹国境（通常的路线是经讹答剌、伊犁河下游、叶密立河），再经过原乃蛮人的国境，最后达到了库里勒台所在地。7月22日，迦儿宾抵达帐殿（昔剌斡耳朵），也就是在距离哈拉和林只有半天路程的地方。他亲眼目睹了贵由的当选，并且在他后来的著作中生动描述了贵由："在他当选时，大约有40岁，最多45岁。他中等身材，非常聪明，极为精明，举止极为严肃庄重。从来没有看见他放声大笑，或者寻欢作乐。"在宗教信仰上，贵由信奉的是聂思托里安教，迦儿宾亲眼目睹了在贵由帐前举行的聂思托里安教教徒们的庆祝集会。贵由的丞相、家庭教师合答黑和克烈部人镇海都是聂思托里安教教徒。贵由的另外一位辅臣是"叙利亚人列班"，即列班·阿塔（汉名列边阿塔），他负责有关聂思托里安教的宗教事务。在镇海和合答黑的斡旋之下，迦儿宾向贵由大汗陈述了他访问蒙古宫廷的目的。不过，贵由在致罗马教皇的回信中，却几乎不提倡基督教。在信中，他以蒙古君主威胁性的口吻，邀请教皇和基督教诸王公在宣传基督教福音之前，先到他的驻地来向他表示效忠。贵由宣称说，他的权力受到神权的保护，他是以诸神和各地主宰的最高代表长生天的名义在说话。

迦儿宾拿着贵由的回信，在11月13日离开昔剌斡耳朵踏上了归途，经过伏尔加河下游和拔都的驻地返回去了。他抵达拔都的驻地时间是1247年9月5日。然后，他又从这儿经过基辅返回了西方。

在库里勒台上，亚美尼亚大将军森帕德是作为其兄长亚美尼亚王——海屯一世的使臣来见贵由的。为了这次觐见，森帕德的旅行从1247年开始，直到1250年才结束。与迦儿宾相比，他似乎更懂得通过与蒙古的联盟使基督教获得更多的好处。

贵由大汗亲切地会见了他，并赐予了他

▽ 景教瓷墓志

贵由对基督教十分优待,此后蒙古人也开始有信仰基督教的。图为一元代蒙古族将领的墓志,正中绘十字架,上有古叙利亚文和回鹘体蒙文,底部绘莲花纹,反映了基督教在东传过程中受蒙古文化和佛教文化的影响。景教是元代对基督教一支聂斯托里派的称呼。

铁木哥斡赤斤的进行了调查,并惩罚了铁木哥的随从。1242年,伊犁河流域的察合台汗去世时,选了他的孙子哈剌旭烈兀(木阿秃干之子,木阿秃干于1221年围攻范延时去世)为他的继承人。贵由以君主的身份干涉察合台兀鲁思事务,并在1247年,让他的好友察合台的幼子也速蒙哥取代了哈剌旭烈兀。他还派亲信野里知吉带(晏只吉带)到波斯。从1247~1251年期间,野里知吉带的职位与木干草原上的蒙军统帅拜住将军平级,甚至级别还要高一些。在远东地区,管理着被征服的汉族地区的财政大臣奥都剌合蛮因为贪污被处死,取代他的是马合谋·牙剌连赤。信奉聂思托里安教的克烈人镇海重新被任命为帝国的丞相,当迦儿宾见到镇海

一份证书,在这份证书上,保证了海屯王拥有贵由的保护和友谊。森帕德在归途中曾经写信给他的妹夫塞浦路斯国王亨利一世,这封信至今仍然保留着。信中注明的日期是1248年2月7日,是从撒马尔罕发出来的。在信中,森帕德强调了聂思托里安教在蒙古帝国和蒙古宫廷中的重要性。他在信中写道:"东方的基督教徒已经把他们自己置于大汗的保护之下,大汗以极大的敬意接见了他们,并使他们获得了免税权,还明令禁止任何人干扰他们。"

贵由留给迦儿宾的庄重印象可以从拉施特的记载中得到证实。根据拉施特的描述,贵由能干、专横,对自己的权力小心翼翼,不容许他人的侵犯。贵由认为,在父亲窝阔台的统治和母亲脱列哥那的摄政期间,国家的政权已经松弛,他决定把大汗与宗王之间的权力关系恢复到成吉思汗统治时期的状况。于是,他对图谋攻击摄政皇后的叔祖父

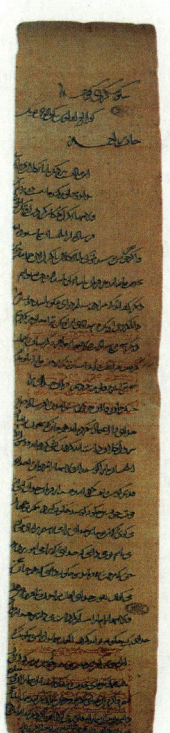

▽ 由对抗到屈服

基督教从开始的十字军东征,以及对抗蒙古人的入侵,到贵由统治时期的朝拜并寻求庇护,可以看到欧洲人对草原游牧民族,对蒙古帝国态度的转变。图为贵由可汗写给当时的教皇英诺森四世的信,要求他们在传教前必须先经由他的首肯,并承认他的权威。

的时候，镇海正在担任丞相一职。在向蒙古帝国纳贡的民族中，贵由把谷儿只分给了两位对立的争夺王位的人，大卫沙拉得到了卡特利亚，女王鲁速丹的儿子大卫纳林只保有埃麦利蒂亚。在小亚细亚的塞尔柱苏丹国（科尼亚），贵由把王位给了乞立赤·阿尔斯兰四世，而没有给予直到当时一直在位的、乞立赤的兄长凯卡兀思二世。

当贵由决定取消成吉思汗其余各支所享有的、不断扩大的自主权时，他与成吉思汗的长支，即术赤家族的首领拔都发生了冲突。1248年初，贵由和拔都之间的关系十分紧张，以至于双方都在开始准备战争了。贵由借口巡视他在叶密立的世袭领地，离开哈拉和林向西征进。与此同时，拔都已经得到了拖雷家族的唆鲁禾帖尼公主的密报，也向谢米列契耶进军。他一直抵达了离海押立（今卡帕尔城附近）不到7天路程的阿拉喀马克。根据巴托尔德的说法，他到达了位于伊塞克湖和伊犁河之间的阿拉套。看来，贵由和拔都之间的冲突似乎是不可避免了。让人意想不到的是，当贵由距离别失八里还有一天的路程时，却衰竭而死。贵由死亡的主要原因是他长期酗酒暴食。巴托尔德认为，贵由可能死于乌伦古河地区；伯希和说是在别失八里（今济木萨）东北部。中国的史书把

13世纪中叶的蒙古帝国

至1250年，蒙古帝国经历第二次西征后，已经占领了北亚、东欧以及南欧北部的广大地区，主力跨过多瑙河，兵临维也纳，前锋直抵西欧莱茵河，帝国的统治盛极一时。

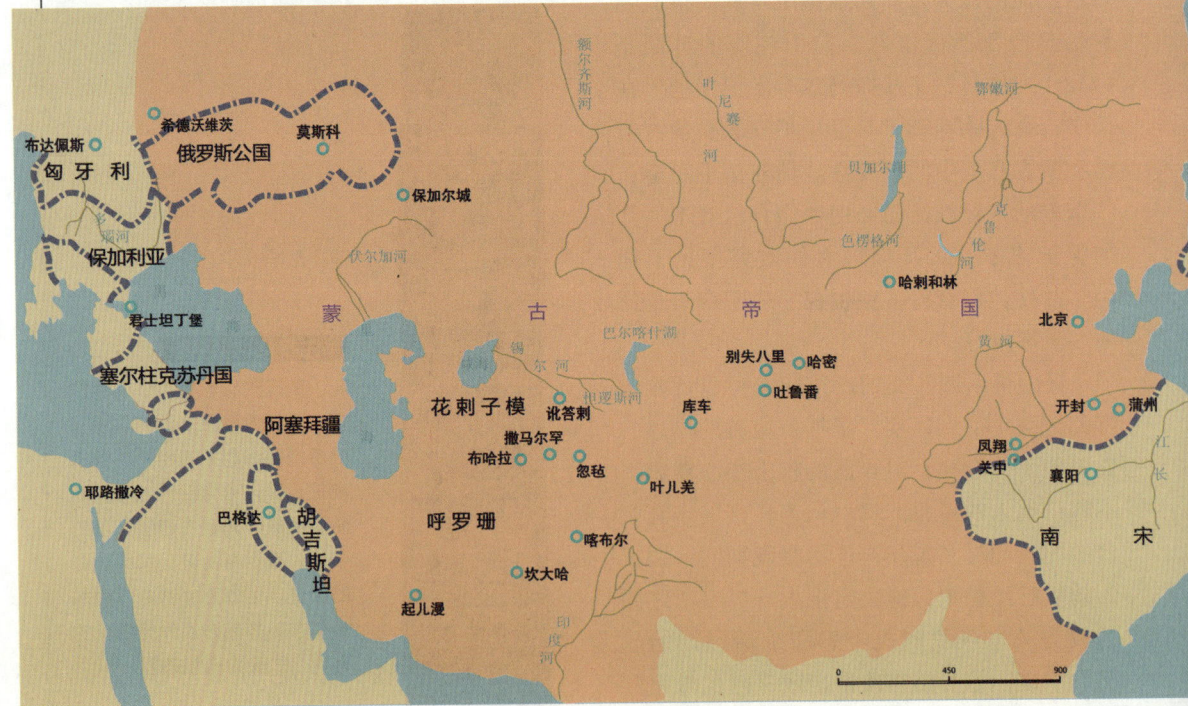

贵由去世的时间定在1248年3月27日～4月24日之间。贵由去世时年仅43岁。

可能正是由于贵由的去世，才使得欧洲免遭了一场可怕的灾难。因为贵由的企图不仅仅是要打败钦察汗，而且还想进一步征服基督教世界。不管怎么样，贵由在他去世前已经在关注欧洲了。

贵由死后，先是蒙哥继位，接着是忽必烈继位。他们促使蒙古人把远征的目标，从欧洲引向东方的金王朝和南宋王朝。

4. 蒙哥的统治

斡兀立·海迷失的摄政

贵由死后，他的遗孀斡兀立·海迷失正式宣布摄政。斡兀立·海迷失出身于斡亦剌惕部，也有说她属于蔑儿乞部。1250年，在塔尔巴哈台的叶密克和霍博地区，也就是在窝阔台家族的世袭领地上，她接见了由法兰西路易九世派来的使者，天主教多米尼克修会的三位教士——安德烈·德·朗朱米和他的兄弟盖依以及让·德·卡尔卡松。这三位教士是途经波斯（桃里寺），沿着恒逻斯河来的。她把他们转呈的、法王送给她的礼物作为贡物接收了，并要求法王明确地表示臣服于她。1251年4月，这三位教士才在凯撒里亚见到路易王。

事实上，斡兀立·海迷失很想把王位传给窝阔台系的一位王子，要么是贵由的侄儿失烈门继位，当然最好是传给她与贵由所生的忽察。但是，此时成吉思汗家族的长支首领拔都出面干涉了。拔都在这件事情上起了主导作用，他决定排除窝阔台系。拔都和拖雷的遗孀唆鲁禾帖尼（也称莎儿合黑塔尼）联合了起来，唆鲁禾帖尼是克烈部人（王罕脱斡邻勒的侄女），也是一位聂思托里安教

◇ **教皇格利高里四世**

图中是罗马教皇格利高里的马赛克画。在蒙古军队对匈牙利和波兰地区征战的时候，教皇已经被蒙古人的威名所惊吓。他派使者去劝阻贵由不要再继续向西方进军了，然后还希望贵由及其部属皈依基督教。实际上作为基督教徒的贵由对西方更感兴趣，他很可能制定了征战西欧的计划。如果不是他不合时宜的去世，欧洲可能要遭到灭顶之灾。

图解草原帝国

▼ 库里勒台

库里勒台并不是一个地名,而是蒙古人的部民选举制度,即蒙古各部首领会议。蒙古没有固定的嫡长继承制,汗位继承权或由前大汗生前指定,或通过明争暗斗夺取,但形式上总要召开库里勒台,由诸王、贵戚推举,才能即汗位。图为蒙古各部首领来参加库里勒台的场景。

徒,她不但精明,还很明智。在早些时候,当贵由对许多成吉思汗宗王们有损于国家的、滥用权力的罪行进行严肃调查时,在她的主持下,拖雷家族的行为自始至终都被认为是无可指责的。如今,在她看来,家族的转机来到了。她说服拔都提名她与拖雷生的长子蒙哥为大汗。因此,大约在1250年,在伊塞克湖以北的拔都的阿拉喀马克营地上,特地召开了库里勒台。在集会上,拔都推举了蒙哥,并强迫众人接受这一提议。不过在当时,赞成蒙哥为大汗的只有术赤和拖雷家族的代表。窝阔台和察合台家族的代表们要么没有出席这次集会,要么是在选举大汗前就离开了阿拉喀马克。当窝阔台和察合台家族得知蒙哥的提名后,借口这次集会是在远离成吉思汗圣地的地方召开的而拒绝承认。于是,拔都决定在斡难河,或者在怯绿连河畔的原蒙古圣地上再召集一次更多人出席的库里勒台。他特地邀请窝阔台和察合台家族的成员们参加。然而，窝阔台和察合台家族都拒绝了他的邀请。

拔都不顾他们的反对，委托他的弟弟别儿哥在怯绿连河畔的阔帖兀阿兰重新召集了一次库里勒台。别儿哥不顾窝阔台家族的抗议，也不顾支持该家族的察合台兀鲁思首领也速蒙哥的抗议，宣布蒙哥为大汗。根据记载，这件事发生在1251年7月1日。就这样，帝国的统治权最终从窝阔台家族转移到了拖雷家族。

相对而言，这次政变很轻易地就获得了成功。首先，蒙哥是一个强悍的人，与他相比，窝阔台家族中的各位王子年幼且不受尊重。此外，拔都是成吉思汗家族的长者和长支的首领，在王位空缺期间居于行使独裁权力的地位。不过，窝阔台家族被赶下王位和拖雷家族获胜，是对王位正统性的一种侵

蒙哥的即位示意图

蒙哥的即位是蒙古皇族内部斗争的结果。贵由的遗孀想让她和贵由的儿子成为继承人。但是遭到了拔都汗和拖雷遗孀的反对。详情见下图。

	成吉思汗子孙们各拥立的汗位继承人	
拔都和拖雷的遗孀唆鲁禾帖尼结成同盟，他们共同推举拖雷的儿子蒙哥继承汗位		窝阔台和察合台家族的代表，主要有，贵由的遗孀斡兀立·海迷失和贵由的侄子失烈门以及斡兀立·海迷失的儿子忽察等
拔都推举了蒙哥，并强迫众人接受这一提议	第一次库里勒台约在公元1250年，在伊塞克湖以北的拔都的阿拉喀马克营地召开	察合台和窝阔台家族的人借口这次集会是在远离成吉思汗的圣地的地方召开的，拒绝承认这次选举
拔都的弟弟别儿哥不顾窝阔台家族的抗议和察合台兀鲁思首领也速蒙哥的抗议，宣布蒙哥为大汗	第二次库里勒台在怯绿连河畔的阔帖兀阿兰召开	被罢黜的窝阔台家族的宗王们，在会议即将结束之时来到集会地点，企图推翻蒙哥，但是被镇压，参事人员大多被处死
	蒙哥成为蒙古帝国的新一任可汗	

蒙哥

犯。窝阔台家族不可能没有任何反抗就接受它。于是，被罢黜的窝阔台家族的宗王们，尤其是失烈门，在库里勒台快要结束时到达了，表面上看似对新选出的大汗表示效忠，实际上是想突袭并推翻蒙哥。但是，他们的计划被察觉了。他们的卫队被缴械，顾问被处死，其中包括合答黑和镇海。而窝阔台家族的宗王们也被拘捕。

面对企图反抗自己的堂兄弟们，蒙哥严厉地惩罚了他们。前摄政皇后斡兀立·海迷失被剥去了衣服受审，蒙哥很憎恨她，大约在1252年5月～7月，她被缝入一口袋后投入水中淹死。蒙哥的弟弟忽必烈把失烈门带往驻扎在中国的蒙军中，暂时救了他，但是，后来忽必烈也没有能够阻止蒙哥把失烈门投入水中淹死。贵由年幼的儿子忽察被放逐到哈拉和林以西的地区。合丹和海都一样，主动投降，获得到了赦免。因此，到最后，合丹和海都仍然保有叶密立兀鲁思。再后来，海都举起窝阔台家族的旗帜，给蒙哥的继承者造成了很大的麻烦，当然，这是后话了。最后，蒙哥还处死了察合台兀鲁思的首领也速蒙哥，因为他曾经站在反对蒙哥的一边，蒙哥让察合台家族的另一个王子、哈剌旭烈兀取代了他。1252年，又让哈剌旭烈兀的遗孀、兀鲁忽乃公主继位。察合台的另一个孙子不里被交给拔都，拔都处死了他，因为他在蒙古军征战欧洲时，曾经反对过拔都。

▽ 蒙哥汗画像

蒙哥是成吉思汗幼子拖雷的长子、窝阔台的养子。1251～1259年在位。即位前曾参加长子军西征，活捉钦察首领八赤蛮，进攻俄罗斯等地。据说他沉默寡言、不好侈靡，喜欢打猎，是一位非常有作为的君主。蒙哥虽然并未亲自攻下宋朝，但是他发动的征服战争对元朝版图的确立贡献良多。

蒙哥的统治

蒙哥即位的时候已经43岁，继成吉思汗之后，他是最杰出的蒙古大汗。蒙哥沉默寡言、不好侈靡的生活，也不喜欢狂饮暴食，唯一的乐趣就是打猎。蒙哥让札撒和祖辈的戒律恢复了起初的严厉性。总的来说，蒙哥是一位能干的领袖，也是一位严厉而公正的管理者。同时，他也是一位头脑冷静、理智的政治家，更是一名优秀的战士。在他的统治之下，蒙古帝国由成吉思汗建立起来的强有力的国家机器恢复了。在任何情况下，他都没有放弃他的种族特征。他强化了蒙古帝国的行政管理机构，把蒙古帝国建设成为了一个正规的大国。在他统治初期，他对拔都的感恩不管是在法律上，还是在事实上，都导致了权力的分裂。实际上,拔都一直在巴尔喀什湖以西地区内实行独立统治。拔都去世后(最迟在1255年),蒙哥再次成为蒙古帝国唯一强大的君主。当时,各个兀鲁思,或者说成吉思汗的各个封地上的首领们,都认为他们有权享受免税权,或者是与中央政权的代理人一起分享国家的税收。但是,蒙哥禁止了这些做法。如果蒙哥能够活得更长久一些,或者如果他的继承者能够继续执行他的政策,那么在日后,蒙古帝国就不会分裂为中国、突厥斯坦、波斯、俄罗斯这四个汗国,而将会继续是一个统一的国家。

蒙哥是由母亲唆鲁禾帖尼抚养长大的。唆鲁禾帖尼信仰聂思托里安教,所以蒙哥也倾向于信仰聂思托里安教。并且,蒙哥挑选了克烈部人,同样信仰聂思托里安教的孛鲁合为丞相。不过在另一方面,蒙哥也不排斥佛教和道教。在1251~1252年间,他曾经任命一位道教首领和佛教国师作为自己的贴身随从。这位道教首领就是道士李志常,而这位佛教国师就是"来自西土"的那摩喇嘛。1255年,蒙哥出席了在和林举行的、佛教僧侣那摩和一些道士们展开的辩论会。次年,蒙哥在哈拉和林的宫廷中举行了一次佛教会议。总的来说,蒙哥一直在保持着道士与佛教徒之间的平衡。不过,在道教和佛教之间,蒙哥似乎更倾向于支持佛教,尤其是在1255年关于道佛的辩论会之后,在会上道士

▼ **蒙哥统治时期的蒙古帝国**

蒙哥是继成吉思汗之后最杰出的蒙古大汗,他在位时帝国的疆域达到顶点:北方,西起今额尔齐斯河,东至鄂霍次克海。东部拥有朝鲜半岛东北部,西南包括今克什米尔地区以及喜马拉雅山南麓的不丹、锡金等地。图为1259年蒙哥统治时期的蒙古帝国疆域。

| 塞尔柱人 | 古兹人 | | | 可萨人 | 钦察人 | | 满族人 | 卡尔梅克人 |
| | | 阿瓦尔人 | 保加尔人 | | | 蒙古人 | 塔吉克人 | |

第六章 成吉思汗的继承者

蒙哥与聂思托里安教

蒙哥的母亲唆鲁禾帖尼信仰聂思托里安教（即景教），蒙哥也倾向聂思托里安教。事实上，蒙古的克烈、乃蛮、蔑里乞和汪古部都信奉这一教派。图为高昌古城郊外景教废寺出土的壁画，描绘在基督教的圣枝节上，一群手持棕榈枝的信徒正簇拥着一位基督教祭司施行洗礼的情景。

们被指控传布伪经，歪曲佛教起源。蒙哥利用各种宗教为他的政治目的服务。也正是为了这一目的，他把海云和尚作为佛教徒的首领派到佛教徒中，把同样献身于蒙古族利益的人派到道士中去。

卢布鲁克的旅行

在蒙哥统治时期，法兰西王路易九世（圣·路易）派方济各会的会士——卢布鲁克村（在卡塞尔附近）的威廉访问蒙古。1253年5月7日，卢布鲁克离开了君士坦丁堡，经过黑海后，前往克里米亚的意大利商人区，然后于5月21日在苏达克城登陆。穿过克里米亚，卢布鲁克就进入了俄罗斯草原，即饮察汗国的领地。此时，他感觉自己仿佛到了另外一个世界，这是彻底属于游牧民的世界。由于蒙古人对原钦察突厥人进行过全面的大屠杀，所以，此时这片辽阔的俄罗斯草原成了一个更加荒凉的世界。这是一片不毛之地，在它的地平线上，蒙古巡逻骑兵随时都会突然出现。后来，卢布鲁克说："当我发现自己在鞑靼人之中时，我真的感到好像是到了另外一个世纪和另外一个世界之中。"卢布鲁克接着说："鞑靼人没有固定的住处，他们把从多瑙河延伸到远东的整个斯基泰人的地区都瓜分了；每个酋长按照自己管辖的人进行瓜分，就能知道他牧场的界线以及春夏与秋冬游牧的地方。每当冬季来临的时候，他们要迁到南方温暖的地区，而夏季的时候他们又会往北迁移。"接着，卢布鲁克还描述了蒙古人架在车上的毡帐，常常聚集成流动村子。他还说："男人们的头顶有一小块是剃光了头发的，剩下的头发在脑后编成了辫子，并且从两边下垂至耳部。"冬天，这些蒙古人用毛皮裹住身体，夏天则穿着来自中国的丝绸。最后，卢布鲁克还提到了蒙古人会喝大量的奶酒，即发酵的马奶酒以及葡萄酒。

7月31日，卢布鲁克到达了拔都的儿子撒里答的营帐，这里距离伏尔加河不到3天的路程。撒里答是一个聂思托里安教徒，尽管此时卢布鲁克还没有明白这一点，不过，卢布鲁克还是被一位名叫科亚特的聂思托里安教中的基督教徒引见给了撒里答，在蒙古宫廷中，科亚特是一位重要人物。另外，在蒙古人的宫廷里面，卢布鲁克还发现了一位圣殿骑士，而且卢布鲁克还吃惊地发现撒里答对欧洲事务相当熟悉。卢布鲁克告诉撒里答说，在基督教的世界中，皇帝是最强大的君主。撒里答回答说，现在霸权已经转移到了路易王的手中。卢布鲁克离开撒里答的营帐后，渡过伏尔加河，在位于该河东岸的拔都的斡耳朵内受到了拔都的接见。卢布鲁克描绘道："拔都坐在一个金色的高椅上，或者说坐在像床一样大小的王位上，必须向上走三级才能登上宝座。在他的旁边，坐着他的一个妻子。其余的人坐他的右边和这位妻子的左边。"这次，拔都派卢布鲁克去蒙哥大汗的宫廷。卢布鲁克过了扎牙黑河，或者称为乌拉尔河，踏上了亚洲草原，按照卢布鲁克的说法，也就是"像海一样辽阔的荒野上"。然后，他沿着楚河继续前进，从距离怛逻斯不到6天路程的地方过河。然后渡过伊犁河，再沿着伊犁河北岸经过额忽兀斯城。在额忽兀斯城中，居住着说波斯语的塔吉克人。根据巴托尔德的推测，这些塔吉克人可能是喀什噶尔的埃基—乌古思人。接着，卢布鲁克经过了海押立（今卡帕尔城附近），在那儿有一个活跃的聂思托里安教中心，同样也有一个畏兀儿佛教中心。在佛教徒中间，他听到僧人们反复念一句佛语——"Ommanipadmehum"。卢布鲁克后来写道，"正是从畏兀儿人那里，鞑靼人（蒙古人）有了他们自己的文字和字母，蒙哥大汗给路易九世陛下的信就是用畏兀儿字书写的蒙古语。"

1253年11月30日，卢布鲁克离开了海押立，绕过巴尔喀什湖东端后，经过叶密立（额敏）河，或者说经过了塔尔巴哈台地区，也就是地处阿尔泰山南部山脚之中、原乃蛮境边缘的窝阔台家族的封地，最后，到达了蒙哥的斡耳朵。1254年1月4日，蒙哥正式接见了他。卢布鲁克描述道："我们被领进帐幕中，当挂在门前的毛毡卷起来的时候，我们走了进去，唱起了赞美诗。整个帐幕的内壁全都是用金布覆盖着的。在帐幕的中央，有一个小炉，里面用树枝、苦艾草的根和牛粪生着火。大汗坐在一张小床上，穿着一件皮袍，皮袍像海豹皮一样有光泽。他中等身材，大约45岁，鼻子扁平。大汗吩咐

卢布鲁克眼中的蒙古人

在俄罗斯草原，卢布鲁克见到了蒙古人：男人们头顶有一小块剃光了头发，剩下的头发在脑后编成辫子，他们穿着毛皮大衣，喝着马奶酒，将毡帐架在车上，随着冬夏季节而不停流动、迁徙。

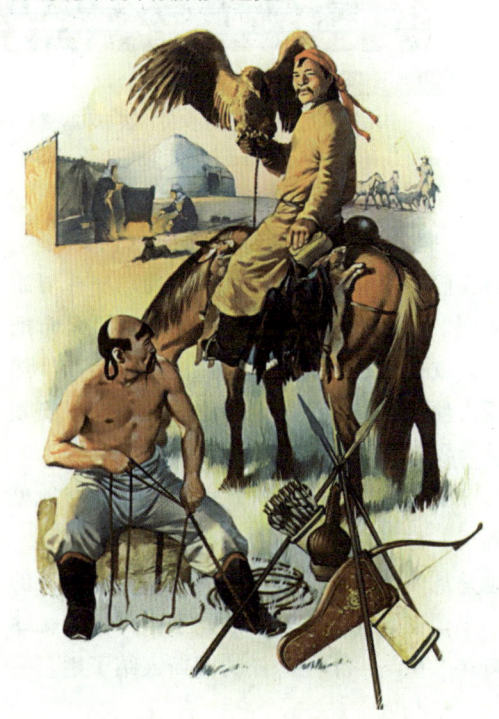

▽ **卢布鲁克营帐觐见**

卢布鲁克先后觐见过撒里答、拔都和蒙哥可汗。他在营帐里看到整个帐幕内壁全都是用金布覆盖，拔都或者蒙哥可汗坐在王位上，他们对欧洲事务的熟悉令卢布鲁克也感到吃惊。图为西方人所绘的可汗寿宴上，外来的使者正向可汗祝寿。

给我们一些米酒，米酒像白葡萄酒一样清澈甜润。然后，他又命人拿来许多猎鹰，把它们放在他的拳头上，观赏了好一会儿。然后，他要我们说话。他有一位聂思托里安教徒为我们和他进行翻译。"

在蒙哥的斡耳朵里，卢布鲁克惊奇地见到了一位来自洛林的、名叫帕库特的妇女，她是从匈牙利被带到这里的，给这位宗王的一个信仰聂思托里安教的妃子当侍女。帕库特在这里与一个当木匠的罗斯人结了婚。另外，卢布鲁克在和林宫中还见到了一位名叫纪尧姆·布歇的巴黎金匠，卢布鲁克说，"他的兄弟在巴黎的大蓬特。"金匠先后受雇于拖雷的遗孀唆鲁禾帖尼和也同情基督教的蒙哥幼弟阿里不哥。卢布鲁克发现，在进行盛大的宫廷宴会时，聂思托里安教的教士们穿着法衣，首先入席，为大汗祝福，接着才是穆斯林教士和佛教徒和道士进入。有时候，蒙哥亲自陪同信仰聂思托里安教的妻子到教堂做礼拜。他说，"蒙哥本人来了，为他带来了一张涂金的床,面对祭坛,他和妻子坐在上面。"

然后,卢布鲁克跟随朝廷人员前往哈拉和林。在1254年4月5日,他们抵达了和林。作为宫廷金匠的纪尧姆·布歇很高兴地接待了卢布鲁克,他的妻子是撒剌逊人的女儿,出生在匈牙利。她说一口流利的法语和库蛮语。在那里,还看见了一个名叫巴西尔的英国

◆ 生活在蒙古的欧洲人

卢布鲁克在蒙哥可汗的斡耳朵里,看到了不同民族、宗教的人生活在同一座帐篷的情景,有匈牙利人的侍女、法国的金匠以及英国人,还有聂思托里安教的教士、穆斯林教士、佛教徒和道士等。图为不同司职、不同民族的侍从们在服侍可汗的妻子。

塞尔柱人 | 古兹人　　　　　　　　　可萨人 | 钦察人　　　　　　满族人 | 卡尔梅克人
　　　　　　　阿瓦尔人 | 保加尔人　　　　　蒙古人 | 塔吉克人

人,这位英国人可能出生于匈牙利,他也会说法语和库蛮语。

在1254年的复活节,卢布鲁克被允许参加在和林的聂思托里安教堂内举行的群众庆祝会。除了聂思托里安教教堂,在和林城里还有两个清真寺和12座塔。在做礼拜的时候,卢布鲁克有机会见到了阿里不哥,在蒙哥的儿子中,他是最倾向于基督教的宗王之一。卢布鲁克说:"他伸出手来,以主教的方式向我们划了十字的记号"。有一次,当着卢布鲁克的面,穆斯林和基督教的教徒争辩起来,阿里不哥公开站在基督教徒一边。

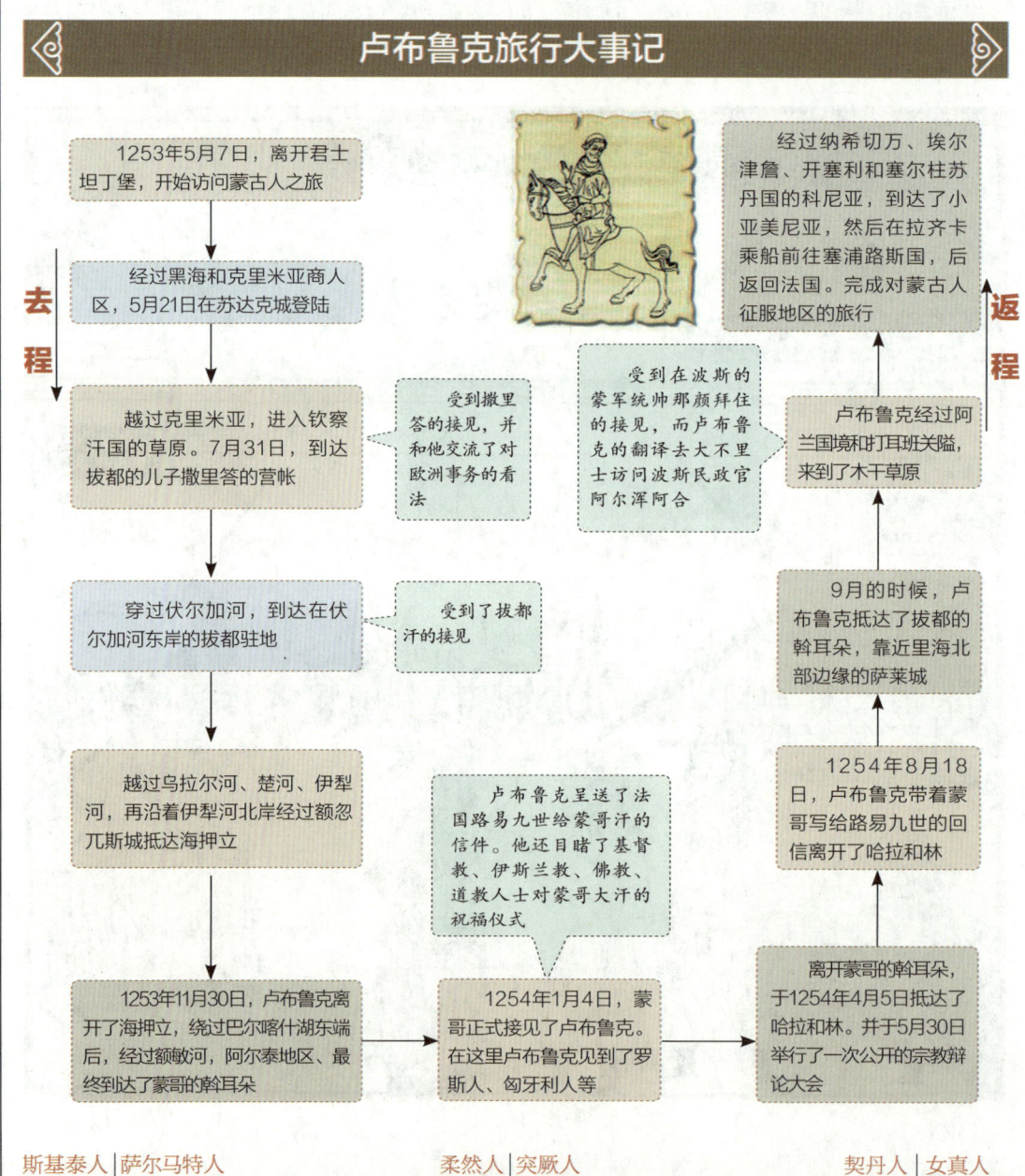

卢布鲁克旅行大事记

去程

1253年5月7日,离开君士坦丁堡,开始访问蒙古人之旅

↓

经过黑海和克里米亚商人区,5月21日在苏达克城登陆

↓

越过克里米亚,进入钦察汗国的草原。7月31日,到达拔都的儿子撒里答的营帐 —— 受到撒里答的接见,并和他交流了对欧洲事务的看法

↓

穿过伏尔加河,到达在伏尔加河东岸的拔都驻地 —— 受到了拔都汗的接见

↓

越过乌拉尔河、楚河、伊犁河,再沿着伊犁河北岸经过额忽兀斯城抵达海押立

↓

1253年11月30日,卢布鲁克离开了海押立,绕过巴尔喀什湖东端后,经过额敏河、阿尔泰地区、最终到达了蒙哥的斡耳朵

→ 1254年1月4日,蒙哥正式接见了卢布鲁克。在这里卢布鲁克见到了罗斯人、匈牙利人等

卢布鲁克呈送了法国路易九世给蒙哥汗的信件。他还目睹了基督教、伊斯兰教、佛教、道教人士对蒙哥大汗的祝福仪式

→ 离开蒙哥的斡耳朵,于1254年4月5日抵达了哈拉和林。并于5月30日举行了一次公开的宗教辩论大会

↑

1254年8月18日,卢布鲁克带着蒙哥写给路易九世的回信离开了哈拉和林

↑

9月的时候,卢布鲁克抵达了拔都的斡耳朵,靠近里海北部边缘的萨莱城

↑

卢布鲁克经过阿兰境和打耳班关隘,来到了木干草原 —— 受到在波斯的蒙军统帅那颜拜住的接见,而卢布鲁克的翻译去大不里士访问波斯民政官阿尔浑阿合

↑

经过纳希切万、埃尔津詹、开塞利和塞尔柱苏丹国的科尼亚,到达了小亚美尼亚,然后在拉齐卡乘船前往塞浦路斯国,后返回法国。完成对蒙古人征服地区的旅行

返程

1254年5月30日，也就是圣灵降临节前夕，卢布鲁克在和林举行了一次公开的宗教辩论大会，蒙哥汗派了三名裁判出席大会。在会上，蒙哥坚持一神教，站在穆斯林学者们一边反对佛教哲学家。

1254年8月18日，卢布鲁克带着蒙哥写给路易九世的回信离开了哈拉和林，蒙哥在信中写道："这是长生天的命令。天上只有一个上帝，地上只有一个君主，即天子成吉思汗。"蒙哥以长生天，以及长生天在地上的代表"汗"的名义命令法兰西王承认自己是他的封臣。卢布鲁克带着这封信，用了两个月零6天的时间从哈拉和林来到了伏尔加河。他走的路与前往蒙古朝觐大汗的亚美尼亚王海屯一世走的路相交。

9月的时候，卢布鲁克抵达了拔都的斡耳朵。当时，拔都似乎已经住在了他的新驻地——萨莱。卢布鲁克从萨莱出发，经过阿兰国境和打耳班关隘，来到了木干草原，在这里，他受到了在波斯的蒙军统帅那颜拜住的接见，而卢布鲁克的翻译去桃里寺（大不里士）访问波斯民政官阿尔浑阿合。接着，他经过纳希切万（他在此过了圣诞节）、埃尔津詹、开塞利和塞尔柱苏丹国的科尼亚，到达了小亚美尼亚（西里西亚），然后在拉齐卡乘船前往塞浦路斯国。

亚美尼亚王（即亚美尼亚的西里西亚）海屯一世（卢布鲁克在旅途中曾从他的旁边走过）向卢布鲁克表明自己是一位优秀的外交家。由于害怕蒙古人对宗教信仰进行干涉，卢布鲁克整日在恐惧中度日，可是，精明的亚美尼亚王所做的一切却是为了得到蒙古的干预，以巩固基督教世界反对伊斯兰教。怀着这样的目的，海屯一世先到了卡尔

▽ 受到礼遇的海屯一世

与恐慌的卢布鲁克不同，精明的"外交家"亚美尼亚王海屯一世在蒙古宫廷受到了蒙哥可汗的礼遇，并承诺保护他的国家。这幅图描绘的是在蒙古都城哈拉和林，海屯一世向蒙哥可汗顶礼的情景。

斯城，驻扎波斯的蒙军统帅拜住当时在这里扎营（1253年）。然后，从卡尔斯城出发，经过打耳班，来到了伏尔加河下游河畔拔都的帐中，接着又到了和林附近蒙哥的斡耳朵。1254年9月13日，蒙哥"在他全盛的显赫中登上王位"，并且正式接见了海屯。

对于这位忠实的藩王，蒙哥给予了热烈的欢迎，同时交给他一份札儿里黑，也就是授权保护他的国家的诏书，在诏书上盖有蒙哥的御玺，诏书上说不允许任何人欺凌海屯

和他的国家。另外，蒙哥还给了他一纸敕令，允许他属地内的各地教堂拥有自治权。据另外一位亚美尼亚历史学家海顿和尚在他的《海顿行纪》中补充说，蒙哥向海屯保证：他的弟弟旭烈兀汗统帅下的蒙古大军将进攻巴格达，消灭他们的敌人哈里发王朝；把圣地归还给基督教徒。后来，这一许诺至少部分得到了实现。11月1日，海屯满怀信心地离开了蒙古人的宫廷，经过当时人们通常所走的路线——别失八里（济木萨）、阿力麻里（固尔扎附近）、阿姆河和波斯，最后在1255年7月回到了西里西亚。

◆ 蒙宋战争中的火器

这幅画描绘了13世纪蒙宋战争中，南宋兵士使用"飞火枪"与人马皆披铠甲的蒙古骑兵战斗的情景。《宋史》记载，这种火枪"以敕黄纸十六重为筒，长二尺许，实柳炭、铁滓、硫黄、硝石之属，以系绳端……焰出枪前丈余。"其枪小身轻，便于携带，既可喷火烧灼敌军，又可枪头刺敌。

蒙哥征宋

在窝阔台去世后的几年中，蒙哥给几乎停止了的蒙古征服战争重新注入了新的活力。首先，在1253年，蒙哥在干斡难河源处召开库里勒台，决定让他的弟弟旭烈兀去征服巴格达和美索不达米亚的哈里发王朝，以此完成对波斯的征服，然后继续去征服叙利亚。其次，蒙哥本人与他的另外一个弟弟忽必烈又开始了对中国南宋的进攻。

虽然南宋王朝软弱，大臣无能，君主虚弱，但是，南宋人民却以意想不到的顽强组织抵抗入侵的蒙古人。在他们中，有一位勇猛的中国将军孟珙（死于1246年）。1239年，孟珙率军从蒙古人手中夺取了控制着汉水中游地区的襄阳重镇，并且为争夺四川中部而与蒙古人进行了长期的斗争。虽然四川省的成都两次遭到蒙古人的洗劫，但是直到1241年，成都才最终落入蒙古人之手。

中国的南方人口众多，河流和山脉纵横交错，都市地区人口密集，所以，在这里只适合进行围攻战。但是，在围攻战中，来自草原的蒙古牧民们却有些不知所措。在成吉思汗的后裔们之前，其他的突厥—蒙古游牧民已经成功征服了中国的北部地区，这些人是4

世纪的匈奴人和鲜卑人，5世纪的拓跋人，10世纪的契丹人和12世纪的金人。但是，在他们企图继续征服中国的南方地区时，从拓跋人到金人都失败了。要想在中国的南方地区取得胜利，必须根据南方的地形、气候等条件进行战争，需要有大批的"火炮"设备。

蒙哥几乎把全部精力都放在了处理南宋事务上，为了能够把当时还有些分散的蒙古大军都协调起来，蒙哥要他的弟弟忽必烈来负责这个任务，但是，忽必烈却有些忧虑。当时，汉文化深深地吸引了忽必烈。1251年，蒙哥委托忽必烈统治已经被征服了的中国地区，然后又把河南作为封地给了他。当时，河南的所辖区域远远超过了今河南省面积，还包括了黄河旧河道与长江之间的全部地区。此外，蒙哥还把今甘肃省内渭水上游的关中，即陇西之地也封给了忽必烈。为履行自己的义务，忽必烈任用了汉人学者姚枢为谋士。在忽必烈年轻的时候，姚枢曾经教过他中国文学方面的基础知识。在河南，忽必烈向农民发放种子和工具，甚至士兵也解甲归田，努力恢复被战争破坏了的农业。

在长江下游对南宋王朝发起正面进攻之前，忽必烈遵照蒙哥的命令侧击敌人。大约在1252年10月，忽必烈与大将军速不台的儿子兀良哈台一起离开了陕西，经过四川进入了云南。在当时，云南还不属于中国，从8世纪开始，云南地区就形成了一个独立王国，即南诏国，也称大理，这里的主要居民是罗罗人，也称为僰人。由于地处形势复杂的山区，所以，在很长一段时期内，南诏总是能够相对保持完整的独立。忽必烈攻占了南诏的都城大理和善阐（云南府，也许是平定乡）。1253年，大理王在善阐避难，忽必烈

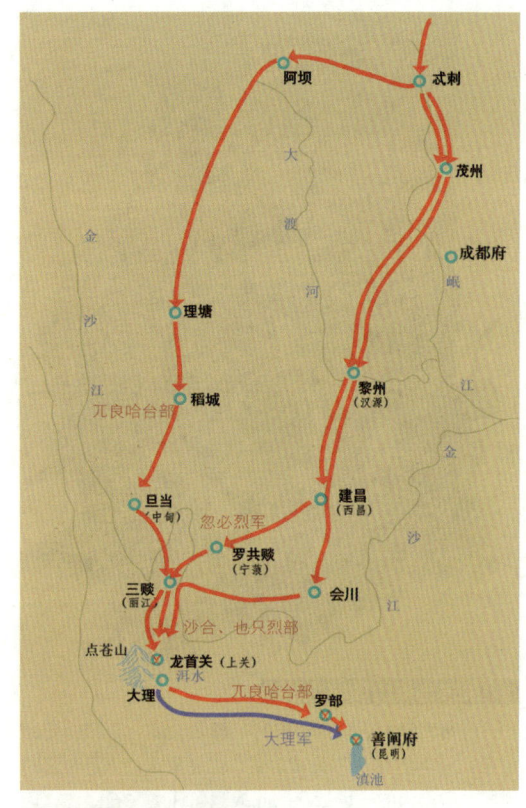

蒙古灭大理

1252年，忽必烈充分发挥蒙古骑兵长途奔袭的特长，挥军数千里，深远迂回，出奇制胜地灭了大理国，形成对南宋的南北夹击之势。此战也是中国战争史上远程奔袭的著名战役。

允许作为"摩诃罗嵯"继续保留王位，但是在他的身旁安置了一位投降蒙古的汉人刘时中为蒙古行政官。此后，尽管旧王朝保留了下来，但是整个云南却被分割为若干蒙古军事管辖区。接着，兀良哈台进攻吐蕃，迫使与云南邻近的吐蕃人承认了蒙古的宗主权。

1257年的年底，兀良哈台开始攻打安南国（都城在河内）。兀良哈台率军从云南南下，到达东京平原，掠夺了河内城。随后，

攻合州时，蒙哥不幸染上了痢疾，并在1259年8月11日，在合州城的附近病故。蒙哥死的时候，他的弟弟忽必烈正率领着另外一支蒙古军从河北南下，围攻长江中游湖北省汉口对岸的鄂州（今武昌）。同时，兀良哈台（他已于1257年底从东京平原回到云南）离开了云南，前往广西进攻桂林，接着又到湖南去攻取长沙。就这样，当蒙哥去世时，南宋王朝已经在北、西、南三面同时被蒙古军围困．蒙哥的去世使南宋王朝获得了暂时的喘息。此时，忽必烈为了争夺对蒙古帝国的继承权，急忙与南宋大臣贾似道和谈，签订停战协议，并以长江作为南宋王朝和蒙古帝国的共同边界线。然后，忽必烈率军返回了河北。

▽ 蒙宋合州钓鱼城之战

金庸大师笔下蒙古侵宋的"襄阳之战"，其历史原型是1259年的合州钓鱼城之战，也是蒙宋战争乃至当时世界影响最大的一场战事。此战蒙哥汗中飞石受伤，后卒于军中，不仅导致攻宋战争功亏一篑，更直接导致蒙古对欧、亚、非诸国战局的停滞。图为面对久攻不下的南宋城池，蒙古军伤亡惨重。

在1258年3月，安南王陈太宗承认自己是蒙古人的属臣。

1258年9月，在蒙古举行的库里勒台上，蒙哥决定亲自领导征服南宋的战争。10月，他率领蒙古的主力军从陕西到四川，大约在1258年夺取了保宁。尽管蒙哥全力以赴，但是，他没有能够夺取合州（今合川），这主要是由于合州地处嘉陵江及其两条支流的合流处，是一处战略要地。另外，在蒙古军围

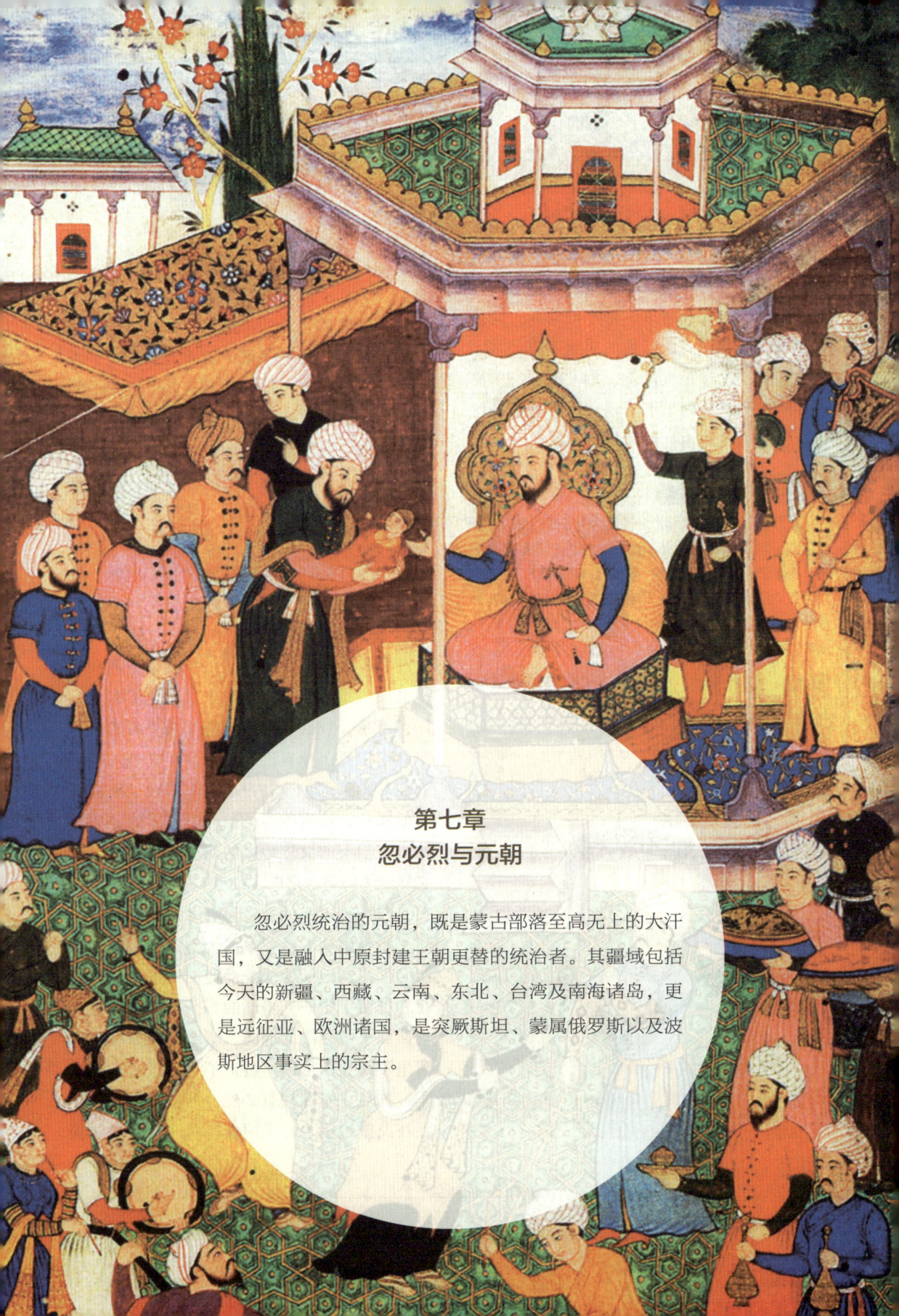

第七章
忽必烈与元朝

忽必烈统治的元朝，既是蒙古部落至高无上的大汗国，又是融入中原封建王朝更替的统治者。其疆域包括今天的新疆、西藏、云南、东北、台湾及南海诸岛，更是远征亚、欧洲诸国，是突厥斯坦、蒙属俄罗斯以及波斯地区事实上的宗主。

1. 忽必烈的统治

忽必烈与阿里不哥的争位

蒙哥去世后，留下了三个弟弟，他们是忽必烈、旭烈兀和阿里不哥。1256年，旭烈兀成为波斯可汗。由于他的封地远离蒙古，所以没有要求继承大汗位。剩下的只有忽必烈和阿里不哥。阿里不哥是蒙古本土上的统治者，并且在蒙古都城哈拉和林扎营。作为蒙古地区的统治者，为了确保自己被推举为大汗，他准备在蒙古召开库里勒台。但是，忽必烈抢先了。忽必烈率军从武昌北上，在中国和蒙古的边界的上都府（位于今察哈尔和中国东北之间的多伦诺尔附近）建立大本营。在早些时候，他只是在这儿建起了他的夏季驻地。1260年6月4日，他在上都府被他的军队拥立为大汗，此时他44岁。

根据成吉思汗定下的法律，忽必烈这次仓促的选举并不是正式的。按照传统，库里勒台应该在蒙古召开，在大会之前，应该召集成吉思汗的四个兀鲁思的代表们出席。阿里不哥在蒙哥的丞相、克烈部聂思托里安教徒学鲁合的怂恿下，也迅速在和林打出了大汗的称号。在汉族地区，控制着陕西和四川的蒙古军的将领们倾向于让阿里不哥做大汗，可是，忽必烈很快就把这两个省的蒙古军队争取到了他自己这一边。忽必烈的副将们在甘州东部（今甘肃境内）打败了阿里不哥的军队，这次战斗的胜利巩固了忽必烈对蒙古统治下的汉族地区的所有权。接着，忽必烈继续向蒙古推进，1260年的年底，忽必烈在哈拉和林以南的翁金河畔度过了冬天；而阿里不哥则朝着叶尼塞河上游撤退。接着，忽必烈错误地认为战争已经结束了，于是就在和林留下了一支普通的军队，率领其余人马回到了中原汉族地区。结果在1261年底，阿里不哥卷土重来，赶走了忽必烈的这支驻军，并且进军迎战忽必烈。阿里不哥和忽必烈在戈壁边境上打了两仗。第一仗忽必烈获

▼ 元世祖忽必烈像

此为现存台北故宫博物院的元世祖忽必烈像，为元代宫廷画家所绘。画像为半身像，忽必烈头戴银鼠暖帽，身着白衣，丰颐、蓄须、重髯，神态肃穆。画家用淡色晕染脸部不同的部位，以线条勾出耳、鼻、眼及眼角的鱼尾纹，用笔细谨传神，代表了元代肖像画的创作水平。

▽ 元世祖出猎图

图为元朝刘贯道所绘《元世祖出猎图》局部,描绘了忽必烈于初冬之时率随从出猎的情景,他外穿银鼠裘衣,内着金云龙纹朱袍,乘黑马侧后张望,神情尽显雍容。

塞尔柱人	古兹人			可萨人	钦察人			满族人	卡尔梅克人
		阿瓦尔人	保加尔人			蒙古人	塔吉克人		

第七章 忽必烈与元朝

胜，但是他再次做了错误的决定，没有继续追击阿里不哥。结果在十天后又打了第二仗。尽管这次战斗十分激烈，却没有决定性的胜负。

窝阔台家族的首领、塔尔巴哈台的叶密立地区的统治者海都，和察合台宗王阿鲁忽，都站在阿里不哥这一边，因为阿里不哥曾经帮助阿鲁忽从其堂兄妻——兀鲁忽乃手中夺得了察合台兀鲁思。由于阿鲁忽的支持，阿里不哥的势力与忽必烈势均力敌，直到将近1262年底，阿鲁忽背弃了阿里不哥投靠忽必烈，才出现了决定性的转机。阿鲁忽的这次出人意料的背叛改变了形势。忽必烈赶走了阿里不哥的人，重新占领了和林，阿里不哥被迫在伊犁河流域与阿鲁忽作战。最终于1264年投降了忽必烈。忽必烈宽恕了他，但是，却处死了他的一些主要支持者，包括信仰聂思托里安教的丞相孛鲁合。为了谨慎起见，忽必烈把阿里不哥作为重要俘虏囚禁了起来，直到1266年阿里不哥去世。

▽ **襄阳围攻战**

蒙古对南宋的襄阳、樊城进行了历时5年的围攻战，最后，蒙古军使用由穆斯林工程师阿拉丁和伊斯迈尔设计的攻城炮（又称"回回炮"），结束了久攻不下的襄樊战役。图为蒙古人攻打襄阳时使用的回回炮，一种改良的大型版的抛石机。

忽必烈征服南宋

家族内部的纠纷结束，作为大汗的地位巩固之后，忽必烈开始从容地征讨南宋王朝。当时，宋度宗（1265～1274年在位）完全依赖奸臣贾似道，而贾似道的统治使南宋杰出将领们的努力复国都成了泡影。宋度宗死后，贾似道扶持年仅四岁的恭帝（1275～1276年在位）即位，并且以恭帝的名义操纵朝政。忽必烈在攻打南宋的战争中，很幸运地得到了两位杰出的将领，他们是伯颜和阿术。阿术是速不台的孙子、兀良哈台的儿子。另外，忽必烈还得到了回鹘人阿里海牙的支持。1268年，阿术着手围攻了襄阳和樊城，这两个城市都控制着湖北境内汉水下游流域。这是一场著名的围攻战，一直持续了五年，即从1268年开始，直到1273年结束。在这场战争中，充满着许多汉民族英勇抵抗蒙古军的事迹。例如，有两名英勇的南宋将领张贵和张顺，他们受命由水路增援襄阳，在执行任务中壮烈牺牲（1271年）。襄阳守将吕文焕也进行了顽强的抵抗。1272年，阿里海牙从美索不达米亚带来了两位著名的穆斯林工程师——毛夕里的阿拉丁和希拉的伊斯迈尔，并利用他们带来的攻城武器，最终击溃了襄阳城内居民们的抵抗。1273年2月，樊城被蒙古军攻占，吕文焕被南宋朝廷的宫廷阴谋弄得心烦意乱，于同年3月在襄阳城投降了蒙古人。

此时，蒙古人控制着汉水下游，伯颜和阿术沿长江而下，在1275年成功征服了湖北东部的一些要地，如汉阳、武昌、黄州，征服了安徽的一些要地，如安庆、池州、芜湖、太平和宁国，以及征服了江苏的一些要地，如南京、镇江。

接着，伯颜率军入侵浙江，占领了常州，抵达了南宋都城——杭州。宋帝年幼，由皇太后摄政。1276年1月～2月，皇太后惊恐地把杭州让给了蒙古人。2月25日，伯颜把小皇帝带到忽必烈的面前，忽必烈待他很好。从这件事情上可以推断，自成吉思汗时代以来，蒙古人在文明方面所取得的进步。斡难河畔的处于半原始状态的蒙古人在经过了两代之后，已经上升到具有悠久文明的民族水平上。

蒙古人在继续征服中国南方地区，而汉人仍奋起顽强抵抗。1276年，阿里海牙攻占了湖南的重要城市长沙和广西的桂林。当时，忽必烈被迫在蒙古与反叛他的蒙古人作战，这一场战争使南宋主战派的将领们得到了短暂的喘息机会。南宋主战派大将们试图在福建和广东沿海重建政权。但是，蒙古人在速客秃将军的率领下重新赶回，并且依次占领了福建省（福州和泉州，1277年）和广东省的港口（1277年占广州，1278年占潮州）。这样，南宋王朝最后一批"爱国者"在英勇的张世杰的率领下，带着南宋王朝新立的9岁小皇帝在海上的船中避难。1279年4月3日，南宋军在广州西南崖山附近受到蒙古水军的攻击，船队被击溃，小皇帝溺水而死。

就这样，包括南方在内的中国第一次落入了突厥—蒙古族的征服者手中。这一宏图伟业，5世纪的拓跋氏突厥人和12世纪的女真氏通古斯人都没有能够实现，但是忽必烈最终完成了。他实现了10个世纪以来，几

▽ 崖山之后无中国

1279年，忽必烈派投降汉将张弘范、西夏李恒进攻南宋最后的赵昺朝廷。张弘范军正面进攻，辅以伏兵俯伏，接近后连破宋船，宋师大败，陆秀夫背负八岁的赵昺投海自尽，十多万军民跟随。此战之后宋朝灭亡。图为崖山海战的示意图。

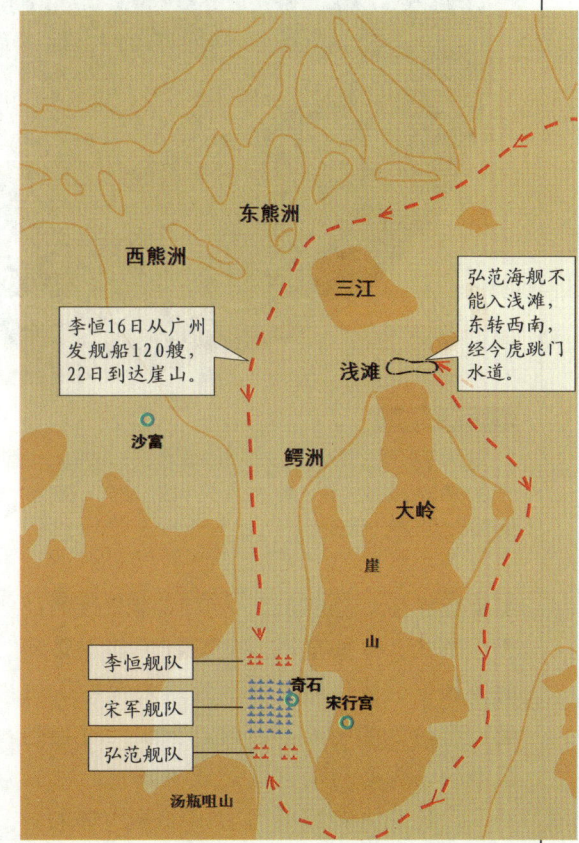

第七章 忽必烈与元朝

◇ 南宋风骨

南宋是典型的文人士大夫王朝，政治上一塌糊涂，生活上却相当精致。其"生于安乐，死于忧患"，却造就了少有的民族气节，因此会有"崖山之后无中国"之叹。图中的扇画描绘了宋代苏轼和同伴游赤壁的情景，其飘逸豁达与宋末投海的决绝遥相呼应。

乎所有游牧民们的梦想——对定居民族的征服。从此，这些草原上的游牧民在忽必烈的带领下，成为整个亚洲定居农民中人口最稠密地区的主人。不过，征服的过程是缓慢的。忽必烈的理想是成为真正的"天子"，让蒙古帝国成为中国帝国。南宋王朝一灭亡，忽必烈就成了这个拥有悠久历史文明的帝国的合法君主，他的王朝史称元朝（1280～1368年）。忽必烈汉化的明显标志是：他从阿里不哥手中夺回了和林后，从来没有到那儿去住过。1256～1257年，忽必烈选择了今察哈尔东、多伦诺尔附近的上都府为夏季驻地,在这里建了一群宫殿。1260年,他在北京建都。1267年,他开始在原北京建筑群的东北营建新城,称为大都,即"伟大的都城",也被称为"可汗之城",西方人称为"汗八里"。大都成为忽必烈的冬季驻地,上都府仍然是他的夏季驻地。

年,高丽王朝的高宗,即王瞰派遣世子王典作为人质到蒙哥宫廷之中。忽必烈继任大汗之后,把这位年轻的王子送回到高丽,并让他成了统治者。忽必烈还让他成为自己的女婿。于是,通过这一联姻,高丽王朝成为元朝王室顺从的属臣。

忽必烈也要求日本表示效忠。但日本摄政王北条时宗(1251~1284年在位)分别在1268年和1271年两次拒绝了忽必烈的要求。1274年,忽必烈派出由150艘船只组成的舰队,载着远征军,向日本群岛进发。蒙古军在高丽东南海岸上船,夷平了对马岛和壹歧岛,然后在下关附近的九州岛上的博多(吕崎)湾登陆。但是,这些草原骑兵们不习惯海上的远征。更何况,在入侵日本的联军中,他们只是核心而已,军队的主体是由特别厌战的汉人和高丽人组成的辅助军。不管

 ## 忽必烈对亚洲的战争

成为中国的新皇帝后,忽必烈要求远东的其他国家对他表示效忠。按照中国的传统,这些国家相当于它的天然卫星国。

当时,高丽虽然已经由蒙古人驻守,但是,高丽人仍然经常反叛。高丽朝廷已经撤退到了与汉城遥遥相望的江华小岛上,并且在岛上指挥着对蒙古人的抵抗。然而在1258

▼ 日本将领竹崎来永中箭图

图中是表现1274年忽必烈的军队试图入侵日本的画卷,画中的日本将领竹崎来永遭受蒙古军弓箭袭击的画面。1274年忽必烈征调了150艘舰船和2.5万人从朝鲜半岛出发攻打日本,遭遇了日军的顽强抵抗,毫无进展,不得不撤退回国。此战是忽必烈两次征讨日本的第一次,日方称为"文永之役"。

| 塞尔柱人 | 古兹人 | | 可萨人 | 钦察人 | | 满族人 | 卡尔梅克人 |
| | 阿瓦尔人 | 保加尔人 | | | 蒙古人 | 塔吉克人 | |

第七章　忽必烈与元朝

▽ 占婆东洋样式佛像

占婆国在今越南中南部,梵文名占婆补罗,意为占族所建之城,一度信仰婆罗门教,一直是中国历代王朝南边的隐患。1281年时忽必烈曾派大将速客秃由海路攻打占婆都城,但占婆臣而复叛,最终蒙古军不胜而还。图为出土于占婆古国的10世纪初东洋样式青铜佛像。

怎么样,日本大名们隐蔽在麦诸基要塞附近的九州奋力抵抗,在汉人火炮的逼迫下,他们经历了短时的退却后又奋勇前进,最后迫使入侵者退回到船上。

1276年,忽必烈再次申明要求日本对他表示效忠,再次遭到了北条时宗的拒绝。于是,忽必烈经过了长期备战,于1281年6月派了更大的船队进攻日本。这是一支由45 000蒙古人和120 000汉人和高丽人组成的军队。这支军队分别在日本的九州博多(吕崎)湾及肥前省的鹰岛和平卢登陆。可是,这一次,蒙古联军依然不能够获胜。尤其是在1281年8月15日的那场战争中,一场可怕的飓风驱散了蒙古舰队。由于不熟悉海战,蒙古大军失去了根基,面对勇猛的日本人,他们或者被俘,或者被杀。

忽必烈对印度支那的征战,情况也不比日本好多少。当时,印度支那被分成了四个国家,它们是安南国,包括东京平原和很久以后成为法属的安南国、即今北越的东京平原北部,这个国家受汉文化影响很深;占婆国,曾经是法属安南的中部和南部,即今南越地区,其居民主要属于马来亚—波利尼西亚人,其文化属于印度文化,居民们主要信奉婆罗门教和佛教;柬埔寨国,或称高棉,属于纯高棉种人,在文化上受婆罗门教和佛教文化的影响很深;缅甸国,人种上属于缅甸—藏族,文化上受印度文化的影响很深,居民主要信仰佛教;缅甸的白古属国的居民是纯高棉种人,信仰佛教。1280年,在忽必烈使者的威逼下,占婆国的摩诃罗阇(国王)陀罗诺曼四世接受了蒙古人的保护。但是到了1281年,这个国家的人民拒绝承认自己是元朝的一个行政区。接着,忽必烈又派出了一小支军队,由速客秃统率,经过海路,从广州到达占婆,攻占了占婆的都城佛誓,这是在1283年。占婆的都城佛誓在今平定附近。然而,蒙古军没有能够战胜占婆的游击军,他们被迫回到了船上。1285年,忽必烈派大军进入印度支那,这次是从谅山经过东京平原的,由忽必烈的儿子脱欢统率的。他们攻打了安南人,脱欢在北件附近获得了胜利,并继续进军河内,但是后来在三角洲的异隆战败了,不得不退回中国。与此同时，速客秃企图在南方从后面攻东京。他在占婆港登岸以后，北上义安和清化，与脱欢会师。但是在特基特湾，他遭到了安南人的袭击，并且被杀死，这发生在1285年。1287年，又有一支新的蒙古军经过东京平原，再次占领了河内，可是，蒙古军仍然没有能够守住这座城，只得撤离河内。安南王陈仁宗（1278～1293年在位）成功地抵抗了各次攻击，胜利地返回都城。然而在1288年，他还是明智地承认自己是忽必烈的属臣。但是在1293年，由于他拒绝亲自前往北京朝见忽必烈，忽必烈决定扣留他的使臣陶子奇。后来，忽必烈的继承者、铁穆耳皇帝终于在1294年与从前的"叛臣"和解。占婆国王也履行了作为封臣的义务。

1277年，蒙古人在缅甸夺取了八莫海峡，从此，通往伊洛瓦底江流域的道路向蒙古人敞开了。1283～1284年，蒙古人再次入侵缅甸，缅甸统治者蒲甘王那罗梯河波帝（1254～1287年在位）弃都而逃。不过，直到1287年，在第三次战争期间，蒙古人才南下到了伊洛瓦底江流域，直抵缅甸都城蒲甘，并掠夺了蒲甘城。1297年，蒲甘新王乔苴为了避免灾难，承认自己是蒙古人的属臣。1300年，在缅甸小掸邦首中间，为蒲甘王位的继承发生争吵，为了恢复秩序，蒙古人再一次干涉缅甸事务。

蒙古人的影响一直到达了柬埔寨。1296年，忽必烈的继承者铁穆耳帝派使团到柬埔寨，在使团的成员中有周达观，他留下了关于这次旅行的一部游记。从1294年开始，清迈和速古泰这两个傣族王国都成了元朝的属国。

最后，在1293年1月，忽必烈派出了一支3

▽ **强大蒙古的失败**

蒙古帝国在最强盛的时候，也曾多次失败。对包括日本、占婆、缅甸的多次用兵都无功而返，其原因在于气候偏差导致水土不服，利于平原征战的骑兵在多山地带得不到发挥，以及四处征讨导致的轻敌冒进和疲于战争。图为蒙古骑兵在崎岖的山地上艰难行进。

万人的远征军从泉州出发到爪哇。当时爪哇的主要统治者是爪哇岛东部的谏义里王。由元朝将领史弼、高兴率领的蒙古军在另一位爪哇首领土罕必阇耶（拉登·韦查耶）的援助下，在满者伯夷附近打败了谏义里王。蒙古军攻占了敌人的都城谏义里（也称达哈），但是，土罕必阇耶在此之后转而反对蒙古人，迫使蒙古军返回到了船上。后来，土罕必阇耶解放了爪哇岛，建立了满者伯夷国。

忽必烈与海都的斗争

对忽必烈来说，对"殖民地"的远征远不如平定成吉思汗其余各支军队的反叛战争更为重要，尤其是对窝阔台的孙子海都的斗争。海都统治着叶密立流域和塔尔巴哈台山地的父系领地，仍然忠实于老传统，过着游牧民族的生活方式，并且与已经半汉化的忽必烈形成了鲜明的对照。不容置疑，许多蒙古人和蒙古化的突厥人都在惊诧地注视着元朝统治所发生的巨大变化。在忽必烈的反对派中，阿里不哥是第一个代表。海都也扮演着同样的角色，但更为出色。

以忽必烈为代表的拖雷家族似乎抛弃了纯粹的成吉思汗蒙古人的传统。因此，海都无视拖雷家族，决定亲自恢复窝阔台家族的命运。自从1251年以来，窝阔台家族就已经失去了权力。换而言之，海都的目标是要成为蒙古帝国的大汗，或者要牺牲忽必烈在蒙古的利益和察合台家族在突厥斯坦的利益，使自己在中亚建立一个大汗国。

首先，海都反对的是察合台家族。1267~1269年间，他打败了八剌，占领了伊犁河流域和喀什噶尔，只把河中地区留给了八剌。八剌的继承者们只不过是海都可以任意废立的属臣。然后，海都把自己视为中亚的君主，并用了"汗号"，开始攻击忽必烈。

忽必烈让他的第四个儿子那木罕去对付海都。1275年，那木罕率军前往阿力麻里（今固尔扎附近，在伊犁河畔），陪伴的有一个由一些宗王组成的参谋组，其中有脱脱木儿和那木罕的堂兄弟、蒙哥的儿子昔里吉。可是，在1276年，脱脱木儿因为对忽必烈不满，劝昔里吉与他合伙反叛。于是，他们两人背信弃义地拘捕了那木罕，并且宣布拥护海都，还把那木罕交给了海都的盟友、钦察汗忙哥帖木儿。他们还劝说察合台次子撒里蛮和另外一些成吉思汗宗王们参加反叛。1277年，海都从阿力麻里向哈拉和林进军，对忽必烈来说，形势十分严峻。于是，忽必烈把他最杰出的将领伯颜从南宋地区召回。

伯颜率军在鄂尔浑河畔打败了昔里吉，把他赶回到也儿的石河畔；脱脱木儿逃到了

▽ 海都对忽必烈的反抗

在海都看来，以忽必烈为代表的拖雷家族抛弃了纯粹的蒙古人传统，已经完全汉化了，因此决定自己建立汗国，恢复蒙古人的游牧生活方式。图为游牧的蒙古人正拆除毡帐，准备迁徙的情景。

达唐努乌村的黠戛斯人境内，后来又在蒙古帝国先头部队的攻击下被赶出了这个地方。经过这次挫败之后，昔里吉、脱脱水儿和撒里蛮之间发生了争吵，昔里吉处死了脱脱木儿，昔里吉与撒里蛮之间也互相敌对。在一些漫无目的的行动之后，撒里蛮捉住了昔里吉，向忽必烈投降，并把昔里吉交给了忽必烈。忽必烈原谅了撒里蛮，却把昔里吉流放到了一个小岛上。不久后，在1278年，那木罕王子被释放了。

但是，海都与忽必烈仍然处于交战状态。1287年，海都组成了新的反忽必烈同盟，参加同盟的有蒙古帝国系各支军队的首领，包括成吉思汗弟弟们的后代。在宗王中有乃颜、势都儿和哈丹。乃颜是成吉思汗的幼弟铁木翰赤斤的后裔，是成吉思汗的异母弟、别里古台的后裔，他的领地在中国东北地区，信仰聂思托里安教。势都儿是成吉思汗的大弟哈撒儿的孙子。哈丹是成吉思汗的二弟哈赤温的后裔。他们在东蒙古和中国东北地区都占有封地。如果海都从中亚和西蒙古带来的部队与乃颜、势都儿和哈丹在中国东北地区的部队会合的话，那么，对忽必烈来说，形势将变得异常危险。

忽必烈迅速开始了行动。他任命伯颜代替他驻守在哈拉和林，阻止海都的进军。忽必烈本人亲自率领另外一支蒙古军前往中国东北地区。跟随忽必烈的有成吉思汗最信任的伙伴博儿术的孙子，玉昔帖木儿将军。蒙古帝国的舰队从长江下游的港口出发，带着战争所需要的大批物资在辽河口登陆，这一仗将决定蒙古帝国的命运。乃颜的军队在辽河附近扎营，并以蒙古的方式，用一排马车保护着。当时，忽必烈

◆ 元朝圣旨金牌

忽必烈虽然建立元朝称帝，但在蒙古人眼里并非一统的可汗，很多部族并不认同他的可汗之位，他没有成吉思汗、窝阔台时期的可汗权威。图为忽必烈时期用八思巴文书写的圣旨金牌，上书"在长生天的名义下，皇帝的命令是不可违抗的。谁若不从问罪处死"。

72岁，坐在由四只象托着的一座木塔上指挥作战。根据拉施特的记载，这次行动十分艰巨，曾经在一段时期内难分胜负。但最终是忽必烈获胜了。根据历史的记载，这是由于忽必烈的军队在人数上占有优势，因为他把蒙古军和汉人的军队联合了起来。战争结束后，乃颜被俘。由于他是成吉思汗的侄孙子，所以，忽必烈赐他不流血的死，也就是将他在毡毯下闷死，这是在1288年。虽然那些站在乃颜一边的信仰聂思托里安教的人担心会遭到报复，不过，忽必烈认为基督教对这次反叛并不负

为基地,成功进行了对叛军的远征。同年,忽必烈的孙子,铁穆耳王子取代伯颜统率军队。伯颜成为忽必烈的宰相,忽必烈去世后不久,1295年,伯颜也很快去世。

忽必烈在生前没有能够看到海都被击溃。当他在1294年2月18日去世时,窝阔台家族的首领仍然是杭爱山以西的蒙古和中亚的君主。忽必烈的孙子、继承者铁穆耳完泽笃(1295~1307年在位)继续发动了这场战争。当时,海都的主要盟友和属臣是统治着突厥斯坦的察合台兀鲁思首领笃哇。1297~1298年,笃哇发动了突然攻击,捉住了汪古部勇敢的阔里吉思王子。此时,阔里吉思是铁穆耳皇帝的女婿,正在统帅着蒙古帝国的军队。当时,笃哇企图袭击另一支帝国军队,也就是由保卫着唐兀惕边境(甘肃西部)的阿难答王子统率的军队。但是,他本人却意外遭到了袭击,只得逃跑。为了报仇,1298年他处死了自己的俘虏阔里吉思。

1301年,海都最后一次努力进攻蒙古帝国。这一次,窝阔台系和察合台系的许多宗王都参加了。海都率领大军向哈拉和林进军,当时,和林由铁穆耳皇帝的侄子海山王子镇守。8月,两军在和林与鄂尔浑河左岸支流塔米尔河之间展开了一场大战。最后,海都战败,并在撤退中死去。

海都的儿子察八儿在塔尔巴哈台的叶密立地区继任为窝阔台兀鲁思的首领,和父亲一样反对元朝皇帝,反对忽必烈家族的地位。最初,察合台兀鲁思首领笃哇承认察八儿是他的宗主,但是在不久之后,他就厌倦了无休无止的战争,并劝说察八儿承认铁穆耳皇帝为宗主。1303年8月,他们派遣使者前往北京宫廷,向铁穆耳皇帝表示了效忠。

◇ 伯颜

伯颜是忽必烈王朝中最重要的大臣,先后任中书左丞相、中书右丞相,还曾任伐宋的最高统帅,后受命讨伐叛军,大败阿力麻里于斡耳寒河,更屡败海都叛军。忽必烈死后,受顾命拥戴铁穆耳即位。1295年去世,追封淮王。

有责任。忽必烈的孙子、未来的元朝皇帝铁穆耳完泽笃由于击溃了哈丹,镇压了中国东北及其毗邻的蒙古地区,因此制止了进一步的叛乱。

于是,海都的企图成了泡影,但是,他仍然统治着杭爱山以西的西蒙古和突厥斯坦。忽必烈的一个孙子甘麻剌王子负责守卫在杭爱山边境地,防止海都的入侵。结果,甘麻剌王子被海都军打败,并且被围困在了色楞格河附近,他在耗尽了几乎全部精力后才得以逃脱。忽必烈不顾自己年事已高,在1289年7月亲自率军前去扭转局势。然而,海都以游牧的方式早已远遁。1293年,留守在蒙古统率着帝国军队的伯颜以哈拉和林

窝阔台汗国世系

窝阔台汗国并非以封地形成，而是海都依靠武力扩张建立的，势力范围东起伊犁河上游，西止阿母河东岸，南疆喀什、和田一带也被其控制。1309年，海都的儿子察八儿与察合台汗国内争失败，领地尽归察合台汗，窝阔台汗国亡。图为窝阔台汗国世系图。

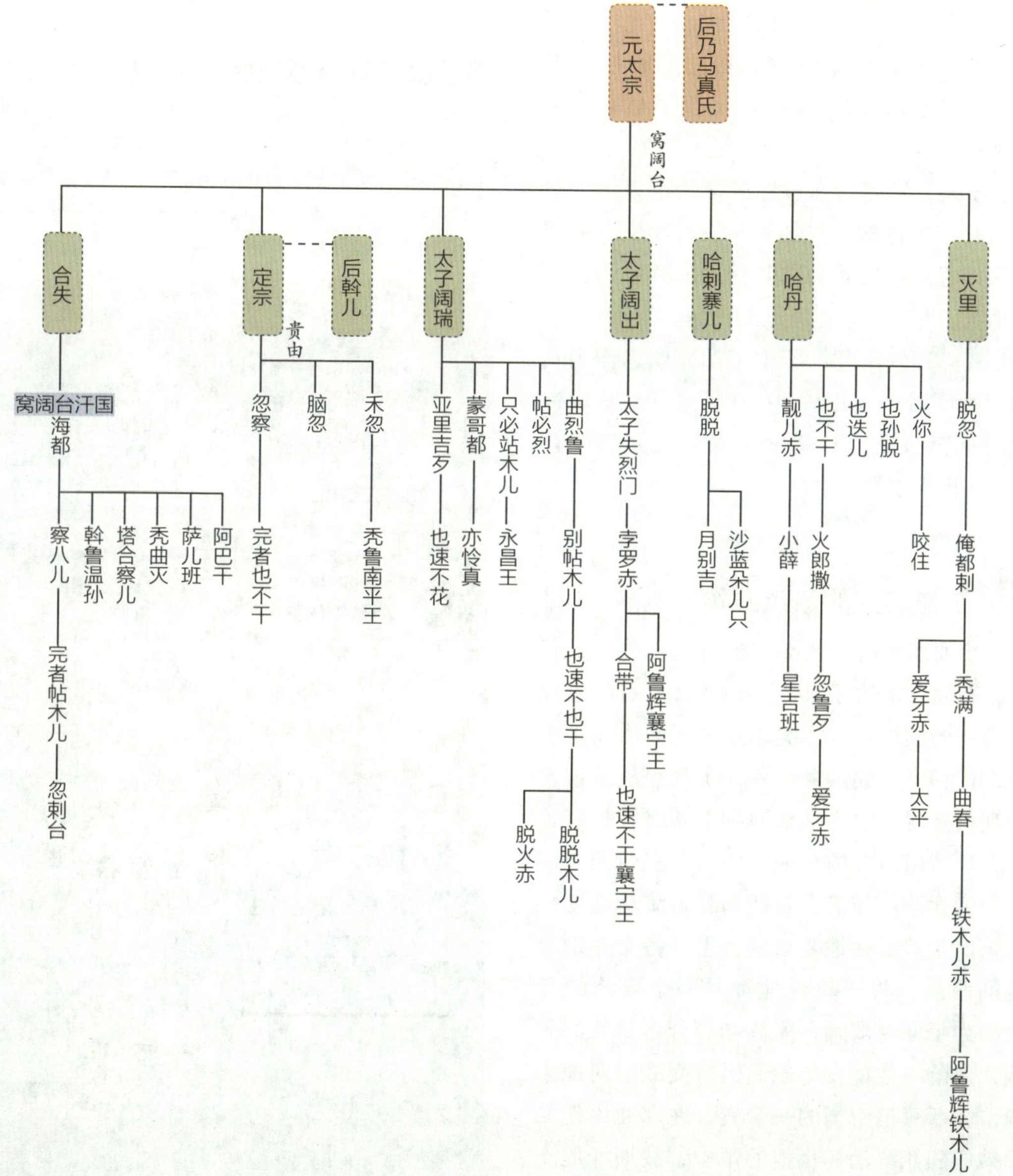

塞尔柱人｜古兹人　　　　　　　可萨人｜钦察人　　　　　　　满族人｜卡尔梅克人
　　　阿瓦尔人｜保加尔人　　　　　　蒙古人｜塔吉克人

这是关键的一步，它再次将窝阔台和察合台的兀鲁思置于拖雷家族的藩属地位，从而恢复了蒙古的统一。接着，笃哇和察八儿之间发生了争吵，1306年笃哇囚禁了察八儿，逼他交出东、西突厥斯坦。笃哇（大约1306~1307年）死后，1309年，察八儿进攻笃哇的儿子、继承者怯伯可汗，并企图恢复窝阔台兀鲁思对察合台兀鲁思的霸权。但是，他被怯伯打败，不得不逃到铁穆耳皇帝处避难。

于是，窝阔台兀鲁思的统治结束了。在长达40年（1269~1309年）的时间里，窝阔台家族在塔尔巴哈台的叶密立河畔统治着中亚地区，并且与拖雷家族的命运相抗衡。

忽必烈的王朝，即中国的元朝，作为其他蒙古汗国唯一的宗主存在下来。北京成为疆域远至多瑙河和幼发拉底河的元朝的首都——世界之都。

忽必烈的蒙汉政策

元朝建立后，忽必烈推行了一种二元政策，也就是取决于人们是把忽必烈看成是成吉思汗的继承者大汗呢，还是把他看成是中国古代19个王朝的继承者天子呢。从蒙古人的观点来看，忽必烈在原则上始终维护着成吉思汗帝国精神的统一。作为蒙古帝国至高无上的大汗，即成吉思汗和蒙哥统治的继承人，他坚持不懈地要求成吉思汗各个封地对他的服从，每一块封地都是一个自治的汗国。为了强制窝阔台家族和察合台家族的服从，他的一生都在与他们进行交战。对他来说，波斯只是帝国的一个省，在那儿由他的弟弟旭烈兀统治。在他的眼中，波斯汗旭烈兀、阿八哈和阿鲁浑，只不过是处于从属地

位的可汗，也就是高级总督伊儿汗，他们要得到他的任命，并且要与他保持着密切联系。拥有整个中国的忽必烈，原则上是突厥斯坦和蒙属俄罗斯的宗主，以及伊朗事实上的宗主。

当忽必烈在亚洲的其他地区也成为成吉

▽ **忽必烈统治下的元朝**

忽必烈一方面强调对蒙古各部族、汗国的统领地位，一方面建立中原汉民族区域的行政统治。在他看来，包括波斯、伊朗、俄罗斯等地在内，都不过是他辖下从属地位的可汗而已，因此，他一生都致力于让各封地臣服于他。图为忽必烈统治下的元朝疆域图。

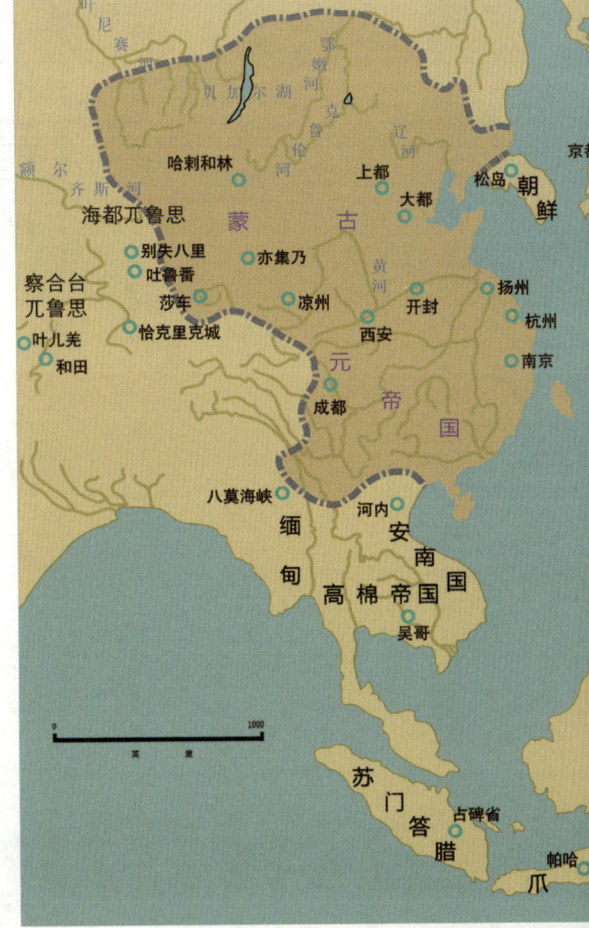

思汗的继承人时，在中国，他企图成为中国19个封建王朝的延续者。其他任何一位天子都没有像他那样严肃地扮演自己的角色。他恢复的行政机构治愈了一个世纪之久的战争创伤。南宋王朝灭亡后，他不仅保留了宋朝的机构和全部行政官员，还尽一切努力获得当时任职的官员们对他的效忠。征服了土地之后，他也完成了对人们头脑的征服。

对这个庞大的帝国来说，由于行政和物资供应的重要性，交通问题受到忽必烈的密切关注。他下令修复了帝国的道路，并且在道路的两旁种上树遮阳，在每隔一定的距离上还建了商旅客栈。他还下令将20多万匹马分发给各个驿站，用于帝国邮政。为了保证北京的粮食供应，他下令修复和开通了大运河，使大米经过运河就能够从中国的中部地区运往都城。为了备荒，他恢复了国家控粮的政策。控粮政策很早就在中国实施了。到了北宋时期，王安石使这一政策更为完善。所谓控粮，就是在丰年里，国家收购余粮，贮藏在国仓之中。当荒年的谷价上涨时，国家开仓免费分发谷物。忽必烈还下令组织了公众救济。1260年，他在元朝的法令中要求地方长官对老学者、孤儿、病弱者提供救济。1271年，他颁布的另一道法令号召修建医院。

在忽必烈的行政管理中，唯一不足的是财政。在宋朝的各项制度中，忽必烈发现了"钞"，或者说是纸币的用途。他把纸钞引入了流通领域，使它成为国家财政的基础。1264年，忽必烈颁布了一条法令，公布了用纸币来计算主要商品的价值。他的第一任"理财"大臣是不花剌的穆斯林赛夷阿札儿（死于1279年）。赛夷阿札儿似乎把钞票的

▽ 元代至元通行宝钞

忽必烈修复道路、建驿站、开通大运河等举措，使其逐渐为中原人所接受。然而其颁布的纸"钞"法令，却在几任财政大臣手上逐渐失控，无限制的通货膨胀导致纸钞贬值。图为元朝的至元通行宝钞贰贯票面。

发行维持在合理的限度内。但在他之后，继任的几位大臣们却开始轻率行事，先是河中费纳客忒（苏联塔什干西南）人阿合马（死于1282年），后是畏兀儿人桑哥，他们两人实行了无限制的通货膨胀政策，使钞票贬值。聚敛钱财时，他们采取多次兑换钱币的方式，并建立了重利专卖的办法。1282年阿合马被暗杀，在他死后受到了忽必烈的贬斥。1290年，桑哥因为贪污被处死。忽必烈统治之后，为了阻止原先钞票的下跌，有必要发行新的钞票（1303年），这次轮到新币贬值了。

2. 元朝的宗教政策

元朝的佛教

如同马可·波罗指出的，忽必烈对一切宗教都很宽容，虽然他在1279年曾经一度恢复成吉思汗关于屠杀牲畜的规定，这个规定与穆斯林的习俗相违背，虽然他也曾经一度表现出极端反感《古兰经》强加给穆斯林的

▽ 元朝国师八思巴

八思巴本名罗古罗思监藏，吐蕃萨迦人，八思巴是尊称。他曾在宗教辩论会上使佛教获胜，获得蒙元的支持，后成为元朝第一代帝师、藏传佛教萨迦派第五代祖师。图为唐卡中的八思巴坐像，其身穿袈裟，左手膝上托金刚铃，右手胸前持金刚杵，跏趺坐于宝座上。

对"异教徒"发动"圣战"的义务。另外，他同情佛教徒，并且曾经在短时期内对佛教徒的老对手——道士表现了个人的敌视。佛教徒由于他的偏袒明显受益。甚至在他继位前，也就是在蒙哥统治时期，他就曾经在上都府召集过一次佛教徒与道士的辩论会，这是在1258年，结果佛教徒获得了胜利。在这次著名的论战中，曾经出席过蒙哥举行的宗教辩论会的那摩和年轻的吐蕃喇嘛八思巴阐述了佛教的教义。和在1255年的辩论会上一样，他们指控道士们散布流言，歪曲了佛教的起源史，把佛教贬成仅仅是道教的附庸。经过这次论战后，忽必烈颁布法令，焚毁道藏伪经，迫使道士们归还从佛教徒手中夺走的佛寺（1258年、1261年、1280年和1281年法令）。根据马可·波罗的记载，忽必烈在继任皇帝之后，还曾举行隆重的仪式接受锡兰王送给他的一件佛骨。

吐蕃喇嘛八思巴是忽必烈在佛教事务中的主要助手。八思巴大约生于1239年，据推测，可能死于1280年12月15日。他是著名梵学家萨迦的侄子和继承人，主管着乌斯藏的萨迦寺庙。忽必烈曾经派人到吐蕃去请他。

为了让蒙古人皈依佛教，并确保吐蕃的藩属地位，忽必烈封八思巴为国师。大约在1264年左右，忽必烈将吐蕃纳入了他的统治之下。直到当时，蒙古人还不知道除了畏兀儿字以外的其他字母。1269年，八思巴按照忽必烈的命令为蒙古人创造新的文字，这种文字被称为都尔巴金，或者称为方体字，这

种文字深受藏文字母的影响，不过只是暂时流行了一段时间，因为蒙古人还在继续使用模仿畏兀儿字母的文字。事实上，畏兀儿字母文字早已经成为他们的民族文字。今天，收藏于法国国立档案馆的蒙古大臣手稿就是用畏兀儿文字写成的。畏兀儿文字的不足之处在于，它只是不完全地表达13世纪蒙语的语音，对颚音而言，畏兀儿字母没有八思巴字母丰富。

在忽必烈的继承者中，大多数人都和忽必烈一样，虔诚地信仰佛教。首先，忽必烈的孙子铁穆耳信仰佛教。铁穆耳在忽必烈去世之后，开始行使统治大权（1294～1307年在位）。然而，忽必烈的另外一个孙子阿难答则更倾向于信仰伊斯兰教。据说阿难答熟悉《古兰经》，并且擅长阿拉伯文。阿难答是唐兀惕地区（宁夏）的行政长官，在唐兀惕境内，他是伊斯兰教的热情宣传者。虽然铁穆耳曾经企图使他皈依佛教，并且还一度囚禁过他。在1307年2月10日铁穆耳去世后，阿难答曾经一度企图夺取王位，可是，他的侄儿海山最终获得了王位，并且处死了他。海山在他的统治时期（1307年6月21日～1311年1月27日）内，表明了自己是一位虔诚的佛教徒。同时，在他的干预下，许多佛教戒律写本都被译成了蒙古文。当时，一些信奉儒学的人指责他偏袒喇嘛，或许正是为了对这种偏袒有所反应，蒙古行政机关撤销了当时佛教徒和道士一直享受的财产豁免权。后来，在忽必烈的重孙、也孙铁穆耳统治时期（1323年10月4日～1328年8月15日），大臣张圭代表儒生公开抗议对喇嘛的尊崇，尤其是陕西地区，那里是吐蕃佛僧们经常去的地方。据一些文字记载说：当时的一些吐蕃佛僧佩戴

◆ 八思巴文

八思巴受忽必烈之命，为蒙古人创造了都尔巴金文，又称八思巴文。但这种文字字形难以辨识，加上政治和文化上的因素，其推广受阻，仅主要用于官方文件。图为元朝篆刻了八思巴文的铜质官印。

着金字圆符，在西部各省往来。城镇客栈容不下他们，他们就住进民房，赶走房主，并趁机奸污妇女。他们不满足于骄奢淫逸的生活，还抢夺平民仅有的很少的钱财。最后，在舆论和儒生们的抗议之下，也孙皇帝不得

不对进入中原地区的喇嘛加以控制。

汉族儒生们认为蒙古王朝应该对他们过度信仰和保护佛教负责。事实上，佛教仅仅是在王朝衰落中起作用的一个因素而已。不过，佛教对忽必烈家族的影响异乎寻常。其实这样的事情在4世纪末也发生过，当时，有名的苻坚也信仰佛教。另外，在6世纪初，最后一批拓跋人也信仰过佛教。最初，佛教的教义使信仰它的人变得比较温和仁慈，但是后来，佛教却令他们变得迟钝，最终使他们失去了自我保护的本能。相反，假如忽必烈家族的人信仰的是伊斯兰教，那么情况将会不一样。在元朝的历史中，曾经威胁元朝的两次大危险，可能是1307年阿难答的争位，以及1404年由于阿难答的去世而幸免的帖木儿的入侵。

忽必烈的宗教政策：聂思托里安教

虽然忽必烈偏爱佛教，但是也丝毫不影响他对聂思托里安教的同情。在基督教的重大庆祝会上，和前辈们一样，忽必烈让隶属于他的斡耳朵的聂思托里安教牧师把福音书放在他的面前，他会敬香供奉，并虔诚地亲吻福音书。据记载，在1289年，忽必烈甚至建立了专门的基督教机构，即崇福司，管理着全国的基督教事务。和窝阔台与蒙哥一样，他下谕旨，让基督教牧师和佛教僧侣、道士以及伊斯兰教的教士们一样，享受免税权以及其他的种种特权。蒙古人沿用叙利亚语，把基督教徒称为"迭屑"，把教士和僧侣称为列班—也里可温，把主教称为马儿·哈昔。

在当时的蒙古人和蒙古化的各民族中，信仰聂思托里安教的人占了很大比例，尤其是在克烈部和汪古都突厥人中。汪古部突厥人占据着长城以北的地区、即今天山西边境一带的原沙陀突厥人的地方。他们的名字充分显示了他们是聂思托里安教徒，他们经常使用的名字有西蒙、阔里吉思（即乔治）、保鲁斯（保罗）、约南（约翰）、雅各（詹姆斯）、腆合、伊索（耶稣）、鲁合（路加）等等。

在汪古部人中，大多数都居住在今托克托或者归化城中，该地区在蒙古人统治时期被称为东胜。这儿是汪古部王朝的实际所在

> **元朝佛教**
> 忽必烈及其后王都对佛教尤其是藏传佛教比较尊崇，他们广建寺院，刻印佛经，厚赐僧侣等，一度使得朝廷财政经常支绌，成为当时的一大弊政。图为13世纪出自西藏的黄铜合金四壁观音像，佛像还镶嵌有银、红铜、绿松石等。

地。汪古王室家族的王公们信仰聂思托里安教，同时他们又与成吉思汗家族保持着密切的联系。成吉思汗家族对汪古王室一直持有感激之情。汪古部首领阿剌忽失的斤曾经在关键时刻，也就是在被邀请加入由乃蛮人组成的反蒙古帝国的联盟时，他反其道而行，坚定地站在了成吉思汗一边，支持着成吉思汗。他用生命表达了他对成吉思汗的忠诚。当时，他在和乃蛮人打完仗后返回家园时，在他的部落中有一些人赞成与乃蛮人联合，并暗杀了他和他的长子布颜昔班。他的妻子带着次子波姚河逃到了郓城。当成吉思汗以金朝征服者的身份进入郓城时，他首先想到的就是要恢复这个家族在汪古部地区的统治地位。于是，年轻的波姚河随他出征花剌子模，在战后，成吉思汗把女儿阿剌该别吉嫁给了他。波姚河死后，阿剌该别吉作为成吉思汗的亲生女儿，对汪古部进行了强有力的统治。她没有亲生儿女，便把她丈夫与另外一个妾生的三个儿子——孔不花、爱不花和绰里吉不花视为自己的亲生儿子。孔不花和爱不花先后娶了成吉思汗家族的公主们为妻：孔不花娶的是贵由大汗的女儿叶儿迷失；爱不花娶的是忽必烈的女儿玉剌克。爱不花的儿子阔里吉思（即乔治）先与忽必烈的儿子——真金的女儿忽塔德迷失公主结婚，后来又与铁穆耳大汗的女儿阿牙迷失公主结婚。

出于蒙古人对宗教的宽容，这个家族成功地利用自己所受到的优待地位去保护基督教。在马·雅巴拉哈三世和列班·扫马的传记中曾经说，在他们动身前往耶路撒冷时，孔不花和爱不花向他们表示了祝愿，并且送给他们礼物。"乔治"王子确实是在暮年

宗教共存的元朝

元代允许各种宗教共存，便是统治者自己也是既信佛教，也崇道教，还尊聂思托里安教。上行下效，民间画工为了适应多种宗教绘画的需要，什么教都不信反而更方便。图为道教神仙像中的《铁拐仙人像》，其画师颜辉便是元代著名的道释画家。

| 塞尔柱人 | 古兹人 | | 可萨人 | 钦察人 | | 满族人 | 卡尔梅克人 |
| 阿瓦尔人 | 保加尔人 | | 蒙古人 | 塔吉克人 |

受可汗器重通婚的汪古部

在成吉思汗时期，忠诚追随可汗的汪古部就信奉聂思托里安教。成吉思汗十分器重该部，将女儿嫁给该部首领次子，并确保其在汪古部的统治权。之后也一直保持与成吉思汗家庭的联姻。图为侍女们正在服侍刚刚产子的可汗之女。

时，由方济各会传教士约翰·孟德科维诺施洗礼，皈依了天主教。

在马·雅巴拉哈三世和列班·扫马的传记中还清楚地表明，在元朝时期，中国北方边境信仰聂思托里安教的人并不仅仅限于汪古部的人，因为在他们前往西方时，在唐兀惕境内（即甘肃）也受到了基督教徒的热烈欢迎，尤其是在"唐兀惕城"（即宁夏）。聂思托里安教的教会遍布这个地区，在西宁、甘州、肃州和敦煌都有。马可·波罗还在他的游记中提到，仅仅宁夏地区就有三座聂思托里安教的教堂。

毫无疑问，这些信仰聂思托里安教的人自从唐朝以来，就一直默默无闻地居住在原中国边境以外的这些地区。不过，他们并不是一直局限在这些地区。后来，由于成吉思汗的后代们对这些地区的征服，中国内地的大门也向他们敞开了。可以这样说，在唐朝灭亡以后，已经被赶出中原地区的聂思托里安教，又跟随着蒙古人进入了中原地区。1275年，巴格达的聂思托里安教的主教还在北京创建了主教区。

然后，聂思托里安教甚至还尾随着蒙古人的南征，渗入到长江下游地区。1278年，忽必烈委托了一个名叫马薛里吉思的人管理今江苏省内的镇江地区。根据名字来推断，马薛里吉思应该是一个聂思托里安教徒。1281年，他在镇江建起一座教堂，接着在扬州和汉口又建起了几个聂思托里安教的教堂。

在用叙利亚文写成的马·雅巴拉哈三世和列班·扫马的传记中，有一段文字可以证明蒙古人对聂思托里安教的信仰。列班·扫马（死于1294年）和他的朋友、未来的主教马·雅巴拉哈·麻古思（1245～1317年）都是聂思托里安教徒，同时，马·雅巴拉哈·麻古思还是汪古部人，他的父亲是汪古部科尚城的副主教。列班·扫马是汗八里（或北京）聂思托里安教教堂中的一位巡察使的儿子，也是第一个信奉修道生活的人，他曾经在北京大主教马·基瓦古斯的主持下接受了削发仪式，后来，他隐退到离城只有一天路程的山中修道院，并在修道院中认识了麻古思。麻古思提议两人去耶路撒冷朝圣。在托克托附近，他们拜访了汪古部王孔不花和爱不花，并把朝圣的计划告诉了他们。孔不花和爱不花热烈地接待了他们，并且劝说他们留下来。不过，两人前去朝圣的主意已定。于是，孔不花和爱不花为他们提供了马匹、钱财，以及在中亚的旅途所必需的一切物品。

他们两人先经过唐兀惕境，即今甘肃北部、宁夏附近，在这里，聂思托里安教的教会星罗棋布。他们也受到了热烈的欢迎，男人、妇女和儿童都上街欢迎他们，因为唐儿惕地区居民对聂思托里安教的信仰非常强烈。然后，他们沿着罗布泊和塔里木南缘的小道前行，抵达了于阗和察合台汗的领地。当时，察合台汗是笃哇，成吉思汗的宗王们正在中亚进行战争。战争阻止了列班·扫马

▽ **传自唐代的聂思托里安教**

聂思托里安教也即景教，最初由古波斯传教士阿罗本传入唐朝。他经河西走廊来到长安，拜谒唐太宗请求在中国传教获准，景教开始传播。图为记述景教在唐代流传情况的大秦景教流行中国碑。碑文引用了大量儒道佛经典和中国史书典故来阐述景教教义，讲述人类的堕落、弥赛亚的降生、救世主的事迹等。

| 塞尔柱人 | 古兹人 | | 可萨人 | 钦察人 | | 满族人 | 卡尔梅克人 |
| 阿瓦尔人 | 保加尔人 | | 蒙古人 | 塔吉克人 |

第七章 忽必烈与元朝

阿八哈汗（1265～1282年在位）。

在忽必烈统治时期，来自叙利亚来的一位能说阿拉伯语的基督教徒，汉名爱薛（1227～1308年），曾经身居重要位置。他懂得多种语言，精通医药和天文，曾经在贵由的汗廷中供职。1263年，忽必烈任命他掌管星历司。在1279年的法令中，他似乎是参与者之一。忽必烈企图通过这个法令，制止伊斯兰教在元朝的传播。1284～1285年，蒙古高级官员孛罗丞相作为使臣前往波斯汗阿鲁浑处时，爱薛陪同前往。返回中国后，爱薛在1291年被任命为掌管基督教的总监，1297年担任政府大臣。忽必烈的儿子也里牙、腆合、黑厮、阔里吉思和鲁合都像他一样，虔诚地信仰聂思托里安教，并且在北京的元朝宫廷中也起着重要作用。

最后，忽必烈和他的继承者们在北京的亲卫军中，大约有3万名信仰希腊正教的基督教阿速人，他们来自高加索，是在蒙哥统治期间来的。1275年6月，阿速军围攻长江下游北岸的镇巢，遭到南宋军的屠杀。后来，忽必烈把从镇巢得到的税收分给了遇害的阿速军家属们。1336年7月11日，这些阿速军的后裔送了一封表示归顺的信给教皇本尼狄克十二世。1338年，纳昔奥的安德鲁和威廉，以及阿速人托盖带信给在阿维农的教皇使团。

另外，根据伯希和的说法，元朝时古代摩尼教在福建也很活跃。事实上，在宋朝统治时期，福建就已经有了摩尼教复兴的兆头。

▽ 基督教的十字架

6世纪以前的基督教并不会出现钉在十字架上的基督形象，5世纪时产生的聂思托里安教也是如此，但仍使用十字架作为象征。在聂思托里安教的教义里，十字架不代表受难，而是基督最后"以自己的死亡战胜了死亡"的胜利。

和麻古思直接从喀什噶尔到波斯的旅行。此时，他们发现于阗人正遭受着饥荒，喀什因为战争而人烟稀少，从喀什往西的道路已经不通畅了。于是，他们转道向北去怛逻斯（奥李阿塔，或者今江布尔），窝阔台系的海都汗在这里扎营。海都亲切地接见了他们，并且发给他们安全特许证，带着这个证件，他们顺利通过了战场的前哨，最后抵达了波斯的蒙古汗国，当时，波斯的统治者是

3. 马可·波罗的旅行

马可·波罗游记

尼古拉·波罗和他的弟弟马弗·波罗是长驻君士坦丁堡的威尼斯商人。1260年，他们离开了君士坦丁堡，前往后来成为俄罗斯南部地区的蒙古钦察汗国进行长途贸易。在伏尔加河下游的萨莱城，他们受到了拔都的弟弟和继承人钦察汗别儿哥的接见。他们还把很多珠宝卖给了别儿哥。接着，他们经过花剌子模，来到了察合台汗国境内的不花剌城，并且在那里留居了三年，因为当时蒙古宗王之间正在进行战争，阻碍了他们的归途。最后，他们决定陪同波斯汗旭烈兀的使臣一起，去见旭烈兀的哥哥，元朝皇帝忽必烈。于是，他们经过了锡尔河畔的讹答剌城、伊犁河畔的阿力麻里和畏兀儿地区，这里有别失八里（古城附近）和吐鲁番两个城镇，吐鲁番当时被称为哈剌火州。最后，他们经过哈密（或称沙州），到达了北京，当时也称为汗八里。

在北京，忽必烈热诚地接待了他们。当他们要离开北京时，忽必烈希望他们能够劝说教皇派来100名精通七艺的学者。1266年，波罗兄弟离开了中国，到达了西里西亚亚美尼亚国的主要港口、地中海岸边的剌牙思。1269年4月，他们从剌牙思出发前往阿迦。又从阿迦到罗马。但他们没能够得到忽必烈要求的传教士和学者，于是，他们又起航回到阿迦。1271年底，他们又从阿迦出发前往中国。这一次，他们还带着尼古拉的儿子马可·波罗。

马可·波罗跟随父亲和叔叔离开了剌牙思港，取道锡瓦斯，经过小亚细亚的塞尔柱苏丹国，到达了波斯的蒙古汗国。当时，由

> ### 马可·波罗肖像画
> 马可·波罗跟随父亲和叔叔来到中国并游历了17年，将所目睹的忽必烈时期的中国生活记录成书《马可·波罗行记》，其中璀璨的东方文明使欧洲人感到震惊。图为1477年《马可·波罗行记》的纽伦堡印本中扉页的马可·波罗肖像画。

| 塞尔柱人 | 古兹人 | | 可萨人 | 钦察人 | | 满族人 | 卡尔梅克人 |
| 阿瓦尔人 | 保加尔人 | | 蒙古人 | 塔吉克人 | | | |

第七章 忽必烈与元朝

于波斯汗阿八哈与他的堂兄弟们,也就是站在海都一边的突厥斯坦的察合台汗们正在进行战争,所以,他们无法走河中之路,只能直接斜穿波斯,经过桃里寺、苏丹尼耶和卡尚,再经过耶斯特和起儿漫,到达了霍尔木兹。他们原本打算从霍尔木兹乘船前往中国,可是,当时中国南海岸的广州、泉州、福州和杭州这些大港口仍然在南宋的统治下,蒙古人还没有征服这些地区,所以,他们到了霍尔木兹后,改变了计划,放弃了由海路前往北京的打算,而是北上,经过呼罗珊,进入中亚,并途经尼沙普尔、沙普甘和巴里黑。

为了避开硝烟弥漫的河中战场(波斯汗与察合台兀鲁思首领之间在打仗),他们一行人从巴里黑向东北方向出发,经过巴达克

威尼斯商人

1260年,马可兄弟俩乘船去往君士坦丁堡进行长途贸易,卖掉货物后他们转道向东,意外来到了蒙古帝国并见到了忽必烈汗,受到了热情接待,随后带着可汗给教皇的信件返回威尼斯。图为13世纪海上港口威尼斯的一番热闹场景。

山，取道波罗以北的瓦罕高原谷地，翻越了帕米尔山。他们沿着古代丝绸之路（塔什库尔干）而下，进入了喀什。在喀什，马可·波罗看见了美丽的果园和葡萄园，喀什的居民热衷于经商。在喀什，他还看见有聂思托里安教的教会和教堂。离开喀什后，他们一行人沿着塔里木盆地的南缘的古道前行，经过了叶儿羌、于阗、克里亚和车尔城，绕过罗布泊边缘后，他们穿过了罗不（今若羌）。接着，他们到了敦煌，或沙州。然后，他们进入原唐兀惕境内，来到甘肃的肃州和甘州，甘州是一个重要的贸易中心，他们在甘州待了将近一年的时间，并在这里等候蒙古朝廷的指令。马可·波罗注意到，在甘州有三座聂思托里安教的教堂，在城内也有许多佛僧。

在甘州停留之后，他们一行人又继续向东旅行，经过了凉州和宁夏。在原唐兀惕人的都城宁夏，大多数居民都信仰佛教。但是，这里同样有聂思托里安教的教会，也有三座教堂。接着，他们进入了汪古部的境内，马可·波罗把它称为天德，天德的中心应该在今托克托，或者归化城附近。马可·波罗也注意到汪古部王公们同样信仰聂思托里安教，但也正是由于这个原因，他把汪古部王公们与约翰长老的家族、即原先克烈统治者的家族混淆了。马可·波罗在他的游记中，特别提到了乔治王子（阔里吉思），当时他在蒙古大汗的宗主权下统治着汪古部。马可·波罗还提到了蒙古王朝与汪古部王室之间的联姻。

离开汪古部的境内后，他们一行人进入了中国本土，也就是进入了中国的北方。马可·波罗按照蒙古人的方式，称这里为契

▽ 沙漠中的商队

1271年，17岁的马可·波罗跟随父亲和叔叔的商队从威尼斯出发，渡过地中海、黑海，由霍尔木兹向东，越过伊朗沙漠、帕米尔高原、塔克拉玛干沙漠，经过敦煌，向蒙古帝国的都城行进。图为描绘于1237年的阿拉伯手稿《集会》中的沙漠商队。

丹。这个名字来自于11世纪统治北京的金朝的契丹人。他们从托克托出发，在1275年5月到达了忽必烈的夏季驻地上都府，也就是今多伦诺尔。

他们向忽必烈递交了教皇格列高利十世的信。忽必烈似乎很喜欢马可·波罗，并把他带到了他的冬驻地汗八里（北京）。在马可·波罗自己的陈述中，忽必烈安排他

▽ 忽必烈汗的接见

马可·波罗来到蒙古帝国的上都府，见到了忽必烈可汗。在马可·波罗的记述里，"他们跪在他的面前，向他讲述一路的冒险经历，并回复之前的任务。可汗与贵族们都极为安静地听着，对他们的跋涉冒险深感惊讶。"图为觐见忽必烈汗并递上教皇回信的情景。

在政府部门，并委派他各种差使。不过，马可·波罗懂波斯文，经常用波斯译音给中国的地名注音。根据马可·波罗的记载，他当时可能是在元朝的盐税管理部门工作，可能是扬州副长官的助理，他在这个位置上做了三年。根据马可·波罗的游记，在1268～1273年的围攻襄阳的战争中，他的叔叔和父亲起到过重要的作用。虽然这与中国史籍的记载并不相符合。

在马可·波罗的游记中，记载了两条路线：一条是从北京到云南的路线；另外一条是从北京到福建的路线。在第一条路线中，他提到了今山西省首府太原和山西省的第二大城市平阳；他还提到了陕西省内的奉元府或京兆府，当时忽必烈的儿子、忙哥剌管辖着这里（1272～1280年在位）。忙哥剌曾经提到过马可·波罗；接着，马可·波罗又提到了四川成都。从成都开始，在马可·波罗的旅行中，就有了大量对细节的描述。在云南或者原大理国，他提到了大理（哈剌章）和云南的两个城市（昆明，押赤），他还提到在云南已经有一个大的穆斯林社团。云南形成一个独立的总督管辖区，由成吉思汗宗王们的后裔统治，他们是忽必烈的儿子忽哥赤（1267年）、秃忽鲁哥（1274年），忽哥赤的儿子也先帖木儿（1280年）。马可·波罗还谈道，在他出访时，也先帖木儿正在掌权。他记载了蒙古人在缅甸（或称缅国）的战争（蒙古人于1277年，1283～1284年和1287年的远征），根据他所描写的细节，他很可能曾经跟随蒙古军一直到达缅甸边境。不管怎么样，马可·波罗对于1277年的战斗进行了详细的描述。根据他的记载，在战争中，蒙古弓箭手们使蒲甘王的战象受惊，蒙古军还强占了通往伊洛瓦底江上游的八莫海峡。另外，马可·波罗还说，蒙古人直到1287年才进入蒲甘。

马可·波罗记载的第二条路线从北向南贯穿中国东部，与中国的海岸线平行。在这条路线中，从北京出发，经过河间府到长芦，滋阳，山东济宁，淮河入海口（当时是黄河入海口）附近的淮安州，扬州，苏州，杭州，浙江省的婺州，浙江兰溪南部，及附近的衢州，同样是在浙江省的处州，福建省的建宁府，今福建省首府福州，泉州。这条路线的南部只通到泉州。所以，马可·波罗并没有提到广州。

另外，马可·波罗还有机会跟随忽必烈派遣的两个使团到占婆和锡兰。去锡兰的使者们是去取佛骨，其中包括著名的佛牙。在锡兰，马可·波罗让人给他讲述释迦牟尼的故事。

1291年春天，马可·波罗和他的家人乘船返回欧洲。忽必烈的侄孙、波斯汗阿鲁浑请求忽必烈给他挑选一位伯牙吾惕部的公主与他成婚。忽必烈为他挑选了这个部落的阔阔真公主。但是，由于忽必烈和海都之间的战争，中亚的道路并不通畅。所以，忽必烈要马可·波罗他们护送蒙古公主经过海路到波斯，同时，让他们捎带着他给教皇、法王、英王、卡斯特（北部西班牙王国）国王的几封信。马可·波罗他们不得不在占婆都、佛誓（在平定附近）停泊，接着驶往马六甲海峡。但是，离开苏门答腊海岸后，他们被海上的逆风阻挡了5个月。像当时的所有海员一样，他们在特拉万可看到了最大的

◆ 马可·波罗的旅行路线

马可·波罗随父亲和叔叔前往中国，走的并不是父亲第一次的路线，返回的时候又取道海路，经历了一番全新的奇迹之旅。他在中国的经历书写出来后，在欧洲引起了轰动，也被看成为奇迹。图为马可·波罗行程经过的路线。

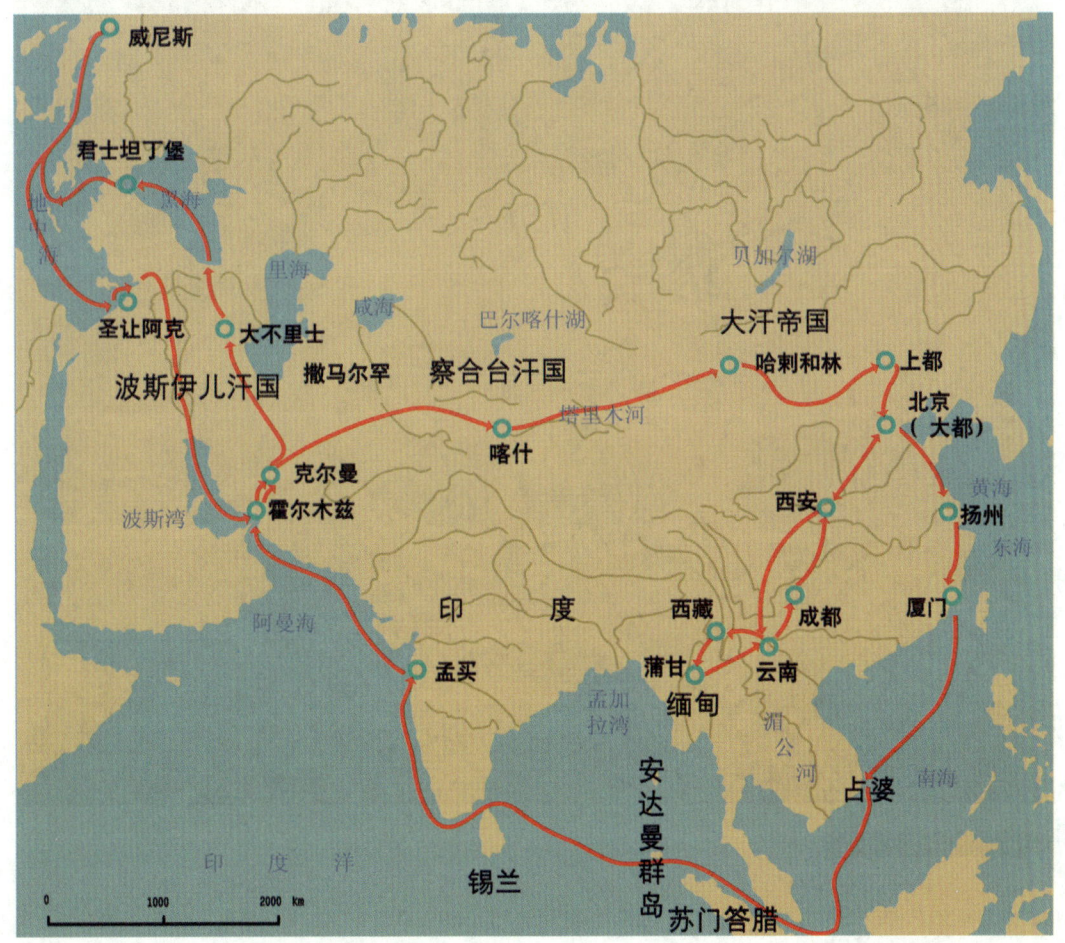

| 塞尔柱人 | 古兹人 | | 可萨人 | 钦察人 | | 满族人 | 卡尔梅克人 |
| 阿瓦尔人 | 保加尔人 | | 蒙古人 | 塔吉克人 |

第七章　忽必烈与元朝

▽ **第一个海路旅行者**

马可·波罗返回时是从泉州出发，经由厦门、占婆、苏门答腊和君士坦丁堡，然后回到威尼斯。他们从东方带回无数的奇珍异宝，一夜之间成为威尼斯的巨富，他们的见闻引发人们的惊奇和极大兴趣。图为马可·波罗一行经由海路返回时在码头装载货物的情景。

香料市场奎隆。他们从奎隆出发,绕过德干高原的海岸向坎贝湾航行,然后,他们沿着波斯海岸,在霍尔木兹登陆。他们应该是从霍尔木兹经起儿漫和耶斯特进入波斯的。这时,波斯汗阿鲁浑刚刚去世。马可·波罗他们把阔阔真公主转交给了阿鲁浑的儿子、呼罗珊长官合赞,然后访问了在桃里寺城的波斯新汗海合都。马可·波罗他们在阿哲儿拜占(阿塞拜疆)停留了3个月后,在特拉布松乘船前往君士坦丁堡。并在1295年回到了威尼斯。

重要性。他说,"这条河上往来的船只和运载的货物,比基督教世界中的任何一条河和任何一个海都要多。"他还说,"每年沿着这条河而上的船就有20万艘,更不用说顺水而下的船只了。"他还提到了元朝的运河所起到的巨大作用,这条运河是忽必烈下令凿通的,经过这条运河,大米可以从长江下游直接运到北京。

为了对元朝和印度、东南亚的贸易进行管理,中国的中部港口和广州地区都有强大的商会。这些商会如同佛兰德尔的行会和佛罗伦萨的技术协会一样,其组织结构甚至还超过了它们。关于杭州的商会,马可·波罗描写道:"很多商人云集在这里,他们十分富裕,经营着大宗贸易,没有人能够估量出他们的财富。只知道他们和妻子都不需要做任何事情,但是,他们却过着奢侈豪华的生活,如同国王一样。"当时,纸钞也在普遍使用,这使得商业交流变得更加方便了。马可·波罗有趣地称纸钞为点金石,说:"我

马可·波罗所见之元朝的繁荣

在马可·波罗的书中,描述了中国南北两地的经济活动。在中国北方地区,他称为契丹;在中国南方地区,即原来的南宋王朝,他称为蛮子。根据他的记载,当时,中国北方已经在开采煤矿。水路也让马可·波罗感到吃惊。他尤其提到了长江在商业上的

❖ 繁华的水路贸易

马可·波罗的记载中,中国的水路贸易十分繁荣,商人云集,满载的货船或沿着长江顺流而下,或沿着运河逆流而上。图为宋元时期民间水路贸易的繁华景象。

| 塞尔柱人 | 古兹人 | | 可萨人 | 钦察人 | | 满族人 | 卡尔梅克人 |
| | 阿瓦尔人 | 保加尔人 | | 蒙古人 | 塔吉克人 | | |

第七章 忽必烈与元朝　217

忽必烈时期的纸钞

图为14世纪版的《马可·波罗行记》中的一副插图，描绘了忽必烈正监督金银与纸币交换的情景。马可·波罗称这种交易为"点金术"，即加盖了可汗印玺的纸张，便有了金银的价值。

可以告诉你们，在中国，每个人都乐意使用这些纸币，因为他们无论走到任何地方，都可以像使用金子一样毫不困难地用它们来做买卖。"元朝人的商业意识很强烈，这一点令这位威尼斯人感到惊诧。他在自己的游记中，不断回忆那些生动的场面：从印度回来的船上装满了香料，如胡椒、生姜和肉桂；满载着稻米的帆船沿着长江顺流而下，或者沿着大运河逆流而上；在杭州或者泉州的商店内，贵重的货物琳琅满目，这里有生丝、锦缎（一种很厚的丝织品）和绣花织锦（有金线或银线绣成花的丝织品），以及有特殊图案的缎子，或称"刺桐布"织品。

马可·波罗用赞赏的语调描述了元朝的主要市场：北方的丝绸中心是汗八里（北京），每天都有上千辆满载生丝的大车驶入城内，这些生丝被用来制成大量的金布和成丝；成都府（四川，成都）生产薄绢，这种丝织品还出口到中亚；安庆或者开封以及苏州（江苏省）生产金布；扬州（江苏，扬州）是长江下游最大的稻米市场。最繁华的地方可能是原南宋的都城杭州，在元朝蒙古人的统治下，杭州的商业贸易一如既往的繁荣，而且这里的商业贸易还得到了巨大的发展。在马可·波罗的游记中，杭州如同东方的威尼斯。杭州还是元朝最大的食糖市场。无数的船只把印度和东印度的香料带到杭州，又从杭州把丝织品带到印度和穆斯林世界。杭州城内居住着大批阿拉伯移民，以及波斯和信仰基督教的商人们。最后，马可·波罗提到福建省内的两个大港口——福州和刺桐（即泉州）。马可·波罗描述说，福州商人"囤积了大量的生姜和良姜,城里还有一个相当大的砂糖市场和一个大的珠宝交易市场,这些珠宝是用船从印度群岛捎来的"。

根据马可·波罗的记载,元朝最大的货栈可能是刺桐,他说,"从印度来的所有船只,满载着香料、宝石和珍珠停泊在刺桐,简直让人难以想象。蛮子(中国南部)的所有商人都云集在这里,这里成为全中国最大的进口中心。可以打个比方,假如有一艘载着胡椒的船从印度群岛驶往亚历山大港,或者基督教世界的任何一个其他港口的话,那么同时,就有一百多艘船驶往刺桐。"

很显然,在元朝蒙古人统治期间,元朝的商品市场和印度、马来亚都有着密切的联系。根据马可·波罗的陈述,大批的元朝船只定期在爪哇港停泊,带回"黑胡椒、良姜、荜澄茄、丁香和其他香料,刺桐商人们因为经营了这些商品而致富"。根据另外一些史书,我们可以知道,忽必烈及他的继承者们与特拉万可和卡纳蒂克的大公们缔结了真正的商业贸易协定。元

海运的香料贸易

马可·波罗记载了在刺桐(古泉州,元代第一大港)、爪哇,大批的元朝船只往返,带着中国的生丝、丝绸、锦缎以及贸易而来的胡椒、丁香、生姜等香料和宝石。图为元朝时与东南亚岛屿诸国海外贸易中的樟脑、糖和桂皮。

朝的商船队载着大捆的生丝、彩色丝织品、缎子、薄绢和金丝锦缎，定期在加韦里伯德讷姆、卡亚尔、奎隆和锡兰停泊；返回的时候，船上运载着印度的胡椒、生姜、肉桂、豆蔻、平纹细布和棉布，以及印度洋的珍珠和德干高原的钻石。

另外，忽必烈的幼支在波斯建立的汗国促进了两国商业贸易的频繁交往。旭烈兀家族的波斯汗们在伊斯兰的包围中仍然在很大程度上保留着蒙古人的爱好。他们派人到元朝获取像丝、瓷器之类的奢侈品，当时的波斯袖珍画像在最初还显示出了元朝工匠们的影响。同样，蒙古人统治下的波斯也把地毯、马具装备、盔甲、青铜器和搪瓷制品等输往中国。

马可·波罗的游记和佩戈洛蒂的《贸易实践》都证实了：蒙古人的征服，令中国与欧洲有了紧密的联系。到了13世纪末，贯穿大陆的两条商路把欧洲与远东地区联系了起来。第一条路是从钦察汗国到敦煌，对欧洲人来说，它起于克里米亚的热那亚和威尼斯商业据点，更准确地说是起于顿河河口处的塔那。这条道路的主要驿站有伏尔加河下游的萨莱，也就是蒙古钦察汗国的都城，接着是锡尔河中游的讹答剌，以及伊塞克湖以西的怛逻斯和八拉沙衮。从伊塞克湖开始，有一条小道进入蒙古，

▼ 海上的香料之路

古代中国有两条对外贸易之路，一条是丝绸之路，一条就是南部海边沿线直至威尼斯的海上贸易，因为主要经营香料贸易，故又称"香料之路"。图为元朝时海上香料之路路线图。

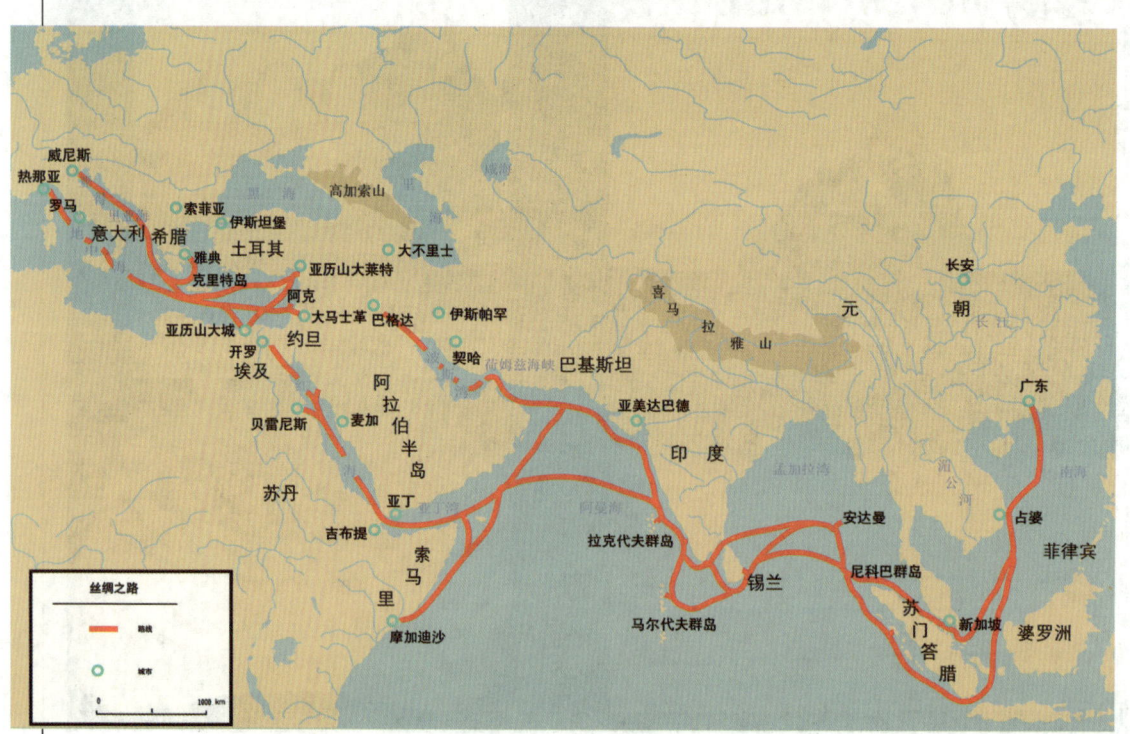

途经叶密立河、也儿的石河上游（黑额尔齐斯河）、乌伦古河，到达了鄂尔浑河上游的哈拉和林，然后这条路从哈拉和林向南通向北京。从伊塞克湖西端出发的另外一条小道，通过伊犁河上游的阿力麻里（固尔扎附近）、别失八里（今济木萨）、哈密和甘肃肃州，然后进入了中国本土。

第二条路是穿过波斯的蒙古汗国，它的起点或者是特拉布松希腊国都城、黑海边的特拉布松城，或者是从法属叙利亚附近的西里西亚的亚美尼亚国最繁忙的港口刺牙思。无论从哪儿开始，这条道路都要穿过与波斯的蒙古汗国保持紧密联系的属国、小亚细亚塞尔柱苏丹国的东境，然后到波斯汗国的实际上的都城桃里寺。再从桃里寺开始，经过可疾云（加兹温）、刺夷、莫夫（马里）、撒马尔罕（撒马尔罕）、塔什干（当时名柘析）、喀什、库车、吐鲁番、哈密和甘肃。还有另一条路是从莫夫到巴里黑、巴达克山、喀什、于阗、罗布泊和敦煌。经过这些不同的商路，从远东来的商品被直接运往欧洲。

除了与古丝绸之路一致的陆路，蒙古人的征服还重新开通了海路，也称为香料之路。当时，阿拉伯人和塞尔柱人统治的伊朗一直对欧洲人实行闭关政策，此时，波斯的蒙古汗们则对要经海路去中国的商人和传教士们敞开自己的领土。从巴格达哈里发王朝的灭亡，到伊斯兰教在波斯汗国内获得最后的胜利，天主教的旅行者们可以从桃里寺到霍尔木兹，然后畅通无阻地穿过伊朗，再从霍尔木兹码头乘船去塔纳、奎隆和刺桐。鄂多立克的旅行就是沿着这条路线的。反之，来自中国的丝绸和东印度群岛的香料在霍尔木兹卸下，由商旅们带着通过蒙古统治下的波斯，到达桃里寺大市场，然后再从这里分发到基督教世界的港口特拉布松，或者是刺牙思。

不过，道路的自由畅通是以大屠杀为代价的，也是蒙古人征服后带来的一种结果。中国、突厥斯坦、波斯、俄罗斯都在蒙古人的统治之下，并严格按照札撒进行管理。这些王公们关心商旅的安全，对各种信仰持宽容态度，并重新开通了自上古末期以来就阻塞不通的陆上交通与海上的交道。这在历史上是第一次，中国、伊朗与欧洲人之间开始了真正的接触。这也是震惊世界的蒙古人的征服所产生的意想不到的结果，从这一点来说是幸运的。

4. 元朝的天主教

1291年，意大利商人彼得鲁斯从桃里寺出发，经过印度洋来到中国。他住在北京。可以推测，彼得鲁斯在北京的生意一定很兴隆，因为他在1305年时，曾把元朝皇宫附近的一块地送给了方济各会的修道士约翰·孟德科维诺。大约20年以后，热那亚人安德鲁也来到中国，并赢得了元朝皇帝的信任。后来，他作为蒙古使臣回到了欧洲，并在1338年再次来到中国，这次可能是走的塔那这条路。

迈拉布尔停留了13个月。然后，他乘船到中国，受到了忽必烈的孙子、继承者铁穆耳大汗的热烈欢迎。

孟德科维诺在北京建了两座教堂，其中一座是在与他一起从迈拉布尔（1305年）来的意大利商人彼得鲁斯的捐助下建成的。在短短数年之内，他为大约一万多名蒙古人实施了洗礼，并开始把基督教圣经诗译成元朝蒙古人通用的语言。汪古部王公阔里吉思，即乔治也皈依了天主教。阔里吉思就是在信仰聂思托里安教的家庭中出生和长大的。他皈依了天主教之后，对天主教的传教士们给予了更有效的保护。作为铁穆耳大汗的女婿，他任命这些传教士在宫廷中担任最高官位。阔里吉思的幼子以术安·约翰之名接受了洗礼，以此来表示对约翰·孟德科维诺的敬意。

1307年，教皇克力门五世任命孟德科维诺为汗八里城大主教。1313年，有三位辅助主教的副手抵达了汗八里，他们是佩鲁贾的安德鲁、格拉德和帕莱格利努。大约在同一时期，教皇还派了佛罗伦萨的托马斯、捷罗姆和彼得兄弟们来到蒙古人中。捷罗姆成了克里米亚（即可萨尼亚）的主教，并对钦察汗国有裁判权。格拉德成了刺桐（福建泉州）的主教，由一位亚美尼亚的贵妇捐款，他在刺桐建了一座教堂。他死后，帕莱格利努继任刺桐主教。1322年或者1323年，帕莱格利努去世，安德鲁·佩鲁贾取代了他。1326年1月，安德鲁在刺桐写了一封信给佩鲁贾修道院的神甫们，他在信中强调了传教士们在蒙古宫廷中得到的优待。他在信中写道大汗（也孙铁穆耳）已经答应给他每年一百金佛罗林的奉金。安德鲁还说，他在刺桐附

▷ 传教士的东进

其实从1245年开始，随着蒙古军队入侵到多瑙河，基督徒们就十分恐惧，教皇开始派人到蒙古人那里，试图缔结合约，并向他们传教，促使他们改变宗教信仰。图为首次派遣教士使团的教皇英诺森四世和他那些惊慌的红衣主教们。

在这些富有冒险精神的商人的促进下，传教士也来了。教皇尼古拉四世正好从列班·扫马处知道了在蒙古帝国内许多地区都有基督教的教会，于是，他在1289年派约翰·孟德科维诺带着给波斯汗阿鲁浑和大汗忽必烈的信前往远东。孟德科维诺在桃里寺与阿鲁浑待了一些时候，然后在1291年出发到印度。在印度，他陪伴商人彼得鲁斯在

近为22名僧侣建造了一座房子，他的时间分别在教堂和山上的修道院中度过。

继孟德科维诺和安德鲁之后，元朝最著名的天主教传教士是方济各会修道士波尔德诺内的鄂多立克（大约生于1265年，死于1331年）。大约在1314年，鄂多立克从威尼斯起航，在特拉布松登陆。他从特拉布松出发，先来到波斯的蒙古汗国，然后，访问了桃里寺城。在这里，他看见了这座城市的居民对商业活动的重视。他认为这座城市给波斯汗带来的收入比法兰西王来自全国的收入还要多。他还谈到了阿哲儿拜占的许多聂思托里安教的教会和亚美尼亚教的教会。最先，他计划经过伊朗东部到印度，但是，在耶斯特，由于这个地区的穆斯林狂热而产生了暴动，他只好返回。在1313～1315年的几年内，东伊朗成了自相残杀的战场。波斯汗王者都正在与突厥斯坦的察合台汗也无不花和阿富汗地区的君主也先不花的侄儿达乌德·火者交战。另外，由于突厥斯坦的察合台蒙古人在1305～1327年间不断对旁遮普发动掠夺性远征，所以，东伊朗和印度之间的交通也不畅通。最后，鄂多立克只好返回，向西到伊剌克阿拉比，然后他从巴士拉乘船到霍尔木兹，接着从霍尔木兹乘船到印度，并且在1322年，或者1323年底，或者1324年初，在孟买附近的塔纳登陆。在塔纳，他收拾了前不久（1321年4月9～11日）被穆斯林杀害的四位方济各会修道士的遗骸，观看了无离拔（马拉巴尔）海岸——这里是真正的香料之地、胡椒之国。鄂多立克后来的记载对人们研究这一时代的商业具有很大参考价值。然后，鄂多立克继续前往圣·托马斯，或称迈拉布尔，据说使徒托马斯就安葬在这里。在这里有一大批信仰基督教的移民。他详细描述了这个地区聂思托里安教的教会衰退，他认为，这里的聂思托里安教会实质是处于偶像崇拜的环境中，它几乎退化成为异教，他认为这里的聂思托里安教步入了印度教的歧途。接着，鄂多立克游览了锡兰和爪哇，访问了占婆，再从占婆乘船到了中国。

鄂多立克在广州登陆。他发现广州人口密集，富有，货物云集，价格便宜，居民勤劳，广州人还是天生的商人和能工巧匠，这给他留下了深刻的印象。他对泉州（或

伸开双臂的耶稣

孟高维诺是中国天主教的先驱，他在1289年奉教皇之命前来中国，受到忽必烈汗的接见和传教许可。在他的努力下，约有6000多人受洗入教，他还在北京建立了两座教堂，后来成为总管东方教务的大主教。

刺桐）也很有兴趣。在泉州，他在圣方济各会寺庙中受到接待，他对这里的大教堂和山间的修道院称赞不已。杭州更使他惊奇。他说："它是世界上最大的城市，坐落在两个湖泊之间。像威尼斯一样，处于运河和环礁湖之间。"他看见杭州城内的汉人、蒙古人、佛教徒、聂思托里安教徒，对蒙古人的管理钦佩不已。鄂多立克在杭州还碰到了一个由方济各会会士们劝说皈依了天主教的蒙古重要人物，他称为鄂多立克为"阿塔"，在突厥语中是父亲的意思。并且在他的帮助下，鄂多立克访问了一座佛教寺庙，还和寺庙中的和尚们讨论了灵魂转世的问题。

鄂多立克从杭州继续前往金陵府，即南京。后来，他又到了扬州。在扬州，他发现有一座方济各会寺庙，也还有许多聂思托里安教的教堂。接着，他游览了新州马头，可能就是今山东济宁。在他看来，这里是重要的丝绸市场。最后，他来到"可汗城"汗八里，或称北京。

鄂多立克描述说："大汗驻扎在这里，他有一座非常大的宫殿，宫殿的围墙至少有四英里长，宫殿中还有许多小宫殿，这座帝王城是由若干同心的、渐次向外扩大的圆圈组成的，每一圈城池内都有居民。在第二圈内，居住着大汗和他的家人及随从们。在这里，有一座人工小山，山上筑有宫殿。小山上种着美丽的树，称为绿山。山的周围有湖和池塘。湖上有一座非常美丽的桥。这座桥的大理石色泽鲜艳，建筑结构精细，这是我

鄂多立克的传奇

大约1314年时，方济会修士鄂多立克从威尼斯出发，开始了其东方之旅。1318年他经广州入中国，其后3年间游历了泉州、福州、杭州、金陵、扬州、北京等地，后取道西藏回国。其东游经历由他人笔录成书《鄂多立克东游录》，影响仅次马可•波罗。图为鄂多立克从欧洲启程时的情景。

元王朝的风度

鄂多立克修士所见的元王朝大汗及宫殿，都尽显雍容和华贵。在元可汗眼中，这些修士不过是远来进贡的诸夷而已。图为元代任伯温作《职贡图》局部，描绘诸夷之人远来纳贡的情景，其中有的神态还算从容，有的则左顾右盼，略感拘束，侧面反映出元代宗主国的强势。

见过的最美丽的桥。在池中有无数的野鸭、天鹅和野鹅。大汗不需离开宫殿，就可以享受到打猎的乐趣，因为在圈墙内还有一个大公园，园内有许多野兽。"

接着，鄂多立克描述了他在蒙古宫廷中受到的接见。当时的元朝皇帝是忽必烈的重孙子、也孙铁穆耳，他在位的时间是1323年10月4日至1328年8月15日。

鄂多立克描述说："大汗登上宝座后，第一位皇后坐在他的左边，比他矮一级；接着在第三级是他的三个妃子。在妃子下面坐着王族里的其他贵妇。大汗的右边是他的长子，长子以下各级坐着宗王们……我在北京待了三年半，陪伴方济各派的修道士，他们在北京有一座寺庙，甚至还在大汗的宫中担任官职。当我们一次又一次地为大汗祝福时，我有机会了解我所看到的一切……我们中的一位兄弟（约翰·孟德科维诺）是宫廷大主教，无论大汗何时出巡，他都会给予祝福。有一次，大汗返回北京，我和主教，以及方济各会教士们一起到离北京有两天路程的地方去迎接他，大汗快要到来时，我们在面前举起了一根长杆，杆头上系有一个十字架，我们唱着'伏求圣神降临'，他坐在战车上，当我们走近战车时，大汗认出了我们，把我们召到他的身边。当我们靠近他时，他脱掉了皇冠。他在十字架前鞠躬。主教向他祝福，大汗虔诚地亲吻十字架。接着，我把香插入香炉中，主教在他面前焚香。但是，按照宫廷礼节，没有人空手去见大汗，我们向大汗呈上了装满水果的银盘，他友好地接受了，甚至好像还品尝了水果。后来，我们闪到路的旁边，退到陪伴大汗的那些受过洗礼的大臣中。他们像接受贵重礼物一样高兴地接受了我们的普通的礼物。"

鄂多立克还描述了在距离北京有20天路

▼ 信使们启程

　　元王朝的驿站系统使西方旅行者感到惊讶。蒙古人使之遍布领土各处、四通八达，服役的驿户就达到30万，相应的急递铺专门负责朝廷和官府紧急文书的传送，一昼夜即可传递400里。图为一边骑马的信使刚把信送到，一边的信使又要启程。

程的皇家园林中的狩猎活动。他形象地描述了打猎的场面：大汗骑在一只大象背上，蒙古君主们各自射出有颜色标志的箭。"动物的嘶叫声，猎狗的狂吠声，林中一片喧闹声，连说话声都听不见。"达到高潮后，狩猎就结束了，也孙铁穆耳像他的祖先成吉思汗一样，冲破围猎圈，按照佛教的精神，让受伤的野兽逃走。

　　最后，鄂多立克还提到了元朝的邮政。他描述说："信使骑着飞驰的快马，或者疾走的骆驼。当他们接近驿站时，会吹响号角。驿站主听到号角后，会让另一名使者骑上新的坐骑，接过信函，飞奔到下一站，这样依次下去，于是，大汗在24小时之内就可以得到按正常推算需要三天骑程的地区消息。"

　　鄂多立克在北京大约待了两三年，似乎在1328年离开的北京。他经过中亚之路返回了欧洲。他途经汪古部聂思托里安教突厥人的境内，有一位名叫阔里吉思（死于1298年）的王公。和马可·波罗一样，鄂多立克也把汪古部王公们与克烈部的"约翰长老"混淆了。鄂多立克提到了他们与成吉思汗系的公主们的频繁通婚。从汪古部境，鄂多立克继续前往甘州之地，即今甘肃甘州，他后来写到，该地的城镇和村子沿着大商路，排列得非常紧密，以至于旅行者每离开一个城市和村子时，就可以看到下一个城市和村子的围城。鄂多立克必定是走一条小道穿过戈壁的,这条小道或者是在塔里木北缘,或者是在塔里木的南缘,他沿途收集了有关吐蕃和喇嘛教理论的一些有趣的资料。不过,事实上他从来没有进入过吐蕃地区。在1330年5月,他回到了帕多瓦。1331年1月14日,他在乌迪内修道院去世。

北京大主教约翰·孟德科维诺曾经接见过鄂多立克,并在鄂多立克离开北京后不久,在1328年(或1329年)去世了。1333年,罗马让另一位方济各派修道士尼古拉继任他的职务。尼古拉是走的中亚之路。他到达了阿力麻里(即今伊犁河流域的固尔扎附近)的消息是在1338年传到欧洲。不过,他似乎还没有来到中国就去世了。1339年,教皇本尼狄克十二世派约翰·马黎诺里修士到中国。他从那不勒斯出发,在1339年5月到达了君士坦丁堡,然后乘船到达了克里米亚的喀法(费奥多西亚)。接着,他访问了钦察汗月即别,向他呈递了许多教皇送的礼物。

1340年春天,他从钦察来到察合台汗国的阿力麻里,并在阿力麻里重新建起了前几年因宗教迫害而遭到破坏的基督教会。然后,他经过中亚,在1342年到达北京。8月19日,他受到忽必烈的第十代继承人、大汗妥欢帖睦尔的正式接见,他送给大汗一匹来自欧洲的战马,这件礼物深得大汗赞赏。1347年12月26日,马黎诺里从泉州起航,在沿印度海岸航行时,他在迈拉布尔和奎隆停留了一年,然后在1353年返回阿维农。

1370年,教皇乌尔班五世任命巴黎大学教授纪尧姆·波拉特为北京大主教,第二年,教皇又任命弗朗希斯科作为他的使者到中国。但是,当时元朝刚被推翻。明朝强行禁止包括基督教在内的由蒙古人引进的一切外来的宗教教义。形势对基督教极为不利。其实,同样的事情在840年也曾发生过,当时,回鹘可汗垮台,受他们保护的摩尼教也在一夜之间被禁止了。

▽ 君且送马来

蒙古人好马的爱好与生俱来,也广为世人所知。即使是远在欧洲的传教士们,来中国时都要带上一匹好马,以获得可汗的赏识。同是元代任伯温的《职贡图》局部,则描绘的是游牧民族进贡宝马的情景。全图仅画人马,均以线条勾勒,细劲宛转,连绵流畅,透出古雅气息。

| 塞尔柱人 | 古兹人 | | | 可萨人 | 钦察人 | | | 满族人 | 卡尔梅克人 |
| 阿瓦尔人 | 保加尔人 | | | 蒙古人 | 塔吉克人 |

第七章 忽必烈与元朝

5. 忽必烈家族的后裔和蒙古人被逐出中国

铁穆耳皇帝（1294～1307年在位）是元朝最后一位能干的君主。在他之后，王朝就开始呈现出衰败的景象。中国的最后一批成吉思汗的后裔们已经完全汉化了，他们同时也被宫廷生活和过度的骄奢淫逸腐蚀了，元朝的君主整日被亲信、贵妇、文人学士和官僚们簇拥着，与外界隔离。历史上最令人震惊的征服者的子孙们已经退化到软弱无能、畏畏缩缩、优柔寡断的地步。不过，尽管占据天子之位，他们仍然摆脱不了氏族的家庭结构，其家庭成员之间公开争斗，互相夺权，互相残杀。

过度享乐也缩短了他们的寿命。1294年2月18日，忽必烈去世时79岁。他宠爱的儿子真金在1286年1月就去世了。真金的儿子铁穆耳在1307年2月10日也过早地去世，终年42岁，他的身后没有子女。接着，忽必烈的孙子、唐兀惕地区（甘肃）的长官阿难答王子与忽必烈的重孙子、蒙古哈拉和林长官海山之间争夺王位，海山在杭爱山边境统率着帝国最强大的军队。最后，海山获胜，处死了阿难答。但是，海山沉溺于烈酒和女人，他在31岁就去世了（1311年1月27日）。

他的兄弟普颜笃（爱育黎拔力八达）想采用像任用汉族文人学士一样的科举制度录用蒙古候选人，可是，他也在35岁时去世（1320年3月1日）。普颜笃的儿子硕德八剌即位，年仅17岁，3年以后，被蒙古高级官员组成的阴谋集团杀害，他们拥立他的堂兄弟也孙铁穆耳为皇帝（1323年9月4日）。

也孙铁穆耳统帅着在蒙古的军队，他在怯绿连河畔的军营中被宣布为皇帝，并在1323年12月11日在北京正式即位，年仅30岁。可是，5年后（1328年8月15日），他因纵欲而死。他死后中国就爆发了内战。海山的儿子图帖睦尔在1328年11月16日夺取了政权，不过，他却把王位让给了自己的哥哥蒙古长官和世琼。1329年2月27日，和世琼突然去世，图帖睦尔又登上了王位。但是他也

◇ 元成宗铁穆耳

铁穆耳是元朝第二位皇帝，在位期间专力整顿军政，采取限制诸王势力、减免赋税、新编律令等措施，同时发兵击败海都、笃哇等，使四大汗国重新承认元朝的宗主地位，晚年因委任皇后卜鲁罕和色目大臣而致朝政日渐衰败，史书称其基本守成。

元朝皇帝世系

元朝尊成吉思汗为太祖，忽必烈为世祖，期间因可汗的继承程序而多次引发争斗。忽必烈一脉统治中原并辖制其余诸汗国时仍有不服，至成宗铁穆耳方才承认其可汗权威。随着元王朝的腐败昏聩，至第11位皇帝妥欢帖睦尔时期终于分崩离析，被汉族朱元璋趁机夺取了政权。

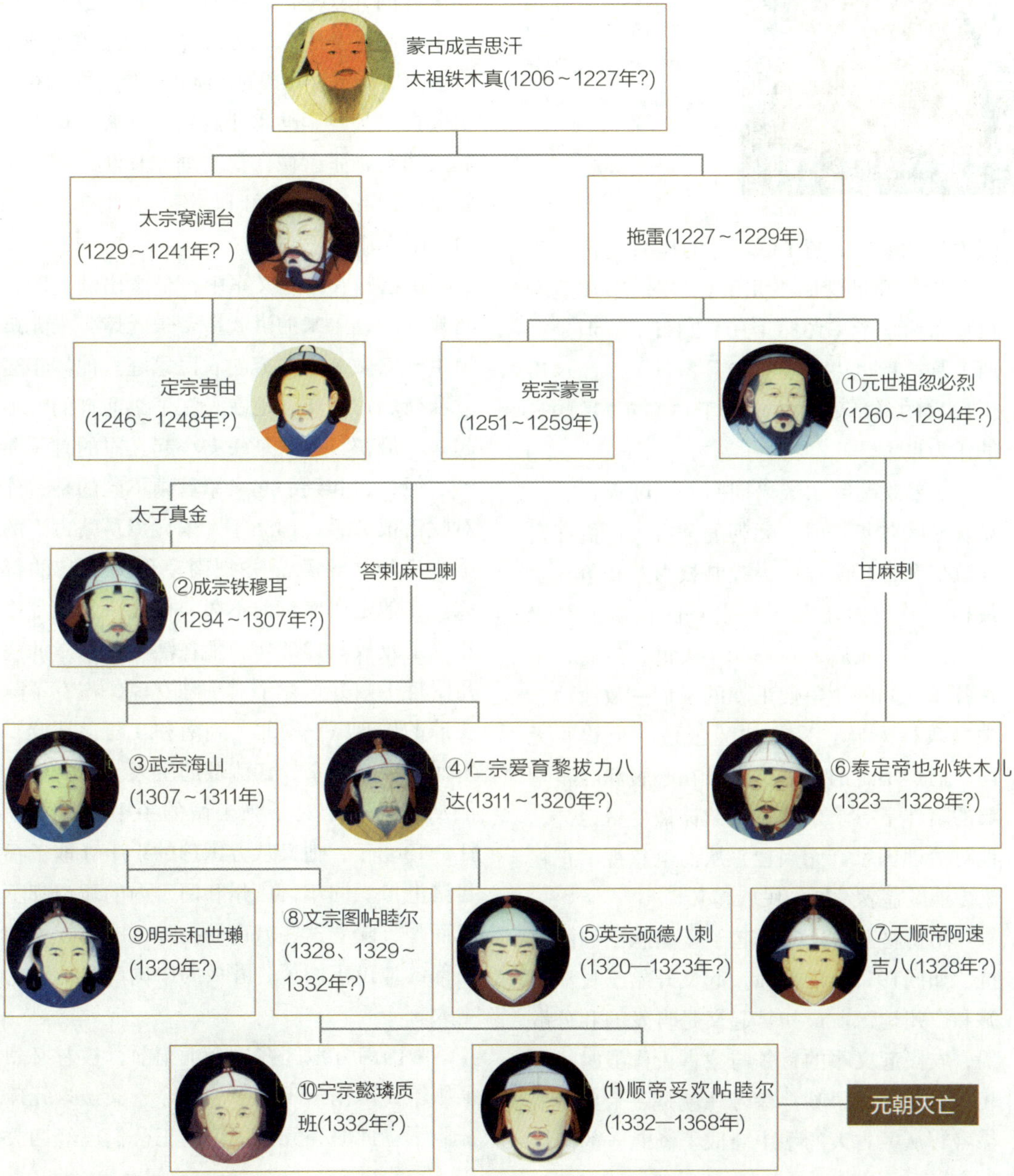

```
                    蒙古成吉思汗
                    太祖铁木真(1206～1227年?)
           ┌────────────────┴────────────────┐
      太宗窝阔台                         拖雷(1227～1229年)
      (1229～1241年?)              ┌──────────┴──────────┐
           │                   宪宗蒙哥              ①元世祖忽必烈
      定宗贵由              (1251～1259年)          (1260～1294年?)
      (1246～1248年?)                                    │
                    太子真金      答剌麻巴喇          甘麻剌
                         │              │                │
                   ②成宗铁穆耳                      
                   (1294～1307年?)
           ┌─────────────┼─────────────┐              │
      ③武宗海山      ④仁宗爱育黎拔力          ⑥泰定帝也孙铁木儿
      (1307～1311年) 八达(1311～1320年?)       (1323—1328年)
      ┌────┴────┐          │                          │
   ⑨明宗和世㻋  ⑧文宗图帖睦尔   ⑤英宗硕德八剌     ⑦天顺帝阿速
   (1329年?)   (1328、1329～  (1320—1323年)    吉八(1328年?)
               1332年?)
               ┌─────┴─────┐
          ⑩宁宗懿璘质    ⑪顺帝妥欢帖睦尔     元朝灭亡
          班(1332年?)    (1332—1368年)
```

塞尔柱人 | 古兹人   可萨人 | 钦察人   满族人 | 卡尔梅克人
         阿瓦尔人 | 保加尔人   蒙古人 | 塔吉克人

第七章　忽必烈与元朝

洪武皇帝朱元璋

朱元璋从起义军头领做起，先后击败陈友谅、张士诚、方国珍等，不断壮大自己。以南京为根基，巩固其在南方的统治。1368年，朱元璋于南京称帝，国号大明。图为朱元璋画像。

因为暴饮暴食，在1332年10月2日去世，年仅28岁。和世疎的小儿子，6岁的懿璘质班被宣布为皇帝（1333年10月23日），但是在两个月之后也去世了（12月14日）。懿璘质班13岁的哥哥妥欢帖睦尔于1333年7月19日继任为皇帝。

在妥欢帖睦尔统治期间，元朝灭亡了。妥欢贴睦尔年轻时，元朝的蒙古大臣们在宫廷政变和宫廷阴谋中为控制权力互相争斗。最初，政权由蔑儿乞部出身的权臣伯颜操纵。伯颜失宠后，在1340年去世，然后，蒙古各派之间的斗争使王朝的威信一败涂地，中央政权瘫痪。妥欢帖睦尔是一个软弱无能、摇摆不定的君主，整日在心腹和吐蕃喇嘛的陪伴下寻求乐趣。纵欲让他变得迟钝，他对治理国家毫无兴趣，从而也忽视了正在南方地区蓬勃发展的民族起义。

元朝腐败的景象激起了爱国志士们的反抗。如同1912年的革命，起义开始于长江下游和广州地区。最初，起义是自发的和分散的，农民起义军的首领与蒙古人作战时，互相也在不停地争吵。徐寿辉就是一个典型。徐寿辉从蒙古人的手中夺取了湖北省的两个城市：汉阳和武昌（1352年），接着占领了襄阳（1356年），最后，他控制了两湖（湖北、湖南）的大部分地区和江西。可是，他在1359年被部将陈友谅取代了。陈友谅出生于一个普通的渔民家庭。他率军驻扎在鄱阳湖以北的九江地区。同时，另外一位农民起义军首领刘福通以宋朝后裔的名义，在1358年短期内取得了对开封的控制权，接着在1359年被蒙古王公察罕帖木儿赶跑。还有一位农民起义军首领张士诚，他占据着长江口边的扬州（1356年），而浙江和福建海岸的起义军则由方国珍领导。

在这些农民起义军中，最杰出的是明朝的建立者、未来的洪武皇帝朱元璋。朱元璋出生于安徽一个贫穷的农民家庭。他早年当过和尚。1355年，他在长江下游河畔的太平起兵。最初，他只是一支小起义军的首领而已。但是，和别的起义军首领不同的是，他对政治很敏感。1356年，朱元璋从蒙古人的手中夺取了南京，并把南京作为自己的都城。在他定居南京前不久，他在一片混乱中建立了政权。1363年，他在潘阳湖东岸的饶州附近击败并杀死了对手陈友谅，占有了陈友谅的地盘——湖北、湖南和江西，从此，朱元璋成为整个长江流域的主人。1367年，他从另外一个对手张士诚的手中夺得了浙江，1368年，他又从方国珍的手中夺取了福建诸港口。同年，广州和两广内的城镇都不战而降，随着这些城市的投降，明朝在中国南部的地位巩固了，并成为中国南方地区的主人。

中国南方地区在一个世纪前，被忽必烈征服了（原南宋王朝）。如今，又被朱元璋征服了。此时，元朝的蒙古王公们已经四分五裂。1360年，在他们中间，最有能力的两位王子，即杰出的将领察罕帖木儿（他重新征服了开封）和山西大同边境长官孛罗帖木儿，为了太原（当时的冀宁）的管辖问题又几乎兵戎相见。接着，在蒙古的一位窝阔台家族的王子企图利用这个形势推翻忽必烈家族的统治。他率军到长城脚下，在上都府（多伦诺尔）附近打败了元朝的军队，但是，他后来被杀死（1361年11月）。元朝帝国的内战不断。1363年，当朱元璋占领了南方地区后，孛罗帖木儿凭借武力，企图从察罕帖木儿的继承人扩廓帖木儿手中夺取太原（山西）的统治权。皇太子爱猷识礼达腊站在反对孛罗的这一边，命令扩廓帖木儿撤销孛罗在大同的统治权。接着，孛罗在1364年9月9日率军进入北京，迫使妥欢皇帝任命他为最高统帅，皇太子逃往太原的扩廓帖木儿军中。不过，孛罗最后并没有战胜这两位对手，1365年9月，他在北京被暗杀。扩廓帖木儿与皇太子一起返回北京，扩廓帖木儿被任命为最高统帅，直到1367年失宠为止。当蒙古宫廷和贵族们在打内战时，农民起义军夺取整个南方地区就不足为奇了。朱元璋继续率军征服北方。

1368年8月，朱元璋从南京出发，经过广平和馆陶路进入了河北。这是一次胜利的进军。蒙古将军卜颜企图守住通往北京的路，可是，他在通州被朱元璋手下杰出的统帅徐达打败并杀死了。皇太子爱猷识礼达腊携带着神主逃往蒙古。妥欢帖睦尔皇帝在9月10日夜离开北京奔上都府（多伦诺尔）。蒙古宗王帖木儿不花在企图保卫北京的战斗中英勇阵亡。朱元璋的农民起义军进入了北京城。

当时，仍然占据着山西的最后一支蒙古军是在太原总督扩廓帖木儿的统率下，扩廓帖木儿拒绝援助他的君主，集中兵力保卫自己的属地。但是，当徐达率领大军逼近时，他也放弃了抵抗。太原被攻陷，扩廓帖木儿逃亡到甘肃。元朝的妥欢帖睦尔皇帝感到在多伦诺尔也不安全，逃往沙拉木伦河畔的应昌（开鲁），并于1370年5月23日在此去世。

成吉思汗的子孙们在中国建立的王朝，从忽必烈到妥欢帖睦尔，持续时间不到一百年。他们在突厥斯坦建立的汗国却注定要延续到17世纪。

朱元璋北伐元朝示意图

朱元璋凭着远见卓识，针对元朝残余势力做出了先取山东，撤除元朝的屏障；次进兵河南，切断其羽翼；再夺取潼关，占据其门槛；最后进兵大都的北伐方略，最终取得胜利，元顺帝仓皇出逃。

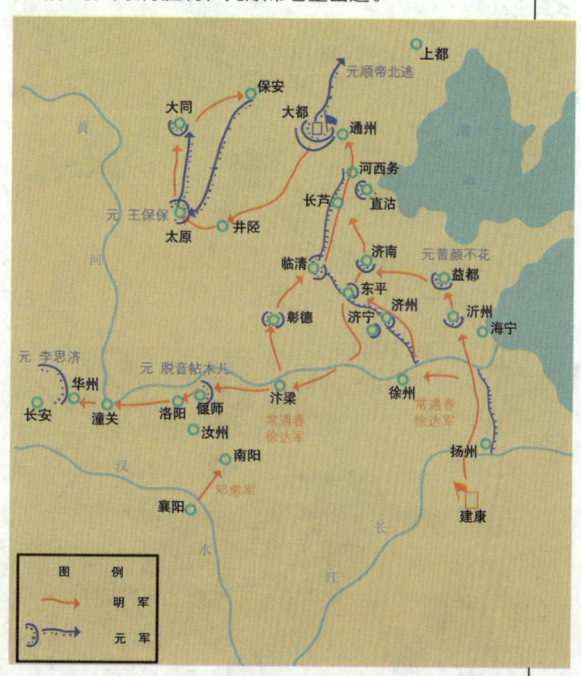

塞尔柱人 ｜ 古兹人　　　　　　　可萨人 ｜ 钦察人　　　　　　　满族人 ｜ 卡尔梅克人
　　　　阿瓦尔人 ｜ 保加尔人　　　　　　蒙古人 ｜ 塔吉克人

第八章
察合台家族统治下的突厥斯坦

察合台汗国由成吉思汗次子察合台的领地扩展而来,经历任汗王,夺得原属领地并兼并了窝阔台汗国。随后因塔儿麻失里改信伊斯兰教而使汗国分裂,河中地区的权力转移到了突厥贵族手里,蒙兀儿斯坦则在秃忽鲁贴木儿统治下恢复了察合台汗国的统一。

1. 察合台汗国的起源与一般特征

成吉思汗的次子察合台继承了伊塞克湖地区、巴尔喀什湖东南的伊犁河流域，以及楚河与怛逻斯河流域草原，或者是这两条河以东的草原。根据志费尼的记述，察合台的冬季营地是在马拉什克亦拉，夏季营地是在虎牙思，这两个地方都在伊犁河流域内，虎牙思靠近阿力麻里（离今固尔扎不远）。喀什噶尔和河中地区也是他的属地。畏兀儿地区，即别失八里（今济木萨）、吐鲁番（哈喇火州）和库车的原回鹘国境，大约在1260年左右成了察合台家族的直属领地，虽然在此以前，这些地方似乎一直属于哈拉和林的大汗们。河中地区的不花剌城和撒马尔罕城也曾经在一段时间内由哈拉和林的宫廷负

> 察合台汗国
> 察合台汗国由察合台及其儿子哈剌旭烈及他的后人管理，建于1227年，最盛时疆域东至吐鲁番、罗布泊，西及阿姆河河，北到塔尔巴哈台山，南越兴都库什山，包括阿尔泰至河中地区，斡尔朵（宫帐）设在阿里麻里的忽牙思。

| 塞尔柱人 | 古兹人 | | 可萨人 | 钦察人 | | 满族人 | 卡尔梅克人 |
| | 阿瓦尔人 | 保加尔人 | | 蒙古人 | 塔吉克人 | | |

第八章　察合台家族统治下的突厥斯坦

察合台汗国的游牧本性

察合台汗国的统治者并没有选择定居的生活，对于领地也没有系统的管理方式，仍是以游牧、迁徙、掠夺的方式生活。图为一蒙古骑手抬头弯弓射箭的场景，马、弓箭正是游牧民族的典型写照。

责管理。

管理察合台汗国的是一名来自察合台的王子，这个国家的名称来自于他的领地的名称。这个汗国的领域相当于原古儿汗们统治下的喀喇契丹国。和喀喇契丹一样，察合台汗国也是一个由蒙古人统治的突厥地区，是突厥斯坦的蒙古王国。察合台汗国的统治者也和喀喇契丹的古儿汗们一样，甚至和更早的7世纪的西突厥可汗们一样，完全不懂得以西方国家为模式，或者以中国和波斯为模式，建立起一个正规的国家。因为他们缺乏这样做的历史背景。而察合台汗国的堂兄弟是忽必烈家族，或者波斯的旭烈兀家族，都已经发现了古代中央集权国家的古老传统是按行政管理的方式进行统治的。所以在中国，忽必烈家族成了天子；在波斯，旭烈兀家族成了苏丹。他们严格参照西方国家和中国来管理自己的领地。察合台的儿子们却不一样。他们王国的疆域是不固定的，不像元朝和波斯一样，有北京和桃里寺这样的城市作为都城，作为帝国的中心。察合台各个汗国的领地只有一片草原。察合台的子孙们从来没有想过要在塔里木盆地的绿洲内，即在喀什或者于阗去定居，因为这些绿洲都被围成了一个个的园地，对于他们的骑兵和牧群来说显然太小了。他们也不愿意到塔吉克人中和不花剌及撒马尔罕城内那些或多或少伊朗化的突厥人中去定居，因为在这些人口稠密的城市中，穆斯林狂热和暴民的骚乱与他们的游牧天性很不融洽。与其他的几个兀鲁思的亲属们相比，他们在更长的时期内都完全不懂得都市的生活，对于都市的需求和用途缺乏任何了解。因此，八剌汗只是为了得到维持军队的基金，就毫不犹豫地下令掠夺了不花剌和撒马尔罕城。最后，直到15世纪时，察合台的后裔仍然是在伊犁河与怛逻斯河之间漫游的游牧民，仍然是草原之子。在成吉思汗的家族中，在一个产生了像阿鲁浑、合赞、完者都、忽必烈和铁穆耳这些政治家的家族中，察合台人代表着蒙古文化的落后方面。由于他们生活在突厥地区，从14世纪开始，他们就成了突厥人。所以，在亚洲通用的突厥语言被称为察合台突厥语。但是，生活在伊犁河畔的这些突厥人，也就是原突骑施和葛逻禄突厥人的残余人员，与这些蒙古人一样，没有更多的文化经历。察合台家族一直游离于别失八里的佛教，代表聂思托里安教的回鹘文化，以及不花剌与撒马尔罕的阿拉伯—波斯文化之间，没有能够做出选择。在最开始，察合台家族就像成吉思汗本人一样，更多地受到了回鹘的影响，也就是受到了那些仍信仰佛陀和聂思托里安教的古突厥—蒙古人的影响。后来到了14世纪初期，察合台人转向信仰伊斯兰教，尽管他们对伊斯兰教的信仰是一种蒙古式的信仰，他们既不盲从也不顶礼膜拜，甚至在当时，在撒马尔罕那些虔诚的穆斯林眼中，他们仍然是半个异教徒，而且帖木儿对他们的战争也呈现出了穆斯林圣战的形式。

察合台建立了汗国。从1227年到1242年之间，察合台一直统治着这个汗国，就像我们已经看到的那样，察合台是一位旧式的蒙古人。他十分敬畏自己的父亲，成吉思汗曾经任命他监护札撒，札撒代表着法典和行为规范，而察合台本人也终身遵循这些法规，并使那些跟随他的人都这样做。有一天，他和弟弟窝阔台（当时已经即位为大汗）赛马，察合台获胜了，第二天，察合台像一个罪犯一样乞求窝阔台对他宽恕。在他的弟弟窝阔台被提升到大汗的位置上时，察合台也没有嫉恨，因为这是他父亲的决定。

由于同样的原因，虽然他统治着穆斯林各族，但是他对伊斯兰教却有些敌视，特别是有关斋戒和屠杀牲畜一类的规定。在这些规定中，古兰经的戒律与蒙古习俗和札撒是相抵触的。但是不管怎样，他的一位大臣、讹答剌人哈巴什·阿密德就是一位穆斯林（死于1260年）。另外，成吉思汗曾经把河中地区各个城市（不花剌、撒马尔罕等）的行政和财政事务都委托给了另一位穆斯林马合谋·牙剌洼赤，虽然他住在费尔干纳的忽毡。但是这并不妨碍察合台罢免他，不过，由于牙剌洼赤直接向大汗负责，所以，当时在位的大汗窝阔台指出察合台的行为不轨，并恢复了马合谋的职务。马合谋去世后，他的儿子、麻速忽·牙剌洼赤继承了父亲的职位，仍然以大汗的名义继续管理河中地区的各个城市。巴托尔德认为，他还管理了察合台的另外一些"文明化的省区"，直抵中国边境。麻速忽·牙剌洼赤以这种身份出席了1246年的库里勒台，在会上进一步确定了他的职务。从1238~1239年，为了反对有产阶级和蒙古政权，不花剌爆发了一次穆斯林运动。麻速忽派兵镇压了这次运动，也尽力保护了该城免遭蒙古军的报复。

1242年，察合台去世。察合台去世后，把王位留给了他的孙子，长子木阿秃干的儿

察合台与穆斯林

察合台敌视伊斯兰教的主要原因，在于伊斯兰教有关斋戒、屠宰牲畜的规定与蒙古的札撒相抵触，察合台却正是札撒的监护者和忠实执行者。因此做不到如图中的玉件上刻着的《古兰经》教义："援助信士，原是我的责任。"

子哈剌旭烈兀。木阿秃于已经在1221年围范延（巴米安）的战争中被杀，他的死使得成吉思汗家族异常悲痛。从1242年到1246年，哈剌旭烈兀都在察合台的遗孀也速伦可敦的监护下实施对汗国的统治。1246年，新大汗贵由让自己的私友、察合台的弟弟也速蒙哥王子取代了他。但是，也速蒙哥由于酗酒变得头脑呆滞，他把国家事务完全留给了他的妻子和穆斯林大臣火者·巴海乌丁。也速蒙哥的统治时间也很短，从1246年到1252年。后来，在1249～1250年之间发生的、导致整个成吉思汗家族分裂的有关王位继承的争吵

中，也速蒙哥站在窝阔台家族一边反对蒙哥的候选资格。蒙哥即位之后，在1252年8月罢免了也速蒙哥，再次让在五年前被也速蒙哥赶下台的哈剌旭烈兀取代了他。哈剌旭烈兀掌权之后，接受了处死叔叔也速蒙哥的任务。这一系列的宫廷政变表明了察合台兀鲁思在当时几乎没有获得自治，只不过是哈拉和林宫廷的一个属地而已，经受着和林发生的各次家族叛乱产生的影响。事实上，它只是一个与中央政权紧密联系的总督区，虽然察合台是成吉思汗家族的长支。

1252年，哈剌旭烈兀在前往恢复封地的

察合台的从属地位

察合台汗国并没有自主权，汗国的首领需要听从蒙古可汗的指派，这种从属的性质在贵由、蒙哥可汗更替时十分明显。图为蒙古各部兀鲁思正在顶礼蒙古可汗，他们只能是可汗的臣属，而非能够独立自主的王。

途中去世。于是，处死也速蒙哥的任务落到了他的遗孀兀鲁忽乃的身上。原大臣哈巴什·阿密德作为哈剌旭烈兀的支持者在也速蒙哥统治下曾经遭到过迫害，他处死了巴海乌丁，为自己报了仇。兀鲁忽乃控制了察合台汗国9年（1252～1261年）。

在察合台家族宗主权下继续存在的前成吉思汗时期的那些旧王朝，同样受到了哈拉和林宫廷内乱的影响。别失八里（古城）、吐鲁番和库车的回鹘国就是其中的例子。回鹘统治者巴而术终身都效忠于成吉思汗，曾经支持成吉思汗反屈出律、反花剌子模沙赫和攻打西夏。作为回报，成吉思汗想把自己最宠爱的女儿阿勒屯别吉嫁给他。然而，由于成吉思汗和公主本人先后去世，未能成婚。不久后，巴而术本人也去世了，他的儿子乞失麦继任为亦都护，即回鹘王，他到蒙古宫廷接受窝阔台为他举行的受职仪式。同样，在乞失麦死的时候，蒙古的摄政皇后脱列哥那把回鹘王位授予了他的兄弟萨伦迪。萨伦迪信仰佛教，似乎曾经敌视过伊斯兰教，穆斯林们都抱怨他严酷。

1251年，窝阔台去世后，他的后裔们与蒙哥之间进行了王位的争夺。此时，萨伦迪的一些近侍站在窝阔台家族这一边。蒙哥登上王位后，萨伦迪的一位主要官员八拉与斡兀立·海迷失的同谋者们被判处死刑，只是由于一次幸运的机会才逃脱。萨伦迪惶恐不安，赶紧在1252年前去朝觐蒙哥，在他刚从帝国斡耳朵返回来后，回鹘国内就爆发了起义，回鹘地区的穆斯林们指控说他要杀害他们，并列举了详情。他们说，大屠杀将在星期五，在别失八里以及回鹘国内的各个清真寺内举行祈祷时发生。蒙哥的一位代表接

▽ 回鹘王族像

可汗交替时受牵连而倒霉的还有回鹘王萨伦迪。站错队的萨伦迪已经惶恐地向新任可汗蒙哥请罪了，却还是因为身为佛教徒而敌视伊斯兰教，引起伊斯兰教徒的控诉，于是他被披着宗教纷争外衣的政治害死了。图为新疆伯孜克里克石窟的唐代回鹘王族像。

到指控后，要萨伦迪返回和林向大汗汇报此事。结果，这位倒霉的回鹘王子受到了审讯和拷打，直到他承认了他们希望得到的供

第八章　察合台家族统治下的突厥斯坦

词。于是，蒙哥命他回别失八里接受惩罚。就这样，他在众目睽睽之下，被他的兄弟斡根赤斩首。但实际上，萨伦迪是作为窝阔台家族的党羽被处决的。他死后，他的兄弟作为蒙哥的支持者取代了他的位置；但是，正是这次家庭纠纷使得回鹘地区的一些穆斯林有了报复他的机会（1252年）。

2. 阿鲁忽的统治：察合台人独立的尝试

据记载，兀鲁忽乃是一个美丽、聪明、目光敏锐的皇后。在1252～1261年，她统治着察合台汗国。在1261年，蒙古地区为了争夺最高汗位再次发生权力斗争，察合台汗国再次受到影响。在这一次，大汗忽必烈和他的弟弟阿里不哥争夺王位。当时，阿里不哥是蒙古的主人，他提名由察合台的孙子，拜答儿的儿子阿鲁忽王子为"察合台汗"，并且让阿鲁忽防守阿姆河边境，以免波斯汗旭烈兀派遣援兵支持忽必烈。于是，阿鲁忽到别失八里，夺取了兀鲁忽乃的权力，顺利地接管了从阿力麻里到阿姆河之间的地区。阿鲁忽的统治从1261年持续到1266年，不过，他的统治遵循了一条与阿里不哥的意愿完全不同的路线。

阿鲁忽利用忽必烈与阿里不哥之间的争夺，以独立汗王的身份行事。在他的家族中，这还是第一次。阿里不哥曾经派专员到察合台境内征收赋税、马匹和武器。阿鲁忽为了得到这些财物，处死了使者，并且在1262年，宣布归顺忽必烈。阿鲁忽的背叛令阿里不哥异常愤怒，并率军前去攻打阿鲁忽。可是，阿鲁忽旗开得胜，在赛里木湖和艾比湖之间的普拉德打败了阿里不哥的先头

◆ 阿鲁忽的独立努力

在忽必烈与阿里不哥争夺汗位时，察合台的孙子阿鲁忽成为察合台汗，他试图在两者相争中渔翁得利，使察合台汗国独立自治，却引起阿里不哥的恼怒和征讨。图为蒙古部族间的战争场面，蒙古骑士正挥刀追击另一部族的骑士。

部队。在这次胜利之后，阿鲁忽错误地认为自己已经安然无恙了，就解散了军队，并返回到伊犁河畔的大本营中。这时，阿里不哥的另外一名副将率领新的大军赶来了，并入侵了伊犁河流域，占领了阿力麻里，迫使阿鲁忽朝着喀什和于阗的方向逃跑。接着，阿里不哥进入察合台兀鲁思的中心地阿力麻里，并且在那里度过了冬天，阿鲁忽向撒马尔罕撤退（大约1262~1263年）。在富饶美丽的伊犁河流域，阿里不哥四处蹂躏、屠杀他的政敌的所有党徒，以至于在这个地区发生了饥荒，而阿里不哥的一些将领也率军离开了他。阿里不哥见自己的军队陆续瓦解，就设法与阿鲁忽和谈。他促使兀鲁忽乃皇后站在了他这一边。兀鲁忽乃是为了抗议她在察合台汗国的统治权被剥夺而来的，于是，阿里不哥委托她和麻速忽·牙剌洼赤带着和平协议到撒马尔罕的阿鲁忽那里。没想到，兀鲁忽乃一到撒马尔罕，阿鲁忽就和她结了婚，并且任命麻速忽为他的理财大臣。麻速忽对阿鲁忽的支持产生了不可估量的价值。这位贤明的行政官从不花剌和撒马尔罕征收到大量的钱财，使阿鲁忽和兀鲁忽乃得以募集到一支精军。后来，阿鲁忽击溃了从叶密立领地南下的窝阔台系宗王海都的一次入侵。同时，阿里不哥由于缺乏物资，又遭到忽必烈和阿鲁忽的东、西夹攻，于1264年被迫投降忽必烈。

正是由于这些事件解救了察合台汗国。直到当时，一直以大汗的名义管理着不花剌和撒马尔罕的麻速忽（死于1289年），从此开始为阿鲁忽在这些地区征集税收。阿鲁忽也通过与钦察汗别儿哥的战争扩大了汗国的领土，他从别儿哥手中夺取了讹答剌，并摧

▽ 可汗的妻子——可敦

在蒙古，可汗的妻子——可敦也拥有巨大的影响力，经常会有可敦短暂摄政。哈剌旭烈兀的遗孀兀鲁忽乃就曾摄政察合台汗国，并在后来阿鲁忽与阿里不哥战争时支持阿鲁忽，使其获得了胜利。图为忽必烈可汗的妻子察必，戴着一顶叫作"巴克塔克"的蒙古已婚妇女头饰。

毁了这座城池，还夺取了花剌子模省。

阿鲁忽死（1265或1266年）后，他的遗孀兀鲁忽乃把她与前夫（哈剌旭烈兀）生的儿子木八剌沙扶上了王位，他是在河中地区的影响下第一位皈依伊斯兰教的察合台后裔。然而，另一位察合台宗王、木阿秃干的孙子八剌从忽必烈那儿获得了札儿里黑，任命他与他的堂兄木八剌沙共同执政。八剌一到伊犁河地区，就策动了军队叛乱，并在忽毡捉住了木八剌沙本人，夺取了他的王位，把他贬为管理王室狩猎的长官。虽然八剌把

自己能够获得王位归功于忽必烈，但是，他不久也与忽必烈发生了争吵。忽必烈派使者蒙古台去统治"东突厥斯坦"，八剌赶走了他，并且让自己的一个部属取代了他。忽必烈派了一支由6000骑兵组成的部队帮助被罢免的蒙古台，但是，八剌用3万军队迎战，迫使忽必烈的骑兵不战而退。八剌还遣军掠夺了忽必烈统治下的于阗城。

3. 海都宗主权下的察合台汗国

在反对海都的战争中，八剌很不走运。在前面，我们说过塔尔巴哈台地区、叶密立河畔的窝阔台家族首领海都与忽必烈争夺大汗称号和争夺对其他几个成吉思汗兀鲁思的宗主权的斗争。海都要求八剌效忠于他，并且进攻八剌。战争初期，在阿姆河附近发生的一次战斗中，八剌诱敌进入了包围圈，俘获了许多人和战利品。但是，海都得到了钦察汗忙哥帖木儿的支持，忙哥帖木儿派了一支5万人的军队，让别儿克贾统率，进攻八剌。在一次大战中，八剌被别儿克贾打败，退进了河中地区。在河中地区，他以牺牲不花剌和撒马尔罕为代价，进一步勒索，重新装备他的军队。就在他尽最大的努力为战争进行准备时，海都提出议和。海都为了对付蒙古的忽必烈，让八剌继续统治河中地区。作为回报，八剌不得不让海都成为伊犁河地区和"东突厥斯坦"的真正控制者，甚至在突厥斯坦他也承认自己是海都的属臣。于是，他们召开了一次调解性的库里勒台，这次库里勒台大约是在1267年，在撒马尔罕北的卡特文草原上召开的。

海都为了让八剌远离"东突厥斯坦"，派他去夺取旭烈兀家族的波斯汗国。当时，统治波斯汗国的是旭烈兀的儿子和继承者阿八哈汗。为了满足军队的开支，八剌不顾麻速忽的忠告，再次对不花剌和撒马尔罕城民过度征税。在麻速忽的万分恳求之下，他才没有将这两个城市洗劫一空。接着，八剌率领一支由成吉思汗宗王为全军支柱的军队渡

▽ 经济的战争

所有的战争都是经济的战争。八剌与海都的战争以及后来的远征波斯汗国，都是用对不花剌和撒麻耳干城民过度征税的钱来装备他的军队，这种竭泽而渔的方式深受财政官麻速忽的反对。图为伊犁出土的元代察合台金币，上面压有察合台文铭文。

阿姆河,在莫夫附近扎营。在军队中,有不里和他的堂兄弟捏古伯与木八剌沙(被八剌废黜了的前任察合台汗)。八剌的第一个目标是征讨阿富汗地区,因为他的祖父木阿秃干在1221年围攻范延时被杀。

开始的时候,战争进行得很顺利。八剌在赫拉特附近打败了呼罗珊长官、阿八哈兄弟布金。他占领了呼罗珊的大部分地区(约1270年5月),并洗劫了尼沙普尔,迫使赫拉特的沙姆斯哀丁·穆罕默德向他称臣纳贡。然而,波斯汗阿八哈匆忙从阿哲儿拜占赶来了,他诱使八剌进入赫拉特附近的埋伏圈。1270年7月22日,八剌军大败。这是一场决定性的失败。八剌率领残军回到了河中地区。途中,他从马上跌了下来,摔成了残疾,腿跛了。八剌在不花剌度过了冬天,并在这里以苏丹加秃丁的名字皈依了伊斯兰教。

由于八剌的灾难,他的主要亲属和属臣们都不再支持他。于是,八剌到塔什干向海都求援。海都率领2万大军来到战地,但是,他不是去援助八剌,而是趁火打劫。据说,在海都到达时,八剌因惊吓而死。

八剌死后,他的四个儿子与阿鲁忽的两个儿子联合起来,企图使河中地区摆脱海都的控制,虽然他们也有机会夺取在麻速忽英明治理下已经开始繁荣起来的河中各城,但是,海都一个接一个地打败了他们。海都没有把察合台汗国给他们中的任何一人,而是在1271年,将这个汗国给予了另外一个察合台宗主捏古伯。后来,捏古伯企图摆脱海都的控制,海都又处死了他,并让察合台家族的另外一位宗王、不里的孙子秃花帖木儿取代捏古伯为汗(大约1274年?)。可是不久之后,秃花帖木儿也去世了,海都就把王位

▽ 兄弟汗国之间的战争

在入侵和报复的烧杀抢掠中,本是同根生的两个汗国成为仇敌。察合台汗国的八剌被波斯汗阿八哈打败,而坐收渔人之利的却是他的宗主海都。这些游牧者首领们因为不可融合的家族纠纷,而不时地袭击、摧毁那些属于对方的城市。图为在首领的率领下,整装待发的汗国军队。

给予了八剌的儿子笃哇(大约1274年?)。与此同时,波斯汗阿八哈开始报复八剌在1270年的入侵。1272年底,阿八哈派遣军队侵入花剌子模与河中地区,在那里劫掠了玉龙杰赤(乌尔根奇)与希瓦,并在1273年1月29日进入了不花剌。他们在不花剌烧杀掳掠了一个星期,那些没有来得及逃亡的居民以十人抽杀一人的方式被屠杀,然后,旭烈兀家族的军队带着5万俘虏回到了波斯。

塞尔柱人	古兹人			可萨人	钦察人			满族人	卡尔梅克人
		阿瓦尔人	保加尔人			蒙古人	塔吉克人		

◇ 最后的蒙古王海都

窝阔台家族最后的王子海都，一生都因蒙古正统之争而征战不休，他是忽必烈不能小视的对手，也是察合台汗国的宗主，却在历史的尘埃中面目模糊。就像这幅14世纪的蒙古王子雕像，端正、威严的身姿尚保持完好，面容部分却已经残缺不可见。

侵略者走后，麻速忽又在河中地区的废墟上开始了重建工作。麻速忽一直都在致力于这项工作，直到他在1289年10月（或11月）去世。以后，他的三个儿子又继续了他的工作，他们依次管理着不花剌和撒马尔罕。阿布·别克尔管理到1298年5月（或6月）；萨替尔密什·伯克管理到1302年（或1303年）；后来又是苏英尼奇管理。但是，他们都回避察合台的后裔，依靠可怕的海都。前两位都是海都任命的，苏英尼奇是从海都的儿子和继承者察八儿手中获得的权力。

毫无疑问，笃哇从他的几个前任中汲取了教训，他向海都表明自己是忠实的属臣。由于畏兀儿亦都护一直效忠于忽必烈，为了强迫他转向他们这一边，海都和笃哇在1275年入侵畏兀儿亦都护的领地。接着，他们向别失八里进军，但是，忽必烈及时派来了一支军队，解除了畏兀儿境内的危险。1301年，在哈拉和林以西的杭爱山地区，海都与忽必烈的继承者铁穆耳大军发生了战争，笃哇又作为海都的副手，参与了这一战争。在这次战争中，1298年9月，笃哇俘虏了铁穆耳的女婿、汪古部王子、基督教徒阔里吉思，并野蛮地处死了他。这次胜利之后，笃哇准备进攻吐鲁番和甘肃之间的元朝边境地区，但是，他自己的军队却反而受到了元朝军队的袭击，溃不成军。此时，海都和笃哇发现自己受到来自白帐汗（术赤家族的东支）伯颜侧击的威胁，伯颜统治着巴尔喀什湖西北和咸海以北地区。最后在1301年，为了从元朝手中重新夺取和林，笃哇随海都远征，同年8月，反大汗的窝阔台后裔在和林和铁米尔之间遭到惨败，笃哇也陷入了这次失败。海都在撤退时去世。

在元朝的历史上，海都只不过是一个昙花一现的人物。虽然他个性强烈，而且才干杰出，但是他最终未能成功。总之，窝阔台家族最后的一位伟大的王子，他的身上具有君主的才能。他强加于阿鲁忽的那些保护河中城市和农民的英明措施，证明了他的眼光超越了游牧民通常采取的掠夺性袭击。

他参加了41次战役，证明了他是一位杰出的指挥者。在整个亚洲地区，他是唯一能够左右忽必烈命运的人，忽必烈甚至在权力的鼎盛时期也没有能够战胜他。他欢迎聂思托里安教旅行者列班·扫马和麻古思，教皇尼古拉四世对他也寄予过希望（1289年7月13日，教皇曾经写信给他，敦促他皈依天主教），这些都证明了他像以往所有蒙古人一样，是同情基督教的。不幸的是他生不逢时，当时，忽必烈已经在中国牢固地建立起了国家，成吉思汗的其余各支都已经半汉化，半突厥化，或者半伊朗化了。中亚的这位末代汗在很多方面也代表着蒙古人的最后一位君主。

4. 察合台汗国的鼎盛与分裂

察合台汗国的第一次鼎盛时期

笃哇自始至终都效忠于海都。海都的去世对笃哇来说是一种解脱。海都留下了一个儿子察八儿。察八儿继承了海都的全部头衔。笃哇承认自己是察八儿的属臣，但是，窝阔台家族的这位继承人却缺乏能力维持他父亲一手创建的帝国。笃哇向察八儿提议承认铁穆耳皇帝的宗主权。1303年8月，察八儿

▽ 14世纪的察合台汗国

察合台汗国最初的领土包括天山的南、北麓与裕勒都斯河和玛纳斯河流域，以及阿姆河、锡尔河之间的地区。后历任可汗在部族纷争中丧失许多领土，笃哇统治时期在元朝的支持下，收回了伊犁河流域和喀什噶尔，其汗国领土终于完整。图为14世纪察合台汗国的疆域图。

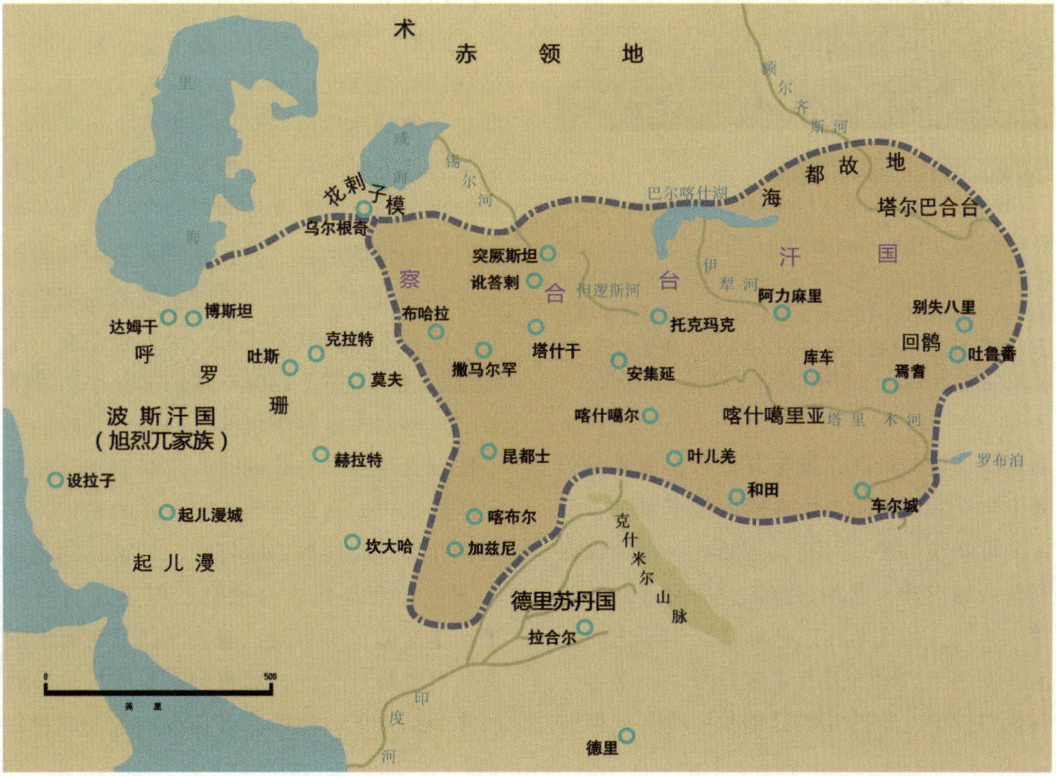

德里苏丹国的顾特卜塔

1206年，阿富汗古尔王朝的德里总督库特布丁·艾伊拜克自立为苏丹，建立德里苏丹国，定都德里。13世纪末的苏丹阿拉丁·哈勒吉曾三次击退入侵的察合台汗国军队。图为1193年由德里苏丹国第一任苏丹库特布丁·艾伊拜克所建的顾特卜塔，是世界上最高的砖制宣礼塔，被称为印度七大奇迹之一。

了笃哇。于是，笃哇向察八儿提议言归于好，两人都同意由笃哇和沙·斡兀立两人在塔什干会面讨论这件事情。但是，沙·斡兀立是一个轻率的人，他竟然解散了自己的一些军队。结果，笃哇率领全军抵达塔什干，袭击并赶走了沙·斡兀立。紧接着，笃哇夺取了察八儿的别纳客忒和怛逻斯城。当时，察八儿在也儿的石河上游与裕勒都斯河之间的地区扎营，当他还没来得及得知笃哇的阴谋，铁穆耳皇帝的军队就从哈拉和林出发，越过了阿尔泰山南部，从后方攻击察八儿。不幸的察八儿除了向笃哇投降，别无选择。笃哇对察八儿以礼相待，但是却夺取了他所有的领地。于是，一度被海都家族限制在河中地区的察合台宗王们收回了伊犁河流域和喀什噶尔，重新获得了最初享有的全部遗产（约1306年）。

但是，笃哇还没有来得及享受自己的好运气，就在临近1306年的年底时去世了。他的长子宽阇即位也不到一年半就去世了。宽阇死后，不里的孙子塔里忽夺取了权力。多桑对塔里的描述是这样的："这个人老于戎机，信奉伊斯兰教，并且在蒙古人中极力传播这种宗教"。但是，笃哇家族的党羽们都起义反对塔里，其中还有一个人企图在一次宴会上暗杀塔里（1308年或1309年）。紧接着，这些阴谋推翻塔里的人都拥立笃哇的幼子怯别为可汗。与此同时，这些内乱又鼓起了觊觎王位的窝阔台宗王察八儿的希望。察八儿在早些时候被笃哇打败，并被笃哇剥夺了领地。察八儿攻打怯别，但是又被打败了，他又渡过伊犁河，前去元朝皇帝海山的宫廷里避难。从此，窝阔台家族进行的最后的斗争结束了，此后，察合台系宗王们召开

和笃哇承认归顺北京铁穆耳皇帝，就这样，四十年来一直破坏着中亚的内战结束了，蒙古又重新统一了。可是，当笃哇一得到铁穆耳皇帝的支持，立刻与察八儿决裂。笃哇和察八儿两人的军队在忽毡和撒马尔罕之间的地区相遇了，察八儿首先被打败了。不过，在第二仗中，察八儿的兄弟沙·斡兀立打败

了一次库里勒台，在大会上，他们指定笃哇的一个儿子、当时仍然在北京宫廷的也先不花王子为可汗。当时，也先不花出于自愿登上了他弟弟怯别让给他的王位。也先不花死（大约1320年）后，怯别又重新掌权。

由于笃哇使察合台系宗王们回复到了君主的高度，所以，他们对外部的世界也产生了影响。对他们来说，朝着阿拉伯—里海草原和波斯方向的扩张都已经被堵死了，因为这些地方已经被忽必烈、术赤和旭烈兀家族牢牢把守着。

然后，他们把目光转向了阿富汗和印度。波斯各可汗的宫廷设在伊朗的另一端，在阿哲儿拜占，几乎很少有人关注阿富汗事务。察合台人趁机进入了巴达克山，并向喀布儿和加兹尼移动。事实上，在阿富汗的西部，已经崛起了一个强大而且适应性很强的地方政府，这就是克尔特人的阿富汗古尔王朝。克尔特人臣属于波斯，但它实际上是自治的。察合台人在这里不可能取得任何进展，他们继续向东面的阿富汗地区挺进，并且对印度西北部进行有利可图的袭击。1297

察合台汗国世系

察合台汗国受蒙古可汗更替的影响，一直是蒙古的附属汗国，宗主的任免不能自主。这种情况一直到笃哇时才获得鼎盛，但在随后的政局混乱中，汗国分裂为马维兰纳儿和蒙兀儿斯坦，即西、东察合台汗国。图为自察合台而始的察合台汗国世系表。

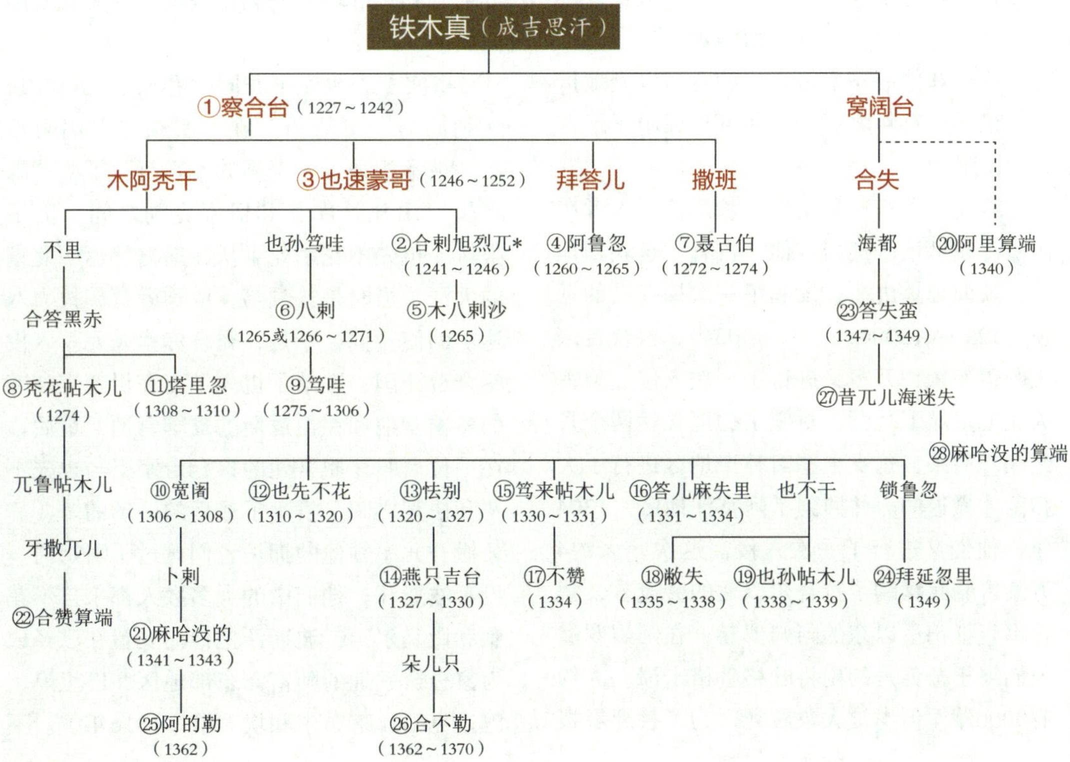

▽ 察合台汗国银币

图为察合台汗国时期的银币，形状呈圆形，最大直径3.5厘米，最小直径1.7厘米，厚度0.15厘米。银币用打制法制成，正面压印有库法文和阿拉伯文，意为"安拉是唯一的神"。

年，笃哇洗劫了旁遮普，但是被击退了。当时，由阿拉丁·哈勒吉（1295～1315年）苏丹统治的德里国实际上是一个强大的军事君主国，它粉碎了察合台人的每一次进攻，然而，在一段时期内，这种威胁仍然是严重的，苏丹和他的马木路克只能全力以赴地抵抗。最后（75年之后），印度将屈服于蒙古人的征服。

笃哇的另外一个儿子、忽都鲁·火者在阿富汗东部地区定居。他一占有了这块领地后，就向德里进军，发起了一次掠夺性的远征（1299～1300年？）。1303年，察合台宗王图盖率领12万军又进行了一次入侵。蒙古人在德里城下扎营，封锁了德里长达两个月之久。后来，这支大军对整个地区进行了大扫荡才撤退。并回到了阿富汗地区。1304年，他们又进行了一次入侵。这次，大约4万蒙古骑兵蹂躏了拉合尔以北的旁遮普，蒙古军直抵德里以东的阿姆罗赫，在阿姆罗赫他们终于被苏丹的副将吐格鲁格击溃。大约有9000蒙军俘虏被大象踩死。为了替死者报仇，察合台宗王怯别率军洗劫了木尔坦地区，但是，当他返回来时，在印度河畔遭到了吐格鲁格的袭击，吐格鲁格在蒙古人中进行一场大屠杀（1305～1306年）。俘虏再次被带回德里被大象踩死。

对波斯各国的可汗来说，以忽都鲁·火者的儿子达乌德·火者为首，在阿富汗东部地区形成的这些察合台系封地是一种侵占行为。1313年，波斯可汗完者都派军队赶走了达乌德·火者，迫使他退入河中地区。达乌德·火者向他的叔叔察合台汗也先不花求援。也先不花派了一支军队，由兄弟怯别和达乌德共同率领，攻打波斯汗国。怯别和达乌德渡过阿姆河，在穆尔加布河畔打败了波斯军，洗劫了呼罗珊，并且一直攻打到赫拉特（1315年）。但是，此时，察合台汗国在后方受到元军的攻击，只得被迫放弃对波斯的征服。

事实上，也先不花同时卷入了反对北京元朝的另一场战争，在"腾格里"山附近已经被丞相秃合赤率领的元军打败了，"腾格里"山地处库车和伊塞克湖之间。为了报仇，也先不花杀死了从波斯宫廷返回北京的大汗（当时是普颜笃，或称爱育黎拔力八达）的使者们。于是，秃合赤率领元军入侵察合台汗国，洗劫了也先不花在伊塞克湖畔的冬季营地和在怛逻斯的夏季营地。最后，在一位名叫牙撒吾儿的察合台宗王与也先不花和怯别之间，发生了最后的一场争斗。牙撒吾儿率领他的拥护者们渡过了阿姆河，投奔波斯汗；他们中的大多数人都来自不花剌和撒马尔罕，波斯汗把他们安置在已经成为察合台领地的阿富汗东部地区：巴里黑、巴达克山、喀布尔和坎大哈（1316年）。不久后，牙撒吾儿反叛波斯汗，占据了呼罗珊的部分地区（1318年）。但是，刚继承了也先不花成为察合台汗的怯别是牙撒吾儿的私敌，他帮助波斯汗打倒了牙撒吾儿。于是，当波斯军队从后方进攻牙撒吾儿时，察合台军队渡过阿姆河，从正面攻击牙撒吾儿。牙撒吾儿被他的军队遗弃了，在逃跑的途中被杀（1320年6月）。

从至今残存的钱币来看，怯别的统治似乎一直持续到了1326年。怯别与其前辈们不同的是，他对具有古文明的河中地区和城市生活很感兴趣，他在那黑沙不（即撒马尔罕西南）附近为自己建造了一座宫殿，这座城市被命名为卡尔施，蒙古语宫殿的意思。从怯别开始，发行了一种以后称为怯别币的钱币，它是察合台汗国最早发行的官方货币。在这以前，察合台汗国内流通的只是个别城市或地方王朝发行的钱币。不过，尽管河中地区的生活十分惬意，怯别仍然没有皈依伊斯兰教。

察合台汗国内的教派

怯别的三个兄弟继承了汗位，他们是燕只吉台、笃来帖木儿和塔儿麻失里。前两个兄弟只统治了几个月。塔儿麻失里的统治（大约1326～1333年？）是一段比较重要的时期。1327年，塔儿麻失里开始对印度进行大规模的掠夺性远征。他的军队一直远征到了德里。根据一些史书中的记载，他们在获取了大量的贡赋和财宝后就撤军了。据另外一些史书记载，德里苏丹穆罕默德·伊本·吐格鲁格打退了他，并且一直追击到了旁遮普。

还需要注意的是，塔儿麻失里尽管是一个佛教名，但是，他却皈依了伊斯兰教，成为了苏丹阿拉丁。他的宗教信仰的改变可能使河中地区的居民感到满意，但是却引起了在伊塞克湖和伊犁河流域的游牧民们的反对，他们认为这样做违背了成吉思汗的札撒。于是，这些地区爆发了反塔儿麻失里

伊斯兰教与基督教的对立

伊斯兰教随着蒙古的征服行动深入到各个汗国，在蒙古本土活跃的聂思托里安教在察合台汗国却遭遇滑铁卢，历任传教士皆死于穆斯林之手，导致察合台汗国的基督教完全消失了。图中是为伊斯兰教而进行的圣战场面。

的叛乱（大约1333～1334年），选举了笃哇的孙子靖克失为新的可汗。大约从1334年到1338年，靖克失汗一直统治着伊犁河流域。在靖克失汗的统治下，反对穆斯林的行为支持了聂思托里安教徒，阿力麻里和皮什比克的原基督教会一直很活跃。对天主教的传教士们也很有利，在几个月内，他们又开始传教和建教堂。靖克失汗的一个七岁的儿子，据说在父亲的同意下接受了洗礼（取名约翰）。1338年，教皇本尼狄克十二世任命了一位驻阿力麻里的主教：即勃艮地的方济各会修士李嘉德。但是，大约在1339年或1340年，李嘉德就去世了，他是死于伊犁地区的穆斯林之手，与他一起遇难的还有亚历山大港人弗朗希斯，西班牙人巴斯喀尔，安科纳人劳伦斯和翻译印度籍教士彼得，以及商人基罗托。第二年，罗马教廷的使者马黎诺里来到伊犁河流域。他是作为派往北京大汗处的官方使者，途经喀法、钦察汗国和察合台汗国。他在阿力麻里逗留期间，曾经传教、兴建、重建了一座教堂，并且给大批人进行了洗礼。作为被派往大汗处的使者，他在其前任教友们被杀的地方受到了尊重。但是，在他走后，阿力麻里的基督教会仍然迅速消失了。于是，伊犁河流域这一古代聂思托里安教的中心遗留下来的一切，都没有能够逃脱帖木儿时期的宗教迫害。

迦兹罕统治下的河中

现在，原察合台汗国在王室不同支派的统治下分裂成了两部分，变成了河中地区，以及怛逻斯河与玛纳斯河之间的伊塞克湖地区，即蒙兀儿斯坦。

河中地区的统治者是牙撒吾儿的儿子哈赞汗（大约1343～1346年在位），他的都城在卡尔施。根据历史记载，他似乎是一位暴君，曾经试图镇压不顺从的河中突厥贵族，要知道，正是这些突厥贵族拥立他登上了王位。当时，这些贵族的首领是异密（埃米尔）迦慈罕，其封地在阿姆河北岸的萨里·萨莱，即今卡巴迪安，也就是米高扬纳巴德稍偏东南处和昆都士的正北面。他反叛了哈赞，在忒耳迷和卡尔施之间的铁门以北打了第一仗，哈赞首战告捷，据说迦慈罕眼

西察合台汗国之王

察合台汗国分裂后，河中地区也就是西察合台汗国政局陷入混乱。1346年以后，察合台人实际上仅仅是形式上的统治者，而突厥贵族迦慈罕才是西察合台汗国真正的君王。图为汗廷中众贵族与名义上的君王可汗。

中一箭。

但是，哈赞却没有乘胜追击，而是去了卡尔施度冬，他的一些部队在这里离开了他。这是一个轻率的决定，也是致命的。很快，他又遭到了迦慈罕的攻击，迦慈罕在卡尔施城附近打败他，并且杀死了他（1346～1347年）。

现在，迦慈罕成了河中地区真正的君主，他毫不犹豫地与正统的察合台系绝交，把河中地区的王位给了一个名叫答失蛮察的窝阔台后代（大约1346～1347年）。然而，这位窝阔台的后代后来也被处死了。随后，迦慈罕又转向察合台家族，把笃哇的孙子巴颜合里立为可汗（1348～1358年在位）。

事实上，河中地区的察合台人仅仅是形式上的统治者。此时，权力已经转移到了地区突厥贵族的手中，即今迦慈罕，明天的帖木儿。这个所谓的蒙古汗国实际上是一个突厥汗国。迦慈罕的统治并不是默默无闻的（1347～1357年）。在迦慈罕的统治下，伊朗地区开始感受到了河中地区的力量。赫拉特的伊朗族国王克尔特人胡赛因冒失地掠夺了安德克霍和沙普甘地区，这些地区虽然在阿姆河以南，但是已经成为河中地区的属地。迦慈罕胁持的傀儡王巴颜合里封锁了赫拉特（1351年），迫使胡赛因称臣，并且在此后不久，以这种身份前往撒马尔罕朝见他。就这样，在波斯的蒙古汗国消失，东伊朗的伊朗王朝又出人意料地恢复之时，帖木儿的真正先驱迦慈罕，以河中贵族首领的身份介入了重建突厥人霸权的活动。

1357年，迦慈罕被暗杀了，他的儿子米尔咱·阿布达拉赫没有能力继承父业。他垂涎于巴颜合里汗的妻子，并于1358年，派人在撒马尔罕暗杀了巴颜合里，引起了河中封建主们的不满和速勒都思部巴颜的仇恨，尤其是帖木儿的叔叔、巴鲁剌思部哈吉对他的仇恨。哈吉是撒马尔罕以南的渴石的君主，渴石就是今沙赫里夏勃兹（绿城）。这两个贵族把阿布达拉赫赶到了兴都库什山以北的安德里布，最后，阿布达拉赫在那儿去世。河中的封建主之间的这些斗争削弱了他们的力量，并使得成吉思汗蒙古人开始对他们实施意想不到的反击。

5. 察合台汗国的重新统一

当河中地区的察合台分支正沦为服务于突厥封建主的傀儡王时，蒙兀儿斯坦（怛逻斯河、楚河上游、伊塞克湖、伊犁河、艾比湖和玛纳斯河流域）的游牧民们经历了一个动乱时期之后，重建了察合台王权。在这里，主要的蒙古氏族是杜格拉特氏，他们在蒙兀儿斯坦的伊塞克湖周围和喀什噶尔两地都拥有大片领地，喀什噶尔当时称为阿尔蒂·沙尔，即"六城"。14世纪中期，杜格拉特氏族由吐利克、播鲁只和哈巴儿丁三兄弟领导；他们是这个地区的真正君主。根据《拉失德史》中的记载，大约在1345年，播鲁只以阿克苏为基地，统治着从伊塞克湖到库车和布吉尔，从费尔干纳边境到罗布泊之

▽ 信奉伊斯兰教的可汗

秃忽鲁帖木儿是第一个信奉伊斯兰教的蒙古大汗，并因此获得不花剌和撒马尔罕这两座城池的拥护。随后他用强制的手段迫使天山以北16万蒙古人改信伊斯兰教，穆斯林的宣传开始在这些地区盛行起来。图为汗国的可汗以及身边众多身着穆斯林服侍的臣民。

间的广袤地区。他首先开始寻找没有从河中人手中得到封地的察合台系成员，以便将这位察合台系的成员立为首领，重建伊犁地区的察合台汗国，当时称为蒙兀儿斯坦。

秃忽鲁帖木儿自称是也先不花之子，当时生活在蒙兀儿斯坦东部，他那时还是一个默默无闻的人。播鲁只召见了他。播鲁只是在阿克苏正式接见他的，并宣布他为可汗。播鲁只的哥哥吐利克成了汗国的首席异密，即兀鲁思别乞。

如果杜格拉特人只是想找到一个傀儡，使他们能够与察合台的正统性联系起来，对付与他们对立的河中地区的正统察合台系的

话，他们就大失所望了。根据记载，秃忽鲁帖木儿是一个个性很强的人，他对自己生活中的各个领域都施加影响。首先，他的统治（1347～1363年在位）对宗教产生了巨大影响。虽然河中地区的突厥化塔吉克人是热忱的穆斯林，然而，蒙兀儿斯坦的突厥化蒙古人，或者说伊犁河流域和阿克苏的半游牧民们，大部分仍然信仰佛教或者萨满教。然而，穆斯林的宣传开始在这些地区盛行起来。杜格拉特人的长者、异密吐利克当时住在喀什，他皈依了伊斯兰教。五年后，秃忽鲁帖木儿追随他，履行了誓言，也皈依了伊斯兰教。在政治统治方面，秃忽鲁帖木儿精明能干。他可能也估计到了皈依伊斯兰教对于他获得河中地区是有利可图的。仅仅为了得到不花剌和撒马尔罕这两座城池，就值得他向古兰经拜倒。不管怎么样，当他巩固了在蒙兀儿斯坦的地位后，就提出了他对原察合台汗国西部领土的要求。形势对他来说是有利的。因为自从阿布达拉赫被赶走后，河中地区又陷入了分裂和混乱之中。速勒都思部巴颜和巴鲁剌思部哈吉这两位异密战胜了阿布达拉赫，但是，他们却没有能力维持牢固长久的统治。最后，河中的其余地区在无数的地区突厥封建主之间四分五裂了。对秃忽鲁帖木儿来说，时机似乎已经成熟。1360年3月，他率军入侵河中，从塔什干直接进军沙赫里夏勃兹。最初，哈吉率领着从沙赫里夏勃兹和卡尔施征集的军队，试图进行抵抗；可是，面对强大的敌人，只得渡过阿姆河撤退到了呼罗珊。

最后，秃忽鲁帖木儿取得了彻底胜利。以至于哈吉的侄儿、年仅26岁的帖木儿认为与秃忽鲁帖木儿联合是明智的。根据一些历

史中的记载，认为帖木儿之所以承认秃忽鲁帖木儿，只不过是为了更有效地抵抗入侵，他这样做得到了叔叔的同意。但事实可能并非如此。帖木儿归顺了秃忽鲁，回报是秃忽鲁将沙赫里夏勃兹给他作为封地，在这以前，这座城池一直属于他的叔叔哈吉。后来不久，秃忽鲁返回蒙兀儿斯坦，哈吉又从呼罗珊回到河中地区，打败了帖木儿，迫使他归还了沙赫里夏勃兹，而且还像年轻的巴鲁刺思人将要做的那样，又成了哈吉的属臣，对哈吉俯首帖耳。可是，秃忽鲁不久又从蒙兀儿斯坦返回河中，从他进入忽毡时，河中贵族们就前来迎接他，并向他表示归顺。巴颜把他护送到撒马尔罕。这次，哈吉也来向他献殷勤，但是，当秃忽鲁处死了忽毡异密后不久，哈吉逃到了呼罗珊，在这里的撒卜兹瓦儿附近被土匪们暗杀。最后结果是，帖木儿默认了秃忽鲁的宗主权，成了巴鲁剌思氏族的首领，也成了沙赫里夏勃兹领地的君主。迦兹罕的一个孙子迷里忽辛在阿富汗东北为自己开辟了一块领地，包括兴都库什山南北两面的巴里黑、昆都士、巴达克山和喀布尔。秃忽鲁帖木儿前去攻打他，并在瓦赫什河畔打败了他，进入了昆都士，直抵兴都库什山，按照其祖先成吉思汗的方式，他在这个地方度过了春、夏两季。他一返回撒马尔罕，就处死了速勒都思部巴颜，然后返回了蒙兀儿斯坦，把他的儿子也里牙思火者作为河中总督留下，并以帖木儿作为他的辅臣。

就这样，在秃忽鲁帖木儿的统治下，原察合台汗国重新统一起来了。但是没几年，察合台汗国就结束了，新的帝国又取代了它。

统一东、西察合台汗国

乘西察合台汗国分裂之际，秃忽鲁贴木儿征服了突厥贵族统治的河中地区。帖木儿对其臣服，哈吉仓皇而逃，原察合台汗国重新统一了。图为汗国的可汗在美丽的花园里接受诸多贵族的归顺，并宣告对他们的统治和宗主权。

第八章　察合台家族统治下的突厥斯坦　251

第九章
蒙古人统治下的波斯和旭烈兀家族

成吉思汗四子拖雷之子旭烈兀建立了伊尔汗国，在13~14世纪形成对波斯的统治。其领土东起阿姆河和印度河，西至小亚细亚大部分地区，南抵波斯湾，北至高加索山。历任汗王把伊斯兰教定为国教，并逐渐融入伊斯兰世界中。

1. 初期蒙古人在波斯的统治

波斯被蒙古人最后征服以及札兰丁的新花剌子模帝国被摧毁之后，仍然处于一个临时凑合的、有些松散的政权之下。西蒙古军驻扎在库拉河下游和阿拉斯河下游的阿兰草原和木干草原上，他们仍然由握有大权的蒙古将军统领。在这些蒙古将军中，先是灭了花剌子模国的绰儿马罕（1231～1241年），然后是征服了小亚细亚塞尔柱人的拜住（1242～1256年）。西方的属臣，即谷儿只诸王们、小亚细亚的塞尔柱苏丹们、西里西亚的亚美尼亚诸王，以及毛夕里（摩苏尔）的封建主们，都直接隶属于蒙古帝国边境上的这些蒙古军的军事政府。那些与拉丁语世界有交往的地区也一样，至少在早期阶段是这样。

绰儿马罕更倾向于信仰基督教，就像伯希和指出的，他有两个兄弟都信奉聂思托里安教。在绰儿马罕的统治期间（1233～1241年间），窝阔台大汗派了一位名叫西蒙的叙利亚基督教徒来到桃里寺城，这位基督教徒在叙利亚的名称是列班·阿塔。后来，列班·阿塔成为帮助贵由大汗处理基督教事务的官员。列班·阿塔肩负窝阔台赋予的权力来到了波斯，并把帝国的法令交给了绰儿马罕。在法令中，禁止屠杀那些已经解除了武装并且接受蒙古统治的基督教的教徒。列班肩负的这一使命说明，蒙古政府在经历了最初的屠杀之后，给西伊朗的基督教居民们带来了比以往更有利的环境。

大约在1241年，绰儿马罕因为疾病再也说不出话（中风导致的结果）。1242年，拜住代替了他。拜住可能对基督教的同情比列班少，这可以从他接见教皇英诺森四世派来的使者、多米尼各会的修道士阿瑟林及其四位随从的态度上表现出来。阿瑟林是绕道来到桃里寺城的，他经过了梯弗里斯，梯弗里斯自从1240年开始，就已经有了一座多米尼各会修道院。梯弗里斯的另外一位修道士、

十字架上的受难耶稣

在早期基督教教义里，十字架是战胜了死亡的胜利。后来开始出现被钉在十字架上的耶稣形象，代表着受难、救赎。如同身处波斯穆斯林地区的基督教徒们，受到残酷的宗教迫害。因此当蒙古人入侵时，他们反而因受到同情、庇护而欢呼。图为被钉在十字架上受难的耶稣像。

路易九世的第七次十字军东征

在征服波斯的路上,贵由汗的使者野里知吉带派遣使者联系准备第七次十字军东征的法兰西王路易九世,企图与他在埃及对阿拉伯世界发起进攻的十字军联合。但这支十字军东征失败,路易九世也被埃及马木路克军俘虏,1250年才被赎回。图为路易九世带领下的第七次十字军东征场面。

克里莫纳的吉查德加入了他的旅行。1247年5月24日,他们抵达了拜住的营地。拜住驻扎在阿拉斯河北岸和哥克察湖(塞凡湖)东岸的阿兰草原上。他们规劝拜住禁止屠杀以及服从教皇在精神上的统治,并且拒绝向拜住三鞠躬。拜住很愤怒,威胁要把他们处死。就在这时,1247年7月17日,贵由大汗派来的王室代表野里知吉带到达了拜住的营帐。根据野里知吉带所了解的、贵由大汗在1246年11月给普兰·迦儿宾的信的内容,

拜住让阿瑟林带了一封回信给教皇。蒙古人声称说,他们的帝国是神权授予的宇宙之帝国,教皇应该亲自前来向大汗表示效忠,否则就将被看成是他们的敌人。1247年7月25日,阿瑟林在两位"蒙古"使者的陪同下,离开了拜住的营帐。在这两位蒙古使者中,有一位名叫艾伯格,他可能是在蒙古行政机构中工作的一名畏兀儿官员,另外一个名叫萨克斯,他是一个信仰聂思托里安教的基督教徒。于是,阿瑟林一行人经过桃里寺,前往毛夕里、阿勒颇、安条克和阿迦之。1248年,蒙古的使者从阿迦乘船前往意大利。在意大利,英诺森四世与他们进行了长时间的交谈,并且在1248年11月28日把给拜住的回信交给了他们。

与拜住相比,野里知吉带更同情基督教。他不顾阿瑟林的出使产生的消极后果,在1248年5月底,派了两位东方的基督教徒——大卫和马克到法兰西路易九世那里,带去了一封可能是用波斯文写的信,信的内容很难懂。

现在保存下来的只有这封信的拉丁文译本。在这封信中,野里知吉带对贵由大汗委托给他的使命进行了解释,也就是要把东方基督教徒从穆斯林的奴役下解放出来,使基督教徒能够不受干扰地履行自己的宗教仪式。信中还说,蒙古人的目标是要一视同仁地保护所有的基督教徒,包括拉丁教派、希腊教派、亚美尼亚教派、聂思托里安教派和雅各派。路易九世在塞浦路斯逗留期间,在1248年12月下旬接见了这个蒙古使团。虽然人们至今仍然怀疑这个使团是否真实,但是就像伯希和认为的那样,它确实表明了野里知吉带当时正在计划进攻巴格达的哈里发朝。正是怀着这样的目的,野里知吉带企图

与即将在埃及对阿拉伯世界发起进攻的圣路易的十字军联合。1249年1月27日，这两位蒙古基督教徒告别了路易，从塞浦路斯的尼科西亚乘船返回，由三位多米尼各会修道士陪同，他们是安德烈·德·隆朱莫、其兄弟纪尧姆和让·德·卡尔卡松。1249年4月或5月，安德烈一行人抵达了野里知吉带的营地，并且被野里知吉带派遣前往蒙古宫廷，当时，蒙古汗国的首领是摄政皇后斡兀立·海迷失，她驻扎在塔尔巴哈台的叶密立和霍博的原窝阔台封地内。估计他们最快也要在1251年4月才能返回在凯撒里亚的圣路易处。

后来，蒙哥当选为大汗，针对窝阔台系的党羽进行了一次大清洗，深得贵由信任的辅臣野里知吉带也在被清洗之列。1251年10月中旬到1252年2月中旬，蒙哥派人逮捕了野里知吉带，并且处死了他。此时，只有拜住在负责边境上的军事政府。拜住一直在那里待到了1255年，直到旭烈兀到来。

在处理谷儿只和小亚细亚的事务上，拜住的行动具有决定性的意义。因为谷儿只女王鲁速丹坚持拒绝向蒙古人投降，拜住一直为此恼怒。所以，鲁速丹去世时，拜住想把谷儿只的王冠给予鲁速丹的侄儿、更顺从于他的大卫拉沙。可是，钦察汗拔都却把鲁速丹的儿子大卫纳林置于自己的保护之下。为了争夺王位，1246年，大卫拉沙和大卫纳林都前往蒙古宫廷，在贵由大汗的面前陈述自己的理由。最后，贵由大汗将谷儿只分割成了两部分，大卫拉沙得到了卡特利亚，大卫纳林得到了埃麦利蒂亚。

类似的仲裁在小亚细亚的塞尔柱苏丹国内也发生过。1246年，贵由大汗优先把塞尔柱国的王位赐给了小王子乞立赤·阿尔斯兰四世（他曾经到蒙古拜访过贵由），没有把王位给乞立赤的兄长凯·卡兀思二世。同时，贵由大汗还要塞尔柱人每年向他贡纳"120万海帕帕，500件丝织品、500匹

蒙古汗的裁决权

在蒙古西南的谷儿只和小亚细亚地区，蒙古拥有强大的宗主权。各国的事务都需要听从蒙古汗的命令和分派，如有纷争，也需要前往蒙古宫廷向大汗陈述理由，并听从裁决。就像穆斯林的法律纠纷中，原告要向身披白袍的法官鞠躬，在公证人的见证下陈述理由。

塞尔柱人	古兹人		可萨人	钦察人		满族人	卡尔梅克人
	阿瓦尔人	保加尔人			蒙古人	塔吉克人	

第九章　蒙古人统治下的波斯和旭烈兀家族

马、500头骆驼、5000头小牲畜（绵羊、山羊等），并且要向他呈献与年贡价值相当的礼物。"1254年，蒙哥大汗决定让凯·卡兀思二世统治克孜尔·伊尔马克以西的地区；乞立赤·阿尔斯兰统治东部地区。可是，兄弟俩开始了内战。最后，凯·卡兀思获胜了，并监禁了他的弟弟。1256年，由于凯·卡兀思拖延交纳贡赋，拜住很不耐烦，就在阿克萨赖附近攻击并打败了他，然后，凯·卡兀思逃到了尼西亚的希腊人中避难，蒙古人又让乞立赤·阿尔斯兰取代了他。可是没多久，凯·卡兀思就返回来了，最终同意在蒙哥仲裁的基础上与他的弟弟瓜分了国家。

总的来说，在当时的蒙古帝国西南边境这些地区，内蒙古的宗主权随时都能被感觉到。当绰儿马罕和拜住对臣属蒙古的国家施加影响时，被迫不断听从哈拉和林宫廷的意见，由于两个地方的距离很远，哈拉和林的决定通常要延误好几个月才能达到绰儿马罕和拜住那里；在哈拉和林，臣属的王公们像外交使节们一样，在成吉思汗家族内战的各种危险中陈述自己的理由。

2. 阔儿吉思和阿儿浑的统治

在阔儿吉思和阿儿浑统治时期，在呼罗珊和伊刺克·阿只迷，民政机构的雏形正在形成之中。1231年，就在绰儿马罕在西北部追逐札兰丁时，蒙古将军真帖木儿把花剌子模在呼罗珊的最后的部队消灭了。1233年，窝阔台大汗任命真帖木儿为呼罗珊和马赞达兰的长官，主要负责这两个地区的财务工作。这些地区经过数年的屠杀，城市的居民受到数年的迫害，以至于土地完全荒芜。于是，蒙古人不得不通过残忍的手段来征集税收，蒙古帝国的税收是由窝阔台大汗和另外三个成吉思汗兀鲁思的首领们瓜分的。不过，真帖木儿开始任用伊朗籍学者：他的沙黑勒勃迪万，即称理财大臣，就是史学家志费尼的父亲。

1235年，真帖木儿去世。随后，畏兀儿人阔儿吉思（1235~1242年在位）继任了他的职位。虽然阔儿吉思是基督教的教名（乔治），但实际上阔儿吉思却是一位佛教徒。他来自别失八里（古城）地区，被畏兀儿人称为学者。所以，成吉思汗在世的时候，术赤就选中了他，让他教授家族的孩子们学习畏兀儿文。在信仰聂思托里安教的丞相镇海

▽ **阔儿吉思治下的穆斯林复兴**

呼罗珊的管理者阔儿吉思皈依了伊斯兰教，完善了赋税、增加了人口，并且修复了图斯城，使得饱受战争摧残的呼罗珊开始复兴。图为波斯地区的穆斯林们兴高采烈地进行宴会的场面。

▼ 最早的个人所得税制

作为蒙古统治下的呼罗珊管理者，阿儿浑采用了根据个人财产的多少按比例均摊的税制，取代了蒙古征服初期的混乱财政制度。这样既保护了当地居民免受无度的勒索，又征集到令蒙古可汗满意的军费。图为13世纪时不同层级的伊斯兰人围坐在长官面前的情景，阿儿浑的税制也是按照财富的多少来均摊的。

的保护下，窝阔台任命阔儿吉思管理呼罗珊的户口和赋税。虽然阔儿吉思信仰佛教，但是他也是穆斯林的保护者。最后，阔儿吉思也皈依了伊斯兰教。正是在他的治理下，修复了图斯城，他把图斯城作为自己的住所。这位才华横溢、聪明能干的畏兀儿人建立起了正规的管理机构，这对蒙古人和伊朗人是有利的。也正是在他的大力促进下，1236

塞尔柱人	古兹人		可萨人	钦察人		满族人	卡尔梅克人
		阿瓦尔人	保加尔人		蒙古人	塔吉克人	

第九章　蒙古人统治下的波斯和旭烈兀家族

年，窝阔台大汗下令复兴呼罗珊。于是，赫拉特的人口开始增加了。遗憾的是，窝阔台死后，那些因为掠夺曾经被阔儿吉思禁止的蒙古官吏们，把他带到摄政皇后脱列哥那面前，然后把他送到察合台的孙子、哈剌旭烈兀那里，因为他曾经冒犯过哈剌旭烈兀，1242年，阔儿吉思被哈剌旭烈兀处死。

随后，摄政皇后脱列哥那委托斡亦剌惕人阿儿浑阿合管理呼罗珊和伊剌克·阿只迷。脱列那哥之所以选中他，可能是因为他懂畏兀儿文，他曾经也因此在窝阔台的大臣官邸中任职。在阿儿浑的统治期间（1243～1255年），他和阔儿吉思一样，设法保护伊朗居民免遭蒙古官吏的滥征和勒索。为了博得贵由大汗的欢心，他废除了较低一级的成吉思汗后裔们盲目颁发的大量敕令、税额和专利权，由于拥有这些权力，他们曾经得以插手蒙古国库。1251年，阿儿浑访问蒙哥宫廷，蒙哥大汗很支持他。于是，在他的要求下，蒙哥把牙剌洼赤父子在河中地区已经建立起来的制度推广到了波斯，取代了蒙古征服初期实行的混乱的财政制度。也就是说，阿儿浑引入了根据纳税人财产的多少按比例均摊税的税制，征集到的税收用于维持军队和邮政的开支。1278年，阿儿浑在图斯附近去世。接着，他的儿子，也就是著名的异密捏兀鲁思，曾经暂时担任呼罗珊长官。

1251年，蒙哥大汗把在废墟上重新兴起的赫拉特城委托给古尔地区的封建主克尔特人沙姆斯哀丁·穆罕默德管理。沙姆斯哀丁是阿富汗人，信奉伊斯兰教逊尼派，他曾经到蒙古宫廷朝觐。他的祖父是一位高级官员，曾经依附于东阿富汗古尔王朝的最后几位苏丹，并且在1245年成为古尔地区的继承人。克尔特诸王取马立克（即王）称号，他们不得不以灵活谨慎的方式保持蒙古君主们对他们的友善，在成吉思汗后裔发动的征战中保持平衡。最后，他们在赫拉特小王国内残存到蒙古统治的后期（1251～1389年）。沙姆斯哀丁的长期统治（1251～1278年）牢固树立了其家族在这一地区的权威。有趣的是，古尔王朝的伊朗人复辟是在蒙古人统治的外壳下产生的，并与之协调一致。

蒙古人对忽特鲁沙家族的起儿漫阿塔比王朝作为臣属王朝而存在也容忍了，至少在初期是这样的。同时，蒙古人还容忍了法尔斯阿塔比的萨尔古尔王朝。忽特鲁沙王朝是由霍吉勃博剌克（1223～1235年在位）创建的，博剌克是在札兰丁引起的花剌子模风暴之后幸存下来的一位明智的人。他的儿子鲁肯哀丁·火者（约1235～1252年）即位后，立即到蒙古朝觐窝阔台大汗（1235年）。忽特哀丁（约1252～1257年在位）在蒙古军中服役后，也来到蒙古，并且被蒙哥大汗授予起儿漫公国。在泄剌只，萨尔吉尔朝的阿布·巴克尔（1231～1260年在位）也赢得了窝阔台及其后继大汗们的欢心，继续保留着王位。

3. 旭烈兀的统治

旭烈兀的统治

蒙古人征服了波斯20年后，开始考虑结束他们在波斯的临时政府。并准备建立一个正规的政权。1251年，在蒙哥大汗的库里勒台上，决定把伊朗的总督职位交给他的弟弟旭烈兀。此外，旭烈兀还负责镇压仍然在波斯残存着的两股宗教势力，即在马赞达兰的伊斯玛仪派伊玛目们的公国和在巴格达的阿拔斯哈里发朝。接着，蒙古帝国让旭烈兀征服叙利亚。

旭烈兀从蒙古出发，以短程旅行的方式，经过阿力麻里和撒马尔罕后，在1256年1月2日渡过了阿姆河。在阿姆河的波斯岸边（南岸），他受到属臣们派来的代表们的欢迎——从赫拉特马立克、克尔特人沙姆斯哀丁，以及法尔斯萨尔古尔朝阿塔比的代表们，一直到小亚细亚的塞尔柱人凯·卡兀思

▽ 旭烈兀和妻子脱古思可敦

旭烈兀是成吉思汗第四子拖雷的第五子，他带着蒙哥可汗给他的"从阿姆河两岸到埃及尽头的土地都要遵循成吉思汗的习惯和法令"的嘱托，率军开始对伊斯玛仪派穆斯林宗教国和巴格达的阿拉伯阿拔斯王朝进行征讨。图为旭烈兀和他的妻子脱古思可敦。

塞尔柱人	古兹人		可萨人	钦察人		满族人	卡尔梅克人
	阿瓦尔人	保加尔人			蒙古人	塔吉克人	

二世和乞立赤·阿尔斯兰四世的代表，都热烈欢迎他。按照蒙哥的计划，旭烈兀首先进攻马赞达兰境内的麦门底司堡和阿剌模式堡的伊斯玛仪派教徒，也称为刺客派（意思是暗杀十字军中基督教徒的穆斯林秘密团体成员）。教主鲁克赖丁库沙被旭烈兀围困在麦门底司堡，并在1256年11月19日投降。旭烈兀要把他送到蒙哥大汗那里，不过他在路途中被谋杀。12月20日，阿刺模式堡的守军们投降。这支恐怖教派曾经让12世纪的塞尔柱苏丹们束手无策；曾经让苏丹国和哈里发朝怕得要命；曾经助长了整个亚洲伊斯兰社会的腐化和分裂；现在，这股势力终于被瓦解了。蒙古人消灭了伊斯梅尔教派，对文明和秩序做出了不可估计的贡献。

紧接着，旭烈兀率军攻打巴格达的阿拔斯哈里发。阿拔斯哈里发是伊斯兰教逊尼派的精神领袖和伊剌克阿拉比境内一小块世俗领地的君主。当时在位的哈里发是穆斯台耳绥姆（1242～1258年在位）。穆斯台耳绥姆是一个平庸的人，他企图用计谋对付蒙古人，就像他的前任哈里发们依次对付在伊朗出现的霸权——布威朝、塞尔柱朝、花剌子模国和蒙古人那样。以前，不管什么时候，只要当时的君主是强大的，哈里发就会投降。10世纪时，哈里发曾经接受布威朝异密埃尔奥马拉为自己的共同统治者；11世纪时，哈里发与塞尔柱苏丹共同统治。哈里发努力把自己的作用限制在宗教方面，并等待这些短命的君主们消失。时机来到后，哈里发又会站出来，调停君主之间的争端，并给予他们致命的打击。哈里发的权力是半神的权力，他们的统治时期比那些君主们更长久，哈里发相信这种权力是永恒的。可是，成吉思汗的后裔们宣称，由长生天（腾格里）赐予他们的帝国将永世长存。旭烈兀与哈里发之间的通信采用的是历史上未曾有过的傲慢的措辞。旭烈兀可汗向阿拔斯家族的第36位哈里发的继承人要求曾经先后给予了布威朝异密埃尔奥马拉和伟大的塞尔柱苏丹们的统治巴格达的世俗权力。

然而，哈里发对旭烈兀的警告表示出蔑视，他拒绝把阿拔斯朝的世俗领地交出来，毕竟这是他的祖先们从波斯的最后一批塞尔柱人手中夺回来的。穆斯林"教皇"在全世界的宗教首领，他反对成吉思汗后裔统治的蒙古帝国。他恐吓说："你这个没有经验的年轻人啊，才得志十天就相信自己是世界之主。你还不知道从东方到马格里布，从帝王到乞丐，所有信奉安拉的人，都是我的臣仆，我可以把他们召集起来。"但是，这种恐吓是徒劳的。叙利亚和埃及的阿尤布朝苏丹国害怕蒙古人逼近，不敢行动，旭烈兀和他那些信仰萨满教、佛教和聂思托里安教的将军们对哈里发的恐吓毫不理会。

1257年11月，蒙古军开始进攻巴格达。拜住的军队经过毛夕里逼近巴格达，并在底格里斯河西岸从后方进攻巴格达。蒙古人的左翼军是由旭烈兀的杰出统帅、乃蛮部人怯的不花（聂思托里安教徒）率领的，这支蒙古军沿着卢里斯坦道向阿拔斯王朝的都城进军。最后，旭烈兀亲自率领一支蒙古军从哈马丹出发，经过克尔曼沙赫和霍尔湾，南下到达底格里斯河畔。到了1258年1月18日，蒙古军的各路人马已经重新汇集在了一起，旭烈兀在巴格达东郊扎营。哈里发的少数部队曾经企图阻止蒙军围城，却在1月17日被击

进攻巴格达

1258年,蒙古军横跨底格里斯河,以一场精彩的围城战攻克了巴格达,并针对哈里发谟斯塔辛曾经的傲慢而进行了屠城,数十万居民死亡,曾与大唐并称东西两大帝国的阿拔斯王朝历时508年最终灭亡。图为巴格达围城战中蒙古军指挥官在浮桥上观察战斗情况。

塞尔柱人	古兹人			可萨人	钦察人		满族人	卡尔梅克人
		阿瓦尔人	保加尔人			蒙古人	塔吉克人	

第九章 蒙古人统治下的波斯和旭烈兀家族

不流血之死

旭烈兀在攻克巴格达后拘押了阿巴斯王朝的哈里发谟斯塔辛，为表示对他的尊重，赐予他全家不流血的死刑，即缝在毯子里面用马践踏为肉泥。巴格达的陷落和哈里发的死，令整个穆斯林陷入恐惧之中。图为旭烈兀下令拘押阿巴斯王朝的哈里发。

溃。22日，蒙古军的将军拜住、不花帖木儿和孙札黑率军占据了底格里斯河西郊阵地，在河的另一边，旭烈兀和怯的不花逐渐向前缩小包围圈。哈里发试图与蒙古人媾和，并派了大臣到蒙古大军中，这位使臣是一位热情的什叶派教徒，可能在感情上与蒙古人有共通之处。另外，哈里发还派了聂思托里安教徒马基哈去蒙古军中。然而，为时已晚。蒙古军经过猛烈的攻击（2月5日和6日），已经占领了东部的所有堡垒，被围攻的市民们除了投降，别无选择。守城的士兵们企图逃跑，但是却被蒙古军俘虏了。蒙古人把这些俘虏分给各个部队，俘虏们全部被杀死。2月10日，哈里发亲自向旭烈兀投降，旭烈兀要他下令全城民众放下武器，走出巴格达城。接着，蒙古军进入了巴格达城，那些违令没有出城的市民又遭到了屠杀，蒙古人还放火焚烧了城（2月13日）。蒙古人在巴格达城中抢劫了17天，据估计，大约死了9万人。蒙古人强迫哈里发交出了所有的财宝，逼迫他说出所有埋藏宝物的地方。不过，蒙古人尊重他的身份，没有让他流血而死。而是把他缝入一个口袋中，然后让马踩死（2月20日）。

旭烈兀对基督教的同情

对东方的基督教徒来说，蒙古人夺取巴格达似乎是上天对他们的报答。另外，在蒙古军中也有许多信仰聂思托里安教的人，例如乃蛮部人怯的不花。蒙古人在洗劫巴格达城的时候，坚持赦免了城内的基督教徒。据刚加的亚美尼亚编年史家基拉罗斯记载的："攻占巴格达时，旭烈兀的妻子脱古思可敦（她是一位聂思托里安教徒）为聂思托里安教派的基督教徒讲话，或者说她为这些基督教徒们的生命求情。于是，旭烈兀赦免了他们，并允许他们保有财产。"事实上，就像瓦尔坦证实的那样，在攻城的时候，聂思托里安教的大主教马基哈命令把巴格达的基督教徒们关在一个教堂内，于是，教堂和教民们都获得了赦免。旭烈兀甚至还把哈里发的一座宫殿，也就是即副掌印官的官邸，给了大主教马基哈。

根据刚加的亚美尼亚人基拉罗斯的记载，巴格达城被攻陷时，所有的东方基督教徒欢呼胜利。

对聂思托里安教徒，以及叙利亚的雅各派和亚美尼亚派教徒来说，可怕的蒙古人似乎是被压迫的基督教世界的复仇者，被基督教徒们看成是救世主。他们来自戈壁深处，从后方攻击了伊斯兰世界，动摇了伊斯兰世界的基础。谁又能够料到在7世纪时，从底格里斯河畔塞硫西亚地区，或者从拜特·阿比地区出发的那些低级传教士们，在"东突厥斯坦"和蒙古的贫瘠土地上传播的福音，播下了大丰收的种子？

据说，在旭烈兀的势力范围内，基督教徒们享受到的优惠主要归于旭烈兀的妻子脱古思可敦。脱古思可敦是一位克烈部公主，是末代克烈王王罕的侄女。蒙哥很重视她的才智，曾经劝说旭烈兀遇到事情要与她商量。根据拉施特记载的，"由于克烈部很早

▽ **脱古思可敦为基督徒求情**

在巴格达的屠城中，因为旭烈兀的妻子脱古思可敦的求情，聂思托里安教徒幸免于难，并因此受到优待。因为脱古思可敦信奉聂思托里安教的缘故，旭烈兀给予基督徒以宽恕和许多优待。图为脱古思可敦拦在旭烈兀的马前，为巴格达城里的聂思托里安教徒求情。

第九章　蒙古人统治下的波斯和旭烈兀家族

就信奉了基督教，脱古思可敦一直注意保护基督教徒，在脱古思可敦活着的时候，基督教很昌盛。旭烈兀为了讨她的欢喜，给予了基督教徒许多的优惠，并且对基督教徒们表示关心，所以，在旭烈兀的国境内，不断建起新的教堂，在脱古思可敦的斡耳朵大门边总是有一个小教堂，教堂内敲着钟"。亚美尼亚的僧侣瓦尔坦也作了证实："波斯的蒙古人随身携带一个教堂形状的帆布帐篷。木铃的格格声随时都呼唤着信徒们前去祈祷。

旭烈兀夫妇的基督教情结

虽然旭烈兀并不信仰基督教，但他的母亲、妻子脱古思可敦和妃子秃乞台可敦都信奉基督教。因此他对于聂思托里安教徒一直非常优待和偏爱，并且同情基督教。图为蒙古贵族宴席上的旭烈兀和脱古思可敦夫妇。

牧师和教会执事每天都做弥撒。说各种语言的基督教士们总是能够平静地生活在一起。在乞求和平之后，他们得到了和平，并且带着礼物一起回家。"脱古思可敦的侄女秃乞台可敦也是旭烈兀的妃子，她对聂思托里安派基督教也有很大的贡献。在脱古思的提倡下，基督教显得比一些传统事务更为重要。她很信任瓦尔坦僧侣。瓦尔坦僧侣说："她希望基督教能够发扬光大，基督教的每一点进步都将归功于她。"

虽然旭烈兀信仰佛教，但是他也同情基督教。如同瓦尔坦所说："1264年，伊儿汗旭烈兀召见我们——我、萨尔吉斯、克雷科尔和梯弗里斯牧师阿瓦克。我们在鞑靼年初（7月）来到了旭烈兀的面前，此时，库里勒台正在召开。我们获准拜见旭烈兀，按照鞑靼人的礼节，我们要在他的面前下跪和拜倒，可是，由于基督教徒只向上帝鞠躬，所以，我们被免行跪拜礼。旭烈兀让我们净化酒，并由我们把酒交给他。旭烈兀对我说：'我把你们招来是希望你们能够了解我，并竭尽全力为我祈祷。'我们入座后，我的随行兄弟们唱起赞美诗。谷儿只人向他表示朝贺，叙利亚人和希腊人也都祝贺他。这位伊儿汗对我说：'这些僧侣从各地前来拜访我，向我祝福，证明了上帝对我的恩宠。'"旭烈兀曾经向瓦尔坦回忆自己的母亲、聂思托里安教徒唆鲁禾帖尼。瓦尔坦说，"有一天，他让宫中的人都退出，只留下我和他两人。他向我谈起了他的一些事情，他的童年时代和他的母亲。他说他的母亲是一位基督教徒。"

旭烈兀本人从未信奉基督教。我们知道他信仰佛教，特别崇拜弥勒佛。但是，在他的伊朗国内却没有佛教徒，而是有大量的基督教徒，无论是信仰聂思托里安教派的、还是信仰雅各教派的、亚美尼亚教派的，或者是信仰谷儿只教派的。在没有同宗教徒的情况下，他偏爱那些与母亲和妻子同宗教的人是很自然的事情。在交谈中，旭烈兀同意瓦尔坦的看法，承认由于自己同情基督教，他与堂兄弟们，即突厥斯坦和俄罗斯南部的成吉思汗汗国（钦察汗国和察合台汗国）的可汗们产生了分裂。瓦尔坦转述旭烈兀的话说："我们喜欢基督教徒，而他们却喜欢穆斯林。"

旭烈兀对叙利亚的征伐

旭烈兀攻占了巴格达，消灭了哈里发王朝之后，又经过哈马丹前往阿哲儿拜占，就像他之前的蒙古将军绰儿马罕和拜住一样。旭烈兀的王朝驻地在阿哲儿拜占的北部。以阿哲儿拜占境内的桃里寺和蔑剌合两城为都，所谓的都城，仍然是驻扎在城镇附近的游牧宫廷。旭烈兀在乌尔米亚湖地区建起了许多房屋，据说他最喜欢的停留地是蔑剌合以北的一座小山上的瞭望台，以及阿拉塔黑的一座宫殿，还有忽伊的一些异教寺庙。从巴格达带来的战利品存放在了乌尔米亚湖中的一个岛上的城堡中。阿兰和木干草原是旭烈兀及其后继者们的冬季驻地，像绰儿马罕和拜住一样，他们在这里牧马。夏季，旭烈兀系的宗王们又向北去亚拉腊山嘴的阿拉塔黑山中驻扎。

由于巴格达的陷落，穆斯林陷入了一片恐怖状态。毛夕里的阿塔比别都鲁丁卢卢（1233～1259年在位）此时已经年过八旬，他不仅奉命把巴格达大臣们的头颅挂在了城

穆斯林的恐惧

阿拉伯世界最繁华的都城巴格达的陷落和穆斯林精神领袖哈里发的死，令整个穆斯林世界陷入恐惧之中，叙利亚苏丹纳绥尔连忙谦卑地俯首称臣。图为听闻噩耗后不敢置信、恐慌的穆斯林。

墙上，而且还亲自到蔑剌合旭烈兀营地朝觐旭烈兀。接着，法尔斯的阿塔比阿布·巴克尔派他的儿子赛德去祝贺旭烈兀攻占了巴格达城。小亚细亚的两位塞尔柱苏丹、互相敌对的凯·卡兀思二世和乞立赤·阿尔斯兰四世两兄弟，也同时抵达了当时设在桃里寺城附近的旭烈兀营帐。凯·卡兀思二世很害怕，因为在1256年，他的部队曾经企图抵挡

塞尔柱人	古兹人			可萨人	钦察人		满族人	卡尔梅克人
	阿瓦尔人	保加尔人				蒙古人	塔吉克人	

第九章　蒙古人统治下的波斯和旭烈兀家族

蒙古十字军的远征

旭烈兀对叙利亚的远征中,亚美尼亚等基督教国家纷纷投奔而来,自愿与蒙古人一起向穆斯林进军,使得旭烈兀的西征渐渐染上蒙古十字军的宗教色彩。在东方基督徒的眼中,旭烈兀就如同图中这全副武装的十字军骑士一样,带领他们去征服、救赎。

蒙古将军拜住,却在阿克萨赖被拜住击溃了。为了让旭烈兀息怒,凯·卡兀思二世竭尽全力阿谀奉承。他让人把自己的像画在一双靴子底下,并将靴子呈献给怒气冲冲的旭烈兀可汗,说:"你的奴仆斗胆期望他的君王将他可敬的脚放在奴仆的头上,以此抬举奴才的头。"这件事表明信仰伊斯兰教的穆斯林们此时已经落到了卑躬屈膝的地步。

为了完成蒙哥委托的任务,旭烈兀又要开始远征叙利亚和埃及了。当时,叙利亚被法兰克人和穆斯林的阿尤布王朝瓜分了。法兰克人占有叙利亚的沿海地带,这个地区又被分为两个地区国,即北部的安条克公国和特里波利郡,它们都属于波赫蒙德六世;南部的耶路撒冷王国,却早已失去了耶路撒冷城,没有能够实施有效的统治,实际上是由一些男爵领地和法国的小政区组成的联邦,就像提尔的男爵领地和迦边的小行政区和贾法郡一样。安条克—特里波利王波赫蒙德六世是其北部邻国亚美尼亚(即西里西亚)王海屯一世的亲密盟友,他娶了海屯的女儿为妻子。他效法海屯,很快就加入了蒙古联盟。与这个基督教的叙利亚对峙的是包括阿勒颇和大马士革城在内的叙利亚内地,这片地区属于阿尤布王朝,阿尤布王朝是由伟大的萨拉丁创建的库尔德人的王朝,现在已经完全阿拉伯化。阿尤布王朝当时的统治者是纳绥尔·优素福(1236~1260年在位)苏丹。纳绥尔苏丹胆小无能,并在1258年向蒙古人表示臣属,并在同一年把他的儿子阿尔·阿吉兹送到旭烈兀处为人质。

尽管如此,旭烈兀还是决定从阿尤布朝的手中夺取西部美索不达米亚和穆斯林的叙利亚。旭烈兀开始了对迪牙巴克尔的蔑牙法里勤异密国进行地区性远征。这个异密国属于名叫卡米勒·穆罕默德的阿尤布朝的幼友。蒙古人之所以怨恨卡米勒,是因为他是一个狂热的穆斯林,曾经把持有蒙古人颁发的过境证的雅各派基督教牧师钉死在十字架上。旭烈兀派了一支蒙古军分队围攻蔑牙法里勤,并得到了由谷儿只首领哈森·布鲁希率领的谷儿只和亚美尼亚兵团的支持。在围攻中,一个亚美尼亚王公、卡城的塞瓦塔被杀。另外,东方的基督教徒们感到,他们正在参加一次十字军远征——与蒙古人一起向穆斯林的叙利亚进军。

在经过了长期的围攻后，蔑牙法里勤陷落了，卡米勒被折磨致死。据说蒙古人把他身上的肉一片片地割下来，塞入到他自己的嘴中，直到把他弄死。他死后，又把他的头颅插在一支矛上，由蒙古人举着它胜利地穿过穆斯林叙利亚的各大城市，从阿勒颇一直到大马士革城，在队伍的前面是歌手和鼓手。蔑牙法里勤异密国中的大部分穆斯林居民都被杀。只有基督教徒幸免于难。这里的基督教徒很多，因为这个城是雅各派的古老主教区，也是亚美尼亚教派的中心。根据刚加的基拉罗斯的记载："这些教堂受到了尊重，由圣·马鲁塔收集的数不清的遗物也同

攻陷阿勒颇城

旭烈兀的军队向叙利亚的各大城市推进，在攻陷阿勒颇城后进行了大屠杀，清真寺被焚烧，基督教堂则幸免于难。这种有针对性的屠杀性带有浓郁的宗教色彩，如同以往历次的十字军东征。图为1204年十字军攻占君士坦丁堡的场景，旭烈兀再现了东征十字军的残酷暴行。

第九章　蒙古人统治下的波斯和旭烈兀家族

样受到了尊重。"

在围攻蔑牙法里勤的同时,旭烈兀征服了穆斯林叙利亚。根据亚美尼亚史学家海顿的记述,就在旭烈兀与其忠实的属臣亚美尼亚(西里西亚)王海屯一世会晤时,蒙古人就已经拟定了作战计划。"可汗要求海屯率领埃德萨的所有亚美尼亚军队参加他的征服战争,因为他希望前往耶路撒冷,把圣地从穆斯林的手中解放出来,归还给基督教徒。海屯王很高兴,召集大军,前去与旭烈兀会合。"瓦尔坦还说,亚美尼亚大主教来为可汗祝福。于是,由成吉思汗孙子领导的这次远征具有亚美尼亚—蒙古十字军的形式。亚美尼亚王海屯在与蒙古人的关系上,并不仅仅是在为他自己考虑,还在为他的女婿安条克王、特里波利伯爵波赫蒙德六世考虑。据《奇普洛瓦故事集》中的记载,"亚美尼亚王海屯为女婿波赫蒙德的利益与旭烈兀谈过话,此后,波赫蒙德受到了旭烈兀的优待。"

1259年9月,蒙古军从阿哲儿拜占出发,向叙利亚进军,乃蛮部聂思托里安教徒怯的不花那颜率领先头部队出发。老将军拜住和失克秃儿率领的是右翼军,孙札黑率领的是左翼军,旭烈兀亲自率领中军,他的基督教妻子脱古思可敦与他同行。他们经过库尔德斯坦,南下进入了阿勒贾兹拉省。旭烈兀可汗占领了努赛宾(尼西比斯),哈兰和埃德萨向他投降了,旭烈兀屠杀曾经反对过他的塞伊汉城民。攻占了比雷吉克后,旭烈兀又渡过了幼发拉底河,洗劫了门比杰,围攻阿勒颇。纳绥尔苏丹并不是在阿勒颇城内组织抵抗,而是继续留在大马士革。阿勒颇的雅各派大主教、历史学家巴赫布拉攸斯前来会见蒙古人,向旭烈兀表示效忠。

纵横睥睨的蒙古军

旭烈兀率领的蒙古军长驱直入,攻陷阿勒颇,进入萨马里亚,征服大马士革,一路势不可挡,整个穆斯林叙利亚都为之恐惧、臣服。然而内部的纷争让他于1259年不得不撤军返回。这幅波斯细密画所绘,正是蒙古骑兵追击波斯军队的场景。

1260年1月18日,旭烈兀率领的蒙古军与海屯和波赫蒙德六世分别率领的亚美尼亚和法兰克援军,开始围攻由原阿尤布朝王公图兰沙驻守的阿勒颇城。据记载,"他们把20门弩炮推入了阵地,1月24日他们进入了该城。他们是在一次大胜后占领了除城堡以外的阿勒颇城的,城堡一直坚守到2月25日。"占领了城池之后,按照成吉思汗系的方式对该城进行了彻底而系统的大屠杀,这场屠杀整整持续了6天,直到1月30日旭烈兀才下令结束。亚美尼亚海屯王放火烧了大清真寺,雅各派教堂幸免于难。旭烈兀把一些战利品分给了海屯，并且把阿勒颇的穆斯林曾经从亚美尼亚境内夺去的几个地区和城堡也归还给了他。旭烈兀把从萨拉丁时代以来就被穆斯林占有的、属于阿勒颇公国的土地给了波赫蒙德六世。

此时，整个穆斯林叙利亚一片恐慌，一些穆斯林王公还没有等到蒙古人到来，就前来向旭烈兀表示归顺。在阿勒颇城前，旭烈兀接见过霍姆斯前王、阿尤布朝的阿什拉夫·穆萨，此时，他已经被他的人民推翻了，在旭烈兀的帮助下他又复位了。阿勒颇城陷落后，哈马城也不战而降。纳绥尔苏丹如同在阿勒颇一样，没有努力保卫大马士革。听到阿勒颇失陷的消息后，他逃往埃及。被守城军遗弃的大马士革提前投降了。1260年3月1日，怯的不花率领着蒙古军，在海屯王和波赫蒙德六世的陪同下到达大马士革。大马士革的行政事务被移交给一位蒙古长官，由三位波斯文官协助。曾经坚持抵抗的城堡终于在4月6日投降，怯的不花按照旭烈兀的命令亲手砍下城堡长官的头。

以后三个星期中，怯的不花征服了穆斯林叙利亚。蒙古军进入了萨马里亚，把纳布卢斯驻军全部砍死了，因为这些纳布卢斯驻军进行过抵抗。蒙古军长驱直入，直达加沙。纳绥尔苏丹在比勒加斯被俘；怯的不花用他去迫降阿杰伦驻军，然后把他送到旭烈兀处。在巴尼亚斯实施统治的阿尤布朝幼支，重新集结在了旭烈兀这一边。

对那些当地的基督教徒来说，蒙古人进入大马士革似乎是对遭受了六百年压迫的基督教徒的一种回报。基督徒们列队上街游行，在行进中高唱着赞美诗，手里拿着十字

马木路克雇佣军

马木路克原意是"奴隶"，主要由被贩卖到中东的非穆斯林游牧民组成，他们被哈里发和苏丹们编成雇佣军来为其效命。1261年，埃及的马木路克军在艾因贾卢特打败蒙古大军，也标志着蒙古军西征的结束。图中右侧分别是13世纪时的马木路克重甲骑士和弓骑兵。

架，强迫穆斯林在十字架前肃立。他们一直来到倭马亚朝清真寺，据记载，"在清真寺内，他们打钟、喝酒。"据说海屯王和他的女婿波赫蒙德六世，帮助蒙古人征服了大马士革后，怯的不花允许他们把一座清真寺改为俗用，也就是把一座穆斯林用来作拜功的原拜占庭教堂归还给基督教徒们使用。穆斯林向怯的不花抱怨，但是，怯的不花没有理会他们的抱怨。他参观教堂和主教们主持的各种基督教徒的忏悔，没有满足穆斯林的任何要求。

蒙古人的征服似乎永无休止，直到一件

大马士革刀

埃及马木路克苏丹都思同蒙古怯的不花军队在艾因贾卢特附近的决战中,大马士革弯刀的近身砍杀起到了重要作用,结果蒙古军队败退,保护了阿拉伯的伊斯兰文明免受破坏。图中即为享誉世界的大马士革刀,用乌兹钢锭制造,表面拥有铸造型花纹,十分锋利。

意外事情发生才得以结束。1259年8月11日,蒙哥大汗在中国去世,旭烈兀的兄弟忽必烈和阿里不哥之间为了争夺王位爆发了战争。在蒙哥家族中,旭烈兀排行第四,又远离蒙古,所以没有被提名为大汗的候选人,但是,他对忽必烈表示同情,忽必烈需要他的支持。旭烈兀知道,他的堂兄弟、钦察汗的别儿哥正在高加索边境上对自己构成威胁,别儿哥偏爱伊斯兰教,旭烈兀偏爱基督教,别儿哥谴责旭烈兀对巴格达的屠杀。由于这些原因,旭烈兀在叙利亚和巴勒斯坦留下了一支占领军,让怯的不花统率,自己率其余的蒙古军返回了波斯。根据基拉罗斯的记载,这支占领军缩减到两万人。

现在,怯的不花统治着蒙古人的叙利亚和巴勒斯坦,他倾向于支持该地的基督教徒,这不仅仅是因为他本人信仰聂思托里安教,还因为他意识到这样做对法兰克—蒙古联盟双方是有好处的。然而,遗憾的是,尽管安条克—特里波利王波赫蒙德六世与他看法一致,但是他们仍然被阿迦的男爵们视为野蛮人,甚至他们宁愿要穆斯林,也不要蒙古人的统治。西顿的儒连伯爵攻击蒙古人的巡逻队,杀死了怯的不花的侄儿。蒙古人被激怒后,报复并洗劫了西顿。法兰克人与蒙古人之间的联盟就这样结束了。

法兰克人和蒙古人的联盟的破裂重新给了穆斯林勇气,尽管阿勒颇—大马士革的阿尤布朝苏丹国已经被征服,但是那儿仍然有一支强大的穆斯林军队,即马木路克军,以及埃及苏丹国的君主们。

马木路克军是雇佣军,主要是突厥人,他们组成了埃及阿尤布王朝苏丹们的军队,1250年,他们推翻了阿尤布王朝,并且成了埃及的主人,他们的将军们成了埃及的苏丹。当时,统治开罗的马木路克苏丹是忽都思(1259~1260年在位)。忽都思意识到形势正在朝着对自己有利的方向转化。旭烈兀与蒙古主力军一旦起程回波斯,怯的不花如果没有沿海法兰克人的援助,依靠最多只有两万人的驻军维持征服地区是不可能的。如今,法兰克人已经与怯的不花决裂了,马木路克军也可以行动了。1260年7月26日,马木路克军的先头部队在异密拜巴斯的统率下,离开埃及前往巴勒斯坦。由拜答几指挥的一小支加沙蒙古占领军被打垮了。此时,阿迦的法兰克人并不是与怯的不花言和,反而允许马木路克军经过他们的国境,并在阿迦城下为他们补充粮草。

马木路克军经过法兰克人的海岸地区,再加上有法兰克人为他们的军队补充给养,所以,在战争初期,他们占有很大的优势。此外,他们的人数也比蒙古军多。怯的不花进行了英勇的抵抗。马木路克军离开阿迦后,经过法兰克人的属地加利利向约旦进军。怯的不花率领蒙古骑兵和几支谷儿只人和亚美尼亚人的小分队出城迎战。1260

年9月3日，两军在泽林附近的艾因贾卢特相遇，怯的不花的蒙古军被击溃。怯的不花不愿撤退，英勇抵抗，最后因为战马跌倒，他被俘虏了。怯的不花的双手被反绑在身后，被带到了忽都思的面前，忽都思侮辱他说："虽然你打倒了许多王朝，可是现在你落网了！"怯的不花回答道："如果我死在你的手中，我认为这是天意，而不在于你。别为片刻的胜利陶醉。当我死的消息传给旭烈兀汗时，他的愤怒将像沸腾的大海，从阿哲儿拜占直到埃及的大门口的土地都将被蒙古人的马蹄踏平！"怯的不花最后一次表露他对蒙古人和君王，以及对成吉思汗国的忠诚，并嘲笑马木路克苏丹们说，"我终身是君主之臣，不像你们是君主的谋杀者！"随后，怯的不花被砍下了头。

忽都思苏丹胜利地进入了大马士革，基督教徒们因为他们对蒙古人的感情而付出了沉重的代价。远至幼发拉底河的整个穆斯林叙利亚都归并入埃及的马木路克苏丹国。后来，旭烈兀又做了一次更大的尝试。1260年11月底，一支蒙古军进入叙利亚，第二次掠夺了阿勒颇，但是却被霍姆斯附近的穆斯林击退（12月10日），并再一次被赶回到幼发拉底河东岸。

 旭烈兀的晚年

后来，旭烈兀没有实现征服穆斯林叙利亚的企图，并且在堂兄弟、钦察汗别儿哥所构成的威胁下，处于严重的不利地位。钦察汗别儿哥，这位统治着俄罗斯南部草原的成吉思汗长支的后裔偏爱伊斯兰教，胜过了旭烈兀对于基督教的偏爱。别儿哥对旭烈兀的胜利感到吃惊。别儿哥曾经说，"他洗劫了穆斯林的所有城市，不征求他的亲属们的意见就处死了哈里发。在安拉的庇护下，我要他解释为何屠杀无辜！"于是，别儿哥为了反对他的堂兄弟、波斯汗（蒙古征服中的主要人物，同时也是基督教徒的保护者），毫不犹豫地与马木路克军联合起来，虽然马木路克军名义上是蒙古人的敌人，但他们却是伊斯兰教的保卫者。新的马木路克苏丹拜巴斯（1260~1277年在位）就是一位钦察突厥人，正是他促进了这一联合。1262年，别儿哥和拜巴斯开始交换使者，同时，别儿哥向旭烈兀宣战。在这年的11~12月间，旭烈兀采取了攻势，越过标志着两国在高加索边境分界的打耳班关隘，向捷列克河以北的钦察境进军。然而，不久后，他就在捷列克河河畔遭到了由别儿哥侄子那海率领的军队的袭击，退回到了阿哲儿拜占。

从一开始，波斯汗国就明显受到钦察可汗们的敌视，后来又受到察合台诸汗们的敌视，不久就陷入了四面楚歌的境地，来自高加索或阿姆河方向的不断的侧击使波斯汗国处于瘫痪之中，并阻止了它向叙利亚方向的扩张。蒙古人对世界的征服最终由于成吉思汗后裔之间的内战结束了。

旭烈兀在消灭了许多地区王朝后，完成了波斯境内的统一。毛夕里的阿塔比、老别都鲁丁卢卢（1233~1259年在位）因为答应臣事蒙古人而保住了王位。但是，他的儿子们却轻率地站在了马木路克的阵营中。旭烈兀占领并洗劫了毛夕里，并在1262年，把这个公国归入了自己的版图。从1262年到1264年，萨尔古尔朝的塞尔柱沙赫、法尔斯阿塔比也反叛过蒙古人，后来，在1264年12月，蒙古人攻占了泽伦后，他被杀死。再后来，旭烈兀把法尔斯的王位给了萨尔古尔朝的公主阿必失可敦，并让她嫁给他的第四个儿子忙哥帖木儿王子，这实际上就相当于兼并了法尔斯。旭烈兀的另外一个儿子、他的继承人阿八哈，也同样与起儿漫忽特鲁沙朝的女继承人帕夏可敦结婚。

在旭烈兀以及其早期的几位继承者的统治期间，在波斯境内有佛教的活动，不过，并没有详细的资料记载这一史实。我们今天只知道，一些来自畏兀儿地区、中国和西藏的佛教僧侣曾经在旭烈兀国内定居，他们在那里建造了许多有绘画和雕刻装饰的宝塔。尤其是旭烈兀的孙子阿鲁浑，还用画有自己

蒙古四大汗国和元朝相互攻伐示意图

蒙哥汗死后，整个蒙古帝国陷入了名义上统一实际上各自为政的状态。各个汗国为了获取自己的利益互相之间发生了战争。这一系列内战实际上导致了蒙古帝国对外扩张的终结。

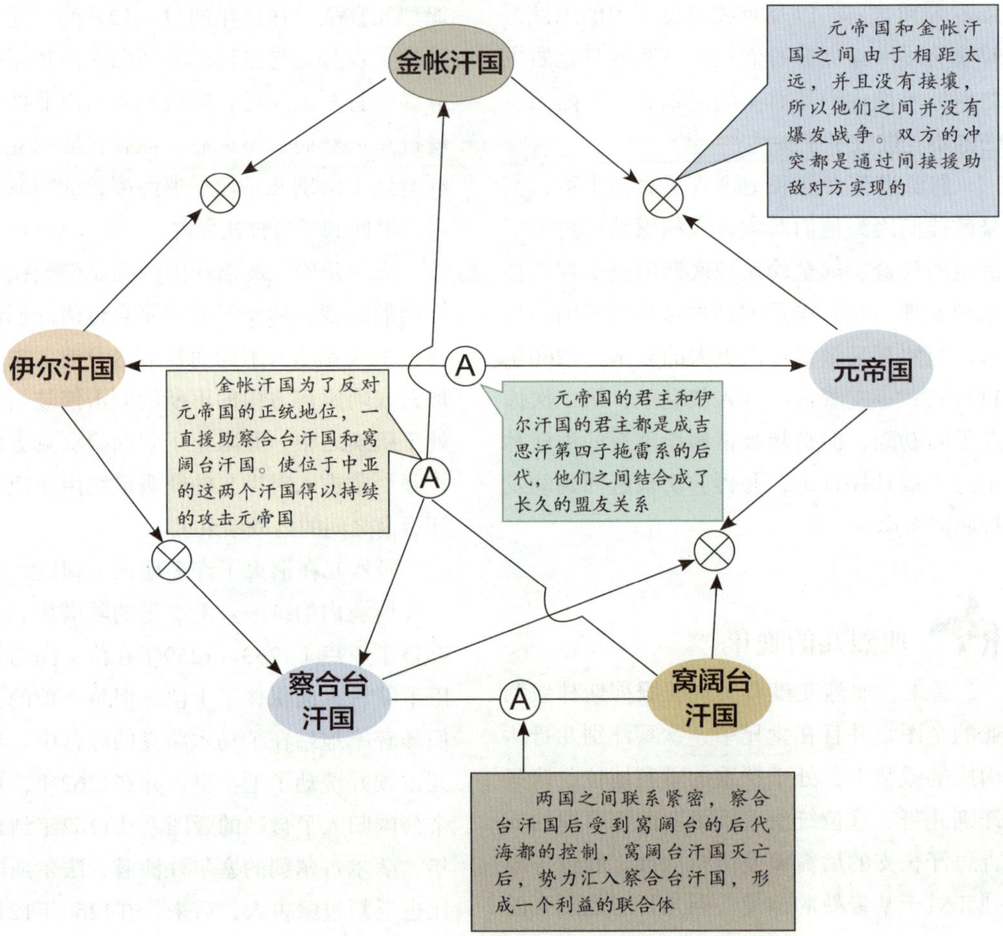
金帐汗国
元帝国和金帐汗国之间由于相距太远，并且没有接壤，所以他们之间并没有爆发战争。双方的冲突都是通过间接援助敌对方实现的
伊尔汗国
A
元帝国
金帐汗国为了反对元帝国的正统地位，一直援助察合台汗国和窝阔台汗国。使位于中亚的这两个汗国得以持续的攻击元帝国
A
元帝国的君主和伊尔汗国的君主都是成吉思汗第四子拖雷系的后代，他们之间结合成了长久的盟友关系
察合台汗国
A
窝阔台汗国
两国之间联系紧密，察合台汗国后受到窝阔台的后代海都的控制，窝阔台汗国灭亡后，势力汇入察合台汗国，形成一个利益的联合体

> **旭烈兀征服的宗教色彩**
>
> 虽然旭烈兀征服叙利亚给基督教带来了如同十字军东征般的荣光，但他并没有对某一教派进行灭绝，比如佛教仍在传播，波斯文学也得到了保留。旭烈兀对各地的征服，就是纯粹的领土扩张、利益获取而已。图为波斯细密画中描绘的蒙古军队战争场面。

丁·志费尼就是一例。志费尼的父亲贝哈哀丁（死于1253年，其家族来自尼沙普尔）是蒙古政府中的一员官吏，负责管理呼罗珊的财政，志费尼也是一位行政官。1256年，他劝阻旭烈兀不要焚烧阿剌模忒堡中伊斯玛仪派教徒们藏书的图书馆。他还两次（1249～1251年，1251～1253年）访问过蒙古，对中亚问题很熟悉，并且大约在1260年写成了不朽的《世界征服者史》一书，也就是关于成吉思汗及其继承者们的历史，一直写到了1258年。在1262～1263年期间，旭烈兀任命他为巴格达的长官。1268年，当穆斯林处于狂热之中时，聂思托里安教的大主教马·德赫曾经在他的家中避难。他的兄弟沙姆斯哀丁·志费尼大约在1263～1284年期间担任过旭烈兀、阿八哈和帖古迭儿三位汗王的理财大臣。

肖像的画像来装饰佛塔。

尽管在洗劫了巴格达之后，旭烈兀被穆斯林视为"上帝之鞭"，但是，他仍然保护了波斯文学。例如，伟大的史学家沙哀

4. 阿八哈的统治

1265年2月8日，旭烈兀在蔑剌合附近去世。随后不久，他的皇后脱古思可敦也去世了。他们的去世使东方基督教各派都感到若有所失。他们用巴赫布拉攸斯以叙利亚雅各派教会的名义，以及刚加的基拉罗斯以亚美尼亚教会的名义，写下了深情的话语来悼念他们，称他们为"基督教的两颗巨星"，"又一位君士坦丁，又一位海伦。"

基督教对旭烈兀的推崇

旭烈兀对叙利亚的征服解救了众多东方基督徒,被他们视为救星,堪与君士坦丁大帝相比。他的去世令东方基督教派深感痛惜。这幅壁画就描绘了旭烈兀与东罗马皇帝同持十字杖的情景。

教。不过,在国内,他对基督教会的亚美尼亚派、聂思托里安派或者雅各派也表示了善意。在国外,他赞成与基督教世界联合反对埃及和叙利亚的马木路克。他即位后,与拜占庭皇帝迈克尔·佩利奥洛格斯的女儿马丽公主结婚。在叙利亚方面,阿八哈是聂思托里安教大主教马·德赫的保护者。后来,他与主教的儿子、著名的马·雅巴拉哈三世成了朋友。

我们曾经提到过列班·扫马和麻古思这两位聂思托里安教徒前往耶路撒冷朝觐,他们分别来自北京和山西北部的托格托地区。我们知道,他们在1275年和1276年间,经过了喀什噶尔到达波斯的情况。有关他们的传记中说,在蒙古人的统治下,波斯的聂思托里安教占有重要地位。当他们到达呼罗珊后,访问了图斯附近的聂思托里安教修道院,也就是马塞坊修道院,并且在阿哲儿拜占的蔑剌合附近见到了大主教马·德赫。马·德赫受到了蒙古统治者们的尊重。然后,他们从蔑剌合南下到达了巴格达,巴格达有聂思托里安教主教区,主教区仍然像古代一样被称为塞硫西亚,后来,他们又到了亚述,亚述有著名的教堂和埃尔比勒、伯斯卡迈、尼西比斯修道院。当列班·扫马和麻古思回到尼西比斯附近塔雷勒的圣米切勒修道院时,马·德赫主教召他们作为使者出使阿八哈汗。阿八哈汗亲切会见了他们,而且还给他们提供了有利于他们前往耶路撒冷朝圣的专用通行证。可是,由于以波斯汗国和钦察汗国及马木路克之间的战争,他们没有能够继续他们的旅行。

后来,马·德赫主教任命麻古思为汪古部和契丹地区(中国北部)的大主教,列

旭烈兀去世后,他的长子阿八哈继位(1265～1282年在位)。阿八哈继续住在阿哲儿拜占;与旭烈兀不同的是,旭烈兀是把蔑剌合作为自己的都城,而阿八哈则把桃里寺城作为自己的都城。后来,除了完者都统治的时期(1304～1316年),桃里寺一直都是波斯王朝的都城,直到蒙古的波斯王朝结束,都城迁往苏丹尼耶。和旭烈兀一样,阿八哈也把自己看成是忽必烈大汗的副手,并请求忽必烈发给他一文授职书(札儿里黑)。

阿八哈像他的父亲一样,可能也信仰佛

班·扫马为副主教。不过，在他们出发前往新教区之前，马·德赫就去世了，这是在1281年2月24日。在巴格达附近召开的一次聂思托里安教的宗教会议上，麻古思被选为最高主教，被称为马·雅巴拉哈三世。很显然，这次选举在很大程度上是出于策略的考虑。虽然麻古思对宗教非常虔诚，但是他只是略通叙利亚语，完全不懂阿拉伯语。只不过由于他是"蒙古人"，属于突厥—汪古部人，而突厥—汪古部的许多王子都与成吉思汗家族联姻。聂思托里安教的长老们认为，他们可能再也找不到一个比麻古思更能令波斯汗接受的主教了。事实确实如此，当马·雅巴拉哈三世接受阿八哈的授职时，这位蒙古统治者把他当作朋友一样欢迎。根据记载，"阿八哈把外衣披在麻古思的肩上，让麻古思坐在自己的椅子上。阿八哈的椅子是一小型御座。阿八哈还赐给麻古思一把代表荣誉的伞和刻有王室印徽和主教大印的金匾"。1281年11月2日，这位来自北京的教士在塞硫西亚附近的马科卡大教堂内举行了聂思托里安教大主教的就职典礼，出席就职典礼的有耶路撒冷大主教马·亚伯拉罕，撒马尔罕大主教马·詹姆斯和唐兀惕（中国甘肃）的大主教马·耶稣沙布兰。

在国外，阿八哈结束了由他父亲发动的、反对钦察汗别儿哥的战争。1266年春天，别儿哥的侄子那海又恢复了攻势，穿过了打耳班关隘和库拉河，但是却在阿克苏河畔被阿八哈的副手们打败，退回了失儿湾。后来，别儿哥亲自率领大军经过打耳班。为了得到渡口，他向库拉河上游进军，但是就

> **策略性的宗教会议**
>
> 在巴格达的聂思托里安教宗教会议上，麻古思被选为最高主教。其被选原因不过是他是蒙古人，能够得到阿八哈的尊重，使教派方面获得利益，这是一次有策略的选举。图为基督教宗教会议，教士们发表推举意见。

马木路克统治者欢庆胜利

图中是12世纪的阿拉伯作家阿·哈里里在他的传奇故事集《马卡马特》中向我们描绘了埃及当时的突厥马木路克统治者欢庆胜利的场面,他们举杯欢庆取得的胜利。1250年原来为雇佣军的突厥马木路克人推翻了他们效忠的阿尤布王朝,建立了军政统治的伊斯兰教国家。他们于1260年在约旦河左岸贝桑附近大败蒙古军,成功地阻挡住了蒙古人对埃及和叙利亚地区的入侵。

在这时,1266年,他去世了,他死后,军队也撤退了。

在东北方,阿八哈不得不面对河中地区的察合台系八剌汗的攻击。从1269~1270年,八剌率军入侵呼罗珊,占领了莫夫和尼沙普尔。有一次战争中,阿八哈假装败退,以此蒙蔽敌人,并在1270年7月22日,在赫拉特附近击溃了八剌。与此同时,赫拉特马立克克尔特人沙姆斯哀丁巧妙地避开了这场蒙古内战。为了保住自己的城市,这位圆滑的阿富汗人面对察合台人的入侵,同意效忠于察合台人;但是,当阿八哈率军来到呼罗珊时,他又倒向了阿八哈一边,最后,凭着他对赫拉特的有效的保卫,使这位波斯汗能够把入侵者诱入埋伏圈,并在那儿击溃了他们。

1273年1月,阿八哈实现了他的复仇。他把战争引入了河中地区,派了一支军队去洗劫不花剌。虽然赫拉特马立克沙姆斯哀丁已经在1270年对阿八哈表示过忠诚,但是阿八哈并不信任他。阿八哈先是给予了他许多尊号和荣誉,然后在1277年把他骗到了桃里寺,并在经过了周密策划之后毒死了他,这是在1278年1月。在1279年,他立沙姆斯哀丁的儿子鲁肯哀丁成为赫拉特王,称为沙姆斯哀丁二世。

在西方,阿八哈不得不继续他父亲反对马木路克的斗争。现在,马木路克不仅是埃及的君主,也是穆斯林叙利亚的统治者。马木路克苏丹拜巴斯是伊斯兰教的领袖,也是他那个时代(1260~1277年)最杰出的武士之一。他不时地蹂躏蒙古人的亲密盟邦和属国、西里西亚的亚美尼亚国,以此采取攻势。1275年4月,他掠夺了亚美尼亚的主要城市——西斯、阿达纳、塔尔苏斯和刺牙思。此后,他又干涉小亚细亚塞尔柱苏丹国的事务。塞尔柱苏丹国与波斯汗国有着紧密的臣属关系。在年轻的苏丹凯·库思老三世(1265~1283年)还没有成年的时候,苏丹国是在蒙古的保护权之下,由丞相穆因哀丁·苏来曼管理。可是,穆因哀丁·苏来曼是一个大阴谋家,他似乎已经与拜巴斯秘密往来,要求拜巴斯把苏丹国从蒙古人的控制下解放出来。1277年,拜巴斯进入塞尔柱苏丹国,并于4月18日在卡帕多细亚入口处、吉浑河上游河畔的阿尔比斯坦打败了蒙古占领军,统率塞尔柱军队的这位丞相却逃跑了。4月23日,拜巴斯胜利进入了卡帕多细亚的开塞利,然后回到了叙利亚。

阿八哈听到失败的消息后,在1277年7月,急急忙忙赶到安纳托利亚;阿八哈严厉惩罚了毫无战斗力的塞尔柱突厥人,因为这些塞尔柱突厥人对伊斯兰教的忠诚远远胜过了对成吉思汗蒙古人的忠诚。然后,在审讯之后,于8月2日处死了丞相苏来曼。

阿八哈很乐意与反马木路克的拉丁政权结成牢固的联盟。1273年,他将这个意图写信告诉了教皇和英王爱德华一世。1274年5月到7月,阿八哈的两位使者拜会了格列高利十世,并且受到路易斯宗教委员会长老们的接见。阿八哈派遣的其他使者还有在1276年11月出现在意大利的瓦舍鲁斯的约翰和詹姆斯,以及1277年出现在英国爱德华一世宫廷中的使者。不过,教皇、法国和英国都没有响应阿八哈的提议。

最后,阿八哈决定独自行动。1271年10月底,他派了大约一万人的骑兵蹂躏了阿勒颇省郊区。1280年9月和10月,他又派出一支较大的分遣队,很快就占领了除内城以外的阿勒颇城,并且放火烧了清真寺(10月20日)。这只不过是一次侦察行动而已。1281

阿勒颇城的洗劫

与马木路克军战争的失败,使蒙古人失去了对塞尔柱苏丹国的统治。随后,阿八哈对阿勒颇城进行了洗劫,放火烧毁清真寺,然后进军叙利亚,与马木路克军展开战斗。图为蒙古军队对阿勒颇城的洗劫与摧毁。

年9月，一支大约5万人的蒙古军进入了叙利亚。亚美尼亚王尼奥三世像他的父亲海屯一样，效忠于蒙古人，于是，他也率军加入这支蒙古军。这样，就有3万亚美尼亚人、谷儿只人和法兰克人加入了这支大约5万蒙古人的军队。全军由阿八哈的弟弟忙哥帖木儿王子统率。1281年10月30日，他们在霍姆斯附近，与嘉拉温苏丹率领的马木路克军相遇了。蒙古右翼军，也就是以尼奥三世为首的亚美尼亚和谷儿只军，打跑了敌军。但是，中路的忙哥帖木儿因为负伤从战场上撤退了下来，他的撤退大大削弱了士气。蒙古人最后又不得不回渡幼发拉底河，这次失败后不久，1282年4月1日，阿八哈去世了。

5. 阿鲁浑的统治

阿鲁浑的统治

阿八哈去世后，他的弟弟和继承者帖古迭儿即位（1282年5月6日）。帖古迭儿不再实行旭烈兀家族的传统政策。虽然他的母亲（忽推可敦）可能信仰聂思托里安教，他本人也在年轻的时候接受过洗礼，但是根据海

▽ 阿鲁浑一家

阿鲁浑推翻了信奉伊斯兰教的叔叔帖古迭儿，阻止了波斯汗国的伊斯兰教化，延续了其父尊崇聂思托里安教的倾向。图为绘制于14世纪早期的阿八哈、阿鲁浑、合赞一家。阿八哈骑在马上，身边是他的儿子阿鲁浑，阿鲁浑手中抱着儿子合赞。

顿和尚的记载,他即位后就信奉了伊斯兰教,并且取名为阿赫默德,号苏丹,开始使波斯汗国转向了伊斯兰教。海顿和尚写道:"他想尽了一切办法让鞑靼人皈依伊斯兰教。"1282年8月,帖古迭儿向马木路克提议谈和与结盟。那些信仰佛教和聂思托里安教的"守旧派蒙古人"向元朝大汗忽必烈抗议,因为忽必烈是帖古迭儿的伯父,也是波斯汗国的宗主。很显然,忽必烈相当不高兴,并威胁说要对波斯进行干涉。帖古迭儿因为向北京宫廷提出的这些请求谴责了聂思托里安教的首领——大主教马·雅巴拉哈三世和副主教列班·扫马,于是,大主教被投进了监狱,并且有可能丧命,只是由于他的母亲忽推可敦,这位大主教才获得赦免。

同时,所有信仰佛教和聂思托里安教的蒙古守旧派,都集结到了阿八哈的儿子、呼罗珊长官阿鲁浑王子这一边。内战很快就爆发了。这场战争的赌注很高。蒙古波斯将继续是一个蒙古国家,还是即将成为一个纯穆斯林的苏丹国呢?国内的聂思托里安教的教徒和雅各派的教徒与国外的亚美尼亚和法兰克人将继续受到优待,或者波斯国将与马木路克结成联盟?最初,斗争对阿鲁浑极为不利。阿鲁浑在呼罗珊境内煽动起义,并从呼罗珊向伊剌克·阿只迷进军。但是,在1284年5月4日,阿鲁浑在可疾云附近的阿克霍札被帖古迭儿打败了,并被迫向帖古迭儿投降。此后不久,由于军队首领中的一次阴谋导致了宫廷革命。帖古迭儿被他的部队遗弃了,并且在1284年8月10日被处死,第二天,阿鲁浑登上了王位。

阿鲁浑的即位阻止了波斯汗国向伊斯兰教的方向转化。和阿八哈与旭烈兀一样,阿鲁浑也具有信仰佛教的倾向。阿鲁浑把许多文职,尤其是管理财政的事务,都交给了基督教徒或者犹太教徒。他让犹太教的医生撒菲·倒剌当自己的理财大臣和首席谋臣。从1288年开始,直到1291年2月阿鲁浑病倒,撒菲·倒剌一直深得阿鲁浑的信任。据记载,撒菲·倒剌是一位有才智、善于处事、通晓突厥语和蒙古语的很能干的大臣。撒菲·倒剌总是与阿鲁浑保持一致,阿鲁浑很赏识他对国家的忠心。另外,撒菲·倒剌也是一位杰出的行政官员,他阻止了封建地主们的掠夺,从而使得国家财政恢复了秩序。他不允许军事将领们轻视法庭的判决,他对粮食征收官吏发布命令,抑制他们对人民过度征税。总的来说,他寻查各种弊端,企图将正规的民政管理引入蒙古人的纯军事统治中。他并不干涉穆斯林宗教,对于穆斯林之间的诉讼案,他只是按照古兰经法进行处理,而并不按照蒙古习惯进行处理。另外,他还增加了慈善机构的基金,对文人学士进行鼓励和资助。这样,穆斯林们再也没有什么好抱怨的了,只是他们不满意他把自己的犹太教伙伴们安置在行政机构的主要位置上,尤其是让他的亲属们承包除了呼罗珊和小亚细亚以外的所有地区的税收。因为呼罗珊和小亚细亚这两省都属于阿鲁浑的儿子合赞和阿鲁浑的兄弟海合都的封地。不过,这位犹太教大臣四处受人忌恨。首先,蒙古封建主们仇恨他,因为他禁止他们的掠夺行为;其次,狂热的穆斯林扬言说,他和阿鲁浑正在开始一种新宗教,要强迫穆斯林成为"异教徒",要把麦加的克而白变成偶像崇拜的寺庙,很可能变成佛教寺庙等等。当然,这些罪名是荒谬的,可是,正是这些谣言,让他

▽ 撒菲·倒剌治理下的波斯汗国

在阿鲁浑的信任和委托下,犹太人撒菲·倒剌恢复了国家财政秩序,蒙古贵族的肆意掠夺、穆斯林的宗教争端等也都得到妥善处理。图为农耕之后闲散的穆斯林们正聚集在一起,弹琴或者闲聊,然而他们并不满足,对撒菲·倒剌充满忌恨和猜疑。

最后遭遇了不幸。

阿鲁浑的一位妻子兀鲁克可敦出生于克烈部,是已故的脱古思可敦的侄女,也是一位聂思托里安教的教徒。1289年8月,她让她的儿子、也就是未来的完者都汗接受了洗礼,为了对教皇尼古拉四世表示崇敬,教名起名为尼古拉。根据海顿和尚的记载:"阿鲁浑喜爱和尊敬基督教徒。他重建了被帖古迭儿推倒的基督教教堂。"聂思托里安教的大主教马·雅巴拉哈在他的传记中说,他当时有能力重建许多原来的寺院,包括蔑剌合的马萨里塔教堂。

6. 列班·扫马出使欧洲

阿鲁浑希望恢复反对马木路克的战争，并再次极力争取与基督教世界的联盟，采取一致行动。就在十字军在阿迦或达米埃塔登陆时，蒙古人开始入侵穆斯林叙利亚，接着又瓜分了叙利亚。阿勒颇和大马士革将归属于蒙古人；耶路撒冷则归属于十字军。怀着这样的目的，1285年，阿鲁浑给教皇霍诺里乌斯四世写信。这封信被翻译成了拉丁文，现在保存在梵蒂冈。在信中，阿鲁浑提出了详细的计划。这是一封著名的信。在信中，波斯汗阿鲁浑呼唤了成吉思汗、即“鞑靼的祖先”的名字，提到了他的伯祖父、宗主和盟友、元朝皇帝忽必烈，然后回忆了把成吉思汗的汗国与基督教世界联合并团结起来的

列班·扫马出使路线图

阿鲁浑积极争取与基督教世界的联盟，派遣列班·扫马出使罗马教廷和英法等国，试图共同对付马木路克军，攻取耶路撒冷和叙利亚。图为列班·扫马的出使路线图。

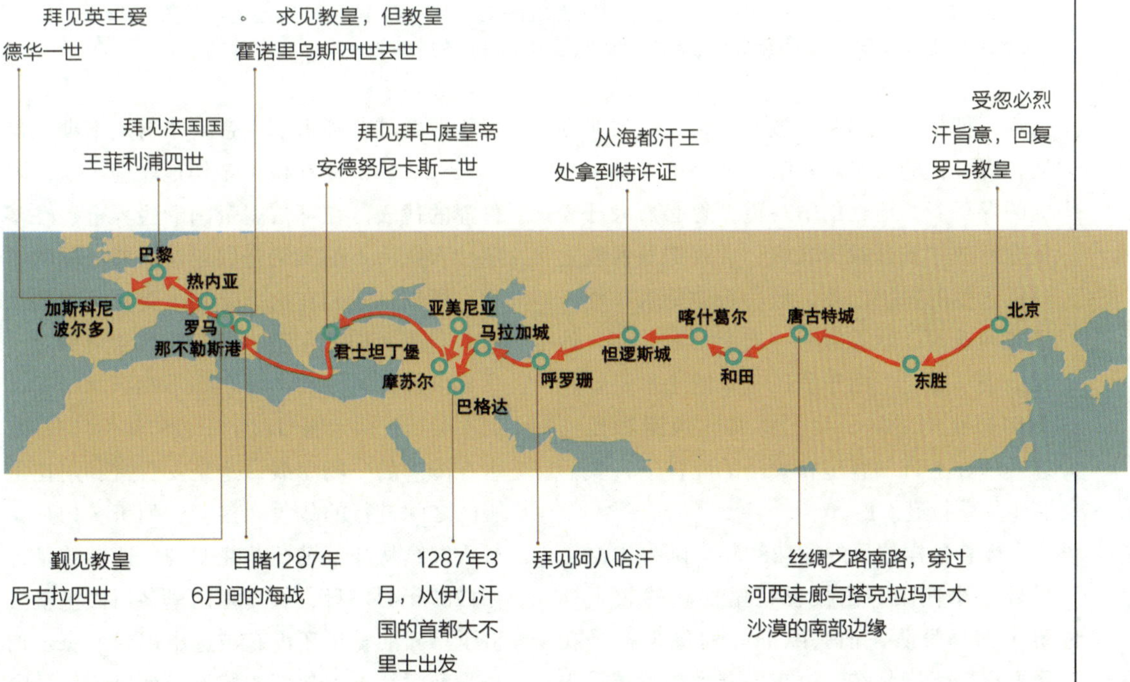

塞尔柱人 | 古兹人 | 可萨人 | 钦察人 | 满族人 | 卡尔梅克人
阿瓦尔人 | 保加尔人 | 蒙古人 | 塔吉克人

阿鲁浑给法国国王菲利普的信

1289年，阿鲁浑派委派布斯卡尔访问法国，并回信给国王菲利普四世，信中承诺联合出兵夺取耶路撒冷，并为法军提供装备和战马。图为阿鲁浑用畏兀儿字书写的给法国国王菲利普的亲笔信。

人物，如他的信仰基督教的母亲、祖父旭烈兀，以及他的父亲阿八哈，他们都是基督教徒的保护者。他在信中写道，忽必烈大汗委托他解放"基督教徒之地"，并把基督教之地置于他的保护之下。最后，他请求在他入侵叙利亚时，能够派遣一支十字军登陆。他在信中写道："由于萨拉逊人的土地将处在你们与我们之间，我们将共同包围和扼死它……在上帝、教皇和大汗的庇护下，我们将驱除萨拉逊人！"

怀着这样的目的，1287年，阿鲁浑派了另外一个使团，由聂思托里安教的教士列班·扫马带队，前去欧洲。列班·扫马在黑海岸，无疑是在特拉布松港乘船，在君士坦丁堡登陆。拜占庭皇帝安德努尼卡斯二世（1282～1328年在位）亲切地欢迎了这位阿鲁浑的代表。在拜占庭帝国的边界上、在塞尔柱人统治下的安纳托利亚是波斯汗国的属地，所以，他们在这里受到了更加热情的欢迎。列班·扫马在圣·索菲亚教堂祈祷后，又起航前往意大利，并在那不勒斯靠岸。在那不勒斯，他亲眼目睹了于1287年6月23日发生在海湾的一场海战，这是安哲文和阿拉贡舰队之间进行的战争。接着，列班·扫马一行人继续从那不勒斯前往罗马。遗憾的是，在1287年4月3日，教皇霍诺里乌斯四世就去世了。新的教皇还没有被选出来。列班·扫马受到了红衣主教们的接见。列班·扫马向红衣主教们解释了蒙古基督教世界的重要性，他说："要知道，我们的许多长老（7世纪以及后来的几个世纪中的聂思托里安教的传教士们）曾经居住在突厥人、蒙古人和汉人之中，并且对他们进行教化。今天，许多蒙古人已经是基督教徒了，在他们中有君王和皇后的孩子们，他们接受了洗礼，信仰基督教。他们在扎营地建造教堂。阿鲁浑王友好地向主教表示团结。他希望叙利亚能够归他所有，并恳求你们援助他，共同解放耶路撒冷。"

列班·扫马瞻仰了圣·彼得和罗马的其他教堂后，离开了罗马，然后经过热那亚前往法兰西。热那亚人在克里米亚和特拉布松有很重要的货栈，另外还有许多商人生活在蒙古人统治下的波斯，他们都赶来对阿鲁浑的使者们表示了热烈的欢迎。大约在1287年9月10日，列班·扫马一行人到达了巴黎，金发菲利普接见了他，菲利普亲自陪他拜谒了圣察帕勒教堂。游览了从索尔邦到圣丹尼勒的教堂之后，列班·扫马到波尔多去拜访英王爱德华一世（10月底到11月初）。和法兰西国王一样，爱德华也友好地欢迎了他

们，不过，法兰西王和英王都不愿意签订列班·扫马一行人所期盼的明确的军事协约。最后，列班·扫马有些失望地回到了罗马。1288年2月20日，罗马终于选出了新教皇尼古拉四世。尼古拉四世以极大的兴趣听取了蒙古教士的提议，深受感动，并允许列班·扫马参加复活节前一周的庆祝仪式，在各地都把他安排在首席上，并亲自授予他圣餐。列班·扫马很欣慰地重新上路。从宗教的角度来看，这位来自北京附近的教士所经历的热烈场面使他在宗教上得到了极大的满足。但是，从政治方面来看，他的出使并不成功。西方各国没有组织与蒙古军配合的、可能会拯救法属叙利亚殖民地的十字军，列班·扫马第二次访问热那亚时，向图斯卡鲁姆的红衣主教报怨过这件事。

后来，列班·扫马带着尼古拉四世、金发菲利普和爱德华一世给阿鲁浑的回信回到了波斯。列班可能是在1288年的夏季末到达阿鲁浑的宫廷的。阿鲁浑对列班深表感谢，并任命他为他的斡耳朵的聂思托里安教牧师，根据记载，阿鲁浑下令在廷帐的旁边修建教堂，以至于两个帐篷的绳

◇ **阿鲁浑写给教皇的信**

　　1290年，阿鲁浑再次派遣使者察甘拜见教皇尼古拉斯四世并递上书信，希望能联合进攻马木路克，但是没有得到回应。图为阿鲁浑写给教皇的信，全文用蒙文书写，印章则是中文篆刻，现存梵蒂冈秘密档案馆。

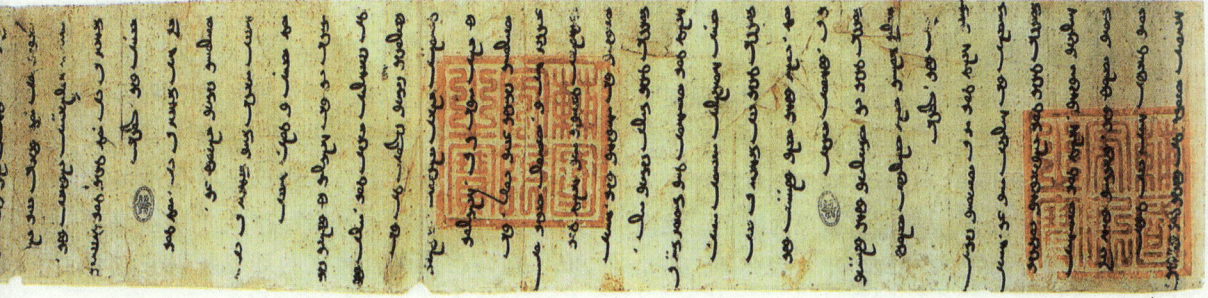

子都绕在了一起。他还命令要让这个教堂内的钟声长鸣不止。

在1289年的复活节（4月10日）的庆祝会后，阿鲁浑又派了新的使者、热那亚人布斯卡尔访问教皇尼古拉四世、金发菲利普和爱德华一世。1289年7月15日至9月30日间，布斯卡尔抵达罗马。布斯卡尔先后受到了尼古拉和菲利普的接见（11月和12月），布斯卡尔向他们反复陈述阿鲁浑的提议，要求建立以解放圣地为目的的攻击性联盟。阿鲁浑致菲利普信的原文，用畏兀儿字书写的蒙古语至今保留着。信中说："以长生天之力和至高无上的汗（忽必烈）的保护，在此，法兰克王，我们邀请你于虎年冬季最后一月（1291年1月）出兵，大约能于春季第一月的第十五日（1291年2月20日）在大马士革城前扎营。若能按期派兵，我们将重占耶路撒冷，并将它归还给你。但如不能按期出兵与我军会合，那么，我们军队的进军将毫无作用。"这封信还附有一份用法文写的公文，布斯卡尔把它交给了菲利普，在公文上，阿鲁浑答应为在叙利亚登陆的法国十字军提供装备和3万匹新战马。1290年，阿鲁浑又向教皇、菲利普和爱德华派出了第四位使者察甘，察甘的基督教名是安德鲁，由布斯卡尔陪同前往。但是，除了形式上的礼仪，西方各国仍然没有作出答复，所以，法兰西—蒙古人联合进攻马木路克的战争始终没有发生。

最后，阿鲁浑只好把注意力转向保卫呼罗珊和外高加索的北部边境。他任命长子合赞为呼罗珊长官，让斡亦剌惕部的管理者阿儿浑阿合的儿子异密捏兀鲁思为副手。就像我们见到的那样，从1243年～1255年，阿儿浑阿合一直为阿鲁浑管理着波斯东部和中部地区，几乎拥有至高无上的权力。甚至在旭烈兀王朝上任之后，他仍然握有很大的权力，直到1278年，他在图斯附近去世。捏兀鲁思就生长在这个显赫的家族之中，他把呼罗珊视为自己的私有财产。他在1298年起义，几乎捉住了合赞王子。但是，不久之后，他就被阿鲁浑的军队追赶，被迫逃到了河中地区，在窝阔台家族首领海都汗那里寻求避难（1290年）。在高加索，钦察汗经过打耳班进攻波斯边境地，但是阿鲁浑的副将们在1290年5月11日，在塞卡西亚的卡拉苏河畔击败了他们的先头部队，打退了钦察汗的这次入侵。

海合都与拜都的统治

当阿鲁浑病倒之后，对他的中央集权制的反抗开始了。1291年3月7日，阿鲁浑去世。2月30日，他的朝臣们废黜并处死了他的犹太教大臣撒菲·倒剌。在军队首领中，最有影响的人提名让阿鲁浑的兄弟海合都为可汗，当时，海合都是塞尔柱的安纳托利亚长官。海合都这位王子并没有什么长处，他沉溺于酒色、穷奢极欲，缺乏统治意识。他和他的大臣阿赫麦德·哈里迪效法忽必烈发行纸钞，在1294年错误地在波斯发行纸币（即钞）。同年9月12日，纸币在桃里寺城首次发行，导致了非常糟糕的结果。商人们罢市，并且囤积居奇，最后，纸币只好停止使用。

在宗教事务上，根据马·雅巴拉哈的记载，海合都给予了马·雅巴拉哈很大的优待。海合都还与马·雅巴拉哈一起参观列班·扫马在蔑剌合建立的聂思托里安教教

▽ **基督教与伊斯兰教的平衡**

统治波斯的蒙古可汗，需要在基督教与伊斯兰教之间取得平衡。海合都偏向穆斯林，于是蒙古封建主推翻了他；拜都热衷于基督教，于是穆斯林抱怨他、反对他。图为同一座城市下生活的基督教与伊斯兰教众相互对峙的场面。

堂。不过，他的政策主要有利于穆斯林，他的目的是要把蒙古异密们从政府部门中清洗出去。

后来，那些反对同情穆斯林的蒙古封建主推翻了海合都。1295年4月21日，在木干营地，海合都以一种"不流血"的方式被人用弓弦勒死。接着，蒙古贵族们任命他的堂兄弟、旭烈兀的另外一个孙子拜都继承了他的位置。拜都是一个被迫执政的、无足轻重的人物。根据巴赫布拉攸斯的记述，拜都热衷于基督教。据记载，他曾经与阿八哈的妃子、东罗马公主相处数年，颇为知晓基督教

的教理，曾经允许基督教徒在他的斡耳朵内设礼拜堂和鸣钟，并且自称是基督教徒，他的脖子上还戴着十字架，但是，他从来不敢公开表示偏袒基督教……但是，穆斯林抱怨他倾向于基督教。拜都在位的时间虽然很短，但是他却任命了许多信仰基督教的行政官员。

阿鲁浑的儿子、呼罗珊长官合赞王子的野心是要继承父亲的汗位，于是，他起来反对拜都。合赞得到了捏兀鲁思异密的支持。1294年，捏兀鲁思与合赞言归于好，并且成了合赞的副手。捏兀鲁思是一个狂热的穆斯

林，他劝合赞放弃佛教，转而皈依伊斯兰教，以便在反拜都的斗争中能够得到波斯人的支持。这是一个理由很充分的策略，因为拜都是以基督教徒为后盾。结果，拜都由于自己的仁慈成为了牺牲品。有一次，在与合赞会见时，拜都的随从们怂恿他除掉合赞。

然而，拜都由于仁慈拒绝这样做。合赞却不一样。由于捏兀鲁思的阴谋，拜都的随从们都逐渐离开了他，最后，拜都不战而败。拜都企图从阿哲儿拜占逃往谷儿只，但是却在纳希切万被俘虏了，在1295年10月5日，拜都被处死。

7. 合赞的统治

合赞终于如愿登上了他梦寐以求的汗位。虽然他皈依了伊斯兰教，但是他是一个地地道道的蒙古人。根据海顿和尚的描述，他身材矮小、相貌丑陋。可是他精力旺盛、诡计多端、善于掩饰自己的感情、很有耐心。合赞对敌人十分残忍。在实施政策的时候，他从不考虑人的生命。不过，他是一位健全的管理者，还是一位杰出的将领和勇敢的战士。他曾经率军在霍姆斯战役中获胜。总的来说，他多多少少有些像他的祖先成吉思汗。另外，合赞还有透彻的理解力和组织能力。拉施特说，合赞的母语是蒙语，但是他也略微通晓阿拉伯语、波斯语、印地语、藏语、中文和法语。合赞尤其精通蒙古史，像他的所有同胞一样，他很尊崇蒙古史。除了孛罗·阿合以外，他比其他蒙古人都更了解蒙古祖先、蒙古首领的和蒙军将领们的世系。在成吉思汗的后裔们中，没有谁比他更了解蒙古人，可是，由于环境的逼迫，他把蒙古人引导到了伊斯兰教的路上，并在不知不觉中启发了其民族的本性。

在合赞统治的初期，虽然他个性很强，但是，他却被迫按同伙们的政策行事，不能够贯彻自己的政策。他在异密捏兀鲁思和穆斯林的支持下获得了王位，即位后，他首先满足了他们的要求。波斯的蒙古汗国正式成为伊斯兰教国家，波斯汗国中的所有蒙古人都包上了头巾。然后，在以捏兀鲁思为代表的穆斯林的鼓动下，合赞推翻了所有旭烈兀、阿八哈和阿鲁浑推行的政策。此时，合赞已成为穆斯林的"俘虏"，从他进入桃里寺都城开始，他就下令毁掉基督教的教堂、祆教的拜火庙和佛教的寺院。佛教的偶像和基督教的圣像被摔坏并且被捆在一起遗弃。合赞还下令佛僧改信伊斯兰教。合赞的父亲阿鲁浑曾经让人把自己的像画在一座佛塔的墙上，然而，合赞下令涂掉了墙上的画像。基督教徒和犹太教徒不敢在公共场合露面，除非他们穿着有区别的服装。捏兀鲁思的行动甚至超越了合赞的指示，还在僧侣和牧师中实行暗杀。许多佛僧只得放弃佛教。聂思托里安教的大主教老马·雅巴拉哈三世虽然是"蒙古族"人，而且年事已高，但是仍然在蔑剌合驻地被捕，并且被监禁，他被头朝下吊着抽打，穆斯林洗劫了聂思托里安教的马萨里塔教堂。捏兀鲁思要处死马·雅巴拉哈，但是由于亚美尼亚王海屯二世的干预而幸免。当时，海屯二世碰巧在桃里寺宫廷，他为这位老人向合赞求情。虽然当时的宗教迫害很残暴，但是蒙古宫廷却也不敢反对这位忠实的亚美尼亚属臣，毕竟他还在马木路克苏丹国边境上保卫着帝国。合赞彻底转向了伊斯兰教，只不过是由于他感到对于一个穆斯林地区的统治者来说，让王朝皈依伊斯兰教是最基本的事，不过，他并没有捏兀鲁思那样的宗教仇恨；他更多的是一个蒙古人。马·雅巴拉哈的蒙古也令他深表同情。所以，当他开始自由行使权力后，他就恢复了马·雅巴拉哈的职务（1296年3～7月）。1297年3月，蔑剌合穆斯林们又爆发新的骚乱。他们洗劫了主教的驻地和聂思托里安教的大教堂。同时，捏兀鲁思的代理人鼓动库尔德山民围攻聂思托里安教的教徒避难之地——埃尔比勒堡。

合赞的个性很强，他总是小心翼翼地维护着自己的权力。此时，他已经厌倦了捏兀鲁思的独裁。捏兀鲁思是蒙古人的儿子，他的父亲最终成了东伊朗的独立长官，捏兀鲁思本人也娶了王室公主、阿八哈的女儿为妻。自从拥戴合赞即位之后，他就不可一世、为所欲为。合赞承认了他的效忠，并且任命他为王国的副帅。现在，他的傲慢和蛮横越来越没有限制了。于是，合赞对他采取了突然行动。1297年3月，合赞不露声色地逮捕并处死了留在宫中的捏兀鲁思的所有下属。此时，捏兀鲁思正在呼罗珊统军，他也受到效忠君主的部队的攻击。他在尼沙普尔附近被打败了，逃到赫拉特马立克、鲁

合赞汗改信伊斯兰教

合赞汗弃基督教而改信了伊斯兰教，并定位国教，当初的征服者如今被同化，结果是伊斯兰教的传播反而依赖他的武力而迅速扩大，此后蒙古三大汗国都开始奉伊斯兰教为国教。图为在穆斯林随从的陪同下准备进入金帐的合赞汗。

肯哀丁的儿子和继承人法黑剌丁处避难。他认为法黑剌丁可靠。但是，按照克尔特人的政策，在蒙古内战中，他们一向支持强者，以求得生存。所以，当帝国军队包围赫拉特，要捉拿捏兀鲁思时，法黑剌丁交出了逃亡者。后来，捏兀鲁思被处死（1297年8月13日）。

合赞摆脱了捏兀鲁思的监护后，开始投身于自己的事业。虽然合赞皈依了伊斯兰教，但是他仍然是一个地道的蒙古人，也是

一位能干的君主。他既开明又严厉。他对那些有可能阻碍他行动的宗王、异密和宫臣们进行了残酷镇压,并把权力又再次集中于中央政权。根据巴托尔德的记载,合赞在他的统治中显示出极大的活力,他不再固执,尤其重视国家的财政,重视货币的发行。在合赞发行的钱币上,刻有三种文字——阿拉伯文、蒙古文和藏文。合赞和他的祖辈不同,他不再是北京元朝大汗的代表,而是作为上天恩赐的君主。尽管他宣布了君主权,但是他派往元朝的使者们仍然向成吉思汗家族之首,即拖雷家族之首铁穆耳皇帝表示效忠。

虽然合赞在处理阴谋和大量侵吞国库的贪污时显得很无情,但是,他一直注意对国家的管理。他很注意让农民避免受到骚扰和勒索。有一天,他对官臣们说:"你们要我答应你们去掠夺塔吉克人(波斯的农民),但是,当你们摧毁了农民的牲畜和庄稼,你们还能够做些什么呢?如果你们来向我要粮食,我要严厉地惩罚你们!"在经过了严重的烧杀掳掠之后,呼罗珊和伊剌克·阿只迷的大部分可耕地已经荒芜了。游牧民的统治方式早已耗尽了土地的肥力。拉施特写道:"大面积的土地荒芜着。无论是公有地,还是私有地。没有人敢去耕耘,因为他们害怕花费了财力与人力之后又被剥夺了。"合赞开始"注意这些土地"。拉施特继续写道:"合赞感到有必要鼓励农业生产,于是颁布了法令,保护农耕的人,公平地对待他们的劳动果实。凡是荒芜了几年的土地都分给那些愿意耕种的人,第一年免税。按照同一法令,那些已经多年无人过问的世袭庄园,迁入其内的新居民可以不经过原先主人的同意占用。"由于合赞不断监视贵族们的劫掠,所以,国库的收入从1700托曼上升到2100托曼。

伟大的波斯历史学家拉施特(哈马丹的法德尔·阿拉赫·拉施特)是合赞的大臣。他大约生于1247年,死于1318年,1298年晋升为合赞的大臣。正是在合赞的要求下,拉施特写了一部蒙古人的历史,这就是不朽的著作《史集》。合赞对蒙古人的历史了如指掌,他为《史集》提供了大量材料,另外,元朝大汗派到波斯宫廷的使臣李孛罗丞相也为《史集》提供了大量材料。

合赞还主持修建了清真寺、马达拉沙赫(清真寺学校)、慈善机构等辉煌的建筑物来装点他的都城桃里寺。就像拉施特写的那样:"直到当时仍然只知道破坏的蒙古人,现在开始建设了。"合赞的统治标志着终年以游牧为生的波斯蒙古人开始了定居的生活方式。遗憾的是,波斯的蒙古人为了实施伊

◇ 马木路克王朝时期的脸盆

图中是一个马木路克王朝时期制造的脸盆,盆上描绘着马木路克将领及仆人狩猎的场面。因为旭烈兀大帝没有一鼓作气攻下埃及的马木路克王朝,伊儿汗国一直面临着西部他们的威胁。在罗马尼亚王海屯王领导的部队,一直是蒙古人坚定的盟友,他们忠实的保卫着伊儿汗国的西部边境免受马木路克人的袭扰。

▼ 合赞汗和阔阔真

合赞汗的伊斯兰化改革，与元朝忽必烈的汉化改革联系密切。他的妻子中，有一位就是由马可·波罗奉忽必烈之命，护送来与其父阿鲁浑完婚的伯牙吾惕部的公主阔阔真，因阿鲁浑汗已去世，故合赞汗迎娶了这位公主。图为合赞汗骑着白马迎接公主的情景。

斯兰教的宗教形式，放弃了对宗教的容忍态度，不久就丧失了民族的特征和气质，并且与其他定居民族相融合，最后消失了。

在合赞可汗的统治期间，并没有时间和机会让这样的倾向发展下去。例如，面对小亚细亚的分裂现象，合赞进行了严厉地处置。那颜拜住的孙子苏拉米什在原利考尼亚（卡帕多细亚东南）地区的卡拉曼朝的真正建立者、土库曼人马合谋伯格异密的帮助下，企图开辟一个独立公国。1299年4月27日，合赞的大军在埃尔津詹附近的阿克谢希尔粉碎了他的反叛。科尼亚的最后一批塞尔柱苏丹们是由桃里寺宫廷随意任命和罢免的，他们的权威比任何一个蒙古长官都小。例如，1295年，合赞罢免了苏丹马苏德二世，并在1297年，把凯·库巴德二世扶上王位，1300年，他又罢免了凯·库巴德二世，让马苏德二世（死于1304年）复位。在这个显赫的家族中，马苏德是最后一位王。

在对外政策上，合赞追随着旭烈兀和阿

八哈，他开始对叙利亚的马木路克帝国发起新的入侵。1299年12月12日，他夺取了除城堡外的阿勒颇城，并于12月22日在霍姆斯城前打败了马木路克军，然后在1300年1月6日进入了大马士革。蒙古的忠实的属臣、亚美尼亚王海屯二世，率领自己的军队前来支持合赞。但是，丧失了最后一些法属领地，以及波斯的蒙古人永久皈依了伊斯兰教之后，蒙古人的胜利几乎毫无意义。不管怎么样，1300年2月，合赞跟随在这支精锐的骑兵之后回到了波斯，马木路克又重占叙利亚。

事实上，察合台人在伊朗东部的牵制性行动再次使得波斯汗国陷于瘫痪地位。突厥斯坦汗笃哇的儿子忽都鲁·火者在阿富汗地区的加兹尼和古尔占有了一块封地。在合赞远征叙利亚时，他劫掠了起儿漫和法尔斯。1303年春天，合赞派新军前去叙利亚，负责这次远征的是将军忽特鲁沙。1303年4月21日，忽特鲁沙在大马士革附近的马尔杰·索法尔被马木路克军打败了。这是蒙古人对叙利亚的最后一次干涉。

可以这样说，合赞把穆斯林的对内政策与从旭烈兀、阿八哈和阿鲁浑那里沿袭下来的对外政策，成功地结合成一个整体。合赞毅然而且决然地与他的家族所信奉的佛教决裂，并强迫佛教和尚和喇嘛或者放弃佛教，

合赞汗统治期间的主要成就

合赞汗是一位有作为的君主，他的登位使汗国改变了走向，进入到了伊斯兰教国家的行列。表5从军事、政治、经济等几个方面阐述合赞汗生平的主要成就。

表5　合赞汗在位时期的主要成就（1295～1304年）

军事	即位初，遣军抵御察合台后王笃哇对呼罗珊的进犯，先后平息速海、阿儿思兰等叛王，讨平脱合察儿、涅孚鲁思之乱。1299、1300、1303三次用兵叙利亚并攻下了大马士革
政治	进行了政治改革，采取了一些加强中央集权的措施。例如废除丞相把持朝政的局面，亲主政务，清除积弊；加强法制；限制诸王贵横行等
经济	制定税率、废除高利贷、整治驿站、鼓励农桑、统一货币及度量衡，改变了即位初国库空虚，民力殆尽的状况，库藏逐年增加
文化	合赞本人学博识广，除蒙古语外，也熟悉阿拉伯、波斯、藏、印度等语。对天文、化学、医药、技艺、矿物也比较感兴趣，于桃花里寺(今大不里士)修建圆顶天文台。命丞相拉施特编纂蒙古史——《史集》
宗教	合赞汗为了加强政权统治，宣布皈依伊斯兰教，其他各种宗教寺院和教堂都被拆除和捣毁，异教徒们被迫信仰了伊斯兰教，他兴建清真寺，并且创办教会学校，来给儿童以教育
评价	合赞在位期间最后一次大规模的进攻马木路克王朝控制的叙利亚地区，但是由于汗国的伊斯兰化，对这一地区的占领毫无意义。他改变了汗国的信仰使汗国被伊斯兰文化成功同化。他在位期间给人们留下了大量珍贵史料，这些史料流传至今

斯基泰人	萨尔马特人		柔然人	突厥人		契丹人	女真人
	匈奴人	鲜卑人			厌哒人	回鹘人	

> **一生功业后人评**
>
> 合赞汗的改革加强了王权，发展生产、文化等，使终年以游牧为生的波斯蒙古人开始了定居的生活方式。他御强敌于外，从事生产于内，开创了伊儿汗国的强盛时世，是蒙古和伊朗历史上的明君。图为合赞汗去世后的陵墓。

或者离开这个国家。另一方面，为了迎合他的对外政策，他停止了迫害聂思托里安教徒，并与聂思托里安教的主教马·雅巴拉哈建立了友谊。1303年6月，他在马·雅巴拉哈刚刚重建起的蔑剌合修道院内会见了这位老主教，并给予他荣誉、礼物，表达了对马·雅巴拉哈的关心。

8. 完者都和不赛因的统治

完者都的统治

1304年5月17日，合赞去世，他的兄弟完者都继位（1304～1316年）。虽然完者都的母亲兀鲁克可敦信仰聂思托里安教，完者都也以尼古拉的名字接受过洗礼，但是，完者都后来在一位妃子的影响下皈依了伊斯兰教。完者都甚至一度成为波斯什叶派的支持者。在完者都的统治期间，伊斯兰教在波斯有了新的进展。聂思托里安教的大主教马·雅巴拉哈希望完者都像合赞那样给予他恩惠，不过，这位大主教最后得到的似乎只是勉强的礼貌而已。穆斯林利用这一情况迫害聂思托里安教的教徒。此时，如果不是蒙古异密伊剌金的干预，桃里寺的教堂可能就变成了清真寺。伊剌金是克烈部人，是脱古思可敦的侄儿和完者都的母亲的兄弟，他和所有的克烈人一样，仍然同情基督教。聂思托里安教徒们有一个堡垒，也就是埃尔比勒堡。

1310年春天，这个地区的长官在库尔德人的帮助下，企图从他们手中夺取这个堡垒。虽然在马·雅巴拉哈不断周旋，尽力避免发生不可挽救的灾难，但是埃尔比勒堡的基督教徒们却进行了抵抗。最后，在1310年7月1日，这个城堡被王室军队和库尔德山民们攻陷了，全体守城者被屠杀。此后，马·雅

埃尔比勒堡争端

合赞后续的波斯汗完者也改信了伊斯兰教，聂思托里安教开始受到迫害。1310年，基督教的堡垒埃尔比勒堡被王室军队和库尔德的穆斯林所攻陷，守城者全部被杀。这标志着汗国完全的伊斯兰化。图为被围墙围住的基督教城堡。

巴拉哈还活了一些时候，1317年11月13日，马·雅巴拉哈满怀着对蒙古人的仇恨在蔑剌合去世。他曾经忠实地为这些蒙古人服务，而他们却认为他对他们不老实而否认了他。

虽然完者都放弃了成吉思汗族人同情聂思托里安教教徒的传统，但是，完者都却追随他的兄长合赞的政策。虽然他的个性并不是十分坚强，却还是能够维持住由合赞建立起来的巩固的行政机构。根据穆斯林史书中的描绘，他是一位慷慨正直的人。他继续留用了伟大的史学家拉施特为他的大臣。拉施特是一位杰出的行政官和有见识的政治家，在完者都统治时期，他对完者都产生的影响远远超过了他对合赞产生的影响。他甚至还说服完者都接受了沙菲派的教义。完者都还保护了当时的另外一位史学家瓦撒夫。最后，完者都也是一位伟大的建设者。从1305~1306年，完者都在伊剌克·阿只迷西北的苏丹尼耶建设了他的都城，这里也是他的父亲阿鲁浑选定的位置。他把这个城市装饰一新。同时，他对蔑剌合的瞭望台也很感兴趣。拉施特也是一位建设者，1309年，他为完者都设计了桃里寺东的加赞尼耶城的整个新区。

虽然完者都对伊斯兰教很虔诚，但是，他和合赞一样，奉行的是祖辈们的外交政策。他反对马木路克，并且设法与基督教的欧洲建立起联盟关系。他派遣基督教徒托马斯·伊尔杜奇作为使者前往欧洲的各个宫廷。在这次出访中，他给教皇克力门五世、法兰西金发菲利普和英王爱德华一世各写了一封信。这些信都被保留了下来。在法国的国家档案馆中，珍藏着完者都在1305年5月写给金发菲利普的信，在信中，他首先庆贺了自己与其他成吉思汗兀鲁思的首领们——元朝大汗铁穆耳、窝阔台兀鲁思首领察八儿、察合台兀鲁思首领笃哇和钦察汗脱脱——之间的关系充满了和谐。完者都还在信中表示，他希望像他的前辈们那样，能够与基督教世界的领袖们保持友好关系。

同时，波斯汗国与埃及马木路克苏丹国之间又开始了边境战争。从1304年～1305年，马木路克对蒙古的属国、西里西亚的亚美尼亚王国进行了掠夺性的袭击。在第二次袭击时，他们与小亚细亚的蒙古守军相遇了，并且受到了很大的损失。1313年，完者都包围了位于幼发拉底河中游的一个马木路克边境据点——拉希巴堡。但是，拉希巴堡的炎热气候使他没有等到这个城池投降就放弃了围攻。

在小亚细亚地区，1302年，塞尔柱王朝灭亡。科尼亚的蒙古长官成了那里的实际统治者。事实上，对蒙古人有利的"塞尔柱屏障"消失了，蒙古人不得不面对那些企图趁中央权力空缺之机获得独立的各小突厥异密们。例如卡拉曼异密们。当时，土库曼的首领们已经在埃尔梅内克山区建立起了政权，他们正图谋在科尼亚取代塞尔柱人，1299

黑奴交易

马木路克苏丹国统治着埃及和阿拉伯半岛和叙利亚的广大地区，由于临近北非地区，阿拉伯商人经常会贩卖奴隶到本国，图中即是阿拉伯商人在就黑人奴隶的价格讨价还价。这些黑人奴隶经常会被编入到军队作为士兵，在马木路克王朝和伊儿汗国的边境发生战争的时候，马木路克的军队中就充斥着大量的黑奴兵。

赫拉特画派细密画

赫拉特城是当时一个重要的艺术中心，赫拉特画派出产了众多优秀的波斯细密画作品。这种绘画艺术结合了中国和拜占庭艺术因素，又同化于波斯民族艺术中，其色彩丰富典雅，构图上用方形、棱形等配合，颇有节奏和韵律。图为赫拉特画派的细密画。

经造成了威胁。拜占庭皇帝安德努尼卡斯二世正在寻求与完者都联盟，要把自己的妹妹马利亚嫁给完者都。可能正是由于这场联姻，一支蒙古军入侵了奥斯曼境内的埃斯基谢希尔区，奥斯曼的儿子奥尔汗把蒙古军击退了。

对波斯的蒙古人来说，安纳托利亚西北部的突厥—拜占庭边境并不是很重要，他们的兴趣不大。但是，他们却没有料到，正是在这个边境之地建立起了新的小奥斯曼异密国，而且正是这个小国，将在一个世纪内成为世界上最强大的穆斯林政权。波斯的蒙古人更为关注东伊朗的事务，因为他们要在那儿不断提防着河中地区的察合台汗们的侵犯，同时还要制止其属臣、赫拉特克尔特家族的阿富汗人暗中争取独立。

在赫拉特，克尔特朝的第三代王马立克法黑剌丁完全是在以一个独立君主的身份行事。1306年，完者都派将军答尼失蛮·巴黑都儿围攻赫拉特城。法黑剌丁同意退到阿曼科赫堡，于是，答尼失蛮占领了赫拉特城；但是，城堡是由法黑剌丁的一名副将穆罕默德·沙姆坚守，蒙古军没有能够攻破。1306年9月，沙姆把自负的答尼失蛮引诱到城堡中杀死了他。接着，完者都又派了新军、由异密牙撒吾儿和答尼失蛮的儿子布贾率领。经历了长时间的封锁，以及发生了一些戏剧性的偶然事件后，面对叛变、背叛以及饥荒（1307年）的赫拉特城和城堡投降了。在此期间，法黑剌丁在阿曼科赫去世了。但是，完者都并没有能够利用这一形势废黜克尔特王朝，而是把赫拉特国给了法黑剌丁的兄弟嘉泰丁（1307年7月）。嘉泰丁曾经被怀疑企图煽动新的叛乱，于是，嘉泰丁来到完者都

年，合赞严厉地惩罚了他们。在1308～1314年期间，卡拉曼异密马合谋伯格做了科尼亚君主。完者都派遣出班将军率军攻打他，出班先把他打跑了。不久后，1319年，又迫使他前来投降。另外，奥斯曼人已经在弗里吉亚西北和比提尼亚建立了政权，正在开始向拜占庭的领土进行扩张，奥斯曼帝国的建立者奥斯曼一世对拜占庭的大城市尼西亚已

的面前为自己开脱。后来,嘉泰丁一直占有赫拉特(1315年)。

1313年,完者都从察合台幼支达乌德·火者手中夺取了东阿富汗地区,正是这一行动导致了察合台汗也先不花亲自率军入侵。他征服了穆尔加布后,接着就在1315年,占领了呼罗珊的部分地区。可是,由于元朝皇帝的牵制行为(大约在1316年,元军从后方进攻察合台领地,一直攻入了怛逻斯),波斯很快就摆脱了困境。此后不久,呼罗珊又受到了流亡的察合台宗王牙撒吾儿的威胁,完者都曾经轻率地欢迎过他,现在他又企图独立了(1318年)。波斯很走运,1320年6月,牙撒吾儿被他的私敌、察合台汗怯别杀死。1319年5月,赫拉特异密、克尔特人嘉泰丁被牙撒吾儿围困在城中,在这次战争中,他一直反对牙撒吾儿。他似乎成了旭烈兀家族的最忠诚的保卫者,桃里寺的宫廷也热烈地祝贺他。事实上,他只不过是加强了他对赫拉特公国的控制。到了他晚年的时候(他死于1329年),他实际上已经独立出来了,虽然桃里寺宫廷仍然认为他是帝国东北边境地区不可缺少的边境卫士。

不赛因的统治

1316年12月16日,完者都死于苏丹尼耶。完者都的儿子,当时只有12岁的不赛因继位。在不赛因统治期间,波斯汗国发生了最后的一些事件。不赛因的在位时间是从1317～1334年,不过,不赛因终身都是那些以他名义实施统治,而且互相争权夺利的蒙古封建主们的傀儡。伟大的历史学家拉施特也是一名忠臣,他自始至终都在维护国家的利益,可是,拉施特却成了奸臣们的牺牲品。那些蒙古封建主们最终以荒谬而可怕的罪名处死了他,这是在1318年7月18日。

在不赛因统治的前期,权力掌握在一位名叫出班的蒙古异密手中。在1317～1327年期间,出班一直统治着波斯。他牢牢地控制了波斯。1322年,出班平息了由他自己的儿子、小亚细亚长官帖木儿塔什领导的一次叛乱;1325年,出班胜利发动了一次反钦察汗

历史学家拉施特的《史集》

14世纪初,波斯史学家拉施特合赞汗和完者都汗的委托,编撰了世界上第一部世界通史——《史集》,堪称当时亚欧历史的百科全书。他同时还是汗国的大维齐尔(相当于宰相)。图为《史集》中描绘合赞汗会见忽必烈使者的插画。

14世纪的开罗

不赛因统治波斯时，开罗则处于埃及马木路克苏丹的统治下，经历了高速的人口增长和经济的全面繁荣后，开罗已经成为阿拉伯文化、经济的中心，被称为"宇宙的都市"、"世界花园"。图为14世纪时开罗街头拥挤而喧嚣的景象。

国的远征，一直抵达了捷列克河；1326年，出班的儿子胡赛因在加兹尼附近打败了入侵呼罗珊的察合台汗塔儿麻失黑，把察合台汗赶回到河中地区。但是，到了1327年时，不赛因却厌倦了出班对他的监护，与出班的关系破裂了。当时，正在呼罗珊的出班举旗反叛，准备从麦什德进军阿哲儿拜占。但是，出班的部队抛弃了他，迫使他到赫拉特马立克嘉泰丁处避难。马立克派人勒死了出班，并把他的手指送给了不赛因（1327年10月~11月）。出班的一个儿子、小亚细亚的长官帖木儿塔什逃到了开罗，开罗的马木路克害怕引起不赛因的不快，就把他处死了。

拉施特被蒙古封建主们以合法的方式杀害了之后，紧接着，出班也垮台了，这对波斯汗国来说是致命的打击。几年后，当不赛因本人去世时，再也没有一位领袖能够把蒙古—波斯汗国团结在一起。旭烈兀家族的兀鲁思瓦解了。

另外，出班的垮台还导致了一个结果，那就是突厥人的安纳托利亚开始放任自流了。甚至在1304年马苏德二世死去时，科尼亚的塞尔柱苏丹国消失后，波斯宫廷任命的蒙古长官的行为就开始像自治宗王一样了。出班的儿子帖木儿塔什已经在争取独立。如果不是他的家族遭灾，那么在不赛因死后，贴木儿塔什很可能在科尼亚，或者在开塞利建立一个安纳托利亚的蒙古苏丹国，这个苏丹国很可能会成为阻止奥斯曼帝国扩张的障碍。事实上，在1327年，帖木儿塔什就去世了。八年以后，不赛因也去世了，从此，安纳托利亚失去了君主，在它的东南方的卡拉曼家族地区的突厥异密们，以及在它的西南方的奥斯曼家族的异密们，随心所欲地行动了。于是，在1327~1335年这段关键的时期中，波斯蒙古宫廷内的这些冲突间接导致了奥斯曼帝国的崛起。

9. 波斯蒙古汗国的瓦解

不赛因的去世（1335年11月30日）导致了波斯蒙古汗国的分裂。蒙古贵族们并不是从旭烈兀家族中挑选新的可汗，而是选择了另一支成吉思汗的后裔：蒙哥、旭烈兀和忽必烈的弟弟阿里不哥的后裔阿儿巴台温为可汗。1336年，这位意外登上了王位的可汗被一位反叛他的地方长官打败并杀死。此后，两派封建主各自利用自己的傀儡王争权夺利，各派都吸收了一批蒙古贵族到自己的身边。在对立的双方，一位是小亚细亚长官大哈桑·布朱儿，或者被称为哈桑叶·札剌儿；另一位是小哈桑·库楚克，他也是蒙古人，是出班的孙子，在出班家族的灾难中，他逃脱了家族所遭遇的大屠杀。1338年，小哈桑从对手哈桑叶·札剌儿的手中夺取了当时的波斯都城桃里寺。接着，小哈桑在桃里寺的西北为自己开辟了一个王国，阿哲儿拜占和伊剌克·阿只迷都被纳入了他的国境之内。1343年，小哈桑去世。他去世时，他的兄弟阿失剌甫继承了这些领地，仍然以桃里寺为都城。同时，哈桑叶·札剌儿在巴格达实施统治，1340年，大哈桑在巴格达宣布独立，1347年，大哈桑击退了阿失剌甫对巴格达的多次进攻。

当混乱局面达到顶峰时，外国的入侵又开始了。1355年，钦察（南俄）汗札尼别入侵阿哲儿拜占，杀了出班的后裔阿失剌甫，然后回到俄罗斯，在牢固的基础上顺利建立起了自己的统治。形势变得对札剌儿人有利。1356年，哈桑叶·札剌儿刚去世不久，他的儿子乌畏思就继承了他在巴格达的王位。乌畏思进军阿哲儿拜占，经历了短期的挫折后，

1358年，乌畏思占领了阿哲儿拜占。现在，乌畏思是巴格达和桃里寺两地的统治者，统治着波斯的西部地区，直到1374年去世。1374年，乌畏思的儿子胡赛因·札剌儿开始进行统治（1374～1382年在位）。后来，胡赛因的兄弟、继承者阿合木札剌儿与帖木儿为拥有桃里寺和巴格达发生争夺。

同时，在赫拉特和呼罗珊东部地区，由克尔特统治的阿富汗国已经完全独立了。1329年10月，精明的嘉泰丁去世了。嘉泰丁

伊尔汗国汗系表

伊尔汗国自拖雷之子旭烈兀始，至不赛因时已经四分五裂。期间有重要影响的当属旭烈兀、合赞汗，前者对波斯穆斯林进行了征服，后者则与波斯穆斯林文化融合，对整个穆斯林都产生了巨大的影响。

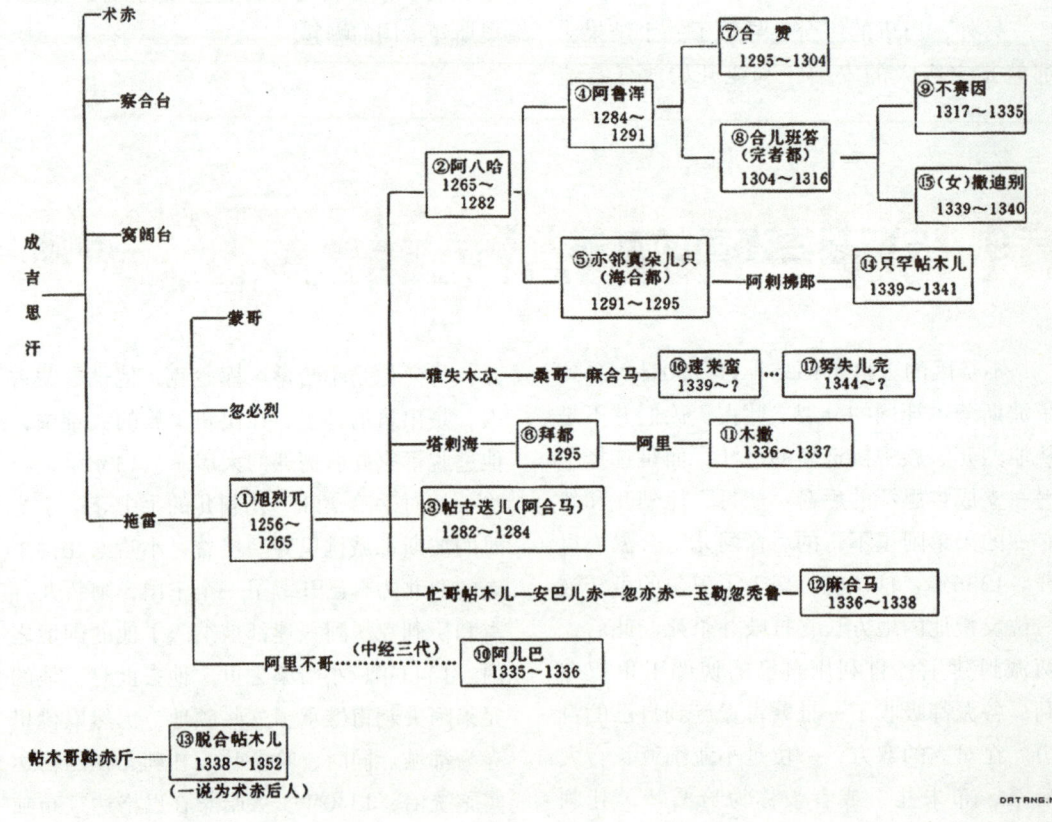

的两个年长的儿子沙姆斯哀丁二世和哈菲兹只统治了短短几个月。但是，嘉泰丁的第三个儿子穆兹丁·胡赛因尽管年幼，却仍然被宣布为王，并且从1332年一直统治到1370年。在他统治时期，这个王国成了一个强大的国家，并且曾经一度干涉河中事务。

在呼罗珊的西部地区，有一位名叫阿布德·拉札克的土匪头子，在1337年曾经夺得了撒卜兹瓦尔堡，并且建立了一个新国家，即赛尔巴朵尔人的公国。但是在1338年，他的兄弟瓦吉黑哀丁·马苏德杀害了他，并立即攻占了尼沙普尔。在这次大骚乱中，成吉思汗的弟弟哈撒儿的后裔、一位名叫吐格帖木儿的蒙古宗王在1337年被拥立为可汗。他在呼罗珊的西北的比斯坦建立了政权，还统治着马赞达兰。吐格贴木儿改建了麦什德城，他在麦什德附近的拉德坎度夏，他的冬季驻地在距离里海不远的古尔甘。赛尔巴朵尔人只是在名义上承认了他的宗主权。1353年，他们暗杀了他，并成了整个呼罗珊西北地区的主人，而呼罗珊的东南地区仍然归克尔特人所有。从此，这两个伊朗王朝互相进行残酷的战争，这一战争又因为双方在宗教上的分歧而加剧了，因为克尔特人属于逊尼派的阿富汗人，赛尔巴朵尔人属于什叶派的波斯人。

第三个伊朗王朝，或者更准确地说是阿拉伯—伊朗王朝，穆扎法尔朝。这个王朝建立在起儿漫和法尔斯。王朝的建立者、阿拉伯人穆巴里克·丁·穆罕默德此时已经在耶斯特和起儿漫掌权，并且在1353年控制了泄剌只（设拉子）。1356～1357年，他控制了伊斯法罕。1358年，他被自己的儿子沙·舒贾（死于1384年）废黜并且弄瞎了双眼，

▽ 阿富汗国前身古尔王朝钱币

1342年，原本就处于半独立状态的克尔特人宣布独立，建立克尔特王朝阿富汗国，据有赫拉特和东呼罗珊。克尔特人在种族上属阿富汗人，前身是阿富汗古尔王朝。图为早期阿富汗古尔王朝钱币。

沙·舒贾在泄剌只继位，而伊斯法罕则转归穆札法尔朝的另一些人。

另外，除了当时的这些君主，在波斯西部地区进行统治的是仍然过着游牧生活的土库曼部落，这个部落也被称为黑羊部落，即喀喇·科雍鲁。在旭烈兀汗国分裂的时候，黑羊部落居住在亚美尼亚的穆什地区，正在蚕食着毛夕里（摩苏尔）。后来，大约在1336年，乌畏思·札剌儿把黑羊部落从毛夕里赶了出去。1374年，乌畏思死的时候，黑羊部的首领拜拉姆·瓦加又占领了毛夕里和赞詹。他的孙子哈拉·玉素甫从札剌儿人的手中夺取了桃里寺，并由此奠定了其家族的命运，直到帖木儿来到前，他们一直留在桃里寺。

大约在1304年，塞尔柱家族灭亡。接着不久，波斯汗国的宗主权也消失了。小亚细亚的塞尔柱国已经不复存在。在塞尔柱国的旧址上，有两个土库曼公国正在争夺着卡帕多细亚。在锡瓦斯和开塞利地区统治的是阿尔特纳—乌鲁氏族，从1380～1399年，这个氏族的统治者是著名的诗人王子布汉哀丁。

▼ 黑羊王朝土库曼战士

　　14世纪，统治今阿塞拜疆、伊朗西北部与伊拉克地区的是仍然过着游牧生活的土库曼部落，因其旗帜上绘有黑羊图案，故称为黑羊部落。他们是后来帖木儿的主要敌人。图中左侧的是14世纪时的土库曼武士和土库曼骑兵，右为格鲁吉亚骑兵。

　　1400年，另外一支土库曼氏族，被称为白羊的氏族（阿克·科雍鲁），取代了他们。在拉兰达（今卡拉曼）建立起卡拉曼异密们的王朝（同样是土库曼人的王朝），在一个时期内曾经为小亚细亚霸权和塞尔柱国的遗产与比斯尼亚—弗里吉亚边境上的奥斯曼突厥人进行了战争。

第十章
钦察汗国

钦察汗国，又称金帐汗国，蒙古四大汗国之一。拔都掌权期间，通过武力扩展，使汗国疆域东起也儿的石河（额尔齐斯河），西到斡罗思，南起巴尔喀什湖、里海、黑海，北到北极圈附近。

1. 金帐、白帐和昔班兀鲁思

成吉思汗曾经把也儿的石河以西的草原，也就是谢米巴拉金斯克、阿克摩棱斯克、图尔盖、乌拉尔斯克、阿台和花剌子模本土，都分给了长子术赤，但是，术赤在成吉思汗去世前的六个月就去世了（大约1227年2月）。成吉思汗临死的时候，将这块领地留给了术赤的儿子们，尤其是术赤的次子拔都。1236~1240年，拔都远征获得了胜利，就把原先钦察人和保加尔人的全部地盘都并入了自己的领地，而且他还成了罗斯各个公国的宗主。

拔都的汗国仅仅在欧洲的部分就很辽阔，首先，他的汗国是由黑海以北的纵向草原带组成，也就是乌拉尔流域，顿河、顿涅茨河、第聂伯河和布格河诸河的下游，德涅斯特河河口和普鲁特河下游。此外，它还囊括了穿过库班河、库马河和捷列克河流域连绵不断的高加索北部草原。简单地说，这片

▽ 钦察汗国疆域图

由术赤的第二子拔都统治下的钦察汗国，其疆域东起也儿的石河（额尔齐斯河），西到斡罗思，南起巴尔喀什湖、里海、黑海，北到北极圈附近，幅员极其辽阔。其境内居民的成分也复杂，占统治地位的蒙古人反倒占少数，只有数万。

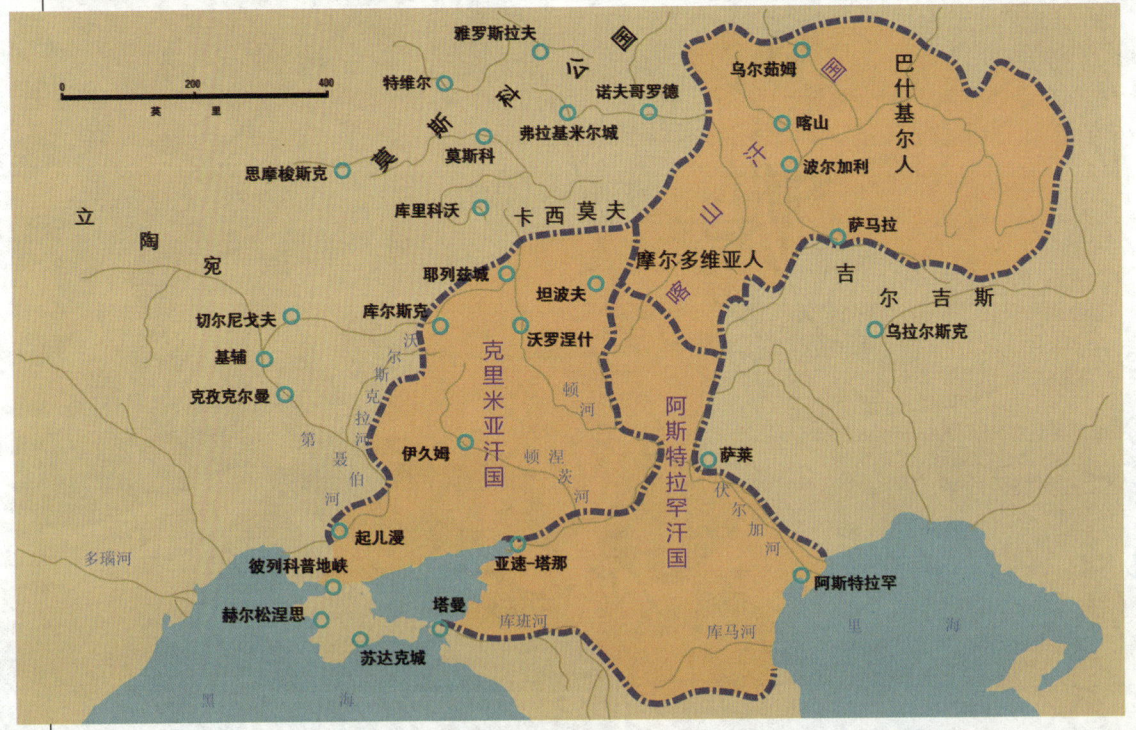

领地囊括了古代欧洲斯基泰人的整个地区。另外，领地还延伸到了保加尔人的土地上，或者说延伸到了由伏尔加河中游及其支流卡马河灌溉的耕地和森林地带。就像希罗多德描述的古代斯基泰人的地区一样。这片一望无垠的"欧洲的蒙古利亚"草原荒无人烟，浩瀚辽阔。蒙古部落，或者说在首领蒙古人的带领下，突厥部队在这片荒漠的地方漫游。根据拉施特的记述，成吉思汗在他的遗嘱中，分给了拔都的真正的蒙古人没有超过四千人，在拔都的军队中，绝大多数成员都是那些加入了蒙古帝国的突厥人，也就是钦察人、保加尔人、乌古思人等。这就是术赤的汗国为什么很快就具有明显突厥特征的原因。

拔都和他的子民们沿着伏尔加河的河岸活动，过着游牧旅居的生活。在春季的时候，他们溯河而上，来到卡马河畔原属保加尔人的土地以及保加尔人的贸易城镇，蒙古人就在这里铸造他们的钱币。到了8月的时候，他们又开始顺流而下，在河口扎营，拔都的扎营地预示着后来他的都城，也就是大萨莱城的建立。卢布鲁克正是在伏尔加河的下游，被获准进入了拔都的营帐之中。根据卢布鲁克的描述："拔都坐在一张形状看起来像床的高椅上，高椅上涂着金，要走到高椅前，必须先踏上三级台阶。在拔都的旁边坐着一个妃子。另外一些人则坐在他的右边和妃子的左边。在帐殿的入门处，放了一条凳，凳上面放着忽迷思和镶着宝石的金、银大杯。拔都非常专注地打量我们，他的脸看上去有些发红。"

拔都的一位兄弟斡儿答，虽然在家中排行第一，可是，在家族的事务中却并不能起

白帐汗国君主世系表

合赞汗是一位有作为的君主，他的登位使汗国改变了走向，进入到了伊斯兰教国家的行列。下表6从军事、政治、经济等几个方面阐述合赞汗生平的主要成就。

表6　白帐汗国君主在位时间

	白帐汗国汗王	在位时间
1	斡儿答	1225～1280年
2	科齐	1280～1301年
3	伯颜	1301～1309年
4	萨昔不花（汗国真正形成）	1309～1315年
5	额儿曾	1315～1320年
6	木八剌·火者	1320/21～1344/45年
7	沉台	1344/45～1360/61年
8	希木台	1360～1361年
9	兀鲁思	1361～1375/76年
10	脱黑脱阿	1375～1376年
11	帖木儿灭里	1375～1376年
12	脱脱迷失	1376～1391年
13	科利贾克	1391～1420年
14	八剌	1420～1456年

到决定性的作用。斡儿答得到了今哈萨克斯坦作为他的封地。在南部地区，他的封地包括锡尔河右岸，大约从卡拉套山附近的塞格纳克城到咸海的锡尔河三角洲，似乎还包括了锡尔河三角洲左岸，并且一直延伸到了阿姆河三角洲的狭长地带。所以，斡儿答几乎控制了咸海东岸的整个地区。在北部，斡儿答控制着萨雷河流域，以及把萨雷河流域与图尔盖平原分开的兀鲁塔山地。1376年，斡儿答的最后一位继承人脱脱迷失获得了塞格纳克和讹答剌城，这两座城池中都生活着定居的民族。在历史上，拔都的汗国被称为钦

察汗国，或者金帐汗国（阿尔坦斡耳朵，或阿尔浑斡耳朵），斡儿答的汗国则被称为白帐汗国（查罕·斡耳朵，阿黑·斡耳朵）。

拔都的另外一个兄弟昔班（我们曾经在1241年的匈牙利战役中提到过他）得到的封地位于斡儿答封地的北部，也就是在南乌拉尔河以东和东南的地区，主要是在东南地区，也就是今俄国阿克纠宾斯克和图尔盖的大部分地区。到了夏季，他的斡耳朵似乎建立在乌拉尔山区、伊列克河（奥伦堡以南的乌拉尔河的一条支流，今契卡洛夫）和伊尔吉兹河之间；冬季时，他可能朝着斡儿答兀鲁思所在的方向向南迁移。后来，昔班人将他们的领地扩张到了西西伯利亚。

2. 拔都和别儿哥

拔都在位的时间是从1227~1255年。作为成吉思汗长支的首领（得到了斡儿答的赞成和拥戴），他对蒙古的政策基本上都起到了相当大的影响。不过，我们必须提到的是，拔都从来没有提出过要获得最高汗位。在初期，对于他的祖父把帝国传给了窝阔台家族的决定，他甚至非常尊重。拔都的这种弃权行为，或者可以从术赤的可疑出身上得到解释。成吉思汗的妻子、四位宗王的母亲孛儿帖大约在怀着术赤的时候，曾经被一位鞑靼首领劫持。我们暂且不提术赤的出生是否合法。总的来说，成吉思汗对他的长子缺乏感情，以及在玉龙杰赤围攻战后术赤表现出来的一些奇怪的行为。这场战争之后，他就在自己的封地上，也就是图尔盖，恩巴河和乌拉尔河流域，度过了生命中的最后五年时光，再也没有参加成吉思汗发动的各次战争。到了最后，父子之间的冲突几乎已经公

▽ 蒙哥汗与拔都

蒙古汗位更替中，作为长房大哥的拔都影响了选举，从而使可汗由窝阔台家族转移到拖雷家族，使蒙哥获得了汗位。所以蒙哥也给予了拔都足够多的荣誉和地位。图为蒙哥即位可汗时众部族首领上前跪拜的情景，而拔都则几乎获得了共同掌管汗位的权力。

开化了。所有这些，都注定了术赤家族的作用在成吉思汗家族中是不显眼的。

从1250年～1251年之间，窝阔台家族由于拔都的原因垮台了，并且使拖雷家族登上了汗位，从而为自己的家族报了仇。我们在前面已经说过，拔都在1250年时，在阿拉喀马克对汗位的干预是具有决定性的，1251年，他派了自己的弟弟别儿哥到蒙古，以牺牲窝阔台家族作为代价，将拖雷的儿子蒙哥扶上了汗位。毫无疑问，蒙哥把自己的王位归功于拔都，而且从来都没有忘记过这一恩赐。1254年，蒙哥对卢布鲁克说，他和拔都的权力，像太阳光一样普照了整个世界。蒙哥的这句话似乎暗示着他们在对帝国进行共同统治。另外，卢布鲁克还发现，拔都的使者们在蒙哥的境内，比蒙哥的使者在拔都的境内，更受人敬重。就像巴托尔德指出的，总的来说，在1251～1255年期间，蒙古世界实际上是在大汗蒙哥与"老大哥"拔都之间被瓜分了，他们之间的边界线穿过楚河和怛逻斯河之间的草原。在成吉思汗家族的其他成员中，拔都享有最高仲裁者和拥立大汗者的地位。蒙古人称拔都为赛思汗，也就是"好汗"的意思，称赞他的善良和慷慨。不过，根据基督教的历史，在1237年～1241年之间，他似乎在俄罗斯、波兰和匈牙利进行每一次战役中，都实施了令人难以形容的残暴行为。根据普兰·迦儿宾的描述："他对待自己人性情温和、和蔼、慈祥，但是在战争中却非常残酷。"

1237～1241年的"欧洲战争"，经过了斯拉夫人的俄罗斯、波兰、西里西亚和摩拉维亚，进入匈牙利和罗马尼亚。在这次战争中，成吉思汗家族中的各支都派了代表人物

欧洲之王拔都

蒙古对欧洲的战争以拔都为最高统帅，被征服的欧洲诸国在后来两百多年里一直是拔都的钦察汗国的属国，拔都也被称为"欧洲之王"。这幅画描绘的是蒙古人挥舞长刀，驱赶并迫使罗斯人投降的场面。

参加。不过，这次战争的主要获益者是拔都。拔都是全军最高统帅，速不台也是以拔都的名义指挥作战的。这次战争不仅打败了最后一批钦察突厥人，而且还征服了里亚赞、苏兹达尔、特维尔、基辅和加利奇等各罗斯公国。

后来的两百多年中，它们一直都是金帐

忠。1250年，加利奇王公（1255年取得王公称号）丹尼勒也前来向拔都表示臣服，并要求拔都为他举行任职仪式。雅罗斯拉夫的儿子，符拉基米尔的继承人亚历山大·涅维斯基大公（1252～1263年在位）为了能够对付罗斯在波罗的海的敌人，充分利用了蒙古对自己的保护关系。接受蒙古人的奴役只是他们的一种手段，依靠这种手段，他们的国家能够度过最艰难的时期。莫斯科维一直受蒙古人的奴役，直到15世纪末伊凡三世才把它解放出来。

金帐汗国的历史与其他几个成吉思汗国的历史根本不同。在蒙古人征服的其他地区，蒙古人不同程度利用了自己的环境，从被征服中获得了教训。在中国，忽必烈和他的后裔成了中国人；在伊朗，以合赞、完者都和不赛因为代表的旭烈兀的后代们成了波斯的苏丹。而他们的堂兄弟、俄罗斯南部的可汗们却没有被斯拉夫—拜占庭文明争取过去，成为罗斯人，他们仍是"钦察汗"，即钦察突厥游牧部落的继承人。从文化的角度来看，钦察汗们的伊斯兰化是很肤浅的。从欧洲的角度来看，他们的伊斯兰文化又是很孤立的。他们的伊斯兰化并没有使他们真正分享到伊朗和埃及的古代文明，相反，却最终使得他们与西方世界割裂，并使得他们成了在欧洲土地上扎营的外国人，就像后来的奥斯曼人一样，永远没有被同化。在金帐汗国存在期间，亚洲是从基辅南郊开始的。代表西方人的普兰·迦儿宾和卢布鲁克，充分表达了他们对于拔都汗国的印象，在拔都汗国，他们感到自己仿佛到了另外一个世界。

不管怎么说，在拔都的家族中，基督教已经根深蒂固。拔都的儿子撒里答信仰聂思

▽ **亚历山大·涅维斯基大公**

面对蒙古人势不可挡的骑兵，亚历山大·涅维斯基大公没有强硬地反抗，而是巧妙地扮演钦察汗国与罗斯各公国之间的调解人角色，1246年，金帐汗封他为基辅大公，1252年又被封为弗拉基米尔大公。

汗国的属国。这种封臣关系非常严格，并且一直维系到了15世纪末。所以，金帐汗国的可汗可以任意废立罗斯王公，而且罗斯各国的王公有义务到伏尔加河下游的可汗营地中向可汗问安，根据记载，他们甚至要在可汗的面前磕头。事实上，这种谦卑的从属关系是从符拉基米尔的雅罗斯拉夫大公开始的。1243年，雅罗斯拉夫初次向拔都表示效

托里安教，虽然在方济各会的文件中的记载是相反的，而亚美尼亚人（基拉罗斯）、叙利亚人（巴赫布拉攸斯）和穆斯林（朱兹贾尼和志费尼）的书中，关于这一点的记载却都是一致的。只不过，由于一些人的意外去世，致使拔都的长子继承父位受到了阻碍。1255年，拔都在伏尔加河下游的营帐中去世，享年48岁。此时，撒里答正在蒙古，他是到蒙古朝觐父亲的朋友蒙哥大汗。蒙哥任命他为钦察汗。可是，撒里答在回家的途中，或者是在抵达伏尔加河畔后不久就去世了。后来，蒙哥提名要幼王兀剌黑赤代替撒里答做钦察汗，志费尼认为兀剌黑赤是撒里答的儿子，但是拉施特认为是撒里答的兄弟。然而，据推测，兀剌黑赤可能在1257年去世，拔都的兄弟别儿哥成了钦察汗。

别儿哥的统治（大约从1257～1266年间）将钦察汗国引向了另外一个方向，而对于汗国来说这是决定性的。我们可以这样推测，假如撒里答还在世，那么，在撒里答的保护下，汗国的一切政策都将对基督教有利。可是，别儿哥却倾向于伊斯兰教。这并不是说别儿哥要违反成吉思汗蒙古人的对宗教持容忍的政策。由于聂思托里安教是蒙古人信仰的宗教之一，所以，别儿哥肯定不会禁止它。可是，别儿哥主要同情穆斯林，尤其是在处理外国事务时。根据巴托尔德的阐述，钦察汗国内同情伊斯兰教的倾向大概就是从这时开始的。

接着，别儿哥就卷入了成吉思汗国的各次内战之中。我们可以看到，他曾经坚决地站在阿里不哥一边反对忽必烈，虽然他从来没有给过阿里不哥任何实质性的帮助。后来，他又与突厥斯坦的察合台汗阿鲁忽交战，但是他并没有获得胜利。从1262～1265年间，阿鲁忽夺取了他的花剌子模。当时，花剌子模一直都被看成是钦察汗国的属地，此后这片地区又成为察合台汗国的一部分。不久之后，大约在1266年前，阿鲁忽又从别儿哥，或者从别儿哥的兄弟斡儿答的手中，夺取并摧毁了讹答剌要塞，这个要塞位于锡尔河中游北岸上，是商旅们的重要中转站。就这样，以牺牲术赤后裔的利益为代价，楚河以西的草原并入了察合台汗国。而当时，别儿哥的军队正在高加索进行战争，不可能采取反击阿鲁忽的行动。

虽然别儿哥对穆斯林的同情并没有导致

别儿哥的伊斯兰教情结

别儿哥一反其兄拔都的基督教倾向，转而倾向于伊斯兰教，甚至因此谴责伊儿汗旭烈兀对巴格达的屠杀，并向旭烈兀宣战。在他的影响下，整个钦察汗国开始信奉伊斯兰教。图为白色毡帐里的蒙古王子正在专心学习古兰经。

| 塞尔柱人 | 古兹人 | | 可萨人 | 钦察人 | | 满族人 | 卡尔梅克人 |
| 阿瓦尔人 | 保加尔人 | | 蒙古人 | 塔吉克人 |

第十章 钦察汗国

别儿哥结盟拜巴斯

别儿哥同情伊斯兰教,与正和旭烈兀对抗的埃及马木路克苏丹拜巴斯开始结盟,反对波斯的旭烈兀汗国。拜巴斯也借此外交胜利,缓和了蒙古人的攻势。图为持剑的马木路克骑兵正进行劈砍练习,他们不懂得管理国家,而只相信武力。

他与波斯汗旭烈兀的分裂,但是,就如同阿拉伯—波斯的历史学家们阐述过的那样,在关键时刻,这种同情和信仰被作为了一种外交借口。根据波斯作家们的记述,钦察汗曾经指责旭烈兀屠杀巴格达居民,以及没有和其他的成吉思汗宗王们协商就处置了哈里发。实际上,术赤家族肯定是把旭烈兀占有阿哲儿拜占看成了一种侵占和蚕食行为。所以,别儿哥毫无顾忌地与成吉思汗蒙古人的传统敌人、穆斯林抵抗力量的领导者、当时由拜巴斯苏丹统率的埃及马木路克联合,反对他的堂兄弟、波斯的蒙古人。从1261年开始,两个宫廷之间就互派使臣,拜巴斯的使者驻克里米亚的苏达克城,别儿哥的使者驻在亚历山大里亚。1263年,他们结成了反波斯汗国的特殊同盟。

在这次和解中,拜巴斯获得了双倍的利益。从此,他可以在金帐汗国的臣民、钦察突厥人中征集新的马木路克补充自己的军队。更重要的是,通过这次外交上的胜利,使得成吉思汗蒙古人的势力互相抵消。在术赤家族的支持下,再加上别儿哥在高加索发动的牵制性行动,拜巴斯成功阻止了旭烈兀家族向叙利亚的进军。波斯汗由于在打耳班关隘受到威胁,不能在阿勒颇对艾因贾卢特之难进行报复。正如我们曾经提到过的,旭烈兀对于别儿哥的伤害非常怨恨。1262年11月~12月,旭烈兀穿过了两汗国在高加索边境的分界——打耳班关,一直进攻到捷列克河。不久后,他在捷列克河附近受到了别儿哥的侄孙那海率领的钦察汗国军的袭击,被迫退回了阿哲儿拜占。旭烈兀又企图从冰上重渡捷列克河,然而,他的骑兵的马蹄踩碎了冰,很多骑兵都被淹死了。在成吉思汗的汗国内部发生的这些争吵产生了可悲的后果:旭烈兀把他在波斯境内抓到的钦察商人全部处死,别儿哥也以同样方式对待钦察汗国境内的波斯商人。1266年,那海穿过打耳班关,抵达库拉河,直接威胁着波斯汗国的心脏阿哲儿拜占。但是,那海在阿克苏河畔被旭烈兀的继承人阿八哈打败了,眼睛受伤,军队向失儿湾方向溃逃。别儿哥亲自率领援军匆匆赶来。为了能够在梯弗里斯附近渡过库拉河,他沿库拉河北岸而上,但是在路上就去世了(1266年)。

1257年,在信仰基督教的欧洲,加利奇罗斯王公丹尼勒正在反叛蒙古人的统治。他甚至还冒险攻打过汗国的边境。但是,就在别儿哥要亲自出面干预时,他归附了蒙古人。按照大汗的命令,他被迫拆除了自己修建的大多数堡垒。

另外,根据克罗麦鲁斯编年史中的记载,在1259年,蒙古人对欧洲还发动了另外一场远征。一次,蒙古大军入侵立陶宛,把那些来不及躲入森林或沼泽中的居民全部杀死。后来,蒙古人又与那些被强迫而来的罗斯辅助军一起进入了波兰。根据记载,"他们在次日烧了桑多梅日,随后包围了居民避难的城堡。城堡的指挥者,克雷蒙巴的彼得拒绝投降。紧接着,蒙古人派加利奇王丹尼勒的儿子去劝彼得在宽大的条件下投降。可是,蒙古人却按照他们的惯例,撕毁了誓约,屠杀了全体居民。蒙古人继续前往克拉科夫,并放火烧了克拉科夫。波兰王贞洁者博列思老逃往匈牙利。蒙古人洗劫了波兰,直到奥珀伦区的比托姆,三个月后,满载战利品返回了钦察草原。"

在别儿哥统治期间,保加尔人皇帝君士坦丁泰奇邀约钦察蒙古人干预巴尔干事务,反对拜占庭皇帝迈克尔·佩利奥洛格斯。蒙

▽ **镶银的香盒**

图中为一个雕有双头鹰图案的镶银的黄铜香盒,里面用来盛放香料。这些造型精美的金属盒子是由马木路克的金匠制造的。伊儿汗国对波斯地区的占领使得大批波斯穆斯林进入马木路克王朝境内,这些人中包括许多波斯金匠,随后钦察汗国的君主别儿哥和马木路克苏丹结成同盟来对抗伊儿汗国的威胁,使伊儿汗国的蒙古人停止了对马木路克人的攻击。

▶ 蒙古人洗劫波兰

别儿哥为了反对旭烈兀，派遣侄子诺盖入侵并洗劫了波兰，大批战利品成为钦察汗国的军备。这场远征的目的，就是为对抗旭烈兀而进行的备战，倒霉的波兰为此而买单。图为蒙古骑兵正在砍杀和焚烧，毁灭着城市。

古宗王、别儿哥的侄孙那海率领2万骑兵渡过多瑙河，佩利奥洛格斯迎战。但是，当希腊人抵达保加尔人的边境时，一看见蒙古大军就惊慌失措。结果，希腊人溃逃了，大约在1265年春天，几乎所有的人都被蒙古人砍死。佩利奥洛格斯乘着一艘热那亚船回到了君士坦丁堡，接着蒙古人洗劫了色雷斯。在这次远征中，那海把软禁在君士坦丁堡的前塞尔柱苏丹凯·卡兀思二世解救了出来。凯·卡兀思跟随蒙古人及他们的掠夺物踏上

了回家的道路，并与别儿哥汗的一位女儿结了婚。1265～1266年间，别儿哥把克里米亚的重要贸易中心苏达克城作为封地赐给了他。与此同时，佩利奥洛格斯开始意识到蒙古的重要性，于是，他把自己的私生女儿欧菲柔细纳嫁给了有势力的那海，并送给那海一些华丽的丝织品。那海在接受礼品时，说自己更喜爱羊皮。不管怎样，从此以后，佩利奥洛格斯和钦察汗国之间缔结的联盟，被证明对佩利奥洛格斯是有利的。另外，为了对付拉丁世界（安茹和威尼斯的查理士）和波斯汗国，佩利奥洛格斯还曾经与埃及的马木路克苏丹国缔结了一个真正的三国同盟。

根据马木路克的使者留下来的记载，我们知道，别儿哥是一位真正的蒙古人，他黄皮肤，胡子稀疏，头发在两耳后面梳成了辫子，戴着一顶尖顶的帽子，其中一只耳朵上佩戴着镶嵌了一颗宝石的金耳环。他的腰上束着一条没有加工的用保加尔皮做的皮带，皮带上镶着金和宝石，他的脚上穿着红皮靴子。

在最初，钦察蒙古人除了住在巨大的毡帐和篷车里，没有别的住所。他们的毡帐和篷车被安置在伏尔加河沿岸，并随着季节的变换改变位置。在卢布鲁克的眼里，这是一座不断在行军中的城市。别儿哥还下令建造了定居的都城萨莱，或者说，他完成了可能由拔都开始的建都工作。萨莱城是修建在拔都经常扎营的一个营地的附近，在伏尔加河的东岸，在伏尔加河进入里海的海口附近。根据巴托尔德的说法，拔都的萨莱城要么相当于今谢利特连诺耶，要么在别儿哥建立的察列甫的萨莱城的偏北处。别儿哥的萨莱城大约修建于1253年，直到1395年帖木儿摧毁它，这座城池可能一直都是钦察汗国的都

城。与坐落在同一地区的原可萨人建立的都城相比，萨莱城具有更大的重要性。它是前往中亚和远东的商旅们的起点。从这里经过讹答剌、阿力麻里、别失八里、哈密、唐兀惕境和汪古部境，能够直到北京。别儿哥和他的后继者们，尤其是月即别和札尼别汗，一直吸引着哈纳菲派和沙菲派的穆斯林神学家们来到萨莱，这些都促进了这个国家的伊斯兰化。

别儿哥的继承者是忙哥帖木儿。忙哥贴木儿是拔都的孙子、秃罕的儿子。从公

▽ 钦察汗国与拜占庭的交锋

1265年，受保加尔人皇帝君士坦丁泰奇邀约反对拜占庭，别儿哥派侄孙那海率军与拜占庭人进行了交战，拜占庭大败。拜占庭皇帝迈克尔·佩利奥洛格斯对钦察汗国的态度，开始从对抗转变为联盟，并与那海联姻。图为13世纪时的拜占庭重骑兵和轻步兵正前后夹击骑马的钦察汗国骑兵。

▽ 修建萨莱城

在今天俄罗斯城市阿斯特拉罕城北处，拔都曾经建造过一个萨莱城。1253年，别儿哥在拔都的萨莱城附近开始建造新的萨莱城，成为之后钦察汗国的都城，并已经完全伊斯兰化。同时，它的繁华程度令远来的商人们惊叹不已。图为穆斯林在紧锣密鼓地建造属于他们的萨莱城。

1266～1280年，忙哥贴木儿一直统治着钦察草原。当成吉思汗的后裔们在中亚进行内战时，他一直站在窝阔台系的海都一边反对突厥斯坦汗、察合台系的八剌。就像我们在前面提到的，1269年，忙哥贴木儿派了5万人，由宗王别儿克贾统率，前往中亚帮助海都战胜了八剌。在海都与忽必烈对帝国进行争夺时，他站在了海都一边，至少在外交领域是这样。我们知道，当忽必烈的儿子那木罕在蒙古被俘后，被转交给了他。后来，忙哥帖

木儿把那木罕还给了他的父亲忽必烈。在这次冲突中，钦察汗国重申了自己的独立。在保加尔人之地铸造的金帐汗国的钱币，直到当时仍然铸有大汗的名字，后来，钱币上就只铸有忙哥帖木儿及其继承者的名字。

一方面，忙哥帖木儿与埃及马木路克苏丹国保持着友好关系；另一方面，忙哥贴木儿在与拜占庭帝国的关系上继续实行别儿哥缔造的友好政策。忙哥贴木儿颁布了法令，下令保护希腊东正教牧师们的特权。在不同时期，他都任用萨莱城主教塞俄罗斯特斯作为使者出访君士坦丁宫廷。

3. 那海和脱脱

根据诺瓦里的记述，忙哥帖木儿的兄弟和继承人脱脱蒙哥（1280～1287年在位）虔诚地信仰伊斯兰教。据说他严格遵循斋戒，身边总是有伊斯兰教的教长和托钵僧。但是，脱脱蒙哥却是一位无能的统治者。后来，他被迫退位，由他和忙哥帖木儿的侄儿秃剌不花（1287～1290年在位）取而代之。汗国的实际操纵者是术赤的幼支那海。1262～1266年，别儿哥远征波斯，以及1265年，别儿哥进攻拜占庭帝国时，那海都曾经统率军队。1287年4月10日，在可萨利亚（克里米亚）使团团长、方济各会修士拉迪斯拉斯写给其会长的报告中，曾同时谈到那海与秃剌不花，甚至还将秃剌不花称为联合帝王之一。那海的领地似乎在顿河和颁涅茨河地区，脱脱蒙哥和秃剌不花的领地大概是在伏尔加河下游的萨莱地区。根据方济各会修士之间的通信，那海并不敌视基督教徒。例如，那海的一个妃子曾经来到基尔基，接受方济各会修士们为她实施洗礼。甚至后来，当穆斯林从克里米亚的索勒哈特天主教的洗礼堂拆除大钟时，一位蒙古高级宗教官员还惩罚了他们。

▽ 土耳其索菲亚大教堂

图中是位于土耳其伊斯坦布尔的著名拜占庭建筑索菲亚大教堂。钦察汗国的实际统治者那海并不排斥基督教，并且帮助拜占庭帝国推翻了保加尔王伊凡洛。这些举动使得拜占庭人认为那海是可信赖的同盟者。由于蒙古人的保护，拜占庭帝国保住了安全，他们创造的灿烂文化也得以延续。

▽ **钦察汗国实际掌权者那海**

自别儿哥时期起，那海就率领军队多次对东欧用兵，干预巴尔干事务，是多瑙河下游的实际统治者，脱脱蒙哥即位后西方人甚至视两人为并列皇帝。在西方人眼里，那海就像图中的蒙古首领一样，在东欧肆意狩猎他的目标，钦察可汗也不过是他的傀儡而已。

塞尔柱人	古兹人			可萨人	钦察人		满族人	卡尔梅克人
		阿瓦尔人	保加尔人			蒙古人	塔吉克人	

第十章 钦察汗国

对拜占庭人来说,那海是一位可以信赖的同盟者。1279年,那海协助他们推翻了保加尔王伊凡洛,或称拉汗纳斯。伊凡洛是在被库蛮人的一员贵族,即一个名叫乔治·特尔特的钦察突厥人引起的各种变迁后继位的。在特尔特统治时期(1280~1292年),保加利亚地区成为蒙古的保护国,接受与那海的私人关系的约束。特尔特的儿子斯维托斯拉夫作为人质一直留在那海的宫廷内,他的姐姐与那海的儿子术客结了婚。

那海的掌权时间很长,这令年轻的秃剌不花可汗深为不安。于是,秃剌不花召集军队去夺那海的权。可是,那海打消了秃剌不花的顾虑,并邀请他进行了一次友好的会晤。实际上,这次会晤是一个圈套。在会谈中,那海的军队包围了秃剌不花,他们把秃剌不花拖下马,捆绑起来。那海把秃剌不花交给了忙哥帖木儿的儿子、秃剌不花的私敌脱脱,于是,脱脱处死了秃剌不花。1290年,那海宣布由脱脱继位。对那海来说,脱

那海与历任钦察汗的关系

从别儿哥汗开始至脱脱汗,那海从一个军队首领逐渐成长为钦察汗国实际的君王。两任钦察汗秃剌不花、脱脱几乎都是他的傀儡,外国人称其为国王、沙皇,尽显一代枭雄本色。

别儿哥 — 作为别儿哥的军队统帅,那海曾率军进兵东欧,插手巴尔干事务,并负责处理埃及与拜占庭关系

秃剌不花
- 西方人视秃剌不花为钦察可汗,那海为国王、沙皇,两人为联合帝王
- 那海掌权太久引起秃剌不花夺权,后者中计被抓,被那海送给脱脱后处死

那海

脱脱
- 1290年那海扶持脱脱继位,那海是实际掌权者
- 1297年开始,脱脱反对那海的掌控,1299年击败那海

年老的那海被脱脱的士兵杀死

被敌视的热那亚人

热那亚人在萨莱城的贸易很活跃,但随着这些商人肆意卖出草原上的突厥奴隶,使蒙古失去大量优秀士兵,引起了钦察汗脱脱的敌视,下令逮捕他们。热那亚人被迫逃走了。图为这些意大利商人的城市热那亚。

脱是他手中驯服的工具。

不过,脱脱很快就厌倦了服从那海的命令。于是,脱脱也进攻那海,可是在1297年,在顿河附近的第一仗中,脱脱彻底被那海击败。不过,那海此时年事已高,当脱脱的大军退往萨莱时,那海没有立即向萨莱方向进军。1299年,在第聂伯河附近发生的第二次战役中,那海被脱脱打败了,那海的军队离开了他。历史是这样记载的:"在黄昏时,那海的儿子们和部队都逃跑了。那海年岁太高,长长的眉毛已经遮住了他的眼睛。脱脱军中的一位罗斯士兵引诱他,并要杀死他。那海对这位士兵说自己是那海,并请士兵把自己带到脱脱那里去,但是,士兵仍然砍掉了他的头,然后把头颅带到脱脱面前。面对老人的死,脱脱显得很悲伤,并处死了士兵。"

那海死后,他的儿子们都试图夺取继承权,为此争吵不休。脱脱趁机打败了他们。

诺瓦里记载道,那海的一个儿子名叫术客。在脱脱的追赶下,术客最先逃到了巴什基尔人中,后来又逃到阿速人(或阿兰人)中避难,最后逃到了保加利亚,他的内弟斯维托斯拉夫是这个地区的统治者。但是,斯维托斯拉夫害怕脱脱报复,就在1300年,在特尔诺沃杀死了术客。

拉施特说,就在金帐汗国陷入这些内战之时,萨雷河草原和图尔盖草原上的白帐汗国也在斡儿答的孙子那颜可汗(即伯颜,1301~1309年在位)的统治下,正在平息伯颜的堂兄弟、对手古卜鲁克的叛乱。在这次叛乱中,古卜鲁克得到了突厥斯坦的两位君主、窝阔台家族海都和察合台家族笃哇的支持。伯颜企图让元朝大汗铁穆耳也支持他,但是,由于北京距离遥远,他得不到物质上的援助。不过,伯颜仍然保住了在故乡草原上的君主地位。

在过去的50年中,热那亚人和威尼斯人

已经在克里米亚（因为曾经生活在这里的突厥人又被称为可萨利亚）建立了贸易机构。大约在1266年，蒙古政府把一块地割让给了喀法的热那亚人。热那亚人在这里建立了一个领事馆和一些仓库，这可能就是克里米亚的热那亚大殖民区的开始。那些在钦察汗都城——伏尔加河下游的萨莱城内的意大利商人们也很活跃。当时，萨莱城是钦察汗的都城和来自北方皮货的一大集散市场。商人们还把年轻的突厥奴隶买来作为补充军，卖给埃及的马木路克。正是这一贸易使得草原丧失了大量优秀的士兵，脱脱汗因此很不高兴，并对这些意大利商人采取敌视态度。1307年，脱脱下令逮捕了萨莱的热那亚居民，然后派军队包围了喀法的热那亚殖民区。1308年5月20日，热那亚居民放火烧掉了自己的城市，并乘船逃往外国。这种紧张的状况一直持续着，直到1312年8月脱脱去世。

4. 月即别和札尼别

脱脱去世后，他的侄儿月即别（1312～1340年在位）继承了汗位。根据拉施特的记述，在脱脱统治期间，月即别曾经轻率地宣传伊斯兰教，从而引起了蒙古首领们的不满。所以，在脱脱死后，在提名脱脱的侄儿为可汗之前，蒙古首领们决定诱骗月即别出席一次宴会，企图在宴会上杀掉他，从而取消月即别的候选资格。不过，有人走漏了消息，提前告诉了月即别，月即别迅速逃脱了，并率军赶回来包围了阴谋杀死他的人，将这些人连同脱脱的继承人一起杀死，自己登上了王位。后来，埃及的马木路克苏丹纳绥尔请求月即别把成吉思汗家族的一位公主嫁给他，月即别很犹豫，不过，月即别还是满足了他的要求。在蒙古人看来，这样的恩惠保证了钦察汗国与伊斯兰教的官方卫士们紧密结合在一起（1320年）。

总的来说，月即别虽然倾向于伊斯兰教，但是他对待基督教徒仍然很宽容。1338年7月13日，在一封来自教皇约翰二十二世的信中，曾经感谢月即别汗对天主教使者们的好意。1339年，月即别接见了本尼狄克十二世派来的方济各会修士约翰·马黎诺里。约翰·马黎诺里送了一匹骏马给月即别，然后经过钦察草原继续前往察合台地区和北京。当时，月即别还在热那亚与威尼斯人签订了一项贸易协定，同意热那亚的使者们，即安东尼奥·格利洛和尼可洛·迪帕加纳，有权在喀法重建城墙和仓库。到了1316年，在这个殖民区又呈现出了繁荣的景象。1332年，月即别准许威尼斯人在顿河河口的塔那建立殖民区。

不过，在1327年8月15日，俄罗斯的特维尔市民们杀害了负责收集税收的蒙古官员，甚至杀了月即别的一位堂兄弟。于是，月即别派了5万人给莫斯科的伊凡大公，命令他进行镇压。伊凡大公是月即别可汗意志的执行者，并坚决执行了月即别的命令。

月即别的儿子、继承人札尼别（1340～1357年）汗最初承认意大利商人们的特权

13~14世纪的基督教绘画

虽然拔都之后的历任钦察汗都倾向于伊斯兰教，但对基督教都很宽容，月即别汗也是如此。他与先后两任教皇都有良好的交流。图为13世纪《圣经诗集》中描绘了富丽堂皇的天堂景象的一页绘图，分别代表着麦琪受宠和麦琪之梦，显示了绘图者的精湛技艺。

塞尔柱人 | 古兹人　　　　　　可萨人 | 钦察人　　　　　　满族人 | 卡尔梅克人
　　　　阿瓦尔人 | 保加尔人　　　　　　蒙古人 | 塔吉克人

第十章　钦察汗国　317

（1342年）；但是，当意大利人与穆斯林在塔那发生冲突后，札尼别就在1343年把威尼斯人和热那亚人都从塔那驱逐了出去，并在1343年和1345年两次包围喀法城。热那亚人顽强抵抗，最后，札尼别被迫解除围攻。于是，热那亚人和威尼斯人开始封锁刻赤以东、蒙古境内的黑海海岸。最后，1347年，札尼别汗只得授权重建塔那殖民区。一方面，札尼别对西方人采取敌视行为；另一方面，札尼别统治的汗国内在伊斯兰化。在月即别统治时期，汗国内的伊斯兰教的发展就已经很明显了。如今，在汗国内，来自埃及马木路克的影响在政治和社会生活的各个领域内都可以感受到。金帐汗国正在从成吉思汗的传统的宗教容忍政策转向马木路克的、"极权主义"的穆斯林狂热政策。

自从旭烈兀汗国垮台后，波斯一直处于无政府的混乱状态，札尼别汗利用这种混乱，实现了其家族长期以来的野心，即在1355年，征服了阿哲儿拜占。另外，札尼别还占领了原波斯诸汗的都城桃里寺，杀了地区首领出班的后裔阿失剌甫，并将阿失剌甫的首级悬挂在桃里寺大清真寺的门口，然后把自己的儿子别儿迪别留下来作桃里寺长官。但是，在不久后，别儿迪别就因为父亲重病被召回了钦察，1358年，札剌儿人把钦察军队从阿哲儿拜占赶了出去。

5. 马麦和脱脱迷失

别儿迪别的统治时期很短暂（1357～1359年在位）。别儿迪别之后，金帐汗国陷入了混乱的局面，术赤系的几位宗王都在争夺王位。权力主要掌握在马麦手中。和那海一样，从1361年～1380年间，马麦是金帐汗国真正的主人。可是，在争夺王位的内战中，蒙古人的威信消失了。从1371年开始，罗斯王公们不再到萨莱宫廷向蒙古人表示效忠，甚至不再上交贡赋。1373年，蒙古人入侵莫斯科，莫斯科大公德米特里·顿斯科伊粉碎了蒙古人的进攻。1376年，德米特里在喀山方向开始发动战争，报复蒙古人。1378年8月11日，德米特里第一次在沃查河上打败了马麦的军队。1380年9月8日，德米特里在顿河和涅普里亚德瓦河合流处的库利科夫战场上，打了更重要的第二仗。这场战斗非常激烈，开始时难分胜负，但是到了最后，马麦损失惨重、势力减弱，不得不撤兵。虽然马麦非常能干而且敏捷，可是在对付克里米亚的热那亚殖民者的斗争中，却很不走运，

埃及马木路克对钦察汗国的影响

随着札尼别统治下的钦察汗国的伊斯兰化，汗国受崇尚武力的埃及马木路克影响逐渐加深，其原本宽容的宗教政策开始向极端穆斯林的狂热政策转化。图为马木路克军正自海上、陆地攻入信奉基督教的城堡。

| 塞尔柱人 | 古兹人 | | 可萨人 | 钦察人 | | 满族人 | 卡尔梅克人 |
| 阿瓦尔人 | 保加尔人 | | 蒙古人 | 塔吉克人 |

1380年，马麦最后进行了一次毫无结果的攻击，被迫承认热那亚人占有苏达克和巴拉克拉瓦之间哥特人的全部地区。

从这时开始起，金帐汗国似乎即将在基督教势力的报复下崩溃，然而，此时东方白帐汗国的新可汗脱脱迷失正式登场，从而使它意外获得了生机。我们在前面已经说过，白帐汗国的领地，是从北起兀鲁塔山，南至锡尔河下游，直到塞格纳克（今秋明附近）之间的萨雷河草原，在术赤的儿子们中，这片领地是按照继承权划分出来的。白帐汗国的第一位首领是拔都和别儿哥的兄长斡儿答。斡儿答的第六位继承者是兀鲁思汗（大约1361～1377年在位）与其亲属脱脱迷失之间展开了战争。根据一些史书上的说法，脱脱迷失是兀鲁思汗的侄儿，但是，阿布哈

库利科沃战役

1380年，莫斯科大公德米特里和钦察汗马麦在顿河附近进行了举足轻重的库里科沃战役，钦察汗军队战败。此战表明了罗斯各公国的独立渴求，提高了莫斯科的影响力，金帐汗国遭受打击，并加速了崩溃。图为描绘库里科沃战役的俄罗斯历史名画。

齐把脱脱迷失当作兀鲁思汗的一个远房堂兄弟，即斡儿答、拔都和别儿哥的弟弟秃花·帖木儿的后裔。

在争夺汗位的过程中，脱脱迷失到撒马尔罕去请求河中之王帖木儿对他进行支持。帖木儿很愿意将脱脱迷失纳入自己的属臣之列，于是，就把锡尔河中游北岸、处在河中地区和白帐边境地区的讹答剌、扫兰和塞格纳克城割让给脱脱迷失。可是，脱脱迷失却没有能够安稳地占有这些领地，他几次都被兀鲁思汗及其三个儿子忽特鲁格不花、脱黑脱乞牙、帖木儿灭里从这些城市里赶走。忽特鲁格不花打败了他，并迫使他逃跑，但是，就在忽特鲁格不花获胜的时候，却被杀死了。脱脱迷失又重新返回河中地区，并恳求得到帖木儿的帮助，使他得以再次回到扫兰。虽然时间很短暂，因为紧接着脱黑脱乞牙又轻易地把他从扫兰赶走了。再接着，帖木儿亲自进入草原，并在1377年初，屡次打败白帐汗国。不久后，年迈的兀鲁思去世了，他的两个儿子脱黑脱乞牙和帖木儿灭里先后继承汗位。不过，到最后，斗争仍然没有胜负之分。帖木儿一回到河中地区后，1377年，帖木儿灭里又再次进攻脱脱迷失。最后，在1377～1378年冬，脱脱迷失依旧在帖木儿的帮助下才得以打败了帖木儿灭里，使自己成为了白帐汗国的可汗。

所以，直到当时，脱脱迷失一直都是帖木儿的势力比较弱小的一个同盟者，而今却变得雄心勃勃。在乌拉尔河以西的金帐汗国，或者称钦察汗国，此时正在努力平息罗斯臣属王公们的叛乱。于是，脱脱迷失利用这些混乱，自称是金帐汗国的汗位候选人。根据巴托尔德的编年史，1378年春天，脱脱

帖木儿对脱脱迷失的支援

脱脱迷失在争夺白帐汗国汗位时，寻求帖木儿的帮助，并自愿为臣。帖木儿割让土地给他，甚至直接发兵帮助他，打败了白帐汗兀鲁思汗及其儿子，扶持其成为白帐可汗。图中前后依次是帖木儿军的精英骑兵、骑兵军官和骑手。

迷失抱着征服蒙古统治下的罗斯公国的目的，离开了塞格纳克。虽然这场战斗持续了好几年，但是我们对它并不太了解。金帐汗国的统治者马麦在北部又受到了罗斯王公们的攻击，就像我们在前面提到的，1380年9月8日，马麦在库利科夫被罗斯大公德米特里·顿斯科伊打败。不久后，脱脱迷失在南部战线攻打马麦，在亚速海附近，也就是在迦勒迦河边的马里乌波尔地区的一次战役中打败了马麦。而就在此地，158年前速不台打过一场著名的胜仗。马麦逃到克里米亚的喀法，在喀法被热那亚人背信弃义地杀死了。

然后，脱脱迷失登上了金帐汗国的汗位。而此时脱脱迷失也已经是白帐汗国的首领，所以，他重新统一了他祖先术赤的领地。他在都城萨莱城中，统治着处于锡尔河河口和德涅斯特河河口之间的整个草原。

金帐汗国和白帐汗国统一之后，脱脱迷失立刻利用自己的权力要求罗斯王公们向他表示效忠。罗斯王公们因为库利科夫胜利而受到鼓舞，拒绝服从他（1381年）。于是，脱脱迷失开始入侵罗斯各个公国，并将这些公国置于战火之中。脱脱迷失的大军先后洗劫了苏兹达尔、弗拉基米尔、尤利、莫扎伊斯克城，并在1382年8月将莫斯科夷为平地。而企图干涉罗斯事务的立陶宛人，在波尔塔瓦附近遭到了血腥的失败。就这样，信仰基督教的罗斯各公国在以后一个世纪中，又被迫臣服于蒙古人的统治之下。

由于一次意外的复辟，脱脱迷失彻底恢复了金帐汗国的权力。金帐汗国与白帐汗国的统一，以及莫斯科维的消灭，都使他成了

 ## 脱脱迷失生平大事记

脱脱迷失，最后的白帐汗，是拔都的哥哥斡儿答的后人。他的出现使金帐汗国和白帐汗国归于统一。但是随后他被击败，随着他的帝国灰飞烟灭。见表7。

表7　脱脱迷失生平大事记

年代	发生的重要事件
1376年	从1376年开始，脱脱迷失密谋推翻白帐的兀鲁思汗，多次被击败，逃入河中，后得到帖木儿帮助，成为白帐汗国之君，并取得讹答剌城
1380年	脱脱迷失要求一年前打败金帐汗国的罗斯公国重新臣服，被拒绝
1382年	脱脱迷失占据喀山城，打败原金帐汗马麦，与罗斯公国，两帐汗国合并，版图由巴尔喀什湖至克里米亚
1385年	脱脱迷失派使者到马木路克王朝，同年以五万人入侵伊儿汗国（波斯），取大不里士，在中亚地区他入侵河中地区兵临布哈拉，与帖木儿政权发生严重冲突
1386~1387年	脱脱迷失袭击达吉斯坦并再次入侵河中，帖木儿大举反击他的入侵
1392年	帖木儿于讹答剌集结20万人，于现在伏尔加河中游萨马拉的古比雪夫的昆都尔察河谷大战，脱脱迷失大败
1394~1395年	脱脱迷失再次入侵高加索，帖木儿率军反击并且攻入汗国首都萨莱城，并追踪脱脱迷失至伏尔加河中游
1399年	脱脱迷失与帖木儿·忽格鲁特及额地该战于沃尔斯克拉河，脱脱迷失战败逃亡
1405年	在西伯利亚秋明，被额地该的军队击败被杀

▽ **罗斯公国的再次臣服**

脱脱迷失要求罗斯公国臣服被拒后，开始大举入侵。他先后洗劫多个城市，并将莫斯科夷为平地，最后罗斯各公国不得不再次臣服。图为罗斯公国的骑兵复原图。

新的拔都，新的别儿哥。他的复辟对历史产生了比较大的影响，因为直到当时为止，成吉思汗的后裔们已经被赶出了中国，在波斯受到排挤，在突厥斯坦也被消灭了。在这支显赫的家族中，最后唯有脱脱迷失屹立不动。作为蒙古大帝国的恢复者，脱脱迷失觉得自己应该追随祖先成吉思汗的步伐。于是，他开始了对河中地区和波斯的再次征服。假如是在20年前，当时这两个地区正处于没有政府的混乱状态，脱脱迷失可能会成功。然而，在几年中，此时的河中地区和波斯已经属于帖木儿，帖木儿是一位一流的统帅，他也是帮助脱脱迷失崛起的人。1387年，脱脱迷失和帖木儿之间爆发了战争。他们之间的战争一直持续到了1398年。这次战争将向世界表明，草原帝国是继续属于原蒙古王朝呢，还是将转归这位新的突厥征服者。

第十一章
帖木儿

继成吉思汗之后,帖木儿建立了一个可与蒙古帝国媲美的帖木儿帝国,鼎盛时期疆域横跨整个亚洲,首都在撒马尔罕,领土从德里到大马士革,从咸海到波斯湾。并且像成吉思汗一样,进行了征服突厥斯坦、东察合台汗国、河中地区、花剌子模、美索不达米亚、小亚细亚、高加索和大伊朗地区的征战。

1. 帖木儿与迷里忽辛在河中的争斗

帖木儿夺取河中

1336年4月8日，帖木儿出生在撒马尔罕以南的渴石城，也就是今沙赫里夏勃兹（绿城）。他并不是蒙古人，而是突厥人，出身于河中地区巴鲁剌思部的一个贵族之家。巴鲁剌思部统治着渴石地区，在渴石的周围有一些庄园。

当时，虽然河中地区是一个蒙古汗国，实际上却是突厥族联邦，统治这里的是能干的"宫廷侍长"迦兹罕。在迦兹罕的推动下，河中地区再次开始对中亚地区产生了重大影响。不过，1357年，异密迦兹罕被暗杀了，河中地区又再次处于无政府的混乱状态。1358年，迦兹罕的儿子米尔咱·阿布达拉赫被帖木儿的叔叔、渴石君主哈吉和另外一个名叫巴颜的地区突厥贵族驱逐出去。不过，哈吉和巴颜这两人并没有驾驭河中突厥贵族的政治才干。与此同时，迦兹罕的孙子迷里忽辛成为阿富汗境内的一个重要君主，其领地包括喀布尔、巴里黑、昆都士和巴达克山。在河中王国中，这是一个重要的封建割据国家。统治着伊犁地区的察合台汗秃忽鲁帖木儿趁着混乱入侵并征服了河中地区。在秃忽鲁帖木儿的统治下，重新恢复了原察合台兀鲁思。帖木儿的叔叔哈吉不得不逃往呼罗珊。

帖木儿是个很聪明的人。虽然他当时只有25岁，却抓住了崭露头角的时机。他知道自己可以趁机合法继承叔叔哈吉的权力，成为巴鲁剌思部首领，统治渴石。为了这个目的，他迅速向入侵者秃忽鲁帖木儿汗表示臣服。而秃忽鲁帖木儿也很高兴有这么一位支

▽ 帖木儿的出生

1336年，帖木儿生于西察合台汗国一个信奉伊斯兰教的突厥贵族家庭。据说当时正在举行一场占星术的庆典，仿佛帖木儿的出生带有某种预兆性。这幅17世纪的印度细密画，描绘了占星术庆典中帖木儿诞生时的场景。

塞尔柱人 | 古兹人　　　　　　　可萨人 | 钦察人　　　　　　　满族人 | 卡尔梅克人
　　　阿瓦尔人 | 保加尔人　　　　　蒙古人 | 塔吉克人

第十一章　帖木儿　325

持者，于是作为回报，他承认了帖木儿对渴石的所有权。在这期间，由于察合台军暂时撤退了，哈吉趁机返回渴石。帖木儿毫不畏缩地对叔叔哈吉发起了攻击。不过，虽然帖木儿初战告捷，可是他的军队叛离了他。他除了向哈吉公开道歉，别无选择。幸运的是哈吉原谅了他。1361年，秃忽鲁帖木儿从伊犁地区返回到河中，为帖木儿挽回了局面。

帖木儿对抗察合台家族

青年帖木儿本想通过效忠察合台家族来获得对河中地区的统治权，然而察合台汗的安排让他不得不与之决裂，之后更发展到对抗、战争，并在撒马尔罕一场战斗中打败了东察合台宗王也里牙思火者。图为帖木儿帝国时期《武功记》中描绘大帝征战的武功画。

秃忽鲁一到河中，河中所有贵族，包括忽毡异密迷里拜牙即、速勒都思部巴颜、帖木儿，以及哈吉本人，都前来朝觐他。为了杀一儆百，秃忽鲁以莫须有的罪名处死了迷里拜牙即。哈吉听说后很害怕，就离开了河中，前往呼罗珊。可是，他一到呼罗珊，就在撒卜兹瓦儿附近被暗杀了。帖木儿立即前去惩罚凶手。实际上，正是这件事，使得他轻轻松松摆脱了对手，再次成为渴石的君主和巴鲁剌思部的首领。对帖木儿的成熟才智，秃忽鲁很是欣赏，于是，当他返回伊犁时，留下了儿子也里牙思火者为河中地区的长官，并任命帖木儿为辅臣。

直到当时，表面上看，帖木儿一直都忠于察合台家族，他无疑是希望自己能够在察合台的统治中占首要位置。可是，当察合台汗任命另一位异密别吉克在自己儿子身边掌握最高权力，而把他安置在一个次要位置上时，帖木儿就与察合台汗的代理人决裂了，投奔了内兄——巴里黑、昆都士和喀布尔的主人迷里忽辛。在迷里忽辛征服巴达克山时，帖木儿曾经帮助过他。接着，他们一起去波斯，为锡斯坦王公效劳。1363年，帖木儿在帮助锡斯坦的凯雅尼王子扎兰丁平息内乱中，以其高超的指挥战略而迅速脱颖而出，反而受到交战双方的忌惮，转而共同对付帖木儿。帖木儿仓促应战，虽然成功逃脱，但是腿部受到箭伤而致终身残疾，因此得到了"跛子帖木儿"的绰号。后来，他们返回阿富汗，在迷里忽辛境内的昆都士附近重新组织军队，又进入河中地区。一支察合台军企图在瓦赫什河的石桥附近阻止他们，但是帖木儿略施小计，他们渡过了河，打败了敌军，并沿着铁门之路，继续向渴石城进军。虽然察合台宗王也里牙思火者作了最大的努力,但依然在一次大战中被打败。根据《武功记》中的记载,这场战争发生在距离渴石和撒马尔罕不远的塔什·阿里希和卡巴·马坦之间。也里牙思火者九死一生,逃往伊犁。

帖木儿和忽辛追至忽毡以北,直抵塔什干。就这样,1363年,河中地区从蒙古人的手中解放出来。在石桥和卡巴·马坦这两场战役之间,也里牙思火者得知了父亲秃忽鲁帖木儿在伊犁去世的消息。

河中地区摆脱了察合台人的统治,可是,不论是帖木儿、忽辛,还是河中地区的任何一个地区突厥贵族,一旦离开了察合台系的君主,都不能够统治河中地区。不管怎样,至少在形式上要保留成吉思汗的合法性。于是,帖木儿他们需要一名来自察合台系的傀儡对他们加以承认,并且能够以傀儡的名义亲自统治河中地区。于是,他们找到了笃哇的一个曾孙,名叫哈比勒·沙。他们把他扶上了王位,让他成为傀儡。于是,哈比勒·沙作为河中王国的首领出现。按照成吉思汗的法律,也里牙思火者,即伊犁地区的察合台人,再也没有理由干涉河中事务,因为在不花剌和撒马尔罕有另外一位真正的察合台人、另一个神授的汗王。在他的名义下,帖木儿和忽辛可以问心无愧地行事,也可以把一些墨守成规的人的疑虑打消掉。

也里牙思火者回到伊犁地区掌握继承权

▽ 泥沼之战

依据《帖木儿武功记》的记述,1365年也里牙思火者与帖木儿之间的"泥沼之战"中,阴雨天气下有毡子遮雨的东察合台军击败了士气低落的帖木儿军。但之后东察合台军在撒马尔罕城下因瘟疫而失利,帖木儿又重掌撒马尔罕。图为在驼骑鼓手的鼓舞下,蒙古骑兵奔驰进攻的场景。

后,对河中地区作了最后一次努力。1364年,他率领新军返回河中,1365年,在锡尔河北岸的塔什干和钦纳兹之间,也就是在所谓的"泥沼之战"中,也里牙思火者打败了帖木儿和忽辛。忽辛和帖木儿被迫撤退到阿姆河畔,忽辛向着萨里·萨莱(昆都士的北方)逃跑,帖木儿则向着巴里黑逃走,只留下河中地区让也里牙思火者任意肆虐。也里牙思火者率军围攻撒马尔罕。然而,撒马尔罕居民在穆斯林毛拉的鼓动下,对也里牙思火者的大军进行了顽强抵抗。同时,也里牙思火者的队伍中又在流行疾病,从而使得军队的战斗力被削弱了。最终,1365年,也里牙思火者退出了河中地区,返回伊犁。不久后,他就成为一位杜格拉特部异密叛乱的牺牲品。趁此机会,帖木儿和迷里忽辛收复了河中。

▽ 瘸狼帖木儿像

右腿因伤致残的帖木儿有着狼一样的秉性，他联合姻兄忽辛对抗察合台汗国，又与忽辛争权，他懂得审时度势、等待时机，弱势时他会撤退，强大后他又有胆量争抢，因此被后人称为"瘸狼"。图为表情冷酷、威严的瘸狼帖木儿半身像。

成为不花剌的君主。忽辛立刻进行报复，他率领大军从昆都士北的萨里·萨莱出发，重新征服了河中地区，从帖木儿的手中夺取了不花剌和撒马尔罕。帖木儿认为忽辛的军队强过自己，便逃往呼罗珊。

在更早的时候，帖木儿曾经从秃忽鲁帖木儿和也里牙思火者统治下的河中地区"战略性撤退"，这次他又逃跑，使得我们可以更完整地了解帖木儿的性格。退却并不意味着他是一个懦夫。相反，在必要的时候，他更具有冲锋陷阵的闯劲和胆量。不过，他在

帖木儿与迷里忽辛的斗争

帖木儿和迷里忽辛解放了河中地区后，共同对河中地区进行统治。后来，帖木儿与忽辛的妹妹联姻，使得这种双头统治得到进一步加强。不过，从一开始这种双头统治就暴露出了紧张的迹象。忽辛比帖木儿强大一些，除了河中地区以外，他还拥有包括巴里黑、昆都士、胡勒姆和喀布尔诸城在内的阿富汗王国。然而，帖木儿的个性比忽辛更坚强，他牢牢控制着撒马尔罕城门边的渴石和卡尔施城。自从也里牙思火者逃走后，他们两人就回到撒马尔罕重新组织自己的国家。忽辛扮演着最高君主的角色，他甚至向地位最高的贵族们征税。帖木儿为获得贵族的支持，立刻从自己的金库中拿出钱补助他们。他还以一种带侮辱和谴责的假装服从态度，把自己妻子，即忽辛的妹妹的珠宝回送给忽辛。后来，忽辛的妹妹去世，两人的关系便彻底宣告破裂。

最开始，占上风的是忽辛，他把帖木儿从卡尔施城中赶了出去。后来，帖木儿用云梯重新攻占了卡尔施城，并且以同样的方式

▽ 夺取西察合台汗国

帖木儿和西察合台汗忽辛共同统治着河中地区，但任何并立的统治都不会长久，最终只能有一位真正的统治者。于是两者之间爆发了战争，最后帖木儿获胜。在这幅现存大英图书馆的绘画中，帖木儿端坐在宝座上，拱门处一群人正等着召见。室内装饰伊斯兰风格的有花卉图案的花砖。

政治上十分精明，知道什么时候该停下来等待时机。所以，退却后的他又重新开始了骑士生涯，从呼罗珊到塔什干，他经历了一次次的冒险。另外，在塔什干他毫不犹豫地与自己部民的宿敌、伊犁地区的蒙古人签订了第二次协议，更极力煽动蒙古人入侵。自从伊犁的察合台蒙古人被清除出河中地区后，他就时刻准备着要从忽辛手中重新夺取河中。蒙古人的这次入侵发生在第二年的春天。当忽辛遭到蒙古人的入侵时，便向帖木儿求和，希望能够借助维系两人关系的伊斯兰教，以及必须团结一致，防止伊犁地区和裕勒都斯流域的蒙古人掠夺河中的土地。

帖木儿正在期待这一点。于是，忽辛和帖木儿重新开始了共同的统治。同时，帖木儿也恢复了他的渴石领地。

不过，好景不长。虽然在表面上，帖木儿似乎忠实地支持着忽辛，帮助忽辛平定了喀布儿城堡的叛乱，接着又平定了巴达克山民的起义。但是，帖木儿对忽辛的帮助却日益呈现出监督、强制、甚至威胁的意味。忽辛明白，河中地区终将成为帖木儿的天下，而他的活动则越来越局限在阿富汗地区。他开始加紧在巴里黑重建城堡，而这显然引起了帖木儿的不快。

最后，帖木儿不宣而战，突然袭击忽辛。帖木儿离开渴石，在帖尔木兹处渡过阿姆河，入侵忽辛的封地巴克特里亚。忽辛在昆都士的守军猝不及防被包围了。随后，巴达克山也这样被包围了，帖木儿出人意料地出现在巴里黑城前，毫无准备的忽辛发现自己被重重包围，而且突围的希望渺茫。最后，忽辛只好投降，放弃权力，前往麦加朝圣。关于忽辛的命运有两种说法：一种说法是帖木儿仁慈地原谅了他；另外一种说法，根据《武功记》中的记载，帖木儿的侍从背着帖木儿处死了忽辛。而巴里黑居民，凡是忠实于忽辛的，大部分人都被处决了。

2. 帖木儿帝国

在获得权力的过程中，帖木儿表现得深谋远虑。在必要的时候，他可以屈服，可以流亡。他态度冷静，令人想起成吉思汗。和成吉思汗一样，在最开始的时候，帖木儿也是默默无闻的。忽辛是一个缺乏勇敢和坚定的封建主，帖木儿在忽辛的手下，作为属臣为忽辛效劳，就如同成吉思汗曾经在愚钝的王罕手下效劳一样。帖木儿逃往呼罗珊，以及他从锡斯坦到塔什干的冒险生涯，就如同成吉思汗在班朱尼河畔度过的那些不幸岁月。帖木儿与忽辛决裂，就如同成吉思汗曾经与克烈王决裂一样，至少在表面上恪守了协定。当帖木儿以背信弃义的方式来保卫自己，反对原盟友的背叛行为，就如同成吉思汗推翻脱斡邻勒一样。并且帖木儿也是对忽辛进行了突然袭击，最后打垮了忽辛。

最后，成吉思汗完成了他的事业，成为蒙古帝国的大汗，即唯一的、至高无上的皇

帖木儿与成吉思汗的相似经历

纵观帖木儿从臣属到成为河中地区的君王,与铁木真从效忠王罕到成为整个蒙古的汗,两者的发展经历有着惊人的相似之处。

帖木儿

成吉思汗

	帖木儿	成吉思汗
出身	河中地区突厥贵族之子	蒙古孛儿只斤部首领之子
起步	以臣属为西察合台汗忽辛效力	以臣仆向克烈部王罕效忠
挫折	败逃呼罗珊,从锡斯坦到塔什干经历冒险生涯	撤往班朱尼河畔,向妻族求助
决裂	与忽辛决裂,并打败忽辛,征服了巴里黑	与王罕决裂,并最终打败王罕,征服克烈部
称王	成为整个河中地区的王	成为整个蒙古草原的可汗
征伐	远征中亚、欧洲、远东等地区	征服中国,三次西征以及征服欧洲

帝。帖木儿征服了巴里黑时,也自称为王。1370年4月10日,此时帖木儿34岁,他登上了王位,戴上金王冠,系上帝王的腰带,然后出现在诸王公和异密们面前,宣布自己是成吉思汗和察合台的继承人和接续者。至于他的称号,直到1388年,他才明确地使用了"苏丹"的称号。最重要的是,帖木儿不敢废除成吉思汗家族的傀儡皇帝,尽管他与忽辛扶上王位的哈比勒·沙汗公开站在忽辛一边反对他。虽然帖木儿曾经想过要废除哈比勒·沙汗,然而他很快就意识到,只有在合法原则的幕后行使权力,他才能够让河中贵族们真正服从他。所以,最后他只能先处死哈比勒·沙汗,再让另一位忠于自己的成吉思汗宗王锁咬儿哈的米失取而代之。1370~1388年,锁咬儿哈的米失一直都

是河中帖木儿王朝的可汗。锁咬儿哈的米失死后，帖木儿提名让他的儿子马合谋汗继位（1388～1402年在位）。帖木儿政府颁发的敕令，都会以适当的尊重和合乎礼仪的方式签署这个显赫家族的后裔们的名字。

在对待政治统治权问题上，帖木儿的态度是不坦率的、诡辩的。他并不敢重新制定一套全新的法律，而是甘愿造成一种新局面，用突厥统治取代蒙古统治，以帖木儿帝国取代成吉思汗帝国。在法律上，他从未说过要废除成吉思汗的札撒，而赞成沙里亚法或者穆斯林法律。在中亚居民眼中，帖木儿极力扮演自己是成吉思汗的继承人，甚至是另一个成吉思汗。可是事实上，他信仰的是伊斯兰教，求助的是《古兰经》，预言他将成功的是伊玛目和托钵僧。对那些很晚才皈依伊斯兰教的伊犁和回鹘地区的察合台人，以及容忍了数百万印度教臣民的德里苏丹们（他们制止屠杀）对伊斯兰教的冷淡态度，他总是在谴责。

从一开始，帖木儿帝国就是不平衡的，不像成吉思汗国那样稳固和持久。这个帝国的文化是突厥—波斯的文化，其法律体系是突厥—成吉思汗式的法律体系，其政治—宗教信条是蒙古—阿拉伯式的宗教信条。在这方面，帖木儿所具有的特征如同欧洲查理五世皇帝一样多。不过，在帖木儿的身上，这些矛盾并不明显。帖木儿的身材很高、头大，皮肤是褐色的，虽然他脚跛，但却在世界各地不停地奔走，他的手随时都准备握剑。他能够把弓弦拉到耳部，他的箭术和成吉思汗一样好。如同成吉思汗一样，帖木儿支配着他的那个时代。虽然成吉思汗去世了，但是，成吉思汗的帝国仍然幸存着。而

在帖木儿的帝国中，虽然是由一些有才能的人，如沙哈鲁、兀鲁伯、忽辛·拜哈拉，以及巴布尔这样的天才继承，也注定要很快消失，并最终退回到狭小的河中故地和呼罗珊地区。

成吉思汗的帝国之所以能长久幸存，归功于帝国得以建立的基础。因为成吉思汗的帝国是建立在蒙古地区的古代帝国之上的，是以鄂尔浑河为中心，从古匈奴时代起就存在的不朽的草原帝国。这个草原帝国最初由匈奴人统治，接着由柔然人和厌哒人统治，

▽ **帖木儿对成吉思汗的延续**

帖木儿的统治有着明显的妥协和延续：他不敢废除成吉思汗家族的傀儡可汗，以及成吉思汗制定的扎撒，甚至极力以成吉思汗的继承人自居。图为帖木儿时期的成吉思汗绘画。

结束。

帖木儿要建立的帝国则不同。表面上，帖木儿统治的河中地区仅仅是一个地理中心，14世纪末这个地区成为政治风暴的中心纯属偶然。在亚洲历史上，有两种支配力，一种是亚洲外缘的古定居文明（中国、印度、伊朗）的支配力，它是以同化的方式一点点地、不顾一切地征服一个又一个"巴巴利"（即"蛮夷之地"），从长远来看，同化的作用比武力更强大。第二种支配力，是从大陆的心脏如同波涛一样汹涌而来的、属于游牧民的猛烈力量。这种力量之所以产生，是由于游牧民们处于饥饿之中，要知道，饥饿的狼总是要以某些方式随时搞到较好的、豢养的家畜。然而，帖木儿的河中帝国却不属于这两种情况。他之所以能够在几年之内对东半球造成破坏性的影响，主要是由于他超人的个性。

14世纪末，帖木儿在塔什干和阿姆河之间建立了一个可怕的军事政权。不过，这个政权的存在时间非常短暂。要知道，谁还会比成吉思汗以前的这些河中地区的突厥人更散漫？这一事实已经被13世纪那些可悲的游侠们生动地加以说明了。例如，花剌子模的摩诃末和札兰丁，以及在他们之前的桑贾尔，更不用说土库曼和吉尔吉斯人的无政府状况。可是，根据《武功记》中的记载，帖木儿的军队却正好与此相反。在帖木儿王朝时期，河中突厥人似乎生来就具有军纪，他们的队伍编排不用口令，只需要敲鼓或吹号，就能很快排好队形。按照在两个世纪中严格应用的札撒，年轻人被训练成各种兵种的职业军人。在冬季时，帖木儿进军西伯利亚；在酷夏时，帖木儿进军印度，都有力地

◇ 同化和征服

帖木儿帝国的文化是波斯的文化，宗教是阿拉伯的伊斯兰教，他的统治带有被统治地区逐渐同化的倾向。而成吉思汗的蒙古帝国则是游牧式的，根植于草原部族社会的游牧主义，他们的统治是征服。图为游牧式的蒙古人正准备新的迁徙。

再接着由突厥人统治，然后是回鹘人，最后在成吉思汗出生时，草原帝国正传到克烈人的手中。这是草原的政治结构，是一种种族和社会的结构，即突厥—蒙古游牧主义，这是一种比较坚固的结构，因为它很简单，根植于自然规律。也就是说，草原帝国的建立和周期性的复兴是人类地理学上的规律。这一规律使游牧民一直掠夺和支配着草原边境上的定居民族，直到定居民族由于有了科学武器，取得了人为的优势时，这种状况才会

证明了这一点。帖木儿的军队既有成吉思汗的纪律，也有突厥人的勇猛。这些突厥人忍耐了两百多年，甚至都没有机会自由发挥他们的好战性格。忽必烈统治下的鄂尔浑蒙古人把整个远东地区作为自己征服的战场；金帐汗国的蒙古人曾经打到了维也纳的大门口；旭烈兀的蒙古人也曾经进军到埃及河边。只有察合台境内突厥斯坦的这个"中部王国"的突厥—蒙古人，被另外三个成吉思汗兀鲁思团团围住，被迫停顿不前。如今，他们周围的障碍清除了。在西方，阻止河中人向西前进的波斯汗国已经不复存在了；控制着西北方的金帐汗国此时也处于衰落之中，无力再阻挡他们前行的步伐，通往戈壁方向的路也因为蒙兀儿斯坦被夷为废墟而敞开；德里苏丹国暂时衰退，不能再像察合台初期时那样保卫印度河。于是，帖木儿统治下的河中人开始迅速向四面八方扩展。

帖木儿王朝的史诗，虽然在种族上是突厥的，但是它仍然是蒙古史诗中的一部分，虽然来得晚了一些。

帖木儿帝国的纪律性

帖木儿以其个人魅力，消除了河中地区突厥人固有的散漫，将他们训练成既有成吉思汗时的纪律，又有突厥人的勇猛的军队，并开始了他的征服之旅。图为伊斯兰艺术微型画中帖木儿与众首领们在一个聚会上的场面，其秩序井然的纪律性跃然图上。

3. 帖木儿帝国的征服

征服花剌子模

帖木儿王朝的征服从伏尔加河到大马士革、从士麦那到恒河和裕勒都斯河各地。帖木儿对这些地区的远征并不遵循地理秩序。遇到敌人的挑衅时，帖木儿可以从塔什干奔驰到泄剌只，从桃里寺奔驰到忽毡。其中，他对俄罗斯的一次战争就发生在他对波斯的两次战争之间；他对中亚的一次远征就发生在他对高加索的两次袭击之间。帖木儿不像成吉思汗那样具有战略性的远景计划：先是蒙古战役，接着是远东战役，然后是突厥斯坦和阿富汗战役,最后再返回远东。帖木儿的远征是杂乱无章的,一次接着一次。成吉思汗对他所到之处都要彻底清除,帖木儿却不同,每次胜利后离开时,他对该地的统治不会作任何干涉,除了花剌子模和波斯。即使这两处地区,他也是在很晚才进行干涉的。

而帖木儿和成吉思汗一样,总是彻底屠杀自己所有的敌人。在他身后,留下了人头金字塔用来告诫世人。不过,幸存者们总是忘记自己得到的教训,不久后又会再次采取或秘密或公开的反叛活动,一切再次重复。巴格达、布鲁萨、萨莱、焉耆和德里这些城市都遭到过他的洗劫,但是,他并没有战胜奥斯曼帝国、金帐汗国、蒙兀儿斯坦汗国和印度德里苏丹国;甚至当他一经过伊剌克阿拉比时,这个地方的札剌儿部人就会重新奋起。所以,帖木儿不得不对花剌子模征服了三次,对伊犁地区征服了六次或者七次,对波斯东部征服了两次,对波斯西部征服了三次。另外,他还在俄罗斯发动了两次战争和其他一些远征。

帖木儿似乎总是被迫不断重复进行这些战争,虽然这些战争的战略都进行了周密的考虑,战术都无懈可击,可是,从政治的角度来看,这些战争似乎完全缺乏内聚力。下面,我们来研究一下帖木儿在花剌子模、东突厥斯坦、波斯、俄罗斯、土耳其和印度的活动。

花剌子模,即今希瓦地区,包括了阿姆河下游和咸海边的阿姆河三角洲。在12世纪末和13世纪的最初18年中,花剌子模一直都在突厥族的大花剌子模王朝的统治下。虽然很短暂,但是,它曾在东方史上起过相当大的作用。1220年,大花剌子模王朝被成吉思汗推翻。从此以后,花剌子模原则上一直附属于钦察汗国,直到1260～1264年,察合台汗阿鲁忽从钦察汗别儿哥手中夺取了它。然后,花剌子模就成了察合台汗国不可分割的一部分。但是,察合台汗国对花剌子模的征服也是短暂的。根据巴托尔德的说法,不久后,花剌子模就被钦察汗国和察合台汗国瓜分了,钦察汗国控制了锡尔河三角洲和玉龙杰赤,察合台汗国控制了花剌子模南部地区,包括柯提(阿布兹瓦力沙)和希瓦。1360年以后不久,昆吉剌部的突厥首领胡赛因·苏非,趁着钦察汗国混乱的时候,在花

◆ 帖木儿的人头金字塔

虽然帖木儿对征服的地区进行洗劫和屠杀,留下用人头堆成的金字塔。但是他的征服杂乱而没有计划,幸存者总是屈服之后又起来反抗,他不得不多次派兵征服。图为骑马弯弓欲射的帖木儿,身后是他用以威慑的人头金字塔。

刺子模建立了独立王国。后来，胡赛因·苏非又利用河中地区的战争，从河中居民手中夺取了柯提和希瓦。但是，1371年，当帖木儿成为河中地区的统治者后，就又收回了这两个城市的领土。可是，帖木儿遭到了胡赛因·苏非的拒绝。帖木儿被拒绝后，就攻占了柯提，并在玉龙杰赤包围了胡赛因·苏非。胡赛因·苏非在被围的时候去世，紧接着，他的兄弟优素福·苏非继位，并向帖木儿求和，答应将柯提地区（希瓦地区）归还给帖木儿。于是，帖木儿同意了他的投降。但是很快地，优素福·苏非就对此退让感到后悔，于是对柯提地区进行了蹂躏。1373年，帖木儿再兴战端。再后来，帖木儿为他的儿子只罕杰儿迎娶了优素福·苏非的女儿、美丽的罕匝答做媳妇，渐渐地，帖木儿的态度缓和下来。但是1375年时，战争再次爆发了，不过这一次，帖木儿由于两个将领的叛乱而返回撒马尔罕。随之而来的是短暂的。当帖木儿正在与锡尔河下游道北地区的白帐汗国交战时，优素福·苏非趁机洗劫了河中腹地撒马尔罕附近的地区。这让帖木儿明白，优素福·苏非是一个非常危险的邻居，只要帖木儿军在别处作战，他就会威胁着撒马尔罕都城，所以，帖木儿必须除掉他。1379年，在优素福的挑衅下，帖木儿抵达玉龙杰赤，与其进行一对一的决斗，"他头戴王盔，身穿轻甲，腰佩利剑，肩背盾牌，骑着战马在玉龙杰赤城下呼喊着优素福的名字，要他来跟自己决战。"但优素福却怯战不出。随后，帖木儿大军围攻玉龙杰赤城，整整持续了三个月。优素福面对日益增加的压力，最终绝望而死。最后，玉龙杰赤城被攻陷，帖木儿对全城进行了大屠杀。

征服花剌子模

帖木儿对花剌子模的征服几经波折，时战时合，甚至为其子迎娶了对方苏丹的女儿。最终为了除掉这一隐患，帖木儿攻占了玉龙杰赤，将河中地区一统成国。图为帖木儿的儿子向花剌子模少女求爱的场面。

就这样，花剌子模被并入了帖木儿的领土，河中王国形成了。

远征蒙兀儿斯坦和回鹘地区

帖木儿在河中地区的王位得到巩固后，又开始和原东察合台汗国（伊犁和裕勒都斯

瘸子帖木儿

在帖木儿巩固河中地区王位时,当年与他对抗的东察合台汗国被哈马儿丁推翻,成为蒙兀儿斯坦的统治者,也是帖木儿之后的心腹之患。图中间骑马欲持剑砍杀的瘸子帖木儿正带着他的骑兵与塔吉克步兵狩猎着草原的牛羊。

地区)开始了战争。

伊犁和裕勒都斯地区不久前刚爆发了革命。在那里,蒙古杜格拉特家族已经取得了统治地位,几乎完全控制了喀什噶尔地区,并且以阿克苏作为中心。此外,这个家族在伊犁河流域的察合台领地内,还有很大的庄园。伊犁河流域是察合台各可汗的司令部。经历了几年的混乱后,1347年,杜格拉特部的异密播鲁只主动把察合台汗秃忽鲁帖木儿重新扶上了伊犁的王位。在秃忽鲁帖木儿统治期间(1347~1363年),播鲁只就去世了,他年幼的儿子忽罗达继承了兀鲁思别吉一职(相当于宫廷侍长)。播鲁只的弟弟、异密哈马儿丁垂涎这一职位,曾经向秃忽鲁帖木儿提出抗议,但是秃忽鲁帖木儿对他置之不理。秃忽鲁帖木儿死后,哈马儿丁杀死秃忽鲁帖木儿的儿子也里牙思火者,为自己报了仇。也里牙思火者是在大约1365~1366年,被胜利的帖木儿从河中地区赶回伊犁的。哈马儿丁推翻了察合台王朝,自称可汗,并在1366~1392年之间一直统治着蒙兀儿斯坦(怛逻斯河流域、伊塞克湖、伊犁河、裕勒都斯河和玛纳斯河流域,还有可能包括阿尔蒂沙尔,或称喀什噶尔的较大部分地区)。在忽罗达的帮助下,也里牙思火者的弟弟黑的儿火者躲过了哈马儿丁的报复,从喀什逃到了帕米尔,然后躲藏下来,直到出头之日。

为了对付哈马儿丁,帖木儿发动了一系列远征。虽然这些远征远远不像对波斯、德里和安卡拉的远征那样有名,但是也值得关注。这些远征是属于防御性质的,目的是为了保护河中地区免受游牧民们周期性入侵的打扰。帖木儿的军官们前去伊塞克湖北部的阿拉木图(后来名为韦尔内)方向侦察,并与敌人签订了合约。但是帖木儿拒绝接受和约,带兵离开了塔什干,从赛拉木(塔什干以北)向坦基河进军,也有历史学家认为是向着养吉城,即恒逻斯,或者奥李—阿塔的方向进军。总之,帖木儿在这个地方赶走了游牧民们,获得了大量的战利品。

1375年,帖木儿进行了第三次战争。他带兵离开赛拉木,穿过在楚河河源边的恒逻斯和托克玛克地区。在他到来之前,哈马儿丁就撤退到一个名叫比耳哈·古里安或阿沙尔·阿塔的地方,也有历史学家认为是在伊犁河上游附近、阿拉套北部一个山嘴边的奥塔尔。帖木儿的长子只罕杰儿在这里对敌人发起突然袭击,哈马儿丁的军队不得不朝伊犁河方向溃逃。帖木儿占领并蹂躏了这些地区后,继续进入纳伦河上游的河谷,俘获了哈马儿丁的女儿迪勒沙·阿哈公主,并将她纳为妾。最后,他取道费尔干纳的乌兹根(讹迹邗)和忽毡,回到了撒马尔罕。

不过,哈马儿丁并没有被打败。当帖木儿的军队返回河中地区时,他进攻了帖木儿的属地费尔干纳省,洗劫了安集延城。帖木儿被激怒了,率领军队匆忙赶到了费尔干纳,把哈马儿丁赶出了讹迹邗和亚色山区,并一直追赶到纳伦河上游的南部支流阿特巴希河河谷地。

当帖木儿进入天山时,却落入了哈马儿丁的埋伏圈,哈马儿丁正在这里等候他。帖木儿凭借自己的勇气,才得以逃脱哈马儿丁的包围。接着,帖木儿返回来,再次把哈马儿丁赶跑了。然后,帖木儿回到撒马尔罕,他的儿子只罕杰儿刚在此去世,这是1375年或者1376年的事。

在随后的两年中(1376～1377年),帖木儿领导了反哈马儿丁的第五次远征。

他与哈马儿丁在伊塞克湖以西的峡谷中交战,并把哈马儿丁追击到伊塞克湖西的科奇卡里。在《武功记》中,还提到在1383年,帖木儿往伊塞克湖派出了反哈马儿丁的第六支远征军,不过,哈马儿丁仍然逃脱了,没有被捉住。

从1389～1390年,帖木儿决定要摆脱蒙兀儿斯坦的游牧民。1389年,帖木儿的军队在巴尔喀什湖以南和以东的伊犁河、叶密立河地区,以及阿拉湖周围来回往返。在当时,这些地区都是蒙兀儿斯坦的中心地,后

帖木儿对哈马尔丁的远征

因为哈马儿丁杰出的游击战术,以及游牧式的周期性袭扰,使帖木儿对蒙兀儿斯坦进行的六次远征都无功而返,但哈马儿丁也是节节败退,最终以消失在阿尔泰山结束。图中依稀可见帖木儿大军攻占城市的场面。

队从巴尔喀什湖盆地出发,分兵数路越过天山,到达博斯腾湖盆地,最后集结在裕勒都斯河流域。帖木儿本人则是经过空格斯河谷到达裕勒都斯的。按照《武功记》中的记载,帖木儿的先头部队向东挺进到了哈剌火州,几乎抵达了吐鲁番。

在这些地区,曾经与帖木儿作战的蒙古首领有察合台家族的继承人黑的儿火者,他暂时被篡位的哈马儿丁赶下了王位。根据《拉失德史》中的记载,黑的儿火者逃到了东突厥斯坦的最东边(他先逃到于阗,然后到达罗布泊地区),企图在那里建立一个新王国。与此同时,他还强迫吐鲁番境内的最后一批回鹘人皈依了伊斯兰教。虽然帖木儿的主要敌人哈马儿丁同时也是黑的儿火者的敌人,但是,帖木儿毫不犹豫地进攻黑的儿火者,因为他害怕察合台家族会在畏兀儿地区重新征集新军。黑的儿火者被打败后,逃往戈壁。帖木儿获胜后,在察力失,也就是今焉耆,召开了一次军事会议,他把那些从游牧民手中夺到的战利品让士兵们瓜分了。

帖木儿返回撒马尔罕之前,派他的儿子乌马儿·沙黑先行一步,经过乌什·吐鲁番和喀什这条道路,从裕勒都斯返回。

虽然帖木儿对戈壁的中心地进行了洗劫,但是,哈马儿丁汗仍然没有被打败。帖木儿的军队一返回河中地区,哈马儿丁又在伊犁河流域恢复了自己的政权。所以,在1390年,帖木儿又派出一支军队前去进攻他。这支军队从塔什干出发,经过伊塞克湖,在阿力麻里渡过伊犁河,向哈拉塔尔以北进军,然后尾随哈马儿丁来到黑也儿的石河,可是,哈马儿丁在这里又溜掉了。从此,哈马儿丁消失在阿尔泰山中,再也没有

帖木儿的班师会议

帖木儿的军队深入蒙兀儿斯坦的中心地带,并一直向东挺进几乎到达吐鲁番,为的就是消除哈马儿丁的游牧袭击隐患,并且将东察合台的黑的儿火者也赶走了。随后在焉耆召开军事会议,分发了战利品后班师返回。图为帖木儿与群臣进行会议的场面。

来成为俄国的谢米列契耶省和中国的塔尔巴哈台保护区。在这些地方,帖木儿都扮演了君主和征服者的角色。他派出轻骑兵迅速越过这些草原,要知道,察合台汗和窝阔台汗曾经在这些草原上,也就是在今固尔扎和楚固恰克地区建立过游牧宫廷。与此同时,帖木儿的先头部队随蒙古人一直到达了阿尔泰山以南的黑也儿的石河。接着,帖木儿的军

他的消息。帖木儿军在阿尔泰山的松树上烙上了帖木儿的名字,用来标志他们的胜利。然后,帖木儿大军沿阿特里克湖,也就是巴尔喀什湖,返回了河中地区。

哈马儿丁的消失,使得察合台家族的后裔黑的儿火者又恢复了在蒙兀儿斯坦的王位。杜格拉特部的新首领异密忽罗达是哈马儿丁的侄子,他一直拥护正统王权,他第一个召回了黑的儿火者,支持并保证了他的复位。黑的儿火者是一个虔诚的穆斯林,共同的信仰使得他与帖木儿开始接近,两人最终缔结了合约。大约在1397年,黑的儿火者把女儿嫁给了帖木儿,帖木儿对这一联姻非常重视,因为这场联姻使他得以进入成吉思汗的大家族。

1399年,黑的儿火者去世。根据《拉失德史》中的记载,黑的儿火者在伊犁地区的王位由他的三个儿子——沙迷查干(约1399~1408年在位)、纳黑失只罕和马黑麻(大约死于1428年)继承。在《拉失德史》中,称赞了马黑麻对伊斯兰教的虔诚。他们三兄弟都处于杜格拉特异密忽罗达的监护之下。在这期间,帖木儿曾经企图利用黑的儿火者之死带来的机会进行新的远征。根据历史记载,这次远征即使没有到达伊犁河流域,至少也进入了喀什噶尔(1399~1400年)。这支军队由帖木儿的孙子米儿咱·伊斯堪答儿统率,他们进入了喀什,掠夺了叶儿羌,夺取了设防的阿克苏城。阿克苏城中的居民为了自赎,把居住在城中的中国富商们交给了占领军。紧接着,伊斯堪答儿又派了一支部队前往西北方而去,掠夺拜城和库车,他本人则率军进入于阗。在于阗,居民们向他呈献礼物,热情欢迎他,并自称是帖木儿的臣民。最后,伊斯堪答儿取道安集,经费尔干纳,回到了撒马尔罕。

征服东伊朗

帖木儿建起了河中王国后,在伊朗恢复了突厥—蒙古人对塔吉克人的斗争。

伊朗的分裂意味着伊朗人将被入侵者任意摆布。在成吉思汗时代,伊朗还是一个统一的政权。当时,这个国家称为花剌子模帝国,它的领地从喀布尔到哈马丹。而今,帖木儿面前的伊朗却四分五裂,原旭烈兀帝国已经被任意瓜分,而且各个政权之间相互敌

帖木儿与察合台后裔的联姻

基于帖木儿和黑的儿火者都是伊斯兰教徒的缘故,两者最终缔结了合约并进行联姻,帖木儿因此成为成吉思汗家族的女婿。图为描绘帖木儿与黑的儿火者的女儿的绘画。

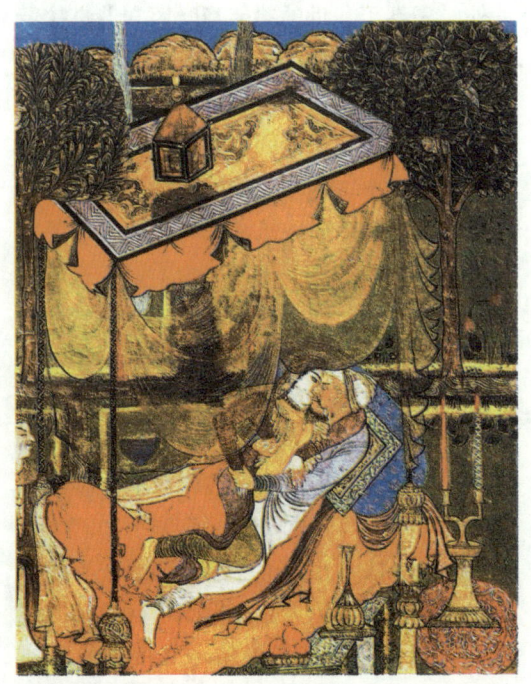

围攻赫拉特

在这幅15世纪的绘画中,帖木儿的军队正在围攻古代波斯城市赫拉特。城里的居民进行了抵抗,最后,赫拉特王嘉泰丁二世投降。在攻下城池之后,帖木儿军队将城市洗劫一空。

对,从来没有想过要团结起来,共同对付突厥人。居住在赫拉特的克尔特人在种族上属于阿富汗人,宗教上是伊斯兰教逊尼派。他们与撒卜兹瓦儿的什叶派波斯人和赛尔巴朵尔人不共戴天。法尔斯的阿拉伯—波斯人的穆札法尔朝是桃里寺和巴格达的蒙古统治者札剌儿王朝的对手。另外,在穆札法尔家族中,父子之间、兄弟之间,都充满了仇恨和背叛,他们仅仅为了一个村子就会兵戎相见。帖木儿曾经在与蒙兀儿斯坦和钦察的游牧民进行的各次战争中,都不得不竭尽全力,而这一次,他发现对手们已经轻易落入他的手中。1380年的波斯正在等待着他的征服。

旭烈兀汗国崩溃以后,东伊朗很快就面临河中突厥人的威胁。1351年,河中首领、著名的异密迦兹罕开始围攻赫拉特,并把在位的克尔特王朝降为封臣国。如今,帖木儿又重蹈覆辙。1380年,帖木儿让赫拉特王(或称马立克)嘉泰丁二世皮儿·阿里以属臣的身份出席他召开的库里勒台。嘉泰丁二世(1370~1381年)是穆兹丁·胡赛因的儿子和继承人,克尔特朝的第七代王。毫无疑问,嘉泰丁二世缺乏父亲和以往先辈们那种对于政治的适应性,不能像先辈们那样在各次战争中左右逢源,并得到迦兹罕的承认。嘉泰丁二世甚至连投降都不能及时宣布。1381年春天,帖木儿大军进军赫拉特。当时,嘉泰丁二世刚从另外一个东伊朗王朝,即赛尔巴朵尔人手中夺取了尼沙普尔,这场战争使得克尔特人和赛尔巴朵尔人相互攻击,让呼罗珊地区陷入混乱和骚动之中。另外,嘉泰丁二世的弟弟当时镇守着赫拉特南部的萨拉赫斯堡,他主动投降了帖木儿。随后,赫拉特东北的布申格堡也被帖木儿攻陷,嘉泰丁二世只能固守在赫拉特城内。守城的军队是由古尔地区的阿富汗人组成的,他们粗犷好战,一致抗敌,甚至还组织了一次出击。然而,城内的居民为了保护家园,宁愿委屈求和,而不愿继续抵抗。最后,嘉泰丁二世只好投降。帖木儿接受了嘉泰丁二世的投降,同时,城中所有的财富都移交给了帖木儿本人。嘉泰丁的一个儿子,当时镇守着坚不可摧的阿曼科赫或者伊斯卡察堡,也在父亲的规劝下投降。

随后,帖木儿留下嘉泰丁仍然作为赫拉特有名无实的统治者,并拆除了赫拉特的城墙。从此,赫拉特成为帖木儿帝国的附属地，嘉泰丁成为帖木儿的臣子，搬到由帖木儿指定的撒马尔罕边的住地居住。1382年底，从古尔来了一股阿富汗匪徒。这些匪徒在赫拉特人的帮助下袭击并占领了赫拉特城。帖木儿的三儿子米兰沙残酷地镇压了这次叛乱，砍下的头颅都堆成了好几座塔。事后，嘉泰丁及其家人因为有共谋的嫌疑，被帖木儿勒令自裁而死。就这样，克尔特人的阿富汗王朝灭亡了。这些克尔特人曾依靠自己的机敏，在敌人的各次入侵中幸存了下来，并在赫拉特城堡统治了将近130年。

征服了赫拉特的克尔特朝之后，1381年，帖木儿向呼罗珊东部进军。当时，还有两个国家正在争夺这个地区，一个是以阿里·穆雅德（1364～1381年在位）为首的赛尔巴朵尔公国，都城在撒卜兹瓦尔；另一个是马赞达兰，领土包括阿斯特拉巴德、比斯坦、达姆甘和西模娘，当时受冒险家艾米尔·瓦力的控制，在秃花·帖木儿死后称王（1360～1384年）。另外还有克拉特和图斯的统治者阿里伯克。当帖木儿的大军逼近时，阿里伯克主动归顺了帖木儿。而受到艾米尔·瓦力威胁的阿里·穆雅德则向帖木儿求助，并在撒卜兹瓦尔向帖木儿表示效忠，同时宣布自己是帖木儿的臣民（1381年）。从此，阿里·穆雅德依附于帖木儿于1386年为帖木儿作战的时候去世。帖木儿对亦思法拉因也进行了短期的围攻，然后从瓦力手中夺取了这座城池，并摧毁了它。

后来，帖木儿回到撒马尔罕，短暂修整之后，继续对付伊朗地区。从1381～1382年的冬天，帖木儿把阿里伯克围困在克拉特的老巢中，并逼他归附。不久后，阿里伯克即被送到了河中地区接受处决。帖木儿继续对朱尔赞和马赞达兰王艾米尔·瓦力进攻，最后瓦力通过派人纳贡结束了这场战争。

1383年，帖木儿从撒马尔罕重新返回波斯，对反叛他的城市撒卜兹瓦尔进行了骇人听闻的惩罚。据记载，他们用泥和砖把将近两千名俘虏一个压一个地活活堆起来，砌成了塔。另一个反叛地区锡斯坦也遭到了同样的命运。在锡斯坦首府扎兰季，不论男女老幼，包括婴儿，所有的人都被帖木儿处死。最先，帖木儿毁坏了锡斯坦农村的灌溉系统，使得这片地区变成了荒芜之地。这个地区至今仍是一片荒凉，都是这次毁坏和屠杀所带来的结果，帖木

阿富汗王朝的灭亡

帖木儿大军进军赫拉特后，强迫赫拉特王嘉泰丁臣服。随后更是借口他们与一股来袭的阿富汗匪徒有通敌之嫌而赐死，灭亡了阿富汗王朝。图为14世纪流传于阿富汗王朝的波斯绘画，描绘着残酷的战斗场景。

▽ 沙漠化与屠杀

帖木儿对反叛的城市进行了大屠杀，并且有计划地将城市摧毁成荒芜之地，使耕地变成沙漠。这种沙漠化与成吉思汗时期蒙古人的做法相同，其意在摧毁而不是重建。图为帖木儿军抓住俘虏的场面。

儿王朝的首领们正在完成成吉思汗蒙古人开创的事业。游牧民族的生活观念，以及有系统的破坏手段，都使得帖木儿成为"沙漠化"的代理人。耕地被大面积地毁掉。尤其是在伊朗高原上，水源和树林稀少，要靠辛勤栽培树木才能保住水源，所以，保住那儿的可耕地是一场坚持不懈的战斗。可是，帖木儿的游牧民们却砍掉了树木，可贵的涓涓细水流入沼泽，耕地变成了沙漠。

离开锡斯坦后，帖木儿进入阿富汗地区，并在1383年夺取了坎大哈。他在自己喜爱的撒马尔罕休息了三个月，然后返回波斯，并处置了马赞达兰王瓦力。艾米尔·瓦力英勇保卫从阿特里克河到森林深处的每一寸土地，他在一次夜袭帖木儿营地时差一点成功，遗憾的是，帖木儿最终还是占了上风。1384年，帖木儿攻占了阿斯特拉巴德，全城居民都被屠杀。据记载，在这次屠杀中，就连吃奶的婴儿也没有能够幸免于难。瓦力逃往阿哲儿拜占。随后，帖木儿进入了伊剌克·阿只迷。

征服西伊朗

1382年，伊剌克·阿只迷、阿哲儿拜占和巴格达属于以苏丹阿合木·札剌儿·伊本·乌畏思为代表的札剌儿人的蒙古王朝。阿合木是一个蒙古贵族，他和12世纪的塞尔柱人及花剌子模沙一样，已变成了阿拉伯-波斯式的苏丹。根据历史记载，作为君主，他残暴、专制、没有信仰；另一方面，他又是一个勇敢的武士，也是学者和诗人的保护者。1382年，他处死了自己的哥哥胡赛因而获得政权，之后两年里他先后两次打败了其他的兄弟们。当帖木儿向伊剌克·阿只迷进军时，他正在这个地区的主要城市苏丹尼耶。帖木儿的进攻使得阿合木匆忙逃走，帖木儿在苏丹尼耶设立了自己的宫廷，阿合木·札剌儿逃到了桃里寺城。帖木儿并没有追赶他，而是在1385年，经过阿模勒和萨里回到了撒马尔罕。每次战争之后，帖木儿都习惯在这里休息。

直到1386年，帖木儿才开始征服西伊朗，历时两年。其征服西伊朗的借口之一，是要惩罚卢里斯坦山民们，他们抢劫了那些前往

▽ **中世纪的阿拉伯商人**

在中世纪，阿拉伯商人们伴随着战争与征服而遍及世界各地。帖木儿时期也是如此，他们受帖木儿的保护，随着他的征伐前往巴格达、麦加等地。图为骑在骆驼上的阿拉伯商人正在进入一个新的城市，它的繁华带给他们足够的商业发展机会。

第十一章 帖木儿

装皈依伊斯兰教才获得了释放。

然后，帖木儿回到了他在库拉河下游草原卡拉巴赫的冬季驻地。在这里，他意外地受到了臣属于他的钦察汗脱脱迷失的攻击。1387年初，脱脱迷失率领大军越过打耳班关隘，与帖木儿争夺阿哲儿拜占，双方在库拉河北岸进行了一场大战。最开始，帖木儿派去的军团被脱脱迷失打败，但是，帖木儿的儿子米兰沙很快就率领援军赶到，并把脱脱迷失赶回到打耳班以北。帖木儿在惩罚阿富汗人和波斯人的时候，显得冷酷无情，可是现在，他却表现得很仁慈。战争结束后，他归还了所有的战俘，对于钦察汗脱脱迷失也只是像父亲一样指责了两句而已，仍然敬畏以脱脱迷失为代表的、正统的成吉思汗家系。

帖木儿在哥克察湖岸举行了觐见礼后，就开始征服大亚美尼亚的西部地区。当时，这些地区已经被一些土库曼异密们瓜分了，这些土库曼异密们都是虔诚的穆斯林。帖木儿想对他们发动圣战，借口他们曾经攻击前去麦加的商旅。结果在一天之内，他攻占了额尔哲鲁木城。埃尔津詹君主土库曼异密塔黑屯向帖木儿称臣纳贡，帖木儿确保了他的统治地位。接着，帖木儿派儿子米兰沙到穆什和库尔德斯坦去进攻黑羊王朝（也称喀喇—科雍鲁朝）的土库曼部落，这个部落当时是由哈拉·马合木·吐穆斯统治着。帖木儿亲自率兵洗劫了穆什地区，但是，土库曼人却逃入了难以通行的峡谷之中。

帖木儿攻占了凡城，把凡城的居民从岩石上推下山，完成了对亚美尼亚的征服。随后，帖木儿又向穆札法尔王朝统治下的法尔斯（泄剌只）、伊斯法罕和起儿漫各国进

帖木儿的死敌土库曼人

在今伊朗、伊拉克地区，是中世纪以黑羊王朝为首的土库曼部落居住地。他们是虔诚的穆斯林，但也是帖木儿征服之路要扫清的障碍和死敌。图为帖木儿时期的贾拉伊尔重骑兵和土库曼部落战士。

麦加的商旅。在这次征服行动中，帖木儿是成功的，他的军队俘获了大批土匪，并把他们从山顶上推下去。然后，帖木儿进入阿哲儿拜占，来到桃里寺城。在他临近桃里寺城时，阿合木·札剌儿逃到了巴格达。紧接着，帖木儿在桃里寺城举行了觐见礼，并在这里度过了1386年的夏天，然后，他继续经过纳希切万，入侵谷儿只。

谷儿只人信仰基督教，所以，帖木儿引发的战争由此蒙上了一层圣战色彩。他摧毁了卡尔斯城，离开后不久，又在1386年冬天强行攻占了梯弗里斯城，并在这里监禁了谷儿只王伯格拉特五世。不久后，伯格拉特假

军。穆札法尔朝统治者沙·舒贾在不久前曾被帖木儿召去，并表示归附。此时，沙·舒贾立即承认帖木儿的宗主权，从而使自己的领地免遭入侵。后来，沙·舒贾在首府泄剌只去世，他把泄剌只和法尔斯留给了儿子赞·阿比丁，把起儿漫留给了弟弟阿合木，他的侄儿沙·牙黑牙和沙·曼苏尔则为了获得伊斯法罕和耶斯特互相争吵。最后，沙·牙黑牙得到了耶斯特，沙·曼苏尔得到了伊斯法罕。

沙·舒贾去世前，曾经将全家都置于帖木儿的保护之下。然而，趁着沙·舒贾去世的机会，帖木儿立即入侵穆札法尔朝领地（1387年10～1387年11月），途经哈马丹后直接进军伊斯法罕。穆札法尔朝在伊斯法罕的总督是穆札菲·喀什，他匆忙把城门的钥匙交给了帖木儿，于是，帖木儿胜利进入伊斯法罕，并在城郊扎营。然而到了夜里，城内的市民起义，杀死了帖木儿指派的收税官和所有他们能够捉到的河中地区的士兵。帖木儿大怒，下令在城内全面屠杀，还规定每个军团都必须上交固定数目的人头。这次屠杀比成吉思汗的历史学家描述的——1221年成吉思汗在巴里黑、赫拉特和加兹尼的屠杀更为可怕。早期的蒙古人简单而没有开化，而帖木儿却是一位有文化的突厥人，他酷爱波斯的诗歌，但是最后他却亲手摧毁了波斯文明之花；他虔诚地信仰穆斯林，可是最后却洗劫了穆斯林在各个地方的首府。

这时候，伊斯法罕成了停尸场。随后，帖木儿继续向泄剌只进军。穆札法尔朝王公赞·阿比丁闻风而逃，泄剌只城处于惊恐之中，只能尽力平息帖木儿的怒气。帖木儿在这里举行了觐见礼，起儿漫和耶斯特的穆札法尔王朝统治者沙·阿合木和沙·牙黑牙胆战心惊地前来朝觐，作为回报，帖木儿允许他们继续拥有各自的领地。而泄剌只手艺最高超的工匠们，则都被送往撒马尔罕，为帖木儿修建、装饰都城。

1387年底，钦察汗再次入侵河中地区，帖木儿被迫返回撒马尔罕。直到1392年，帖木儿才重返波斯，展开了一场所谓的五年战争（1392～1396年）。在这场五年战争中，帖木儿的第一仗是在马赞达兰。他从赛义德王朝的一个地方政权中夺取了阿模勒、萨里和麦什德萨尔（巴布尔萨尔），并在覆盖着

伊斯法罕的毁灭

面对伊斯法罕人的反抗，帖木儿残忍地下令屠城。正是信仰伊斯兰的帖木儿，亲手摧毁了这座伊斯兰文明之花。图为一副描绘中世纪伊斯法罕野餐的绘画，王子坐在树下接受仆人捧上的酒杯，三位女音乐家正在歌唱，贵族们微笑着端起酒杯。

第十一章 帖木儿

这个异国的原始森林中闯出了几条小路。帖木儿极力让这个地方的什叶派居民皈依逊尼派。在马赞达兰过冬之后，帖木儿取道内哈万德，到达了卢里斯坦，并对这个地区的罗耳人进行了惩罚，借口是这些罗耳人长期从事匪盗活动。紧接着，帖木儿经过迪兹富勒和舒什塔尔，继续征服反叛的穆札法尔朝。

▽ 穆札法尔朝的反抗

穆札法尔朝王公曼苏尔公开反对帖木儿的征服，并在喀拉伊舍弗德堡与帖木儿殊死战斗，甚至冲到帖木儿的面前砍伤了他，但最终仍然战败被杀。图为帖木儿军与敌人混战的场景，高举的旗帜下身穿盔甲，头戴缨盔的就是帖木儿。

帖木儿走后，穆札法尔朝的一位王公沙·曼苏尔罢免了对手们，重新统一了祖先传下来的领地，并反对帖木儿。沙·曼苏尔把堂兄赞·阿比丁的眼睛弄瞎，还迫使他的兄弟牙黑牙从泄剌只撤退到耶斯特。后来，沙·曼苏尔又夺取了连同伊斯法罕在内的泄剌只，并把泄剌只作为自己的都城。虽然曼苏尔也是一个不可靠的人，但是他积极、精力充沛、勇气过人，甚至敢于对抗帖木儿。

1393年4月，帖木儿在舒什塔尔集合军队，开始进军泄剌只。5月初时，帖木儿在进军途中攻占了喀拉伊弗德堡。当时，人们一直认为喀拉伊舍弗德堡牢不可破。曼苏尔出城迎战帖木儿，并与帖木儿在城郊进行了一场殊死战斗。这位穆札法尔朝的王子凭着自己的勇气打破了河中人组成的卫队行列，直奔帖木儿，并用剑砍了帖木儿两下。但是，在坚固的头盔保护下，帖木儿没有受伤。最后，曼苏尔反被杀死。据说，曼苏尔的头是被帖木儿年仅17岁的儿子沙哈鲁砍下的，扔在了帖木儿的脚下。

帖木儿胜利地进入了泄剌只，并下令把全城所有的财宝都交给他，还要赔偿他在战争中耗费的大量费用。那些幸存下来的穆札法尔朝统治者，如起儿漫王沙·阿合木，耶斯特王沙·牙黑牙等，都谦卑地赶来朝见帖木儿。不久后，帖木儿把穆札法尔家族中的几乎所有成员都处死了，把他们的封地分给了自己的部下。来自法尔斯的工匠和文人们被送往撒马尔罕。帖木儿企图把撒马尔罕打造成亚洲之都。

▽ **帖木儿的觐见礼**

帖木儿每至一地,先举行一场觐见礼,各地君王、首领都需要前来觐见。然后,对于不来或者觐见时不做臣服的地区,帖木儿就会进行征讨,战败即被屠城。图为瘸脚的帖木儿正端坐宝座上,平静注视众首领。

1393年6月,帖木儿离开泄剌只,前往伊斯法罕和哈马丹,并在那里举行了觐见礼。接着,他又开始了另一场战争——从苏丹阿合木·札剌儿手中夺取巴格达和伊剌克阿拉比。苏丹阿合木·札剌儿是札剌儿蒙古王朝的最后一位代表。10月初,帖木儿兵临巴格达城下但在帖木儿逼近之时,阿合木·札剌儿就已经向西逃走了。帖木儿派米兰沙追击他。在卡尔巴拉附近,阿合木·扎剌儿几乎被米兰沙抓住,但是又巧妙逃脱,最后到了埃及,被埃及的马木路克苏丹贝尔孤格收留了。帖木儿没有经过战斗就进入了巴格达,并在巴格达轻松度过了三个月。

然后,帖木儿返回北方。在途中,他攻陷了提克里特要塞,继续征服库尔德斯坦和迪牙巴克尔两省内的堡垒。在这次战役中,他失去了次子乌马儿·沙黑。1394年2月,乌马儿·沙黑在库尔底希堡前被箭射死。经过艰苦的围攻后,同年3月,帖木儿占领了马尔丁和阿米德(迪牙巴克尔)。然后,帖木儿向北进入大亚美尼亚地区,从穆什赶走了黑羊部首领、土库曼人哈拉·玉素甫。紧接着,帖木儿沿着凡湖这条道路,前往谷儿只进行战争(1394年底)。

翡翠玉杯

这是一只雕刻成龙形的翡翠玉杯，在中亚的信仰里，玉石的器皿可以用来检测毒药，能抵御疾病、闪电等，中亚土耳其人将其视为护身符，称它为"胜利之石"，装饰在他们的剑鞘、马鞍和座位上。

1395年，帖木儿经过高加索继续进军，与俄罗斯南部的钦察汗交战。在战争中，谷儿只人打败了他的三儿子米兰沙。当时，米兰沙正在攻打纳希切万附近的阿林加克。1399年帖木儿返回高加索时，蹂躏了谷儿只东部的卡希什地区，为米兰沙报了仇。1400年春天，帖木儿进行了更残酷的报复。他进军梯弗里斯，并在这里驻扎守军，然后进行了彻底洗劫，梯弗里斯王乔治六世逃进了山中。1401年，乔治答应向帖木儿纳贡，才获得了宽恕。随后的1403年，帖木儿再次返回并洗劫了这个地区，毁掉了大约700个村庄和城镇，屠杀居民，拆毁梯弗里斯的所有基督教教堂。残忍的帖木儿在这里又增添了宗教屠杀的色彩。

对帖木儿在伊朗的统治，前苏丹阿合木·札剌儿和土库曼首领、黑羊部异密哈拉·玉素甫都做了最后的抵抗。1393年12月到1394年1月，帖木儿把阿合木·札剌儿赶出了巴格达。阿合木·札剌儿逃到埃及，在马木路克苏丹贝尔孤格处避难。帖木儿的大军撤走后，阿合木·札剌儿又在贝尔孤格的援助下，1394年在巴格达复位。此时，帖木儿正忙于别处的战争，而无暇兼顾。同时，也是在黑羊部异密哈拉·玉素甫的支持下，阿合木·札剌儿得以留在巴格达，直到1401年的夏天。这一年，帖木儿返回了伊剌克阿拉比，于是，阿合木·札剌儿又逃到马木路克人中，不过阿合木·札剌儿的大臣们却自愿留下来保卫巴格达。1401年7月10日，帖木儿攻陷了巴格达。巴格达城的守军们背水一战，导致帖木儿在攻陷城池后进行了残酷的报复。帖木儿下令大屠杀，几乎每个士兵至少都得提着一个人头。在这场大屠杀中，一些文人被具有文学修养的帖木儿赦免了，甚至还给予他们荣誉。除了被赦免的文人，城中居民全部被杀，除了清真寺，所有建筑物全部被毁。7月的伊剌克非常酷热，堆积起来的尸体很快引起了流行病，帖木儿只得被迫撤走。

就在帖木儿和奥斯曼苏丹巴耶塞特交战时，顽固的阿合木·札剌儿又趁机返回了巴格达。不过，他很快就被自己从前的盟友、黑羊部首领哈拉·玉素甫打败并赶走。接着，帖木儿的孙子阿布·巴克尔率领帖木儿军发起新的攻击，并在1403年也赶走了哈拉·玉素甫。阿合木·木剌儿和哈拉·玉素甫两人都逃到了埃及，直到帖木儿去世后才返回。

 帖木儿与钦察汗国

早在1376年，帖木儿就曾接受过脱脱迷失的拜访。脱脱迷失是术赤系成吉思汗后裔，他请求帖木儿支持自己反对白帐汗兀鲁思。当时，白帐汗国统治着锡尔河下游北岸和兀鲁塔山区周围，在萨雷河草原上。帖木儿很乐意让脱脱迷失成为自己的属臣，因为对他来说，脱脱迷失可能会有用处。于是，帖木儿把锡尔河中游北岸的讹答剌、扫兰和塞格纳克城给了脱脱迷失，而这些城市正对着白帐汗国所在的草原。脱脱迷失曾经两次被兀鲁思从这小块领地中赶走，每次都得到了撒马尔罕的帖木儿的援助。根据《武功记》中的记载，兀鲁思曾经要求帖木儿把脱脱迷失交给他，但是，帖木儿非但没有答应这个要求，反而加强了对锡尔河沿岸的保卫。甚至在1377年初，帖木儿在塞格纳克和讹答剌之间打败兀鲁思，把他赶回了草原。

同一年，兀鲁思去世了，他的两个儿子脱黑脱乞牙和帖木儿灭里先后继位。当帖木儿返回河中地区后，脱脱迷失又被帖木儿灭里打败了。帖木儿再次帮助脱脱迷失夺回了塞格纳克城，并借援军给他，脱脱迷失利用这支援军袭击了敌人的冬季营地，抓住了帖木儿灭里。这是一场决定性的胜利，借助这次胜利，脱脱迷失最终登上了白帐汗国的汗位（1377～1378年冬）。

直到这时，脱脱迷失似乎仍然没有显示出任何才干，根据《武功记》中的记载，他把自己的飞黄腾达全部依托在帖木儿的支持

帖木儿帝国疆域图

帖木儿建立政权后迅速向外扩张，建立了一个领土从德里到大马士革，从咸海到波斯湾的大帝国。帝国初期，由帖木儿扶持的脱脱迷失获得白帐汗位，却不服控制，由此引发长达十几年之久的战争。图为帖木儿帝国初期疆域图。

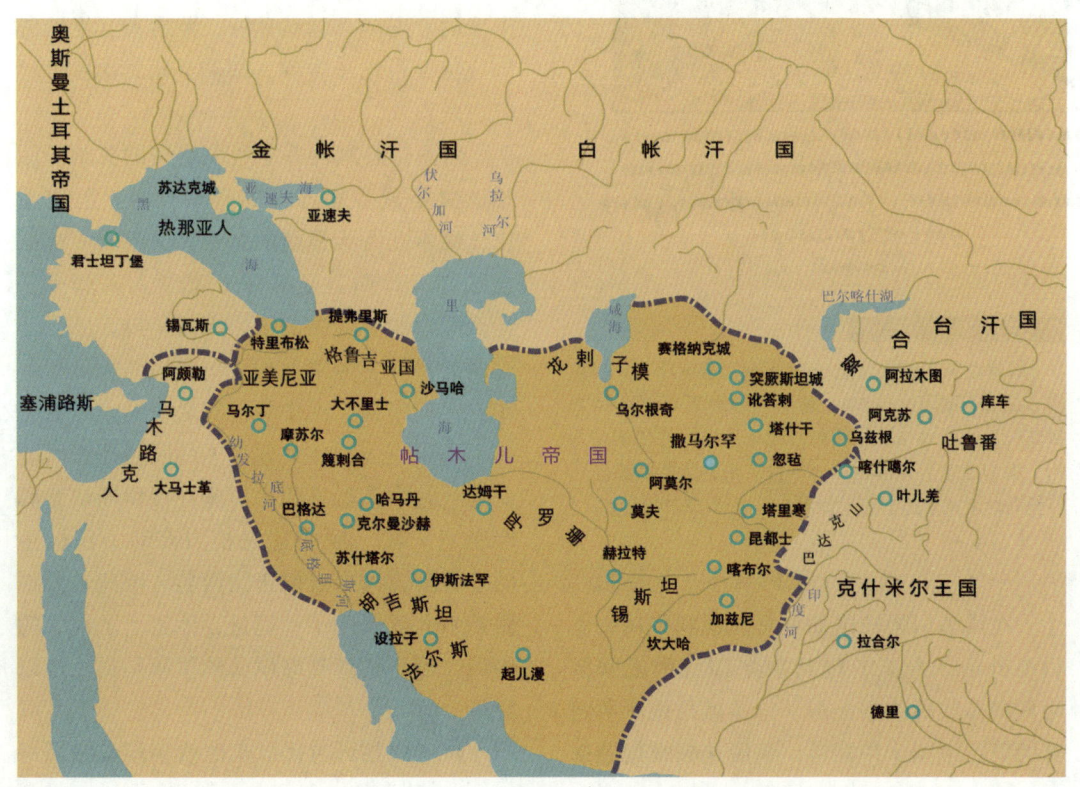

（或卡尔米乌斯）河附近，距离亚速海岸不远的马里乌波尔地区，进行了一场决定性的战争，打败了金帐汗国的首领马麦。就这样，金帐汗国的蒙古人承认脱脱迷失为可汗，金帐汗国和白帐汗国又重新统一起来，几乎囊括了原术赤的全部领地。从此，脱脱迷失统治着从锡尔河下游到德涅斯特河，从塞格纳克和讹答剌到乞瓦（基辅）之间的广大地区，并在伏尔加河下游河畔的萨莱都城内行使他的统治权，他已经成为在他那个世纪中一位伟大的君主了。脱脱迷失想要恢复成吉思汗系先辈们的传统，他开始发动大规模的骑兵远征：入侵信仰基督教的罗斯公国，并在1382年8月放火焚烧了莫斯科，洗劫了弗拉基米尔、尤利、莫扎伊斯克和其他罗斯城市，甚至还在波尔塔瓦附近打败了企图干涉的立陶宛人。就这样，蒙古人又继续统治使莫斯科维（古称，即俄罗斯）达一个世纪之久。

然而，胜利冲昏了脱脱迷失的头脑。脱脱迷失是成吉思汗系的真正后裔，与他相比，帖木儿既无显赫的背景，又没有明确的合法称号，而且还是一个突厥人，算得了什么呢？脱脱迷失的权力无可争辩，并且还有西北各部（即草原战士）组成的大批后备军。对他来说，河中和伊朗之王帖木儿只是一个塔吉克人。作为蒙古人的脱脱迷失可能认为，帖木儿似乎暗中有些轻视伊斯法罕和泄剌只人民。脱脱迷失精力充沛、积极主动，在蒙古人中素以正义闻名，因此不愿再做帖木儿的属臣了。但是，他犯下了很大的错误，没有估计到帖木儿的军队是那么难以对付。

同自别儿哥时代以来的钦察汗前辈们一

▽ 脱脱迷失的野心

脱脱迷失在帖木儿的扶持下成为白帐汗，并将金帐、白帐汗国统一起来。随后入侵罗斯公国，焚烧莫斯科、洗劫城市，试图恢复成吉思汗时的传统。同时，身为成吉思汗后裔，他不甘于做帖木儿的属臣，开始向帖木儿宣战。图为蒙古人入侵罗斯国的场面。

上。在成为白帐汗国的可汗后，脱脱迷失变得格外活跃起来，他几乎立即就想征服金帐汗国（或称钦察汗国），也就是俄罗斯南部的蒙古帝国。1380年，脱脱迷失在迦勒迦样,脱脱迷失提出索取阿哲儿拜占的要求。我们还要再提一下,从1260年~1330年,萨莱的君主们并不甘心承认外高加索和西北波斯不再是他们兀鲁思的属地。所以,在这些地方仍然属于苏丹阿合木·札剌儿,帖木儿还没有对这些地方进行干涉时,1385年,脱脱迷失取道失儿湾,攻占并掠夺了桃里寺(1385~1386年冬)。然后,脱脱迷失按照蒙古人的方式,携带着大量战利品撤退,阿合木·札剌儿重新占有这个地方。正在这时,刚征服了波斯的帖木儿把阿哲儿拜占并入了自己的帝国(1386年)。正是这一归并,导致了脱脱迷失与帖木儿的分裂。最后,脱脱迷失不宣而战,突然袭击帖木儿,并且几乎捉住帖木儿。

1386~1387年冬天,帖木儿是在阿哲儿拜占北的卡拉巴赫省内度过的。当1387年春天帖木儿还没有离开时,脱脱迷失意外越过打耳班关隘,直奔卡拉巴赫。当时,帖木儿正在库拉河南的巴尔德哈扎营,他立即派了一支有力的前卫军保卫河的北岸,以牵制脱脱迷失军。在刚被打败时,帖木儿的三儿子米兰沙率领援军赶到,很快扭转了形势,脱脱迷失战败逃走。当脱脱迷失军的许多俘虏被带到帖木儿面前时,出人意料的是,以屠杀出名的帖木儿并没有杀他们,反而予以赦免,让他们携带食物和必需品回到脱脱迷失那里。根据《武功记》的记载,帖木儿一直坚持把脱脱迷失看成自己的儿子,所以,他只是伤感地指责了脱脱迷失。

但是,脱脱迷失依然故我。趁着帖木儿逗留波斯的时候,再次进攻帖木儿帝国的腹地——河中本土。1387年底,脱脱迷失在塞格纳克附近渡过锡尔河,威胁着扫兰;由于没有精良的围城设备,脱脱迷失最后蹂躏了农村。帖木儿的次子乌马儿·沙黑奋力阻挡,但是却在讹答剌附近被打败,自己也几乎被俘虏。这是一次危险的进攻,因为河中地区的后方已经被从蒙兀儿斯坦进入费尔干纳的游牧民占领了。而脱脱迷失的军队散布在河中各地,掠夺所有没有设防的城镇,还大胆地封锁了不花剌。他们一直破坏到卡尔施郊区,甚至远达阿姆河两岸。

1388年2月初,接到消息的帖木儿从波斯火速赶回。但是在帖木儿到达之前,脱脱迷失已经退回了白帐草原。1388年底,脱脱迷失在钦察草原上重新征集了一支强军,再

▽ 游击战的蒙古人

作为游牧民族的蒙古人极擅长在平原地区突袭、骚扰的游击战,弓箭是他们的主要武器。脱脱迷失向帖木儿发起的战争就是这样,甚至几经得手。图为擅长游击战的蒙古骑射手,蒙古普通士兵也都配有弓箭。

的扎营地上进行战争。1391年1月,帖木儿离开塔什干,在途中遇到了脱脱迷失的使者。脱脱迷失为了避免即将到来的战争,向帖木儿献上了骏马和猎鹰。不过,帖木儿并没有因此停止进军。有了1387年和1388年的两次经历后,他有理由认为脱脱迷失正在其祖先的领地上,也就是在白帐草原、萨雷河流域、兀鲁塔山和图尔盖河流域上备战。所以,帖木儿仍然朝着脱脱迷失的营地挺进,从雅西出发,经过萨雷河下游和兀鲁塔山的荒野之地,向西北进军。但是,根据《武功记》中的记载,当帖木儿在1391年4月底抵达白帐汗国的大草原后,却看不见白帐汗人的踪影。在帖木儿到来之前,脱脱迷失已经消失得无踪无影。帖木儿军越过这片辽阔的草原,他们以猎为食,后来又抵达并渡过了流入贾曼阿克库尔的吉兰乞克河,接着渡过了卡拉图尔盖河。这时,帖木儿的大军离开塔什干已经4个月了。为了振奋士气,5月6日至7日他们组织了一次大规模的围猎活动。帖木儿还像在撒马尔罕校场上一样,一丝不苟地组织了一次庄严的阅兵仪式。事实上,如果脱脱迷失真的继续朝北撤退,他将最终拖垮帖木儿军,并在帖木儿军处于饥寒交迫的垂死状态时,迅速反攻并击败他们。当帖木儿确信脱脱迷失在他来到之前已经撤退后,就朝着更远的西伯利亚进军。他从图尔盖出发,抵达托博尔河河源,就是今库斯坦赖地区。最后,他们在托博尔河的彼岸看到有火光。帖木儿渡过托博尔河,却仍然没有什么发现。最后,一个俘虏对帖木儿说,脱脱迷失已经逃往乌拉尔河地区。于是,帖木儿的军队立即向西前进,并在奥尔斯克地区渡过扎牙黑河(或称乌拉尔河),到达该河的支

◆ 白帐草原上的围猎

面对脱脱迷失的多次挑衅,帖木儿开始认真对待了。他率领大军深入白帐草原,并在脱脱迷失的领地里举行了大规模的围猎活动,鼓舞士气之余,也是在宣示他的强大与主权。图为骑手们围猎的场面。

次进攻河中地区。这次,他绕道向东,从费尔干纳的忽毡附近发起进攻。帖木儿率领自己所能征集到的军队前往迎战,并且冒着严冬的风雪把脱脱迷失赶回了锡尔河以北(约1389年1月)。不过,脱脱迷失仍然继续在锡尔河中游北岸徘徊,围攻扫兰,掠夺雅西(今突厥斯坦)。当帖木儿渡河来攻打时,他们又散开没入草原。

帖木儿开始认识到,他不可能继续对西亚地区进行征服,而让脱脱迷失任意入侵河中。帖木儿决定深入白帐草原,在脱脱迷失

流萨克马拉河。此时，脱脱迷失似乎已经把军队集中在了奥伦堡附近。帖木儿最终得以牵制住脱脱迷失。1391年6月9日，两军打了一场决定性的战役。根据霍威斯的记载，战争发生在索克河支流孔杜尔恰河的孔杜尔恰斯克附近，距离萨马拉（今古比雪夫地区）不远，史可尔"河谷大战"。不过根据巴托尔德的考证，战争也有可能发生在孔杜尔恰。总之，经过艰苦的战斗后，脱脱迷失战败，并且逃跑了。脱脱迷失的军队被夹在胜利的河中人和伏尔加河之间，士兵们要么被杀，要么被俘。

根据《武功记》中的记述，在伏尔加河畔的乌尔吐帕平原上，帖木儿军举行了盛大的庆祝狂欢："帖木儿满意地坐在宝座上，首领们在美女的相陪下，手持酒杯。全军都在狂欢，士兵们忘掉了战争的艰苦，沉浸在属于他们的欢乐中。"

对帖木儿来说，这次胜利经过了巨大的努力，并且历尽艰辛。胜利之后，帖木儿满足于摧毁了脱脱迷失的中心地，但是并没有采取任何措施以巩固这次胜利。他把权力和地位授予了在汗国内与脱脱迷失为敌的许多成吉思汗后裔，包括已故兀鲁思汗的孙子帖木儿·忽特鲁格。帖木儿·忽特鲁格立即开始召集自己的臣民，带着他们穿过草原走

▽ 成吉思汗后裔与瘸狼的博弈

在包括脱脱迷失在内的成吉思汗后裔和帖木儿之间的袭扰与征服中，前者不论帖木儿如何强大也不会臣服；而后者则仅希望使蒙古人恐惧，不再骚扰他的领地，就像一场各怀心思、筹码若干的博弈。图为元代山西水神庙弈棋图壁画。

了。这说明帖木儿·忽特鲁格并不支持帖木儿。还有一个名叫亦敌忽的术赤系宗王，也担负着组织钦察部落的使命，但当他一获得自由，就开始只为自己干了。而帖木儿也没有采取任何措施让他们归顺，他只是满足于士兵们积聚起来的大量掠夺品。然后，帖木儿经过后来俄属突厥斯坦的阿克纠宾斯克这条道路，回到了河中地区。

帖木儿唯一的目的，就是能在金帐汗国臣民们中造成恐惧心理，使他们不再妄图进攻他的领地。如愿之后，他对金帐汗国的命运就不再感兴趣了。由于这个原因，脱脱迷失很快又复位了。1394年和1395年，脱脱迷失与埃及的马木路克王朝苏丹贝尔孤格缔结了反帖木儿联盟。经过一段时间的修养恢复，脱脱迷失又企图进攻打耳班以南的失儿湾省，当时这个省是帖木儿帝国的一部分。不过，帖木儿的逼近阻止了他的进攻。

1395年春天，帖木儿决定第二次远征钦察。凭着经验，帖木儿避开了足以迷惑和消耗他精力的横穿突厥斯坦—西伯利亚草原的道路，而选择高加索这条道路，并直接进入了金帐汗国的都城萨莱和阿斯特拉罕。在打耳班南的萨穆尔山，帖木儿接见了脱脱迷失派来的使者，但是对于脱脱迷失的解释和道歉很不满意。4月15日，帖木儿穿过草原，在捷列克河岸攻打脱脱迷失军。战争中，帖木儿如同普通士兵一样战斗，并且险些被杀死或俘虏。但最终脱脱迷失战败了，逃往喀山地区的保加尔国。帖木儿派先遣队火速追击，他却迅速消失在森林中。追赶他的人，并沿路劫掠。帖木儿继续朝北前进，一直来到顿河上游的、蒙古人的钦察汗国和斯拉夫人的俄国交界边境上的耶列兹城。不过，据

▽ 帖木儿与蚂蚁

在记载帖木儿功绩的《武功记》中，形象地描绘了帖木儿和他的军队："他的军队像蚂蚁一样扑向目标，他们在农村蔓延，并迅速向四面八方扩展，大肆掠夺，任意破坏。"图为15世纪时的波斯绘画，描绘在树下休息的帖木儿仰头观望墙壁处攀爬的蚂蚁。

记载他没有进攻莫斯科公国,而是在到达耶列兹城后,1395年8月26日开始向南原路返回。在顿河的河口处,他来到了热那亚和威尼斯商人们经常出没的商业中心塔那城(亚速)。热那亚和威尼斯的商人们派了一个代表团带着礼物去见他,但是最后,除了穆斯林获得赦免,全部基督教徒都被奴役,他们的商店、帐幕、教堂和领事馆都被摧毁。对克里米亚的热那亚殖民区与中亚之间贸易来说,这是一次严重的打击。然后,帖木儿继续前往库班,去劫掠契尔克斯人的地区,接着进入高加索,蹂躏处于森林和峡谷之中的阿兰人的土地。1396年冬天,帖木儿来到伏尔加河的河口,破坏了哈只·塔儿寒城(后名叫阿斯特拉罕),放火烧毁了金帐汗国的都城萨莱。根据《武功记》中的记载,当萨莱城被焚毁时,幸存的市民们在寒冷的气候下,被帖木儿军像羊群一样驱赶着。1396年春天,帖木儿经打耳班的道路回到波斯。

可以说,帖木儿摧毁了钦察草原。因为他毁掉了塔那和萨莱城,使欧洲和中亚之间的商业受到了致命的打击。帖木儿还封锁了马可·波罗曾经描述过的古代内陆通道,抹去了成吉思汗征服所留下的、可能对欧洲有利的遗迹。在钦察草原上,帖木儿一如既往地摧毁一切而又毫无建树。

当帖木儿一回到波斯,脱脱迷失又登上了金帐汗国的王位,并于1396年9月至1397年10月间,与克里米亚的热那亚殖民者交战。同时,帖木儿·忽特鲁格也对脱脱迷失的王权提出了挑战。除此之外,脱脱迷失还与另外一个名叫亦敌忽的地区首领发生了争夺。这些战争都令金帐汗国开始走向衰竭。最后,帖木儿·忽特鲁格获得了胜利。获得王

▽ 血与火之路

在帖木儿的征讨路上,不仅打败了脱脱迷失,沿路的商业城市塔那城、阿兰人地区也被摧毁、蹂躏,金帐汗国都城萨莱被焚毁,可以说是血与火之路。图中骑手经过之地遍是火焰,众多围观的穆斯林恐惧的面容,形象地反映出帖木儿征程上的毁灭与死亡。

位后,为了安全起见,帖木儿·忽特鲁格愿意承认自己是帖木儿的属臣,于是派了一个使节前去帖木儿处。1398年8月17日,帖木儿接见了使者。

脱脱迷失被打败后,逃到立陶宛大公维托夫特那里避难,并获得他的支持。但是,1399年8月13日,脱脱迷失在第聂伯河支流沃尔斯克拉河畔再次被帖木儿·忽特鲁格打败。从此,脱脱迷失被迫过着冒险生涯,并试图重新获得帖木儿的恩赐。1405年1月,帖木儿在讹答剌接见了脱脱迷失派来的使者。据记载,对脱脱迷失总是宽恕的帖木儿答应帮助他重新复位,但是不久后,脱脱迷失就去世了。此后,帖木儿·忽特鲁格的弟弟沙狄别(大约1400～1407年在位)继承了兄长的王位,成为钦察汗。据说,正是沙狄别的军队在西伯利亚的秋明杀死了逃亡到那里的脱脱迷失(1406年)。

远征印度

察合台诸汗对印度的掠夺性远征传统鼓舞了帖木儿。印度西北部，即旁遮普和多阿布，被视为成吉思汗诸王的猎取之地。从1292年~1327年，他们的骑兵持续不断地对拉合尔和木尔坦发起周期性的袭击，扫除他们面前的一切障碍，并迅速来到德里的城门边。每次他们都企图封锁德里，但总是在数月之后就撤退了。首先，因为他们的目的仅仅是劫掠；其次，因为察合台蒙古人面对的是一个强国。德里苏丹国在统治机构上是突厥式的，或者说是突厥—阿富汗式的，在宗教上信仰伊斯兰教，并且阿拉丁·哈勒吉（1296~1316年）和穆罕默德·本·图格卢（1325~1351年）都是强有力的君主。所以，德里苏丹国总是可以通过金钱或者利剑阻止这些穿过阿富汗关隘前来袭击德里的蒙古军队。

帖木儿的目的也只有一个，就是要对印度进行有利可图的侵袭。当时，印度是世界上最富裕的地区之一。不过，按照帖木儿的习惯，他需要为自己的行为寻找宗教上的借口。事实上，德里的突厥苏丹国本质是伊斯兰教的，其几位统治者都是通过采取系统的宗教迫害的手段，使大批印度教臣民集体皈依伊斯兰教。不过，帖木儿仍认为，他们对异教太宽容了。所以，根据历史的记载，帖木儿出兵征伐印度，仅仅是为了对伊斯兰教的敌人发动战争。

帖木儿之所以发表这些近乎虔诚的声明，是因为他对印度的政治形势了如指掌。1335年，德里苏丹国的领土几乎囊括了整个印度，但是不久后就迅速走向衰落。紧接着，其国土分裂，许多大省区的王公都脱离了苏丹的统治，各自建立起独立自治的穆斯林国。就这样，德里苏丹国失去了德干。1347年，巴曼尼小苏丹国成立；1358年到1359年，孟加拉成立；1394年，乌德或札温普儿王国成立；最后，1396年，古吉莱特国成立。这些地区穆斯林国的割据大大削弱了德里苏丹国，使其只拥有旁遮普和多阿布，甚至连旁遮普也因为盐山的科卡尔部的叛乱而处于混乱之中。另外，当时统治德里的苏丹马茂德·沙二世（1392~1412年在位）软弱无能，被迫处于他的全权大臣马鲁·伊黑巴勒的控制中。

因此，帖木儿在印度面对的只是一个衰落中的苏丹国。在地区王公们的肢解下，这个国家已经丧失了一些最富有的省。1398年初，帖木儿派他的孙子皮儿·马黑麻率领前锋军先行。皮儿·马黑麻渡过印度河，进攻木尔坦，经过六个月的围攻后，占领了木尔坦。1398年9月24日，帖木儿亲自率领主力军渡过印度河，并下令任凭部队洗劫木尔坦

◆ 印度德里苏丹国大金币

印度德里苏丹国由突厥—阿富汗人为首的伊斯兰教贵族统治，手工业和商业十分发达，著名的班尼亚商人们经营着巨额的商业进出口贸易。图为印度德里苏丹国的大金币，两面铭文是科菲体阿拉伯文，正面铭文有王号、名字。

东北的德伦巴城,随后与皮尔·马黑麻军会师。在萨特莱杰河畔,他们打败了科卡尔人首领贾斯腊特,然后经过木尔坦直通德里的道路进军德里。在途中,他们经过了由拉吉普特首领拉伊·杜尔·查德戍守的帕特奈尔城堡,帖木儿夺取并毁掉了这个城堡,占领了锡尔苏蒂,并夺取了德里东北部偏北7英里处的洛尼堡。随后,于1398年12月10日在这里建立了大本营。帖木儿认为,在决战之前,有必要把大约十万印度俘虏杀掉,因为这些俘虏可能会妨碍他的行动。这个命令很快就被执行。12月17日,帖木儿与德里苏丹马茂德·沙及其大臣马鲁·伊黑巴勒指挥的军队在巴尼伯德和德里之间的朱木拿河畔会战,并再次获胜。印度的战象当年没有能够阻止马其顿人的进攻,如今同样也阻止不了帖木儿的骑兵。德里苏丹逃到古吉莱特避难,帖木儿胜利进入了德里。在穆斯林教士们的要求下,帖木儿答应不杀居民,不过,他的士兵们却以极端残暴的行为征收各种财物,导致居民们愤起抵抗。很快,抵抗就激怒了帖木儿军,于是,他们在城内烧杀掳掠,获得大量战利品。要知道,突厥—阿富汗苏丹们在两百年的时间里,从印度王公们那里掠夺到的财富都积聚在德里。这些金银珠宝最终落入了河中人的手中。同时,大屠杀正在按比例进行,城的四角用人头堆起了几个金字塔。不过,帖木儿仍然像以往一样赦免那些有技术的工匠们,并把他们送去撒马尔罕。

帖木儿在德里度过了15天。他庄严地登上印度苏丹们的宝座,召集120头战象取乐。据记载,那些驯服的象低头屈膝跪在他的面前,长长的象鼻如同喇叭齐鸣,似乎在向帖

▽ **印度佛教大梵天**

印度德里苏丹国的宗教是伊斯兰教,伊斯兰贵族统治者强迫居民改信伊斯兰教,佛教和印度教同时受到了严重打击,最终印度教妥协后继续发展,而佛教就此消亡。图为印度德里苏丹时期佛教的大梵天像。

木儿表示效忠。印度的大象排成长队被送往帖木儿帝国的各个城市,包括撒马尔罕、赫拉特、泄剌只和桃里寺。在德里的大清真寺里,帖木儿展示了自己的虔诚。这个清真寺以他的名字诵读胡特巴。总的来说,帖木儿的行为就如同印度皇帝一样。不过,和他在其他地方一样,他毁掉一切之后,又毫无建树地离去。1399年1月1日,他离开已经被毁掉的德里,继续洗劫米拉杰。他推倒了这里的墓碑,把印度居民活活地剥皮,以此来证实圣战的誓言。然后,他沿着西瓦利克山和旁遮普高地的正北方向,踏上回家的征途。

在杰纳布河上游,帖木儿俘虏了朱木拿大公,让大公摒弃印度教,皈依了伊斯兰教,并且吃牛肉,以此取乐。在途中,他还接受了克什米尔的伊斯兰国王伊斯堪达尔·沙表示臣属的文书。他没有进入克什米尔,返回了阿富汗斯坦。帖木儿离开印度前,曾经指派印度族穆斯林君主赛义德家族的希兹尔汗为木尔坦和旁遮普大公,希兹尔汗将在13年后成为德里苏丹。

实际上,按照帖木儿惯常的方式,当他动摇了德里的印度—穆斯林帝国的基础,让这个地区处于混乱之中并摧毁一切之后,却不采取任何维护秩序的措施就走掉。虽然他自称是来与婆罗门作战的,可是他真正打击的却是印度的伊斯兰教。作为一个有相当文化的人,波斯文学和伊朗艺术的爱好者,在与东半球最优秀的文明之一进行接触时,他的行为却像一个游牧部落的酋长。他们觉察不到具有文化价值的事物,他们不断抢掠、杀人和破坏。帖木儿这位奇怪的伊斯兰教战士,朝着印度边缘上的伊斯兰教先锋们的背上戳了一刀。以后,他还将对位于罗马尼亚边境上的奥斯曼帝国采取同样的态度。

▽ 帖木儿击败德里苏丹

衰弱的德里苏丹国即使骑乘战象作战,也不敌帖木儿的骑兵,最终帖木儿攻占了德里,屠杀了十万战俘,并在德里烧杀抢掠,德里苏丹两百年间的财富尽被掠去。图为描绘帖木儿军队打败德里苏丹战象的绘画。

帖木儿与马木路克

在传统的近东地区,帖木儿遇到了两大穆斯林政权,即马木路克王朝和奥斯曼帝国。

从1250年和1260年开始,马木路克的领地先后囊括了埃及和叙利亚。马木路克王朝实质上是一个军事帝国,其军队是由突厥—契尔克斯人组成的,是皇帝的卫队。1250年,马木路克军废除了正统王朝,推举自己的将军们登上了开罗的王位,并以军事贵族的身份统治和剥削阿拉伯人。我们可以在这里回顾一下,在1260年的艾因贾卢特战役中,马木路克军阻止了蒙古人的征服,并且把波斯的蒙古人赶到了幼发拉底河以东。但是,到了14世纪末,军队的首领们为了争夺

战象的臣服

巨大战象对帖木儿的臣服，象征着帖木儿征服印度的荣耀，但其背后是对德里等城市的摧毁、文化的打击。他爱好文学，却几乎摧毁了印度的文化艺术，与旭烈兀对印度的摧毁性征服如出一辙。图为旭烈兀可汗骑象的画面。

埃及—叙利亚的封地和王位而不停争吵，这支曾经把十字军和蒙古军都赶出叙利亚的强大军队，渐渐失去了战斗力。马木路克苏丹贝尔孤格（1382～1399年）是一个精力充沛的人，他一生都在平息暴动中。帖木儿曾经企图与他联盟，但是，贝尔孤格很快意识到了帖木儿帝国对马木路克帝国的威胁。1393年，贝儿孤格杀了帖木儿派来的一名使者，并且屡次让被帖木儿赶走的巴格达苏丹阿合木·札剌儿在自己境内避难。贝尔孤格的儿子、年轻的继承人法赖吉苏丹（1399～1412年）继位后，也拒绝臣属于帖木儿，并拒绝把那些在他国境内避难的人交给帖木儿。于是，帖木儿决定发动对马木路克的战争。

当时，帖木儿正在马拉底亚附近。1400年10月，帖木儿经过加济安特普的道路前去进攻叙利亚，并向阿勒颇进军。在阿勒颇城下，帖木儿打败了由帖木儿·塔什率领的马

▽ 阿勒颇城堡

图中是叙利亚北部城市阿勒颇的城堡，此地是叙利亚的商贸中心，盛产叙利亚橄榄皂。1400年，帖木儿打败了此地的马木路克骑兵，这座人口密集、商业繁荣的古城遭到了帖木儿骑兵的大肆掠抢。

木路克军。从印度带来的战象令敌军惊恐四散（10月30日），帖木儿很快就占领了阿勒颇。四天后，帖木儿·塔什交出城堡投降，帖木儿成为这里的主人。随后，帖木儿又以诡辩文人和大屠杀者的双重面貌出现。在伊斯兰教的学者们面前，帖木儿曾经存心不良地提出过一个难题，他问他们，在战死的人中，他的士兵和马木路克士兵，谁最有权获得殉道者的称号？接着，帖木儿与他们讨论神学，并强迫他们把阿里纳入合法的哈里发之列。同时，他一边与法学家们进行学术会谈，一边屠杀城堡守军，并在城里垒起了好几座"人头塔"。帖木儿的军队还洗劫了阿勒颇，阿勒颇城的集市是利凡特地区最大的贸易中心之一，他们在这座大城市里整整掠夺了三天。

紧接着，帖木儿攻下了哈马、霍姆斯、巴勒贝克，然后出现在大马士革城前。此时，年轻的马木路克苏丹法赖吉已经从开罗赶到了大马士革，并亲临阵地鼓舞士气。1400年12月25日，法赖吉想趁着帖木儿军换营的机会，进入姑塔。当帖木儿的军队移动时，他发起了攻击。但是经过一场苦战之后，法赖吉被击溃了，再加上一些随从叛变，最后，法赖吉只好返回了埃及。法赖吉一走，大马士革的统治者们就丧失了勇气，决定投降，并特地派了一个代表团前去见帖木儿。这个代表团中，有突尼斯的著名史学家伊本·哈尔顿。据记载，帖木儿被伊

▽ 帖木儿与马木路克的战争

在阿勒颇城下，帖木儿打败马木路克军，占领了阿颇勒城。在他身上同时具有爱好文学和残忍屠杀的两面，一边与法学家们进行学术会谈，一边屠杀城堡守军垒成人头塔。图为描绘帖木儿与马木路克军战争场面的绘画。

本·哈尔顿的非凡气度和言谈举止打动，请伊本·哈尔顿坐下，为有幸结识他而表示感谢。据说帖木儿手持念珠，满嘴虔诚和慈悲，再次消除了代表们的疑虑。于是，大马士革敞开大门。但是，城堡守军仍然坚持抵抗，直到帖木儿军进行了正规的围攻后才投降。帖木儿一旦控制大马士革后，就变卦了，把原谈定的居民所交的赎金数目提高了十倍，并且没收了他们的所有财富，最后甚至全面屠城，杀死了部分居民。这些，都是为了惩罚大马士革人，因为他们曾在659年时，对先知的女婿阿里不够虔诚。在帖木儿军的种种暴行中，一场大火烧毁了大半个城，无数居民被烧死。倭马亚大清真寺也被烧毁，寺中数以千计的难民被烧死。1401年3月19日，帖木儿离开了大马士革，带着他召集到的各种工匠，有丝织工、兵器工人和制盔甲的工人、制玻璃的工人、制陶工，然后回到了撒马尔罕。在撤退时，他还迫使大批文人陪伴而行，同行中还有大批被降为奴仆的人。这些被放逐的人中，有未来的历史学家伊本·阿拉不沙，当时他年仅12岁。后来，伊本·阿拉不沙写了一本关于帖木儿的书，无情地揭露了帖木儿，为自己报了仇。

摧毁叙利亚后，帖木儿并没有打算建立任何正规的统治形式就离开了，马木路克立即又占领了叙利亚。

▽ 清真寺的焚毁与建造

帖木儿攻占大马士革后进行了屠城，大量居民被烧死，清真寺也被焚毁。随后，各种工匠被掠回撒马尔罕，于1399年为其妃子建造以其名字命名的贝比·哈农清真寺，耗时五年建成。图为在印度象的帮助下，工匠们建造贝比·哈农清真寺的场面。

 帖木儿与奥斯曼帝国

帖木儿打败了喀什噶尔和俄罗斯南部的成吉思汗后裔们以及印度的苏丹。现在，在他周围的土地上，幸存着的唯一强大的政权是奥斯曼帝国。

在奥斯曼苏丹巴耶塞特（1389～1403年在位）统治时，帝国达到了势力的顶峰。在1389年，巴耶塞特的父亲死于科索沃（这场战役中塞尔维亚军被打败）战场时，他被立为苏丹。后来，他完成了对塞尔维亚的征服，并在1394年吞并了保加利亚。此前的

| 塞尔柱人 | 古兹人 | | 可萨人 | 钦察人 | | 满族人 | 卡尔梅克人 |
| | 阿瓦尔人 | 保加尔人 | | 蒙古人 | 塔吉克人 | |

1390年，他在小亚细亚地区吞并了艾登和萨鲁汉的突厥异密国、卡拉曼的土库曼大异密国、门泰斯和克米安的突厥异密国。随后在1392年，他吞并了卡斯塔莫努异密国，以及卡帕多细亚的托卡特、锡瓦斯和开塞利的原布汉丁异密国。最引人注目的是1396年他在尼科堡战役中，打败了由匈牙利王西基斯蒙德和勃艮第的继承人琼·桑·普尔率领的十字军。

巴耶塞特被称为"雷电"，统治着一个庞大的帝国。在欧洲，这个帝国囊括了除君士坦丁堡以外的色雷斯，除萨洛尼卡以外的马其顿，保加利亚，以及对塞尔维亚拥有保护权。在安纳托利亚，其领地一直延伸到陶鲁士山（巴耶塞特的领土和马木路克的西里西亚的分界）、亚美尼亚（巴耶塞特的领土与帖木儿领地的边界）和黑海山脉（巴耶塞特领土—特拉布松希腊帝国的边界）。巴耶塞特的军队打败了耀武扬威的法兰西—勃艮第骑兵，被公认为是近东地区最好的军队。现在，他似乎要从希腊人手中夺取君士坦丁堡，圆满实现自己的胜利，事实上，他已经开始封锁君士坦丁堡了。

这一次，帖木儿碰到了旗鼓相当的对

▽ **巴耶塞特的辉煌**

1396年的尼科堡会战中，父亲刚被刺杀的年轻奥斯曼苏丹巴耶塞特打败了由匈牙利王西基斯蒙德率领的基督教十字军，随后将战俘全部屠杀，报了杀父之仇。这一胜利使拜占庭危在旦夕，令欧洲各国震惊。图为描绘尼科堡会战的油画。

手。帖木儿和巴耶塞特两人都清楚这一点，并互相窥视着。要用战争和本钱（帖木儿的本钱是通过征服亚洲赚到的，巴耶塞特的本钱是通过征服巴尔干人得到的）来冒险，他们都举棋不定。最后，巴耶塞特首先对帖木儿采取了敌对行动，企图让埃尔津詹和额尔哲鲁木的君主、帖木儿的属臣塔黑屯异密臣属于他。而帖木儿对这位为他驻守小亚细亚边境的土库曼首领非常器重。洗劫了德里后，帖木儿曾经送给他一只战象。相反，巴耶塞特则欢迎另外一位土库曼人、黑羊部首领哈拉·玉素甫进入其领地。哈拉·玉素甫是帖木儿的敌人，曾经被帖木儿赶跑。于是战争就这样爆发了，帖木儿保护塔黑屯，巴耶塞特支持哈拉·玉素甫。根据《武功记》中的记载，帖木儿还就这个问题给巴耶塞特写过一封信。在信中，帖木儿用尖刻的语言侮辱了奥斯曼家族的卑微出身，并说自己考虑到奥斯曼帝国作为伊斯兰教在欧洲的堡垒作用，以及苏丹在那儿进行的卓有成效的圣战，将赦免巴耶塞特。帖木儿的语气俨然如主人一样，把自己当作是突厥族的合法君主。最后，帖木儿对两个帝国进行了比较，并以威胁的口气说："像你这样的小王公能与我相抗衡吗？"巴耶塞特反唇相讥说："我们将追随你到桃里寺和苏丹尼耶。"

帖木儿接到回信后，就在1400年8月开始向小亚细亚进军。9月初，帖木儿的属臣塔黑屯在埃尔津詹和额尔哲鲁木向他表示效忠，接着，帖木儿进入奥斯曼的国境，围攻了早已防备的城市锡瓦斯。帖木儿军通过掘壕沟、攻城器械等对锡瓦斯进行轰击，大约在被围攻了三周后，锡瓦斯投降了。帖木儿赦免了城内的穆斯林居民，但是把奥斯曼驻军

巴耶塞特会见帖木儿信使

巴耶塞特收容了帖木儿的敌人黑羊部首领哈拉·玉素甫，因此激怒了帖木儿。帖木儿写信质询并嘲讽他，随后开始进军奥斯曼帝国。图中端坐的奥斯曼苏丹巴耶塞特，正在听取帖木儿信使阅读给他的信件，周围环绕着他的朝臣。

▼ 奥斯曼苏丹巴耶塞特

奥斯曼苏丹巴耶塞特是一位著名的军事统帅，他曾凭借勇敢、睿智的表现赢得"雷电"的美名，在科索沃战役、尼科堡会战中名声大震，但在随后的安卡拉战役中被帖木儿击败被俘，被囚禁后郁郁而终。

中的4000名亚美尼亚士兵全部活埋，或者扔到井中，他们还推倒了城墙。

但是，帖木儿没有继续西进。因为他的后方受到马木路克军和阿合木·札剌儿在巴格达暂时复位的威胁，所以，他没有深入小亚细亚。帖木儿返回并消灭了叙利亚的马木路克军，重新征服了巴格达后，又回到了小亚细亚。与此同时，巴耶塞特从塔黑屯手中夺取了埃尔津詹，俘获了异密全家。帖木儿并没有立即反击，相反，他从叙利亚和巴格达回来后，在卡拉巴赫度过了1401年的冬天。到了1402年春天，帖木儿开始在谷儿只边境地集中军队，6月开始再次入侵奥斯曼帝国。在帖木儿的帮助下，塔黑屯在埃尔津詹重新复位。帖木儿还在锡瓦斯平原上阅兵，然后经过开塞利，向安卡拉进军。此时，巴耶塞特正在安卡拉。

1402年7月20日，帖木儿的大军和巴耶塞特军在安卡拉以北的丘布克进行了决战。战斗从早上6点一直打到夜幕降临，将近100万人参加了战斗。巴耶塞特的军队是从被征服的各个民族中征集的。尽管塞尔维亚人和塞尔维亚王斯提芬仍然忠实于他，但是，艾登、门泰斯、萨鲁汉和克米安的突厥人都对帖木儿表示钦佩。当他们看见自己的王公们都在帖木儿军中，于是阵前倒戈了。

在这场战斗中，帖木儿充分利用了他从印度带来的战象。巴耶塞特带领他大约一万人的奥斯曼帝国近卫军和塞尔维亚军坚持战斗了一整天，直到他的卫队全部被歼灭后，在日落时分他才撤退。不幸的是，由于他的马瘸了，巴耶塞特和他的一个儿子一起被俘。

帖木儿对巴耶塞特表现得很是优待。可是，巴耶塞特试图逃跑。最后，巴耶塞特被关在四周有铁栏的轿中随军而行。受到这样的挫折和屈辱，几个月后，1403年3月9日，巴耶塞特在阿克谢希尔去世了。

奥斯曼军队被打败，苏丹被俘，对帖木儿来说，征服西安纳托利亚只不过是一次旅途行军而已。他下令在屈塔希亚停止进军，让前锋军全速前进，去掠夺奥斯曼都城布鲁萨。根据伊本·阿拉不沙和歇里甫丁的描述，这些征服者们像一群野蛮的游牧民，他们放火烧了布鲁萨。帖木儿的孙子阿布·巴克尔一直冲到尼西亚（伊兹尼克），到处烧杀掳掠。帖木儿继续围攻士麦那（后来的伊兹米尔），当时，这座城属于罗德的骑士们。在发起进攻前，帖木儿规劝士麦那的长官纪尧姆·蒙特，让他皈依伊斯兰教。纪尧姆·蒙特愤怒地拒绝了。根据《武功记》中的记载，从1402年12月2日开始，帖木儿军开始围攻士麦那，直到两个星期后战斗才结束。士麦那是在受到猛攻之后才陷落的。除了少数骑士乘着基督教的船逃走，全城的居民都遭到了大屠杀。帖木儿对士麦那城的攻占，以及随之而来的大屠杀，都使安卡拉之战演变成了一场圣战。

接着，帖木儿军前去围攻突厥—意大利人的重要商业中心福西亚。福西亚及时向帖木儿纳贡，得到了救赎。热那亚的贸易公司"马霍恩"还拥有对岸的希俄斯岛，也向帖木儿表示效忠，拜占庭摄政者约翰七世在帖木儿要他臣属时，也立刻派使者前往表示依从。

虽然士麦那城民遭到屠杀，但是帖木儿对巴耶塞特的胜利却拯救了基督教。因为自从巴耶塞特战胜了尼科堡的十字军后，被奥斯曼人牢牢封锁的拜占庭人就临近末日，拜占庭的覆灭似乎指日可待。奥斯曼人在安卡拉遭到的突然灾难，又使拜占庭帝国出人意料地苟延了半个世纪（从1402～1453年）。在帖木儿对西亚的征服中，获利最多的是拜占庭，就如同莫斯科维将从帖木儿对金帐汗国的胜利中获利一样。

打败了奥斯曼帝国后，帖木儿采取了各种措施以防止它复兴。因此，巴尔干的基督教世界更走运了。在突厥人的小亚细亚地区，帖木儿正式恢复了十年前被巴耶塞特消灭的诸异密国。巴耶塞特曾经剥夺了卡拉

▽ 被俘的巴耶塞特

1402年，帖木儿率领包括火枪手、战象和骑兵在内的军队，在安卡拉以北的丘布克打败了巴耶塞特。这幅油画描绘了胜利者后的帖木儿手持藤杖，身佩腰刀，骄傲地走进囚室，成为囚徒的奥斯曼苏丹巴耶塞特神情沮丧地坐卧在榻上。

▽ 奥斯曼帝国近卫骑兵

打败奥斯曼帝国后，帖木儿采用扶持各异密国、制造分裂等手段削弱奥斯曼帝国，其领土也被瓜分。曾经令拜占庭人和基督教世界恐慌的奥斯曼帝国陷入危机，10多年后才结束分裂局面。图为头戴尖翎高帽的奥斯曼帝国近卫骑兵。

曼异密阿拉丁在东弗里吉亚和利考尼亚的领土，帖木儿就任命阿拉丁的儿子穆罕默德二世为科尼亚和拉兰达（即卡拉曼）的统治者。同样，帖木儿让伊斯芬迪亚家族恢复了在帕夫拉戈尼亚的卡斯塔莫努的异密地位；在马格尼西亚（今马尼萨），他让以希德尔沙为代表的萨鲁汉异密们复位；在屈塔希亚和卡拉希沙尔，他让克米安的雅库伯异密复位；艾登的异密伊萨也在以弗所附近恢复了自己的伊洛尼亚封地。复位的还有卡里亚的门泰斯异密伊牙思、吕基亚泰凯的异密乌斯曼等。从此，奥斯曼在亚洲的领土又仅限于北弗里吉亚、比萨尼亚和密细亚地区。另外，帖木儿还特地在为继承权吵不休的巴耶塞特的儿子们之间制造分裂，进一步削弱

奥斯曼人。

1404年，帖木儿回到河中地区。接着，他在撒马尔罕接见了卡斯提国王亨利三世派来的使者克拉维约。后来，克拉维约给我们留下了一本有关他旅行的珍贵资料。他经过君士坦丁堡、特拉布松、桃里寺、剌夷，在1404年8月31日抵达撒马尔罕。9月8日，帖木儿接见了他。

 ### 远征中国

现在，帖木儿开始考虑征服中国了。当时的中国已经推翻了成吉思汗蒙古人建立的元朝，并把蒙古人赶走了，正处于明朝的统治之下。此时的明朝正处于势力的顶峰，开国君主洪武皇帝（即朱元璋）要求原察合台汗国向他表示效忠。所以在1385年，朱元璋派使者们前往中亚。傅安（字之道）和刘伟到了哈密、哈剌火州（吐鲁番）和亦里八力，在这些地方，他们轻易就说服了察合台家族的可汗们，或者说是杜格拉特部的异密们向明朝表示效忠。但是在撒马尔罕，他们却被帖木儿的官员们逮捕，直到经过长时期的谈判才获得释放。不过，帖木儿还在1387年、1392年、1394年，分别派使者携带礼物前往明朝见朱元璋。1395年，洪武帝朱元璋又派傅安携带一封向帖木儿表达感谢的信到撒马尔罕。

当帖木儿宣布他要征服中国，让汉人都皈依伊斯兰教，并开始在讹答剌聚集大军时，永乐皇帝（1403～1424年在位）刚刚即位。

在历史上，这可能是中国文明遭受过的最严重的威胁之一。因为，此时中国要面对

的，并不是尊重佛教和儒学，同时也希望成为天子的某个类似忽必烈的入侵，而是一位狂热的穆斯林，他要使这个国家全面改信伊斯兰教，而这可能会彻底摧毁中国的文明，深刻改变中国的社会。永乐皇帝是很好战的，他可能会成为帖木儿最有价值的对手。中国一直都处于极端危险中，直到1405年1月19日，帖木儿在讹答剌病逝，终年71岁。

帖木儿之门

对于当时的明朝来说，军备强大、处于鼎盛的帖木儿帝国是其最危险的敌人。但幸运的是，帖木儿很快就于1405年病逝。这幅《帖木儿之门》描绘了帖木儿汗国布满纹饰的王宫之门，以及手持长枪，背负弓箭、盾牌的穆斯林卫兵，基本都是蒙古人的装备。

4. 沙哈鲁的统治

成吉思汗去世后，蒙古帝国内部大约经历了30年的和平（1227～1259年），直到忽必烈和阿里不哥处于敌对状态。不过，帖木儿死后，河中地区的突厥帝国又因为帖木儿的儿子和孙子们之间的争吵而四分五裂。

帖木儿留下了一个庞大的家庭。在他的临终遗嘱中，给了每个儿子和孙子一份封邑，同时他又企图保留长子的继承权。他的长子只罕杰儿大约在1375年就去世了，比帖木儿早去世很多年，所以他试图让只罕杰儿的长子，皮儿·马黑麻·伊本·只罕杰儿继承他的王位，做帝国的首领。当时，皮儿·马黑麻·伊本·只罕杰儿29岁，是东阿富汗斯坦（巴里黑、喀布尔和坎大哈）的长官。与此同时，家族中的其他成员也都得到了大块的封邑。结果，虽然帝国原则上是在

帖木儿的征服

帖木儿的理想是建立一个像成吉思汗时候的大帝国，在位期间先后征讨了花剌子模、东西伊朗、钦察汗国、印度、埃及、奥斯曼帝国等。疆域从德里到大马士革，从咸海到波斯湾，可以说是继成吉思汗后第二个大帝国。

1400～1403年，征讨奥斯曼帝国。围攻锡瓦斯，在丘布克打败并囚禁奥斯曼苏丹巴耶塞特

1371～1379年，征讨花剌子模。围攻都城玉龙杰赤三月后破城，领土并入帖木儿帝国

1392～1394年，征讨钦察汗国和阿富汗，打败脱脱迷失，摧毁都城萨莱，解除钦察汗国的威胁

1371年～1400年，六次远征蒙兀儿斯坦。赶走哈马儿干，召回成吉思汗后裔黑的儿火者，缔结盟约、联姻

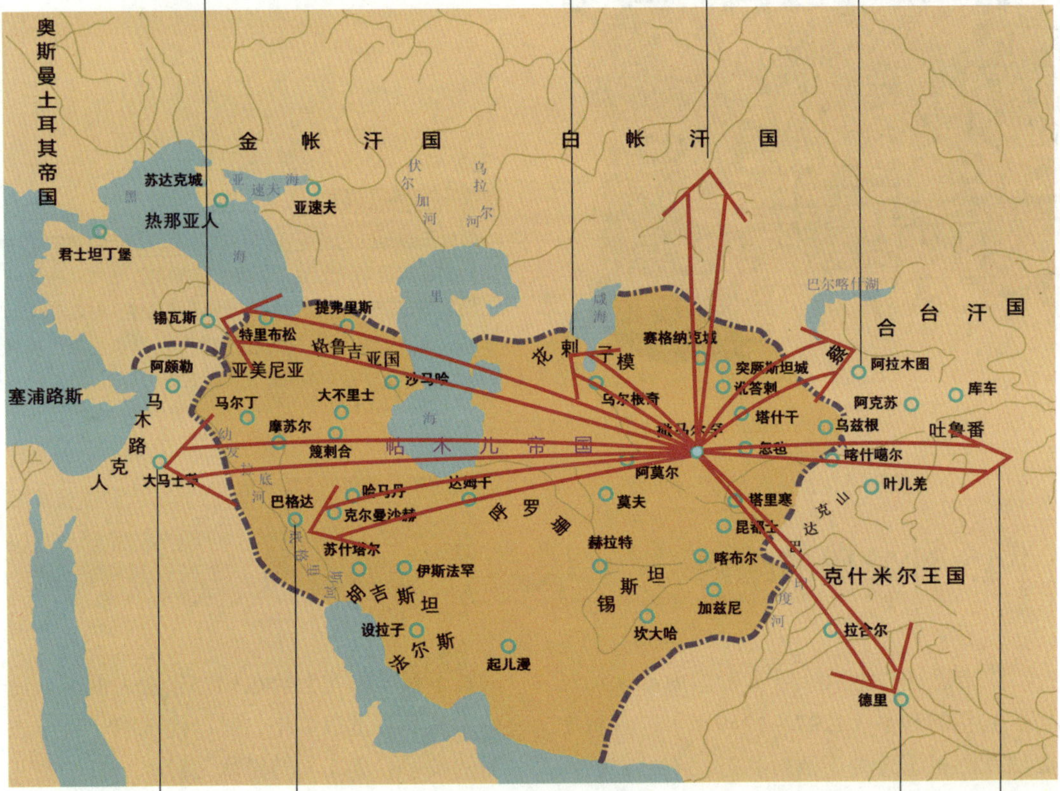

1400～1401年，征讨埃及马木路克。在阿颇勒城打败马木路克，攻陷大马士革并洗劫一空，随后返回

1381～1401年，征讨东、西伊朗。攻陷赫拉特、巴格达等，东、西伊朗小国和蒙古残余被清除，阿合木逃亡埃及

1398～1399年，征讨印度。攻陷并洗劫德里后返回

1404～1405年，计划征讨明朝。未到达便病死途中

皮儿·马黑麻·伊本·只罕杰儿的统治之下，实际上却已经分裂。

帖木儿的次子乌马尔·沙黑，也在帖木儿之前去世。1391年时，在迪牙巴克尔的战役中乌马尔·沙黑被杀。但他的儿子皮儿·马黑麻、罗思檀、昔干答儿和拜哈拉都保留了他的遗产，拥有法尔斯（泄剌只）和伊剌克·阿只迷（哈马丹和伊斯法罕）。

帖木儿的三子是米兰沙，当时38岁，得到了木干草原、阿哲儿拜占（桃里寺）和伊剌克阿拉比（巴格达）。不过，由于米兰沙有一次从马背上跌落下来，致使脑部受伤，从此变得狂暴而残酷，帖木儿不得不将他置于类似家庭会议的监护之下。于是，米兰沙的儿子，年仅22岁的乌马儿—米尔扎就以父亲的名义统治着上述地区。不久后，米兰沙的其余两个儿子阿不巴克尔和哈里勒就暴露出了他们的野心。

帖木儿的四儿子是沙哈鲁，帖木儿去世时他28岁。他接受了呼罗珊地区。在帖木儿

◆ 老年帖木儿

帖木儿留给每个儿孙一份封地，但试图让长子一脉继承王位。然而满怀野心的儿孙们并不满足，在他去世后，四个儿孙为获取帝国统治权而开始了争吵、政变。图为在观看舞女表演的晚年帖木儿。

塞尔柱人	古兹人		可萨人	钦察人		满族人	卡尔梅克人
		阿瓦尔人	保加尔人		蒙古人	塔吉克人	

第十一章 帖木儿

的家庭中，他是最稳重的，也是最具有政治头脑的人。

帖木儿去世后的第二天，争吵、政变和宫廷纷争就开始了。帖木儿把最高权力留给了孙子皮儿·马黑麻，可是皮儿·马黑麻却在远离河中地区的坎大哈，面对政变来不及采取任何行动。帖木儿的另外一个孙子，即米兰沙的四子哈里勒，当时年仅21岁，在塔什干被军队拥立为王。哈里勒率军向撒马尔罕进军，并于1405年3月18日在撒尔马干登上了帝位。皮儿·马黑麻离开阿富汗进入河中地区，可是却在内塞弗（卡尔施）附近被哈里勒击败。尽管皮儿·马黑麻仍然拥有阿富汗的领地（巴里黑、喀布尔和坎大哈），然而在1406年，他被自己的丞相杀害。可以想象，一旦哈里勒稳住了王位，他必然会大肆挥霍帝国的财富，用权力满足他的宠妻、可爱的夏德·穆尔克的各种奇怪念头。然而不久后，哈里勒的行为就激起了异密们的反抗。大约在1406年或者1407年，他们废黜了他，并推举帖木儿的四子沙哈鲁为河中之王。当时，沙哈鲁已经统治着呼罗珊，他把伊剌克·阿只迷的剌夷划给了年轻的、无所作为的哈里勒，表示对他的抚慰。1411年，哈里勒死于剌夷。

在帖木儿的家族中，沙哈鲁出类拔萃。虽然帖木儿本人令人畏惧，可是他的这个儿

▽ 贸易互访

沙哈鲁是一位开明的君主，他不再像帖木儿那样四处征伐，而是注重国内经济和文化的发展。他改变了帝国与明朝的敌对关系，转而通过派遣使节互访，重建起两国之间的贸易关系。图为帖木儿帝国的乌兹别克商队商人正与其他国家的商人交谈。

子却性情温和。不过，温和不是懦弱，他也是一个英明的统治者和一名勇敢的战士。他仁慈、谦虚，热爱波斯文学，既是一个伟大的建设者，也是诗人、艺术家的保护者。总之，他是当时亚洲最杰出的统治者之一。所谓的帖木儿文艺复兴，即波斯文学和艺术的黄金时代，正是在沙哈鲁的统治期间（1407～1447年）发生的，而沙哈鲁对此具有决定性的意义。沙哈鲁把赫拉特作为自己的都城，他的儿子兀鲁伯（被指命为河中长官）住在撒马尔罕，赫拉特和撒马尔罕成为帖木儿文艺复兴最灿烂的中心。

沙哈鲁直接统治的地区并没有超过河中和东伊朗。伊斯法罕和法尔斯属于他的侄儿皮儿·马黑麻、罗思檀、昔干答儿和拜哈拉。从一开始，这些宗王就承认自己臣属于沙哈鲁，他们不时地请求沙哈鲁为他们之间

▽ 沙哈鲁的出生

沙哈鲁曾接受过良好的宗教和文化教育，在位时扶持文学艺术、兴建清真寺、宗教学校、图书馆等，对于当时所谓的帖木儿文艺复兴具有决定意义。首府赫拉特是当时著名的伊斯兰学术文化中心之一。图为沙哈鲁出生时，帖木儿在凉亭下接过他，仆人们载歌载舞的场面。

的纠纷进行仲裁。尤其是在1415年，沙哈鲁来到伊斯法罕，废黜了昔干答儿，留下罗思檀作为他的代理人；然后他又到泄剌只，对侄儿拜哈拉的暴动进行了惩罚，并将他流放。

帖木儿的继承者之间发生的争吵和无政府状态，并没有给东伊朗带来混乱，因为明智而有能力的沙哈鲁总是能够制止他们，并在他们之间进行有效的调解，使之重归于好。但是，在西波斯、阿哲儿拜占和伊剌克阿拉比，情况却不是这样。按照帖木儿的遗嘱，这些地区分给了帖木儿的三子米兰沙。可是，因为米兰沙的脑部受伤而性情暴躁，所以这些地区就归他的两个儿子阿不巴克尔和乌马儿所有，但是兄弟两人却互相忌恨，争斗不断。他们之间的不和为该地区原统治者们的复辟提供了可乘之机。要知道，这些人都是被帖木儿赶跑了的，如巴格达苏丹阿合木·札剌儿和黑羊部土库曼首领哈拉·玉素甫。1405年，阿合木札剌儿又回到了巴格达。哈拉·玉素甫也结束了在埃及的流亡生活，重返阿哲儿拜占，在纳希切万附近打败了阿不巴克尔，重新占有了桃里寺城（1406年）。阿不巴克尔和父亲米兰沙企图占领阿哲儿拜占，可是1408年4月20日，在一场决定性的战斗中，哈拉·玉素甫再次令他们惨败，米兰沙被杀。在东方史上，这是最重要的战役之一，它使帖木儿在西方的征服成果荡然无存。四年之后，帖木儿的后裔被赶出了西波斯。

现在，黑羊部首领哈拉·玉素甫成了阿哲儿拜占的统治者，他以桃里寺为都城，建立起牢固的统治。但随后，他与巴格达的苏丹、他的老盟友阿合木·札剌儿发生了冲突。阿合木企图夺取阿哲儿拜占，但是，1410年8月30日阿合木在桃里寺附近被打败，并于次日遭到暗杀。巴格达和伊剌克阿拉比从此落到哈拉·玉素甫的手里。就这样，哈拉·玉素甫成为从谷儿只边境到巴士拉的大王国的君主。在短短几个月之内，这个以巴格达和桃里寺为都城的黑羊部土库曼王国（喀拉—科雍鲁），就成为东方的强国之一。1419年，哈拉·玉素甫进一步利用帖木儿王朝内部的纷争，占

桃里寺城的争端

桃里寺城即今大不里士城。米兰沙的两个儿子阿不巴克尔和乌马儿互相争斗，让伊朗前苏丹阿合木和黑羊土库曼首领趁机占领了桃里寺城。随后更是在夺取阿哲儿拜占中米兰沙被杀死，帖木儿西征的战果被消除了。图为前伊朗苏丹阿合木会见桃里寺城贵族，接受投降的场面。

领了苏丹尼耶和伊剌克·阿只迷的可疾云（德黑兰加兹温）。

这些事件引起了沙哈鲁的忧虑，他决定为兄长米兰沙报仇，重建帖木儿王朝在西波斯的统治。沙哈鲁率领着一支强大的军队从赫拉特出发，前往阿哲儿拜占。不过，在沙哈鲁到来之前，在1419年12月，哈拉·王素甫去世了。他的儿子昔干答儿企图抵抗，但是被沙哈鲁打败。1421年，沙哈鲁征服了阿哲儿拜占。此时，假如沙哈鲁能够乘胜追

西波斯的争夺

在对西波斯的统治上，沙哈鲁虽然几次征讨，但无意占领。这种忽视让土库曼人立足了跟脚，最终成为真正的统治者。随后，黑羊王朝、白羊王朝为此展开了争夺。

1421～1434年	沙哈鲁三次远征阿哲儿拜占，但昔干答儿都逃而后返
1434年	沙哈鲁赶走昔干答儿后，委托其兄弟管理阿哲儿拜占
	沙哈鲁攻而不占，反而委托他人管理，等于承认了黑羊王朝土库曼人对阿哲儿拜占和巴格达的占领
1452～1458年	沙哈鲁死后，只罕沙先后夺取了伊剌克·阿只迷、伊斯法罕、法尔斯和起儿漫
	同为土库曼人的黑羊王朝和白羊王朝开始展开争夺
1467年	白羊王朝的乌宗·哈桑袭击并杀死了只罕沙，成为西波斯王

击,那么帖木儿的复辟王朝可能会存在得更长久。可是不久后沙哈鲁就回到了呼罗珊,而昔干答儿马上又重新占领了阿哲儿拜占。1429年,沙哈鲁又再次前来打败了昔干答儿。可是,等沙哈鲁军一走,昔干答儿又再次占领这一地区。

1434年,沙哈鲁派出第三支远征军到阿哲儿拜占,和以往一样,昔干答儿很轻易地逃走了。沙哈鲁并没有在阿哲儿拜占任命一位帖木儿王朝的长官,而是将这个地方的统治权委托给了昔干答儿的亲兄弟只罕沙(1435年),这等于变相承认了黑羊王朝土库曼人对阿哲儿拜占和巴格达的占领。沙哈鲁死后的1452年,只罕沙便侵占了帖木儿王朝的伊剌克·阿只迷,接着在1458年又占领了伊斯法罕、法尔斯和起儿漫。在只罕沙死的时候,黑羊王朝并没有受到来自帖木儿王朝的报复,反而是受到了在迪牙巴克尔扎营的另一支土库曼人白羊王朝的冲击。白羊王朝的首领乌宗·哈桑袭击只罕沙,并且于1467年11月11日,在穆什地区杀害了他。然后,乌宗·哈桑成了西波斯王。所以,不管沙哈鲁做了什么样的努力,到最后,西波斯仍然永远脱离了帖木儿后裔的统治,落入土库曼人的手中。

对中国,沙哈鲁放弃了帖木儿的征服计划,与明朝永乐皇帝互相派了一些使者往来。例如:1417年,沙哈鲁派阿答乞儿·脱花赤到北京,随后,曾经在帖木儿时期访问过河中地区的傅安回访了撒马尔罕和沙哈鲁宫廷所在地赫拉特。这些出使的目的,主要是为了重建两国之间的贸易关系,事实上,这种贸易关系早在忽必烈和察合台时期的两蒙古汗国之间就已经存在了。

在其他地区,沙哈鲁也和帖木儿一样。1425年,沙哈鲁派他的儿子兀鲁伯率领一支远征军进攻蒙兀儿斯坦的察合台汗国。根据《两幸福之会合》一书中的记载,在这次远征中,兀鲁伯打败了察合台的失儿·马黑麻。强大的杜格拉特家族首领、喀什和莎车的君主,拥立王者忽万达,由于信仰伊斯兰教而与兀鲁伯联合,并加入了在伊塞克湖东北、伊犁河南部支流察里恩河以北的兀鲁伯的军队。

1447年3月2日,沙哈鲁去世,他的儿子兀鲁伯继位。兀鲁伯长期担任河中长官,文化很高,是一位学者,尤其对天文学很感兴趣。他还是一位诗人,曾经使在撒马尔罕的宫廷成为波斯文学的中心。不过,兀鲁伯缺乏统治才干。乌兹别克人趁机袭击了河中地区,并蹂躏撒马尔罕,打碎了兀鲁伯著名的瓷塔,毁坏了他的画廊。兀鲁伯十分随和,结果却为亲属们所玩弄,成为亲生儿子阿不都·剌迪甫的牺牲品。阿不都·剌迪甫在巴里黑反叛,并监禁了自己的父亲。1449年10月27日,阿不都派人处死了父亲。次年5月9日,阿不都同样遭人暗杀。

5. 卜撒因的统治

兀鲁伯死后，帖木儿王朝的内战继续进行着。在1450~1451年，兀鲁伯的一个侄儿阿不都剌成为撒马尔罕和河中地区的统治者，另一个侄儿巴布儿·米儿咱统治着赫拉特和呼罗珊（1452~1457年）。1452年，阿不都剌被另一位帖木儿后裔、米兰沙的孙子卜撒因打败并杀死。然后，卜撒因在乌兹别克汗阿布海儿的帮助下，夺取了撒马尔罕王位。阿布海儿成了锡尔河河岸、从塞格纳克到乌兹根之间的主人，以及调停帖木儿王朝纷争的仲裁人。这是一次反帖木儿子孙们的、意想不到的成吉思汗国的复兴。察合台家族的宗王们，或者说蒙兀儿斯坦（伊犁和裕勒都斯地区）的可汗们，似乎也迫不及待地做出了类似的反响。

蒙兀儿斯坦汗也先不花二世（1429~

卜撒因时期的帖木儿帝国

米兰沙的孙子卜撒因在乌兹别克汗阿布海儿的帮助下，夺取了撒马尔罕王位。1457年，卜撒因成功成为呼罗珊和河中两个地区的君主，开始恢复帖木儿帝国辉煌。他的对手是蒙兀儿斯坦的可汗。图为15世纪时卜撒因统治下的帖木儿帝国。

1462年）的驻地在伊塞克湖、库车和喀什之间的阿克苏。他恢复了察合台人对河中边境的传统性的入侵，蹂躏了赛拉木、突厥斯坦城和塔什干（1451年及其后几年），但是，刚登上撒马尔罕王位的卜撒因追击也先不花，并在怛逻斯城附近击溃了他的军队。

呼罗珊王、帖木儿的后裔巴布儿·米儿咱死后，在1457年，卜撒因占领了这个地区。7月19日，卜撒因进入赫拉特。作为呼罗珊和河中两个地区的君主，卜撒因开始恢复帖木儿帝国。

卜撒因采取了传统方式来削弱察合台汗也先不花二世。1429年，也先不花曾经把兄长羽奴思赶走。羽奴思汗逃到撒马尔罕的兀鲁伯处避难。卜撒因想给也先不花树立一个敌对者，于是在1456年承认羽奴思为合法汗。羽奴思用帖木儿王朝借给他的军队重返蒙兀儿斯坦，并使其西部，即伊犁一带承认他的统治，也先不花则仍然统治其东部地区，即裕勒都斯和畏兀儿地区。不久后，羽

帖木儿帝国世系

帖木儿去世后，帝国陷入了内战，并呈现出了东西分治的情况。但是他们都被乌兹别克汗国吞并了。

1.帖木儿时期，都撒马尔罕
帖木儿1370～1405年 皮尔·马黑麻1405年，帖木儿长孙，旋废。哈里勒1405～1409年

2.哈烈国时期，都赫拉特
沙哈鲁1409～1447年，帖木儿四子
兀鲁伯1447～1449年
阿布都·拉迪甫1449～1450年
阿布都剌1450～1451年
卜撒因1451～1469年

分裂为两个王朝，南北并立

3.撒马尔罕王朝时期，都撒马尔罕
速檀·阿合马1469～1494年
速檀·马合谋1494～1495年
拜孙哈尔1495～1497年
速檀·阿里1497～1500年

1500年，亡于乌兹别克汗国昔班尼

4.呼罗珊王朝时期，都赫拉特
速檀·忽辛·拜哈拉1469～1506年
巴迪·匹曼1506～1507年

1507年，亡于乌兹别克汗国昔班尼和

奴思向喀什进军。但是在喀什和阿克苏两城之间被匆匆从裕勒都斯赶来的也先不花和喀什的杜格拉特异密赛义德·阿里阻截和击溃。大约在1458年，羽奴思再次逃到河中卜撒因处避难。卜撒因又借了援军给他，随后，他依靠这支援军又在蒙兀儿斯坦西部，即伊犁附近和伊塞克湖方向重新建立起了统治。与此同时，东蒙兀儿斯坦继续由也先不花统治。1462年，也先不花去世，这些地方又归其儿子笃思忒·马黑麻（1462～1469年在位）统治。笃思忒·马黑麻通常住在阿克苏。于是，卜撒因通过在两个敌对支系之间分裂其领土的办法，消灭了察合台人的复兴势力。

卜撒因在波斯同样也很活跃。波斯西部，即阿哲儿拜占、伊剌克阿拉比和伊剌克·阿只迷，连同伊斯法罕、法尔斯和起儿漫城，已经处于土库曼黑羊部首领只罕沙的统治之下。1458年，只罕沙进军呼罗珊，并在7月占领了赫拉特。但是，6个月后，已经撤往巴里黑的卜撒因在穆尔加布河畔重挫只罕沙的儿子皮儿·布达克，缓解了呼罗珊的紧张局势。在达姆甘和剌夷之间的西模娘城，成为划分帖木儿王朝与黑羊王朝之间的边界（约1458年12月）。只罕沙在他自己国内与一支敌对的土库曼部落，即在迪牙巴克尔的白羊王朝发生了冲突，白羊王朝一直与帖木儿王朝结盟。只罕沙想摆脱这些对手，在1467年向迪牙巴克尔进军。但是，这一年的11月11日，只罕沙在穆什和埃尔津詹之间的基伊遭到白羊王朝首领乌宗·哈桑的突然袭击，战败的只罕沙在逃跑途中被杀。最后，黑羊王朝的领地落入白羊王朝的手中。

乌宗·哈桑以为白羊王朝的老盟友帖木

▽ 卜撒因之死

卜撒因本想在黑羊、白羊两个王朝的互相争斗中得利，然而1467年白羊王朝突袭打败并吞并了黑羊王朝。随后卜撒因向白羊宣战，却在马哈茂达巴德被俘虏、杀死。他的死亡，意味着帖木儿帝国对西波斯统治的瓦解，帖木儿的辉煌一去不返。图为卜撒因率军行进，右下角即白羊王朝的乌宗·哈桑。

儿人将赞同这一变化。但是，卜撒因考虑的却是利用这两个土库曼王朝之间的冲突，恢复自己对西波斯的统治。事实上，卜撒因已经答应了只罕沙的儿子哈散阿里的请求，出面进行干预，试图从胜利的乌宗·哈桑手中夺取阿哲儿拜占。在哈散阿里的要求下，卜撒因向乌宗·哈桑宣战。他穿过伊剌克·阿只迷，进入阿哲儿拜占，向阿拉斯河下游和库拉河下游草原上的乌宗·哈桑的大本营卡拉巴赫进军。由于冬季来临，乌宗·哈桑按照土库曼人的方式已经溜走了，卜撒因决定在气候温和的卡拉巴赫度冬。然而，卜撒因向阿拉斯河进军时，在马哈茂达巴德发现道路已经被乌宗·哈桑封锁了。由于缺乏给养，卜撒因企图撤退，但是在1469年2月11日他被土库曼人俘虏了，6天后被乌宗·哈桑处死。当时卜撒因年仅40岁。

卜撒因是最后一位帖木儿君主，他曾经企图恢复从喀什到外高加索的帖木儿帝国，可是没有成功。这与其归咎于国外的敌人，不如归咎于他国内亲属们的不断反叛。卜撒因的失败也结束了帖木儿的成就，他去世后，整个西波斯都落入了白羊王朝的手中。从此以后，乌宗·哈桑成了桃里寺、巴格达、泄剌只、伊斯法罕、苏丹尼耶、剌夷、甚至起儿漫无可争议的统治者，以波斯国王的面目出现（1469～1478年在位），他的家族长期占有这一地区，并且把桃里寺作为都城，直到1502年波斯民族的萨菲王朝崛起为止。

6. 最后一批帖木儿人

历史上，最后一批帖木儿人与强大的土库曼人的波斯王国为邻，仅仅是河中和呼罗珊这两个地区的小诸侯，甚至连这有限的领地也在家族的内讧中被分割。卜撒因的儿子速檀·阿黑麻只继承了父亲在河中地区的统治，把撒马尔罕作为都城（1469～1494年在位）。与此同时，曾被卜撒因削弱的蒙兀儿斯坦的察合台汗国又重新统一并强大起来。裕勒都斯和畏兀儿斯坦的察合台统治者、笃思忒·马黑麻的儿子和继承者怯别二世（约1469～1472年）已经被暗杀了，他的伯祖父羽奴思当时已经是西蒙兀儿斯坦（伊犁）的可汗，喀什的杜格拉特部异密们又与他联合，重新统一了察合台汗国的领地，成为中亚地区最强大的君主。此时，形势已经颠倒了，在河中王阿黑麻与其兄弟、费尔干纳王乌马儿·沙黑的纷争中，羽奴思成为末代帖木儿诸王之间的调停者。阿黑麻数次企图发动进攻，羽奴思都使乌马儿·沙黑免受攻击。就这样，费尔干纳的帖木儿王成了真正忠于羽奴思的属臣。在他反叛时，羽奴思惩罚了他，但不久后又原谅了他，并到安集延与他一起举行觐见礼。后来，阿黑麻与乌马儿·沙黑兄弟之间为占有塔什干和赛拉木城，又爆发了新的争吵，羽奴思应邀进行了调解。结果，羽奴思通过把两城划归于自己来解决他们之间的分歧（1484年）。胜利地完成了成吉思汗汗国的复辟后，1487年，羽奴思在塔什干去世。阿黑麻企图趁此机会从其儿子、继承人马哈木手中夺回塔什干，但是，他在塔什干附近的奇尔奇克河（或帕拉克河）被打败了。塔什干仍然是蒙古汗国的驻跸地。

乌马儿·沙黑（1469～1494年在位）在蒙兀儿斯坦的察合台汗的保护下维持着统治。1494年6月8日，乌马儿·沙黑去世，河中王阿黑麻立即企图夺取费尔干纳，但是天不从人愿，他不久也在乌拉·秋别附近去世

▽ **帖木儿后裔的分裂**

卜撒因之后，帖木儿的后裔们只是呼罗珊和河中地区的小诸侯，他们互相争斗，接受蒙兀儿斯坦可汗、真正的中亚君主羽奴思的调解。图为帖木儿后裔诸王在花园里的聚会，华丽的画面已残破，如同此时分裂的帖木儿帝国一样。

塞尔柱人	古兹人			可萨人	钦察人		满族人	卡尔梅克人
		阿瓦尔人	保加尔人			蒙古人	塔吉克人	

的。马合谋是一个挥霍无度的暴君，在位仅一年就于1495年7月去世。而麻素提，则是在与兄弟们的作战中度过了自己短暂的统治生涯，直到被一个背叛他的大臣弄瞎眼睛。拜孙哈尔也曾在撒马尔罕短暂统治过一段时期，但不久就死在了杀害他哥哥的那位叛徒手中。他们的堂兄弟、费尔干纳王巴布尔当时年仅14岁，从这些骚乱中获得了极大的利益。1497年底，巴布尔成为撒麻耳干的君主。但是，他没有能够留在撒马尔罕，因为1498年时撒马尔罕已经转到了巴布尔的堂兄弟、阿黑麻最后一位幸存的儿子阿里手中。

内部的纷争往往鼓励着外来的入侵。成吉思汗长支的后裔、乌兹别克部首领蒙古汗昔班尼已经把目光转向了河中地区。他在锡尔河北岸住下，等待着有利时机。最后一批帖木儿王之间愚蠢的内争给了他机会。1500年，他进入不花剌，接着出现在撒马尔罕城前。帖木儿王阿里仓皇出城与他谈判。昔班尼貌似有文化的王公，实质却保留着草原掳掠者的一切本能，他处死了阿里，登上了河中王位。

在这期间，另一位帖木儿后代速檀·忽辛·拜哈拉仍然在呼罗珊，在帖木儿家族成员进行大混战时，他成为吉尔甘和马赞达兰的统治者，把阿斯特拉巴德作为都城（1460年9月）。1461年，他被堂兄弟、河中的卜撒因驱逐，被迫流亡，直到卜撒因去世，他的命运才开始出现转机。1469年3月25日，赫拉特居民承认他为国王，他统治着呼罗珊，一直到1506年5月4日去世。

虽然他的领地范围有限，但是他的统治却长达37年，是东方史上最有成效的统治者之一。速檀·忽辛性格温和、仁慈，他使赫

巴布尔狩猎图

在河中王阿黑麻的儿子互相争斗、纷纷死去时，费尔干纳王乌马儿·沙黑之子、未来的"莫卧儿皇帝"巴布尔渔翁得利，夺取了撒马尔罕，但随后就被乌兹别克首领昔班尼赶走，被迫逃亡。图为骑马的巴布尔带领众多骑马、骑象的仆从们狩猎的场面。

（1494年7月）。费尔干纳仍然是乌马儿·沙黑的儿子、未来的"莫卧尔大帝"巴布尔的财产。

阿黑麻死后，留下了一个兄弟马合谋和三个儿子：麻素提、拜孙哈尔和阿里。他们为了争夺河中地区的所有权争吵不休。其实，他们对撒马尔罕王位的占有都是短暂

拉特宫廷成为知识分子的荟萃之地。他邀请到赫拉特宫廷的人中，有波斯诗人札米、两位波斯史学家（祖父及孙子）米尔空和宽德密尔、伟大的波斯画家毕赫札德，以及麦什德的书法家速勒坦·阿里。他任命最早用察合台突厥文写诗的伟大诗人、著名的密儿·阿里·失儿·纳瓦依（1441～1501年）作为自己的大臣。他能够流利地用波斯文和突厥文写作，并极力向人们证明，作为文学语言的突厥文可以与波斯文匹敌，甚至还能超过波斯文。在这段时期，赫拉特可以说是帖木儿文艺复兴时期的佛罗伦萨。

就这样，帖木儿，这位历史上最残暴的突厥征服者和最野蛮的破坏者，他的第四代孙子却成了波斯王公、诗人和酷爱艺术的人。在他的保护下，波斯文明重放异彩。另外，纳瓦依也使发展起来的察合台突厥文学成为波斯文艺复兴的一部分。赫拉特城曾经被成吉思汗的蒙古大军严重破坏，还受到过帖木儿的过分虐待，如今它又呈现出萨曼王朝统治下的面貌，如同布哈拉和撒马尔罕一样，并且还加入了一些自13世纪以来各种文明大融合而导致的特性。

但是，正如赫拉特只是沙漠中的一片绿洲一样，这仅仅是两次入侵之间的短暂插曲而已。忽辛·拜哈拉的儿子、继承人巴迪·匝曼（1506～1507年）开始面临乌兹别克人的入侵。1500年开始，乌兹别克人就已经成为河中地区的统治者。乌兹别克首领昔班尼迫使巴迪·匝曼向穆尔加布河附近的霍伊巴巴逃亡，并在1507年占领了赫拉特。

于是，和不花剌与撒马尔罕地区一样，呼罗珊也落入了昔班尼家族的乌兹别克汗手中。在这一百年里，成吉思汗家族最终战胜了帖木儿族。

忽辛·拜哈拉

忽辛·拜哈拉是帖木儿王朝的末代苏丹，他长达37年的统治是东方史上最有成效的统治之一。执政期间他大力支持文学和艺术发展，使波斯文明重放异彩，许多艺术家都在其赫拉特宫廷任职。图为赫拉特王忽辛·拜哈拉。

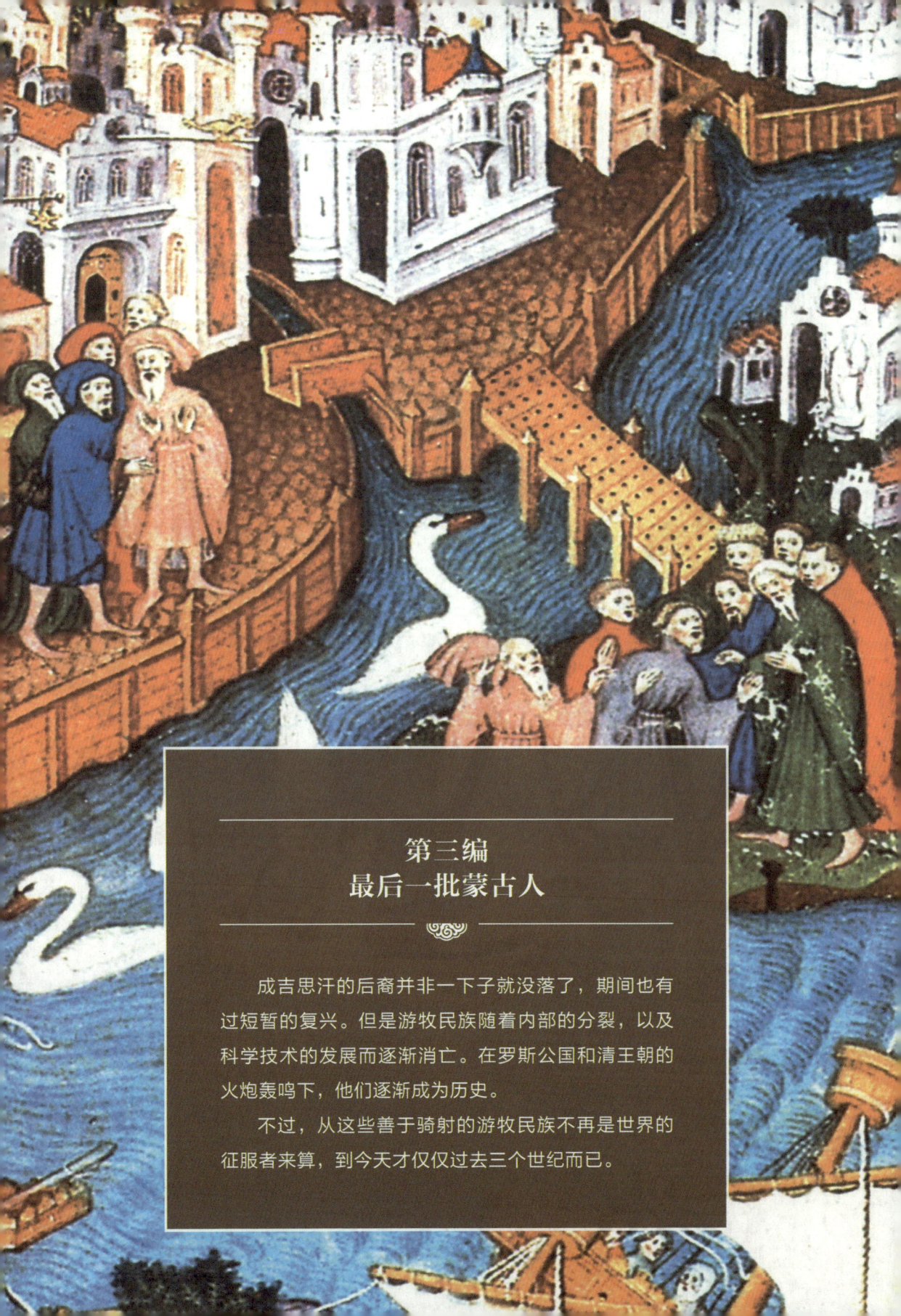

第三编
最后一批蒙古人

成吉思汗的后裔并非一下子就没落了，期间也有过短暂的复兴。但是游牧民族随着内部的分裂，以及科学技术的发展而逐渐消亡。在罗斯公国和清王朝的火炮轰鸣下，他们逐渐成为历史。

不过，从这些善于骑射的游牧民族不再是世界的征服者来算，到今天才仅仅过去三个世纪而已。

第十二章
罗斯的蒙古人

15世纪初,金帐汗国逐渐解体,分裂出了克里米亚汗国、喀山汗国和阿斯特拉罕汗国,并开始与罗斯公国的战争。随着喀山汗国的灭亡,罗斯人从蒙古人长达240年的统治下解放了出来。

1. 金帐汗国的结束

蒙古势力并非一朝一夕就能全部消失。最后一批成吉思汗后裔反击帖木儿王朝后裔的事件告诉我们，在长时期内，它一次接一次地突然爆发出活力。16世纪，一个成吉思汗王朝曾经在帖木儿的王位上有过短暂的复兴。直到很久以后，在17世纪下半期和18世纪中期，西蒙古人企图牺牲华夏民族的利益，恢复成吉思汗的汗国。在中世纪的历史上，蒙古人这最后的尝试是伟大的一页，我们现在简要论述一下。

帖木儿在罗斯的晚期活动是扶持了帖木儿·忽特鲁格取代脱脱迷失。帖木儿·忽特鲁格登上了金帐汗国（钦察汗国）的王位。同时，他也属于白帐汗国的家族、即斡儿答家族的成员。1399年8月13日，他在第聂伯河支流沃尔斯克拉河附近打败了立陶宛大公维托夫特，维托夫特在脱脱迷失的鼓动下，企图干涉金帐事务。这次胜利后，帖木儿·忽特鲁格巩固了蒙古人在罗斯的统治。他去世后，他的兄弟沙狄别继续统治钦察草原（约1400～1407年在位）；东部草原则由白帐汗国的另一位后裔、科利贾克统治。科利贾克接受帖木儿的保护。沙狄别率军洗劫了罗斯的里亚赞公园的边境地区。后来，在帖木儿·忽特鲁格的儿子、沙狄别的侄儿不剌汗（不剌·锁鲁檀）统治时（约1407～1412年），1408年12月，金帐汗国的军队在亦敌忽的率领下进军莫斯科大公国，放火焚烧了下诺夫哥罗德和戈罗杰茨，封锁了莫斯科，直到得到一笔战争捐款才撤退。

在沙狄别和不剌汗的统治下，实权掌握在亦敌忽的手中。亦敌忽是诺盖或曼吉特部落的首领。大约1412～1415年，金帐汗国的另一位名叫帖木儿的新汗拒绝服从亦敌忽的专政，于是爆发了内战。最后，帖木儿杀死了亦敌忽。

在库楚克·马哈麻汗的长期统治（1423～1459年）下，金帐汗国逐渐解体了，并建立了喀山汗国和克里米亚汗国。同时，由瞎子巴西尔二世大公（1425～1462年在位）统治的莫斯科大公国也因权位之争而陷于瘫痪。后来，库楚克·马哈麻的儿子阿黑麻汗（约1460～1481在位）与罗斯大公伊凡三世大帝（1462～1505年在位）进行了一场具有决定性的实力较量。为了动摇金帐汗国的地位，伊凡三世企图获得克里米亚汗明里·格来的支持，并且可能在喀山汗廷中找到了盟友。1476年，伊凡三世委托威尼斯商人马可·拉菲与西波斯国王、土库曼人乌宗·哈桑签订了反萨莱汗廷的第三次盟约。孤立了金帐汗国后，伊凡三世就不再交纳贡赋。1474年，阿黑麻命令伊凡三世交纳贡赋，并派去了使者哈拉库楚姆。1476年，阿黑麻又派去了使者，命伊凡三世前往汗国。伊凡三世拒绝了。阿黑麻与波兰王卡西米尔四世联盟，包围了莫斯科大公国，并进军莫斯科。为了阻止阿黑麻的进军，伊凡占领了奥卡河畔的阵地。蒙古人向西推进时，伊凡又占领了

金帐汗国世系

金帐汗国由术赤开始，经拔都武力扩张，一度曾分裂为拔都的金帐、斡儿答的白帐。脱脱迷失时曾一统金帐、白帐。15世纪时金帐汗国逐渐解体，分为阿斯特拉罕汗国等多个汗国。图为金帐汗国的世系表，包括部分白帐汗。

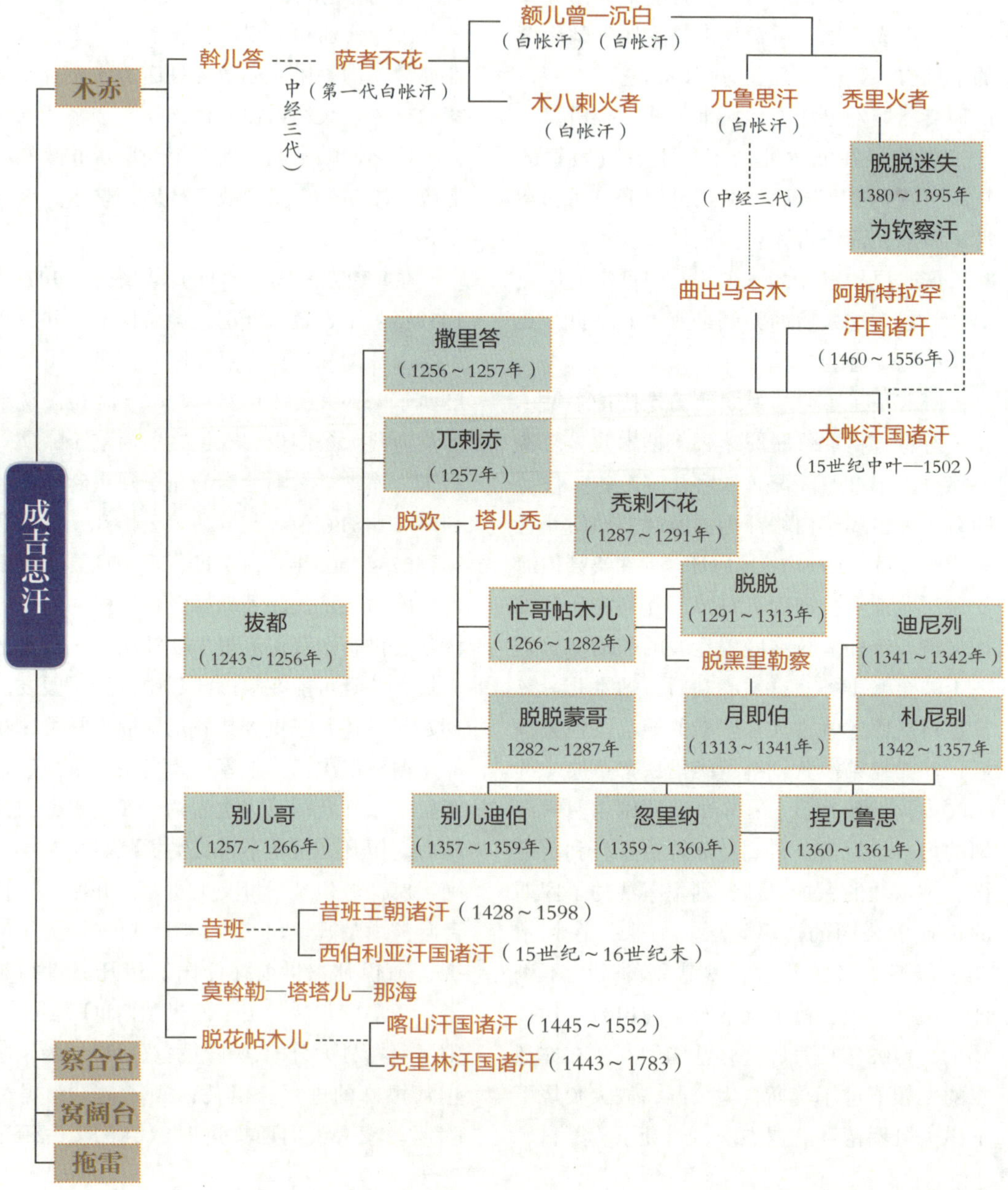

成吉思汗
- 术赤
  - 斡儿答 ------（中经三代）
    - 萨者不花（第一代白帐汗）
      - 额儿曾—沉白（白帐汗）（白帐汗）
      - 木八剌火者（白帐汗）
      - 兀鲁思汗（白帐汗）
        -（中经三代）
        - 曲出马合木
      - 秃里火者
        - 脱脱迷失 1380~1395年 为钦察汗
          - 阿斯特拉罕汗国诸汗（1460~1556年）
          - 大帐汗国诸汗（15世纪中叶—1502）
  - 拔都（1243~1256年）
    - 撒里答（1256~1257年）
    - 兀剌赤（1257年）
    - 脱欢
      - 塔儿秃
        - 秃剌不花（1287~1291年）
        - 忙哥帖木儿（1266~1282年）
          - 脱脱（1291~1313年）
            - 脱黑里勒察
            - 月即伯（1313~1341年）
              - 迪尼列（1341~1342年）
              - 札尼别（1342~1357年）
                - 别儿迪伯（1357~1359年）
                - 忽里纳（1359~1360年）
                - 捏兀鲁思（1360~1361年）
        - 脱脱蒙哥 1282~1287年
  - 别儿哥（1257~1266年）
  - 昔班
    - 昔班王朝诸汗（1428~1598）
    - 西伯利亚汗国诸汗（15世纪~16世纪末）
  - 莫斡勒—塔塔儿—那海
  - 脱花帖木儿
    - 喀山汗国诸汗（1445~1552）
    - 克里林汗国诸汗（1443~1783）
- 察合台
- 窝阔台
- 拖雷

斯基泰人 | 萨尔马特人 | 匈奴人 | 鲜卑人 | 柔然人 | 突厥人 | 厌哒人 | 回鹘人 | 契丹人 | 女真人

乌格拉河阵地（1480年）。两军在乌格拉河对阵了很长时间。事实上，两人都有些犹豫不决，因为伊凡不愿把俄罗斯的命运孤注一掷，阿黑麻也担心在后方被克里米亚汗袭击。10月，阿黑麻的军队在难以忍受的严寒中撤离了乌格拉河，并带着战利品返回萨莱。这场没有战斗的战役，导致了1480年俄罗斯的解放。

不久后，在乌拉尔河以东游荡的昔班部落首领伊巴克突然袭击了阿黑麻。阿黑麻被杀害。1501年，阿黑麻的儿子和继承人赛克赫阿里与立陶宛人联盟，对俄罗斯重新采取敌对态度，但是，伊凡三世也与克里米亚汗联盟，对付赛克赫阿里。1502年，克里米亚汗明里·格来攻占并摧毁了萨莱。

就这样，金帐汗国结束了。它的领地分别被克里米亚汗国、喀山汗国和阿斯特拉罕汗国瓜分了。

莫斯科公国的解放

1476年，罗斯大公伊凡三世与包括克里米亚汗国、喀山汗国、西波斯及土库曼人等结盟，孤立金帐汗国。金帐汗国的阿黑麻汗包围了莫斯科，但未战而退，随后俄罗斯于1480年从金帐汗国中解放。图中在众人簇拥下坐在椅子上观望的老者，是历代莫斯科大公和沙皇的始祖丹尼尔·亚历山德罗维奇。

2. 克里米亚汗国、喀山汗国和阿斯特拉罕汗国

1430年，拔都弟弟秃花·帖木儿的后裔哈吉·格来建立了克里米亚汗国。1441~1442年，在哈吉·格来的统治下，发行了第一批钱币。克里米亚汗国东以顿河下游为界，西至第聂伯河下游，向北延伸到耶列兹城和坦波夫。1454年，哈吉·格来把克里米亚河南岸的巴赫切萨拉伊，即原奇尔克耶城作为自己的都城。哈吉建立的格来王朝一直延续到了1771年。1783年，克里米亚汗国被并入俄国。哈吉去世后，他的儿子们为争夺王位吵吵不休。最初，哈吉的次子努儿道剌特获胜（1466~1469年和1475~1477年在位），但最后的胜利者是哈吉的六子明里·格来（1469~1475年和1478~1515年在位）。为感谢喀发的热那亚人帮助他捉住努儿道剌特，1468年，明里·格来对喀发的热那亚人进行了访问，同时，土耳其苏丹穆赫默德二世派了一支骑兵，由哥杜克阿赫麦德帕夏统率，在1475年6月4~6日攻占了喀发。由于热那亚人的挽留，明里·格来也被困在了喀发，并被奥斯曼人俘虏。两年后，他作为苏丹的属臣被送回克里米亚。克里米亚南岸直接由奥斯曼人管理，在喀发设了一位常驻帕夏。伊斯兰·格来二世（1584~1588在位）即位后，开始以土耳其苏丹的名字诵读胡特巴。但是，克里米亚钱币上仍然铸着格来王朝诸汗的名字。1502年，明里·格来给予了金帐汗国致命的打击。

喀山汗国是在金帐汗国瓦解后形成的。在金帐汗国的开库楚克·马哈麻统治期间（1423~1459年），乌鲁·穆罕默德（拔都弟弟秃花·帖木儿的后裔）与儿子马赫穆提克住在喀山，并建立了一个独立的汗国。这个汗国从1445年延续到1552年，其范围大致相当于伏尔加河中游和卡马河流域的原保加尔王国，居民基本上是说突厥语的切列米

土耳其苏丹攻占喀发

在克里米亚汗国处于诸子夺权的处境时，土耳其苏丹穆罕默德二世派兵攻占喀发，并俘虏了在此访问的克里米亚汗明里·格来。此后，整个克里米亚汗国都成为土耳其苏丹的臣属国。图为土耳其骑兵攻打喀发时的战争场面。

斯人和巴什基尔人，说芬兰—乌戈尔语的摩尔多维亚人，以及楚瓦什人。1446年，乌鲁·穆罕默德被儿子马赫穆提克暗杀。马赫穆提克统治时（1446～1464年），完成了新开国的创建。马赫穆提克的兄弟卡西姆（死于1469年）逃到莫斯科大公国。大约在1452年，莫斯科公国把奥卡河畔的、以他的名字命名的卡西莫夫城划给了他，于是，卡西莫夫小汗国隶属于莫斯科大公们，并成为莫斯科大公们干涉喀山事务的工具。卡西姆与俄罗斯人一起开始了反喀山的战争。

金帐汗国瓦解后，1466年，阿斯特拉罕汗国也建立了。这个汗国是金帐可汗库楚克·马哈麻的孙子（名字也叫卡西姆）创建的。阿斯特拉罕城继承了原萨莱城的某些重要商业。但是，由于汗国的东部是伏尔加河下游，西部是顿河下游，南部在库班河和捷列克河之间，所以，它在历史上的作用并不大。此外，汗国还被克里米亚和诺盖（乌拉尔河地区）两国的可汗们分裂，他们轮流把自己推选的可汗强加给阿斯特拉罕汗国。

俄罗斯南部和东部的所有成吉思汗汗国人都被称为蒙古人。尽管这些王朝确实是纯成吉思汗蒙古人的血统，但是，由于钦察草原一直都是以突厥人为主体，所以，蒙古人只是其中小部分而已，并且已完全具有突厥人的特征。

这三个汗国的历史是抵抗俄国人入侵的历史。最先，喀山汗国受到俄国的打击。马赫穆提克的儿子喀山汗易不拉欣坚决反抗俄国人的入侵，并且在1468年征服了维亚特卡，但不久后他就被迫与俄国人讲和，并交还了自己俘获的人。后来，为继承王位，易不拉欣的两个儿子伊尔哈姆和穆罕

◆ 莫斯科大公瓦西里三世

金帐汗国分裂出的三个汗国一直处于抵抗俄罗斯的处境，喀山汗国与继承莫斯科大公的瓦西里·伊凡洛维齐互相反复攻伐，最终莫斯科军队占了上风，喀山汗国再度俯首称臣。图为莫斯科大公瓦西里三世。

默德·阿明发生了争吵。最后伊尔哈姆获胜。阿明向俄国人求援，俄国人派一支军队护阿明回喀山，拥立他登上王位，取代了伊尔哈姆的位置（1487年）。但是，1505年，阿明反叛俄国，并在第二年打败了一支莫斯科公国的军队。

阿明死后，乌鲁·穆罕默德建立的喀山王朝就绝嗣了（1518年）。于是，俄国人和克里米亚人开始争夺喀山汗国的王位。莫斯科大公瓦西里·伊凡洛维齐（巴西尔三世，1505～1533年）把汗国给了阿斯特拉罕家族幼支的一位王公沙赫·阿里。从1516年开始，阿里一直在瓦西里的监督下在卡西莫夫城实施统治。克里米亚汗、明里·格来的儿子和继承人穆罕默德·格来（1515～1523

莫斯科火炮

在与诸汗国的对抗中,莫斯科大公瓦西里·伊凡洛维齐的军队已经装备有大炮,曾先后击败克里米亚汗穆罕默德·格来、喀山汗国军队。图为16世纪莫斯科大公的大炮。

沙皇伊凡四世

伊凡四世·瓦西里耶维奇是莫斯科大公瓦西里三世之子,出生时正好闪电雷鸣,因此被称为"伊凡雷帝"。1547年,他加冕成为俄国历史上第一位沙皇,在位时的军事改革使俄罗斯逐渐强大。图为俄国第一位沙皇伊凡四世像。

年)也开始了行动。1512年,他把自己的兄弟沙希布·格来扶上喀山王位。穆罕默德·格来和沙希布·格来将两部联合之后,对莫斯科公国发动了突然入侵,赶跑了奥卡河畔的一支俄国军队,并在1521年兵临莫斯科城郊。但是,他们不敢贸然攻击俄国人的都城,而是迫使俄军指挥官作出交纳年贡的许诺。他们携带大批俘虏返回,并在喀发市场上把俘虏作为奴隶出售。1523年,穆罕默德·格来再次企图入侵俄国,却在奥卡河畔被用大炮武装的莫斯科公国的军队阻止。

但是,穆罕默德·格来没有来得及享受胜利,1523年,他遭到马迈的诺盖汗的袭击,并被暗杀。马迈残酷蹂躏了克里米亚。1524年,穆罕默德·格来的兄弟沙希布·格来把儿子沙法·格来留在喀山,自己返回克里米亚。1530年,莫斯科公国把沙法·格来驱逐出去,让沙赫·阿里的兄弟杰·阿里取而代之。沙希布·格来成为克里米亚汗后,喀山爆发了民族起义。起义中,杰·阿里去世,沙法·格来在父亲沙希布的支持下复位(1535年)。1546年,俄国人又把被保护的沙赫·阿里带到喀山,但是等俄国人一走,沙法·格来又返回喀山。直到1549年,沙法一直占据着喀山王位。他去世后,俄国人废除了他的儿子奥特米什,再次让沙赫·阿里取而代之。

紧随着,一场新的民族运动推翻了沙赫·阿里的统治,并从诺盖汗国召来了阿斯特拉罕家族的一位宗王雅迪格尔。莫斯科公国的伊凡四世(伊凡雷帝,1533～1584年在位)决定结束喀山的独立。1552年6月,他的大军带了几门大炮围攻喀山城,并在10月2日攻占了喀山城,然后大批屠杀城内的男性居民,奴役妇女和儿童,推倒了清真寺,吞并了喀山汗国的领土。

喀山汗国的灭亡标志着俄国人与成吉思汗蒙古人的关系进入转折点。接着,俄国人又去征服阿斯特拉罕汗国。1554年,伊凡雷帝派了3万大军到阿

喀山汗国的灭亡

1552年，俄罗斯沙皇伊凡雷帝带着大炮围攻喀山城，攻陷后展开屠杀，推倒清真寺，吞并了喀山汗国。随后又征服了阿斯特拉罕汗国。两个汗国的灭亡，代表着俄罗斯已经由从属国独立，更转变为各汗国的宗主国。图为俄罗斯的骑兵。

斯特拉罕，并任命一个名叫德尔维希的成吉思汗后裔为纳贡臣。第二年，德尔维希反叛，赶走了俄国驻官曼苏罗夫。1556年春，俄国军队再次出现在阿斯特拉罕，赶走了德尔维希，将阿斯特拉罕并入俄国。

克里米亚汗国幸存了两百多年，因为格来王朝臣属于奥斯曼人，受苏丹政府的舰队和军队的保护。所以，虽然彼得一世由于卡尔洛维茨（1699年）条约占领了亚速海，但在普鲁特（1711年）条约中，又不得不把亚速海归还给克里米亚汗国。1736年，俄国人再次占领亚速，甚至占领了巴赫切萨拉伊，但是，由于贝尔格莱德（1739年）条约，又

再次把占领的地方归还了汗国。最后，由于库楚克凯纳尔吉（1774年）条约，俄国人迫使苏丹政府承认克里米亚汗国的"独立"。接着俄国代理人使道勒特·格来三世垮台，其堂兄弟沙希因·格来取而代之。很快，沙希因·格来就成了叶卡捷琳娜二世的附庸（1777年）。不久后，克里米亚贵族起义反对沙希因，沙希因请求俄国人援助。波特金率7万大军到达克里米亚，并在1783年吞并了克里米亚。沙希因被赶走，越过了奥斯曼人的边境，被突厥人送到罗德斯岛。他在这个岛上被杀。这样，在法国大革命前夕，欧洲最后一个成吉思汗汗国灭亡了。

塞尔柱人	古兹人		可萨人	钦察人		满族人	卡尔梅克人
	阿瓦尔人	保加尔人			蒙古人	塔吉克人	

第十三章
昔班家族

15世纪，昔班家族建立了乌兹别克汗国。阿布海尔掌权时，汗国处于顶峰，成为河中地区的王。但在与波斯萨菲王朝的征战中逐渐消亡，昔班尼的头颅被做成了酒具，家族分裂成了布哈拉汗、希瓦汗国和浩罕汗国。

1. 从昔班到阿布海儿

当波斯、中国、河中和俄罗斯南部的成吉思汗家族各支正在衰落与灭亡时，这个家族的其他支系开始占据他们的位置。昔班家族便是其中一员。

昔班家族出自成吉思汗的孙子、金帐汗拔都和别儿哥的兄弟昔班。1241年，昔班在匈牙利的蒙古战争中表现杰出。成吉思汗临终前，他获得了南乌拉尔河东部和东南部地区，在东南方向包括阿克纠宾斯克大部分地区和图尔盖。今天，这些地区都被中帐和小帐的吉尔吉斯人占据着（中帐在西到托博尔河源，东至额尔齐斯河上游的谢米巴拉金斯克之间，小帐在乌拉尔河与萨雷河之间）。昔班和他的继承者们，夏季在乌拉尔山区、伊列克河（奥伦堡南部的乌拉尔河支流）和伊尔吉兹河之间扎营；冬季在萨雷河附近扎营。直到14世纪末，这些地区才彻底属于昔班部落。他们与在萨雷河草原和兀鲁塔山区漫游的白帐部落为邻。在1380年，脱脱迷失的到来使得白帐汗国被归并到了金帐汗国，几乎整个白帐部落向俄罗斯南部迁移。所以，整个萨雷河和兀鲁塔山地区，如同图尔盖一样，都由昔班家族占据着。大约在14世纪中期，臣服于昔班家族的各部落开始被称为月即别，即乌兹别克。

建立乌兹别克的是昔班家族的王子阿布海儿。阿布海儿是一个充满冒险精神的人。1428年，他17岁时，在今西伯利亚托博尔斯克以西的图拉河畔被宣布为昔班部落的可汗。很快，他就从另外一些术赤后裔的手中夺取了乌拉尔河以东和锡尔河以北的整个兀鲁思。1430～1431年，他还占据了花剌子模，洗劫了玉龙杰赤。并在1447年左右，以牺牲帖木儿王朝为代价，控制了从塞格纳克到乌兹根一带的锡尔河沿岸设防城市。同

◇ **阿布海儿坐像**

1428年，阿布海儿在今托博尔斯克以西的图拉河畔宣布成为昔班部落可汗，建立乌兹别克。随后，夺取了乌拉尔河以东和锡尔河以北的原术赤家族的整个封地，并占据了花剌子模。图为阿布海儿坐在宝座上的画像。

| 塞尔柱人 | 古兹人 | | | 可萨人 | 钦察人 | | 满族人 | 卡尔梅克人 |
| 阿瓦尔人 | 保加尔人 | | | 蒙古人 | 塔吉克人 | | | |

第十三章　昔班家族

乌兹别克汗国与哈萨克人

在遭到西蒙古卫特人的打击后，阿布海儿的权威大为削弱，一部分牧民东迁到楚河流域，在东察合台汗国的支持下，建立了独立的哈萨克汗国。此后，仍留在阿布海儿汗国旧地的游牧人称为乌兹别克人，分离出去的称为哈萨克人。图为生活在阿富汗的乌兹别克人。

时，雅西城（今突厥斯坦）仍然属于帖木儿王朝。当帖木儿的后裔为权位起纷争时，阿布海儿趁机干涉河中事务。1451年，他帮助帖木儿王朝的卜撒因获得了撒马尔罕王位。

在阿布海儿掌权时，昔班家族处于顶峰期。大约1456～1457年，当昔班家族受到西蒙古人，即卫拉特人或称卡尔梅克人的入侵时，阿布海儿的帝国从托博尔斯克的邻地延伸到了锡尔河。卫拉特人的领地包括大阿尔泰山和杭爱山脉，从塔尔巴哈台和准噶尔一直到贝加尔湖西南岸，地跨黑额尔齐斯河、乌伦古河、科布多和乌里亚苏台等地，以及色楞格河和库苏泊河源。此时，卫拉特人正向外扩张，从北京郊区一直掠夺到西突厥斯坦。在一次战斗中，阿布海儿被他们打败，被迫逃到塞格纳克，于是，锡尔河中游北岸的全部地区被其占领。

从此，阿布海儿的力量受到削弱。在此之前，两名臣属他的首领克烈和札你贝也背弃了他，投奔了察合台汗也先不花二世（死于1462年）。他们要求也先不花拨给土地，也先不花把他们安置在蒙兀儿斯坦边境地。在后来几年中，尤其是在大约1465～1466年间，臣属于阿布海儿的大批游牧部落也离开了他，投奔了克烈和札你贝，过着独立生活。这些游牧民分离出来后，被称为哈萨克人，或吉尔吉斯—哈萨克人。中帐的疆域是在阿克纠宾斯克与谢米巴拉金斯克之间的草原；小帐的疆域是从乌拉河河口到萨雷河；大帐的疆域是从突厥斯坦到巴尔喀什湖南岸。1468年，阿布海儿在一次反吉尔吉斯—哈萨克人的决战中被杀。大约三年后，蒙兀儿斯坦的察合台汗羽奴思击溃了忠实于阿布海儿的最后一批乌兹别克人。至于吉尔吉斯—哈萨克人则建立了一个过着游牧生活的国家，当最初的两位首领死后，这个国家就由他们的儿子，即克烈的儿子巴兰都黑（约1488～1509年在位）和札你贝的儿子哈斯木（约1509～1518年在位）统治。哈斯木曾经企图占领塔什干，但最后没有成功。

2. 穆罕默德·昔班尼和昔班尼汗国

阿布海儿去世那年，即1468年，他的儿子沙·布达克也去世了。蒙兀儿斯坦的察合台汗羽奴思曾经援助吉尔吉斯—哈萨克人反乌兹别克人，但是在塔什干和突厥斯坦之间的卡拉森吉尔角袭击了他，并砍下了他的头。

沙·布达克的儿子，17岁的穆罕默德·昔班尼开始了他的士兵生活。他效劳于当时在塔什干进行统治的西蒙兀儿斯坦的察合台汗马合木。马合木对他很满意，就在大约1487～1493年，把突厥斯坦作为封地赐给了他。在马合木汗的帮助下，昔班尼很快强大起来，并开始干涉河中事务。他趁着最后一批帖木儿王朝的后裔们为王位争吵之时，在1500年夏率军进入了不花剌，并毫不费力地占领了不花剌。接着，他征服了撒马尔罕城，处死了当时在位的帖木儿王朝统治者阿里，宣布帖木儿朝灭亡，然后自己登上了河中的王位。

不久后，昔班尼把呼罗珊帖木儿王朝的属地花剌子模，即希瓦的土地，并入自己的王国内。从1505～1506年，他围攻希瓦。当时，驻守希瓦的是总督胡赛因·苏菲。经过10个月的围攻后，他占领了希瓦。接着，他又前去征服呼罗珊，即赫拉特王国。统治呼罗珊的忽辛·拜哈拉刚刚去世，由伊朗的末代帖木儿王朝的国王、无能的巴迪·匝曼取代了。昔班尼开始围攻巴里黑，从1506～1507年，直至巴里黑投降。三天后，即1507年5月27日，最后一个帖木儿王朝的都城赫拉特投降。

另外一个成吉思汗王朝是蒙兀儿斯坦（伊犁和塔什干）的察合台诸汗的王朝，当时以塔什干的马哈木汗（1487～1508年在位）为代表。最初在马哈木的帮助下，昔班尼迅速崛起。不久后，昔班尼就统治了河中地区。后来，他厌倦了对马哈木的臣属，开始进攻塔什干。马哈木汗向兄弟、统治阿克苏和畏兀儿地区的阿黑麻（1487～1503年在

> **穆罕默德·昔班尼**
> 昔班尼是河中乌兹别克汗国的开国之君，少年时为察合台汗马合木效劳，得到突厥斯坦为封地。1494年，趁帖木儿王朝内讧之际，率军侵入河中绿洲地区。1501年，定都撒马尔罕，形成包括河中地区、呼罗珊和花剌子模在内的大汗国。

昔班尼与萨菲王朝之战

1510年，昔班尼在莫夫城附近被波斯沙赫·伊斯迈尔打败。按突厥报复的传统，波斯沙赫·伊斯迈尔用昔班尼的头盖骨做成一个饮器，并将填满稻草的昔班尼头皮送给另一个突厥君主、奥斯曼苏丹巴耶塞特二世。图为昔班尼被打败的壁画。

位）求助。但是，1503年6月，在费尔干纳、浩罕东北和安集延西北的阿赫昔的一场战役中，昔班尼打败并俘虏了他们。不过，昔班尼对他们以礼相待，不久又释放了他们。从此以后，昔班尼占有了塔什干和赛拉木城。同时，他让儿子和马哈木的女儿联姻，从而获得了两个幸存的成吉思汗家族，即术赤支和察合台支的权力。1508～1509年期间，马哈木再次处于昔班尼的控制之中，昔班尼在忽毡附近处死了他。

穆罕默德·昔班尼成为西突厥斯坦、河中地区、费尔干纳和呼罗珊的主人，乌兹别克帝国成为中亚的主要强国。接着，昔班尼与波斯发生冲突。1055～1502年，在这长达四个半世纪的岁月中，波斯不断臣服于各个突厥和蒙古族的君主。如今，萨菲王朝（1502～1736年）推翻了土库曼人的白羊王朝后刚获得王位，独立不久，又准备从乌兹别克人手中夺回呼罗珊，使伊朗重新统一。实际上，萨菲王朝与乌兹别克人在各个方面都对立，因为他们分别代表伊朗人和蒙古—突厥人，分别代表什叶派和逊尼派。所以，昔班尼王朝和萨菲王朝之间的战争带有宗教战争的特征。昔班尼命令萨菲王朝沙赫伊斯迈尔放弃什叶教，否则的话，乌兹别克人将攻占阿哲儿拜占，用剑强迫他改变信仰。伊斯迈尔则回答说，自己将率军前往呼罗珊腹地麦什德，朝拜伊玛目拜札的圣地。

最后，波斯沙赫实现了自己的誓言。当时，昔班尼在后方受到吉尔吉斯人的攻击。伊斯迈尔利用这一机会，入侵呼罗珊，进入了麦什德。不过，昔班尼率军在莫夫等待着伊斯迈尔。1510年12月2日，在莫夫城附近，昔班尼兵败被杀。

战争后，伊斯迈尔让人用昔班尼的头盖骨做成一个饮器，并派人把用稻草填满的昔班尼的头皮送给另一个突厥君主、奥斯曼苏丹巴耶塞特二世。

表面上，昔班王朝和乌兹别克王国似乎消失了。帖木儿王朝的继承人、印度未来的皇帝巴布尔被驱逐出河中地区后，在喀布尔建立了一个小王国，此时，他正率领伊斯迈尔借给他的军队匆忙赶回河中，并在1511年10月，胜利进入了撒马尔罕城。接着，他又占领了不花剌，乌兹别克人被迫退到塔什干。借助于伊朗人在呼罗珊的胜利，帖木儿王朝在河中地区的复辟似乎完成了。然而，巴布尔却碰到了意想不到的困难。支持他的波斯人信仰什叶教，不花剌和撒马尔罕居民却信奉逊尼教，并斥责他和异端邪说的人谈判，要与他断绝关系，在宗教的骚乱之下，乌兹别克人卷土重来。波斯将军纳吉姆·沙尼和巴布尔在不花剌以北的加贾湾与乌兹别克人交锋，结果他们被打败了（1512年12月12日），纳吉姆被杀，巴布尔放弃了河中地区，退回到原先的喀布尔王国。七年后，他又从喀布尔出发，前去征服印度。

就这样，不花剌、撒马尔罕和整个河中地区又回到乌兹别克人手中。阿姆河是萨菲朝伊朗和乌兹别克汗国的边界。

复国后，从1500～1599年，昔班尼家族一直统治着河中地区。他们的正式都城是撒马尔罕。在塔什干也有昔班王朝的统治者。虽然昔班王朝在语言和文化方面已经突厥化，但是在种族上依然是蒙古人。

在昔班尼的叔叔速云赤统治时（1510～1530年在位），乌兹别克人从波斯人手中夺取了呼罗珊部分地区（1525～1528年），包括麦什德和阿斯特拉巴德在内。1528年9月26日，波斯沙赫塔马斯普在麦什德和赫拉特之间的土尔巴特·杰姆附近打败了乌兹别克人，并夺回了这片地区。1526年，帖木儿后裔巴布尔成为印度皇帝，他想利用乌兹别克人的失败重新夺回河中地区。他的儿子胡马云与波斯沙赫塔马斯普联盟，占领了阿姆河北岸的希萨尔。但是，1529年，当塔马斯普前往西方与奥斯曼人作战时，胡马云被迫撤离希萨尔。速云赤去世那年（1529～1530年）已经把波斯人和帖木儿人赶到了阿姆河以南。昔班尼的侄儿奥贝都剌汗（1533～1539年在位）曾经和速云赤成功抵抗了波斯沙赫伊斯迈尔二世的入侵。

昔班尼之后，其家族成员中最杰出的人是阿布德·阿拉赫二世，他重新统一了被分配出去的家族领土。1557年、1578年和1582年，他陆续统治了不花剌、撒马尔罕和塔什干。在1560～1583年之间，他以父亲伊斯坎德尔的名义实施统治，在1583～1598年间才以自己的名义进行统治。为使河中地区免受吉尔吉斯—哈萨克人的入侵，1582年春天，他率军深入小帐草原，这场战争一直打到萨雷河和图尔盖河之间的兀鲁塔山区。他还远征喀什噶尔，并在途中征服了喀什和叶儿羌城周围地区。最后，他从波斯人手中夺取了包括赫拉特和麦什德城在内的呼罗珊地区，被围攻九个月后，赫拉特投降。麦什德城是

▽ **阿布德·阿拉赫二世**

阿布德·阿拉赫二世是继昔班尼之后该家族最杰出的汗王,他从波斯人手中夺取了呼罗珊境内从赫拉特到阿斯特拉巴德之间的全部要塞,并短时期内征服过花剌子模。图为住在毡帐里的阿拉赫二世。

什叶派穆斯林的圣城,年轻的沙赫阿拔斯没有能够保住它,乌兹别克人劫掠了这座城池,屠杀了部分城民。同样,阿布德·阿拉赫二世从波斯人手中夺取了尼沙普尔、撒卜兹瓦儿、亦思法拉因和特伯斯,即夺取了呼罗珊境内从赫拉特到阿斯特拉巴德之间的全部要塞。巴里黑在1582年成为阿布德·阿拉赫的儿子阿布德·穆明的总督区。

阿布德·阿拉赫二世的晚年很不幸。1597年,波斯王沙赫阿拔斯一世在赫拉特附近打赢了乌兹别克人,解放了呼罗珊。但是,阿布德·阿拉赫的儿子穆明起义反叛父亲,吉尔吉斯人趁机掠夺了塔什干。1598年初,阿布德·阿拉赫去世,阿布德·穆明继位,但他不到六个月就被暗杀了,昔班王朝从此结束。

3. 阿斯特拉罕汗国、布哈拉汗国、希瓦汗国、浩罕汗国

 阿斯特拉罕汗朝和布哈拉汗国

现在,河中地区的乌兹别克汗国转归另一个家族,即札尼家族,或阿斯特拉罕家族所有。

1554年,俄国人吞并阿斯特拉罕汗国,成吉思汗后裔、阿斯特拉罕王朝(斡儿答和兀鲁思汗家族)的一个王子雅尔·穆罕默德者及其儿子札尼伯逃到不花剌,在昔班王朝伊斯坎德尔汗(1560~1583年)那里避难,伊斯坎德尔把女儿嫁给了札尼伯。1599年,阿布德·穆明去世,昔班王朝男系绝嗣,不花剌的王位正式传给昔班家族女继承人与札尼伯生的儿子、阿斯特拉罕王朝的巴基·穆罕默德。

1599~1785年,阿斯特拉罕汗朝统治着河中地区,都城是不花剌。这个王朝还统治

表8 阿斯特拉罕汗朝君主表

君主名称	即位年代	退位年代	在位大事
巴基·穆罕默德	1599年	1605年	继承昔班王朝
瓦里·穆罕默德	1605年	1611年	
伊玛目·库里	1611年	1642年	
纳狄尔·穆罕默德	1642年	1645年	
阿布都拉·阿齐兹	1645年	1680年	
苏布罕·库里	1680年	1702年	
奥贝都拉一世	1702年	1705年	
阿布都拉·哈兹	1705年	1747年	1740年波斯王纳迪尔沙入侵
阿布都拉·穆明	1747年	1748年	
乌贝都拉二世	1748年	1753年	
穆罕默德·拉希姆	1753年	1758年	
阿布·加齐	1758年	1785年	

着费尔干纳，直到大约1700年，浩罕建立独立的汗国。巴里黑也成为阿斯特拉罕汗朝假定继承者们的封地，直到1740年7月被波斯王纳迪尔沙征服。1740年9月22日，纳迪尔沙用大炮打败乌兹别克人，兵临不花剌城下。阿斯特拉罕的阿布勒费兹汗（1705～1747年在位）被迫臣属纳迪尔沙，并承认阿姆河为不花剌地区的南部边界线。

16世纪初，与穆罕默德·昔班尼家族有联系的蒙古部落，还有一个是诺盖部，或称曼吉特部，这个部落来自伏尔加河河口和乌拉尔河之间的草原，即诺盖游牧部落的领地。阿斯特拉罕汗朝统治时，这个部落在不花剌的影响越来越大。18世纪后半期，部首

领在不花剌的地位相当于宫廷侍长。阿斯特拉罕汗国末代可汗阿布·加齐（1758～1785年）统治时，曼吉特首领马桑·沙·穆拉德娶了他的女儿，成为真正的君主，并在后来登上了不花剌王位（1785～1800年在位）。马桑企图牺牲阿富汗杜兰尼国国王帖木儿·沙的利益，蚕食阿姆河南岸的莫夫和巴里黑附近地区。可是直到1826年，巴里黑才并入布哈拉汗国，1841年又被阿富汗人重新征服。莫夫仍然是布哈拉汗国的一部分。

曼吉特王朝的统治是从1785～1920年，都城是布哈拉。1866年，它被迫接受俄国的保护。1920年，成吉思汗的最后一个后裔被苏维埃政权推翻。

塞尔柱人 古兹人　　可萨人 钦察人　　满族人 卡尔梅克人
　　阿瓦尔人 保加尔人　　蒙古人 塔吉克人

第十三章　昔班家族

希瓦汗国

1505～1506年，乌兹别克征服者穆罕默德·昔班尼攻占了花剌子模（希瓦地区）和河中。1510年12月，昔班尼在莫夫战场阵亡，胜利的波斯人占领了河中和花剌子模（1511～1512年），乌尔根赤和希瓦的逊尼派居民起来反抗信奉什叶派的波斯将军们，并赶走了他们。这次起义的首领是昔班家族旁支的伊勒巴斯，他建立了一个脱离布哈拉的汗国。

1512～1920年，昔班王朝统治着花剌子模。昔班王朝中，除了建立者伊勒巴斯（1512～1525年在位），还有哈吉·穆罕默德（1558～1602年在位）。哈吉·穆罕默德统治时，不花剌汗阿布德·阿拉赫二世在1594年和1596年，短期征服过花剌子模。阿拉不·穆罕默德统治（1603～1623年在位）时，一支由一千名俄国人组成的兵团进军乌尔根赤，结果被屠杀。大约在1613年，卡尔梅克人入侵花剌子模，并携带战利品离去。在阿拉不·穆罕默德统治中期，由于阿姆河左边支流干涸，希瓦取代了乌尔根赤，成为希瓦汗国的都城。

▽ 希瓦汗国

希瓦汗国由伊勒巴斯于1512年赶走了波斯人后建立，又称花拉子模汗国。位于阿姆河下游的花拉子模绿洲，统治范围西及里海，南达呼罗珊北部。图为18世纪的希瓦汗国及周边国家。

在希瓦汗国的各个可汗中，最有名的是阿布哈齐（1643～1665年在位）。他也是一位伟大的察合台突厥语的历史学家，著有《突厥世系》一书。阿布哈齐曾打败了和硕特部卡尔梅克人的一次入侵。1648年，卡尔梅克人掠夺柯提地区，阿布哈齐突然袭击，打败卡尔梅克人的首领昆都仑乌巴什，昆都仑乌巴什受伤。阿布哈齐还打退了土尔扈特人对哈扎拉斯普附近地区的掠夺性入侵（1651～1653年）。此外，他还与不花剌汗阿布阿兹交战，并在1661年远征不花剌城。

希瓦汗伊勒巴斯二世杀害了一些波斯使者，引起波斯王纳迪尔沙的愤怒。1740年10月，纳迪尔沙进军花剌子模，伊勒巴斯前往汗卡要塞避难，纳迪尔沙迫使汗卡要塞投降，并在11月攻占了希瓦。他处死了伊勒巴斯。从1740年到纳迪尔沙去世的1747年，希瓦诺汗一直臣属于波斯。

1873年，希瓦汗赛义德·穆罕默德·拉希姆汗被迫屈服于俄国。1920年，希瓦最后一位成吉思汗族君主赛义德·阿拉汗被苏维埃政权废黜。

 ## 浩罕汗国

在昔班家族统治时，费尔干纳是河中汗国的一部分。在阿斯特拉罕汗朝统治初期，由于费尔干纳大部分地区落入吉尔吉斯—哈萨克人之手，对河中的统治已经松散了。大约在1710年，昔班家族中的沙·鲁克把浩罕作为都城，在费尔干纳建立了独立的乌兹别克汗国（约1710～1870年）。

1758年，浩罕可汗额尔德尼被迫臣属清朝。清朝军队曾经抵达他的边境。他企图与阿富汗地区的杜兰尼国王阿黑麻联合对付清军。然而，1763年，杜兰尼在浩罕和塔什干之间的示威没有任何效果。

1800～1809年，浩罕汗国的爱里木汗吞并了塔什干，领土扩大了一倍。爱里木的兄弟、继承人穆罕默德·奥玛尔（约1809～1822年在位）在1814年吞并了突厥斯坦。奥玛尔的儿子、继承人穆罕默德·阿里，或称马达里统治（约1822～1840年在位）时，大帐的吉尔吉斯—哈萨克人占据了突厥斯坦和巴尔喀什湖南岸之间的地区，并臣属于浩罕汗国，这时，浩罕汗国正值鼎盛时期。但是，在1865年前，布哈拉汗国重新征服了塔什干，1865年6月，塔什干又被俄国人夺走。

 ## 西伯利亚的昔班家族

15世纪，有一个突厥—蒙古汗国在额尔齐斯河中游的伊斯克尔（失必儿），今西西伯利亚的托博尔斯克东南崛起。后来，在乌拉尔山以南和托博尔河河源附近漫游的昔班家族很快占据了托博尔河以东的全部地区。1428年，昔班家族首领阿布海儿在托博河支流的图拉河地区被拥立为汗。大约在1480年，昔班家族幼支的另一位王公伊巴克（死于1493年，他在1481年袭击并杀死了金帐汗阿黑麻）从失必儿汗国夺取了图拉河与托博尔河交汇处的秋明城。伊巴克的孙子库程汗（约1556～1598年在位）与失必儿汗雅迪格尔交战。1556年，雅迪格尔汗向俄罗斯沙皇伊凡雷帝求援。1563～1569年，雅迪格尔汗被库程汗打败并杀死，库程汗成为失必儿汗国的主人。库程汗为了巩固统治，同意臣属

西伯利亚汗国

西伯利亚汗国又称失必儿汗国,是从钦察汗国分裂而来,后由昔班家族幼支所统治。1579年,俄罗斯派遣叶尔马克征服西伯利亚,最后被失必儿汗国打败。图为描绘叶尔马克征服西伯利亚的油画。

于沙皇。但是,他的政权巩固后,与俄国为奥斯佳克的保护权发生争执,并进攻俄国人斯特罗甘诺夫建立的碉堡和贸易据点,同时在西伯利亚宣传伊斯兰教。

1579年,伊凡雷帝派哥萨克首领叶尔马克对付西伯利亚。库程汗把军队委托给侄儿

马赫麦特·库耳。1581年，俄国人占领失必儿，库程汗被迫逃亡。

不过，老库程汗继续在丛林中进行游击战。1584年，他在额尔齐斯河的一个岛上袭击了叶尔马克，这位哥萨克首领撤退时被淹死，部下被杀，库程汗夺回了失必儿国。

随后，俄国人重新征服了这个汗国。俄国人向前推进时，分别在秋明（1586年）、托博尔斯克（1587年）和托木斯克建立了军事殖民区。1598年8月20日，库程汗在鄂毕河畔的一场决定性战争中被打败，逃到了诺盖草原，并在这里被暗杀（1600年）。

| 塞尔柱人 | 古兹人 | | | 可萨人 | 钦察人 | | 满族人 | 卡尔梅克人 |
| | | 阿瓦尔人 | 保加尔人 | | | 蒙古人 | 塔吉克人 | |

第十三章 昔班家族

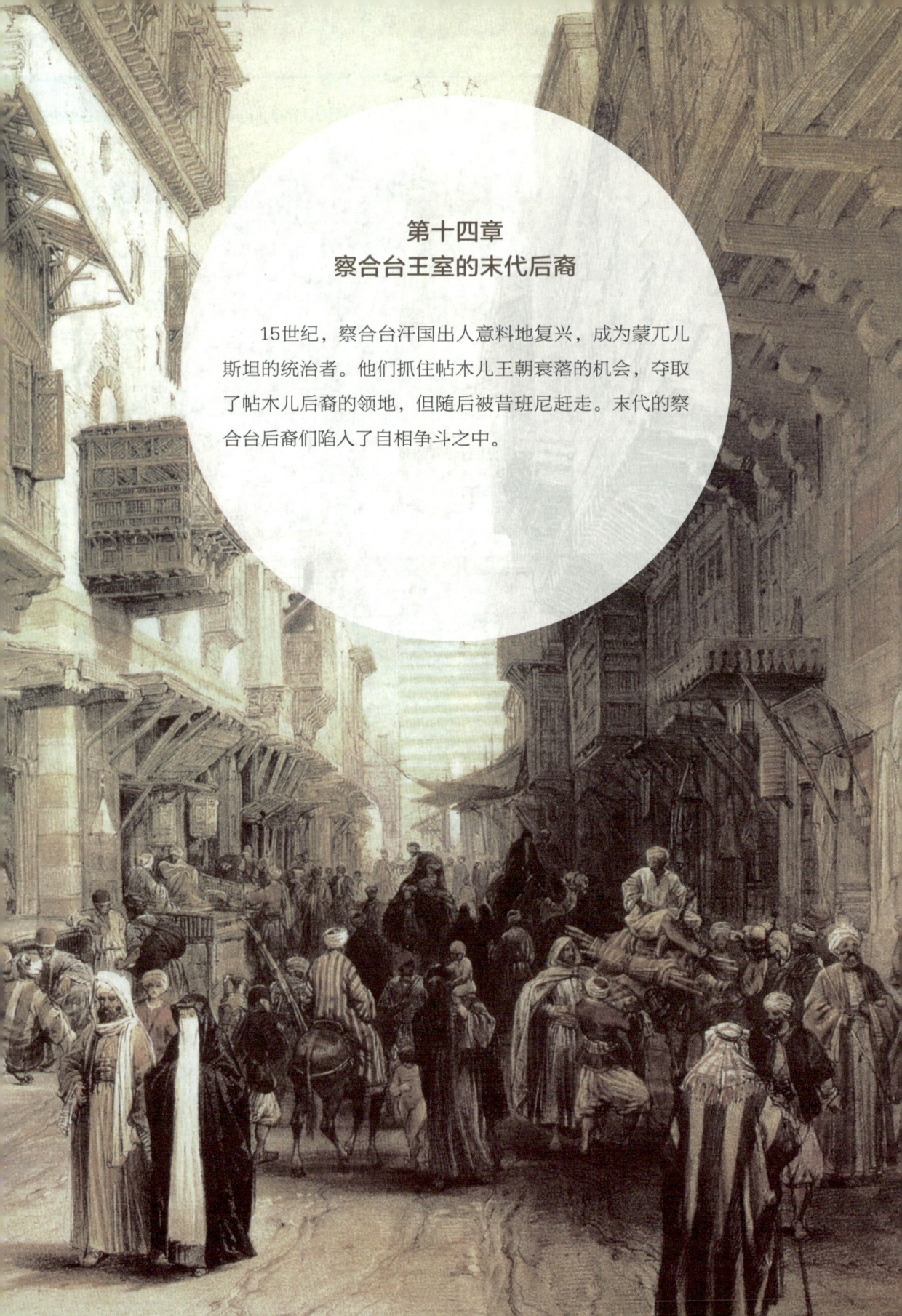

第十四章
察合台王室的末代后裔

15世纪,察合台汗国出人意料地复兴,成为蒙兀儿斯坦的统治者。他们抓住帖木儿王朝衰落的机会,夺取了帖木儿后裔的领地,但随后被昔班尼赶走。末代的察合台后裔们陷入了自相争斗之中。

1. 蒙兀儿斯坦的复兴：歪思汗与也先不花

歪思汗与也先不花

察合台汗国，或称蒙兀儿斯坦，在帖木儿时代暂时失势，15世纪时却出人意料地复兴。这个汗国既包括蒙兀儿斯坦本土，即托克玛克和克拉科尔附近的伊塞克湖地区、伊犁河流域及其支流特克斯河、空格斯河、哈拉塔尔流域、艾比湖盆地和玛纳斯河，还包括畏兀儿斯坦，即库车、喀拉沙尔、吐鲁番，可能还包括喀什、叶儿羌和于阗城在内的喀什噶尔。在察合台可汗的保护下，喀什噶尔成为杜格拉特异密们的祖传领地。

在15世纪的察合台系诸汗中，歪思汗（大约1418～1428年在位）曾经致力于吐鲁番绿洲的灌溉系统。他是一位虔诚的穆斯林，曾经对卫拉特人发动战争，但被卫拉特部脱欢汗的儿子额森台吉俘虏。卫拉特可汗虽然是纯蒙古族人，却不属于成吉思汗系。额森非常尊重歪思汗，并很快释放了他。第二次，歪思汗又在伊犁地区被额森击败。在战斗中，歪思汗的马跌倒了，忠实于他的杜格拉特部首领、喀什君主赛义德·阿里救了他，并把自己的马让给歪思汗，歪思汗得以逃走。第三次，歪思汗与卫拉特人在吐鲁番附近又遭遇了，歪思汗再次被俘，直到歪思汗答应把妹妹留在额森台吉家族才获释。

歪思汗死后（1429年），他的两个儿子羽奴思和也先不花二世身后的支持者为王位开始争夺，此时，羽奴思还不到13岁。最后，也先不花二世的支持者获胜，羽奴思逃到撒马尔罕，在帖木儿王朝兀鲁伯汗宫廷中避难。

也先不花虽然年轻，却统治着蒙兀儿斯坦全境（1429～1462年在位）。曾帮助他夺取王位的杜格拉特部异密赛义德·阿里也更有权势。此时，在察合台汗阿克苏的保护下，格格拉特家族占有拜城和库车，却失去

> **蒙兀儿玉器之镶嵌玉剑柄**
>
> 15世纪，在也先不花继其父歪思执政蒙兀儿斯坦时期，汗国出现了繁荣复兴的景象。图为出产于蒙兀儿斯坦的玉器带镶嵌短剑柄，柄的尾端状似对生两叶中夹一花苞，略向下坠的弧度兼具美感与实用。剑柄装饰有镶金的毛茛纹，并镶嵌红、绿色料。

亦力把里时期

歪思执政时曾举族西迁伊犁河谷，汗国也改名为"亦力把里"。歪思死后，汗国在帖木儿帝国的卜撒因的干扰下，分裂为东、西亦力把里。

- 前亦力把里时期
  - 歪思汗 1418—1428（1418年迁都亦力把里（今新疆霍城））
    - 也先不花第二 1428~1445年
    - 朵思忒·马黑麻 1445~1468/69年
    - 克伯·速檀·乌黑阑 1468/69~1514年 — 仅统治吐鲁番地区
  - 西亦力把里时期
    - 羽奴思 1446~1487年 — 1446年在安集延一带称汗，1469年统一全汗国
    - 速檀马哈木 1487~1509年 — 占据塔什干，后为乌兹别克汗国昔班尼杀死，国亡
  - 东亦力把里时期（1423~1580年）即吐鲁番政权
    - 尹吉儿察 1423~1425年
    - 满哥帖木儿 1425年
    - 巴剌麻儿
    - 也密力火者 1452~1469年；1448年称王
    - 速檀阿力 1469~1478年；始称速檀
    - 速檀阿黑麻 1478~1504年
    - 速檀满速儿 1505~1545年
    - 沙汗 1545~1570年
    - 马黑麻 1570~1580年 — 1580年亡于叶尔羌汗国

了喀什城，这个城池被河中和呼罗珊的帖木儿王朝汗沙哈鲁及儿子兀鲁伯夺走了。大约1433~1434年，赛义德·阿里又夺回了喀什。

也先不花二世曾经与河中帖木儿王朝的卜撒因交战。1451年，他远征帖木儿王国北部边境上的赛拉木、突厥斯坦和塔什干诸城。卜撒因追随他一直来到怛逻斯。在费尔干纳的安集延地区，卜赛因被也先不花攻击后，决定分裂察合台家族的势力。于是，他招来流亡泄剌只的羽奴思，借了军队给他，让他与其弟也先不花作战。在卜撒因的支持下，羽奴思在伊犁附近成为蒙兀儿斯坦西部的可汗，也先不花仍统治着东部各省，即阿克苏，裕勒都斯河流域和畏兀儿斯坦（1456年）。后不久，羽奴思企图占有喀什。喀什君主、杜格拉特部异密赛义德·阿里向也先不花求助，也先不花匆忙赶来，与赛义德·阿里的军队会合，并在喀什东北、通往阿克苏途中的科纳·沙尔把羽奴思赶跑。羽奴思失去了追随者后，到河中卜撒因处寻求援军，并最终在伊犁和伊塞克湖地区重建统治。

也先不花仍然统治着阿克苏，裕勒都斯河地区和蒙兀儿斯坦，他在1462年去世。他的儿子笃思忒·马黑麻当时17岁，行为放荡，疏远了毛拉们（伊斯兰教学者，实际是伊斯兰教宗教贵族），又因为对喀什城的攻击而激怒了杜格拉特家族。他在1469年去世，及时躲过一场大叛乱。他死后，他的伯父统治着伊犁和伊赛克湖地区的羽奴思汗，立即占有阿克苏，当时的阿克苏城是蒙兀儿斯坦的都城。笃思忒·马黑麻的幼子怯别二世被支持者们救出，带到喀拉沙尔（察力失）和畏兀儿地区的吐鲁番，宣布为可汗。四年后，他又被自己的支持者们处死，他的首级带给了羽奴思。此后，羽奴思成为整个蒙兀儿斯坦的唯一君主。

羽奴思和察合台后裔对帖木儿家族的报复

羽奴思恢复了在阿克苏的统治后，面临着额森台吉的儿子阿马桑赤台吉率领的卫拉

> **羽奴思对帖木儿家族的报复**
>
> 帖木儿家族的卜赛因曾挑拨羽奴思和也先不花兄弟争斗，当帖木儿家族的阿黑麻和乌马儿·沙黑争斗时，羽奴思展开了报复。他介入进来，并承担两方调停人的角色，最后却从中得到了两兄弟的塔什干和赛拉木城。图为羽奴思接见他支持的乌马儿·沙黑使者。

特人（或卡尔梅克人）的入侵。卫拉特人在伊犁河附近打败羽奴思，迫使他向突厥斯坦城附近地区撤退。卫拉特人走后，羽奴思回到伊犁。与此同时，隶属于蒙兀儿斯坦的喀什和叶儿羌两城先后由杜格拉特家族异密赛义德·阿里的两个儿子米儿咱·桑尼司（1458～1464年在位）和穆罕默德·海达尔一世（1465～1480年在位）统治。随后是海达尔的统治。海达尔最初在羽奴思汗的保护下和平统治着喀什和叶儿羌。但是，不久后，桑尼司的儿子海达尔的侄儿阿巴扎乞儿占领了叶儿羌，又夺取了于阗城。海达尔乞求羽奴思援助，对付反叛的侄儿，但是，阿巴扎乞儿两次在叶儿羌城下打败了二人（1479～1480年）。阿巴乱乞儿还从叔父海达尔手中夺取了喀什。1480年，海达尔被迫撤往阿克苏，投奔羽奴思汗。

羽奴思汗抓住帖木儿王朝衰落的机会，以调停人的身份干涉河中事务。帖木儿王朝的两个宗王，卜撒因的儿子、撒马尔罕王阿黑麻和费尔干纳王乌马儿·沙黑，为争夺塔什干耗尽了全部力量，最后，乌马儿·沙黑占有了塔什干。当费尔干纳国成为羽奴思的属国后，羽奴思不得不多次出面保护乌马儿·沙黑对付阿黑麻。最后，1484年，羽奴思征得双方同意后，获得了两兄弟争夺的塔什干城和赛拉木城。后来，羽奴思把塔什干作为居住地，并在1486年死在这里。

阿黑麻在父亲死后统治着伊犁、裕勒都斯河流域和吐鲁番地区，直到去世（1486～1503年在位）。一方面，他成功地与卫拉特人（卡尔梅克人）作战，另一方面，又与吉尔吉斯—哈萨克人作战。1499年前后，他从杜格拉特部异密阿巴扎乞儿手中夺取喀什和英吉沙尔城。作为一名能干的成吉思汗后裔，他在国内通过一系列讨伐和处决，征服了反叛的部落首领们。

2. 末代察合台后裔

察台台后裔被赶回天山东部地区

阿黑麻在阿克苏和吐鲁番统治着东蒙兀儿斯坦和畏兀儿斯坦时（1486～1503年），他的兄长马哈木继承了父亲羽奴思，统治着塔什干和西蒙兀儿斯坦（1487～1508年在位）。我们在前面提到过，1488年，撒马尔罕的末代帖木儿王朝人企图收复塔什干，但是在塔什干附近的奇尔奇克或帕拉克地区被马哈木打败。不幸的是，马哈木接纳了穆罕

杜格拉特·米儿咱

米尔咱·海达尔首先是一位著名的政治家与军事家，他帮助赛德汗夺取了喀什、叶儿羌等地。晚年时他创作的《拉失德史》记述了中亚各民族在政治、军事、经济、文化与宗教等方面的发展史。

班尼很快就释放了他们（1502~1503年），但保留了塔什干和赛拉木城。不久后，1503~1504年冬天，阿黑麻在阿克苏因为瘫痪去世。马哈木再次落入昔班尼之手，昔班尼在忽毡附近处死他（1508~1509年）。

马哈木死后，察合台后裔最后被赶出了西突厥斯坦。他们被赶回到天山东部，并在那里过了一百年。阿黑麻去世后，他的长子满速儿成为可汗，统治着畏兀儿斯坦，即吐鲁番、喀拉沙尔（察力失）和库车。他的统治长达40年（1503~1543年）。最初，他遇到许多困难。喀什的杜格拉特部异密阿巴扎乞儿进入阿克苏，掠夺察合台后裔们的财宝，然后继续摧毁了库车和拜城。1514年，满速儿的兄弟赛德汗从阿巴扎艺儿手中夺取了喀什（1514年5~6月）、叶儿羌和于阗，并迫使阿巴扎艺儿向拉达克山逃亡。在这次战争中，赛德汗得到忠实于察合台家族的另一位杜格拉特人、历史学家杜格拉特·米儿咱的支持。从此后，赛德汗将统治喀什噶尔本土（1514~1533年在位），他的兄长满速儿（1503~1543年在位）统治蒙兀儿斯坦（伊犁和裕勒都斯）和畏兀儿斯坦。两人的亲密关系确保了中亚的和平。

《拉失德史》插图

《拉失德史》是16世纪米尔扎·穆罕默德·海达尔于1547年用波斯文写成的中亚历史名著，因献给叶尔羌汗国的阿卜杜·拉失德汗而得名《拉失德史》。内容包括历代察合台后王在新疆的统治情况和历史社会风貌。图为《拉失德史》中的插图。

默德·昔班尼，并把突厥斯坦作为封邑赐给他（1487~1493年）。昔班尼在马哈木的支持下，夺取了不花剌和撒马尔罕，并在1500年成为河中之王。昔班尼得到河中后，就反过来对付马哈木。马哈木向弟弟阿黑麻求援，阿黑麻匆忙从畏兀儿地区赶来。但是，兄弟俩都被昔班尼打败了，并在费尔干纳、浩罕东北的阿赫昔战役中被俘。不过，昔

察合台王室的末代后裔

1513年，哈密地区王公，汉译名拜牙即者，臣服于满速儿。1517年，满速儿驻扎哈密，并在这里向甘肃敦煌、肃州和甘州的方向进攻明朝。同时，他的弟弟、喀什噶尔的统治者赛德汗把战争还引入了吐蕃人的拉达克省，1531年，历史学家海达尔·米儿咱在这里统率他的军队。

满速儿去世后，他的儿子沙·汗从1545~1570年，继续统治畏兀儿斯坦，即吐鲁番汗国。据《明史》记（《拉失德史》只记到沙·汗时期）。因为马黑麻占领了哈密的部分地区，并得到了卫拉特人（卡尔梅克人）的帮助，沙·汗不得不与马黑麻交战。

沙·汗死时（约1570年），马黑麻成为吐鲁番的统治者。但是，他又不得不反对第三个兄弟琐非速檀。琐非速檀曾经派了一位使者到明朝，企图得到明朝的支持。

在喀什噶尔的察合台汗国，赛德汗的儿子阿不都·拉失德（1533~1565年）已经继承了汗位。他很快就与杜格拉特家族发生争吵，并处死了海达尔的叔叔赛亦德·马黑麻·米儿咱。海达尔曾忠实于赛德汗，并为赛德汗征服了拉达克。海达尔害怕遭到与叔叔同样的命运，就动身去了印度，并在1541年，成为克什米尔地区的统治者。

拉失德直到1565年才去世。他去世后，他的儿子阿不都·哈林成为喀什噶尔可汗。当时，喀什噶尔的都城似乎是叶儿羌。喀什是阿不都·哈林的一个兄弟麻法默德的封邑。阿克苏当时由麻法默德的侄子统治，察力失（喀拉沙尔）由他的私生子统治。到了1650~1675年间，喀什噶尔的察合台汗国已经分裂成叶儿羌、喀什、阿克苏和于阗等各个小汗国，实际统治权转到了和卓们的手中。

▽ 拉失德和他的王妃

拉失德是赛德之子，叶尔羌汗国的第二代君主，在位时治国有方，摆脱了与东察合台汗国的臣属关系。他的王妃阿曼尼莎罕虽是平民女子，但精通诗歌和音乐。图为拉失德王妃阿曼尼莎罕像。

 喀什噶尔的和卓们

和卓是指那些宣称自己出自先知穆罕默德，或者出自前四位阿拉伯哈里发的热忱的穆斯林。布哈拉和喀什地区有许多这类家族。他们对赛德汗（1514~1533年在位）的影响相当强烈。赛德汗对伊斯兰教很虔诚，他曾经想成为托钵僧，后来因为撒马尔罕和卓马黑麻·亦速甫及时到达喀什才阻止了他。后来，喀什噶尔被两派分裂了，白山派统治喀什，黑山派统治着叶儿羌。

不管分裂的真正原因是什么，从16世纪末到1675年间，双方在喀什噶尔都享有实权。白山派受到伊犁地区的吉尔吉斯—哈萨克人的支持；黑山派受到天山南部的喀喇吉尔吉斯人的支持。察合台家族的世俗汗国逐渐受到这两派穆斯林教士的控制，直到大约1678年，喀什末代可汗伊斯迈尔才对他们采取行动。伊斯迈尔赶走了白山派领袖哈司剌·阿巴克和卓，阿巴克寻求准噶尔人（或西蒙古人，即卡尔梅克人）的帮助，准噶尔人进入喀什，俘获了伊斯迈尔，任命阿巴克取而代之。在准噶尔人的帮助下，阿巴克还战胜了叶儿羌的黑山派，并使叶儿羌成了自己的都城。这样，喀什噶尔又重新统一起来，但此时，它已处在"穆斯林神权"之下，并且是准噶尔人建立的新蒙古帝国的一个保护国。

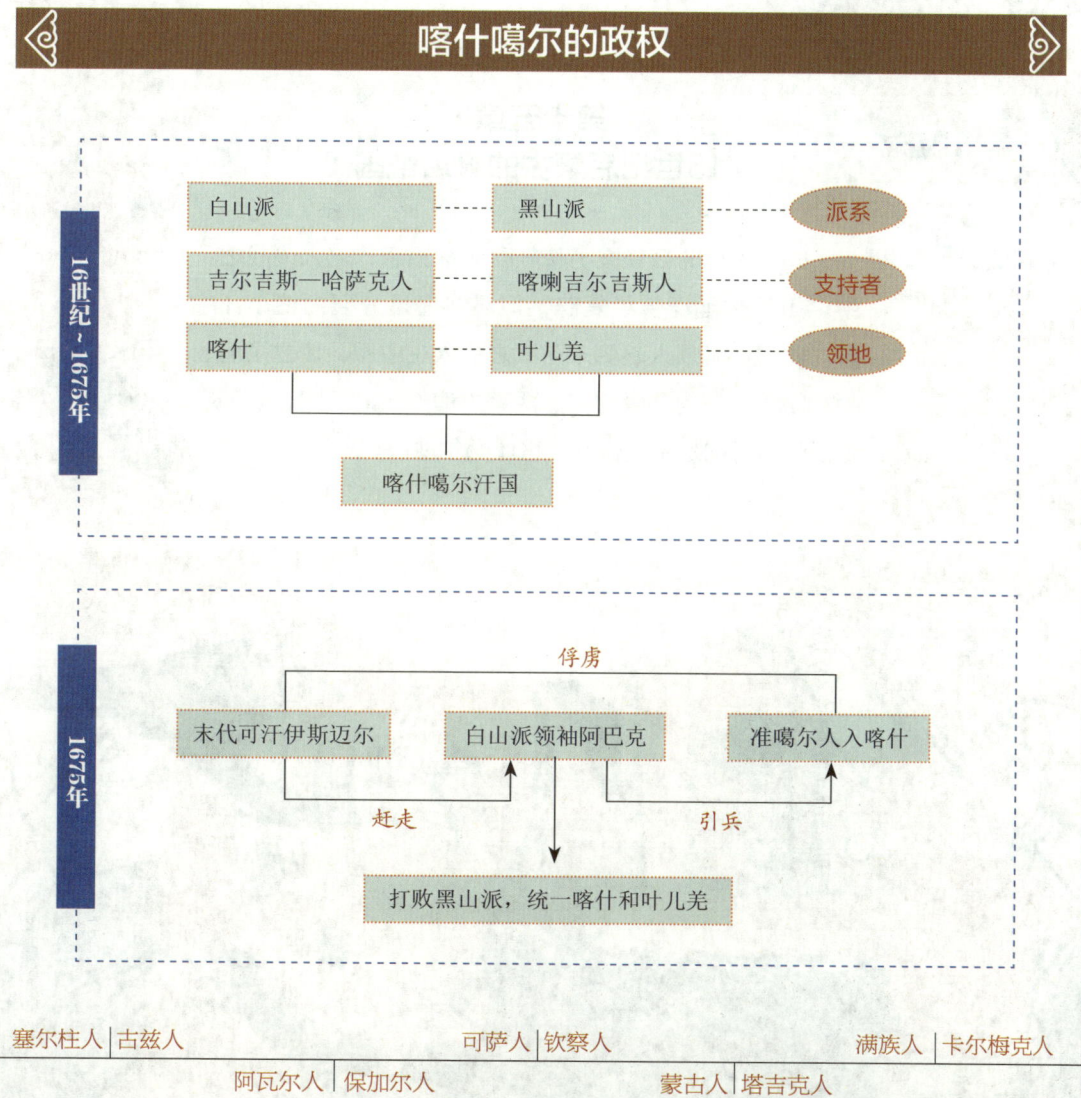

喀什噶尔的政权

第十五章
15世纪后蒙古的最后帝国

　　成吉思汗的后裔被明朝赶回大草原后,陷入内战之中。虽然达延汗曾经复辟,但最终还是分裂为诸小汗国。此时,满族人趁明末动乱之机入主中原,建立了清朝。随后,获得剩余的东、西蒙古诸部族的归附,并平定了噶尔丹的叛乱,合并了喀什噶尔地区。

1. 1370年后蒙古的混乱

忽必烈建立的元朝在1368年就被明朝推翻了。忽必烈的后裔妥欢帖睦尔被赶出了北京，1370年5月23日，他在沙拉木伦河畔的应昌（或开鲁）去世。明朝（1368～1644年）取代元朝后，立即进入了蒙古地区。

妥欢帖睦尔的儿子爱猷识里达腊听到父亲去世后，就在哈拉和林称汗。从1370～1378年，他一直统治着那个地区，企图能东山再起。1372年，明朝大将徐达率军进军哈拉和林，在土拉（土兀剌河）河畔受到阻挡。爱猷识里达腊去世后，他的儿子脱古思帖木儿在哈拉和林继位（1378～1388年），此时，蒙古帝国的版图只剩下它最初的规模而已。1388年，明朝又组织了十万大军进入蒙古地区。在合勒卡河和克鲁伦河之间、贝尔湖南岸发生了一场大战，明军打败了脱古思大军。战后，脱古思被一位亲戚暗杀。

同时，在这次战败后，忽必烈家族失去了信誉，大多数蒙古部落开始宣布自治，其中主要的反叛者是乞儿吉斯部王公鬼力赤。乞儿吉斯人分布在叶尼塞河上游沿岸，直到库苏泊一带。1399年，鬼力赤打败了忽必烈后裔额勒伯克大汗，并杀死了他，开始统治蒙古各部落。

明朝皇帝永乐对蒙古帝国的这次内乱很高兴，因为它使得蒙古内部纠纷进一步增加，明朝也不用再担心成吉思汗蒙古人的报复。于是，永乐承认了鬼力赤。不久后，鬼力赤又被另外两个反叛者——阿苏特部首领阿鲁台和卫拉特部首领马哈木打败。阿苏特人就是阿兰人，起源于高加索（库班和捷列克），13世纪的元朝蒙军中有一支队伍就是由他们组成的。卫拉特部是森林蒙古人中的一支强大部落，成吉思汗时代定居在贝加尔湖西岸。17世纪起，这个部落分裂为4个小部落，即绰罗斯部、杜尔伯特部、和硕特部和土尔扈特部。王室属于绰罗斯部。

阿鲁台和马哈木直接向明朝表示效忠，得到了明朝的支持。卫拉特部利用这个机会扩张到从贝加尔湖西岸到额尔齐斯河上游的整个西蒙古地区，并企图进一步朝伊犁方向扩张。不过，蒙古中部和东部仍然处于混乱中，鬼力赤的儿子额色库一直在与阿鲁台和马哈木争夺最高汗国，直到他在1425年去世。

1403～1404年，以额勒伯克的儿子本雅失里为代表的成吉思汗汗国复辟。不久，阿鲁台就站在了本雅失里这一边。明朝对此深感不安，永乐皇帝试图要本雅失里臣属，却被拒绝。于是，永乐皇帝派军进入蒙古，直抵成吉思汗故地，鄂嫩河上游平原，并击溃了本雅失里和阿鲁台的军队（1410～1411年）。对本雅失里来说，这是一次致命的失败。卫拉特部首领马哈木开始向他进攻，并击溃了他，夺得了霸权（约1412年）。

最初，马哈木一直与明朝永乐皇帝保持着友好关系，因为他们需要明朝的支持。现在，卫拉特部强大起来，就迅速与永乐皇帝断交。永乐皇帝又派军队越过戈壁向他进攻。但是，马哈木挫败了明军，最后溜走了，到达土拉河以西（1414～1415年）。虽然马哈木暂时打败了明军，却没有能够阻止明朝军队进入蒙古草原。

1422年，阿鲁台拥立本雅失里为大汗，并洗劫甘肃边境，直抵宁夏地区。当明军赶来回击时，他又率军穿过戈壁向北撤走。不久后，阿鲁台处死了本雅失里，自称大汗。永乐皇帝屡次（1424年，1425年）对他发动战争，都没有结果。后来，马哈木的儿子脱欢帖木儿反对阿鲁台，并打败了他。

北元、鞑靼系蒙古世系表

北元自妥欢帖睦尔始，至鬼力赤杀死额勒伯克大汗时灭亡，此后去元国号，改称鞑靼。此后本雅失里曾短暂复辟，后被明朝打败。图为北元、鞑靼一系蒙古人的世系表。

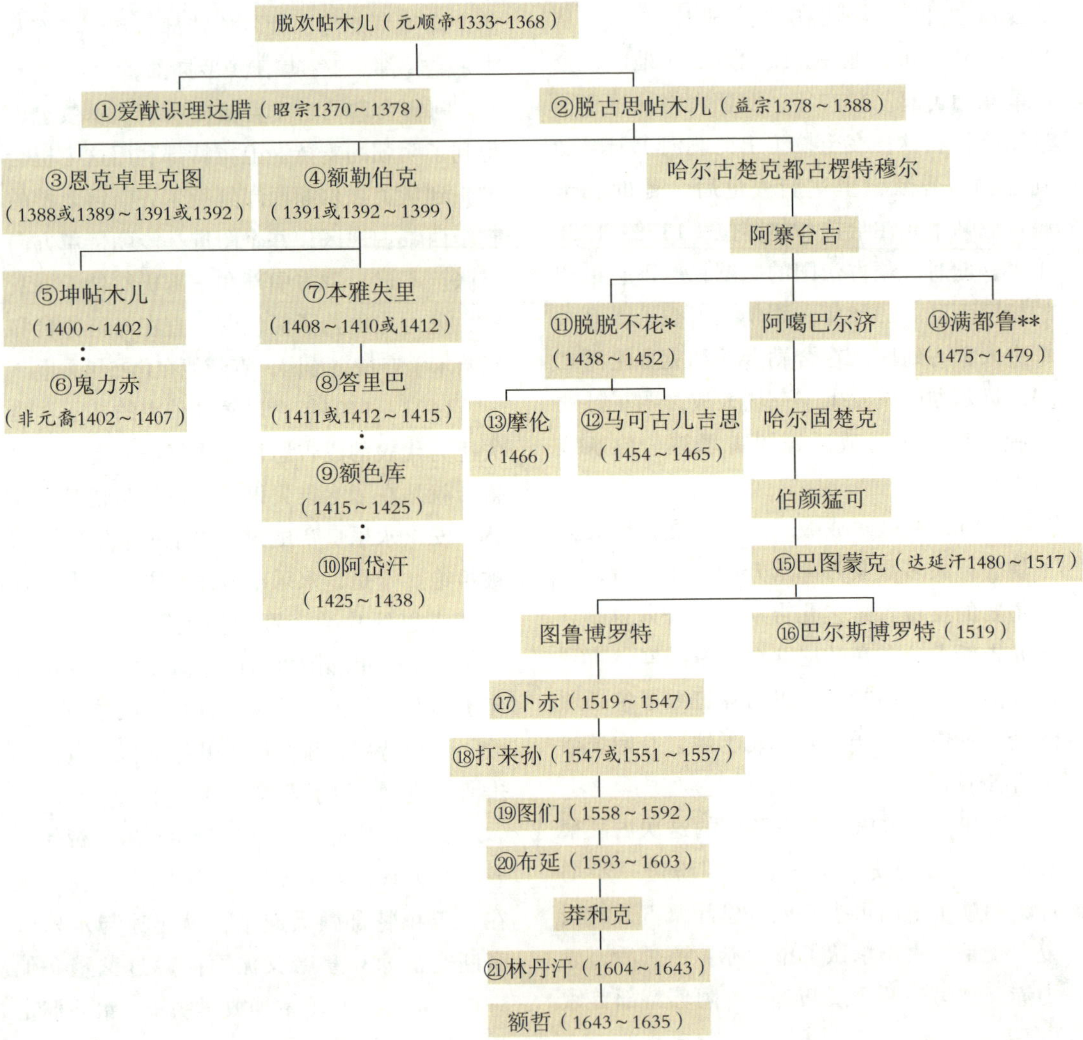

脱欢帖木儿（元顺帝1333～1368）

① 爱猷识理达腊（昭宗1370～1378）
② 脱古思帖木儿（益宗1378～1388）

③ 恩克卓里克图（1388或1389～1391或1392）
④ 额勒伯克（1391或1392～1399）
哈尔古楚克都古楞特穆尔

阿寨台吉

⑤ 坤帖木儿（1400～1402）
⑦ 本雅失里（1408～1410或1412）
⑪ 脱脱不花*（1438～1452）
阿噶巴尔济
⑭ 满都鲁**（1475～1479）

⑥ 鬼力赤（非元裔1402～1407）
⑧ 答里巴（1411或1412～1415）
⑬ 摩伦（1466）
⑫ 马可古儿吉思（1454～1465）
哈尔固楚克

⑨ 额色库（1415～1425）
伯颜猛可

⑩ 阿岱汗（1425～1438）
⑮ 巴图蒙克（达延汗1480～1517）

图鲁博罗特
⑯ 巴尔斯博罗特（1519）

⑰ 卜赤（1519～1547）

⑱ 打来孙（1547或1551～1557）

⑲ 图们（1558～1592）

⑳ 布延（1593～1603）

莽和克

㉑ 林丹汗（1604～1643）

额哲（1643～1635）

斯基泰人 | 萨尔马特人 | 柔然人 | 突厥人 | 契丹人 | 女真人
匈奴人 | 鲜卑人 | 厌哒人 | 回鹘人

2. 第一个卫拉特帝国：脱欢

1434~1438年，卫拉特首领、马哈木的儿子脱欢杀死阿鲁台，夺取了统治蒙古各部落的霸权。此时，忽必烈家族的一个王子，额勒伯克的儿子、额勒锥·特穆尔的兄弟阿占被拥护者们宣布为大汗（1434年或1439年）。蒙古帝国的权力，其实已转移到卫拉特人手中。

当额森台吉继承了父亲脱欢的汗国后，卫拉特国正处于权力的顶峰时期（1439~1455年），其疆域从巴尔喀什湖延伸到贝加尔湖，又从贝加尔湖延伸到长城附近。哈拉和林也是帝国领土之一。额森还占领了哈密绿洲，1445年占有了明朝的兀良哈省。五年后，他向明朝公主求婚，明朝许婚后反悔。随即，额森率军攻占山西北部、大同附近的明朝边境。明英宗和太监王振前去迎战，并在河北西北（今察哈尔）、宣化附近的土木堡展开一场大战。结果明军被杀掉十万多人，明英宗被俘（1449年）。不过，额森不擅长围攻战，一直没能攻下大同和宣化，最后只好带着明英宗返回了蒙古。三个月后，额森卷土重来，兵临北京城下，并在

15世纪的明朝

1403年，明朝派兵打败了复辟成吉思汗国的本雅失里，卫拉特部首领马哈木趁机夺取蒙古草原霸权，并与明朝交好，但其强大后就开始对抗明朝，两方互有胜负。图为明宣德年间宫廷画家商喜所作《明宣宗行乐图轴》，可见当时明朝的繁盛。

塞尔柱人 | 古兹人　　　　可萨人 | 钦察人　　　　满族人 | 卡尔梅克人
　　　　阿瓦尔人 | 保加尔人　　　　蒙古人 | 塔吉克人

北京西北郊扎营。然而，他对北京城的每次进攻都被击退，粮草也快用完了。这时，明朝援军从辽东赶来。额森在优势兵力的威胁下，沿居庸关（南口城）仓皇撤退。1450年，额森释放明英宗，1453年与明朝议和。1455年，额森被人暗杀。

额森的儿子阿马桑赤台吉继位后，在1456～1468年间，曾率军入侵蒙兀儿斯坦的察合台汗国，并在伊犁河附近打败了羽奴思汗。羽奴思汗被迫逃到突厥斯坦。

卫拉特人中也有过一些内乱，不过，在很长一段时期内，他们主要威胁着邻近的各族人民，尤其在西南方。游牧的吉尔吉斯—哈萨克人就生活在伊犁河下游、楚河、萨雷河和图尔盖河这片地区。在哈斯木汗（大约1509～1518年）和谟麻失汗（约1518～1523年）统治时，他们成为河中昔班王朝最惧怕的人。后来，由于谟麻失汗的继承者塔希尔汗（约1523～1530年）的独裁统治，许多氏族纷纷离去。到了泰外库勒汗统治时，吉尔吉斯—哈萨克汗国又重新建立起来。1552～1555年期间，卫拉特人从科布多地区迅速来到伊犁河流域，在卫拉特人到达之前，泰外库勒汗被迫逃跑。泰外库勒汗逃到塔什干，在地区昔班王朝统治者老奴思·阿合木处避难。大约1570年，卫拉特人仍然统治着从叶尼塞河上游到伊犁河流域之间的地区。

土木堡之战示意图

1439年时卫拉特国达到最强盛时期，因向明朝公主求婚未果，与明英宗在河北宣化附近的土木堡展开大战，结果明军被打败，明英宗被俘，这就是著名的"土木堡之变"。图为土木堡之战经过示意图。

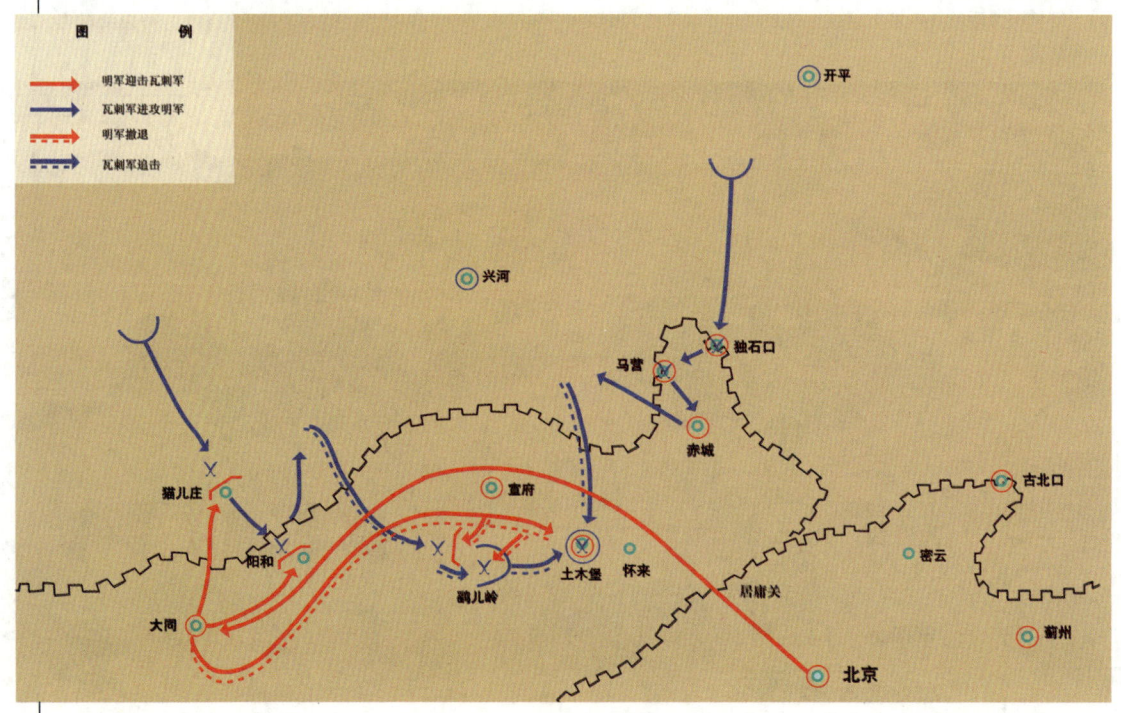

3. 成吉思汗系最后的复辟

 达延汗和阿勒坦汗

在卫拉特人的势力逐渐削弱时，成吉思汗蒙古人也在家族战争中互相残杀。1467年，成吉思汗的第27代继承人满都古勒大汗在讨伐侄孙和继承人博勒呼济农的战争中去世。1470年，博勒呼济农也被暗杀。如今，忽必烈的家族中只剩下一个5岁男孩，博勒呼济农的儿子达延。满都古勒的年轻的遗孀满都海赛音可敦把达延置于自己的保护下，并宣布他为汗。1481年，她和年轻的达延汗结婚。1491～1492年，这位英勇的女人率军打败了卫拉特人的进攻。

达延汗的统治时间比较长（1470～1543年，在满都海赛音可敦的有力治理和他自己的积极统治下，成吉思汗国的统治复兴了）。达延对蒙古各部落进行了整编。从1497～1505年，达延汗对从辽东到甘肃的明朝边境地区进行了攻击。

1543年，达延去世后，他的子孙们又重新瓜分了蒙古国内的部落。察哈尔各部落归长支的博迪汗。博迪汗是达延的孙子，并成了大汗。博迪汗驻扎在张家口和多伦诺尔，这个地区至今仍然是察哈尔人的领地中心。1544～1634年，蒙古最高汗国一直属于察哈尔王室，历经博迪汗（1544～1548年）、库登汗（1548～1557年）、图们札萨克图汗（1557～1593年）、彻辰汗（1593～1604年）和林丹汗（1604～1634年）的统治。达延汗的第三个儿子巴尔斯博罗特，以及巴尔斯博罗特的儿子衮必里克墨尔根（死于1550年），统率着鄂尔多斯部，并在黄河河套地区扎营（大约在1528年、1530年）。在达延

满都海赛音可敦档案

满都海赛音可敦是成吉思汗黄金家族复辟的关键人物，是她独揽危局，下嫁达延汗使黄金家族重新成为了蒙古的主人，是蒙古历史上的一位伟大人物。

姓名	满都海
民族	蒙古族
生卒年	1448～1480年
所属部族	蒙古汪古部人，该部族活动于今内蒙古阴山东部，信仰景教，文化程度较高，是成吉思汗黄金家族的世代姻亲
父亲	父亲名绰罗克特穆尔丞相
丈夫	初嫁蒙古大汗满都鲁，为小哈屯（夫人），后下嫁给孛罗忽留下的孤儿巴图蒙克（即后来的达延汗）
子女	与满都鲁生有二女，与达延汗后来生下七子一女
生平事迹	满都海赛音可敦为了黄金家族的延续，下嫁给幼小的达延汗，并且率军打败了卫拉特人的进攻，开创了蒙古统一大业。这一事业被达延汗继承并巩固了下来，使蒙古继续与明朝对峙一百多年都没有灭国

的孙子中，最杰出的是衮必里克墨尔根的兄弟阿勒坦汗，他统领着土默特部，驻扎在河套东北部，部落在呼和浩特（归化城）。最后，达延汗的幼子相呼森札斡惕赤斤获得了喀尔喀各部的统治权。当时，喀尔喀各部集中在合勒卡河、贝尔湖和克鲁伦河下游一带。喀尔喀人赶走了卫拉特人（或卡尔梅克人）后，从这些地区向西发展，直到乌布萨泊。

在土默特部首领阿勒坦汗的亲自率领下，以及在鄂尔多斯王公、阿勒坦的侄孙库图克图彻辰洪台吉的援助下，达延汗王朝把卫拉特人赶回到科布多地区。卫拉特人被打败后，在1552年失去了哈拉和林。卫特拉人中的土尔扈特部与和硕特部被达延汗军击溃，并被赶到乌伦古河和黑额尔齐斯河一带，开始向西迁移。

阿勒坦汗的统治从1543年直至1583年。1529年，他率军掠夺了明朝山西北部的大同地区；1530年，先后攻占甘肃宁夏地区和北京西北部的宣化。1542年，他杀死明将张世忠，大约俘虏了20万人和200万头牲畜。此后每一年，他都要经过大同或宣化掠夺明朝边境。1550年，他率军直抵北京城，并放火烧了城郊。返回草原前，他还掠夺了保定地区。1550年和1574年，他曾两次要求明朝在边境上建立市场，便于蒙古人的牲畜与汉人的货物进行交换。在他的各次远征中，都得到了其侄孙、鄂尔多斯王公库图克图彻辰洪台吉的积极支持。库图克图彻辰洪台吉生于1540年，死于1586年，也曾数次掠夺宁夏与榆林之间的明朝边境。

达延帝国的分裂

鄂尔多斯国的建立者衮必里克墨尔根济农是一个强大的统治者。他在1550年去世后，他的九个儿子把部落进行了分割。长子那额达拉只得到四圈"旗"，也就是今郡王部。

1609年，喀尔喀王格呼森札的曾孙硕垒乌巴什洪台吉占领了原卫拉特国的中心地，即吉儿吉思湖和乌布萨泊地区，并把卫拉特人赶到黑额尔齐斯河和塔尔巴哈台（1620年，1623年）。硕垒乌巴什洪台吉自称阿勒坦汗，建立阿勒坦汗国，这个汗国一直延续到大约1690年。另外一位喀尔喀王公，阿勒坦的堂兄弟费琥尔汗也打败了卫拉特人，驻扎在阿勒坦汗的东部，在乌里雅苏台以西，他的儿子素巴第取札萨克图汗号，并用这个名字称呼其汗国。第三位喀尔喀王公、格呼森札的孙子图蒙肯在鄂尔浑河源、翁金河上游和色楞格河畔建立了赛音诺颜汗国。图蒙肯的兄弟阿巴台是土谢图诺汗的祖先，他汗国以鄂尔浑河为界，与赛音诺颜汗国分界，包括土拉河流域，也就是被称为库伦（乌兰巴托）的地区。赛音诺颜家族应该是土谢图汗国的藩属，直到1724年才摆脱土谢图汗国，获得了独立和平等。最后，格呼森札的曾孙，也名叫硕垒，驻扎在克鲁伦河畔，称为车臣汗，并将这个名称给予了喀尔喀人的第五个汗国。

虽然他们都是格呼森札的后代，但是，他们之间并不总是团结的。1662年，阿勒坦汗罗卜藏（约1658～1691年在位）进攻札萨克图汗，并俘虏、处死了札萨克图汗。土谢图汗与其他蒙古王公结盟，迫使阿勒坦汗逃走。后来，在准噶尔的卫拉特人和清朝政府

达延帝国的分裂

达延帝国从1544年到1634年间一直稳固的在达延汗长支中传承，但瓜分家族遗产的传统使他们各自独立，并互相攻击。

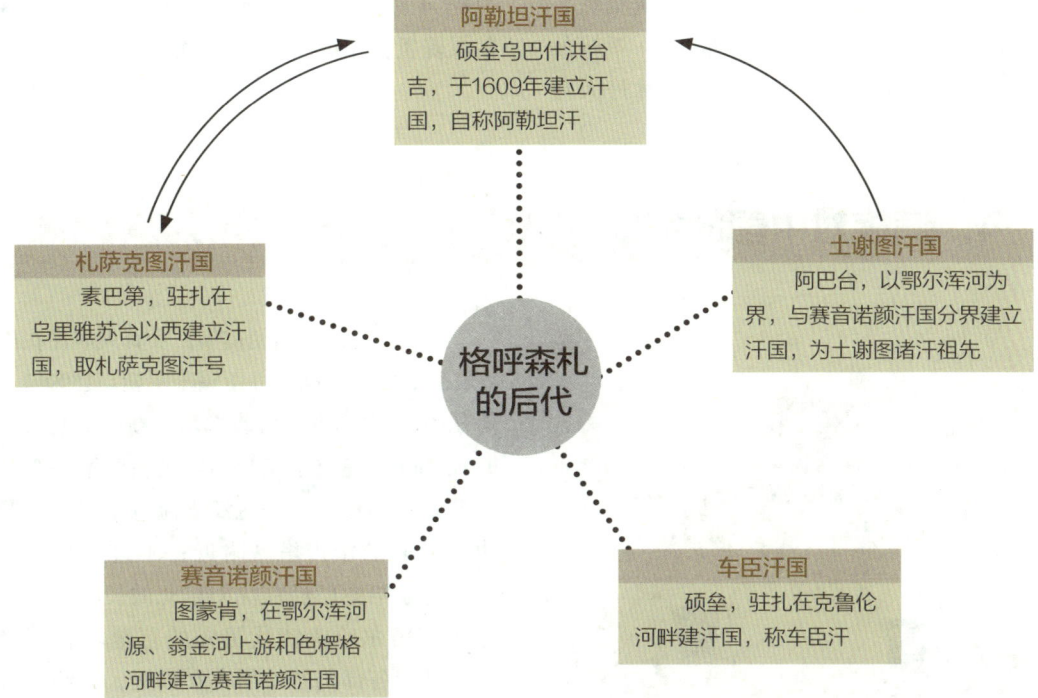

的支持下，阿勒坦暂时复位。1682年，他又受到新的札萨克图汗的袭击，并被俘虏。1691年，阿勒坦和他的汗国一起消失了。随后，卫拉特人夺回了后来称为科布多省的阿勒坦领地。

东蒙古人皈依喇嘛教

此时，东蒙古受到西藏黄派喇嘛教的强烈影响。他们以前一直信仰萨满教，或者稍微有一些旧派喇嘛教（红派）的色彩。

1566年，鄂尔多斯人率先信仰喇嘛教。这年，他们的首领、乌审旗济农库图克图彻辰洪台吉远征西藏时，带回许多喇嘛，开始了让蒙古人改变信仰的工作。1576年，库图克图彻辰劝说叔祖父、土默特部首领阿勒坦皈依喇嘛教，当时，阿勒坦正处于极盛时期。接着，鄂尔多斯部和土默特部决定在蒙古人中以黄教的形式正式恢复喇嘛教。阿勒坦汗和库图克图彻辰甚至从西藏请来黄教首领、大喇嘛索南嘉措。1577年，正式成立蒙古教会。

索南嘉措返回西藏时，把一位名叫惇果尔文殊师利呼图克图的活佛留在蒙古。这位活佛住在库库河屯的阿勒坦附近。1583年，阿勒坦汗去世。1585年，索南嘉措返回土默特部为他主持了火化仪式。

接着，察哈尔大汗图们札萨克图（1557～1593年在位）开始崇信喇嘛教，并以佛教教义为基础，颁布了一部新的蒙古法典。他的第二代继承人、林丹大汗（1604～1634年在位）还建了一些寺庙，让人把《甘珠尔经》（《大藏经》的半部）从藏文译成蒙古文。1558年，喀尔喀人已开始信奉西藏佛教，1602年，活佛迈达里·胡土克图与他们一起住在库伦地区。据说，活佛的灵魂世代相传，直至1920年。

4. 满族对中国的征服

◇ 努尔哈赤

努尔哈赤统一女真部族，在1606年建立了满族国。同一时期的蒙古人却自相攻伐，鄂尔多斯部和土默特部反对林丹。最后，蒙古各部先后臣服满族帝国，整个内蒙古被圈入帝国。图为大清帝国太祖皇帝努尔哈赤。

元朝灭亡后，明朝初年，女真人居住在松花江和日本海之间，并臣属于明朝。1599年，努尔哈赤开始把7个女真部落重新统一起来，并在1606年建立了满族国。王室的第一个大本营是鄂多理，在松花江支流忽尔卡河河源边，后来的宁古塔城附近；不过，在此以前，努尔哈赤已经在沈阳东北的长春居住，这里有努尔哈赤四代祖先的墓地。直到当时，满族各部仍然使用古女真文，大约1599年，满族人对源于古回鹘字的蒙古字母做了某些修改后加以利用。

很快，明朝在万历皇帝统治时期（1573～1620年），就已经走向衰落。1616年，努尔哈赤称帝。1621～1622年，努尔哈赤夺取了当时的边境重镇沈阳。三年后在沈阳建都（1625年）。1622年，努尔哈赤占领辽阳。1624年，在兴安岭以东和松花江拐弯处以西的地区游牧的蒙古族科尔沁部归顺努尔哈赤。1626年9月30日，努尔哈赤去世，此时，满族国已是一个具有严格军事组织的国家。

努尔哈赤死后，他的儿子阿巴亥（1626～1643年在位）继位。此时，满族人

满人入关

1644年，满人军队在山海关经吴三桂引入关，攻占北京，随后占领中国北部。明朝诸王在南方各地的抵抗都宣告失败，整个中国都成为满人的天下，是为清王朝。图为满人未入关时的满族骑兵。

正在努力实现统一，而蒙古人却在破坏自己的统一。察哈尔汗林丹（1604～1634年在位）成为东蒙古人的大汗后，曾试图保持对部落的宗主权，但鄂尔多斯部和土默特部起来反对林丹。1627年，鄂尔多斯首领额璘臣济农家族在喀喇沁和阿巴嘎两部的援助下打败林丹。但鄂尔多斯部和土默特部不愿服从察哈尔汗，转而向满族君主阿巴亥表示效忠。满族人进攻林丹汗，迫使他逃往西藏，并在1634年死于西藏。最后，察哈尔部也屈服于阿巴亥，阿巴亥让林丹家族继续作为他们的首领。1635年，林丹的一个儿子额哲洪果尔承认臣属于阿巴亥。同年，鄂尔多斯部首领额璘臣济农也归顺阿巴亥。1649年，鄂尔多斯部被重新编成6个旗，每一旗都由成吉思汗后裔、衮必里克墨尔根济农家族的宗王统治。从此，整个内蒙古被圈入了满族帝国之内。从这以后，察哈尔、土默特和鄂尔多斯诸汗都效忠于满族王朝，直到1912年清朝灭亡。

1644年4月3日，农民起义军首领李自成攻占北京，明朝崇祯皇帝（1628～1644年

第十五章 15世纪后蒙古的最后帝国

在位）上吊自尽。此时，明朝的最后一支军队在吴三桂的带领下，正在山海关与满族人作战。为了惩办李自成，吴三桂与满族人达成协议，并在满族军队的支持下袭击北京，最终将李自成赶出了北京。打退李自成后，吴三桂敦促满族军撤退。然而，满族人一进入北京，就俨然是北京城的主人了。阿巴亥汗已经在1643年9月21日去世，其6岁的儿子顺治成为清朝皇帝。最后，吴三桂被迫无奈，接受了清人赐予他的陕西境内的领地，后又被赐予四川和云南境内的总督。事实上，李自成带领的农民起义军是唯一能够抵挡满族入侵的军队(1644年)，可是被吴三桂除掉了。

满族人占领了中国北方地区后，开始征服中国南方地区。当时，有位明朝王子在南京称帝。1645年，满族人夺取了南京，明朝最后一位皇帝自溺而死。明朝另外三位王子：鲁王、唐王和桂王，分别在浙江杭州、福建福州和广州组织抵抗。但是，他们彼此不和，给了满族人可乘之机。1646年，满族人打败了鲁王和唐王，征服了浙江和福建。桂王永历（或永明）在广西桂林安居，他的随从们大部分信仰基督教。他们抗战有力，在将军瞿式耜的带领下，曾经成功粉碎了满族军对桂林的进攻（1647~1648年）。但最终，他们被消灭了。满族人占领了广州，明朝最后一批统治者逃往云南（1651年）。

满族人统一了中国，建立清朝。清朝第一位皇帝顺治（1643~1661年在位)，顺治死后，由摄政王们（1661~1669年）以年幼的康熙的名义进行统治，后来，是康熙本人的长期统治（1669~1722年在位），接着是康熙的儿子雍正（1723~1735年在位），雍正的儿子乾隆（1736~1796年在位）……直到清朝最后灭亡。

5. 17世纪的西蒙古人

1635年，东蒙古人对满族王朝表示了支持，并对满族王朝最终的胜利做出了贡献。后来，忽必烈后裔长支之首、察哈尔汗布尔尼试图反对康熙皇帝，但很快就被清军击败，并且被俘。从此，内蒙古各旗成为清朝驯服的臣民。

大约从1434年到1552年，西蒙古人统治着整个蒙古地区，后来，他们被东蒙古人打败，并被赶回科布多地区。在科布多，他们又一度受到喀尔喀王公阿勒坦汗的驱赶，被迫迁移到更西面的塔尔巴哈台地区。

自从额森台吉汗去世（约1455年）后，卫拉特联盟就瓦解了。西蒙古汗国的四个盟邦民族重新获得了独立。这四个民族是：绰罗斯部、杜尔伯特部、土尔扈特部与和硕特部，另外还有臣属于杜尔伯特部的辉特部。其中，和硕特家族宣称自己是成吉思汗弟哈撒儿的后裔。

在这期间，西蒙古人不仅在政治上动荡不安，在知识领域内也有更新。大约1648年，通过咱雅班第达的改革，西蒙古人完善了古回蒙字母，为了便于蒙古语音的转写，他通过区分符号引进了七个新的字母。

卡尔梅克人的迁移

17世纪初，阿勒坦汗率领的喀尔喀人对卫拉特人产生的压力，迫使卫拉特人开始了民族大转移。阿勒坦汗把绰罗斯部从科布多向西赶到叶尼塞河上游，迫使土尔扈特人进一步向西移动。1616年，土尔扈特首领和鄂尔勒克放弃了准噶尔地区，向西穿过了咸海和里海以北的吉尔吉斯—哈萨克草原。小帐的吉尔吉斯—哈萨克人和诺盖部试图把他们阻拦在恩巴河西岸和阿斯特拉罕附近。和鄂尔勒克打败了他们，其影响力北达托博尔河上游。1620年，和鄂尔勒克把女儿嫁给了失必儿汗国昔班王朝末代可汗库程的儿子伊施姆汗。1603年，和鄂尔勒克的部落向南掠夺了希瓦汗国。在希瓦汗阿拉不·穆罕默德一世（1602～1623年在位）和伊斯芬迪亚（1623～1643年在位）统治期间，他们又重新入侵。在西南方，1632年，土尔扈特人开

卡尔梅克尖顶帽

卡尔梅克人是西部卫拉特蒙古人中的土尔扈特、杜尔伯特、和硕特等部落的总称，从1628年开始游牧于伏尔加河下游一带，一直深受俄国压迫。卡尔梅克一词有"高帽子"的意思，图为卡尔梅克中土尔扈特族的尖顶帽。

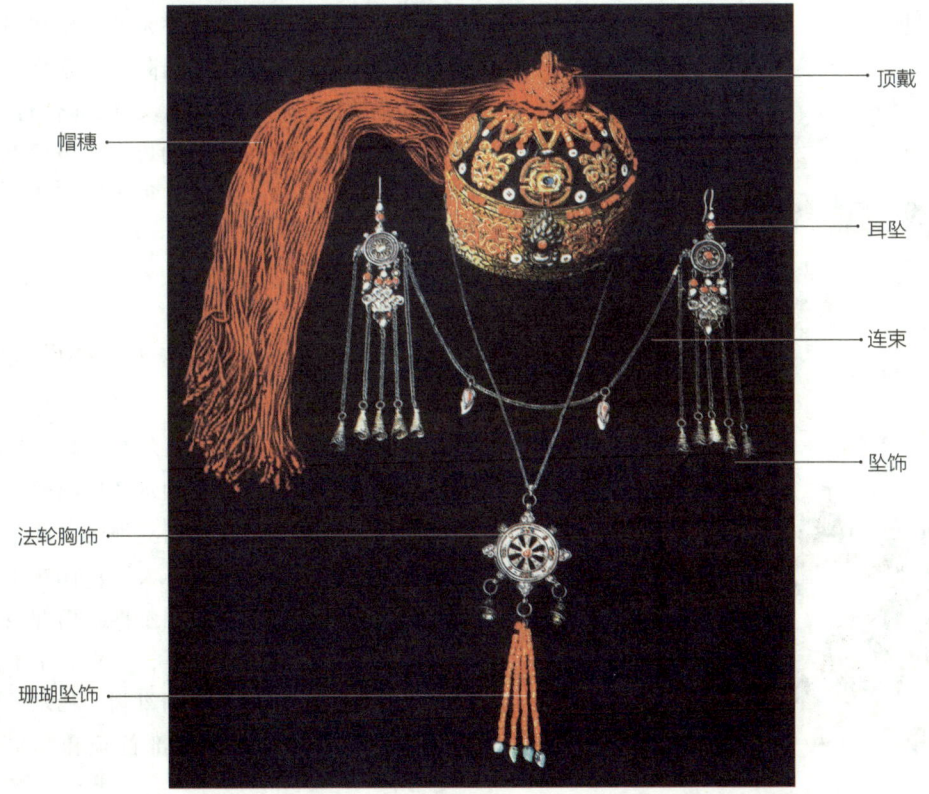

帽穗　顶戴　耳坠　连束　坠饰　法轮胸饰　珊瑚坠饰

始定居在伏尔加河下游。1639年，和鄂尔勒克征服了里海以东的曼吉什克半岛山区的土库曼人，此后，这个地区一直臣属于和鄂尔勒克家族。1643年，和鄂尔勒克将部落大约有五万帐迁到阿斯特拉罕附近，和鄂尔勒克在与地区居民的一次战斗中被杀。

在和鄂尔勒克的孙子明楚克汗（1667～1670年）统治期间，土尔扈特人把三个土库曼部落从曼吉什拉特半岛赶到高加索。同时，土尔扈特人多次承认俄国的宗主权（1656年，1662年）。明楚克的儿子阿玉奇汗（1670～1724年在位）近一步亲俄。1673年2月26日，阿玉奇汗在阿斯特拉罕拜访莫斯科长官，承认自己臣属于沙皇，得到了盛大的接待。然而，在1682年俄国人要求阿玉奇交出一个人质时，阿玉奇反叛俄国，并发动了对喀山的远征。不久后，他又再次臣属于沙皇。1693年，阿玉奇以俄国人的名义先后进攻巴什基尔人和诺盖人。1722年，俄国彼得一世对他作了肯定，并在萨拉托夫隆重接见他。

在俄国的保护下，土尔扈特汗国繁荣昌盛。1770年，汗国的疆域从乌拉尔河到顿河，从察里津到高加索之间。1771年1月5日，土尔扈特大喇嘛确定撤退。7万多户人卷进了这次迁出活动。他们渡过乌拉尔河，历经千辛万苦，最后抵达图尔盖。在图尔盖，他们先后被奴儿·阿里汗率领的小帐和阿布赖率领的中帐吉尔吉斯—哈萨克人骚扰。这些移民到达巴尔喀什湖后，又受到喀喇吉尔吉斯人（或称布鲁特人）的攻击。最后幸存下来的人抵达了伊犁河谷，得到清朝政府的给养和安置。

▼ 土尔扈特部东归

自定居伏尔加河下游后，土尔扈特部就一直处于被沙俄压迫和反抗之间。1771年，在首领渥巴锡带领下，整个部族冲破沙俄重重截杀，毅然东归。清朝乾隆皇帝将伊犁地区赐给他们作为牧场。图为描绘土尔扈特部东归情景的绘画。

柴达木和青海地区的和硕特汗国

17世纪最初25年中，喀尔喀人将卫拉特人赶向西方。和硕特部在额尔齐斯河畔、斋桑湖周围（今塞米巴拉金斯克地区）扎营，领地延伸到雅米谢威斯克。大约在1620年，和硕特部首领拜巴噶斯巴图尔推崇信仰西藏黄派喇嘛教。在他的鼓动下，另外三个卡尔梅克王：绰罗斯部首领哈剌忽剌、杜尔伯特部的达赖台吉和土尔扈特部首领和鄂尔勒克，各自派了一个儿子到西藏学习喇嘛教。后来，拜巴噶斯的两个儿子继承其位，鄂齐尔图（车臣汗）统治着斋桑湖地区，阿巴赖台吉统治着塞米巴拉金斯克地区的额尔齐斯河流域。阿巴赖台吉与父亲一样，是虔诚的佛教徒，他在额尔齐斯河以西的塞米巴拉金斯克和塔拉之间建了一座喇嘛寺庙。

1636年，拜巴噶斯的弟弟顾实汗前往青海，他在青海周围和柴达木为自己开辟了一块领地。并在喀木，或者说西藏东部扩大了自己的地盘。与和硕特部的所有诸王一样，顾实汗虔诚地信仰喇嘛教。在当时，黄教受到威胁，因为原红教保护者、西藏第巴藏巴王占据了拉萨（1630～1636年间）。黄教首领达赖喇嘛阿旺·罗卜藏请求顾实汗帮助，顾实汗立即组织了一个"神圣同盟"保卫黄教。在这个联盟中，有卡尔梅克人其余各支的所有王公：顾实汗的侄儿、斋桑湖地区和塞米巴拉金斯克的鄂齐尔图和阿巴赖台吉；绰罗斯部首领巴图尔洪台吉，他当时统治着乌伦古河流域、黑额尔齐斯河流域和塔尔巴哈台的叶密立河流域；甚至还有土尔扈特首领和鄂尔勒克，当时他正在夺取咸海和里海以北的草原。实际担负着圣战任务的是顾实汗和他的兄弟昆都仑乌巴什。第一次远征中（大约1639年？），顾实汗进入西藏，打败了达赖喇嘛的所有敌人，无论是红教支持者，还是原先的本教巫师。第二次战役中，他捉住第巴藏巴（约1642年？），占领了拉萨，宣布达赖喇嘛阿旺·罗卜藏为西藏中部（乌斯藏）的君主。罗卜藏在原西藏诸王王宫，即拉萨的布达拉宫地址上建立住所（1643～1645年）。同时，顾实汗也得到了大祭司的承认，成为拉萨地区黄教的保护者和世俗权力

和硕特汗国与黄教

整个和硕特汗国都虔诚地信仰西藏黄派喇嘛教，即宗喀巴所创的格鲁派。在黄教受到维护红教的西藏第巴藏巴王的威胁，顾实汗组织同盟开始远征，占领拉萨，以黄教保护者的身份宣布达赖喇嘛为西藏中部的君主。图为西藏黄教（格鲁派）祖师宗喀巴铜鎏金像。

的代表人，直到他在1656年去世。

顾实汗死后，青海和柴达木的和硕特王国及其在西藏的保护国，都传给了儿子达延汗（1656～1670年在位），后来又传给孙子达赖汗（1670～1700年在位），达赖汗的儿子拉藏汗（1700～1717年）也是黄教的虔诚保护者。他曾经召集会议选举"活佛"。为此，他还干涉西藏事务，反对专权的大臣桑结嘉措。桑结嘉措在年幼的达赖喇嘛的名义下，以黄教首领的身份实施统治。1705～1706年，拉藏汗进入拉萨，处死了桑结嘉措，废掉了小达赖喇嘛，让另外一个更

六世达赖喇嘛仓央嘉措

和硕特部拉藏汗处死桑结嘉措后，废掉的小达赖喇嘛就是著名的六世达赖喇嘛仓央嘉措。他虽然被废，但却深受藏民喜爱。拉藏汗此举引起藏人不满，导致政治持续不安。图为六世达赖喇嘛仓央嘉措自画像，收藏于石门寺。

顺从他的人取而代之。

1717年，绰罗斯部首领大策凌敦多卜进军西藏。连续三个月内，拉藏汗把绰罗斯人堵在纳木错湖以北。最后，因为兵力悬殊才被迫退往拉萨。12月2日，大策凌敦多卜占领拉萨，赶走拉藏汗。拉藏汗坚守布达拉宫，最后在逃跑时被杀。就这样，和硕特对西藏的保护权结束了。

留在斋桑湖附近的额尔齐斯河畔的和硕特人由鄂齐尔图彻辰和阿巴赖两兄弟统治。二人互相倾轧。后来，阿巴赖被打败，并迁出这个地方，开始与土尔扈特人争夺乌拉尔河与伏尔加河之间的草原。1670年，阿巴赖捉住了土尔扈特首领明楚克。土尔扈特人很快就进行了报复，他们捉住阿巴赖，赶走了他的部落。鄂齐尔图受到绰罗斯部首领噶尔丹的攻击，在1677年被处死。他的一些部民归顺了噶尔丹，其余的人则投奔定居在柴达木和青海地区的和硕特人。

绰罗斯王朝下的准噶尔王国

绰罗斯人和杜尔伯特人已经被喀尔喀人赶出了蒙古西北部。后来，绰罗斯人在乌布萨泊地区与喀尔喀人的阿勒坦汗进行了一场苦战，大约在1620年被迫解散。其中一些人与杜尔伯特部的一部分人向北进入西伯利亚乌拉拉周围的鄂毕河上游山区，有的人向着今巴尔瑙尔地区迁移，来到楚麦什河和鄂毕河汇合处。但大多数绰罗斯人和跟随他们的杜尔伯特同盟者，都聚集在塔尔巴哈台周围，在黑额尔齐斯河、乌伦古河、叶密立河和伊犁河流域定居下来。

绰罗斯部第一位首领是哈喇忽剌。他在重新征服蒙古前，阻止了绰罗斯部民的瓦解，并将他们安置在塔尔巴哈台地区。哈喇忽剌死于1634年。他的儿子巴图尔洪台吉（1634～1653年在位）继续他的事业，并在叶密立河畔的和布克赛尔（今楚固恰克）附近建立了一座用石头砌成的首都。

巴图尔洪台吉屡次远征大帐吉尔吉斯—哈萨克人。第一次远征期间，1635年，他捉住了大帐可汗伊施姆的儿子叶汗吉尔。但是，叶汗吉尔逃走了。1643年，巴图尔再次进攻叶汗吉尔，此时，叶汗吉尔已是苏丹。在和硕特部首领鄂齐尔图和阿巴赖的帮助下，巴图尔再次打败了叶汗吉尔。

噶尔丹建立准噶尔帝国

1653年，巴图尔洪台吉去世，他的儿子僧格夺取了准噶尔部王位（大约1653～1671年在位）。大约1671年，僧格被兄弟车臣汗和卓特巴巴图尔杀害。巴图尔洪台吉的第四个儿子噶尔丹（生于1645年）曾被送到拉萨的达赖喇嘛处，在拉萨成了寺院教士。大约1676年，噶尔丹返回拉萨，杀死兄弟车臣汗，赶走另一位兄弟卓特巴巴图尔，成为绰罗斯人的可汗和其他准噶尔部落的宗主。

1677年，噶尔丹打败并杀死斋桑湖地区的和硕特部汗鄂齐尔图，兼并了他的领土和

▽ 噶尔丹
1671年，噶尔丹自击败政敌，夺得准噶尔部统治权。随后开始攻打喀什噶尔，厄鲁特四部先后向其臣服，继而向清朝发起进攻，康熙帝曾对其三次亲征。

一些部民，把其余部民赶向甘肃地区。

就这样，噶尔丹成为准噶尔国的君主，其疆域从伊犁河到科布多以南，国内有杜尔伯特部人、和硕特部残余和辉特部人，所有没有迁走的卫拉特人都开始服从于绰罗斯人的王室。随后，噶尔丹开始征服中亚。

噶尔丹的第一个目标是喀什噶尔。统治喀什噶尔的是两个和卓家族，白山派和黑山派，白山派居住在喀什城，黑山派居住在叶儿羌。大约1677年，察合台末代汗伊斯迈尔

▽ 乌兰布通之战
1690年，噶尔丹开始向清朝乌珠穆沁地区进攻，在乌尔会河以东地区击败清军。康熙开始重视，亲征噶尔丹，分兵两路合击噶尔丹于乌兰布通，噶尔丹大败，退至科布多。图为描绘噶尔丹与清军的乌兰布通之战绘画。

康熙三征噶尔丹

面对噶尔丹的叛乱，康熙十分重视，曾先后三次亲征，于乌兰布通之战、昭莫多之战大败噶尔丹。1697年第三次亲征时，得到噶尔丹病死的消息，此后清政府重新控制了阿尔泰山以东的漠北蒙古。图为康熙皇帝朝服画像。

于是，噶尔丹顺利占领了喀什噶尔，捉住伊斯迈尔，把伊斯迈尔送到伊犁河畔的固尔扎监禁（1678～1680年）。他不但帮助阿巴克和卓复位，还侵占了黑山派的利益，把叶儿羌也给了阿巴克。喀什噶尔就这样成了准噶尔人的保护国。阿巴克死后，白山派和黑山派又开始争吵。准噶尔人监禁了双方首领，即白山派的阿哈玛特和卓和黑山派的丹尼雅尔和卓。1720年，丹尼雅尔被选为喀什噶尔长官，居住在叶儿羌，并向住在固尔扎的准噶尔洪台吉表示臣属。准噶尔贵族们在喀什噶尔占有了广大的领地。

征服喀什噶尔后，噶尔丹又占有了吐鲁番和哈密。

接着，噶尔丹开始了对清朝的进攻。

1690年春，噶尔丹率军抵达清朝边境地区。康熙皇帝迎战噶尔丹，并把噶尔丹堵在张家口和库伦之间，即距离北京384公里的乌兰布通。在清军火炮的攻击下，1690年底，噶尔丹逃离喀尔喀境。1691年5月，康熙在多伦诺尔召集会议。以土谢图汗和车臣汗为首的喀尔喀部主要首领们都承认臣属于清朝，并同意纳贡。

1695年，噶尔丹与清朝再次爆发战争。噶尔丹又穿过喀尔喀境，进入克鲁伦河流域。他企图与嫩江边的科尔沁人联系，想怂恿科尔沁人摆脱清朝的统治。但是，科尔沁人把这个消息通知了清政府。1696年春天，康熙皇帝率领清军讨伐噶尔丹。清军从张家口直逼克鲁伦河，沿河而追击敌人噶尔丹军。噶尔丹企图避开康熙，但是，康熙的大将费扬古率领先头部队在土拉河畔追上了他，并再次使用了火炮和滑膛枪。1696年6月12日，清军在库伦南的昭莫多打

追使白山派首领哈司剌·阿巴克和卓逃离喀什。阿巴克逃到西藏请求达赖喇嘛帮助。于是，达赖让噶尔丹帮助阿巴克在喀什复位。噶尔丹很热情地听从了达赖的指令。因为这样，他不但能让喀什噶尔臣属于他，还能成为喇嘛教会和伊斯兰教会的卫道士。

败了噶尔丹。噶尔丹的妻子被杀，她的随从被俘，牧民们也留在了清军手中。噶尔丹向西逃亡。清军的胜利使喀尔喀人重新获得了领地，第二年夏天，康熙正准备再发动一场战争，将准噶尔人彻底赶回塔尔巴哈台时，得到了噶尔丹在1697年5月3日因病去世的消息。

策妄阿拉布坦统治下的准噶尔汗国

噶尔丹死后，其侄子、僧格的儿子策妄阿拉布坦登上了绰罗斯部王位。由于噶尔丹曾经一度要处死策妄阿拉布坦，后来，策妄阿拉布坦又反叛了他的叔叔，所以，清朝廷把策妄阿拉布坦看作自己的同盟。策妄阿拉布坦把固尔扎作为自己的都城，把叶密立城留给了兄弟大策凌敦罗卜。

在伊犁河地区，准噶尔人和吉尔吉斯—哈萨克人起了冲突。吉尔吉斯—哈萨克人信奉伊斯兰教，统治着从巴尔喀什湖到乌拉尔河之间的地区。吉尔吉斯—哈萨克人的三个部落都服从于头克汗（死于1718）。在头克汗的统治下，吉尔吉斯—哈萨克人逐渐稳定下来。大约自1597～1598年，吉尔吉斯—哈萨克人由泰外库勒汗统治，并从布哈拉的昔班汗国手中夺取了突厥斯坦和塔什干城。1694年，头克汗在突厥斯坦里接见俄国人的使者。1698年，头克汗接见卡尔梅克人的使者。

1698年，策妄阿拉布坦进攻头克汗并打败了他。1718年，中帐首领布拉特汗继承了头克汗。不久后，准噶尔人陆续从吉尔吉斯—哈萨克人手中夺取了赛拉木城、塔什干城和突厥斯坦城（1723年）。战败后，吉尔吉斯—哈萨克人的三个部落就此分裂了。大帐和中帐的一些首领们承认了策妄阿拉布坦的统治；喀喇吉尔吉斯人也承认了策妄阿拉布坦的宗主权。策妄阿拉布坦还维持了准噶尔人对喀什和叶儿羌的统治。在北方，他的兄弟大策凌敦罗卜率军攻打俄国人，一度让俄国人退出了叶尼塞河畔的雅米谢威斯克（1716年）要塞。1720年春，一支俄国远征军与策妄阿拉布坦的儿子噶尔丹策零在斋桑湖附近发生冲突，噶尔丹策零成功率领两万准噶尔战士堵住了俄国人。最后，俄国与准噶尔人的边界以乌斯季卡缅诺哥尔斯克要塞为界，这个要塞是俄国人在1720年时，在叶尼塞河畔建立起来的。

随后，不等帝国的西部地区巩固，策妄阿拉布坦就开始在东部实行噶尔丹的反清政策。利用西藏宗教的内乱，1717年6月，策妄阿拉布坦派兄弟大策凌敦多卜率军进入西藏。大策凌敦多卜从和阗出发，翻越昆仑山和荒漠高原，直奔那曲地区。在和硕特部拉藏汗的带领下，入侵的敌人被堵在了那曲和腾格里湖之间的一个隘口，直到10月，拉藏汗才被迫撤往拉萨。1717年12月2日，准噶尔军进入拉萨城，并在城内连续屠杀了三天。拉藏汗也在逃跑时被杀。准噶尔人还掠夺了

▼ **策妄阿拉布坦钱币**
1700年，准噶尔汗的策妄阿拉布坦进军新疆南路，征服了叶尔羌汗国，并命令后者铸造面有策妄名字的普而铜币，以其一部分作为贡赋运往北疆使用。

圣殿布达拉宫。

但是，清朝康熙帝不愿意让准噶尔人占有西藏，1718年，他让一支清军进军西藏。但是，这支清军到达那曲时，被准噶尔军击败了，清军统帅被杀。1720年，又有两支清军分别自四川和柴达木入藏。这一次，清军

▽ 清朝平定策妄阿拉布坦叛乱
策妄阿拉布坦仍然反对清朝，利用西藏宗教之争率军进入西藏。然而清朝不愿意让准噶尔人占有西藏，多次派兵征讨。图为《抚远大将军西征图卷》之一，描绘了清康熙末年，清朝军队平定准噶尔汗策妄阿拉布坦发动的叛乱。

打败了准噶尔军。大策凌敦多卜带着最后剩下的不到半数人马退回准噶尔地区。清朝扶持了一位亲清政府的达赖喇嘛，并派了两位清朝高级官员到西藏；对黄教政策进行操纵。

1715年，策妄阿拉布坦的军队试图夺取清军驻守的哈密，但是失败了。1716年，清军占领巴里坤。然后，两支清军分两路进攻策妄阿拉布坦。1720年底，清军在乌鲁木齐打败准噶尔军，并在吐鲁番设立了一个军屯区。

1722年12月，康熙去世，雍正继位。1724年，清朝与策妄阿拉布坦议和。策妄阿拉布坦在1727年底去世，他去世前，已经占领了吐鲁番，又恢复了对清朝的攻势，吐鲁番的穆斯林居民已经逃到清朝境内的敦煌地区。

噶尔丹策零的统治

策妄阿拉布坦的儿子噶尔丹策零继位。从一开始，噶尔丹策零就对清朝采取敌视态度。1731年，雍正皇帝被迫与他们重新开战。一支清军从巴里坤出发，前往乌鲁木齐，击溃了集结在那儿的敌军。另一支清军则向北，来到科布多，甚至越过科布多、进入准噶尔腹地。然而，两个月后，清军被击败，雍正皇帝下令撤出科布多和吐鲁番两地。

噶尔丹策零企图乘胜追击。他派叔叔大策凌敦多卜入侵喀尔喀境。大策凌敦多卜从科布多出发，一直推进到克鲁伦河，但是，喀尔喀人进行了坚决的抵抗。直到1731年底以前，准噶尔人都没能在喀尔喀立住脚。1732年春，离开乌鲁木齐前往哈密驱逐清军的准噶尔人仍然没有什么进展。同年夏末，一小支正在进攻喀尔喀部境内的准噶尔军在和林附近受到一位喀尔喀王的突然袭击，部分人被杀。1733~1734年，清军夺取了地处杭爱山中心的乌里雅苏台，兵临黑额尔齐斯河，甚至夺回了科布多。

1735年，雍正皇帝提出与噶尔丹策零缔约。通过条约，清朝保留杭爱山以东地区（即喀尔喀部境），准噶尔人得到杭爱山以西和西南地区（即准噶尔和喀什噶尔），并在此基础上达成了休战协议，1735年，雍正去世，他的儿子乾隆皇帝在1740年认可了这项条约。和平一直维持到1745年底噶尔丹策零去世。

6. 清朝合并准噶尔地区

清朝合并喀什噶尔

噶尔丹策零去世后，准噶尔国开始了内乱。噶尔丹策零的儿子策妄多尔济·那木扎尔（约1745~1750年在位）放荡而残忍，最后被贵族们弄瞎了眼睛关在阿克苏。众人不服新汗喇嘛达尔札（1750~1753年在位）的统治。这时，臣服于绰罗斯部洪台吉长达一个世纪的杜尔伯特部、和硕特部和辉特部威胁说要独立。准噶尔国就这样慢慢消失了。1753年，策凌敦多卜的孙子达瓦齐在辉特部王、噶尔丹策零的女婿阿睦尔撒纳的支持

图解草原帝国 ▶▶

▽ 乾隆接见三台吉

　　1753年，在准噶尔部的压迫下，辉特部台吉阿睦尔撒纳与杜尔伯特部台吉纳默库、和硕特部台吉班珠尔率部归附清廷，乾隆在热河接见了他们。图为清代郎世宁所绘《万树园赐宴图》，描绘了1754年，乾隆在避暑山庄万树园接见三台吉的壮观场面。

斯基泰人	萨尔马特人			柔然人	突厥人		契丹人	女真人
		匈奴人	鲜卑人			厌哒人	回鹘人	

下，进军固尔扎，处死了达尔札。达瓦齐被拥立为汗（1753~1755年在位）。随后，达瓦齐又与昔日的同盟阿睦尔撒纳开始了对权力的争夺。最后，阿睦尔撒纳被达瓦齐打败，并被赶走。

1754年，阿睦尔撒纳与辉特部、杜尔伯特部、和硕特部的许多首领一起逃到清朝境内避难。乾隆皇帝在热河接见了阿睦尔撒纳,并把他置于自己的保护下,1755年春,由大将班第率领的一支清军护送阿睦尔撒纳返回准噶尔。班第兵不血刃进入固尔扎。达瓦齐逃走,不久后在阿克苏被发现,并被交给了班第,班第把达瓦齐送到北京,达瓦齐受到乾隆皇帝的优待,并于1759年在北京善终。

班第作为抚远大将军驻守固尔扎,并宣布准噶尔人在政治上解体,同时给绰罗斯部、杜尔伯特部、和硕特部和辉特部各部都提名了一位汗王。在班第的提名中,没有阿睦尔撒纳。阿睦尔撒纳很失望。班第为了控制他的愤怒,强迫他前往北京。阿睦尔撒纳在途中逃跑,返回了固尔扎,并煽动准噶尔人反对清朝统治。班第被包围,自杀而死(1755年夏末秋初)。

1756年冬天,清军将领兆惠被围在乌鲁木齐,并一直坚持到巴里坤的援军到来。1757年春天,兆惠深入塔里巴哈台的叶密立河畔,另一些清军被派去收复固尔扎。阿睦尔撒纳四面受敌,在1757年夏季,被迫逃到西伯利亚俄国人那里避难。

就这样,准噶尔人的独立结束了。准噶尔地区,即科布多地区、塔尔巴哈台、伊犁流域或称固尔扎省,都被并入了清朝的版图。

西蒙古人的厄运

成吉思汗国的征服主要是由东蒙古人完成的。西蒙古人,即卫拉特人或卡尔梅克人,只是成吉思汗帝国的同盟者,起着从属作用。后来,西蒙古人试图从衰落中的东蒙古部落手中夺取草原帝国,完成对中国的征

◎ 噶尔丹与清朝的昭莫多之战

西蒙古人中,以噶尔丹的影响最大,他维护西藏喇嘛教,统一厄鲁特四部,并向清朝进军。但是在清军大炮和火器的优势下失败了。本图描绘了清军在昭莫多以伏击大败卫拉特蒙古准噶尔军的战争场面。

服。1449年,他们俘虏了明朝皇帝。不过,西蒙古人一直未能攻占北京,其胜利没有任何效果。不到50年后,第一卫拉特帝国就崩溃了,随着达延和孙子阿勒坦汗的出现,成吉思汗国在东蒙古复辟了。不过,这个复辟的汗国在西北部没有超过科布多,在东南部没有越过长城。

后来,主角又落到西蒙古人身上。当时,西蒙古人主要生活在阿尔泰山荒凉的山谷中,顽强而好战。17世纪初,他们开始了

扩张。土尔扈特人向着俄罗斯南部，阿斯特拉罕附近的伏尔加河下游迁移。和硕特部居住在青海，甚至统治着西藏的拉萨。绰罗斯部，或称准噶尔部，统治着从俄国西伯利亚边境一直到布哈拉汗国边境和中国边境的广大之地，还统治着从科布多到塔什干，以及从科布多到克鲁伦河之间的地区。他们的都城是科布多和固尔扎。他们还掠夺了成吉思汗圣殿，成为拉萨的统治者。在拉萨，喇嘛教也在他们的操纵之下。在喀什和叶儿羌，和卓们（伊斯兰教牧师）也是他们手中的工具。在一百多年的时间里，他们一直是亚洲大陆的主人。他们的领导者，巴图尔洪台吉、噶尔丹、策妄阿拉布坦、噶尔丹策零等都是足智多谋的政治家，也是勇敢而顽强的战士。然而，当明朝灭亡，清朝取而代之后，华夏民族被注入了新的活力。清朝的军队开始有了大炮和火器。噶尔丹和策妄阿拉布坦，既要对付清朝的大炮，又要对付叶尼塞河畔俄国人的火器。这是一场不平等的较量。所以，最终，一个蒙古帝国在其刚崛起之时就衰落了，因为它的速度远远赶不上时代的车轮。

清朝合并喀什噶尔

叶儿羌是喀什噶尔的都城。1775年前，在黑山派和卓家族的统治下，成为一个伊斯兰教国家，并臣属于准噶尔诸汗。黑山派丹尼雅尔和卓去世后，准噶尔汗噶尔丹策零（1727～1745年）把领地分给了和卓的四个儿子：札甘得到叶儿羌；玉素甫分得喀什；阿优布在阿克苏行使统治；阿布德·阿拉赫占有于阗。当准噶尔内战之时，信仰伊斯兰教的玉素甫趁机让喀什噶尔独立了（1753～1754年）。在阿睦尔撒纳与清将班第的关系和好时，计划在1755年释放另一个和卓家族白山派，以此平息黑山派的叛乱。白山派首领包尔汉丁（大和卓）和他的弟弟霍集占（小和卓）接受了这个计划。包尔汉

乾隆与香妃

在准噶尔与清廷交战之际，白山派首领大、小和卓占领喀什噶尔，试图独立，但最终为清军打败。民间传说中香妃是小和卓霍集占的王妃，无论是否属实，香妃确是和卓族人，其父为大、小和卓叛乱时不愿附逆的和卓台吉图尔都。图为清代郎世宁所绘乾隆与香妃。

塞尔柱人 | 古兹人　　　　　　　　　　可萨人 | 钦察人　　　　　　　　满族人 | 卡尔梅克人
　　　阿瓦尔人 | 保加尔人　　　　　　蒙古人 | 塔吉克人

丁率领从阿睦尔撒纳和清军那里借来的一小支军队，先后从黑山派手中夺取了乌什·吐鲁番、喀什，最后夺得叶儿羌，即夺取了整个喀什噶尔。

包尔汉丁和霍集占占领了喀什噶尔后，利用阿睦尔撒纳与清朝刚爆发的战争宣布独立，并摆脱了准噶尔人和清朝的控制。1757年春末，他们屠杀了一支清军。但是不久后，清军就兼并了准噶尔地区。1758年，清将兆惠率领清军从伊犁河南下到塔里木，在库车附近打败了霍集占。霍集占躲到叶儿羌，并在这里顽强抵抗。同时，包尔汉丁躲在喀什。1759年初，在富德的帮助下，兆惠重新采取攻势，叶儿羌投降，接着喀什投降。包尔汉丁同年去世。

大、小和卓逃到巴达克山避难，地区酋长慑于清朝的威力，处死了两个逃难者，并把霍集占的首级送给了清将富德。兆惠将喀什噶尔并入清朝版图。

清朝乾隆皇帝对伊犁河流域和喀什噶尔的吞并，标志着实现了中国自西汉班超时代以来的18个世纪中实行的亚洲政策所追随的目标，即定居民族对游牧民族的、农耕地区对草原的还击。

© 民主与建设出版社，2018

图书在版编目（CIP）数据

图解草原帝国 /（法）勒内·格鲁塞著；李思琪译
. — 北京：民主与建设出版社，2018.9（2024.4重印）
ISBN 978-7-5139-2162-6

Ⅰ. ①图⋯　Ⅱ. ①勒⋯　②李⋯　Ⅲ. ①蒙古（古族名）
—民族历史—图解　Ⅳ. ①K289-64

中国版本图书馆 CIP 数据核字（2018）第 110414 号

图解草原帝国
TUJIE CAOYUANDIGUO

出 版 人	李声笑
著　　者	［法］勒内·格鲁塞
译　　者	李思琪
责任编辑	程　旭
封面设计	思源工坊
出版发行	民主与建设出版社有限责任公司
电　　话	（010）59419778　59417747
社　　址	北京市海淀区西三环中路 10 号望海楼 E 座 7 层
邮　　编	100142
印　　刷	天津盛辉印刷有限公司
版　　次	2018 年 11 月第 1 版
印　　次	2024 年 4 月第 2 次印刷
开　　本	710 毫米 × 1000 毫米　1/16
印　　张	29
字　　数	615 千字
书　　号	ISBN 978-7-5139-2162-6
定　　价	92.00 元

注：如有印、装质量问题，请与出版社联系。